La Tétralogie

DE

L'Anneau du Nibelung

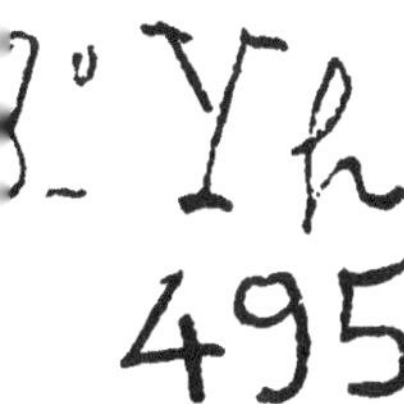

DES MÊMES AUTEURS

De LOUIS-PILATE DE BRINN'GAUBAST

Fils adoptif, roman *vériste*. (Librairie illustrée, 1888.)

Sonnets insolents. (Librairie illustrée, 1888.)

La Pléiade (en collaboration : 2e série, 5 fascicules, 1889).

La Vaccine du Génie, par AJAX. (Imp. de la Presse, 1892.)

PARAITRONT :

Poésies complètes. — Poèmes dramatiques (*Christophore ; Pétrarque*). — Pages de Journal. — *Œuvres théoriques de RICHARD WAGNER* (traduction). — *LES EDDAS*, traduction-édition complète.

De EDMOND BARTHÉLEMY

Imperator, An de Rome 932. (*La Pléiade*, 2e série.)

La Mort d'Andronic, Bas-Empire, XIIe siècle (*Mercure de France*, tome VIII).

Études d'Art religieux : La tradition du Crucifiement en Orient (*Id.*, tome V).

PARAITRONT :

Héraclius, Byzance, VIIe siècle. — *L'An mil*. — *Sous la Terreur blanche*. — Étude sur Carlyle. — *Etude sur la Divine Comédie*. — *La Vie et l'Histoire*.

RICHARD WAGNER

La Tétralogie

DE

L'Anneau du Nibelung

PUBLIÉE

avec l'autorisation spéciale de la Maison B. Schott's Söhne, Éditeurs

PAR

LOUIS-PILATE DE BRINN'GAUBAST

ET

EDMOND BARTHÉLEMY

Avant-Propos,
Traduction,
Annotation philologique, } par LOUIS-PILATE DE BRINN'GAUBAST.

Étude critique,
Commentaire musicographique, } par EDMOND BARTHÉLEMY.

PARIS
E. DENTU, ÉDITEUR
3. Place Valois (Palais-Royal)

1894

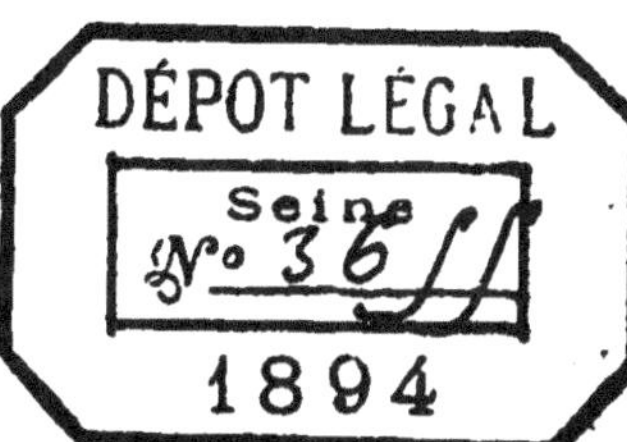

AVANT-PROPOS DU TRADUCTEUR

DE LA MÉTHODE A SUIVRE

POUR CONSULTER AVEC FRUIT CETTE TRADUCTION ET CETTE ÉDITION

La Traduction qu'on offre ici de la *Tétralogie* (1) wagnérienne se donne, non point comme littérale, encore moins comme définitive, mais comme provisoirement FIDÈLE : comme la plus fidèle, dirons-nous, qu'il soit possible, à notre avis, de présenter au Public français contemporain. J'ajoute que de *L'Anneau du Nibelung*, faite par moi ou faite par tout autre, nécessaire est une Traduction ; et je déclare que cette Traduction, loin d'être contraire aux idées du génial Poète-Musicien, cette Traduction en simple prose ina-

(1) Le seul titre authentique est : *« L'Anneau du Nibelung, festival scénique »* (jeu-scénique-de-fête) *« en un Prologue et trois Journées » : Der Ring des Nibelungen, ein Bühnen-Festspiel für drei Tage und einen Vorabend* (littéralement : *« pour trois Jours et un Avant-Soir »*). — Proprement, *L'Anneau du Nibelung* est une *Trilogie* avec Prologue. Nous avons cru devoir conserver le vocable *Tétralogie*, qui est seul usité en France, et dont Wagner lui-même, au reste, s'est quelquefois servi pour désigner cette œuvre.

daptable à la Musique, est la réalisation même de l'un de ses authentiques projets.

Ces affirmations, desquelles je me propose d'expliquer les premières et de prouver la dernière, j'ai dû les formuler d'abord : averti, nul n'aura nul droit de me critiquer sans en avoir lu le développement, sans l'avoir cherché à sa place logique.

Je sais bien qu'il est fort cruel, pour quiconque, ignorant l'allemand, s'attendait à faire connaissance presque tout de suite avec le poème de Richard Wagner, de se trouver face à face avec un traducteur, qui dit : « Hâtez-vous moins ! vous me lirez avant tout. Même, c'est votre devoir de me lire avant tout, c'est votre devoir envers Wagner ; et, si vous ne le comprenez point, mieux vaut fermer ce volume, sur l'heure. » Fort cruel ! car, n'est-ce pas tout dire ? Richard Wagner est « à la mode » : l'important, pour la prétentieuse incompétence de la Cohue, c'est de pouvoir à toute occasion, prononçant le nom de Richard Wagner, répéter, parmi d'autres fariboles originales, que « l'Art n'a point de Patrie » non plus que les anarchistes ; polluer, du flux écœurant de ses enthousiastes ouï-dire, aux dépens de *Lohengrin*, — la *Valkyrie*... pardon ! j'oubliais que nos wagnérophiles prononcent *Walküre* ; et bref, entre deux coups de roulette à Monte-Carlo, entre deux *flirts* à l'Opéra, entre deux médisances de loge préfectorale aux guignols des villes de province mégalomanes, bavarder et baver d'admiration factice sur les Drames de Richard Wagner ; simuler, envers la mémoire sacrée de Richard Wagner, l'hommage, — pourvu qu'il soit public, — d'un quart d'heure d'attention soutenue : un hommage à l'enorgueillir, au fond de son autre Éternité, à cause du tellement pieux recueillement d'une telle élite — de nobles inintellingences !... Pour les « gens du monde », pour les Gens tout court, véritablement, c'est cela l'important ; et aussi, c'est avec tristesse que je le constate, pour la majorité des âmes exceptionnelles, dans la minorité des artistes sincères.

Et voici qu'au moment où tant d'amoureux d'Art par mode, par dilettantisme ou par vocation, déjà se félicitaient, sans doute, d'une publication « dans le mouvement », comme d'un prétexte à faire parade de leur très profonde connaissance du Poème de Richard Wagner, voici qu'un importun surgit, trouble-fête qui, la plume au poing, les exhorte à se moins empresser, s'efforce, par ironie, par menace, par défi, d'attirer sur sa naine personne les regards de ces pèlerins prompts à fouler la route, la grande route percée d'aujourd'hui vers l'un des temples de Wagner... Hé! mais, pèlerins que vous êtes, cette route, c'est moi qui l'ouvre, et j'ai le droit d'y parler, peut-être. Aussi bien la question n'est-elle guère si mesquine. Epargnons à nos chroniqueurs la joie de noter, — Larousse en main, — que, si toute vanité est ridicule, comme dit La Harpe, il n'y a pas de vanité qui soit plus ridicule que celle d'un traducteur quelconque ; privons les cervelles normaliennes du bonheur de sentir vibrer, simultanément par toute la France, en la même circonvolution, l'automatique souvenir d'une phrase de leur Voltaire, attribuant aux traducteurs la forfanterie des « domestiques », la cocasse forfanterie de se croire aussi grands seigneurs que leurs maitres. Phrase applicable, il faut le reconnaitre, n'est-ce pas ? à l'effort d'un Châteaubriand sur l'épopée d'un John Milton, ou d'un Charles Baudelaire assez présomptueux pour nous révéler Edgar Poë, ou d'un Leconte de Lisle... mais silence : celui-ci vit encore, et puis — ni Châteaubriand, ni Baudelaire ne suis-je, ni, bien que je vive, Leconte de Lisle... A plus forte raison ne m'estimerai-je point l'égal du royal génie que M. Mallarmé, qui s'y connait, put nommer « le dieu Richard Wagner ». Mais, sentinelle au seuil du temple, je prends soin que vous n'y entriez qu'avec la déférence convenable : tout comme un vigilant imam vous prierait, au seuil d'une mosquée, de vous déchausser, pour n'y point apporter les souillures de la ville ou le retentissement d'un talon profane. C'est bien le moins, puisque vous tenez tant à pénétrer lorsque nul ne vous y contraint, c'est bien le moins que vous vous instruisiez, ou que vous vous laissiez instruire, de bonne grâce, des coutumes d'un lieu sacré pour votre hôte ; c'est bien le moins que vous y acceptiez sa société jusqu'à ce qu'il vous ait éprouvés ; c'est bien le moins que vous vous soumettiez à passer d'abord, s'il l'exige, par ce couloir ou par cette porte ; et s'il vous conduit au « Trésor », s'il craint que vous ne vous formiez un jugement téméraire concernant l'origine ou la valeur d'une pièce pour lui particulièrement sainte, s'il croit que ce jugement, propagé par vous, pourrait devenir nuisible au culte qu'il dessert, à la conviction qui le possède, c'est bien le moins que vous prêtiez une oreille sympathique aux observations présentées par lui. N'entrez ni dans un temple comme dans un palais, ni dans un palais comme dans un café ! sous peine, ou de vous y égarer, ou d'en être à jamais exclus, sous les huées. N'entreprenez pas sans un guide expert, — tout au moins pour la première fois, — l'ascension des cimes dont les guides eux-mêmes, la centième fois, fréquemment trébuchent à mi-route ! J'admets que vous n'y périssiez point ; mais vous maudiriez la montagne et rétrograderiez piteux : soulagés de la continuelle appréhension de vous engager en des impasses, combien ne l'eussiez-vous pas bénie d'être si belle, — si belle, infatigablement ! Combien, parvenus tout au haut, ne vous eût-il pas été facile, devant le panorama sublime, de vous abimer dans l'extase, sans plus penser à l'humble guide ! Hé bien donc, suive le guide qui veut, et l'aime qui peut ! Laissez-vous guider, gens que vous êtes : on ne vous demande pas de reconnaissance, et quant à redescendre sur terre, — vous y redescendrez bien tout seuls : à notre époque, on trouve toujours les chemins d'en bas.

« A notre époque ! » — Ne redoutez point que je m'attarde à récriminer. Mieux vaut-il dire avec Carlyle : L'époque est mauvaise ? — Parfaitement ! — Récriminerai-je ? — Améliore-la ! — Soit ! trêve de métaphores et de phrases : il faut parler. Parlons donc de Wagner, et nous verrons ensuite.

I

Si insuffisantes que soient la plupart des biographies françaises de Wagner (si niaises même, oserait-on dire, car les allemandes ne valent guère mieux), je n'ai pas à faire ici de notice biographique. Il me suffira de préciser, parmi les circonstances de sa carrière d'artiste, celles qui me sembleraient, plus directement, intéresser le présent labeur de Traduction et d'Édition.

Peu de lecteurs ignorent, je le présume, les mésaventures parisiennes du *Tannhäuser* de Richard Wagner. — C'était en 1860 : on répétait, à l'Opéra, cet ouvrage du compositeur, qui devait être joué l'année suivante, en Mars. Or, quelques mois avant cette représentation, dans les premiers jours de Décembre, l'artiste crut utile de publier, sous forme de *Lettre (à M. Frédéric Villot)*, un résumé total de ses idées sur l'Art, et spécialement sur la Musique ; cette *Lettre* était suivie d'une traduction, *en prose*, de *Quatre Poèmes* (1) d' « opéras », parmi lesquels *Tannhäuser*. —

(1) *Quatre Poèmes d'Opéras traduits en prose française* (par Charles Nuitter) *et précédés d'une Lettre sur la Musique*, par RICHARD WAGNER (traduction de M. Challemel-Lacour), Paris, Librairie Nouvelle, 1861, in-18 ; *nouvelle édition*, Paris, Durand et

En prose? passe pour trois de ces poèmes : mais l'autre, mais *Tannhäuser*, ne venait-il pas d'être rimé, adapté à la scène française? Cette version rimée, cette adaptation, pourquoi Richard Wagner ne la donnait-il point comme la « traduction » de son ouvrage? On s'était heurté, pour le mettre en vers, à tant et tant de difficultés ! Si donc il trouvait préférable, au point de vue de la simple lecture, une traduction nouvelle, supplémentaire, en prose, il fallait qu'il eût de bonnes raisons, c'est évident. Voilà qui répond à quiconque nierait, — par exemple : au nom de la préexistence d'une version rimée de la *Tétralogie*, — la raison d'être de la mienne. Pour cette version rimée, plus loin, l'apprécierai-je (1). Mais n'apparait-il pas, dès à présent, logique : que, si Richard Wagner jugeait insuffisante, pour son *Tannhäuser*, jadis, une semblable version perpétrée *sous ses yeux*, à plus forte raison pourrait-il juger telle, pour sa *Tétralogie*, maintenant, la version rimée faite *après sa mort ?*

« Mais », objecte un ennemi (car il en est plus d'un), des traductions en prose de *L'Anneau du Nibelung*, « ce que Wagner crut devoir essayer à l'occasion de *Tannhäuser*, rien ne prouve qu'il l'eût autorisé pour le quadruple Drame du *Ring* (2) ». J'interromps net ! voici les paroles de Wagner : « Si la tentative que je fais aujourd'hui de vous présenter mes autres poèmes dans

Calmann-Lévy, 1893. *C'est à cette dernière* (l'autre étant devenue introuvable) *que se rapportent toutes les références indiquées dans le présent Essai.* — La traduction Challemel-Lacour est souvent d'un style négligé, mais elle est après tout fidèle, et je ne pouvais songer à renvoyer, sans cesse, la majorité de mes lecteurs, au texte allemand de cette précieuse *Lettre* (R. Wagner : *Gesammelte Schriften und Dichtungen*, Leipzig, E. W. Fritzsch, 10 vol. in-8; t. VII, 1871).

(1) *Voir* ci-dessous, pp. 107-108 de cet *Avant-Propos.*

(2) Le *Ring* : « l'Anneau » (du Nibelung). J'emploierai fréquemment ce monosyllabe commode.

une traduction *en prose* ne vous déplait pas, peut-être serais-je disposé à renouveler cet essai pour ma tétralogie (1) ». On sait assez et trop pour quelles absurdes causes, depuis la chute retentissante de *Tannhäuser* à Paris, ce projet ne put se réaliser. Il me suffit que Richard Wagner, en la pleine possession de soi-même (15 septembre 1860), l'ait expressément formulé, pour que soit vérifiée, envers et contre tels, mon affirmation du début : « Je déclare que cette Traduction, loin d'être contraire aux idées du génial Poète-Musicien, cette Traduction en simple prose inadaptable à la Musique, est la réalisation même de l'un de ses authentiques projets ». Fanatiques ou monopoleurs, taisez-vous donc : ce sera plus sage.

Toutefois resterait-il à savoir si, en 1894, Wagner eût approuvé la traduction, en prose, que lui-même proposait en 1860 : c'est-à-dire si les mêmes motifs, qui le poussèrent à la désirer, subsistent, trente-quatre ans plus tard ? Hardiment je dis oui, ces motifs subsistent, et — là git l'unique différence — plus pressants qu'il y a trente-quatre ans ! Des preuves ? soit : ces motifs, énonçons-les d'abord ; le plus sûr est de citer Wagner (2). Des deux extraits que je donne en note,

(1) *Lettre sur la Musique*, nouv. éd., p. XLVII.

(2) « Vous m'avez demandé, Monsieur, de vous résumer moi-même, avec clarté, les idées sur l'art que j'ai émises dans une série d'écrits publiés en Allemagne, voilà déjà bien des années. Ces idées y ont fait assez de bruit, causé assez de scandale pour exciter, en France même, la curiosité avec laquelle j'ai été accueilli. Vous avez pensé que ces explications importaient à mon intérêt ; votre amitié vous a inspiré la confiance qu'une exposition réfléchie de ma pensée pourrait servir à dissiper plus d'une erreur, plus d'un préjugé, et permettre aux esprits prévenus, au moment où l'on va donner à Paris un de mes opéras, de juger l'œuvre, sans avoir à se prononcer en même temps sur une théorie contestable. — Il m'eût été, je l'avoue, extrêmement difficile de répondre à votre invitation bienveillante, si vous ne m'eussiez exprimé le désir de me voir offrir en même temps au public une traduction de

il ressort que, sollicité d'exposer ses idées sur l'Art, désireux d'éviter toute phrase trop didactique, Wagner, en 1860, vit surtout dans une traduction (qu'on lui réclamait en même temps), de ses *Quatre Poèmes* d'« opéras », le moyen de compléter cet exposé d'idées, de faciliter à des Français l'intelligence de ses principes, sur le Drame-Musical-Poétique-et-Plastique (1),

mes poèmes, et indiqué par là le seul moyen qui me permît de vous complaire. Je dois le dire, je n'aurais pu prendre sur moi de me lancer encore une fois, comme il eût fallu m'y résoudre, dans un labyrinthe de considérations théoriques et de pures abstractions... » (*Id.*, pp. V-VI) — Quarante-six pages plus loin, Wagner précise ainsi : « J'avais essayé, dans mes écrits théoriques, de déterminer la forme en même temps que la substance, et je ne pouvais le faire théoriquement que d'une manière abstraite. Je voudrais donc éviter à tout prix, comme je vous l'ai déclaré, de recourir à un procédé de ce genre pour vous faire entendre mes idées. Je n'ignore pas, cependant, combien il y a d'inconvénient à parler d'une forme sans en déterminer la substance d'aucune manière. Je vous l'ai avoué au début : l'invitation que vous m'avez adressée de vous donner en même temps une traduction de mes poèmes était la seule chose qui pût me décider à essayer de vous fournir des éclaircissements réels sur la marche de mes idées, autant, du moins, que j'ai pu me l'expliquer. Laissez-moi donc vous dire encore quelques mots de ces poèmes ; je serai, j'espère, plus à l'aise pour vous parler ensuite de la forme musicale qui importe tant ici, et sur laquelle il s'est répandu tant de fausses idées. Je dois vous prier, avant tout, de me pardonner, si je ne puis vous offrir qu'une traduction en prose... Sans doute, ces poèmes, présentés sous une forme poétique, feraient sur vous une autre impression ; mais c'est chose que je dois négliger ici. Il faut me contenter de vous signaler le caractère des sujets, leur tendance, le mode dramatique dans lequel ils sont traités. Cela va vous mettre à même de comprendre quelle part l'esprit de la musique a eue à la conception et à l'exécution de ces travaux » (*Id.*, pp. LII-LIII).

(1) *Wort-Tondrama.* — Les mots « Drame Musical » (*Musik-Drama*), qui servent de titre au livre d'ailleurs si remarquable de M. Schuré, sont tout à fait inadmissibles : Wagner lui-même (*Gesammelte Schriften und Dichtungen*, tome IX) les a repoussés, comme dénaturant son idée. Loin d'être drames mis en musique, ses œuvres sont, pour ainsi dire, « de la musique mise en action,

— en rendant possible, à ces mêmes Français, la lecture, l'étude, la méditation de quatre exemples de ce Drame, applications concrètes de ses principes abstraits. Or, de ces quatre applications, de ces quatre « opéras » ou Drames, comme on voudra, que dit Wagner lui-même ? Ceci : « Les trois premiers, *le Vaisseau-Fantôme*, *Tannhäuser* et *Lohengrin*, étaient, *avant* la composition de mes écrits théoriques, complètement achevés, vers et musique... Mon « système » proprement dit, si l'on veut à toute force se servir de ce mot (1), ne reçoit donc encore, dans ces trois premiers poèmes, qu'une application fort restreinte. Il en est autrement du dernier que vous trouverez ici, *Tristan et Iseult* (2) ». Ainsi, considérant cependant une traduction de ces quatre ouvrages comme une quadruple métaphore explicative et suggestive, explicative de ses principes, suggestive de ses théories, Wagner était réduit, en 1860, à ne recommander de cette métaphore qu'un terme sur quatre, un seul terme, *Tristan et Iseult*, pour intégralement significatif de son esthétique intégrale. Sans doute, d'un tel contraste même, entre l'absolu de ce terme idéal et le relatif des trois autres termes, il réussissait à tirer des indications saisissantes. Mais enfin, il avait beau dire : « Main-

de la musique devenue visible. » Il eût voulu que le monde les acceptât tels quels, sans dénomination spéciale. On a du reste vu que, pour l'*Anneau du Nibelung*, c'est un *Bühnen-Festspiel*, un « jeu-scénique-de-fête » ou festival scénique : ces vocables sont expressifs du but national de Richard Wagner, tel qu'il sera développé ci-dessous. Toutefois pourrait-on dire qu'à un point de vue critique, le terme le plus exact serait encore : « Action » (δρᾶμα), lequel s'étale en première page de la partition de *Tristan und Isolde*. Toutes ces affirmations trouveront leur commentaire dans le présent *Avant-Propos*.

(1) On verra ci-après, pp. 19-20, ce qu'il faut penser de ce terme, en ce qui concerne Richard Wagner.

(2) *Lettre sur la Musique*, nouv. éd., pp. LIII-LIV.

tenant on peut apprécier cet ouvrage d'après les lois les plus rigoureuses qui découlent de mes affirmations théoriques (1) », il n'en était pas moins amené à cette immédiate restriction : « Non pas qu'il ait été modelé sur mon « système » (2), car j'avais alors oublié toute théorie... Il n'y a pas de félicité supérieure à cette parfaite spontanéité de l'artiste dans la création, et je l'ai connue, cette spontanéité, en composant mon *Tristan*. Peut-être la devais-je à la force acquise dans la période de réflexion qui avait précédé (3) ». Très juste vue! C'est qu'en effet, lorsque Richard Wagner se mit à son *Tristan*, accomplie était pour jamais l'évolution de son esthétique, évolution déterminée par la conception de la *Tétralogie* (4). Si donc le Poète-Musicien, dans une traduction de ses poèmes, voyait avant tout, comme je l'ai montré, le moyen de rendre plus facile à des Français l'intelligence de ses principes; si d'autre part *Tristan*, conforme à ces principes, n'en avait pas moins été composé dans « la plus entière liberté, la plus complète indépendance de toute préoccupation théorique (5) », — on saisit instantanément quels motifs purent pousser l'artiste à désirer, à proposer : une traduction française de *L'Anneau du Nibelung;* quels motifs (si alors elle eût été possible) la lui

(1) *Lettre sur la Musique*, nouv. éd., p. LV.

(2) Cf. ci-dessus, p. 9, note (1).

(3) *Lettre sur la Musique*, nouv. éd., p. LV.

(4) « Mes conclusions les plus hardies, relativement au drame dont je concevais la possibilité, se sont imposées à moi parce que, dès cette époque, je portais dans ma tête le plan de mon grand Drame des *Nibelungen*, dont j'avais même déjà écrit le poème en partie; et il avait, dès lors, revêtu dans ma pensée une forme telle, que ma théorie n'était guère autre chose qu'une expression abstraite de ce qui s'était développé en moi comme production spontanée. » *Lettre sur la Musique*, nouv. éd., p. LIV. — J'y reviendrai ci-dessous, p. 77.

(5) *Lettre sur la Musique*, nouv. éd., p. LV.

auraient sans doute fait juger préférable à celle, en 1860, de *Quatre Poèmes d'« opéras »*. Ces motifs se résument en un : en fait de quadruple métaphore explicative et suggestive, explicative de ses principes, suggestive de ses théories, le quadruple poème du *Ring*, cause directe et directe application consciente de ces mêmes théories et de ces mêmes principes, à leur summum d'intransigeance, eût été mieux persuasif, significatif, péremptoire, ou, pour parler sur piédestal, mieux adéquat aux fins voulues. Par malheur, le poème du *Ring*, terminé dès l'année 1852, tiré par Wagner en allemand, l'année 1853 (1), à très petit nombre d'exemplaires réservés à ses seuls amis, n'était pas même encore publié en Allemagne : la première édition destinée au public date de 1863, — trois ans après la *Lettre à Frédéric Villot;* au surplus, si le texte du *Ring* était complet lorsque fut rédigée cette *Lettre*, la musique n'en avançait guère, interrompue dès juin 1857 pour n'être reprise que huit ans plus tard, et achevée, à la suite de maintes vicissitudes, en 1874 (2). D'ailleurs, les sujets dramatiques des *Quatre Poèmes d' « opéras »* offraient cet avantage précieux, — au point de vue d'un premier contact, — d'être bien moins déconcertants, pour la plus grande part des lecteurs français, que le sujet dramatique de *L'Anneau du Nibelung*, tiré des cycles nationaux des Germains et des Scandinaves. Si l'on ajoute à toutes ces causes les malentendus successifs qui bannirent de nos scènes Wagner, on comprendra clairement pourquoi la traduction de ce dernier poème national, bien qu'elle eût mieux correspondu aux motifs intimes de l'artiste, devait se faire si longtemps attendre. Telle-

(1) *Gesammelte Schriften und Dichtungen*, tome VI, p. 371. — Cf. ci-dessous, p. 76, note (6).

(2) On trouvera plus loin, pp. 67-77, tous les détails chronographiques supplémentaires désirables.

ment ajournée donc, est-elle moins nécessaire ? Voilà tout ce qu'il s'agit de savoir. Or quand même, trente-quatre ans écoulés, comme j'ai dit, ne subsisteraient pas les motifs, les propres motifs qu'eut Wagner de la désirer et de la proposer, je me ferais fort de prouver qu'assez d'autres, nouveaux, légitiment cette publication jusqu'à la rendre indispensable. Mais j'ai déclaré que les anciens subsistent ; et cette assertion sera-t-elle vérifiée si, d'une lecture totale de la *Tétralogie*, si, des documents et des gloses encadrant ici la *Tétralogie*, résulte éclatante et s'impose une certitude à stupéfier ? Certitude qu'après tant d'attaques intéressées, tant de panégyriques inintelligents, tant d'incompétentes polémiques, après tant de gros volumes à mesquines anecdotes, tant de maigres analyses à prétentions énormes, tant de représentations à coupures sacrilèges, après tant de bavardages et d'alibiforains, après tant de bruit, malgré tant de bruit, et, sans doute, à cause de tant de bruit, peu de monde en France, moins de cent personnes, se doutent de ce qu'a voulu Wagner !

Ce qu'il a voulu ? — Dans tous les cas, ce n'est pas tout ce bruit qu'il a voulu. Tout ce bruit, malgré telles très ineptes insinuations de petits critiques, s'est fait contre sa volonté. Wagner n'était-il pas, d'une façon générale (1), opposé à l'exécution morcelée de ses

(1) Il est, bien entendu, des pages exclusivement instrumentales, comme *Siegfried-Idyll* (et les *Marches*), dont la seule place est au concert. Pour le reste, Wagner estimait que les concerts, qu'il nommait des *orgies de musique*, sont des « travestissements » de ses Drames. A ceux qui répliquent : « Mais, lui-même, Wagner a donné des concerts, composés de fragments de ses œuvres dramatiques », il serait trop facile de démontrer que Wagner ne demanda jamais, aux concerts, que les moyens matériels de n'en plus donner du tout ! — Cf., dans *L'Œuvre et la Mission de ma Vie*, p. 80 : « J'avais personnellement à parfaire le déficit considérable qui était resté après la représentation de la trilogie » (*Tétralogie*) « terminée avec de telles difficultés. Encore

Drames au concert? Et c'est comme musicien, par les concerts, que lui, Artiste, et non « compositeur », Dramaturge, et non « musicien » (1), dédaigneux de semblables succès profanateurs de son Œuvre une, s'est progressivement imposé chez nous! Wagner n'était-il pas l'ennemi, n'a-t-il pas été toute sa vie l'ennemi de notre conception du Théâtre et des théâtres-de-musique? En Allemagne aussi bien qu'en France et n'importe où, n'a-t-il pas toute sa vie lutté contre les conventions modernes, lutté contre les directeurs, lutté contre les interprètes, contre les publics et le Public? C'est qu'il désirait, avant tout, c'est qu'il exigeait, avant tout, la vérité, encore, toujours, la vérité dans l'expression; et que si dès sa jeunesse, non maître alors de soi, il la sentait, cette vérité, la désirait, cette vérité, et l'exigeait, cette vérité, quand il faisait jouer les opéras de Mozart, de Glück, et même de Bellini, — à plus forte raison plus tard, en pleine possession de son être artistique, de ses idées et de ses moyens, en l'absolue conscience d'avoir réalisé son idéal complet du Drame, il se devait de réclamer, pour ce Drame idéal, sinon

une fois, il fallut, dans ce dessein, *donner des concerts*, faire des concessions et des complaisances *qui me gâtèrent le plaisir intellectuel que j'avais eu à propos* de mon œuvre...» etc. — On verra ci-après, pp. 30, 36, 115-116, 131, dans quelle mesure je crois que les concerts rendent service à la cause de l'Art de Wagner, et comment ceux qui, par devoir envers sa mémoire, les maudissent, y peuvent eux-mêmes trouver profit, puisqu'eux savent ce qu'il en faut prendre.

(1) C'est-à-dire : autre chose que « musicien », tout court : cet *Avant-Propos* me fera comprendre ! — Il peut être amusant de rappeler, tout en ayant de si bonnes raisons d'être d'un avis différent, que dans une de ses lettres à Liszt (*Briefwechsel zwischen Wagner und Liszt*, 1er janvier 1858) Richard Wagner, au moment même où il composait *Tristan und Isolde*, cette surhumaine page musicale, parlait, avec tranquillité, de sa personnelle inaptitude aux langues étrangères, comme — « à la musique... »

des représentations-types par toute la terre, tout au moins des représentations significatives de son but!

Ces représentations significatives, les avons-nous? Qui l'osera dire? Qui, s'il a connaissance du but? Qui, s'il a médité sur les idées de Wagner? Et pourquoi ne les avons-nous pas? Et pourquoi les Allemands non plus ne les ont-ils guère, sauf à Bayreuth, Mecque si peu germanique, en somme, d'une religion d'Art presque universelle? Wagner avait-il donc raison quand il disait : « L'Œuvre d'Art de l'Avenir ne pourra pleinement vivre que lorsque le drame ordinaire et l'opéra seront impossibles »? Passe pour l'Allemagne, — mais ici!... et je n'ai à m'occuper que d'ici.

Eh bien! troublée sans doute, — ici, — troublée du vague remords collectif et latent de ses injustifiables outrages et de ses antérieures injustices, la conscience publique d'une élite n'a point trouvé de repos durable avant de les avoir réparées. Nul n'a songé à se demander si la seule réparation due au génie d'un Richard Wagner ne serait pas de chercher à le comprendre. Réparer! l'instinct ne raisonne pas : réparer les huées par les acclamations! Applaudir de confiance, comme on sifflait de confiance, sans d'ailleurs soupçonner maintenant, mieux qu'autrefois, de quelle sublime chose il s'agit, ah! de quelle redoutable chose! — Jour de Dieu! il est temps, grand temps qu'une voix proteste, et qu'un geste impose du silence, avant qu'il soit ici trop tard et pour longtemps, comme il semble que pour longtemps, là-bas à l'Est, il soit trop tard!

La question, Société que vous êtes, Cohue que vous êtes, Elite aussi, et vous, Critiques, sous vos vénérables jumelles, la question n'est nullement de savoir (car la réplique n'est pas douteuse) si les Drames de Richard Wagner doivent être joués, mais comment : — comment! Et pour savoir comment, il faut étudier ses idées ; et, pour comprendre ses idées, — car alors, mais alors seulement, nous pourrons comprendre ses Drames, patrimoine de l'humanité, et faire profiter d'eux l'Art national français, — pour comprendre, dis-je, ses idées, il faut d'abord, rentrant en soi, réfléchir sur l'Art, sur ce qu'est notre Art, y réfléchir avec sérieux! et répondre en âme et conscience à cette interrogation grave : Voulons-nous, ou ne voulons-nous pas, un Art nouveau ? (1)

C'est-à-dire, d'une façon très générale et vague, mais qui se précisera par la suite : Voulons-nous, comme les grandes époques, l'Art, synthèse des arts et fusion des égoïsmes artistiques ? (2) Ou, comme les médiocres époques, les tristes époques d'analyse, voulons-nous les arts, fussent-ils les « beaux » -arts ? Voulons-nous des Artistes et non des artisans ? Voulons-nous des Poètes, au sens parfait du mot, des Créateurs, — et non des singes ! Voulons-nous voir que ces Poètes n'ont pas à « se placer à notre point de vue », n'ont pas à descendre vers nous, mais à nous faire monter vers eux ? qu'ils ne sont point là pour nous révéler, pour révéler à notre cœur, des banalités révélées d'elles-mêmes, héréditairement, à nos sens, ou quotidiennement, à nos sens, y compris notre « gros bon sens », qui n'est, presque toujours, qu'un maigre mauvais sens ! mais qu'ils sont là, tout au contraire, pour nous révéler ce que jamais, ni de nos sourdes oreilles mortelles, ni de nos aveugles yeux mortels, nous n'avons entendu ni vu, nous n'entendrions ni ne verrions tout seuls ! Voulons-nous voir cela, ou

(1) Ce point de vue, le seul logique, a été développé, au t. III de la *Revue Wagnérienne*, par M. HOUSTON-STEWART-CHAMBERLAIN. Déjà M. CATULLE MENDÈS avait pertinemment écrit, dans son beau volume sur *Richard Wagner* : « Ainsi, il s'agit d'un Art nouveau. » Et enfin M. ALFRED ERNST a donné à son dernier livre (dont je reparlerai bientôt) ce titre d'une justesse parfaite : « *L'Art de Richard Wagner* » (Paris, Plon, Nourrit et Cie, 1893).

(2) Cf. RICHARD WAGNER (*Entwürfe, Gedanken, Fragmente* [posthumes] : Leipzig; Breitkopf und Härtel, 1885).

ne voulons-nous pas ? Voulons-nous, ou ne voulons-nous pas, Cité fondée sur l'artifice, cesser d'accuser d'artifice les Poètes, les Poètes qui seuls, refuges de toute sincérité, se sont exilés dans leur âme et dégagés vers la Nature, exilés d'une Cité de mensonge et d'apparences, et dégagés d'une Société dont l'Art ne saurait sans déchoir interpréter l'ignominie ? Voulons-nous cesser, ou ne voulons-nous pas ? Voulons-nous, ou ne voulons-nous pas, grâce à l'Art qui n'a qu'une patrie, laquelle est l'Ame, grâce à l'Art qui n'a qu'un domaine, lequel est l'Air, grâce à l'Art qui n'a qu'un instant, l'Éternité (1), voulons-nous, ou ne voulons-nous pas nous délivrer des contingences, nous délivrer des conventions, nous délivrer des préventions, nous délivrer des préjugés, nous délivrer des habitudes, nous délivrer des hébétudes, nous délivrer des papotages, et nous délivrer des reportages de l'immédiate réalité, de la réalité relative ? Voulons-nous, ou ne voulons-nous pas nous en libérer grâce à l'Art, afin de pouvoir à notre tour, plongeant au fond de nos propres âmes comme le Poète au fond de la sienne, nous y ressaisir, et nous y ressaisir hors du siècle, hors des illusions du temps et du lieu, en pleine Éternité seule vraie, en pleine surnaturelle Nature, en pleine profonde Humanité, générale, abstraite et pourtant vivante, — seule

(1) Cf. Charles Morice, *La Littérature de tout à l'heure* (Perrin et Cie, 1889), *passim*. — Quelque intelligemment admiratives, du reste, que soient les pages consacrées dans ce livre à Richard Wagner, elles contiennent, à mon humble avis, des erreurs d'appréciation qui me défendent de les recommander à des lecteurs mal préparés. — N'importe ! Ce que notre génération doit à M. Charles Morice, nous ne pourrons l'oublier jamais. Cet aîné, — un aîné bien jeune ! — fut l'un de ses initiateurs. Et si je ne saurais m'associer à certains jugements que j'estime inexacts, je nous dois à tous deux de déclarer que, dans le développement qui motive cette note, je me suis parfois souvenu de l'accent de ce noble Verbe.

vivante, et seule absolue ? Voulons-nous, ou ne voulons-nous pas comprendre, au bout du compte, qu'à l'Art seul, non pas à la science, il faut demander l'oubli de la vie par la représentation de la Vie ? car, si la vie nous fait souffrir, elle seule aussi nous intéresse ; et s'il est vrai que la pauvre science (1), — incapable de rien savoir, — peut seule fournir à l'Art les humbles éléments d'une miraculeuse transfiguration, il n'est pas moins certain que l'Art seul peut à son tour, comme le proclame Richard Wagner, se mettre à la place de la vie réelle, dissoudre cette réalité quotidienne dans une illusion, dans une illusion supérieure, grâce à laquelle ce soit la réalité même qui nous apparaisse illusoire ! (2)

Voilà quelle est la question, dis-je : non pas spécialement musicale, non pas spécialement théâtrale, mais généralement artistique ; non de réduire à d'huileux problèmes de machinerie la représentation d'une *Walküre* ; non d'adapter Wagner au moule de nos guignols, où Wagner n'entrera qu'en le faisant éclater, sans utilité pour personne ! mais de réfléchir sur l'Art et sur ce qu'est notre art, d'y réfléchir avec sérieux ; et, — si nous répondons en notre âme et conscience à cette interrogation grave : « Voulons-nous, ou ne voulons-nous pas, un Art nouveau ? » si nous y répondons : « Oui ! Oui ! », si nous avons reconnu que Wagner en peut être le précurseur, l'initiateur ou l'instituteur, — alors, seulement alors, d'adapter nos guignols à cet Art de Richard Wagner, jamais l'Art de Richard Wagner à l'indignité de nos guignols.

Qui d'une piété semblable a cure ? Ah ! comme tous ont

(1) Cf. Richard Wagner, *Entwürfe, Gedanken, Fragmente*, p. 23 ; Leipzig, Breitkopf und Härtel, 1885.

(2) Cf. Richard Wagner, *Gesammelte Schriften und Dichtungen*, éd. citée, t. VIII, p. 37.

pris leur revanche, directeurs, chefs d'orchestre (1), interprètes et public, depuis que l'Œuvre immortel du trop pur génie mort est seul à se défendre contre eux! Quelle conspiration tacite, instinctive, pour faire ou pour laisser descendre à leur portée les conceptions de Richard Wagner, pour se spécialiser, pour se clapir chacun dans sa propre incompréhension, pour se congratuler entre eux d'admirer sans avoir compris, et de nous avoir — tel est leur crime, et l'inconscience est leur excuse, — proposé comme fidèles, et souvent imposé, leurs caricatures bien intentionnées!

Que si tonnent ou détonnent des voix pour objecter: « Après tout, jeune énergumène, ces conceptions de votre Wagner sont des conceptions dramatiques: et, pourvu donc qu'on les représente... » — Oui! répliquera l'« énergumène », oui, des conceptions dramatiques! Des conceptions dramatiques certes! Mais c'est donc pour ne pas entendre que vous aviez des oreilles, lorsqu'à l'instant l'énergumène vous parlait nettement d'Art Nouveau (d'Art renouvelé, sans doute, eût été mieux exact)? Des oreilles, ah! vous en aviez; pour entendre, ah! vous entendiez; mais écouter, voilà de quoi vous vous êtes passés: serait-ce que vous n'en êtes plus capables? Vous imaginez-vous qu'il s'agisse, par hasard, de je ne sais quel ronron sonore de paradoxe pour parade, agrémenté de sonneries de clairon, d'éternûments de cymbales et de canonnades de gong! Il s'agit de vérité, d'une vérité sérieuse, à dégager des « ouï-dire »: des falbalas de poupée, des fards de carnaval, et des

(1) Je ne désigne point de personnalités. Le dévouement de certains, leur bon-vouloir flagrant, non plus que leur *compétence comme directeurs d'orchestre*, ne font aucun doute pour personne. On n'en verra pas moins, p. 96, note (2), que Wagner, avec juste raison, exigeait autre chose, encore, des hommes chargés de mener l'exécution d'une œuvre musicale, assurément, — mais dramatiquement musicale.

corsets de prostituée, dont on a tour à tour cherché à déguiser, à maquiller, à déformer son éblouissante nudité de Belle-au-Drame-dormant sans défense. Il s'agit de vérité, d'une vérité sérieuse : vitalement, mortellement sérieuse ! Car, pour dramatiques qu'elles soient en effet, les conceptions de Richard Wagner, à dater de la *Tétralogie*, y compris la *Tétralogie*, n'en demeurent pas moins inséparables de ses idées personnelles sur l'essence de l'Art, sur le but de l'Art ; inséparables, affirmerai-je, de ses efforts pour démontrer que l'Art est la plus sacrée des choses, et, sous la forme du Théâtre, investissant d'une intense vie les plus cachés des sentiments, des émotions ou des passions, peut arracher un peuple d'hommes aux vulgaires intérêts qui les occupent tout le jour (1), pour rendre intelligibles, à ce peuple rassemblé, les plus hautes comme les plus profondes parmi les fins de l'humanité (2).

Et que nul *a priori* n'ose ici chuchoter les inopportuns mots de « système », ou de pièces-à-thèse : supposer qu'après la lecture, et surtout après la représentation de n'importe quel Drame de Richard Wagner, n'importe quel homme pourrait classer ce Drame au nombre des pièces dites à thèse, enfantines anecdotes soufflées dignes de toute indignité, jamais d'un tel excès d'honneur, — ce serait faire à l'esprit critique ou bien à la bonne foi des uns, comme à l'intuition des autres, une injure gratuite autant qu'inutile. S'obstiner systématiquement à radoter du « système » de Richard Wagner, ce serait oublier que toute sa vie Wagner, avec une légitime fureur, s'est proclamé du monde l'homme le plus ignorant de ce que peut être ce « système ». Et comment ne l'en croirait-on pas sur sa parole ? Comment, lui qui toujours fut Artiste, et rien de plus (et qu'est-ce qu'on peut être de plus ?), comment n'eût-il

(1) *Lettre sur la Musique*, nouv. éd., p. XXIII.
(2) *Id.*, p. XXV.

pas ignoré ce que peut bien être ce « système » ? « Système » est vite dit, mais qu'est-ce que « système » ? Par déduction, par induction, par toute quelconque méthode logique, arbitraire et présomptueuse, un esprit didactique, en son futile dédain des révélations inspirées, saura jour après jour édifier un « système », au moyen de matériaux choisis, cimentés par des raisonnements, sur un fonds de plausibilités phénoménales : après quoi sa royale raison condescendante voudra bien faire l'honneur au monde, — Choses, Nature, Vie Universelle, — de l'adapter, à son « système » ! Maintenant donc, si c'est cela « système », nommera-t-on de ce vocable odieux les idées d'un Richard Wagner, en dépit d'un Richard Wagner? des idées issues, comme l'Artiste même, comme sa Musique et comme ses Drames, de la Réalité des Choses, des Profondeurs de la Nature, et du Cœur palpitant de la Vie Universelle ! Plutôt dire que l'Art (qui, toujours, sait ce que souvent l'Artiste ignore) (1) lui révéla progressivement les horizons d'un nouveau monde, pressenti mais inexploré, — où Wagner lui-même éprouva le besoin de s'orienter et de se recueillir, pour son propre compte et tout seul, avant de révéler à son tour, aux hommes sceptiques de l'ancien monde, la merveille de sa découverte.

Or je pose que révélateurs de cette merveille, ses Drames le sont ! Ils le sont — à la condition *sine qua non* d'être exécutés comme il sied. Ils le sont — à la condition que les interprètes, à force de renoncement

(1) Cf. RICHARD WAGNER, *Lettre sur la Musique*, nouv. éd., pp. VI-VII : « Nous pouvons considérer la nature, dans son ensemble, comme un développement gradué, depuis l'existence purement aveugle jusqu'à la pleine conscience de soi ; l'homme en particulier offre l'exemple le plus frappant de ce progrès. Eh bien, ce progrès est d'autant plus intéressant à observer dans la vie de l'artiste que son génie, ses créations sont justement ce qui offre au monde sa propre image, et l'élève à la conscience de lui-même. »

et de foi, méritent la descente, sur leurs têtes, des apostoliques langues de flamme, afin de pouvoir parler au Peuple (1), au cœur du Peuple, inconsciemment, l'idiome spirituel qui les en rendrait maitres. Ils le sont — à la condition que ces interprètes, les acteurs comme les musiciens, les décorateurs comme les machinistes, ainsi devenus dignes du Drame, trouvent alors devant eux des gens rassemblés pour se « *distraire* », soit, mais pour se noblement « *distraire* », au sens le plus élevé du mot : c'est-à-dire pour s'abandonner sans réticences, sans infatuation critique, à l'ingénuité de leurs propres impressions, au lieu de chercher dans l'Œuvre d'Art tout autre chose que l'Œuvre d'Art, tout, — excepté cette Œuvre elle-même! Ces représentations idéales, par des interprètes idéals, devant un Public idéal, pour un Public dont le goût n'ait pas été faussé, tour

(1) Voici comment Wagner définit le Peuple : « Qu'un homme soit le plus ou le moins cultivé de tous, savant ou ignorant, placé au plus haut ou au plus bas de l'échelle sociale... sitôt qu'il éprouve et qu'il entretient en lui une aspiration qui le force à sortir d'un lâche accommodement à la connexion criminelle liant notre Société et notre État, ou de l'obtuse soumission d'esprit à cet ordre de choses ; une aspiration qui lui fasse ressentir le dégoût des joies vides de notre civilisation inhumaine, ou la haine d'un utilitarisme profitable seulement à ceux qui n'ont besoin de rien, et non à ceux qui manquent de tout, —... sitôt que cet homme reconnait clairement et sans hésitation cette nécessité morale, en se sentant capable de souffrir de la peine d'autrui, et, s'il le faut, d'offrir sa vie même en sacrifice, — celui-là appartient alors au Peuple ; car lui et tous ses pareils ressentent une même détresse. » (*L'Œuvre d'Art de l'Avenir*, *Das Kunstwerk der Zukunft : Gesammelte Schriften*, t. III, pp. 206-207.) « Le Peuple est l'ensemble de tous ceux qui éprouvent une commune détresse. » (*Id.*, p. 60.) — Cf. *L'Art de Richard Wagner : l'Œuvre poétique*, par M. ALFRED ERNST, pp. 168-172. — C'est au Peuple, ainsi défini, que se doit adresser l'Œuvre d'Art, car « le seul créateur de l'Œuvre d'Art est le Peuple : l'artiste peut seulement saisir et exprimer la création inconsciente du Peuple. » (R. WAGNER, *Entwürfe*, *Gedanken*, *Fragmente*, éd. citée, p. 22.)

à tour, par des habitudes, seconde nature contre nature, et par des conventions, et par des prétentions, et par des perversions, et par des concessions ; ces représentations idéales, devant un Public idéal, pour un Public de Foule et de Peuple (1) si l'on veut, connaisseur, — mais de son ignorance, et par là propre à tout recevoir, à tout admettre, à tout sentir, à tout comprendre, à tout écouter jusqu'au bout la bouche béante, mais l'âme aussi, à ne se jamais scandaliser si le musicien comme le poète le veulent intéresser au Drame plutôt qu'aux interprètes du Drame ; ces représentations idéales, révélatrices de l'Art nouveau découvert par Richard Wagner, révélatrices de ses idées mieux que toutes ses

(1) Cf. Richard Wagner, *Lettre sur la Musique*, nouv. éd., pp. LXXXI-LXXXII : « Pour me défendre de toute concession, il ne me fallait pas un grand courage ; l'effet que j'ai vu moi-même les parties les mieux réussies jusqu'à présent dans l'opéra produire sur le public, m'a fait concevoir de lui une opinion plus consolante. L'artiste qui s'adresse dans son ouvrage à l'intuition spontanée, au lieu de s'adresser à des idées abstraites, est porté par un sentiment aveugle, mais sûr, à composer son œuvre non pour le connaisseur, mais pour le public. Ce public ne peut inquiéter l'artiste que sous un seul rapport : c'est par l'élément critique qui peut avoir pénétré en lui, et y avoir détruit l'ingénuité, la candeur des impressions purement humaines. Précisément à cause de la forte part de concessions qu'il renferme, l'opéra, tel qu'il a été jusqu'ici, est, à mon sens, admirablement fait pour brouiller les idées du public, en le laissant incertain de ce qu'il doit chercher et embrasser ; car le public est involontairement obligé de se livrer à des réflexions hasardées, prématurées, fausses ; et il voit aussi le bandeau des préventions s'épaissir sur son esprit de la façon la plus fâcheuse, grâce au bavardage de tous ceux qui, dans ses rangs mêmes, se prononcent en connaisseurs. Et, par contre, remarquons l'étonnante sûreté des jugements que le public porte, au théâtre, sur le drame récité ; rien au monde ne peut le déterminer ici à tenir pour raisonnable une action absurde, pour convenable un discours qui est hors de saison, pour vrai un accent qui ne l'est pas : ce fait est le point solide auquel il faut s'attacher pour établir dans l'opéra même, entre l'auteur et le public, des relations sûres et nécessaires à leur entente mutuelle. »

œuvres théoriques, — il n'y a plus à les espérer pour le moment.

Non qu'elles soient irréalisables, et la preuve, c'est qu'il est au monde une ville où l'effort des Barbares, l'hostilité des scènes allemandes, la vanité des interprètes, l'inintelligence des publics et le scepticisme de la presse n'empêchent point qu'elles se réalisent ! Réalisables, elles le seraient donc, en Allemagne, en France et partout, mais il faudrait que certains, pour les organiser, consentissent d'abord à s'instruire, à toutes grandes ouvrir leurs petites cervelles au souci de savoir de quoi il s'agit. Il faudrait que fût voulu, par tout un peuple d'âmes, l'Art nouveau qu'a voulu Wagner : et comment voudront-ils, s'ils ne savent pas d'abord ? et comment sauront-ils, s'ils ne veulent pas savoir? Ah! s'ils voulaient savoir, seulement ! Car tout est là. Quand ils auraient appris qu'il fallut à Wagner des années pour s'orienter, pour prendre conscience de son but, pour pouvoir arriver lui-même, minorité d'un contre tous, à la volonté d'y viser, — sans doute se résigneraient-ils à poser leurs pieds dans ses pas, à suivre, vestige à vestige, l'âpre sentier qu'il a frayé ; par la connaissance de sa vie, ils s'initieraient peu à peu à l'évolution de ses idées; par l'évolution de ses idées, aux causes de cette évolution ; par l'intelligence de ces causes, à l'incompatibilité qui définitivement existe entre d'une part l'aménagement de nos représentations dramatiques, et d'autre part l'économie, formelle, foncière et générale, des conceptions de Richard Wagner à dater de la *Tétralogie*. Et alors, ils comprendraient bien et reconnaitraient : que jamais, en bafouant Wagner, on n'a fait à Wagner un plus indigne outrage qu'en l'admirant de certaine manière, en représentant, de certaine manière, tel Drame inutile à nommer; alors, peut-être voudraient-ils des représentations idéales, par des interprètes idéals, ailleurs qu'en une ville bavaroise, où tout le monde, à la fin du compte, ne peut pas se rendre !

Mais quoi ! nous en sommes au même point qu'à l'époque où sollicité d'exposer ses idées sur l'Art, désireux d'éviter toute phrase trop didactique, Wagner, en 1860, vit surtout dans une traduction (qu'on lui réclamait en même temps) de ses *Quatre Poèmes d'* « opéras », le moyen de compléter cet exposé d'idées ; de faciliter à des Français l'intelligence de ses principes, — sur le Drame-Musical-Poétique et Plastique, — en rendant possible, à ces mêmes Français, la lecture, l'étude, la méditation de quatre exemples de ce Drame, applications concrètes de ses principes abstraits. Quand je dis que nous en sommes au même point, c'est de notre ignorance que je parle ; car, si cette ignorance des principes de Wagner demeure, après la *Lettre à Frédéric Villot*, profonde, à notre honte, autant qu'auparavant, — différentes sont les conjonctures.

Tout d'abord est devenue possible une traduction française, en prose, du quadruple poème du *Ring* : de ce poème qui, en fait de quadruple métaphore explicative et suggestive, explicative de ses principes, suggestive de ses théories, eût été trente-quatre ans plus tôt ce qu'il est encore aujourd'hui même, c'est-à-dire mieux persuasif, significatif, péremptoire, ou, pour parler sur piédestal, mieux adéquat aux fins voulues.

D'autre part, les ennemis de Wagner ont désarmé, si bien qu'on pourrait presque dire, sans aucun paradoxe, hélas ! qu'excepté ses admirateurs, il n'a plus chez nous d'adversaires. Circonstance à la fois très utile et si grave ! très utile, car enfin l'on peut parler de Wagner avec des chances d'être écouté ; grave, parce que tant d'honnêtes gens, pour s'en être fait une image plus ou moins semblable à celle de Berlioz, croient être en règle avec Wagner. Qui sait dès lors à quelles fureurs, à quelles injures, à quelles lâchetés, à quelle cabale peut-être est exposé celui qui proclamant, tout haut, ce que tel et tel déplorent trop bas, stigmatisera l'ovine bêtise ou l'hypocrite malhonnêteté des admirateurs de Wagner par mode, ou des exploiteurs de cette mode, dénoncés en flagrant délit, les uns de snobisme et d'erreur, les autres, de tripatouillage ! Qui sait? mais il le faut ! Puisqu'il le faut : Soit ! dis-je. Soit ! puisque décisive est l'heure. Soit ! puisqu'à cette heure décisive, des voix se taisent, non pas plus sincères, mais moins indignes que ma voix. Bénies soient-elles, d'ailleurs, d'avoir parlé jadis, aux temps presque héroïques encore et presque industriels déjà de la propagande wagnérienne, lorsque nos âmes d'enfants naissaient à peine à l'Art; lorsque, sans ces voix opportunes, nous aurions pu, tout aux élans d'un enthousiasme irréfléchi, applaudir d'instinct qui ? Richard Wagner, de cela nous eussions été sûrs ; quoi ? des contrefaçons de ses Drames, et cela nous l'eussions ignoré...

Nous l'eussions ignoré sans doute ! Mais enfin, nous ne l'ignorons pas. Songeons donc (c'est le meilleur moyen d'affirmer notre reconnaissance), songeons à tenter pour autrui l'effort qui fut tenté pour nous par ces voix véridiques et rudes. Comprenons que si, rudes, elles le furent parfois jusqu'à nous sembler fanatiques, c'est qu'elles tonnaient en une époque de polémiques exaspérées, de désespérées tentatives suprêmes pour ou contre l'Art de Richard Wagner. Ne leur imputons pas à trop grave péché leur demi-silence après une victoire que, moins noblement désintéressés, pontifes prompts à vivre du culte autant qu'à propager la foi, bien des autres eussent exploitée. Et, faisant un juste retour vers ces profondeurs d'ignorance, d'où notre enthousiasme aurait pu s'élever, pour s'évanouir à la fin, comme l'éclat du feu passager d'un engouement, — si nous n'avions pas sur les cimes entendu des appels d'apôtres, si nous n'avions vu sur leurs têtes les apostoliques langues de flamme, sur leurs lèvres l'ardent charbon où allumer, spirituelle, et perpétuelle, notre foi, — faisant, dis-je, un humble retour vers ces profondeurs d'ignorance aux virtualités éteintes, réservant nos indignations pour quiconque, la vérité lue, persévérerait en son erreur par quelque imbécile amour-propre, rétractons avec repentir de trop hâtives paroles violentes : « Ovine bêtise » ? — Non pas. « Hypocrisie » ? — Non plus. « Malhonnêteté » ? — Pas davantage. Ignorance, ignorance réelle ! celle même qui, sans d'opportunes voix, fût demeurée la nôtre, oublieux que nous sommes ! Et pourtant nous étions des épris d'Art, nous autres, — des Artistes même, quelques-uns ! — c'est-à-dire des hommes qui, par vocation, des hommes qui, tous, considéraient que leur premier devoir, sinon l'unique, consiste à se préoccuper d'Art, et de l'essence de l'Art, et du but de l'Art, et de ses destinées éternelles : tandis que l'ignorance du Public reste, en somme, moins attribuable au Public lui-même qu'à l'ignominie d'un milieu natal indifférent aux questions d'Art.

Tolérer semblable ignorance ? — Non ! nous ne sommes point au monde, j'espère, pour tolérer ce qui nuit au monde ? nous y sommes pour chercher, pour trouver et pour croire, — et pour agir, de toutes nos forces, conformément à notre Foi ?

Tolérer donc, jamais ! Qu'on nous arrache la langue ! Tolérer ? Soit : quand nous serons morts. Mais aussi, plus j'y réfléchis, plus s'affirme et grandit en moi, pour cette ignorance du Public, à défaut de quelque lâche désir d'y condescendre, une particulière indulgence : quels éléments d'étude a-t-il eus, après tout, quels éléments d'étude a-t-il pour directement s'initier aux conceptions de Richard Wagner ? Les ennemis de Wagner ayant désarmé, nommerons-nous éléments d'étude tels panégyriques sur mesure d'apologistes sur commande, improvisés admirateurs au lendemain de ce désarmement? Nommerons-nous éléments d'étude les « morceaux-choisis » pour concerts, voire les « morceaux-choisis » pour soirée d'Opéra, qu'on ose, avec tranquillité, proposer au Public français comme révélateurs d'Œuvres d'Art prétendant à bon droit chacune, d'un bout à l'autre, eussent-elles trois actes, eussent-elles *treize* actes (1), à la même égale attention? Éléments d'étude révélateurs certes, s'ils n'étaient amputés d'organismes vivants, d'ensembles dramatiques dont la Langue, la Métrique, — la Poésie, la Symphonie, — la Plastique, et la mise en scène, — réagissent les unes sur les autres, indivisiblement unies, le mot complété par la note, la note complétée par le geste, et tout, depuis l'idée générale jusqu'au plus minime détail matériel, se correspondant, se tenant à tel point, que les défauts, — sans lesquels il n'est point de vrai chef-d'œuvre, — les défauts même, on l'a pu dire, font intégrante partie du Drame, s'imposent à notre admiration, par leur caractère de nécessité! Pour ma part, je déclare que des « morceaux-choisis », quand bien même ils consisteraient en un *quart* de Drame comme *La Valkyrie* (un quart dénaturé lui-même par d'inintelligentes coupures, et par quel système de représenta-

(1) La *Tétralogie* a treize actes, dont quatre pour le *Rheingold* et trois pour chacune des autres « Journées ». Il serait d'un noir comique que la superstition fût pour rien dans les déraisons (car on ne peut nommer cela « raisons ») qui empêchent nos théâtres de nous jouer l'œuvre en sa totalité parfaite. Il est vrai qu'en ce cas, s'ils y tenaient vraiment, nous aurions de quoi les rassurer : *L'Or-du-Rhin* n'est en somme qu'un acte en quatre « Scènes » (en quatre « Tableaux », si l'on veut), lesquelles, reliées l'une à l'autre, ainsi qu'on s'en pourra convaincre à la lecture, par un interlude musical et un simple mouvement progressif du décor, sont jouées et doivent l'être sans interruption, comme les tragédies helléniques.

tion!), de semblables « morceaux-choisis » ne sont pas des éléments d'étude : ou plutôt ne peuvent être éléments d'étude qu'à certaines conditions précises, ici débattues par la suite.

Restent : les partitions orchestrales, lisibles pour combien d'élus ? les partitions pour piano, mementos utiles pour qui sait déjà, dangereux pour qui sait mal encore (1) ; les traductions en vers français, *libretti* traîtres aux Poèmes (2) ; enfin les traductions en prose, et quelques douzaines d'analyses — plus ou moins littéraires, par des musicographes, plus ou moins musicales, par des littérateurs. Des analyses ! chacun les fait à son point de vue, — souvent sans avoir lu ni partition, ni texte, sans avoir entendu, sans avoir vu les Drames ; souvent d'après tel devancier qui, documenté d' « ouï-dire », n'avait guère davantage entendu, vu ni lu, et duquel il répète, soit les erreurs grossières, soit les interprétations fausses, soit les impudentes fantaisies (3). Des analyses ! que dire de celles presque exclusivement thématiques, la plupart exactes, encore qu'incomplètes ? comme si Richard Wagner n'eût été que « musicien » ! comme s'il n'eût été — musicien — que l'initiateur du *Leit-Motiv !* Mais au reste, à présupposer que, littéraires ou bien thématiques, toutes ces analyses fussent exactes, à les présupposer complètes, — et plus d'une possède ces deux qualités, — la meilleure vaudrait

(1) Mon ami Edmond Barthélemy n'en a pas moins été forcé, dans son *Commentaire Musicographique*, de renvoyer à ces « réductions » (le mot dit tout !) pour piano. — Les causes ? on ne les comprend que trop bien, n'est-il pas vrai ?

(2) Cf. ci-dessous pp. 107-108, et *passim*, le développement de cette assertion.

(3) Voir entre autres, au drame de *Siegfried*, les irréfutables notes (1) de la p. 494 et (1) de la p. 510. — Les exemples foisonnent ! j'en ai tout un dossier. Dans le beau livre dont j'ai parlé, et dont je reparlerai bientôt, M. Ernst en relève quelques-uns (spécialement sur la conclusion de *Tannhäuser*, p. 376, en note).

toujours moins que la pire des traductions totales, puisque en somme il s'agit d'un Drame : dont celui-ci jugera telle scène ou plus importante ou plus belle ; dont celui-là passera sous silence la même scène, trop heureuse si quelque pédant n'y découvre point, pour sa part, des philosophies, des morales, des métaphysiques, et quoi sais-je ! Hé ! que ne me donnez-vous, au lieu de vos analyses, la scène elle-même, — et toutes les scènes ?

Si Wagner ne fut que « musicien », c'est ce que nous verrons bien alors ! S'il ne fut, au surplus, que son propre librettiste, un versificateur choisissant pour sujets, prétextes à Musique, prétextes à décors, d'à peu près lyriques anecdotes, d'oiseuses fables mythologiques, de spécieuses féeries pour trappes et pour trucs : ou s'il fut un très grand Poète au sens originel du mot, un intuitif Créateur d'Œuvres où se pose, profondément, musicalement, artistiquement, je ne dis pas : philosophiquement, le Problème de nos Destinées ; un Révélateur de Symboles, un Restituteur de Réalités ; un génial Vivificateur, Revivificateur plutôt, des humaines, des universelles, des perpétuelles significations de l'immémorial Légendaire aryen ! Si Wagner ne le fut pas, ce Poète, ce Créateur, ou s'il le fut ; si, ce Poète n'étant pas compris, le Musicien peut être compris ; si, ni l'un ni l'autre n'étant compris, peut être compris le Dramaturge, voilà ce que nous verrons bien, dis-je ! voilà ce que nous verrons, rien de moins, par ses prétendus libretti, quand on nous les aura traduits — comme il convient que traduits soient-ils. Et nous verrons encore, j'espère, moins mal qu'au moyen d'analyses, s'il faut considérer le Drame de Richard Wagner, le Drame-Musical-Poétique-Plastique, comme un phénomène isolé, comme une « fantaisie individuelle », et non comme un effort d'un Artiste complet, « dans un intérêt général » ! Et nous verrons encore, j'espère, si, au résultat de ce effort, il n'y a pas lieu d'appliquer l'appréciation, de Wagner même, sur la Symphonie de Beethoven : que son Drame « se dresse devant nous comme une colonne, qui indique à l'Art une nouvelle période » ; car avec ce Drame de Richard Wagner « a été enfantée, au monde, une œuvre à laquelle l'Art d'aucune époque, ni d'aucun peuple », y compris l'Art de la Hellade, « n'a rien à opposer qui en approche, ou qui y ressemble (1) ».

Qu'on n'aille pas dénaturer le sens des affirmations qui précèdent. Loin de moi l'idée d'insinuer qu'une Traduction, fût-elle parfaite, fût-elle adaptable sans une erreur, sans une faiblesse, à la Musique, suppléera jamais pour ce Drame à des représentations exactes : j'ai dit, au contraire, et je redis, qu'à cette condition d'être exactes, seules des représentations sauraient, mieux que n'importe quelle autre épreuve, révéler la nécessité, montrer la possibilité, non seulement d'un Art-Dramatique nouveau, mais, sans autre épithète, d'un plus noble Art nouveau. J'ajoute ici qu'une traduction ne suppléerait même, à mon avis, ni aux représentations françaises, tout antiwagnériennes qu'elles soient, ni aux sélections des concerts publics, plus antiwagnériennes encore ; mais peut-être permettrait-elle, précédée de cet Avant-Propos, flanquée d'irrécusables gloses, peut-être permettrait-elle seule : d'aller à ces représentations, d'assister à ces sélections, avec des chances d'en découvrir... — L'inutilité ? — Ce serait excessif... — L'insuffisance alors ? — Voilà !

Possible est-il d'ailleurs qu'une découverte telle n'influerait, en aucune manière, sur l'insuffisant train des choses. Il n'en est pas moins vrai qu'il la faut faire d'abord ! Il n'en est pas moins vrai que tous ceux, qui l'auront faite, se trouveront dès lors, et dès lors seule-

(1) *Lettre sur la Musique*, nouv. éd., p. XL.

ment, à même de rapprendre, ou plutôt d'apprendre, et quel Art a voulu Wagner, et à quelles conditions ses Drames sont révélateurs de cet Art, et par quels moyens, tant que ces conditions seront irréalisées en France, tant que les protestations y seront inefficaces, il restera la ressource, aux protestataires, de se créer de cet Art, en attendant mieux, une image fidèle à la vérité. Voyons ! si nous en sommes en France, — après tant de bruit, malgré tant de bruit, et, sans doute, à cause de tant de bruit, — au même point d'ignorance qu'en 1860, si nous applaudissons de confiance, — par instinct ? par remords ? par mode ? — comme nous avons sifflé de confiance, sans d'ailleurs soupçonner maintenant mieux qu'autrefois de quelle sublime chose il s'agit, ah ! de quelle redoutable chose, la cause n'en serait-elle pas, franchement, que notre initiation a été mal conduite ? Si elle a été mal conduite, n'est-ce pas qu'elle est à recommencer ? Et si elle est à recommencer, recommençons, au moins, par le commencement. Est-ce donc si pénible, après tout ? Pénible ! Et quand bien même ce devrait être pénible ? L'ignorance, le mensonge, l'erreur le seraient-ils moins ? Qu'on le dise tout de suite ! Quant à moi, je répondrais que, pénibles ou commodes, l'ignorance, le mensonge, l'erreur, n'auront plus une minute la paix. Car comment ! nous serions certains qu'un volume bien fait, — comme il en est un (1), ou qu'un article généreux, d'un Mirbeau,

(1) *L'Art de Richard Wagner : l'Œuvre Poétique*, par ALFRED ERNST (E. Plon, Nourrit et Cie, éditeurs, Paris, 1893, 1 vol. in-18 de IV-544 pages). — Ce précieux volume n'est, du même auteur, ni le premier, sur Richard Wagner, ni, Dieu merci, le dernier non plus (il sera suivi d'un autre, non moins nécessaire, dont s'y trouve annoncée l'apparition prochaine : *L'Art de Richard Wagner : l'Œuvre Musicale*) : lui-même fut précédé d'une œuvre (titre : *Richard Wagner et le Drame Contemporain*) assez inférieure, à celle que j'indique, en ce que chacun des Drames y est analysé non seulement un peu vite, peut-être, mais à un point

d'un Henry Bauer (1), peuvent suffire, non certes à réparer le mal, mais à faire naitre ici, dans quelques âmes sincères, la bonne volonté de réagir; et loin de le signaler, ce volume, loin de le provoquer, cet article,

de vue surtout thématique : c'est dire que ce même point de vue reste aussi bien traité que l'a permis à l'auteur, alors, le peu de place dont il disposait ; toutefois, pour des raisons d'ordre particulier (encore que M. Alfred Ernst ait généreusement accordé, à mon ami Barthélemy, la gracieuse autorisation d'en utiliser maints passages pour son *Commentaire Musicographique*) j'aurai l'ingratitude de ne pas recommander l'œuvre : — *L'Art de Richard Wagner* la supplée si richement ! Oui : je n'ai, à l'heure présente, jamais vu M. Ernst ; jamais je ne le verrai sans doute ; mais j'affirme, sans craindre qu'on ne me contredise, que ce livre, de toute la Critique wagnériste, est le seul livre français qui puisse, actuellement, donner de l'Art de Wagner une idée nette, complète, libre de toute erreur sérieuse. — Je n'aurais de réserves à faire que : sur un seul chapitre, intitulé : *L'Art Religieux* (mais cela n'importe pas *ici*) ; sur l'absence d'un chapitre synthétique final (mais sans doute fut-il plus logique de le réserver pour le second volume annoncé, si impatiemment attendu) ; enfin sur ce fait que l'auteur, en sa piété d'ailleurs touchante, suppose que son public a tout d'abord eu soin de prendre la connaissance des Drames. Or, où l'aurait-il prise — pour *L'Anneau du Nibelung* ? Dans la version Wilder ? Non, verra-t-on bientôt. Cette lacune, le présent volume va la combler ; et alors, d'être mieux intelligible encore, l'œuvre de M. Ernst n'en paraîtra que plus belle. Sur la Langue, la Métrique, la Plastique, la Mimique, le Décor, les Sources, les Symboles, on y trouvera, plus développées, sous une forme à la fois savante et captivante, une foule d'observations que je ne pouvais qu'indiquer, de citations traduites pour la première fois (j'ai fait mon profit de quelques-unes, mais le livre de M. Ernst en fournit seul le commentaire) : bref une véritable encyclopédie de l'œuvre poétique wagnérienne, un monument durable auquel je me fais une joie de rendre ce public témoignage.

(1) Je laisse à cette place ces deux noms, parce qu'ils sont venus sous ma plume dans le feu de la première improvisation : n'obsèdent-il pas l'esprit de quiconque, ayant une cause d'Art à soutenir, manque, hélas ! de l'autorité qu'il y faudrait ? J'entends bien néanmoins que ceux qui portent ces noms sachent, et me fassent l'honneur de croire : qu'à personne je ne demande rien, ni pour moi-même, ni pour ce livre. — C'est pour l'Art de Wagner, seulement, que j'espère en eux !

loin de réagir personnellement, nous nous résignerions à tolérer l'erreur? le mensonge? l'ignorance? Jamais! Nous crierons, jusqu'à ce qu'on entende! Nous crierons, jusqu'à ce qu'on écoute! Et s'il est réellement des hommes auxquels semble commode l'erreur, commode le mensonge, commode l'ignorance, nous saurons les leur rendre, à force de clameurs, moins commodes que la vérité! Et nous nous répéterons, et nous nous développerons, et nous nous résumerons, et nous démènerons, pour de nouveau nous répéter, pour de nouveau nous développer, pour de nouveau nous résumer, nous démener, nous multiplier: jusqu'à ce que les plus entêtés, vaincus ou convaincus, s'amendent; jusqu'à ce qu'ils disent: « Recommençons »; jusqu'à ce qu'en témoignage de leur sincérité, sans protestation, sans révolte, ils subissent, conclusion pour les pages qui précèdent, argument pour les pages qui suivent, l'énumération, une fois de plus, de ce que j'appellerais volontiers les motifs, les typiques motifs, — les irréfragables *Leit-Motive* de ce modeste Avant-Propos:

Puisque Richard Wagner voulut un Art nouveau, non seulement un Art dramatique nouveau, mais, sans autre épithète, un plus noble Art nouveau; puisque des représentations-types peuvent seules nous révéler cet Art; puisque nous n'avons pas ces représentations-types; puisque nous ne saurions les avoir aussi longtemps que seront mal connus, mal interprétés, mal suivis, les principes de Wagner sur le Drame et sur l'Art; puisqu'il faut donc connaitre ces principes d'abord; puisque notre ignorance des principes de Wagner demeure, après la *Lettre à Frédéric Villot*, profonde, à notre honte, autant qu'auparavant; puisque Wagner, sollicité d'exposer ses idées sur l'Art, vit surtout, dans une traduction (qu'on lui réclamait en même temps) de ses *Quatre Poèmes* d' « opéras », el moyen de compléter cet exposé d'idées, de faciliter à des Français l'intelligence de ses principes, sur le Drame-Musical-Poétique-et-Plastique, en rendant possible, à ces mêmes Français, la lecture, l'étude, la méditation de quatre exemples de ce Drame, applications concrètes de ses principes abstraits ; puisque d'ailleurs, considérant une traduction de ces quatre ouvrages comme une quadruple métaphore explicative et suggestive, explicative de ses principes, suggestive de ses théories, Wagner était réduit, en 1860, à ne recommander de cette métaphore qu'un terme sur quatre, un seul terme, *Tristan*, pour intégralement significatif de son esthétique intégrale ; puisqu'au surplus *Tristan*, conforme à ces principes, n'en avait pas moins été composé dans la plus entière liberté, la plus complète indépendance de toute préoccupation théorique ; puisqu'on saisit dès lors sans peine quels motifs purent pousser l'artiste à désirer, à proposer : une Traduction française de *l'Anneau du Nibelung*, quels motifs (si alors elle eût été possible) la lui auraient sans doute fait juger préférable à celle, en 1860, de *Quatre Poèmes* d' « opéras » ; puisque ces motifs se résument en un (en fait de quadruple métaphore explicative et suggestive, explicative de ses principes, suggestive de ses théories, le quadruple Poème du *Ring*, cause directe et directe application consciente de ces mêmes théories et de ces mêmes principes, à leur summum d'intransigeance, eût été mieux persuasif, significatif, péremptoire, ou, pour parler sur piédestal, mieux adéquat aux fins voulues) ; puisque, trente-quatre ans écoulés, ces motifs subsistent d'une part, tandis que d'autre part ont disparu les causes pour lesquelles cette publication, bien qu'elle eût mieux correspondu aux motifs intimes de Wagner, devait se faire si longtemps attendre :

Pour ces irrécusables *Puisque*, irréfutablement déduits, et pour d'autres raisons spéciales, formulées chacune à sa place logique :

Si nous voulons un Art nouveau, comme l'a voulu Richard Wagner ;

Si nous voulons nous initier à ce qu'a voulu Richard Wagner ;

Si nous ne pouvons l'aller apprendre à Bayreuth, la seule ville du monde où des représentations suffisent à l'initiation complète :

Alors, seulement alors, — mais alors avant tout :

Etudions les idées de Wagner, les origines de ces idées, les conséquences de ces idées ; complètons cette étude par celle d'une Traduction, en prose, de la *Tétralogie.*

Gardons-nous d'aborder cette Traduction, d'ailleurs, sans la prudence indispensable. Et (ce sera notre dernier *Puisque*) et puisque le Poème de la *Tétralogie*, conçu, écrit même en partie, ne put être achevé par Wagner avant qu'il se fût rendu compte, par la méditation abstraite, des principes théoriques conformément auxquels ce quadruple Poème, enfin, révélerait la nécessité, prouverait la possibilité d'un Art dramatique intégral intuitivement pressenti : à notre tour, — après les idées générales, les origines de ces idées, les conséquences de ces idées ; avant la Traduction, en prose, du quadruple Poème du *Ring*, — examinons les trois ouvrages dénommés, par Wagner lui-même, « l'expression abstraite » de ce *Ring*, « qui s'était développé en lui comme une production spontanée. » (1).

N'est-il pas vrai qu'ensuite nous aurons bien des chances pour apprécier avec justesse, en chacun des Drames de *l'Anneau*, et les caractères du sujet, et la tendance de ce sujet, et le mode dramatique dans

(1) *Art et Révolution.* — *L'Œuvre d'Art de l'Avenir.* — *Opéra et Drame.* — Ils sont analysés ci-dessous, pp. 80-98.

lequel il est traité, et quelle part, à la conception, à l'exécution de ces travaux, quelle part eut l'esprit de la Musique? — Mais oui, nous les aurons, ces chances! Et des chances aussi pour savoir : ce qu'il y a lieu de rechercher dans une Traduction de cet *Anneau*, dans celle-ci en particulier ; dans une Edition de cet *Anneau*, dans celle-ci en particulier ; comment il faut lire la première, comment consulter la deuxième ; comment compléter l'une et l'autre au moyen, tantôt d'une lecture, tantôt d'une représentation, tantôt d'une audition dans un concert public. Car je le répète : une traduction ne suppléerait certes, à mon avis, ni aux représentations françaises, tout antiwagnériennes qu'elles soient, ni aux sélections des concerts publics, plus anti-wagnériennes encore : mais peut-être permettrait-elle, précédée de cet *Avant-Propos*, flanquée d'irrécusables gloses, peut-être permettrait-elle seule : d'aller à ces représentations, d'assister à ces sélections, sans ignorer d'avance et ce qu'il convient d'en prendre, et ce qu'il importe d'en laisser.

II

L'heure est venue des phrases didactiques : pourquoi suis-je un artiste, hélas ! Car, si chétive que soit ma personnalité, elle n'en éprouve pas moins combien, à tout artiste, du plus génial au plus chétif, s'appliquent, inéluctablement, certaines doléances de Wagner lui-même (1), réduit à des phrases didactiques. J'essayerai d'être clair, pourtant ! quelque « anormal » que soit

(1) Cf. *Lettre sur la Musique*, nouv. éd., pp. XLV, XLVI, XLVII, *passim*.

l'état dans lequel j'ai placé mon esprit par foi ; quelque « étrange supplice » que m'impose, à moi comme à Richard Wagner, un semblable « anormal » état. Et, quand je me sentirai trop proche de cette « impatience passionnée » qui m'empêcherait, suivant Wagner, de consacrer au style le temps obligatoire ; ou, si je me sens trop loin du « calme » et du « sang-froid » qui doit être « le propre du théoricien », j'abdiquerai ma voix personnelle, pour faire ou pour laisser parler celle du génie (1). Aussi bien n'est-ce pas moi qui compte ici pour rien ; et ce n'est pas d'être original que je me propose, mais d'être exact.

Qu'il me soit avant tout permis de remémorer que, si insuffisantes que soient la plupart des biographies françaises de Wagner, je n'ai pu pour cet Essai songer qu'à préciser, parmi les circonstances de sa carrière d'artiste, celles qui m'ont semblé plus directement intéresser le présent labeur de Traduction et d'Edition. Sûr dès lors, de par cette déclaration catégorique, pour la deuxième fois formulée, qu'on ne m'imputera pas à forfait certaines omissions volontaires, je tendrai droit au but et tout d'abord noterai : quiconque recherchera quels faits, dès l'enfance de Richard Wagner, purent être significatifs d'une évidente vocation d'Art, constatera la précoce facilité qu'il eut à s'exprimer en vers métriques. « Ce ne fut que plus tard » dit-il lui même, — quand déjà ses études, l'ayant fait pénétrer dans l'antiquité surtout grecque (2), lui avaient

(1) Etant donné le Public auquel s'adresse ce livre, j'ai cru ne devoir citer ici (*autant que possible*) que les œuvres déjà traduites : à force de les voir mentionnées, peut-être éprouvera-t-il le désir de les lire ? Pour ma part, j'en vais éditer bientôt deux autres, et même trois, s'il faut tenir compte de *L'Art et la Révolution*. — Sur ce double sujet, plus nettement m'expliquerai-je ; cf., ci-dessous, pp. 78-80 ; et p. 87, note (3).

(2) *Lettre sur la Musique*, nouv. éd., p. XVIII. — Cf. *L'Œuvre et la Mission de ma Vie*, trad. Hippeau (Dentu, éd.), pp. 25 et 27.

inspiré maints poétiques essais, — ce ne fut que relativement fort tard qu'il en vint à perfectionner son éducation musicale : à seule fin d'« écrire un accompagnement » pour une « tragédie » composée par lui (1). Je n'irai pas jusqu'à en conclure que Wagner eut, dès la mamelle, l'intuition de son futur Drame-Musical-Poétique-Plastique ; je me contenterai de faire observer à quiconque aurait l'inconscience, niant Richard Wagner poète ou Richard Wagner dramaturge, d'affirmer quelque admiration pour Richard Wagner « musicien », qu'en dépit de ces dénégations, en dépit de ces affirmations, le développement logique et l'éveil progressif sont prouvés, du génie de Wagner, du génie total de Richard Wagner : l'éveil progressif du poète, par l'enfant versificateur ; du dramaturge, par le poète ; et du musicien par tous trois, — sans lesquels il n'eût pas été !

D'ailleurs n'est-ce pas à dire, pour cela, qu'il faille attribuer ni que j'attribue moi-même, aux premiers libretti de Wagner adolescent, vrais libretti (2) ni plus ni moins ! une bien grande valeur poétique. Au contraire, et quelques très prophétiques symptômes qu'ils offrent tous, il est certain que Richard Wagner, en écrivant, à vingt-cinq ans, le moins inégal et le dernier des livrets de sa première manière, *Rienzi*, ne songeait encore (on l'en peut croire) qu'à l'élaboration d'un texte d'opéra, qui lui permettrait « de réunir

Quelque précieux que soit ce dernier document, je suis obligé, en le recommandant, de mettre le lecteur en garde, une fois pour toutes, contre telles des *gloses* erronées dont l'estimable traducteur, — par patriotisme sincère, mais partial et mal entendu, — a jugé utile de l'enguirlander.

(1) Cf. Richard Wagner, *Souvenirs* (Charpentier, éd.), traduits, par M. Camille Benoit, de l'*Autobiographische Skizze* (*Esquisse Autobiographique*) placée, dans les *Œuvres complètes* (*Gesammelte Schriften*), au t. Ier.

(2) Cf. *L'Œuvre et la Mission de ma Vie*, trad. citée, p. 27.

toutes les formes admises et même obligées de grand opéra proprement dit (1) », des introductions, des finales, des chœurs, des airs, des duos, des trios, tout en y déployant « toute la richesse possible (2) ». Et comment *Rienzi* eût-il, quand on y pense, marqué « aucune phase essentielle dans le développement des vues sur l'Art (3) » qui, plus tard, dominèrent Wagner? Conçu en Allemagne et commencé là, « sous l'empire de l'émulation » excitée en lui par les impressions, « les jeunes impressions » dont l'avaient « rempli », tantôt l'ample style « héroïque » des opéras d'un Spontini, tantôt le « genre brillant », trop brillant, du Grand Opéra parisien, d'où lui arrivaient des ouvrages portant les noms fameux d'Auber, de Meyerbeer et d'Halévy (4), — *Rienzi* ne fut-il pas achevé, quant à la partie musicale, pendant le premier séjour de Wagner à Paris? Les représentations du Grand Opéra, la perfection de l'exécution, les splendeurs de la mise en scène, pouvaient-elles manquer d'éblouir (5), alors, un artiste jeune, arrivant d'Allemagne, accoutumé, comme chef d'orchestre, aux ridicules misères d'un guignol de Riga, et, circonstance plus périlleuse, en quête de la direction propre à donner à ses facultés? Mais aussi cet éblouissement, la première stupeur dissipée, devait nécessairement, par le contraste même, contribuer à révéler, au sens artistique de Wagner, l'indigence musicale, — ci-dessous déterminée, — et la pauvreté poétique d'un genre, qui n'éveillait en lui, somme toute, que des sensations d'ordre assez grossier. Qu'en Allemagne *la Juive* l'eût enflammé si peu, tandis qu'à l'Opéra *la Juive* l' « éblouissait », quoi

(1) *Lettre sur la Musique*, nouv. éd., p. LVII.
(2) *Id.*, *ibid.*
(3) *Id.*, p. LVI.
(4) *Id.*, *ibid.*
(5) *Id.*, p. XX.

donc! la cause en était-elle, en tout et pour tout, imputable, aux ridicules misères des guignols de l'Allemagne? Le genre n'y était-il pour rien? L'œuvre n'y était-elle pour rien? Car enfin, comment se faisait-il que même ces ridicules misères des guignols de province allemands, même l'imbécillité du livret germanique, ne l'eussent pas empêché, lui, Richard Wagner, d'être jusqu'aux entrailles ému d'un *Freyschütz?*

Problèmes déconcertants, mais non pas insolubles: la solution, Wagner la pressentait bientôt, lors d'une audition, au Conservatoire, de cette *Symphonie avec Chœurs* à laquelle son génie doit tant, puisqu'elle contenait en germe toutes les floraisons du Drame-Musical-Poétique-Plastique (1). Il est tel écrit de cette époque qui, document précieux, nous permet d'évoquer les premiers essors, les premiers coups d'aile, les premières tentatives de sa pensée mal drue, lassée du nid des conventions, pour s'en évader vers le ciel de l'Art, — désormais irradié, pour elle, du pur, de l'omniscient

(1) Cf. *L'Œuvre et la Mission de ma Vie*, pp. 42, 58, 77. — Du reste, si ce fut bien à Paris que les exécutions « réellement parfaites » données par Habeneck au Conservatoire, furent décisives pour le génie de Wagner, la première impression profonde, qu'il eût ressentie, de cette terrible page musicale, datait de sa toute première jeunesse : au *Gewandhaus* de Leipzig, déjà, elle avait été ce qu'il appelle « la source mystique de mes plus hautes extases. » (*Id.*, p. 29). — Enfin, lorsque la pierre d'assise du Théâtre des Festivals (*Festspielhaus*) fut posée à Bayreuth (1872), cette grande journée fut célébrée par une exécution modèle de la *Symphonie avec Chœurs* : « elle-même était la pierre d'assise de l'Art national qu'allait donner au peuple allemand le premier exemple actuel d'une grande solennité scénique, d'une représentation dramatique et musicale qui serait la perfection même. » (*Id.*, p. 77). — Cf. ci-dessous encore l'*Avant-Propos*, pp. 60, 85-86, 89, 91; et les pages profondes consacrées, soit à *Beethoven* dans le tome IX, soit à la *Neuvième Symphonie* dans le même tome IX, et dans le tome II des *Gesammelte Schriften und Dichtungen*.

soleil de Beethoven (1). Lente prise de possession, mais ininterrompue, d'un domaine infini jusqu'au vertigineux! il semblait à Wagner, depuis cette audition de la *Symphonie avec Chœurs*, que Beethoven lui-même, parfois, du fond de cet infini sacré, lui parlait, l'inspirait, guidait son vol novice, le vol métaphorique et vague de ses intuitions déprises ; et alors, ces paroles de l'invisible guide, du guide invisible et présent, imaginairement entendues, réellement entendues pourtant, Wagner les confiait au papier. Elles lui suggéraient, ces paroles, que, dans le primordial univers, organes de la Nature créée, les sons des instruments futurs préexistaient, bien avant même qu'il fût des hommes ; elles lui suggéraient, d'autre part, que pour ces hommes la voix humaine est l'interprète du cœur humain, l'immédiat interprète de tout ce qui constitue, — sensations, sentiments, passions, — la Personnalité abstraite, objet plus limité sans doute que la Nature, mais combien plus clair et précis ! Elles concluaient enfin, ces suggestives paroles, que si l'Art parvenait à traduire la Nature, — infinie, imprécise, concrète, — au moyen de l'instrumentation ; la Personnalité, — finie, précise, abstraite, — au moyen du langage humain, de la voix humaine ; si l'Art parvenait, la Nature traduite, la Personnalité traduite, à rendre évidente, dramatique, sensible, la vivante réciprocité perpétuelle, soit de leurs relations générales, soit de leurs réactions plus particulières ; si l'Art réussissait, en outre, à poser dans ses œuvres l'Ame (exprimée par la voix humaine) comme le régulateur des élans, des conflits et des violences de la Nature (exprimée par les instruments), — le cœur de l'auditeur, du spectateur, de l'homme, s'ouvrirait à

(1) Cf. *Un Pèlerinage chez Beethoven*, *passim* (RICHARD WAGNER, *Gesammelte Schriften und Dichtungen*, t. Ier).

cette « forme artistique idéale », qui « peut être entièrement comprise sans réflexion (1) », à ces émotions si complexes, à cette révélation, quasi surnaturelle, des seules Réalités du monde.

Maintenant donc, puisque nous parlions auparavant, non de la *Symphonie avec Chœurs*, mais de *la Juive*, et du *Freyschütz*, et de l'opéra, et des impressions produites par *la Juive*, par *le Freyschütz*, sur Richard Wagner, et des problèmes déconcertants proposés, à Richard Wagner, relativement à l'opéra, par la différence même de pareilles impressions : quel rapport avec l'opéra peuvent avoir et cette *Symphonie*, et toutes ces prétendues « paroles » conditionnelles de Beethoven, tous ces prétendus « Si » posthumes ? — Avec l'opéra ? Quel rapport ? Aucun : mais aussi est-ce bien là pourquoi cette *Symphonie*, ces prétendues « paroles », ces « Si », permettaient à Richard Wagner de pressentir, aussitôt après *Rienzi*, la solution définitive : la nécessité d'une rupture, totale, avec le genre de l'opéra. Et la preuve, c'est qu'après ces prétendues « paroles », imaginairement entendues, réellement entendues pourtant, Wagner attribuait en outre à Beethoven, comme une conséquence naturelle, cette déclaration que, pour lui Beethoven, il ne voyait dans l'opéra, avec ses ariettes, avec ses duos, avec tout le bagage convenu qui l'encombre, que mensonge et vide musical sous les plus brillantes apparences, bref un genre, bien moins artistique qu'artificiel, à radicalement réformer, malgré la révolte certaine et des chanteurs, et du public. Ne suffirait-il point de lire ces phrases pour apercevoir, quand bien même Wagner n'aurait pas pris soin de le rappeler ailleurs, que l'éclat de l'idéal parisien avait déjà dès lors bien pâli à ses yeux, et qu'il commençait à puiser les lois, destinées à déterminer la forme

(1) *Lettre sur la Musique*, nouv. éd., pp. LXXIII-LXXIV.

de ses conceptions, à une autre source qu'à cet océan de la publicité officielle, qui s'étendait devant lui en France? (1) — Evidemment. Mais cette évolution, produite par l'efficace de la *Symphonie avec Chœurs*, et qui, loin de s'annoncer comme une révolution, restait réduite encore à l'état d'idées vagues, il fallait en une œuvre l'extérioriser : car si d'une part c'était en effet Beethoven qui avait suggéré, même vagues (2), ces idées fécondes à Richard Wagner, d'autre part Beethoven, pourtant, faute d'avoir trouvé un poème qui ouvrît une libre carrière au déploiement de sa toute-puissance musicale, n'avait pas laissé l'œuvre-type (3) qui leur aurait correspondu.

Hé bien, puisque d'ailleurs des idées toutes pareilles, comme l'avoue humblement Wagner, s'étaient sans aucun doute présentées dès longtemps aux grands maitres ses précurseurs (4), même à ceux chronologiquement indépendants, — tel Glück, — de l'influence de Beethoven ; puisque les successeurs de Glück étaient arrivés, pas à pas, à grandir, à lier entre elles, les traditionnelles formes roides, autant qu'étroites, de l'opéra ; puisque, à la condition, toutefois, d'être soutenues par une situation dramatique un peu forte, ces formes suffisaient, parfaitement, à ce qui est le but suprême et

(1) *Lettre sur la Musique*, nouv. éd., p. LVII.

(2) « L'idéal flottait devant sa pensée. » — *Id.*, p. XIV.

(3) « Pour bien saisir ce que je veux dire, comparez la richesse infinie, prodigieuse du développement dans une symphonie de Beethoven avec les morceaux de musique de son opéra de *Fidelio* ; vous comprenez sur-le-champ combien le maître se sentait ici à l'étroit, combien il étouffait, combien il lui était impossible d'arriver jamais à déployer sa puissance originelle ; aussi, comme s'il voulait s'abandonner une fois au moins à la plénitude de son inspiration, avec quelle fureur désespérée il se jette sur l'ouverture, et y ébauche un morceau d'une ampleur et d'une importance jusque-là inconnues ! Cet unique essai d'opéra le laisse plein de dégoût. » (*Id.*, *ibid.*)

(4) *Id.*, p. LXXVII.

supérieur de l'Art ; puisque le grand, le puissant, le beau, dans la conception, sont choses qu'on peut, Wagner ne l'a jamais nié, rencontrer dans beaucoup d'ouvrages de maitres justement célèbres (1) : existait-il pour le théâtre, à défaut d'une création-type de Beethoven, existait-il, de ces grands maitres, une création sinon modèle, tout au moins issue, consciemment ou non, de besoins, de désirs, d'intuitions, d'idées, analogues aux besoins, aux désirs conscients, aux intuitions, aux idées conscientes, suscités, en Richard Wagner, par l'audition de la *Symphonie avec Chœurs*? Existait-il une création propre à préciser, pour lui-même, au moyen d'exemples directs, au moyen d'éléments concrets de comparaison, les conditions suivant lesquelles il pourrait extérioriser, en une œuvre viable et significative, ses nouvelles vues beethovéniennes? Dans tous les cas, si d'aventure elle existait, cette création, facile est-il de voir que ce n'était guère *la Juive*. Quoi? *le Freyschütz* alors? Plutôt ! Aussi bien n'est-ce pas sans motif que j'ai choisi, pour les nommer, ces deux opéras parmi tous : l'un, *la Juive*, à cause de sa date (2); l'autre, *le Freyschütz*, à cause d'un document, dont l'authenticité m'oblige à signaler l'œuvre fantastique de Weber, interprétation d'une légende, comme ayant, la première après la *Symphonie*, provoqué chez Wagner une crise que, classiquement, j'appellerais volontiers sa « nuit de révélation » : c'est au retour, en effet, d'une représentation du *Freyschütz* à l'Opéra qu'il conçut avec enthousiasme, en 1841, quelle mission s'imposait alors, après Beethoven et Weber, au musicien allemand, au dramaturge allemand : celle de rassembler dans le lit du Drame, mais surtout du Drame légendaire, le torrent de la musique allemande, tel que Beethoven l'avait

(1) *Lettre sur la Musique*, éd. nouv., p. LXXVIII.
(2) 1835.

faite (1). Ce musicien, ce dramaturge, Wagner l'était-il ? Pas encore. Eh bien donc, il fallait essayer de le devenir, les Richard Wagner, non plus que tel de ses indignes traducteurs, n'étant de ceux qui savent reculer devant le péril de manifester, à la face d'un monde de mensonge, leur foi militante en la Vérité.

Tout d'abord, dès *le Vaisseau-Fantôme* inclusivement (duquel vers et musique, excepté l'ouverture, furent terminés en sept semaines, aussitôt après *Rienzi*, et qui, dans sa pensée première, ne devait avoir qu'un seul acte), Wagner, décidé à changer de sujets, abandonna, une fois pour toutes, le terrain, comme il dit, de l'Histoire, pour s'établir sur le terrain, plus musical, de la Légende. Pourquoi ? Mais à seule fin de pouvoir « laisser de côté » l'infini « détail nécessaire pour représenter et décrire le fait historique et ses accidents, » tout l'infini détail « qu'exige, pour être parfaitement comprise, une époque spéciale et reculée de l'histoire, et que les auteurs de drames et de romans historiques déduisent, par cette raison » fatale, « d'une manière si circonstanciée (2). » Et si, cet infini détail, Wagner tenait tant à le « laisser de côté », c'est que l'obligation d'en tenir compte équivalait à celle, plus grave, de traiter dans son Drame la partie poétique, la partie musicale surtout, suivant un mode incompatible, à ses yeux, avec chacune d'elles, et principalement avec la dernière. Car, pour la partie poétique : le seul tableau de la vie humaine qui doive être appelé poétique est celui dans lequel les motifs, qui n'ont de sens que pour la raison, sont remplacés par les mobiles tout humains qui gouvernent le cœur (3). Et, pour la partie musicale : qui ne comprend que si l'Histoire, les

(1) Cf. *Lettre sur la Musique*, éd. nouv., p. XXI.
(2) *Id.*, pp. LVII-LVIII.
(3) *Id.*, p. XXXI.

sujets historiques, peuvent à la rigueur n'avoir rien à perdre à l'intervention de l'harmonie, de la mélodie, de la symphonie, l'Histoire, les sujets historiques, ont encore moins à y gagner? Qui ne voit que si la Musique, sans nul doute, est une langue, cette langue, loin d'être faite pour de pareils sujets, loin d'être apte à nous représenter les résultats de l'analyse intellectuelle, — bien plus, loin d'être intelligible au moyen des lois de la logique, — ne saurait être, au contraire, que l'écho synthétique de toute la Vie en son essence, impénétrable à l'analyse ; ou encore, l'écho spontané des impressions — les plus profondes — de l'humaine sensibilité? Or précisément la Légende, pour le musicien comme pour le poète, a sur l'Histoire cet avantage de comprendre, à quelque nation qu'elle appartienne, à quelque époque qu'elle appartienne, ce que cette époque et cette nation ont de plus profondément humain, d'universellement éternel ; et, ballade ou refrain populaire, de l'offrir sous une forme originale très vive, très colorée, assez saillante pour être tout entière perçue, du premier coup, sans réflexion, par l'intelligence la moins cultivée (1). Aussi l'auteur d'un Drame à sujet légendaire peut-il, favorisé qu'il est par la simplicité de l'action, par sa marche, dont l'œil embrasse sans difficulté toute la suite, négliger toute explication d'une foule d'incidents extérieurs ; et, les actes humains par ainsi dépouillés de leurs apparences conventionnelles, affranchis du temps et de l'espace, consacrer du poème la plus importante part au développement, non pas de l'intrigue, mais des motifs intimes, psychologiques, du drame, seuls intéressants pour le cœur (2).

Il ne faudrait pas croire, d'ailleurs, qu'à Wagner se

(1) Cf. *Lettre sur la Musique*, éd. nouv., p. LVIII.
(2) Cf. *Id.*, p. LIX.

soient révélées, à l'instant même, toutes les rigoureuses conséquences pratiques de sa définitive option : il suffit de jeter un coup d'œil sur l'ensemble des trois poèmes consécutifs à cette option (c'est-à-dire *le Vaisseau-Fantôme*, *Tannhäuser* et *Lohengrin*) pour s'apercevoir qu'au contraire l'artiste n'apprit que par degrés à tirer un profit complet des spéciales virtualités dramaturgiques de la Légende : l'accroissement du volume textuaire, d'œuvre en œuvre, justifie déjà cette observation. C'est qu'au début Richard Wagner demeurait encore, en dépit de lui-même, trop préoccupé, beaucoup trop, de la forme traditionnelle propre à la musique d'opéra : et cette forme rendait impossible, on le sait assez, un poème qui aurait exclu la réitération, fréquente, des mêmes paroles et des mêmes phrases (1) ; impossible, un texte vocal où la disposition des vers n'aurait pas été combinée pour permettre à ces mêmes paroles, à ces mêmes phrases, supports élastiques de la mélodie, de communiquer au poème, par l'artifice de leur retour, l'extension voulue par cette mélodie (2).

Aussi *le Vaisseau-Fantôme* marque-t-il moins le souci de renoncer à la coupe classique des morceaux-types dits d'opéra, qu'une tendance à lier entre eux ces morceaux-types ; à en approprier l'usage, à en subordonner l'emploi, aux nécessités immédiates du drame, et bref à déjà fondre en un tout homogène, — poétique, musical, plastique, — les éléments divers de l'œuvre. Au reste, le seul but que Wagner se fût volontairement proposé d'y remplir consistait (pour parler une fois l'étrange français du traducteur de la *Lettre sur la Musique*) (3) à ne jamais « sortir des traits les plus simples de l'action » ; à s'abstenir de toute intrigue empruntée à la vie vulgaire, comme de tout détail

(1) Cf. *Lettre sur la Musique*, éd. nouv., p. LIX.
(2) Cf. *Id.*, p. LXII.
(3) Sur cet « étrange français », cf. ci-dessous p. 49, note (1).

superflu ; et à « développer davantage », en revanche, « les traits » les plus « propres à mettre » dans son jour, « dans son vrai jour, » le surnaturel « coloris caractéristique du sujet » : ce coloris lui semblait en effet correspondre, aux motifs intimes de l'action, jusqu'à s'identifier à elle (1).

Si cet idéal avoué (le développement de l'action par ses motifs intimes) se trouve déjà réalisé, moins incomplètement, dans *Tannhäuser* (2), toutefois *Tannhäuser* encore, presque autant que *le Vaisseau-Fantôme*, peut se rattacher, quant à la forme, aux opéras traditionnels des prédécesseurs de Richard Wagner (3), par d'incontestables analogies. Du moins s'en distingue-t-il, il y faut insister, par l'absence de ces concessions que Weber lui-même, ce pur, noble et profond esprit, reculant « devant les conséquences de sa méthode si pleine de style, » s'était résigné, quelquefois, à faire au « public d'opéra, » aux « exigences banales d'un livret d'opéra. » (4) Suivant le témoignage qu'à bon droit s'est en personne rendu l'auteur (5), *Tannhäuser* contient, quelque fondé qu'il soit sur le merveilleux légendaire, une action dramatique, développée avec suite, dont le principe est le salut d'une âme sollicitée par deux surnaturels instincts contradictoires. C'est à cette action dramatique, toute surhumaine et toute humaine, toute psychologique et toute passionnelle, qu'indubitablement Wagner avait pour but d'intéresser les spectateurs,

(1) Cf. *Lettre sur la Musique*, éd. nouv., pp. LIX-LX.

(2) « La catastrophe finale naît ici, sans le moindre effort, d'une lutte lyrique et poetique où nulle autre puissance que celle des dispositions morales les plus secrètes n'amène le dénouement, de sorte que la forme même de ce dénouement relève d'un élément purement lyrique. » (*Id.*, p. LX).

(3) Cf. *Id.* LXXVII.

(4) Cf. *Id.*, p. LXXXI.

(5) Cf. *Id.*, p. LXXXIII.

sans qu'ils fussent obligés de la perdre un instant de vue : l'ornement musical, loin de les en détourner, ne leur devait paraitre, au contraire, qu'un moyen de la représenter mieux. Ainsi donc, en s'interdisant toute concession quant au sujet, l'artiste par là même s'affranchissait, encore, de toute concession musicale (1). Wagner en concluait, en 1860, qu'on pouvait dans *Tannhäuser* trouver déjà, sous la forme la plus précise, en quoi consistait son *innovation* : « Elle ne consiste pas, dit-il, dans je ne sais quelle révolution arbitraire, et toute musicale, dont on s'est avisé de m'imputer la tendance, avec ce beau mot, « musique de l'avenir » (2).

Je montrerai plus loin pourquoi *Tannhäuser*, s'il fallait bien qu'à cette époque son auteur le donnât, en France, pour significatif de son « innovation », ne

(1) Cf. *Lettre sur la Musique*, éd. nouv., p. LXXXIII. — « *La concession* que je me suis interdite, quant au sujet, *m'a donc affranchi*, en même temps, de toute concession, quant à l'exécution musicale. » C'est ainsi que la pensée de Wagner est trahie par le traducteur de la *Lettre sur la Musique ;* j'ai parlé ci-dessus de l' « étrange français » de ce traducteur (aujourd'hui, académicien...) : cette phrase en fournit un exemple : à s'en rapporter au sens strict, elle pourrait signifier que Wagner, qui dit le contraire, a été « *affranchi* » par une « *concession* ». — Ce n'est point une querelle de pédant que je cherche à M. Challemel-Lacour ; mais il me fallait bien saisir une occasion pour expliquer que malgré mes très nombreux emprunts à la *Lettre sur la Musique*, j'aie mieux aimé rompre ses phrases au rythme de mon propre style. J'ai dit d'ailleurs que, « négligée », la traduction Challemel-Lacour n'en est pas moins des plus « fidèles », en un certain sens *général*. Que le lecteur ne craigne donc pas de s'y référer ; bien étudiée, elle aurait pu et peut encore rendre d'immenses services ; et la preuve, c'est que de cet *Avant-Propos* le chapitre III, tout de compilation volontaire (ainsi que je l'expliquerai plus loin), sera composé, en grande partie, d'extraits intégralement reproduits. — Etant donné mon but : — là, je ne pourrai faire mieux.

(2) *Id.*, p. LXXXIII. — On verra ci-après, p. 70, ce qu'entendait Wagner par ces mots : *L'Œuvre d'Art* (et non pas la « musique ») *de l'Avenir*, *Das Kunstwerk der Zukunft*.

saurait plus être actuellement (1894), que le deuxième en date des trois monuments destinés à perpétuer, par des attestations de plus en plus grandioses, la mémoire des *Trois Pas* qui rendirent à Wagner, et à ses pairs du ciel de l'Art, la pleine possession de leur domaine, la possibilité de créer des mondes immenses, comme *l'Anneau du Nibelung*, comme les *Maitres-Chanteurs*, comme *Tristan et Isolde*, enfin comme *Parsifal*. Mais il sied avant tout que de ces « Trois Pas » de Wagner je dise quelques mots du dernier, commémoré par *Lohengrin*.

« L'intérêt de *Lohengrin*, » lit-on dans la *Lettre sur la Musique*, « repose sur une péripétie qui s'accomplit dans le cœur d'Elsa, et qui touche à tous les mystères de l'âme (1). » C'est vrai. Plus exclusivement même, s'il se peut, que dans *Tannhäuser*, l'action, dans *Lohengrin*, est toute psychologique ; elle est psychologique au point que les sentiments, les passions, les désirs humains des personnages, paraissent exercer, sur la production des faits extérieurs mis en scène, une irrésistible influence nécessitante et créatrice ; elle est psychologique (il en est d'autres preuves, mais je ne puis guère songer à les fournir ici), elle est psychologique au point que la plupart des commentateurs, trompés par certains préjugés, reprochent à l'ensemble du drame, comme des erreurs de « construction », d' « exécution », de « charpente », d' « intrigue » (il faut sourire !), tels détails matériels légitimement conformes au but intégral de Wagner. Vaines critiques, si faciles à réfuter, d'ailleurs, pour quiconque a lu ce qui précède, pour qui s'est rendu compte, après Richard Wagner, qu'en dépit des industriels du théâtre contemporain, — grands amateurs d'imbroglios, mesquins pourchercheurs de *scènes-à-faire*, corrupteurs du goût populaire, et conservateurs du faux-goût public, l'élément

(1) *Lettre sur la Musique*, nouv. éd., p. LX.

ropre du Poète, du Musicien, du Dramaturge, c'est Ame humaine; l'Ame, en contact avec le Monde! our ma part, s'il m'était permis de me hasarder, en e qui concerne *Lohengrin*, à formuler quelques réerves, ce n'est certes pas à la « charpente » que ces éserves s'adresseraient: bien plutôt, sans au reste aténuer en rien ma pieuse admiration sincère, bien lutôt viseraient-elles les rares répétitions, des mêmes aroles et des mêmes phrases, invraisemblablement .tribuées encore, suivant les traditions classiques, à es personnages différents. Mais ces réserves mêmes eraient sans valeur aucune, puisque après tout Wagner, omposant *Lohengrin*, croyait écrire un « opéra », et u'on n'a donc pas le droit de le faire sans injustice — isons mieux: sans ingratitude — responsable d'imerfections inhérentes à l'essence du genre! Ce qu'il onviendrait, tout au contraire, d'admirer, si l'on en est igne, c'est que déjà *Lohengrin* soit, par sa propre orce, dégagé, presque tout à fait, de ces imperfections oécifiques; c'est que déjà les répétitions des mêmes aroles, les invraisemblables répétitions sont remlacées presque toujours, au très grand profit de la eauté du texte, par des thèmes caractéristiques, soit un personnage, qu'ils « blasonnent » (1), soit d'une siation dramatique et d'une scène, soit des plus intimes ats d'âme: thèmes tour à tour repris, ramenés, juxposés, mariés, entrelacés, fondus, contrariés, dans le iant ou dans l'accompagnement, en un ensemble mphonique indivisible de trois actes, au gré, non pas es interprètes, non pas même du compositeur, mais

(1) Charles Baudelaire. — Au point de vue des lecteurs franis, les pages de Baudelaire sur Wagner, qu'on trouvera dans le cueil d'articles intitulé *L'Art Romantique*, demeureront, avec urs citations de Liszt, parmi celles qu'on peut consulter le plus ilement pour toute la période *antérieure* (au moins depuis *le aisseau-Fantôme*) à la conception de *L'Anneau du Nibelung.*

du Drame, seul guide, seul maitre, et seul but. Voilà, pour ne parler que des progrès dans la forme, accomplis depuis *Tannhäuser*, indépendamment de la sublime valeur, équipollente et symbolique, de chacun des poèmes en soi, voilà ce qu'il conviendrait d'admirer, comme je dis, dans la technique de *Lohengrin*.

Aussi est-ce à bon droit que Wagner, treize ans plus tard, constatait avec complaisance quel « *sûr instinct* » l'avait conduit, sans nulle théorie préconçue, à l'idée d'une égale et réciproque pénétration de la Musique et de la Poésie comme condition d'une œuvre d'art « capable d'opérer, » dit-il, « par la représentation scénique, une irrésistible impression, et de faire qu'en sa présence enfin s'évanouisse, dans le sentiment purement humain, » toute velléité même de réflexion abstraite (1). Pour moi, c'est à l'exaltation de ce « *sûr instinct* » divinatoire, par des injustices répétées, qu'il m'est doux et réconfortant d'attribuer la supériorité relative, et de *Tannhäuser* quant au *Vaisseau-Fantôme*, et surtout de *Lohengrin* quant à *Tannhäuser;* ces injustices étant connues, je n'en recommencerai point l'historique; je me contenterai de rappeler qu'en écrivant cette phrase: « Lorsque j'entrepris *Lohengrin* (la composition de *Lohengrin*), *j'étais devenu conscient de ma solitude*, (2) » Richard Wagner, implicitement, se rendait un témoignage de sa persévérance. En effet, lorsqu'il entreprit la composition de *Lohengrin*, ne venait-il pas de voir échouer, coup sur coup, toutes ses tentatives pour propager *Tannhäuser? — Tannhäuser!* à quoi de connu cela ressemblait-il, *Tannhäuser?* Nos

(1) Cf. *Lettre sur la Musique*, nouv. éd., p. LI.

(2) *Communication à mes Amis* (*Eine Mittheilung an meinen Freunden; Gesammelte Schriften*, t. IV). — Cette phrase se rapportait, d'ailleurs, à un état moral intime plus intéressant, plus poignant. Je n'y puis pas insister ici : Cf. ALFRED ERNST, *L'Art de Richard Wagner : l'Œuvre poétique*, pp. 338-339.

bons wagnéromanes d'aujourd'hui vous le diraient, non sans un sourire de pitié, car peut-être est-il des ressemblances qui se développent avec l'âge des œuvres ? Mais il faut croire qu'en son jeune temps, de même qu'il avait plus ou moins déconcerté le public de Dresde, *Tannhäuser* déconcertait, par on ne sait quoi de pas-assez-vu, les directeurs des scènes allemandes — puisque pas un ne l'osait jouer..... Pas un ! « J'étais devenu conscient de ma solitude » : quant à la faire cesser par des concessions, non ! Pour toute œuvre sincère, concession vaut mensonge (1) : *Lohengrin* serait œuvre sincère, — voix de la Réalité des Choses, voix de la Nature, nette articulation d'un « *sûr instinct* » d'Artiste, — une œuvre sincère, comme je dis ; cela d'abord, exclusivement cela, sans concession ! Et tant pis pour les hommes s'il déplaisait, tel quel, à l'insincérité des hommes ! « Tant pis pour l'auteur même, » répliquent les hommes. — Qui sait ?

Croyez-vous donc que l'Art (qui toujours, ai-je noté, sait ce que souvent l'artiste ignore) ne réserve pas à sa foi les compensations qu'elle mérite ? Compensations morales, les plus précieuses de toutes ! non que richesse ou succès, mon Dieu, ne puissent, même de nos jours, affluer par surcroit ; mais, rhétorique à part, quel succès ou quel or, pour l'âme d'un Artiste sincère, vaudra jamais l'heure décisive où, compensation de sa

(1) Cf. *L'Œuvre et la Mission de ma Vie*, p. 47 : « Je vis que, en vue de plaire réellement au public moderne d'opéra, je devais être un autre que je n'étais, et que je ne pouvais pas être ce que je voulais ; je sentis non moins clairement que ma véritable position me condamnait alors comme auparavant, pour la seule cause de gagner des moyens d'existence, à la nécessité de couvrir ma véritable nature et mes opinions avec un détestable masque d'hypocrisie et de conventionnalisme social. Je fus envahi par un amer dédain pour de telles nécessités, et plus je vis briller la lumière de l'idéal, plus je vis distinctement le cours que je devais prendre. »

persévérance, il réussit à découvrir, en une de ses œuvres ferventes comme des appels vers l'Inconnu, la mystique *certitude* de la mission divine qui constitue sa raison d'être ? L'Art n'est-il pas un peu, pour ses prédestinés, le Dieu de Pascal, ce dieu caché, qui ne se révèle qu'à quelques-uns, et à ces quelques-uns encore que partiellement ? Dieu d'épreuve, en qui croire est un acte d'amour, mais un acte aussi de volonté ; dieu sévère, qui ne peut approuver que ceux qui le cherchent en gémissant ; mais dieu bon : « Tu ne me chercherais pas, si tu ne m'avais déjà trouvé » ; mais dieu juste, et dont la justice, quand sonne l'heure marquée pour sa grâce, fait infailliblement succéder pour toujours : à la foi tâtonnante, cette *certitude* mystique ; à l'instinct « sûr » mais vague, un *sentiment* conscient ; aux tortures du désir, une *paix* miraculeuse ; à cette gémissante quête la *Joie*, les *pleurs de Joie* de la découverte ! C'est en composant *Lohengrin*, en créant l'Elsa de *Lohengrin*, que Richard Wagner la connut, cette certitude de sa mission, récompense d'une intransigeante et méritoire sincérité : « Elsa » déclare-t-il, « a fait de moi un révolutionnaire complet (1). » Il m'entraînerait trop loin d'en résumer ses preuves ; qu'un autre document suffise : 1847, *Lohengrin* est achevé ; 1847, Richard Wagner écrit : « Je dois considérer mes entreprises présentes comme des expériences pour répondre » (et la réponse n'est plus douteuse) « à cette question, » — la vraie question : « *L'opéra* » (c'est la première fois que Wagner s'en prend au genre lui-même), l'opéra, donc, « *est-il possible ?* »

« Possible ? » Entendons-nous, d'abord : Wagner n'a jamais eu la prétention de nier — c'eût été nier l'évidence — qu'en Italie, surtout, l'opéra le fût, « possible ». Dans la *Lettre sur la Musique*, il s'en est expliqué

(1) *Communication à mes Amis* (t. IV).

nettement : Sans doute, y peut-on lire en somme, sans doute l'opéra italien était devenu un genre à part, qui, n'ayant pas le moindre rapport (1) avec le Drame proprement dit, n'y gagnait guère d'avoir aucun rapport, d'ailleurs, à l'esprit de la Musique elle-même proprement dite ; mais enfin la notion ne s'impose pas moins qu'en Italie, depuis la naissance de l'opéra, n'a cessé d'exister et de se perpétuer intégralement, jusqu'à nos jours, une pleine harmonie réciproque, originelle et nationale, entre les authentiques tendances des compositeurs indigènes (2) et les conditions de viabilité faites au genre par ses interprètes, par la nature de son public (3). — « Il en est de même en France », ajoute Richard Wagner ;

(1) «... qui n'avait *rien à faire avec* le drame véritable », peut-on lire dans la traduction de la *Lettre sur la Musique*, p. IX. — Sur cet « étrange français », cf. ci-dessus les notes (3) de la p. 47, et (1) de la p. 49.

(2) « En Italie, où s'est constitué d'abord l'opéra, quelle était la mission unique du musicien ? Il avait à écrire pour tels ou tels chanteurs, chez qui le talent dramatique n'avait qu'une place tout à fait secondaire, des airs destinés exclusivement à fournir à ces virtuoses l'occasion de déployer leur habileté. Poème et scène n'étaient qu'un prétexte, ne servaient qu'à prêter un temps et un lieu à cette exhibition de virtuoses ; la danseuse alternait avec la chanteuse, elle dansait ce que la première avait chanté ; et le compositeur avait, pour tout emploi, à fournir des variations d'un type d'airs déterminé. » (*Lettre sur la Musique*, p. IX).

(3) « L'opéra réunissait, en Italie, un public qui consacrait sa soirée à l'amusement, et se donnait, entre autres amusements, celui de la musique chantée sur la scène ; on prêtait de temps en temps l'oreille à cette musique, lorsqu'on faisait une pause dans la conversation ; pendant la conversation et les visites réciproques d'une loge à l'autre, la musique continuait : son emploi était celui qu'on réserve à la *musique de table* dans les dîners d'apparat, savoir, d'animer, d'exciter, par son bruit, l'entretien qui languirait sans elle. La musique, qui est jouée dans ce but et pendant ces conversations, forme le fond proprement dit d'une partition italienne; au contraire, la musique qu'on écoute réellement ne remplit pas peut-être un douzième de la partition. L'opéra italien doit contenir au moins un air qu'on écoute volontiers ; pour son succès, il faut que la conversation soit interrompue et qu'on puisse

seulement ici le chanteur a vu, aussi bien que le compositeur, grandir sa tâche : la coopération du poète dramatique ayant acquis une importance beaucoup plus grande qu'en Italie (1); bornons-nous à noter qu'un style s'était formé, grâce à l'hégémonie d'un théâtre français déterminé, le Grand-Opéra, central, modèle, tenu pour tel ; — un style qui, peu à peu fixé, de plus en plus approprié au caractère de la nation, faisait authentiquement en France autorité pour presque tous, du librettiste au musicien, des interprètes aux spectateurs (2).

écouter avec intérêt au moins six fois. Mais, le compositeur qui sait fixer l'attention des auditeurs sur sa musique jusqu'à douze fois est déclaré homme de génie et vanté comme un créateur inépuisable de mélodies. Maintenant, qu'un tel public se trouve tout à coup en présence d'un ouvrage qui prétend à une égale attention, pendant toute sa durée et pour toutes ses parties ; qu'il se voie arraché violemment à toutes les habitudes qu'il porte aux représentations musicales ; qu'il ne puisse reconnaître pour identique avec sa mélodie bien-aimée ce qui ne saurait, dans l'hypothèse la plus heureuse, lui paraître qu'un ennoblissement du bruit musical, de ce bruit qui, dans son emploi le plus naïf, lui facilitait autrefois une conversation agréable, tandis qu'il l'importune aujourd'hui de sa prétention d'être entendu réellement ; le moyen de savoir à ce public mauvais gré de sa stupeur et de son épouvante ? A coup sûr, il demanderait à cris redoublés sa douzaine ou sa demi-douzaine de mélodies, ne fût-ce qu'afin que la musique des intervalles amenât et protégeât la conversation, la chose capitale assurément d'une soirée d'opéra. » (*Id.*, pp. LXIII-LXV.)

(1) « Appropriées au caractère de la nation, à l'état de la poésie dramatique et des arts de représentation qui venaient de prendre un essor remarquable, les exigences de ces arts s'imposaient aussi impérieusement à l'opéra. Au *Grand Opéra*, se forma un style fixe, qui, emprunté dans ses traits principaux aux règles du *Théâtre-Français*, satisfaisait à toutes les conventions, à toutes les exigences d'une représentation dramatique. » (*Lettre sur la Musique*, p. X.)

(2) « L'auteur trouvait un cadre exactement circonscrit ; et ce cadre, il avait à le remplir au moyen d'une action et de la musique, avec le concours d'acteurs et de chanteurs exercés, connus d'avance, et en parfait accord avec lui pour réaliser ce qu'il se proposait. » (*Id.*, pp. X-XI.)

« En France..... En Italie..... » : mais quoi! Richard Wagner était-il Allemand, oui ou non? Que l'opéra fût « possible » en France, « possible » en Italie, « possible » où l'on voudra, qu'importait à Richard Wagner, — si cet où-l'on-voudra n'avait pour nom l'Allemagne? Ce n'était pas une contrefaçon d'œuvres italiennes ou françaises, pour des Italiens ou pour des Français, — c'était une œuvre allemande qu'il avait à créer, une œuvre allemande, pour des Allemands (1). S'il eut au reste l'ambition d'impartir, à cette œuvre allemande, outre son authenticité patriotique et nationale, une signification humaine universelle, c'était plus que son droit, c'était son devoir d'Artiste; s'il y a réussi, c'est le fait de son génie; s'il y aurait pu réussir tout aussi bien par l'opéra, c'est ce que je ne discuterai ni ne rechercherai même, — puisque, par l'opéra ou par toute autre forme, à fins égales, l'essentiel était de réussir; puisque sans l'opéra Wagner a réussi; et puisqu'un tel succès, justifiant les moyens, rend oiseuse et caduque, au moins quant à Wagner, toute chicane relative au choix qu'il fit du Drame. J'observerai seulement que Wagner, étant donné son double but de patriote et d'homme-artiste, son idéal de vérité particulière et générale, n'aurait eu chance par l'opéra de se satisfaire qu'à condition : soit d'avoir trouvé l'opéra nationalisé en Allemagne; soit, s'il n'en était pas ainsi, d'en nationaliser la forme : car comment, sans être, d'abord, expressive du génie de la race, par laquelle seule l'artiste tient à l'humanité tout entière, comment une forme d'Art le serait-elle, expressive, de

(1) Cf. Lettre de Richard Wagner à M. Gabriel Monod : « Si l'on combat à ce point de vue l'influence de l'esprit français sur les Allemands, on ne combat point pour cela l'esprit français; mais on met naturellement en lumière ce qui est, dans l'esprit français, en contradiction avec les qualités propres de l'esprit allemand, et ce dont l'imitation serait funeste pour nos qualités nationales. »

l'humaine, de l'ubiquitaire, de la sempiternelle Réalité psychique? Si l'Humanité même est un grand arbre en vie, dont chaque Race est un grand rameau, chaque Artiste une frémissante feuille, comment la feuille s'y prendrait-elle, sans l'intermédiaire du rameau, pour renvoyer au tronc, revivifiés en elle, les éléments vitaux que, sans cet intermédiaire, elle n'aurait pu s'assimiler? En langage moins métaphorique : puisque Wagner voulait impartir, à son œuvre, une valeur générale humaine ; puisque allemande, italienne, française, une œuvre d'Art ne saurait avoir cette valeur qu'à condition d'être, avant tout, respectivement conforme au génie des Allemands, des Italiens ou des Français, — s'étonner, s'indigner que Wagner, artiste allemand, ait fini par juger impossible, en Allemagne, toute formule dramatique italienne ou française, ne serait-ce pas aussi sot qu'il le serait de s'indigner parce que Wagner, poète allemand, n'aurait pas appliqué, dans ses poèmes allemands, les règles des grammaires italienne ou française?

Telle est bien, en effet, la portée de la question que s'était posée Richard Wagner : « Possible » en Italie, non moins « possible » en France, l'opéra n'est-il pas impossible en Allemagne? Et lorsque, après avoir précédemment montré combien normale était, parmi les races latines, la situation faite aux auteurs d'opéras, lorsque j'aurai montré, ci-dessous, quelle devenait cette situation dans la patrie de Richard Wagner, — peut-être saisira-t-on mieux pourquoi ce problème de l'opéra, *quelques suites internationales qu'en comportât la solution*, ne pouvait se dresser alors, aussi impérieusement, que devant un auteur germanique (1).

Quand l'Allemagne reçut l'opéra, constate Wagner, c'était un produit étranger, qui, né en Italie, acclimaté en France, tendait et prétendait à s'imposer tel quel,

(1) Cf. *Lettre sur la Musique*, nouv. éd., p. IX.

tout développé, partout ailleurs : des princes d'Allemagne avaient appelé, pour les entretenir à leur cour, des troupes italiennes d'opéra, troupes flanquées de leurs compositeurs, ou plutôt de leurs fabricateurs d'airs sur commande pour virtuoses : les compositeurs germaniques étaient réduits, s'ils voulaient vivre, à ne hasarder sur la scène que des opéras italiens, non sans avoir été forcés d'en aller préalablement étudier, en Italie même, le mécanisme. Plus tard, les théâtres sommés durent, pour contenter leur public, joindre, à l'exécution de ces œuvres italiennes, celle d'autres opéras traduits, surtout français ; lourdes imitations, plagiats mal déguisés, les tentatives locales n'avaient d'allemand que la langue ; nul théâtre modèle ne put se former, nul style ; ou plutôt, tous les styles coexistèrent partout (sauf un style national allemand) dans la plus complète anarchie : style français et style italien, copies allemandes de l'un et de l'autre, ceux-ci défigurés encore, soit par l'ineptie prosodique et littéraire des traductions, soit par l'insuffisance d'interprètes à tout faire, qu'on mettait à chanter coup sur coup, pour varier, sans étude et sans exercice, sujets comiques, sujets tragiques, les pièces les plus hétérogènes d'un répertoire d'importation (1). Mais s'il en faut conclure, avec Richard Wagner, que « pour le musicien véritable et sérieux », en Allemagne, au point de vue allemand, « ce théâtre d'opéra n'existait pas (2) », en somme, est-ce à dire par là même qu'il n' « existait » non plus une Musique nationale allemande? Dieu merci ! l'opéra n'est pas toute la Musique ; il ne peut se passer d'elle, mais elle peut se passer de lui ; et pour preuve : tandis que Mozart, artiste allemand, tandis que Glück, artiste allemand, créaient des

(1.) Cf. *Lettre sur la Musique*, nouv. éd., pp. XI-XIII.

(2) *Id.*, pp. XII-XIII. — « Nulle part, un théâtre modèle d'opéra, un théâtre mené dans une direction intelligente, un théâtre qui donnât le ton ; une éducation défectueuse des voix mêmes, quand

opéras italiens et français, la Musique nationale allemande se développait, de Hœndel à Sébastien Bach, de Bach à François-Joseph Haydn, de Haydn à Beethoven enfin, choralement, instrumentalement, conformément à des principes tout autres que ceux de l'opéra (1). Il s'agissait de savoir si, parvenue d'elle-même à la perfection musicale dans tous les genres sauf l'opéra, l'Allemagne accepterait ensuite longtemps encore la tyrannie d'une pareille formule dramatique ; et, forcée de s'avouer sa propre inaptitude, n'en attribuerait pas, un jour, la persistance, aux mêmes raisons que Richard Wagner : « Possible en Italie, non moins possible en France, l'opéra n'est-il pas impossible en Allemagne ? » Ce jour-là, d'un semblable doute, un mouvement national naitrait qui tout d'abord, passionnant la conscience publique, déterminerait une réaction. Réaction contre quoi ? contre une forme étrangère. Mais en faveur de quoi ? d'une forme allemande, sans doute ! Et si cette forme allemande « n'existait pas » ? Tant mieux : car il faudrait alors l'instaurer tout entière, et l'infériorité des artistes allemands, vis-à-vis des nations romanes, se métamorphoserait pour eux en avantage (2); devenus rebelles au joug d'une forme exotique, et dont l'exotisme était encore sophistiqué, ne seraient-ils pas conduits à la considérer, d'un esprit plus libre, en elle-même ; à se

il s'en rencontrait, ou bien l'absence de toute éducation, et partout dans l'art l'anarchie. Vous sentez que, pour le musicien véritable et sérieux, ce théâtre d'opéra n'existait pas, à vrai dire. »

(1) Cf. *Lettres sur la Musique*, nouv. éd., p. XIII.

(2) « Le Français, par exemple, se trouvant en face d'une forme perfectionnée, dont toutes les parties constituaient un harmonieux ensemble, assujetti à des lois qui le contentaient pleinement et qu'il acceptait sans résistance comme immuables, se sentait astreint à une perpétuelle reproduction de cette forme, et par suite condamné à une sorte de stagnation (ce mot pris dans un sens supérieur) ; l'Allemand, sans nier les avantages d'une

rendre ainsi mieux compte de ses inconvénients ; *à remonter de son mode actuel jusqu'au mode grec* (*c'est-à-dire jusqu'à l'origine, pour notre Europe, de toutes les formes d'art connues*) (1) ; à comprendre, à s'assimiler la forme antique, sans s'y asservir néanmoins, à s'élever finalement, appuyés sur celle-ci, jusqu'à la conception d'une forme aussi complète : neuve, idéale, purement humaine ; bien nationale par son branchement, mais affranchie de toute entrave de mœurs nationales contingentes ; et par suite accessible, — en Allemagne, hors d'Allemagne, et maintenant, et toujours, — à toute intelligence, à toute âme, à tout homme ?

Que si la variété des langues européennes interdisait, à qui que ce fût, l'espoir de réussir à jamais opérer, par une forme nationale uniquement littéraire, cet international effet, la Musique n'est-elle pas, en revanche, une langue intelligible à tous, sans traduction ? Et la Plastique ? De même ! Et la Mimique ? De même ! La forme allemande cherchée, nationale par l'idiome, serait donc, en outre, musicale ; elle serait encore plastique, dramatique et mimique : car si d'une part, on ne peut le nier, la Musique est « la langue souveraine, qui, résolvant toutes les idées en sentiments, offre un organe universel de ce que l'intuition de l'artiste a de plus intime », — d'autre part cet organe, quelle qu'en soit la puissance, ne saurait par lui-même atteindre à cette clarté que la représentation théâtrale, comme un privilège exclusif, dispute à l'art de la Peinture (2).

Au Wagner qui rêvait d'instaurer une telle forme, on

telle situation, n'en reconnaissait pas moins ses inconvénients et ses périls ; les lourdes entraves qu'elle créait ne lui échappaient pas, et il voyait en perspective une forme idéale, qui lui offrait ce que toute forme avait d'impérissable, mais débarrassée des chaînes du hasard et du faux. » (*Id.*, pp. XVI-XVII).

(1) Cf. *Lettre sur la Musique*, nouv. éd., pp. XIV-XVI.

(2) Cf. *Id.*, p. XVII.

conçoit quel « poignant ennui » (1) devait causer celle de l'opéra (ou plutôt du produit hybride et dévoyé que l'Allemagne avait fait de l'opéra). Désespoir de n'y jamais voir la Musique s'enlacer au Drame, pour constituer un tout vaste, indivisible et continu ; désenchantement d'y découvrir, dans des œuvres de premier ordre, certaines choses toutes conventionnelles, déconcertantes d'absurdité (2) ; stupeur de discerner, jusque chez un Weber, plus d'une prudente concession faite ; détresse d'être chaque jour enfermé davantage, comme *kapellmeister* du théâtre de Dresde, dans le cercle magique du genre où il voyait tout l'opposé de l'idéal qui le remplissait, — tant de sentiments décourageants, loin de rebuter Richard Wagner, avaient fini par l'exalter : quoi ! c'était au moment où il apercevait la possibilité de créer, non plus, par quelque « sûr instinct », des à-peu-près de chefs-d'œuvre comme *Tannhäuser*, mais,

(1) *Lettre sur la Musique*, éd. nouv., p. XIX.

(2) Cf. *Id.*, p. LXXIX : « Presque partout, nous trouvons cette odieuse juxtaposition, du récitatif absolu, et de l'air absolu, qui oppose à toute espèce de grand style un invincible obstacle ; nous la voyons interrompre, briser la continuité du courant musical, de celui même que comporte un poème défectueux ; et avec cela nous voyons, dans leurs plus belles scènes, nos grands maîtres triompher complètement de cet inconvénient ; déjà, ils y donnent au récitatif une signification rythmique et mélodique, qui se relie d'une façon insensible à l'édifice plus vaste de la mélodie proprement dite. Quand nous avons senti le puissant effet de cette méthode, de quelle impression pénible ne sommes-nous pas affectés, sans pouvoir nous en défendre, lorsque éclate à l'improviste le banal accord qui nous dit : maintenant, vous allez entendre de nouveau le récitatif tout sec. Puis, avec le même inattendu, l'orchestre tout entier reprend la ritournelle ordinaire pour annoncer l'air, cette même ritournelle, dis-je, qui, déjà employée ailleurs par le même maître comme transition, d'une manière profondément expressive, déployait à mes yeux une beauté et une plénitude de sens d'où nous recevions, sur le fond de la situation même, la lumière la plus intéressante. Et, lorsque après une de ces fleurs de l'art nous voyons paraître immédiate-

avec pleine conscience, des œuvres plus parfaites, c'était à ce moment-là que plus d'un s'avisait de juger excessives ses partielles audaces antérieures, devenues insuffisantes pour lui ! L'heure devait venir et vint où bien plus, après tout, que les pires suites éventuelles d'un coup d'éclat définitif, le malaise de l'artiste, à force d'augmenter, lui paraîtrait « insupportable », et lui parut en effet tel : « Enfin je dus comprendre, clairement, dans quel but on cultive le théâtre moderne... en particulier l'opéra » (1) ; et cette constatation l'emplit d'un tel dégoût, qu'abjurant tout essai de réforme, incapable de transiger, obligé de s'avouer que s'il ne transigeait pas, il lui faudrait tôt ou tard rompre, et rompre sans esprit de retour, avec ce genre « frivole », « équivoque » et mondain, il commença de chercher *suivant quelles conditions* se devrait consommer cette rupture.

Car rompre, c'était bien, rompre étant nécessaire : mais ensuite ? Rompre n'est pas tout : rompre est un acte négatif, et ce n'est pas négative qu'est la mission

ment un morceau composé pour flatter le goût le plus bas, que n'éprouvons-nous pas ? Quelle déception, lorsque, saisi jusqu'à l'âme par une belle et noble phrase, nous la voyons soudainement déchoir en cadence rebattue avec les deux roulades obligées et l'inévitable note soutenue, et qu'alors le chanteur oublie tout d'un coup ses rapports avec le personnage auquel cette phrase est adressée, s'avance au bord de la rampe, et se tourne vers la claque pour lui donner le signal des applaudissements ! »

(1) « Je voyais dans l'opéra une institution dont la destination spéciale est presque exclusivement d'offrir une distraction et un amusement à une population aussi ennuyée qu'avide de plaisir ; je le voyais en outre obligé de viser au résultat pécuniaire pour faire face aux dépenses que nécessite l'appareil pompeux qui a tant d'attrait, et je ne pouvais me cacher qu'il y eût une vraie folie à vouloir tourner cette institution vers un but diamétralement opposé, c'est-à-dire l'appliquer à arracher un peuple aux intérêts vulgaires qui l'occupent, tout le jour, pour l'élever au culte et à l'intelligence de ce que l'esprit humain peut concevoir de plus profond et de plus grand. » (*Lettre sur la Musique*, éd. nouv., pp. XXII-XXIII).

de l'Artiste. Qu'il puisse avoir à rompre, à détruire, c'est son droit : son devoir n'en est pas moins de créer, comme la Vie même, qui jusque sur des ruines s'affirme, et d'autant mieux. Or si en général, pour accomplir ce devoir, l'Artiste a peu besoin de réfléchir, c'est qu'aussi n'existe-t-il guère d'antagonisme, en général, entre ses personnelles tendances intuitives et les moyens de les exprimer, qui lui sont fournis par l'étude d'une technique toute constituée (1). Il n'en allait pas de même dans le cas de Richard Wagner ; ici l'antagonisme existait péremptoire, et d'autant plus poignant que Wagner, étant un auteur dramatique, ayant besoin, pour réaliser intégralement ses conceptions, non pas seulement d'organes passifs, inanimés, mais encore d'un ensemble actif de forces artistiques vivantes, se sentait davantage à la merci des lois toutes particulières du théâtre, telles qu'il les trouvait établies (2) ; et, puisqu'il les jugeait mauvaises et les croyait irréformables, se voyait mieux réduit à cette alternative : ou renoncer à l'espoir, pour ses œuvres futures, de la représentation scénique ; ou les rendre scéniques en usant, malgré soi, des moyens d'expression convenus, conventionnels, destinés à des fins tout antiwagnériennes. Du moment qu'il n'optait ni pour l'un ni pour l'autre, il fallait bien que Wagner usât d'une forme à soi ; pour en user, qu'il la créât ; pour la créer, qu'il réfléchit. Au surplus, quelque répugnance qu'il éprouvât, — en dépit des instincts de sa race philosopheuse (3), — pour la méditation abstraite, un motif que je vais dire eût été suffisant pour lui faire une

(1) Cf. *Lettre sur la Musique*, p. VII.

(2) Cf. *Id.*, *ibid.*

(3) Cf., en un recueil d'articles (*Etudes sur le XIX*e *Siècle*, Paris, Perrin et Ce, 1888) de M. Edouard Rod, d'utiles pages sur *Wagner et l'Esthétique allemande* (pp. 99-116). — Consulter néanmoins ces pages avec prudence, en en rectifiant certaines assertions d'après les documents contenus dans le présent *Avant-Propos*, particulièrement dans les pp. 36-37 et surtout 7, note (2).

nécessité d'arriver à la certitude d'une prompte solution rationnelle : Wagner était d'abord poète ; il était d'abord dramaturge : il en résultait que les idées, les sujets, les canevas de poèmes ne lui faisant jamais défaut (dans les quelques années qui suivirent *Lohengrin*, il en aurait eu plutôt trop (1), certains de ces sujets l'obsédaient, hantaient son imagination, jusqu'à ne lui laisser aucun repos qu'ils n'eussent été dramatisés ; et comme, poète et dramaturge, il était encore musicien, comme il ne concevait, n'esquissait, ne versifiait, ne dramatisait, qu'à seule fin de compléter ensuite musicalement, il constatait qu'aussi longtemps qu'il n'aurait trouvé, musicien, une forme musicale nouvelle, il resterait condamné, poète, à mesure que tour à tour ces sujets l'obséderaient, hanteraient son imagination, voudraient être dramatisés, à leur infliger la seule forme textuaire qui fût admise et connue en fait de drame lyrique, la seule qu'il eût, lui-même, pratiquée jusqu'alors : bref, celle de *poèmes d'opéras*.

Telle fut bien, en effet, l'aventure du poème, *Siegfried's Tod*, la *Mort de Siegfried*, dont, en 1848, l'exécution suivit l'achèvement de *Lohengrin* : oui, la première des œuvres nouvelles du poète qui, en 1847, doutait que l'opéra fût possible (l'œuvre qui plus tard, remaniée, devint *Götterdämmerung* , *Le Crépuscule-des-Dieux*, le quatrième des Drames de la *Tétralogie*), cette œuvre était encore un « poème d'*opéra !* » Amer, inacceptable démenti du sort, à trop de pressentiments intimes ! Succès trop dérisoire de trop de révoltes

(1) *Frédéric Barberousse* (*Friedrich der Rothbart* ; 1844-48) ; — *Jésus de Nazareth* (*Jesus von Nazareth, ein dichterischer Entwurf aus dem Jahre* 1848 ; Leipzig, Breitkopf und Härtel, 1887) ; — *La Mort de Siegfried* (*Siegfried's Tod*) dont il sera parlé ci-dessous. — *Achille* (1849-1850) ; — *Wieland le Forgeron* (*Wieland der Schmied* : cf. ci-après, p. 71) ; — sans parler de la première idée des *Maitres-Chanteurs*, qui est de 1845...

sourdes! Rien mieux que ce fait prouve-t-il combien dut, à Wagner, apparaître vital le besoin, dès cet instant, d'une élucidation spéculative complète? Vital! il fallut donc que l'Artiste y satisfît: comment il y parvint, c'est ce qu'il me reste à dire, non sans une préalable digression toutefois.

J'ai montré (1) par quelles causes Wagner, changeant de sujets, à partir du *Vaisseau-Fantôme* inclusivement, avait abandonné, pour la Légende, l'Histoire. Ce que j'ai tu, c'est qu'assez longtemps cet abandon ne fut que très relatif (les preuves abondent: c'est l'esquisse d'un drame historique, *La Sarrazine*, tracée après le *Vaisseau-Fantôme* ; c'est *Tannhäuser* même et jusqu'à *Lohengrin*, où Wagner, par une très heureuse conciliation des deux tendances de son génie, consentit à laisser l'Histoire intervenir, encadrer la Légende encore, sans l'entraver)... Mais, au reste, Wagner était trop de ceux qui, en toutes choses, considèrent comme un devoir d'appliquer jusqu'au bout, jusqu'aux plus rigoureuses conséquences, leurs principes, — pour qu'un tel abandon de l'Histoire, tout au moins par le musicien, ne devint, d'ainsi relatif, tôt ou tard absolu. C'est ce qui eut lieu, et, comme on s'y pouvait attendre, au moment même où le musicien, révolté contre l'opéra, travaillait à s'en affranchir. Dès lors Wagner poète ne renonce pas, il est vrai, à toute exploitation de l'Histoire: il projette même un drame, *Frédéric Barberousse*, dont le titre indique assez le sujet et sa nature ; mais aussi le musicien ne s'en embarrasse-t-il plus: à l'Histoire la parole, à la Légende le chant! *Frédéric Barberousse* n'est plus qu'un *drame parlé*, qui ne fut jamais achevé d'ailleurs; une épave, dont toute l'importance réside en ce que, contemporaine de *Siegfried's Tod*, qui est un poème d'opéra, elle révèle à quelle date devint définitive, vers

(1) Cf. ci-dessus, p. 45.

la libre Légende libératrice de l'Art, l'orientation de l'autre Drame, Musical, Poétique, Plastique, en embryon dans *Siegfried's Tod.* Et l'on est bien en droit de supposer que l'embryon n'avait plus besoin, pour prospérer, que de se déprendre à jamais ainsi, radicalement, des modalités historiques : *Siegfried's Tod, La Mort de Siegfried* (l'œuvre qui plus tard, remaniée, devint *Götterdämmerung, Le Crépuscule-des-Dieux*, le quatrième des Drames de la *Tétralogie*), n'est-elle pas, en effet, de 1848 ? Or la *Tétralogie*, quatre ans après, naissait. Longue gestation ? D'accord : combien plus longue, pourtant, devait être celle de la musique (1) ! Mais je n'ai à raconter ici que celle du poème, et l'on verra que si, longue, elle le fut plus ou moins, ce ne fut certes point faute d'un dur labeur. — Voici.

Lorsque, en 1848, Wagner écrivit *Siegfrieds' Tod*, il y avait des années déjà (2) que, tout en achevant d'autres œuvres (3), il étudiait les sources du Mythe de Siegfried : les sources germaniques, scandinaves, toutes les sources. Gigantesque travail, dont, en certaines parties, la présente « Edition » saura donner l'idée ; travail si fructueux que Wagner, ne pouvant réussir à en faire la synthèse dans les limites d'un drame unique, ni se résigner d'ailleurs à ne la point faire du tout, joignit à son « poème d'*opéra* » (*Siegfried's Tod*) une esquisse narrative, en prose, géniale condensation du cycle légendaire et mythologique tout entier. Par quels détails du fond, sinon de la fable même, cette esquisse se distingue de *L'Anneau du Nibelung*, c'est ce qui sera dit en temps et lieu (4) ; pour l'instant,

(1) 1848-1874. Cf. ci-dessus, p. 11.

(2) Depuis 1844.

(3) *Tannhäuser* (1840-1845). — *Lohengrin* (1842-1847).

(4) Dans l'*Appendice* (pp. 629-633) : *De la version première (1848) de L'Anneau du Nibelung (1852)* ; et aussi dans les notes (2) de la p. 267, et (2) de la p. 387.

qu'il soit suffisant d'en faire mention, sous ce titre, adopté par Wagner : *Der Nibelungen-Mythus, als Entwurf zu einem Drama* (1) (en français : *Le Mythe des Nibelungen comme projet de Drame*). L'Artiste a-t-il donc eu, dès lors, l'idée de mettre à la scène, comme il l'y mit ensuite, la totalité de ce canevas ? Si spécieuse que soit l'hypothèse, elle n'est autorisée par rien : « projet de Drame », et non pas projet de tétralogie, résumé synthétique des études de Wagner, l'esquisse fut abrégée par lui, versifiée — sous forme de récits très substantiels, souvent même trop, (2) — dans *Siegfried's Tod*, afin d'en préparer, d'en motiver l'action.

Ce qui est exact, en revanche, c'est que poème et canevas furent suivis, immédiatement, d'un écrit, — d'un « Projet » encore, significatif, celui-ci : « pour l'organisation » éventuelle, « en Saxe, d'un » vrai « Théâtre national » (3). Wagner y déclarant fort net, entre autres choses, que l'opéra ne satisfaisait point aux conditions d'un Art élevé, proposait en substance de réduire, avant tout, le nombre des représentations ; lesquelles, solennisées ainsi d'être plus rares, contribueraient sans doute à rendre au Peuple allemand, rassemblé pour des fins sérieuses, le besoin d'œuvres aborigènes, expressives de l'âme germanique. C'était articuler (1849) la conception d'où, bien plus tard, aillit, baraque sublime, le temple de Bayreuth ; mais de ce que cette baraque fut destinée, du reste, à la *Tétralogie* d'abord, est-il permis d'induire que la conception vague, l'initiale conception de 1849, correspondait elle-même au plan d'un Drame quadruple ? En

(1) *Gesammelte Schriften und Dichtungen*, t. II.
(2) Très substantiels, souvent même trop. Cf. ci-dessous p. 73.
(3) *Gesammelte Schriften und Dichtungen*, t. II.

vérité non! et qu'importe? N'est-ce pas assez qu'on puisse, d'une telle conception vague, conclure à l'évident souci, qu'avait Wagner, de s'inspirer de l'idéal grec; d'adapter originalement cet idéal (question tétralogique à part) à l'authentique génie de l'Allemagne? N'est-ce pas assez qu'on puisse, grâce au même document, fixer à quelle époque et par quelles causes Wagner, résolu à tenter pareille adaptation, obligé de comparer, pour y mieux réussir, ce qu'ont été les relations, en Grèce, du théâtre et de la vie publique, avec ce qu'elles étaient dans sa propre patrie, trouva la certitude, en cette comparaison, que l'état défectueux du théâtre moderne, en Allemagne et partout ailleurs, résultait d'un état non moins défectueux de la Société, par toute l'Europe? (1)

Or c'est, — la découverte de cette certitude, c'est le nœud, pour ainsi dire, tragique, logique aussi, de toute l'existence de Wagner: jugeant irréformable enfin l'Art du théâtre, aussi longtemps que la Société n'aurait pas été réformée, il crut que son devoir était d'attaquer cette dernière, dès qu'il en aurait l'occasion, sur le terrain de la Politique. Nul n'ignore qu'il n'y faillit point, et que la Révolution de 1848 s'étant propagée de France à Dresde, le *Kapellmeister* du Théâtre-Royal n'hésita pas une seule seconde, en mai 1849, à s'insurger contre le roi (2).

C'est alors qu'ayant eu la chance, quand l'émeute

(1) Cf. *L'Œuvre et la Mission de ma Vie* (pp. 47-48): « Je compris que le caractère de l'art théâtral dépendait du caractère du public, que le caractère du public dépendait de toute la vie sociale du monde moderne, et que j'étais absolument étranger à ce monde aussi bien comme artiste que comme Allemand. »

(2) Cf. *Id.*, p. 48: « Comme artiste je me trouvai poussé à représenter, dans ce nouvel aspect des affaires, les droits de l'art si facilement oubliés ou négligés. Il était évident pour moi que mon plan de réforme, déjà conçu jusque dans les plus petits

eut été vaincue, de ne pas être pris, fusillé, et de pouvoir se sauver à Paris puis en Suisse; n'ayant plus à garder aucun de ces ménagements que lui auraient imposés, dans une certaine mesure, ses fonctions officielles de Dresde, il profita de cette liberté, de cette indépendance absolues, si opportunément recouvrées, (1) pour écrire et rendre publique, sous le titre : *Art et Révolution*, la profession de sa foi en un ordre de choses où l'Art, surtout l'art du Théâtre, redeviendrait ce qu'il était jadis : l'inspirateur, l'instituteur, le révélateur de la vie sociale.

Mais, pour ne point paraitre inapte à cette mission, que faudrait-il que fût toute œuvre dramatique ? A force de chercher à se le représenter, Wagner en eut enfin la conception fort nette, et si nette qu'il la spécifia, sans plus tarder, dans un nouvel écrit spéculatif moins bref; et comme, après l'échec des révolutionnaires, il n'osait espérer, pour cette œuvre idéale, la possibilité, sur des scènes avilies, d'une réalisation contemporaine complète, il nomma cet écrit : *L'Œuvre d'Art de l'Avenir* (2).

L'Œuvre d'Art de l'Avenir. Hélas ! Français que nous sommes : il y a quarante-quatre ans, de cela !

Wagner était d'ailleurs sincère : bien entendu ! Il croyait sincèrement, ses lettres en font foi, que « de tout autres » (3) que lui créeraient cette Œuvre d'Art ; il croyait, sans arrière-pensée, que son rôle était de la

détails pratiques, ne serait accueilli que par un silence dédaigneux de la part du gouvernement existant pour l'administration des matières d'art. Je me retournai donc vers le nouveau mouvement qui était si plein de promesses pour mon rêve. »

(1) Cf. *L'Œuvre et la Mission de ma Vie*, pp. 55-56.

(2) Cf. *Lettre sur la Musique*, pp. XXVI-XXVII.

(3) Lettre de Wagner à Uhlig, datée de Zurich, 27 déc. 1849 (R. WAGNER, *Briefe an Uhlig, Fischer und Heine* ; Leipzig, Breitkopf und Hartel, 1888)

préparer ; et pour la préparer, tout en théorisant, il s'efforçait de revenir à l'exercice normal de ses facultés artistiques, par la composition d'un Drame, *Wieland der Schmied* (1), conforme, autant que possible, à ses vues immédiates, puisque tiré du Mythe, et par là musical, le sujet se prêtait à merveille à symboliser, au surplus, la nécessité, pour l'Artiste, de secouer le joug du Public, le joug de l'artificiel, de l'arbitraire, du faux ; d'exprimer l'âme du Peuple, et de s'adresser au Peuple. « Préparatoire », nul doute qu'un tel Drame l'eût été : non pas un monument peut-être, mais un « signe », ou, comme l'a défini Wagner, un « moment » (2) de la Révolution. Il y renonça pourtant : je n'ai pas à dire pourquoi, — et je n'aurais même rien dit non plus de *Wieland*, si d'une part cette esquisse, très grandiose et très belle, n'eût fourni maint détail à la *Tétralogie*, si d'autre part la fable ne s'en rattachait au cycle des études résumées par Wagner, dans *Le Mythe des Nibelungen comme projet de Drame*, et dans *Siegfried's Tod* : desquels j'ai parlé.

C'était vers ces études providentielles, somme toute, qu'il se trouvait sans cesse ramené d'intuition : ne le voit-on pas se remettre, en 1850, à la musique de *Siegfried's Tod ?* Mais quoi ! il s'y sentait gêné, paralysé par quelque cause, dont il ne parvint pas tout de suite à se rendre compte ; puis *Siegfried's Tod* n'était qu'un « poème d'*opéra* » : et Wagner, édifié par ses récents écrits, estimait à présent que l'*Œuvre d'Art de l'Avenir* ne naîtrait jamais d'une telle forme ; il est vrai que

(1) *Gesammelte Schriften und Dichtungen*, t. III. — Dans son livre : *L'Art de Richard Wagner : L'Œuvre poétique*, pp. 200-202, M. Ernst a donné, de *Wieland le Forgeron*, l'unique analyse qui en soit en France. — Sur le sens symbolique de ce splendide sujet, cf. le même volume, pages 168-173.

(2) Lettre (déjà citée) de Wagner à Uhlig. (Zurich, 27 déc. 1849.)

n'étant pas élu (à ce qu'il croyait) pour instaurer cette *Œuvre d'Art*, il pouvait en conscience lui-même, à la rigueur, sinon faire d'autres opéras, tout au moins achever *Siegfried's Tod* : mais ce droit n'était-il pas conditionnel, du reste ? ce droit déchargeait-il Richard Wagner du devoir de la « préparer », l'*Œuvre d'Art* ? Pouvait-il, sans enfreindre ce devoir, exercer ce droit, pouvait-il achever *Siegfried's Tod*, avant d'avoir bien établi, pour les lecteurs de ses écrits, et de s'être signifié à lui, Richard Wagner, irrécusablement, irréfragablement : qu'il ne faudrait pas s'y tromper ; que ni cet opéra, quand il serait terminé, ni aucun opéra, jamais, à aucun titre, ne saurait être, en tant qu'opéra, « préparatoire » à l'*Œuvre d'Art* (1) ? Raille ces scrupules qui l'ose ! C'est pour y satisfaire que, s'arrachant à *Siegfried's Tod*, Wagner eut la patience, dans *Opéra et Drame*, d'épuiser la question tant au point de vue critique qu'au point de vue, essentiel pour nous, de la théorie : « Voici mon testament, » dit-il (2) : « je puis mourir ! Tout ce que je ferai de plus me semble être un pur luxe ! » — Oui, le « luxe » fut assez « pur », j'espère, un tel « pur luxe ! »

Tout de même, en attendant de « mourir », il fallait vivre. Par bonheur, tandis que Wagner théorisait, ses amis s'employaient à faire monter ses œuvres : pour la première fois, *Lohengrin* venait d'être représenté, au théâtre de Weimar, et, grâce au dévouement de Franz Liszt, avec un tel succès que Wagner, sollicité, dut promettre à cette scène un nouvel opéra ; il comptait, pour remplir cet engagement, sur *Siegfried's Tod* (3), que

(1) « Je me croyais, dans ce livre, obligé de combattre, avant tout, l'opinion erronée de ceux qui s'étaient imaginé que, dans l'opéra proprement dit, l'idéal se trouvait atteint ou du moins immédiatement préparé. » *Lettre sur la Musique*(pp. XXVII-XXVIII).

(2) Février 1851.

(3) Cf. *L'Œuvre et la Mission de ma Vie*, p. 61.

plus rien, semble-t-il, ne l'eût retenu de finir, si cette fois, la musique reprise, il n'eût trouvé quelle cause, insoupçonnée naguère, l'y avait tout d'abord gêné, paralysé : *Siegfried's Tod* n'était point scénique! « Lorsque j'essayai, dit Wagner, de dramatiser le moment capital du mythe des Nibelungen, dans *La Mort de Siegfried*, je jugeai nécessaire d'indiquer un grand nombre de faits antérieurs, de façon à mettre cet épisode essentiel dans son vrai jour. Mais je ne pouvais que *raconter* ces faits préparatoires, tandis que je sentais la nécessité de les faire entrer dans l'action même du drame (1). » Il la sentit si bien qu'il en vint à tirer, de son esquisse générale en prose, un second poème, *Le Jeune Siegfried* (qui, terminé le 24 juin de l'an 1851, devint plus tard, métamorphosé, le *Siegfried* de la *Tétralogie*); il y montrait en scène quelques-uns des exploits dont *Siegfried's Tod* parlait seulement : « Mais ici, nouvel embarras, constate Wagner. Je ne trouvais toujours pas moyen d'incorporer ce qui était nécessaire pour que l'action dramatique s'expliquât d'elle-même (2). » Et, ce qui était beaucoup plus grave, c'est que, non plus que le premier poème, le second ne correspondait aux conclusions logiques, ni de *L'Œuvre d'Art de l'Avenir*, ni surtout d'*Opéra et Drame* : pour remanier un opéra, Wagner en avait fait un autre.

Au reste, il n'y avait pas de raison, deux poèmes ne suffisant plus, pour que Wagner n'en écrivît, puisqu'il le fallait, un troisième, et voire un quatrième s'il le fallait encore ; il était naturel que chacun de ces poèmes, soit créés, soit éventuels, faisant pour ainsi dire partie d'un Drame unique, l'Artiste dût être frappé du rapport qu'offrirait l'ensemble, s'il le réalisait jamais, avec

(1) *Communication à mes Amis* (*Eine Mittheilung an meinen Freunden : Gesammelte Schriften und Dichtungen*, t. IV, p. 416).
(2) *Id.*, *ibid.*

l'économie du Théâtre des Grecs, son idéal rétrospectif; il était naturel qu'il dût être ramené, par cette encourageante remarque, à l'idée de son « Projet » (1) de 1849 (pour l'organisation, en Saxe, d'un vrai Théâtre national), et poussé d'autant plus à serrer l'œuvre entière (toujours s'il la réalisait) par les liens ininterrompus d'une gigantesque symphonie. — Ce fut ce qui eut lieu, en effet. Aussi voit-on dès lors et coup sur coup Wagner : entamer la musique du *Jeune Siegfried* (septembre); l'abandonner au mois d'octobre ; et déclarer, le 3 novembre (n'est-il pas vrai que c'est une grande date ?) qu'il embrassera décidément, sous une forme poétique complète, en trois Drames, avec un Prologue, l'immense Mythe des Nibelungen (2).

C'était rompre, et Wagner le dit dans la même lettre, c'était rompre, à ses propres dépens matériels, tous ses engagements antérieurs envers la scène de Weimar ; c'était implicitement renoncer à tout espoir de voir son œuvre entrer jamais, tétralogie ou trilogie, dans le répertoire d'une scène quelconque (3) : car il est évident qu'un tel plan dramatique, pour réalisable qu'il fût, comportait, *a priori* même, un système de représentations consécutives, inconciliable, au moins alors, avec les habitudes modernes. « Mais par cette seule raison, fait observer Wagner, il me semblait que [l'ouvrage] serait un *exemple* vrai et normal de ce que seul je comprenais comme un Art dramatique vraiment universel dans sa forme la plus noble (4)... Il me sembla que ce qu'il y avait de plus noble à faire était de *fortifier ou d'éveiller*, par un tel *exemple* d'une pure œuvre d'Art, *une concep-*

(1) *Gesammelte Schriften und Dichtungen*, t. II. — Cf. sur ce *Projet*, ci-dessus, l'*Avant-Propos*, pp. 68-69.

(2) Cf. *in Revue Wagnérienne*, t. III, les *Notes chronologiques* de M. Chamberlain.

(3) *Lettre sur la Musique*, pp. XLVI-XLVII.

(4) *L'Œuvre et la Mission de ma Vie*, p. 62.

tion du vrai sens de l'Art parmi tous ceux qui pouvaient le comprendre (1)... Cet *exemple* serait libre de toutes les influences anti-artistiques et des dépendances de la misérable scène conventionnelle qui n'était capable que d'offrir aujourd'hui ses pompeuses attractions à un public composé des éléments les plus divers, sans aucun sens artistique, et de les présenter dans une forme fugitive (2)... Alors, par la conquête graduelle sur le public qui serait attiré vers cet Art, l'*esprit national* richement doté pourrait être aidé à déployer ses forces et à se délivrer de ses chaines, cet *esprit national* qui, à présent, malgré ses nombreuses entraves et la *grossièreté des influences réalistes qui l'entouraient*, menaçait de tomber dans une dégénérescence de plus en plus profonde (3) ».

Mais encore fallait-il parvenir à ce public : et comment, puisqu'il n'y avait rien à espérer des scènes allemandes contemporaines ? « Je concevais fort bien que la chose fût possible, et c'était assez, en l'absence absolue de toute idée de l'opéra moderne, pour flatter mon imagination, élever mes facultés, me débarrasser de toute fantaisie de réussir au théâtre, et me décider à suivre complètement, comme pour me guérir des souffrances cruelles que j'avais endurées, ma propre nature » (4). — « *Depuis que j'avais dégagé mon esprit de toute incertitude et de toute confusion par mes écrits théoriques*, j'étais capable une fois encore de marcher dans la voie que j'avais commencé à prendre avec une confiance d'artiste, pour donner à mes idées une forme telle que je l'avais imaginée moi-même. *Quand j'arrivai à l'œuvre elle-même, la manière dans laquelle elle devait être un jour représentée prit aussi forme dans*

(1) *L'Œuvre et la Mission de ma Vie*, p. 63.
(2) *Id.*, p. 62.
(3) *Id.*, p. 63.
(4) *Lettre sur la Musique*, p. XLVII.

mon esprit (1) :... cet *exemple* aurait sa valeur individuelle complètement indépendante, et ces représentations, *dans la forme de grands festivals artistiques*, seraient entreprises, sans nul souci de rémunération matérielle quelconque, pour le profit [moral] d'une foule réunie dans le but, uniquement, d'une occupation artistique (2)... Avec l'annonce du plan d'un tel festival d'Art, qui, à cette époque, pouvait sembler aussi fantastique et aussi extraordinaire que mes rêves de révolution, je pris congé de mes amis (3), sans me troubler par l'opinion que la foule doit avoir d'un artiste qui a pensé qu'il a découvert dans son monde idéal la seule voie possible dans laquelle il puisse s'associer dignement avec le monde de la réalité... Et, dans l'achèvement actuel de mon entreprise, je devins une fois de plus l'artiste vrai, sans entraves, délivré de toute hésitation ou du doute (4) ».

C'est pourquoi, le 29 mai 1852, Wagner pouvait écrire à Liszt : « L'esquisse de toute la Tétralogie du Nibelung est finie » (5) ; le 1er juillet de la même année, c'était le poème de *la Walküre* ; en novembre, le *Rheingold* ; puis Wagner remaniait *Le Jeune Siegfried* (*Siegfried*) ; puis *La Mort de Siegfried* (*Le Crépuscule-des-Dieux*). Vers Noël, il lisait à ses amis le *Ring* en entier (6).

(1) *L'Œuvre et la Mission de ma Vie*, p. 62.

(2) *Id.*, pp. 62-63.

(3) C'est à sa *Communication à mes Amis* (*Eine Mittheilung an meinen Freunden ; Gesammelte Schriften*, t. IV) que fait allusion Richard Wagner.

(4) *L'Œuvre et la Mission de ma Vie*, p. 62.

(5) R. WAGNER et F. LISTZ, Correspondance (*Briefwechsel zwischen Wagner und Liszt*. Leipzig, Breitkopf und Härtel, 1887).

(6) Cf. *in Revue Wagnérienne*, t. III, les *Notes chronologiques* (déjà signalées) de M. H.-S. Chamberlain.. — Imprimé aussitôt (1853), mais, comme je l'ai noté p. 11, seulement pour les

J'ai dû faire gravir au lecteur ce calvaire de chronographie, afin qu'il se rendit bien compte de l'absolue exactitude de cette déclaration de Wagner (dans la *Lettre sur la Musique*) (1) : « Mes conclusions les plus hardies, relativement au Drame musical dont je concevais la possibilité, se sont imposées à moi *parce que*, dès cette époque, je portais dans ma tête le plan de mon grand Drame des Nibelungen, dont j'avais même déjà écrit le poème en partie; et il avait, dès lors, revêtu dans ma pensée une forme telle, que ma théorie n'était guère autre chose qu'une *expression abstraite* de ce qui s'était développé en moi comme production spontanée. » Plus personne ne doute, j'imagine, que la *Tétralogie* de *L'Anneau du Nibelung*, nommée par lui encore « le poème de ma vie, de tout ce que je suis et de tout ce que je sens (2) », ne soit, de tous les Drames du Poète-Musicien, le seul auquel il sied d'adjoindre l'analyse ou la synthèse des trois ouvrages qui en sont « l'expression abstraite ». Aussi ne retarderai-je plus guère cette analyse, ou, si l'on préfère, cette synthèse; mais qu'on se rassure ! elle sera brève : étant donné l'état présent de la question wagnérienne en France, il m'a fallu, pour préparer, pour motiver cet exposé des principes de Richard Wagner, incomparablement plus de place qu'il n'est utile d'en réserver aux principes mêmes.

amis de Wagner (lettre et envoi à Liszt, 11 février), le Poème ne fut publié que dix ans plus tard (1863). L'édition (B. Schott's Söhne, Mayence, 1876) dont, sauf indications contraires, j'ai dû me servir, présente d'assez nombreuses variantes, si on le compare soit à ce premier texte, soit à celui de la Partition.

(1) *Lettre sur la Musique*, p. LIV. — Déclaration déjà citée à la note (4) de la p. 10.

(2) *Lettre à Liszt* [V. note (5) de la p. 76; 9 novembre 1852].

III

En effet, en les ordonnant, je m'aperçois que par un phénomène d'ailleurs inconscient, quoique logique, un grand nombre de ces principes se trouvent avoir pénétré déjà, si intimement, toutes les pages, toutes les phrases de cet *Avant-Propos*, que j'aurais quelque peine à éviter les redites, à l'égard de beaucoup d'entre eux ; or, de pareilles redites ne seraient intéressantes qu'à condition d'entrer, cette fois, dans le plus complet détail d'idées auxquelles, en ce cas, une antérieure mention sommaire aurait eu pour but, par exemple, d'éveiller l'esprit du lecteur : et c'est une condition que m'interdisent de remplir les limites restreintes du présent Essai. J'aurai suffisamment atteint mon double but si, d'une part, j'ai contribué (sans avoir la sotte prétention, bien entendu, de leur rien apprendre) à stimuler le zèle, qui languit, des admirateurs compétents de Wagner, les uns vraiment trop satisfaits ! les autres trop découragés ; si, d'autre part, j'ai su inspirer au Public le désir sincère de s'instruire, de réparer ses graves erreurs, par l'étude des trop rares ouvrages que je crois pouvoir lui signaler (1).

Ce n'est pas que, ces ouvrages exceptés, les moyens d'information manquent : mais ces moyens d'information sont les uns trop disséminés, les autres (toute valeur littéraire hors de cause) plus significatifs des hypothèses, des thèses, des interprétations personnelles aux Critiques (2), que des *principes tout nus*

(1) Cf. p. 31, note (1).

(2) Tel est le cas du beau livre de M. SCHURÉ, *Le Drame Musical* (Paris, Perrin et Cie, éd. : t. II : *Richard Wagner*), livre à consulter, mais avec prudence.

de Wagner ; d'autres furent excellents qui, tirés à petit nombre, épuisés, introuvables, hélas ! ne seront jamais réimprimés (1). *De tous je me suis servi, de tous je vais me servir*, mais, principalement, des derniers, parce que j'aurais des chances de faire plus mal, non mieux.

Je réclame surtout licence de citer Wagner même, ne revendiquant pour moi d'originalité que celle du choix (souvent difficile) et du classement de ces citations. Ce tri, je l'effectuerai, autant qu'il sera possible, parmi les documents traduits en langue française : ceux qui connaissent l'allemande n'ayant que faire de mon secours ; ceux qui ne la connaissent pas n'ayant que faire de renvois, à n'importe quel texte allemand de Richard Wagner. D'autant mieux serai-je à l'aise, pour en agir ainsi, que nul ne pourra l'attribuer, soit à l'ignorance de l'allemand, puisque j'en traduis quatre Drames, soit à celle des écrits théoriques de Wagner, puisque (quand même déjà je ne les saurais par cœur) j'en achève présentement aussi la Traduction. Au surplus, le lecteur perdra-t-il rien au change ? J'aurais pu, saturé que je suis par ces écrits, en exprimer l'essence avec trop d'abondance ; ou bien, ne partageant pas toutes les idées de Wagner (sans doute en suis-je encore indigne), m'oublier à les discuter. Mieux vaut laisser Wagner se confesser lui-même : au moins sera-t-il prouvé que s'il est si peu compris, ce n'est point

(1) Surtout les trois volumes de la *Revue Wagnérienne* ; et spécialement, dans cette *Revue*, les articles de MM. Pierre et Charles BONNIER, Houston-Stewart CHAMBERLAIN, Edouard DUJARDIN, Alfred ERNST, de FOURCAUD, Teodor de WYZEWA. — Si je n'y ajoute pas ceux de M. Catulle MENDÈS, c'est que chacun peut, encore maintenant, se les procurer en librairie (*Richard Wagner*, Charpentier, éd. Ce volume, dont il serait naïf de vanter l'admirable langue, ne saurait être déprécié par certaines erreurs singulières, dont je ne m'explique pas l'origine : cf. *Le Crépuscule-des-Dieux*, scène entre Siegfried et les Filles-du-Rhin.)

faute de s'être expliqué, très explicitement expliqué ; et peut-être, à défaut d'aucun autre mérite, m'accordera-t-on celui d'avoir fourni cette preuve, *dégagée d'interprétations* plus ou moins égoïstement hypothétiques...

Du trio d'œuvres théoriques dont il sied que je m'occupe ici, celle qui semble, au premier coup d'œil, avoir le moins rapport à *L'Anneau du Nibelung*, et par suite réclamer la moins longue analyse, c'est *L'Art et la Révolution* (1). Elle s'y rattache pourtant par de si intimes liens, que la sagacité du lecteur les découvrira, j'en suis sûr, lorsqu'il aura pris connaissance et des quatre Drames, et de leur dénouement (2).

L'idée générale est que les Grecs ont seuls connu l'Art véritable, c'est-à-dire interprète de la conscience publique ; et c'est pourquoi l'Art grec était conservateur ; mais le nôtre doit être révolutionnaire : parce qu'il a cessé d'être un tel interprète ; parce qu'il ne pourra devenir cet interprète, exprimer la conscience publique, qu'à condition de la réformer (3).

(1) *Gesammelte Schriften und Dichtungen*, tome II.

(2) Cf. *L'Œuvre et la Mission de ma Vie*, p. 53 : « Un drame légendaire naturel de cette espèce, tel qu'il résultait dans mon esprit de l'étude de notre noble légende nationale des *Nibelungen*, commença à occuper ma pensée bien qu'il ne pût trouver une existence réelle que dans une atmosphère toute différente de la situation actuelle de toutes les scènes d'opéra. J'imaginai un tel drame comme une œuvre d'art qui devait embrasser l'inspiration idéale de la nation, qui devait présenter l'être humain purement naturel dans son état de liberté absolue...... C'est à ce moment où, dans la plénitude de mon effort pour atteindre la plus haute réalisation de mon art, je me détournais de la vie autour de moi, que survint l'insurrection à Dresde même, en 1849. »

(3) Cf. *in Revue Wagnérienne*, l'excellente analyse des œuvres théoriques, par M. Edouard DUJARDIN.

« J'avais le temps, dit Richard Wagner, de réfléchir sur les raisons qui ont réduit le théâtre à ce rôle dans notre vie publique ; de rechercher d'autre part les principes sociaux d'où résulterait le théâtre tel que je le rêvais (1). » — « J'insistai sur la connexité que j'avais reconnue entre l'état de l'art et la situation politique et sociale du monde moderne. La vie des Grecs me servit comme l'exemple le plus concluant et le plus brillant de cette connexité (2). » — « J'avais trouvé dans quelques rares créations d'artistes inspirés une base réelle où asseoir mon idéal dramatique et musical ; maintenant, l'histoire m'offrait à son tour le modèle et le type des relations idéales du théâtre et de la vie publique.... Je le trouvais, ce modèle, dans le théâtre de l'ancienne Athènes (3) : » — « c'était par l'union de toutes les différentes méthodes d'expression artistique dans l'œuvre d'art noble, parfaite, de son drame tragique, que ce peuple avait célébré dans un accord respectueux les rites de sa forte et noble nature hellénique (4). » — « Le théâtre n'ouvrait son enceinte qu'à certaines solennités, où s'accomplissait une fête religieuse qu'accompagnaient les jouissances de l'Art ; les hommes les plus distingués de l'État prenaient à ces solennités une part directe comme poètes ou directeurs ; ils paraissaient, comme les prêtres, aux yeux de la population assemblée de la cité et du pays ; et cette population était remplie d'une si haute attente de la sublimité des œuvres qui allaient être représentées devant elle, que les poèmes les plus profonds, ceux d'un Eschyle ou d'un Sophocle, pouvaient être proposés au peuple, et assurés d'être parfaitement entendus. Alors

(1) *Lettre sur la Musique*, nouv. éd., p. XXIII.
(2) *L'Œuvre et la Mission de ma Vie*, trad. citée, p. 56.
(3) *Lettre sur la Musique*, p. XXIII.
(4) *L'Œuvre et la Mission de ma Vie*, p. 6.

s'offrirent à moi les raisons, douloureusement cherchées, de la chute de cet Art incomparable ; mon attention s'arrêta, premièrement, sur les causes sociales de cette chute, et je crus les trouver dans les raisons qui avaient amené celle de l'état antique lui-même (1). » — « Je suivis le déclin de l'Art qui accompagna le déclin de l'influence grecque, je montrai comment, dégénérant sous la civilisation romaine et réprimé par l'esprit du christianisme, il ne pouvait plus ensuite, après sa résurrection à l'époque de la Renaissance, être qualifié d'expression libre et naturelle de la vie nationale d'un grand peuple ; comment il était obligé de sacrifier sa valeur si noble et sa véritable inspiration populaire, d'abord pour le service des caprices et du faste des princes et des aristocrates, ensuite au profit du commerce et des hypocrisies de la société moderne. Il est vrai que, avec la disparition de l'antique et inhumaine institution de l'esclavage et l'extension de l'idée chrétienne de l'égalité des hommes, le véritable Art vit s'ouvrir devant lui un plus noble et plus large domaine, dans lequel il pourrait, pour la première fois, avoir atteint son apogée en traduisant les idées de l'homme libre dans ses relations vraies et sans entraves de ce genre : mais une telle civilisation, fondée sur la liberté, n'est jamais venue pleinement à l'existence. L'homme moderne n'est un être ni libre ni consistant. Mille intérêts différents divisent sa vie changeante et la remplissent d'une perpétuelle inquiétude, et c'est seulement dans leur commun esclavage, sous l'empire des chimères et des nécessités sociales, que les hommes sont réellement égaux. Il n'y a qu'une grande révolution de l'humanité en général qui pourrait rendre possible la liberté de l'individu, et il n'y a qu'un mouvement révolutionnaire dans un tel sens,

(1) *Lettre sur la Musique*, pp. XXIII-XXIV.

avec un tel motif, qui pourrait être salutaire et digne de l'Art véritable. Mais un tel Art, qui serait la plus haute expression d'une civilisation universelle et réellement humaine, ne pouvait être imaginable pour moi que dans la forme de cette grande création artistique qui représente la vie humaine à l'aide de tous les arts réunis ensemble, une œuvre comme la tragédie grecque (1) ».

« Je cherchai à déduire de cet examen les principes d'une organisation politique des races humaines, qui, en corrigeant les imperfections de l'état antique, pût fonder un ordre de choses où les relations de l'Art et de la vie publique, telles qu'elles existaient à Athènes, renaitraient, mais plus nobles, si cela est possible, et en tout cas plus durables (2)... »

Il n'est point nécessaire de suivre ici Wagner sur ce terrain, tout politique, qu'il ne tarda du reste guère à quitter lui-même, dégoûté (3). Montrons plutôt comment *Art et Révolution* se lie à *l'Œuvre d'Art de l'Avenir*(4),

(1) *L'Œuvre et la Mission de ma Vie*, pp. 56-57.

(2) *Lettre sur la Musique*, p. XXIV.

(3) « Mais après un court examen de ces systèmes je commençai à être troublé en me demandant si l'élément purement humain, qui était le fondement de la révolution, n'allait pas être perdu de vue au milieu des disputes prédominantes des partis sur la valeur des différentes formes du gouvernement, la différence entre elles étant, après tout, simple question de préférence... Quand je vis que mes idées personnelles sur ce qui devait être le motif essentiel d'une révolution étaient absolument étrangères aux politiciens, dont les efforts étaient limités uniquement aux intérêts temporaires du moment, je me détournai de nouveau des réalités des choses et je considérai encore mon monde idéal. Je me dévouai plus sérieusement que jamais, dans mon art, à appliquer exclusivement le programme que j'avais adopté, celui de l'homme libre, fort et noble, tel que la nature l'a fait. » (*L'Œuvre et la Mission de ma Vie*, pp. 48-49).

(4) *Das Kunstwerk der Zukunft* (*Gesammelte Schriften*, t. III). Sur la portée de ce titre, cf. ci-dessus pp. 49 et (surtout) 70.

son second écrit spéculatif; on devine déjà que le secret de l'Avenir, c'est au Passé que Wagner le demande (1): ayant trouvé ce qui dut causer, « je me mis à chercher, résume-t-il, ce qui caractérise cette dissolution si regrettée du grand Art grec... Je fus frappé d'abord d'un fait singulier : c'est la séparation, l'isolement des différentes branches de l'Art réunies autrefois dans le Drame complet. Associés successivement, appelés à coopérer tous à un même résultat, les arts avaient fourni, par leur concours, le moyen de rendre intelligibles à un peuple assemblé les buts les plus élevés et les plus profonds de l'humanité; puis les différentes parties constituantes de l'Art s'étaient séparées, et désormais, au lieu d'être l'instituteur et l'inspirateur de la vie publique, l'Art n'était plus que l'agréable passe-temps de l'amateur; et, tandis que la multitude courait aux combats de gladiateurs ou de bêtes féroces dont on faisait l'amusement public, les plus délicats égayaient leur solitude en s'occupant des lettres ou de la peinture (2). » — « La division de l'Art en branches indépendantes et se développant séparément avait été un procédé qui, de proche en proche, avait rompu tout le système de l'ancien État, et ces branches isolées, bien que leurs destinations spéciales fussent portées au point de la virtuosité, ne pouvaient par elles-mêmes être capables d'atteindre l'importance de ce grand Art national disparu. Elles étaient devenues de plus en plus une serre chaude avec une forme d'un luxe distingué pour les connaisseurs, ou c'était tout au plus si, au

(1) *L'Œuvre et la Mission de ma Vie*, p. 58 : « Il était évident qu'en cela je me trouvais en opposition avec les idées ordinaires maintenues par l'esprit antiartistique de mon époque, mais je me sentis involontairement en étroite sympathie avec les plus nobles pensées et les efforts de ces artistes du passé qui avaient été dans leur noble isolement les seuls représentants véritables de l'art dans son plus haut sens. »

(2) *Lettre sur la Musique*, pp. XXIV-XXV.

début, elles pouvaient s'adresser au public comme un genre de distraction. Et le public n'y avait jamais reconnu la personnification de sa nature humaine générale ou nationale, mais plutôt un moyen de faire plus belle sa « culture » spéciale et artistique. Mais, d'un autre côté, il me semblait voir dans les branches les plus libres et les plus vigoureuses de ce système d'arts spéciaux, la poésie et la musique, une forte tendance à la réunion de leurs différents moyens d'expression dans une œuvre d'Art de la plus grande unité, qui représenterait l'homme dans le meilleur de son être et indépendant des temps et des modes (1) ». — « Fort de l'autorité des plus éminents critiques, par exemple, des recherches d'un Lessing sur les limites de la peinture et de la poésie, je me crus en possession d'un résultat solide : c'est que chaque art tend à une extension indéfinie de sa puissance; que cette tendance le conduit finalement à sa limite; et que, cette limite, il ne saurait la franchir sans courir le risque de se perdre dans l'incompréhensible, le bizarre et l'absurde. Arrivé là, il me sembla voir clairement que chaque art demande, dès qu'il est aux limites de sa puissance, à donner la main à l'art voisin; et, en vue de mon idéal, je trouvai un vif intérêt à suivre cette tendance dans chaque art particulier : il me parut que je pouvais le démontrer de la manière la plus frappante dans les rapports de la poésie à la musique, en présence surtout de l'importance extraordinaire qu'a prise la musique moderne (2). » — « C'est ce que je vis dans les symphonies de Beethoven, dans lesquelles la recherche d'une adaptation distincte de leur expression infinie au langage parlé se montrait dans l'emploi du chant avec l'*Hymne à la Joie* de

(1) *L'Œuvre et la Mission de ma Vie*, pp. 57-58.
(2) *Lettre sur la Musique*, pp. XXV-XXVI.

Schiller, au finale de la Neuvième Symphonie (1). » — « Je cherchais ainsi à me représenter l'Œuvre d'Art qui doit embrasser tous les arts particuliers et les faire coopérer à la réalisation supérieure de son objet ; j'arrivai par cette voie à la conception réfléchie de l'idéal qui s'était obscurément formé en moi, vague image à laquelle l'artiste aspirait (2) . »

Wagner entre dès lors dans maints détails techniques, les uns que je me permettrai de n'exposer que plus loin, répétés qu'il les a, dans *Opéra et Drame*, sous une forme plus développée ; les autres, surtout ceux relatifs aux arts optiques (Décor, Plastique, Mimique et Danse), qui trouveront plus utilement place en certaines notes du présent livre.

Aussi bien suis-je pressé d'en venir à celui, des écrits théoriques de Wagner, qui est, avec la *Lettre à Frédéric Villot*, la manifestation la plus clairement complète et, pour le traducteur, la plus intéressante, de ses idées sur l'Œuvre d'Art. Cet écrit, *Opéra et Drame* (3), est divisé en trois parties : les deux premières, intitulées : *L'Opéra et l'essence de la Musique ; Le Théâtre et l'essence de la Poésie dramatique*, ont un caractère tour à tour de préparation, par la polémique (4), et de justification, par l'historique, qui, si curieux soit-il, importe moins ici. Je n'en retiendrai donc que les conclusions, à savoir que l'erreur des auteurs d'opéras est d'avoir pris pour fin en Art, uniquement pour fin la Musique, laquelle n'est qu'un moyen de l'expression artistique, tandis que *seul le Drame est la fin véritable* : voilà pour la première partie ; et, quant

(1) *L'Œuvre et la Mission de ma Vie*, p. 58. — Cf. ci-dessus la note (1) de la p. 40.

(2) *Lettre sur la Musique*, p. XXVI.

(3) *Oper und Drama* (*Gesammelte Schriften*, t. III et IV). — Sur l'origine et le but de cet écrit, cf. ci-dessus, pp. 71-72.

(4) Cf. ci-dessus note (1) de la p. 72.

à la deuxième partie : que, fidèle à son origine, le Drame doit recréer la Vie, sous la forme symbolique et populaire du Mythe (1), « matière idéale du poète. Le Mythe est le poème primitif et anonyme du Peuple, et nous le trouvons à toutes les époques repris, remanié sans cesse à nouveau par les grands poètes des périodes cultivées. Dans le Mythe, en effet, les relations humaines dépouillent presque complètement leur forme conventionnelle et intelligible seulement à la raison abstraite ; elles montrent ce que la vie a de vraiment humain, d'éternellement compréhensible, et le montrent sous cette forme concrète, exclusive de toute imitation, laquelle donne à tous les vrais mythes leur caractère individuel, que vous reconnaissez au premier coup d'œil » (2).

Ces recherches ayant conduit Wagner à cette question : « Quelle est la forme la plus parfaite sous laquelle doive être représentée cette matière poétique idéale ? j'examinai, dit-il, dans une troisième partie » (c'est celle-ci qui nous touche directement, elle a pour titre : *La Poésie et la Musique dans le Drame de l'Avenir*) (3) « j'examinai à fond, dans une troisième partie, ce

(1) Cf., au tome Ier de la *Revue Wagnérienne*, l'excellente analyse des œuvres théoriques, par M. Edouard Dujardin.

(2) *Lettre sur la Musique*, p. XXXII. — Sur le Mythe, cf. *L'Œuvre et la Mission de ma Vie*, p. 31.

(3) Fidèle aux principes de « renoncement » qui m'ont poussé, pour ce travail, à tendre vers l'exactitude, non vers l'originalité, de manière à faire sur Wagner, et sur l'Art de Richard Wagner, la lumière la plus éclatante, je me suis donné la plus grande peine pour former, de cette troisième partie, une image tirée, presque exclusivement, de la *Lettre sur la Musique*, et précisée par cette dernière. Je n'ai voulu me rappeler que deux choses : la première, c'est que je parle à des lecteurs français, à des lecteurs d'une traduction, pour lesquels la *Lettre sur la Musique* aurait dû être, je l'ai prouvé (Cf. ci-dessus, pp. 5-12), la Préface naturelle de la *Tétralogie* ; la deuxième, c'est que, parmi les documents français (et même allemands), cette *Lettre* est le

que comporte la forme sous le rapport technique, et voici l'énoncé du résultat auquel cet examen aboutissait : le développement extraordinairement riche, et tout à fait inconnu aux siècles passés, qu'a pris la musique à notre époque, permet seul de mettre au jour tout ce dont la forme est capable (1) .... L'harmonie, que l'antiquité a complètement ignorée, l'extension prodigieuse et le riche développement qu'elle a reçus par la polyphonie, sont choses dont l'invention appartient exclusivement aux derniers siècles. Nous ne connaissons la Musique, chez les Grecs, qu'associée à la Danse. Le mouvement de la danse assujettissait, aux lois du rythme, la musique et le poème que le chanteur récitait comme motif de danse : ces lois réglaient d'une manière si complète le vers et la mélodie, que la musique grecque (et ce mot impliquait presque toujours la poésie) ne peut être considérée que comme la danse exprimée par des sons et des paroles. Ce furent des motifs de danse, lesquels constituent le corps de toute la musique antique, qui, attachés originairement au culte païen et perpétués dans le peuple, furent conservés par les premières communautés chrétiennes,.... appliquées par elles aux cérémonies du culte nouveau à mesure qu'il se formait » (2) ; appropriées à la gravité de ce culte par le ralentissement du rythme, par l'invention de l'harmonie, par celle de la polyphonie ; puis enfin sécularisées en Italie et en Allemagne : là, sous les formes défectueuses de l'opéra et du ballet; en Allemagne, sous la forme, peu à peu perfectionnée, de la

meilleur, peut-on dire, de la théorie wagnérienne. Par malheur son défaut, pour nous autres Français, consiste en *l'absence d'un plan net*. J'espère en avoir fait un clair — sans faux raccords, et qui sûrement m'a pris (je me dois de le constater) plus d'heures, beaucoup plus d'heures qu'un travail personnel.

(1) *Lettre sur la Musique*, pp. XXXII-XXXIII.

(2) *Id.*, pp. XXXIII-XXXIV.

Symphonie (1), qui devint ainsi, comme dit Wagner, « l'idéal réalisé de la mélodie de danse » (2).

En effet, « la symphonie de Beethoven contient encore, dans la partie désignée sous le nom de *scherzo* ou de *minuetto*, une vraie musique de danse, et l'on pourrait facilement danser accompagné par elle. On dirait qu'un instinct puissant a contraint le compositeur à toucher une fois au moins directement, dans le cours de son œuvre, le principe sur lequel elle repose.... Il va, dans les autres périodes, s'éloignant de plus en plus de la forme qui permettrait d'exécuter, avec sa musique, une danse réelle : il faudrait du moins que ce fût une danse si idéale qu'elle serait à la danse primitive ce que la symphonie est à la mélodie dansante originelle » (3).

« Les instruments parlent, dans cette symphonie, une langue dont aucune époque n'avait encore eu connaissance ; car l'expression, purement musicale jusque dans les nuances de la plus étonnante diversité, enchaine l'auditeur pendant une durée inouïe jusque-là, lui remue l'âme avec une énergie qu'aucun autre art ne peut atteindre ; elle lui révèle dans sa variété une régularité si libre et si hardie, que sa puissance surpasse nécessairement pour nous toute logique, bien que les lois de la logique n'y soient nullement contenues, et qu'au contraire la pensée rationnelle, qui procède par principe et conséquence, ne trouve ici nulle prise... (4). Une nécessité métaphysique réservait précisément à notre époque la découverte de ce langage tout nouveau ; et cette nécessité gît, si je ne me trompe, dans le perfectionnement de plus en plus con-

(1) Cf. *Lettre sur la Musique*, pp. XXXIV-XL, *passim*.
(2) *Id.*, p. LXIX.
(3) *Id.*, pp. LXIX-LXX.
(4) *Id.*, pp. XL-XLI.

ventionnel des idiomes modernes.... (1). Issue d'une signification des mots toute naturelle, personnelle et sensible, la langue de l'homme se développa dans une direction de plus en plus abstraite, et finalement les mots ne conservèrent plus qu'une signification conventionnelle ; le sentiment perdit toute participation à l'intelligence des vocables, en même temps que l'ordre et la liaison de ceux-ci finirent par dépendre d'une façon exclusive et absolue de règles qu'il fallait apprendre.... (2). On dirait que, sous la pression des conventions civilisées, le sentiment humain s'est exalté, et a cherché une issue qui lui permît de suivre les lois de la langue qui lui est propre, et de s'exprimer, d'une manière qui lui fût intelligible, avec une entière liberté et une pleine indépendance des lois logiques de la pensée » (3). En revanche, s'il est vrai que « la musique, malgré l'obscurité de sa langue » selon ces lois, « se fait nécessairement comprendre de l'homme avec une puissance victorieuse que ces mêmes lois ne possèdent pas (4) », il n'est pas moins certain qu'il y a, « dans la marche de l'intelligence », certaine « inévitable phase, où elle se sent pressée de découvrir la loi qui préside à l'enchainement des causes, et se pose, en présence de tout phénomène dont elle reçoit une forte impression, cette question involontaire : « Pourquoi ? » (5) — « De là l'espèce de crainte où tombe le compositeur de dépasser certaines limites de l'expression musicale : par exemple, de porter trop haut la tendance passionnée et tragique ; car il éveillerait par là des émotions et une attente qui ne pourraient que faire naitre dans l'auditeur la question importante du « Pourquoi ? ». Or

(1) *Lettre sur la Musique*, p. XLI.
(2) *Id.*, p. XLII.
(3) *Id.*, *ibid.*
(4) *Id.*, p. XLIII. Cf. p. 89, note (4).
(5) *Id.*, pp. XLIII-XLIV.

c'est une question à laquelle le musicien n'est pas en mesure de faire une réponse satisfaisante » (1) ; — « c'est une question que l'audition même d'une symphonie ne peut empêcher complètement de provoquer ; bien plus, comme elle ne peut y faire de réponse, elle confond la faculté de percevoir les causes, et suscite dans l'auditeur un trouble qui non seulement est capable de tourner en malaise, mais devient de plus le principe d'un jugement radicalement faux » (2). Comment « répondre à cette question, à la fois troublante et inévitable, de telle sorte qu'elle cesse de s'élever et soit désormais en quelque sorte éludée ? » (3). Par un programme, dira quelqu'un. Mais « un programme est plutôt fait pour amener la question du « Pourquoi » que pour la satisfaire ; ce n'est donc pas un programme qui peut exprimer le sens de la symphonie » (4).

Si ce n'est un programme, qu'est-ce alors ? Faut-il rappeler que, selon Wagner, Beethoven même l'a indiqué, le jour où comprenant qu'il avait parcouru, dans la musique instrumentale, le cercle tout entier de toutes les émotions qu'elle est capable d'exprimer, à l'instrumentation, qui ne lui suffisait plus, il a joint les voix, — au finale de la *Symphonie avec Chœurs* ? Ainsi, c'est un poète qui donnera la réponse ; ou plutôt non : c'est un poète qui facilitera cette réponse au symphoniste interrogé. « Mais le poète lui-même ne saurait y parvenir sans un vif sentiment des tendances de la musique et de son inépuisable puissance d'expression ; car il faut qu'il construise son poème de manière qu'il pénètre jusque dans les fibres les plus fines du tissu musical, et que l'idée qu'il exprime se résolve entièrement dans le

(1) *Lettre sur la Musique*, p. LXX.
(2) *Id.*, p. XLIV.
(3) *Id.*, *ibid.*
(4) *Id.*, p. LXXI.

sentiment. La seule forme poétique applicable ici est celle où le poète, au lieu de décrire simplement, offre de son objet une représentation réelle et qui frappe les sens : cette forme est le Drame. Au moment où il est représenté avec la réalité scénique, le Drame éveille dans le spectateur un intérêt profond pour une action qui s'accomplit devant lui, qui est, dans la mesure du possible, une fidèle imitation de la Vie humaine. Cet intérêt élève déjà par lui-même les sentiments de sympathie jusqu'à une sorte d'extase, où l'homme oublie cette fatale question du pourquoi : alors, dans le feu de ses transports, il se livre sans résistance à la direction des lois nouvelles par lesquelles la Musique se fait si merveilleusement comprendre et, dans une acception très profonde, fait la seule réponse exacte à cette question : « Pourquoi ? » (1).

Le Drame est donc, à la Symphonie, ce que celle-ci était à la mélodie de danse : elle était l'idéal de la mélodie de danse ; il est l'idéal de la Danse, au sens le plus large du mot. Car « déjà, la danse populaire originelle exprime une action, presque toujours les péripéties d'une histoire d'amour ; cette danse simple et qui relève de relations les plus matérielles, conçue dans son plus riche développement et portée jusqu'à la manifestation des mouvements de l'âme les plus intimes, n'est autre chose que l'action dramatique (2)... Il ne me reste, en ce

(1) *Lettre sur la Musique*, pp. XLIV-XLV.

(2) *Id.*, pp. LXX-LXXI. — Cf. *L'Œuvre d'Art de l'Avenir* : « L'Art de la Danse est le plus réaliste de tous les arts. Il représente l'Homme vivant, non seulement dans une partie de son être, mais dans cet être entier, de la plante des pieds jusqu'à la tête. Il y a différents degrés dans cet art ; le sauvage, en effet, dominé par la passion, ne connaît dans sa danse que le mouvement violent ou le repos apathique. L'homme civilisé se manifeste par la richesse et la diversité des nuances entre les sentiments, par un rythme plus complexe. » (*Das Kunstwerk der Zukunft* ; *Gesammelte Schriften*, t. III, p. 87).

moment, qu'à indiquer comment la forme mélodique peut être élargie, vivifiée, quelle influence enfin peut être exercée sur elle par un poème qui y répond parfaitement. » (1)

D'abord, la Poésie s'y résignera-t-elle, à n'être plus (en apparence) qu'une auxiliaire de la Musique, à se fondre intimement avec elle, et surtout « avec cette musique dont la symphonie de Beethoven nous a révélé la puissance infinie? La Poésie, réplique Wagner, en trouvera sans peine le moyen: dès qu'elle apercevra, dans la Musique », ce besoin de clarté, « qu'à son tour la Poésie peut seule satisfaire, elle reconnaitra que sa secrète et profonde aspiration est de se résoudre finalement dans la Musique (2). » En effet, « un penchant naturel au poète, et qui domine chez lui la conception comme la forme, ... est d'*employer l'instrument des idées abstraites, la langue, de telle sorte qu'elle agisse sur la sensibilité elle-même*... Le poète cherche, dans son langage, à *substituer à la valeur abstraite et conventionnelle des mots* leur signification *sensible et originelle;* l'arrangement rythmique et l'ornement (déjà presque musical) de la rime, » *de l'allitération*, « lui sont des moyens d'assurer au vers, à la phrase, une puissance qui captive comme par un charme et gouverne à son gré le sentiment. Essentielle au poète, cette tendance le conduit jusqu'à la limite de son art, limite que touche immédiatement la Musique; et par conséquent l'œuvre la plus complète du poète devrait être celle qui, dans son dernier achèvement, serait une parfaite musique (3). » — « Le poète, qui a le sentiment de l'inépuisable pouvoir d'expression de la mélodie symphonique, se verra conduit à étendre son domaine, à

(1) *Lettre sur la Musique*, p. LXXI.
(2) *Id.*, p. XLIII.
(3) *Id.*, pp. XXXI-XXXII.

s'approcher des nuances infiniment profondes et délicates de cette mélodie qui donne à son expression, au moyen d'une seule modulation harmonique, la plus pénétrante énergie. La forme étroite de la mélodie d'opéra, qui s'imposait à lui autrefois, ne le réduira plus à donner pour tout travail un canevas sec et vide; au contraire, il apprendra du musicien un secret qui reste caché au musicien lui-même, c'est que la mélodie est susceptible d'un développement infiniment plus riche que la symphonie elle-même n'a pu jusqu'ici lui permettre de le concevoir; et, porté par ce pressentiment, le poète tracera le plan de ses créations avec une liberté sans limite (1). »

« Peut-être trouverez-vous, ajoute Richard Wagner, que plusieurs parties » de tels poèmes « entrent trop avant dans le détail intime, et, si vous consentez à autoriser ce détail chez le poète, vous aurez peine à comprendre comment il a osé le donner à interpréter au musicien (2)... Mais à cela je fais immédiatement une réponse : si... les vers étaient calculés, » dans n'importe quel *libretto*, « pour qu'une fréquente répétition des phrases et des paroles, qui étaient le support de la mélodie, donnât au poème l'extension que réclamait cette mélodie », il n'en est plus de même [pour le *Ring*]: là, « *l'exécution musicale... n'offre plus une seule répétition de paroles, le tissu des paroles a toute l'étendue destinée à la mélodie; en un mot, cette mélodie est déjà construite poétiquement.* S'il était arrivé que mon procédé eût en général réussi, peut-être cela seul suffirait-il pour obtenir... le témoignage que ce procédé a produit une fusion infiniment plus intime du poème et de la musique que les procédés antérieurs. S'il m'était permis d'espérer, en même temps, que vous

(1) *Lettre sur la Musique*, pp. LXXI-LXXII.
(2) *Id.*, p. LXI.

trouviez dans l'exécution poétique... plus de valeur que n'en comportaient mes travaux antérieurs, cette circonstance vous amènerait à une conclusion inévitable, c'est que la *forme musicale, déjà complètement figurée dans le poème*, aurait au moins été avantageuse au travail poétique. Si donc, par cela seul qu'elle est figurée dans le poème, la forme musicale lui donne une valeur particulière et qui répond exactement au but poétique, il ne s'agit plus que de savoir si la forme musicale de la mélodie n'y perd elle-même rien de la liberté de ses allures et de son développement.

» Permettez-moi de répondre à cette question au nom du musicien, et de vous dire, avec le plus profond sentiment de l'exactitude de cette affirmation : au contraire, la mélodie et sa forme comportent, grâce à ce procédé, une richesse de développement inépuisable, et dont on ne pouvait sans lui se faire une idée (1). » — « Le symphoniste se rattachait encore timidement à la forme dansante primitive ; il ne se hasardait jamais à perdre de vue, fût-ce dans l'intérêt de l'expression, les routes qui le tenaient en relation avec cette forme ; et voici que maintenant le poète lui crie : « Lance-toi sans crainte dans les flots sans limites, dans la pleine mer de la Musique ! Ta main dans la mienne, et », *ainsi*, « jamais tu ne t'éloigneras de ce qu'il y a de plus intelligible à chaque homme, car avec moi tu restes toujours sur le ferme terrain de l'action dramatique, et cette action, représentée sur la scène, est le plus clair, le plus facile à comprendre de tous les poèmes. Ouvre donc largement les issues à ta mélodie (2) ; qu'elle s'épanche

(1) *Lettre sur la Musique*, pp. LXII-LXIII.

(2) Cf. *Gesammelte Schriften*, tome IV (*Oper und Drama*, p. 174) : « Le poète doit faire converger, doit concentrer en un seul point, aussi éclairé que possible, les « moments » épars de l'action, du sentiment, de la passion : au musicien alors, cette dense concentration, de la développer, d'après la nature de son contenu émotionnel, jusqu'à la plus débordante plénitude. »

comme un torrent à travers l'œuvre entière; *exprime en elle ce que je ne dis pas*, parce que toi seul peux le dire; et mon silence dira tout, parce que je te conduis par la main. » Dans le fait, la grandeur du poète se mesure *surtout par ce qu'il s'abstient de dire* afin de nous laisser dire en silence, à nous-mêmes, ce qui est inexprimable; *mais c'est le musicien qui fait entendre clairement ce qui n'est pas dit*, et la forme infaillible de son silence retentissant est la mélodie infinie (1).

» Evidemment, le symphoniste ne pourrait former cette mélodie, s'il n'avait son organe propre : cet organe est l'orchestre. Mais, pour cela, il doit en faire un tout autre emploi que le compositeur d'opéra, entre les mains duquel l'orchestre n'était qu'une monstrueuse guitare pour accompagner les airs. L'orchestre sera, avec le Drame tel que je le conçois, dans un rapport à peu près analogue à celui du chœur tragique des Grecs avec l'action dramatique. Le chœur était toujours présent, les motifs de l'action qui s'accomplissait se déroulaient sous ses yeux; il cherchait à sonder ces motifs et à se former par eux un jugement sur l'action. Seulement, le chœur ne prenait généralement part au Drame que par ses réflexions; il restait étranger à l'action comme aux motifs qui la produisaient. L'orchestre du symphoniste moderne, au contraire, est mêlé aux motifs de l'action par une participation intime (2); car si, d'une part,

(1) *Lettre sur la Musique*, pp. LXXII-LXXIII.

(2) Par cette phrase on comprend dès lors pourquoi Wagner, non seulement devait être l'ennemi des concerts fragmentaires de musique *dramatique*, mais encore et surtout voulait que le chef d'orchestre, chargé de mener l'exécution d'une œuvre musicale destinée à la scène, dirigeât, et dirigeât seul, celle aussi du Drame en entier, puisque Poème, Plastique, Musique, forment un Tout indivisible. — Je ne puis insister sur ces vues, que les lecteurs connaissant l'allemand trouveraient exposées tout au long dans le traité par Richard Wagner, *sur l'art de diriger le Drame*, en ses *Gesammelte Schriften und Dichtungen*, tome VIII.

comme corps d'harmonie, il rend seul possible l'expression précise de la mélodie, d'autre part, il entretient le cours interrompu de la mélodie elle-même; en sorte que toujours les motifs se font comprendre au cœur avec l'énergie la plus irrésistible. Si nous considérons, et il le faut bien, comme la forme artistique idéale *celle qui peut être entièrement comprise sans réflexion, et qui fait passer tout droit dans le cœur la conception de l'artiste dans toute sa pureté;* si enfin nous reconnaissons cette forme idéale dans le Drame... qui satisfait aux conditions mentionnées jusqu'ici, l'orchestre est le merveilleux instrument au moyen duquel seul cette forme est réalisable. En face de l'orchestre, de l'importance qu'il a prise, le chœur, auquel l'opéra, d'ailleurs, a déjà fait une place sur la scène, n'a plus rien de la signification du chœur antique, cela saute aux yeux ; il ne peut plus être admis qu'à titre de personnage actif, et partout où il n'est pas nécessaire avec un tel rôle, il ne peut plus désormais devenir qu'un embarras et une superfluité; car sa participation idéale à l'action est passée tout entière à l'orchestre, et s'y manifeste sous une forme toujours présente et qui n'embarrasse jamais (1). »

(1) *Lettre sur la Musique*, pp. LXXIII-LXIV. — « Qui n'embarrasse jamais » ?... J'entends les plaisanteries chères à presque tous les habitués de nos théâtres-de-musique. Qu'on veuille bien attendre, pour plaisanter, d'avoir lu les notes (1) de la p. 110 et (2) de la p. 132: on s'y pourra convaincre qu'à Bayreuth l'orchestre est disposé de façon spéciale, et doit, à cette disposition, non seulement, comme disait Wagner, une « sonorité » toute « mystique », mais encore l'avantage de permettre, aux acteurs, une *netteté parfaite d'articulation*. J'ai entendu des gens, le conterai-je ? se plaindre que l'orchestre, ainsi, ne produisit plus assez de bruit... Que ceux-là retournent à l'Opéra ! Quant à la musique de Wagner, elle n'a pas besoin de tant de vacarme, puisqu'il s'agit, pour elle, de concourir au Drame (au même titre que le Poème), d'en soutenir la déclamation, de la rendre plus pénétrante, d'en préciser les sens cachés, les sous-entendus, les silences, et non pas de réussir à nous faire oublier l'imbécillité d'un livret.

IV

Applicables à toutes les œuvres de Wagner à dater de la *Tétralogie*, y compris la *Tétralogie*, telles sont les théories dramatiques du Poète, dans leurs lignes les plus générales. A présent que j'en ai terminé la mosaïque, j'aurais voulu montrer sous quelle forme, concrète, cette même *Tétralogie* vérifie leurs données; car nous voici très près, comme autrefois Wagner (1), du point où ces éclaircissements ne se suffiraient plus sans exemples : mais quels exemples irai-je élire? lesquels seront mieux probants que l'œuvre en totalité? Certes, il est tels détails (techniques) que je ne puis taire : si je l'ai fait dans les trois chapitres précédents, le premier de polémique, le second de biographie, le troisième de compilation spéculative, je n'en ai plus le droit dans celui-ci, profession de foi du traducteur.

Mais quoi! ces détails réservés, irai-je faire aux lecteurs l'injure de douter de leur intelligence jusqu'à leur expliquer longuement, par exemple au point de vue de l' « action » : que, l'Ame étant ici l'unique moteur du Drame, cette action est tout intérieure et passionnelle; qu'elle n'en progresse pas moins, cette action, et sans cesse, et de phrase en phrase, et de vers en vers, et de mot en mot, et de geste en geste, dans le dialogue, dans les récits mêmes; et comment, à la suite de scènes jamais trop longues, mais prolongées, où s'est accumulée, sans discontinuer, toute l'électricité dramatique, peu à peu, d'une situation décisive, le fait attendu, brutal, éclate comme un éclair (je ne dis pas : comme un coup de théâtre), toujours visible aux specta-

(1) Cf. *Lettre sur la Musique*, p. LXXVI.

teurs, durable assez pour les saisir, pas assez pour distraire de l'action vraie leur cœur? Ne sont-elles pas, ces observations, de celles que n'importe qui saura bien faire soi-même? et la seule que je me puisse permettre n'est-elle pas : que si la Musique acquiert, dans l'œuvre de Wagner, une toute-puissance dominatrice, incontestable, incontestée, elle le doit à ce développement des poèmes (qui en sont le support) par des motifs humains purement psychologiques? Et, si je voulais traiter de l'économie des Drames : lorsque j'aurais noté comment parfois Wagner, avec logique, avec bonheur, en supprime toute « exposition », y ajourne toute explication, n'y nomme tel personnage que longtemps, bien longtemps après l'avoir su rendre intéressant pour nous; quand j'aurais constaté que le *Rheingold* à part, tous ces Drames ont chacun trois actes (1), les treize actes restant, d'ailleurs, rigoureusement inséparables; quand j'aurais souligné que matérielle ou morale, l'action n'y est rompue même par les changements de lieu, les transformations du Décor (sans parler de celles de la Musique) suivant, accompagnant la marche des héros, localisant les interludes : « Hé! serait en droit de me dire quiconque va lire l'ouvrage : nous n'avons pas besoin de vous pour découvrir ces choses; nous avons des yeux, j'imagine! et, à moins que votre Traduction ne soit incomplète... » — Elle ne l'est point; et c'est pourquoi, en ce qui concerne les Arts Optiques (2) (Décor, Plastique, Mimique et Danse) j'userai d'une analogue réserve : la Mimique, langue universelle

(1) Dans une lettre à Uhlig, déjà citée deux fois (pp. 70, 71), Wagner dit qu'il livre bataille à la forme consacrée en cinq actes. A partir du *Vaisseau-Fantôme* inclusivement, ses drames en ont en effet trois, à l'exception, bien entendu, de *L'Or-du-Rhin*, qui n'est qu'un Prologue (Cf. p. 27, note (1).

(2) Les Arts Optiques : « *Lichtwelt* » — le Monde-de-la-Lumière (Wagner).

comme la Musique, et comme elle expressive de l'homme émotionnel (1), et comme elle suggérant ce que sous-entend le poète, n'est-elle pas précisée dans le texte wagnérien, et, par suite, dans cette Traduction? Qu'ils précèdent, exécutent ou remplacent la Parole, nécessitent ou complètent la Note correspondante, Gestes, Regards, Attitudes, Immobilité même, Wagner n'a-t-il pas tout prévu? N'a-t-il pas tout prévu pour le Décor aussi (2) : depuis les jeux de la Lumière, de l'Ombre, élevées à l'importance d'agents actifs du Drame, jusqu'au rythme des Plans, des Couleurs et des Lignes? Il est vrai, surtout si l'on songe au caractère cosmogonique du sujet de *l'Anneau du Nibelung*, que ces dernières indications pourront paraitre parfois brèves, sèches, à force de sobriété : mais si Wagner les a, dans le texte des poèmes, réduites au plus strict minimum, c'est parce que la symphonie, sans être jamais « descriptive », reflète suffisamment le Décor, — ou bien s'y reflète, projetant alors de l'Ame vers la Nature l'action, faisant à cette action participer les Choses, par de magnétiques effluences, par de réciproques influences (3); et dans ce cas, tout ce que le lec-

(1) Cf. *L'Œuvre d'Art de l'Avenir* : « Ce qui appartient à l'œil, c'est l'extérieur de l'homme. L'œil saisit la forme animée de l'homme, la compare avec les objets ambiants et l'en différencie. Ce qu'il voit *immédiatement*, ce sont les mouvements extérieurs, inconscients, causés par une douleur ou une joie. Ensuite viennent les émotions de l'homme intérieur *médiatement*, c'est-à-dire par l'intermédiaire de la physionomie et des gestes... » (p. 78).

(2) Cf. *L'Œuvre d'Art de l'Avenir* : « C'est par le peintre que le théâtre doit atteindre à sa complète vérité artistique. » (*Das Kunstwerk der Zukunft* ; *Gesammelte Schriften*, t. III, p. 75).

(3) Cf. *L'Œuvre d'Art de l'Avenir* : La peinture « représentera le paysage, qui, vivant, sera comme le fond devant lequel se manifestera l'homme vivant. La scène, qui doit représenter l'image de la vie humaine, doit pouvoir contenir l'image de la nature pour la pleine compréhension de la vie dans laquelle l'homme se meut. » (*Id.*, *ibid.*)

teur (soit qu'il manque d'imagination, soit plutôt faute d'avoir la Musique sous les yeux) aurait peine à deviner fût-ce avec du génie, n'est-il pas évident que mieux vaudra le lui dire, *en note, à la page même* où, fourni par le Drame, l'exemple y gagnera d'être ainsi plus direct?

Restent la question de Langue et la question de Métrique, desquelles j'en avancerais volontiers tout autant: car comment expliquer (je suppose) un jeu-de-mots, l'effet d'une assonance, d'une allitération, ailleurs que là où le Drame en parait obscurci? Toutefois, une telle double question se rattache, d'une manière trop intime, soit à celle de l'intelligence de l'œuvre entière, soit à celle de la Traduction, pour que je puisse m'abstenir absolument, ai-je dit, de certains aperçus techniques. Ces aperçus, je vais donc m'efforcer de les offrir, sous la forme la plus claire et la moins ambitieuse, *sans me faire scrupule d'utiliser les travaux de mes prédécesseurs, de les fondre, de les condenser*, sans oublier jamais que j'écris, non pas seulement pour la Critique, mais pour la foule de ceux qui connaissent peu l'allemand.

Wagner, dans *Opéra et Drame* (1), avait posé, principe qui ne semblera naïf qu'aux ignorants: que le Poète-Dramatique, en somme, doit user d'un style dramatique; *fonder ce style, quant au dialogue, sur la simple prose naturelle de la conversation commune*: accentuer cette prose et l'enrichir, au besoin, d'ornements comme la Rime ou l'Allitération; il donnait des détails sur ce second procédé, qui systématiquement ressuscité, par lui, des vieux chants nationaux germains et scandinaves, allait devenir bientôt, dans *l'Anneau du Nibelung*, une source de beautés verbales intra-

(1) Cf. *in Revue Wagnérienne*, t. Ier, — l'excellente analyse des *Œuvres théoriques*, par M. Edouard DUJARDIN.

duisibles, ainsi que le montreront des notes. La *Tétralogie*, en effet, est tout entière écrite en vers brefs, non rimés, scandés par les accents de la phrase et par des sons, des syllabes, des voyelles, des mots allitérants (1). Chaque réplique est conforme au langage ordinaire, mais affiné, — sans raffinement, — mais synthétisé, — sans excès, digne, en un mot, d'être un modèle de ce que Wagner avoue pour but : « LA CONVERSATION IDÉALE » ; la brièveté en est extrême, et l'on en conçoit la raison : puisque c'est le Musicien qui, la Mimique aidant, nous révèlera leurs émotions, les personnages n'ont guère à nous décrire longuement, invraisemblablement ce qu'ils sentent ; et, chaque phrase ne contenant que les termes nécessaires, *chaque vers peut correspondre à une ligne de prose, réduite, du maximum d'une quinzaine de vocables, au minimum de cinq, ou six, tous essentiels*, groupés eux-mêmes autour d'un mot plus essentiel, qui, ainsi qu'une cime, les domine (2). Mais encore, que sont-ils, ces vocables élus ? Qu'on se rappelle ce qu'a dit Wagner, dans la *Lettre sur la Musique*, plus haut citée (3), du perfectionnement des idiomes modernes : « Si nous considérons l'histoire, ajoutait-il, l'histoire du développement des langues, nous apercevons encore aujourd'hui, dans les racines des mots, une origine d'où il résulte clairement que, dans le principe, la formation de l'idée d'un objet coïncidait d'une manière à peu près complète avec la sensation qu'il nous causait (4). » Et plus loin, non

(1) Cf. *in Revue Wagnérienne*, t. III, la critique de *La Valkyrie*, de Victor Wilder, par M. H.-S. CHAMBERLAIN.

(2) Cf. *in Revue Wagnérienne*, *passim*, la critique (par M. EDOUARD DUJARDIN) — d'un Essai de traduction rythmée, fait pour le 1er acte de la *Walküre* et le premier « duo » du *Crépuscule-des-Dieux*, par M. Henri La Fontaine, président de l'Association Wagnérienne de Bruxelles (1886).

(3) Cf. ci-dessus les pp. 89-90.

(4) *Lettre sur la Musique*, nouv. éd., p. XLI.

sans une nuance de vague regret : « Dans leurs développements nécessairement parallèles, les mœurs et la langue furent pareillement assujetties aux conventions, dont les lois n'étaient plus intelligibles au sentiment naturel, et ne pouvaient plus être comprises que de la réflexion (1). » Aussi les mots élus par Wagner, pour ses Drames, sont-ils d'abord des *mots-racines, délivrés de leur valeur abstraite, conventionnelle, rendus à la sincérité de leur signification sensible ;* les études d'étymologie, de philologie, qu'il continua toute sa vie, lui permettaient ce retour à la propriété, à l'ingénuité des termes, corollaire de son retour à l'ingénuité des mœurs purement humaines du Mythe. Une telle langue, par son naturel et sa franchise, doit paraitre et parait en effet « difficile » à notre âge d'artifices et de circonlocutions ; mais Wagner est allé plus loin : il a osé *créer des onomatopées ;* il a *banni les particules, les auxiliaires, les conjonctions, les prépositions, les articles*, tous les parasites du dialogue : il fallait, pour rester poète sans cesser d'être musicien, qu'empruntant ses paroles au domaine éternel des libres émotions de l'Ame, il éliminât, comme il dit, tout ce qui était fortuit, indécis, superflu, tout ce qui dénaturait les sentiments des hommes ; qu'il conservât seulement « le noyau » ; et qu'il en exprimât l'essence, — la quintessence, en un Verbe fort, concis, abrupt... (2). Ce qui ne l'a pas empêché d'ailleurs, toutes les fois que la passion trop exaltée s'épanche, doit déborder, torrentiellement, dans la mélodie musicale, d'épuiser, avec frénésie, les inépuisables trésors de la synonymie allemande : serrant toujours du reste, autant qu'il est possible, alors même, les accents de la phrase ; la pliant (sans jamais sacrifier

(1) *Lettre sur la Musique*, nouv. éd., p. XLII.

(2) Cf. *in Revue Wagnérienne*, t. III, la critique de *La Valkyrie*, de Victor Wilder, par M. H.-S. CHAMBERLAIN.

la clarté), *non aux exigences des formules, des règles momies de la syntaxe, mais à l'ordre logique des sentiments en jeu*, aux nécessités dynamiques de la symphonie concordante.

On ne saurait oublier par suite (et, moins que personne, le traducteur) : que, si la conception de chacun des Drames du *Ring*, la conception de sa Langue et celle de sa Métrique sont, d'une part, une seule et même chose, d'autre part, le Drame étant né, suivant l'expression wagnérienne, « dans le sein maternel de la musique », le style de la phrase musicale, et le style de la phrase parlée, sont deux aspects de la même pensée ; que, conformément aux principes posés dans *Opéra et Drame*, si l'idée musicale a procédé, ici, d'une inspiration poétique, c'est l'inspiration musicale qui, réagissant à son tour (1), a donné à chaque vers sa forme ; à chaque mot, sa place immuable et nécessaire. Encore ne faudrait-il pas croire, *a priori*, que, du commencement à la fin, la Symphonie et la Parole gardent, en ce gigantesque ensemble, une équipollente importance : si lié, si indissolublement lié qu'il soit aux autres, chacun des quatre Drames a sa technique intime (2), laquelle varie elle-même, peut-on dire au surplus, d'acte en acte, de scène en scène, de

(1) Cf. *in Revue Wagnérienne*, t. III.

(2) Cf. *Id.*, *ibid.* — « Ce qu'il y a de plus splendide dans le génie de Wagner, c'est cette facilité de créer, pour chaque œuvre nouvelle, une langue nouvelle. » (FRIEDRICH NIETZSCHE, *Richard Wagner in Bayreuth* ; Schloss-Chemnitz, Schmeitzner, 1876. — Traduction française de Mme MARIE BAUMGARTNER, Leipzig, 1876). On sait que Nietzsche a depuis écrit contre Wagner (*Le Cas Wagner*, etc.) ; sur la présente question du moins, son opinion n'a pas changé. « Pareille maîtrise de langue, affirme-t-il en somme, ne s'est point rencontrée en Allemagne depuis Gœthe. » (Cf. ALFRED ERNST, *L'Art de Richard Wagner* : *l'Œuvre poétique*, p. 65, où l'on trouvera des citations significatives, extraites de l'opuscule ci-dessus mentionné.)

vers en vers ! Ainsi, pour n'avancer que des généralités, la Parole domine en souveraine dans *L'Or-du-Rhin ;* rivalise avec la Musique dans *La Walküre ;* se laisse faire équilibre par elle dans *Siegfried ;* et lui cède, tout à fait, dans *Le Crépuscule-des-Dieux* (1) : c'est qu'à mesure que l'action approche du dénouement, le texte, explicatif d'abord, en quelque sorte, des situations dramatiques, des sentiments qu'elles déterminent, ne pourrait, ayant de moins en moins à expliquer, conserver sa prédominance qu'à condition de décrire, ensuite, les progrès, les métamorphoses psychologiques, de ces sentiments qu'il a motivés ; et pourquoi les décrirait-il, puisque, plus la passion prévaut dans l'Œuvre d'Art, plus la Symphonie, « la Musique, malgré l'obscurité de sa langue selon les lois de la logique, se fait nécessairement comprendre de l'homme avec une puissance victorieuse », une profondeur, une certitude, « que ces mêmes lois ne possèdent pas ? » (2).

La première conséquence d'une telle économie, c'est que les poèmes ici traduits, si littérairement beaux soient-ils, ne peuvent, ne doivent être jugés d'après les procédés critiques applicables, à notre époque, aux œuvres de « littérature ». Pas plus que les partitions de Wagner ne sont des œuvres ordinaires de « musicien » proprement dit, ses poèmes ne sont œuvres de « littérateur » : mais les poèmes, les partitions sont des œuvres *purement humaines*, contribuant naturellement, concourant simultanément, à l'eurythmique syn-

(1) M. H. STEWART CHAMBERLAIN a excellemment développé ce point de vue, dans ses nombreuses études de la *Revue Wagnérienne*. — J'ai cru devoir renvoyer toujours à ce précieux document français, les lecteurs d'une Traduction n'ayant que faire (c'est dommage !) du beau livre du même auteur : *Das Drama Richard Wagner's*. (Leipzig, Breitkopf und Härtel, 1892.)

(2) *Lettre sur la Musique*. — Cf., ci-dessus, p. 90, note (1).

thèse des Arts qui recréent sur la scène la Vie. Aux yeux du critique littéraire, ils seraient « incomplets », ces poèmes, et (suivant ce que j'ai dit de l'inégale importance de la Parole dans chacun d'eux), « inégaux » aussi, c'est bien évident; mais la merveille, c'est qu' « incomplets », « inégaux », ou tout ce qu'on voudra, ils suffiraient encore, tels quels, à la gloire d'un très grand poète, au sens actuel et restreint de ce mot. Et, quant au critique wagnérien, ne sait-il pas que, s'ils sont « incomplets », c'est de tout ce qu'y ajoutent, à la représentation, la Plastique, la Mimique, le Décor, — la Musique! Ah! de celle-ci, nulle lecture qui puisse donner l'idée! La Musique! à cause d'elle, hélas! jamais les textes, à la lecture, ne suggéreront toutes leurs merveilles; il y faut la représentation, la « réalisation sensuelle intégrale » (1): et comment l'opérer en France si les poèmes n'y sont traduits, adaptés à la mélodie, sous une forme non seulement digne d'eux, mais encore, mais surtout adéquate au rapport, à l'indispensable rapport: de chaque syllabe, avec chaque note?

Or, après ce que j'ai dit de leur Langue, de leur Métrique, on est en droit de douter qu'une pareille traduction, — poétique, — musicale, — et fidèle, — soit possible. Que Wagner éliminât les termes parasites, auxiliaires, particules, prépositions, articles, multipliât les inversions, remplaçât les temps composés par les temps simples, il s'exposait à rendre son texte moins clair: il le restait assez toutefois, puisqu'il suffit d'avoir une certaine connaissance, des anciens poèmes germaniques, pour n'être point déconcerté par des éliminations telles, dont ils offrent assez d'exemples, et aussi parce que l'allemand, comme le latin, possède des

(1) Cf. *Gesammelte Schriften und Dichtungen*, tome III (*Das Kunstwerk der Zukunft*, p. 127).

flexions casuelles, significatives des régimes divers. Mais le traducteur français qui, faute de ces flexions, se voit condamné aux *par*, et aux *de*, et aux *du*, et à combien d'et cætera, parmi lesquels les *que* de notre mode subjonctif, par quels prodiges parviendra-t-il à rester clair, lui, et correct, s'il lui faut (et il le lui faut!) faire, avec le temps fort de la phrase musicale, coïncider le temps fort de la phrase poétique (1) ; bien plus, faire correspondre, à chaque modulation, l'équivalent du mot qu'elle souligne dans l'œuvre ; bien plus, ne point placer, jamais, sous les notes courtes, les syllabes appuyées de ce même équivalent (2) ?

Aussi me garderai-je bien, retenu que je suis, d'ailleurs, par de certaines raisons de convenances particulières, d'écrire tout le mal que je pense de la seule traduction, qui ait été chez nous tentée (3) : la seule, sans doute est-ce là son principal mérite, car qui l'oserait appeler musicale, ni française ? Excellent critique musical, homme de grand cœur si l'on en juge par ses livres sur Beethoven et sur Mozart, l'auteur de cette version, M. Victor Wilder, n'était, en poésie, qu'un fâcheux librettiste, perverti, le plus consciencieusement, le plus inconsciemment du monde, par trop d'adaptations, plutôt franco-gantoises, des paroles de trop d'*Oies du Caire*. Si encore, s'attaquant aux poèmes de Wagner, il se fût contenté de n'en pas approprier tous les détails à leur Musique ! S'il n'avait, à ce Verbe sévère, substitué le belgimatias le plus conventionnel qui soit, une sorte de musée rimé, — à la flamande, — de tous les ponts-neufs de notre Opéra ! S'il ne s'était pas avisé de modifier, à sa fan-

(1) Cf. RICHARD WAGNER, *Gesammelte Schriften*, t. IV, pp. 265, 270.

(2) Cf. *Id.*, *ibid.*

(3) Cf. *in Revue Wagnérienne*, t. III, la critique de la *La Valkyrie*, de Victor Wilder, par M. H.-S. CHAMBERLAIN.

taisie mal opportune, les sobres, saisissantes indications scéniques! Mais à quoi bon des reproches? M. Wilder est mort, sans s'être rendu compte une heure, cet honnête homme, de la profanation qu'il avait perpétrée (1). A quoi bon des critiques? « Vous qui blâmez si bien, puisque cette traduction musicale vous déplait, pourquoi n'en faites-vous pas une autre? » — Hé! je ne m'en suis pas dit capable. Et pourtant, quoique j'aie, après tout, quelque œuvre personnel à terminer tout bas, peut-être aurais-je eu la piété, ou, si l'on veut, la présomption de me vouer à cette aventure, s'il n'y avait, provisoirement, impossibilité légale (2); et je dirais même comment j'aurais conçu l'essai, si cette impossibilité (jusqu'au moment où le cri public, grâce au présent volume, j'espère, l'aura détruite) ne rendait superflue toute autre explication.

N'importe! en attendant, les *libretti* Wilder, tout antiwagnériens qu'ils soient, permettraient toujours à quiconque aurait pris connaissance, ici, et de *L'Anneau*

(1) Il serait injuste, il est injuste, de rejeter sur les éditeurs (MM. B. Schott's Söhne, de Mayence) la responsabilité de cette profanation. M. Wilder était un excellent critique; il soutenait, — à sa façon, — mais enfin il soutenait, de bonne foi, la haute cause de l'Art de Wagner, à une époque, en des milieux, où il y avait crânerie à le faire : qu'on se soit adressé à lui, quoi de surprenant? Son autorité semblait grande, son influence était utile, son bon vouloir ne fait pas doute. Par malheur, il eût fallu là un vrai poète, non un critique; mais ce poète, où le trouver? Si terrible est la tâche! Le trouvera-t-on jamais, seulement? — Cf. encore la note ci-dessous.

(2) Ici encore, pourquoi condamner, sans appel, les éditeurs allemands de la version Wilder? Il faut les plaindre, bien plutôt, d'être liés par leurs traités. — Si je suis bien renseigné, ne font-ils pas ce qu'ils peuvent? N'ont-ils pas (m'assure-t-on) confié à M. Ernst le soin de remanier tels « livrets » français? Pour le coup, nous aurions espoir! Oui, mais ne pas se contenter d'espérer en silence! Aider de toutes ses forces, au contraire, par des paroles et par des actes, cet espoir à se réaliser!

du Nibelung, et du but de Wagner, de se faire, à la représentation, une pâle image de l'Art que l'Artiste a voulu. — « A la représentation? Fort bien! nous y courons : mais où se donne-t-elle ? » — Nulle part en France. Hors de France, nulle part en français. Je n'oublie point que l'Opéra nous joue *La « Valkyrie »* ! mais je n'oublie pas, non plus, que c'est un acte, sur quatre, d'*un* Drame INDIVISIBLE EN SOI (1) ; et je me demande pourquoi, dans l'Œuvre de Wagner, on est allé choisir, justement, l'un de ces actes ; et je me demande encore pourquoi, l'ayant choisi, l'ayant ainsi dénaturé quand à sa substance poétique, on n'a pas la pudeur, au moins, de l'exécuter comme il doit l'être.

(1) L'administration de l'Opéra a-t-elle l'excuse de l'ignorance ? C'est bien invraisemblable, mais possible en somme. Il paraît néanmoins qu'elle ait eu, tout d'abord, une juste intuition, si ce n'est pas un scrupule. Elle avait en effet confié à un poète (au dévouement duquel personne, quand il s'agit d'une belle cause d'art, et surtout de la cause wagnérienne, n'a jamais fait appel en vain), elle avait confié, dis-je, à M. CATULLE MENDÈS, le soin de faire sur l'œuvre entière, au public de la répétition générale et de la première représentation, deux conférences accompagnées d'exécutions, au piano, d'importants fragments de *L'Or-du-Rhin*. Idée rudimentaire et critiquable encore, mais qui, étant donné le choix du conférencier, fournit des résultats vraiment inespérés. Evidemment l'on n'aurait pu, sans une indiscrétion blessante, demander au même poète, qui a son œuvre à faire, de se constituer son propre phonographe à chacune des représentations ultérieures de *La Valkyrie*. Mais n'eût-on pas trouvé sans peine, dans tout Paris, et notamment parmi les hommes dont j'ai cru devoir citer et rapprocher les noms (ci-après, p. 120, et note) assez de bonnes volontés pour suivre un tel exemple ? On eût habitué le public, de cette manière, à l'idée de la nécessité d'une représentation totale, qui se fût vite imposée d'elle-même. Voilà ce qu'il fallait faire pour *L'Anneau du Nibelung*, ou alors il fallait ne rien faire et se résigner à l'élection d'un des autres Drames wagnériens, pour lequel de telles objections n'auraient plus eu nulle raison d'être, si d'ailleurs se fussent acharnées, quant à l'acoustique et l'optique, d'autres objections très sérieuses, irréductibles par nature, spécifiées dans la note suivante, et confirmées par l'une de celles de la page 132.

Mon Dieu ! je ne réclame pas des « festivals scéniques », périodiquement solennels : je sais trop que l'Œuvre de Wagner n'est nationale que pour l'Allemagne, et que de telles fêtes, en France, n'auraient pas de raison d'être, au moins à l'occasion de cette Œuvre. Je ne réclamerais pas même une salle particulière, ou particulièrement construite. Mais je voudrais qu'on se souvînt, dans une certaine mesure, lorsqu'on monte un Drame de Richard Wagner, des conditions spéciales d'acoustique et d'optique (1) pour lesquelles seules ce Drame est fait : sans lesquelles sa beauté, son intrinsèque beauté, n'apparait plus que dénaturée, déconcer-

(1) Précisons : « L'optique de la décoration wagnérienne a des rapports qu'on ne peut négliger avec la construction et l'aménagement du théâtre où elle doit s'offrir aux regards. L'unification des places, disposées toutes sur des gradins, face à la scène, *l'invisibilité de l'orchestre*, *l'obscurité dans la salle*, *la suppression de la rampe* ou plutôt sa neutralisation par un *éclairage sur herses* excellemment réglé, sont connues de tous ceux qui ont visité le théâtre de Bayreuth, ou qui en ont lu une exacte description. Plus de souffleur, plus de gesticulations du chef d'orchestre apparentes aux regards, plus d'archets s'agitant, plus de prosaïques détails de l'exécution matérielle. Les divers assistants sont placés dans des conditions presque égales, comparables du moins ; ils voient tout et entendent tout..... Le rideau s'ouvre par le milieu, les pans s'écartent en se relevant, ce qui est d'une symétrie heureuse, et surtout permet de voir immédiatement le décor par sa région centrale et sur toute sa hauteur. Il se referme par le mouvement inverse, qui présente des avantages analogues. Tout est calculé pour faire paraître la scène plus profonde, plus vaste, pour reculer la toile de fond, amplifier les déplacements des personnages, prêter même à ces personnages l'apparence d'une taille plus haute, d'une importance optique plus grande. Pour cela, il fallait tromper le spectateur sur la distance qui le sépare du plan moyen de la scène, et, par suite, des acteurs : *l'obscurité y contribue, laissant la scène seule lumineuse*, — région dont le regard *ne peut se détacher*, et qui éclate dans l'ombre du théâtre. D'ailleurs, cette obscurité et la pente sensible des gradins s'opposent à une appréciation exacte des distances. La scène étant vue de toutes les places suivant une perspective légèrement « cavalière »,

tante et monstrueuse, puisqu'on la rend sensible au moyen d'un organe destiné à des fins radicalement contraires (1). Il serait si simple de faire mieux!

J'entends bien qu'on répond : « Faire mieux?... Voyez l'Allemagne ! » — La défaite est spécieuse, mais quoi ! c'est une défaite. Méditez ce qu'écrivait Wagner

— pour prendre le mot technique, — ses dimensions souffrent d'un raccourci moindre que si les gradins étaient sur plan horizontal. L'existence du proscenium, celle surtout du *toit qui recouvre la fosse de l'orchestre*, — *toit courbé en segment de tore* et que le regard remonte en quelque façon suivant tout l'arc du cercle générateur, — donnent l'illusion d'un recul considérable de la région moyenne où agissent les personnages. » (ALFRED ERNST, *L'Art de Richard Wagner : l'Œuvre Poétique*, pp. 156-157.) Déjà, dans une note antérieure (p. 97), j'ai montré quelle sonorité « mystique, purement spirituelle », suivant les expressions de Wagner, l'orchestre doit à cette disposition ; j'ai dit comment elle rend possible une articulation très nette — et sans grimaces — des mots chantés. Je ne puis m'imaginer, vraiment, qu'avec un peu de bonne volonté, on ne réussirait pas, sur certaines scènes françaises, à réaliser (les soirs de Wagner), sans pour cela reconstruire les salles, des conditions *équivalentes* à celles ci-dessus énumérées. Quoi qu'il en soit, une note prochaine (p. 132) décrira *l'infaillible effet* toujours produit, par ces dernières, à Bayreuth, sur les spectateurs, et prouvera qu'on pourrait aussi, même à Paris, *si l'on s'y voulait adapter*, nous offrir *l'Anneau du Nibelung* lui-même, *avec tout son surnaturel*, *sans avoir rien à craindre*, en somme, de notre désolante ironie nationale.

(1) Cf. *Lettre sur la Musique*, pp. VII-VIII : « Avant tout, le poète dramatique, en abordant le théâtre, trouve en lui un élément de l'art déjà constitué ; il est tenu de se fondre avec lui, avec les lois particulières qui le régissent, pour voir ses propres conceptions réalisées. Si les tendances du poète sont en parfait accord avec celles du théâtre, il ne saurait être question du conflit que j'ai signalé ; et la seule chose à considérer, pour apprécier la valeur de l'œuvre produite et exécutée, c'est le caractère de cet accord. Si ces tendances sont, au contraire, radicalement divergentes, on comprend sans peine l'extrémité fâcheuse où l'artiste est réduit : il se voit forcé d'employer, pour exprimer ses idées, un organe destiné, dès l'origine, à des buts différents du sien. »

il y a quinze ans : « Le public, en général, sembla très satisfait quand les *Nibelungen* passèrent de scène en scène sur les théâtres des villes allemandes, joués sans la moindre conception des véritables exigences de l'œuvre. Là, généralement défiguré par des coupures et représenté dans des milieux auxquels il n'avait jamais été destiné, l'ouvrage gagna bientôt de si chaleureux applaudissements, qu'il sembla incompréhensible que personne songeât encore à le répéter spécialement à Bayreuth... au moment où l'on m'enviait généralement pour le résultat brillant de mon énergie, et quand le monde, ne prenant pas garde à mon but, que j'avais si soigneusement expliqué depuis si longtemps, se disait avec surprise qu'alors, au moins, on devait supposer que je pouvais être content de tout ce que j'avais réalisé (1) ! »

(1) Il serait trop facile de montrer, par d'innombrables citations et, ce qui vaut mieux, par des faits, combien le but de Wagner, largement national, fut toujours désintéressé. Loin de viser uniquement à la représentation de la *Tétralogie* de *l'Anneau du Nibelung*, il espéra longtemps, contre toute espérance, une aide officielle — qui ne vint pas. Parlant de cette représentation (dans *l'Œuvre et la Mission de ma Vie*, corroborée par l'existence, en ses *Gesammelte Schriften*, t. VIII, d'un « Rapport au roi Louis II » et d'autres pièces), il résume ainsi ses premiers projets (pp. 73-74) : « La répétition probable de tels festivals formerait *la base d'une institution dramatique et musicale* dont l'influence aurait eu l'effet le plus favorable sur *l'art allemand en général*, qui avait été entièrement privé jusque là du type qu'elle aurait fourni. Pour qu'une telle institution pût être assurée sur une fondation réelle, j'avais à considérer d'abord ce qui était spécialement indispensable à son succès : la capacité des artistes que je devais appeler ensemble pour accomplir une tâche qui n'avait jamais encore été présentée sérieusement devant eux. La chose la plus importante était assurément la manière particulière de traiter les voix des chanteurs qui posséderaient la puissance dramatique nécessaire, car aucune branche de l'éducation musicale n'est aussi négligée en Allemagne que le chant dramatique ; son développement, conformément aux vrais principes d'art, étant rendu pratiquement impossible par la confusion de styles inévitable dans un répertoire

Les choses ont-elles changé depuis ces quinze ans? Non pas! Plutôt s'aggraveraient-elles chaque jour, s'il est possible. Et après? Nous irons à Bayreuth, voilà tout: là, du moins, la piété d'une admirable femme, la ferveur de quelques amis de Richard Wagner, perpétuent, en dépit de toutes les hostilités, la tradition

d'opéra ordinaire. Dans la musique instrumentale, pour laquelle es Allemands ont un talent si original, il fallait une réforme analogue, car, bien que nous possédions sans aucun doute les plus grandes œuvres classiques qui existent dans cette branche de l'art, nous n'avons pas encore de méthodes vraiment classiques pour leur exécution. Ma première tâche, alors, fut de préparer un plan détaillé pour la *fondation d'une école musicale* complète, dans laquelle seule l'institution projetée pouvait trouver son point de départ convenable, et par laquelle elle devait être continuellement renouvelée. C'était seulement par une telle préparation que la musique, notre branche d'art particulièrement allemande, et le drame, qui en est naturellement le développement, pouvaient avoir chance de trouver leur plus haute réalisation *pour l'exécution des œuvres des grands maîtres* et de ceux de leurs successeurs qui avaient conservé le style allemand dans sa pureté; par ces moyens seuls on aurait assuré un développement qui pourrait permettre vraiment de les reproduire et qui devait être soustrait à tous les hasards, à toutes les contingences et à toutes les restrictions. » Mais lorsque, ajoute Richard Wagner, « je me présentai avec ce projet, il sembla surgir ensemble toutes les influences représentées dans notre presse et notre société, unies dans la plus violente opposition à mon œuvre et *au plan que j'y avais ajouté pour l'encouragement de l'art allemand.* » Et, *l'Anneau du Nibelung* ayant été joué (en dépit de cette opposition), comme il fallait qu'il fût joué, « alors, *précisément quand il me parut le plus nécessaire de marcher sérieusement vers l'institution que j'avais projetée pour donner des représentations modèles régulièrement répétées*, je me trouvai moi-même chargé d'une tâche difficile, que comme toute chose quelconque on me laissa seul achever. J'avais personnellement à parfaire le déficit considérable qui était resté après la représentation de la trilogie, terminée avec de telles difficultés » (p. 80). N'importe! « *Je ne voulais pas avoir entrepris de simples répétitions de ces festivals dramatiques et musicaux extraordinaires* que le public réclamait, à moins que les garanties qui m'avaient été données ne formassent une partie de cette institution tout organisée que j'avais en tête et qui *non*

sacrée du mort, jusqu'en ses plus minimes détails ; là, quoiqu'on y chante en allemand, quiconque possédera bien les Drames, dans une suffisante traduction française, pourra se faire de cet Art une authentique idée. Oui donc ! c'est à Bayreuth que nous irons : qui, — nous ? Qu'on réponde : combien, — parmi nous ? La France a trente-huit millions d'âmes... J'admire, en vérité, ceux des privilégiés qui, depuis des années, nous répètent : « Vous vous dites wagnériens, jeunes gens ? Soit : vous n'avez que deux choses à faire : répandre les idées de Wagner, — soutenir Bayreuth (1) ». C'est très bien, c'est facile à dire ; nous voulons bien : notre plume, qu'on y compte ! — Et votre bourse ? — De même ! Mais, pour ce qui est des « idées » : les écrits théoriques n'étaient pas même traduits ; et ils l'auraient été que, sans exemples directs, ils auraient risqué de provoquer, en France, d'aussi niais malentendus qu'ils en provoquèrent en Allemagne, jadis.

seulement rendrait possibles les représentations isolées, mais établirait *un système régulier d'instruction pour l'exécution des chefs-d'œuvre de notre art.* Une fois encore, alors, je mis en avant mon plan d'une espèce d'école d'entraînement.....» (p. 90). Ce fut en vain ; et il ne resta plus à Wagner qu'à tonner contre les pouvoirs qui refusaient « de prendre les seules mesures propres à assurer une institution permanente ayant son origine dans un projet vraiment artistique, et tendant à conserver pour toujours la plus caractéristique manifestation de l'esprit allemand, *à propager l'art si grand, l'art incomparable de nos grands maîtres,* qui peut éveiller la vraie appréciation de la nature et de la dignité de cet art dans la nation qui a donné l'existence à ces maîtres ! » (p. 91).

(1) Cette thèse a la faveur de M. Chamberlain, qui l'a défendue avec feu dans la *Revue Wagnérienne*, t. III. J'ai proclamé assez haut le respect que m'inspirent la compétence et la personne de M. Chamberlain, j'ai, surtout, développé ici assez d'idées, émises par lui, pour m'estimer en droit d'en discuter telles autres. Aussi bien ne s'agit-il ici que d'une personnalité : Wagner.

Quant au Theâtre de Bayreuth : les fêtes y sont rares ; et c'est loin.

— Et après tout (s'écrie, non sans quelque raison, plus d'un sincère amoureux d'Art), si les Drames de Wagner font partie, comme vous dites, de l'inaliénable patrimoine moral de l'Humanité tout entière, n'est-il pas vrai qu'il en est de même des œuvres — choisissons un dieu — de Michel-Ange ? Si je tiens à pénétrer le génie d'un Michel-Ange, il est bien évident que je dois courir à Rome : seulement, qui m'imputerait à crime, sans injustice, les fatalités matérielles qui m'empêcheraient de faire ce voyage ? Qui m'imputerait à crime, en ce cas, mon torturant désir de me former un jugement, mes tentatives pour le former par l'étude de fragments plastiques dans les Musées ? par des copies, si je n'ai pas mieux ? par des gravures, faute de copies ? que dis-je ! par des volumes, si les gravures me manquent ? Cet Œuvre est pourtant de ceux qui n'existent, je pense, qu'à l'instant — pour vous rétorquer votre argument — de sa « réalisation sensuelle intégrale ! » Hé bien, que voulez-vous ? ce que je ferais pour Michel-Ange, je le fais, exactement, pour les Drames de Wagner : des fragments ? les concerts publics m'en rendent sensibles ! Des copies ? bonnes ou non, les théâtres m'en donnent ! Des gravures ? dépourvues de la couleur musicale, les traductions y correspondent. Des volumes ? la lecture n'en serait-elle pas logique, — plus, même, qu'à propos de Michel-Ange ? — « Fuyez au moins », dites-vous, « toute représentation ! Evitez tout concert public ! » — Pourquoi vous y voit-on, vous qui nous en chassez ? — « C'est que nous », répondez-vous, « nous autres, nous savons ! A Bayreuth, nous y sommes allés : il n'y a plus nul danger que nous nous trompions, ici, sur le but réel de Richard Wagner. Nous souffrons de l'y voir incompris et morcelé ; mais nous n'en sommes pas moins heureux de pouvoir entendre sa Musique : n'avons-nous pas la ressource de fermer les yeux? Ne revivons-nous pas le Drame tel que nous le vimes ailleurs ? A quelle phrase, à quel geste correspond chaque note, ne le savons-nous pas — depuis Bayreuth ? » — Vous savez ? Superbe égoïsme ! Hé! alors, faites savoir aux autres! Admettons que plus de silence eût mieux valu naguère ; maintenant, le silence n'est plus possible : trop de malentendus artistiques ont succédé, n'est-il pas vrai ? à trop de malentendus soi-disant politiques ou soi-disant patriotiques. Il n'y a rien à tenter en France, affirmez-vous? — C'est à force de n'y rien faire, à force d'y laisser faire, plutôt, que, si nous ne connaissions votre absolue bonne foi, vous nous paraitriez complices, entendez-vous! des profanations dont vous gémissez. Car, si vous vous refusiez à traduire les poèmes, sous le prétexte, vraiment commode, de « réalisation sensuelle intégrale », vous auriez pu, afin de « répandre les idées », traduire les œuvres théoriques! Je le demande : qui a eu ce courage ? Et si nul ne l'a eu pour ces œuvres pourtant (j'en parle en connaissance de cause !) moins intraduisibles, ma foi, nous serons fondés à croire que ce fut par un manque de courage, aussi, de témérité, si l'on veut, qu'on a négligé de s'attaquer à la plus périlleuse des tâches : la traduction du plus démonstratif des Drames (au point de vue du but de Wagner), c'est-à-dire — *L'Anneau du Nibelung*.

Ce courage (cette témérité si l'on préfère), quelqu'un — l'aura eu ! et le courage, aussi, ajournant toute publication, d'oser, la traduction littérale terminée, en faire, combien plus longue et périlleuse! une autre : non, certes, de « vulgarisation », mot trop légitimement dérivé de « vulgaire » ; mais DE PROPAGANDE, — comme celle-ci. Que si l'on s'obstinait à m'objecter le principe en vertu duquel l'Œuvre d'Art, le Drame, n'existerait point avant le moment de sa « réalisation sensuelle intégrale » : — Wagner, interromprais-je, n'était nullement hostile à l'idée que ses poèmes fussent *lus, pour être lus*, soit en allemand, soit en français. En allemand ? il les a publiés quatre fois, les quatre fois sans nulle musique, ***ajoutant même, pour la lecture, des mots et des passages exclus des partitions*** (1). En français ? qu'on se reporte au début de ce travail : j'ai fourni là, j'espère, de surabondantes preuves (2) ! Sans être « wagnérien » plus que Richard Wagner, j'avouerai volontiers, d'ailleurs, qu'une Traduction en prose aurait moins de raisons d'être, si nous en avions une musicalement fidèle : mais cette dernière, on peut, je l'ai dit et je le répète, douter qu'elle soit réalisable ; et, l'aurait-on réalisée : impossibilité légale d'en faire usage. — Nous verrons bien !...

M'expliquer ? Soit.

Le génie de Wagner « musicien » n'est plus nié : — sa musique, depuis qu'on l'écoute, écrase, volatilise, annihile toutes les autres, excepté celle de Beethoven. Il reste à révéler : le Poète, — le Créateur, — et le Penseur. C'est l'objet du présent volume : les Drames lus, le Poète dramatique sera connu ; les Notes lues, le Poète Créateur apparaîtra ; l'Étude Critique ci-jointe (que j'admire pour ma part, je suis heureux de lui rendre ce public hommage) (3) dévoilera quelques-uns des as-

(1) Par exemple (pour ne parler que du *Ring*), dans *Siegfried*, à l'acte troisième, tels mots du chant de Siegfried se ruant dans les flammes (les mots traduits ci-dessous, p. 495, par : « O joie ! joie ! ») ; et surtout, scène finale du *Crépuscule-des-Dieux*, 30 vers entiers : « parce que c'eût été essayer de substituer à l'impression musicale une autre impression, » et parce que « le sens de ces vers est exprimé par la Musique avec la plus grande précision. » — Cf. d'ailleurs la note du *Crépuscule-des-Dieux*, p. 623, et H.-S. CHAMBERLAIN, *Revue Wagnérienne*, t. II, pp. 134-138).

(2) Cf. ci-dessus, pp. 5-7.

(3) Par la même occasion, je tiens à faire observer que l'auteur de cette *Etude*, M. Edmond Barthélemy, ne peut évidem-

pects du Penseur, — comme cet *Avant-Propos*, nécessairement plus humble, aura montré l'Artiste et le but qu'il poursuivit... Peut-être, alors ! le cri public pourra-t-il exiger, du moins, qu'on ne sépare plus des Drames qui sont inséparables ; arracher à nos scènes, subventionnées ou non, pour ces Drames ou pour d'autres de Richard Wagner, le genre d'exécutions pour lesquelles ils sont faits ; et, même s'il est écrit qu'on n'y parviendra pas, suggérer à nos dramaturges une conception, dont ils ont besoin ! plus nationale, plus haute, plus artistique — de l'Art.

Après avoir prouvé la légitimité, je ne suis nullement, comme on peut le voir, embarrassé pour justifier l'opportunité de cette Traduction. Et je ne le serai pas

ment faire observer lui-même : à savoir que (étant donné le caractère tout particulier de la publication présente) l'importance de sa part de collaboration, spécifiée par la Couverture et par la Table des Matières, ne saurait être mesurée au nombre des pages que remplissent et cette indispensable *Etude*, et le non moins indispensable *Commentaire musicographique* du même auteur. En effet, si, malgré les liens d'ordre privé qui nous unissent, nous avons dû tenir, tout à fait, à ce que *notre participation respective fût explicitement établie*, SANS AUCUNE CONFUSION POSSIBLE, si nous y avons insisté, ce n'est ni pour faire valoir l'un de nous au préjudice moral de l'autre, ni pour nous réserver le puéril plaisir de « voir nos noms imprimés » à différentes reprises (nous savons trop qu'un seul importe ici : WAGNER); c'est parce que, dans une Édition de cette nature, les responsabilités assumées étant spécialement redoutables, il est spécialement nécessaire, aussi, que les critiques, quelles qu'elles puissent être, adressées à l'un, n'atteignent pas l'autre. — Mais, il faut l'ajouter bien vite, nous n'entendons pas moins tous deux : que, *jamais confondus dans telles critiques prévues*, nos DEUX noms demeurent *unis, indissolublement, à l'idée* (qui est neuve) *de l'Edition elle-même*. — Pour mon compte, je me ferais d'autant plus un scrupule de ne pas le désirer, que, condamné provisoirement, par les fatalités d'une existence nomade, à vivre loin du centre de la vie moderne, j'ai dû m'en remettre à l'amitié de M. Edmond Barthélemy du soin d'engager, seul, et de mener à bien, d'accord avec moi, les nombreuses négociations préliminaires obligatoires.

davantage pour justifier ce que j'en ai dit dès les premières lignes de cet Essai : à savoir qu'elle ne se donne point comme littérale, encore moins comme définitive, mais comme provisoirement fidèle : comme la plus fidèle, ajoutais-je, qu'il soit possible, à mon avis, de présenter au Public français contemporain.....

Pour initier ce Public à l'Œuvre wagnérienne, que les engouements d'aujourd'hui, comme les préventions d'autrefois, le préparent assez mal à comprendre, j'ai cru que je ne pouvais, en conscience, le buter de suite au mot-à-mot. Non que le sens de ce mot-à-mot ne soit admirable ! Non, surtout, que j'aie eu la sottise de m'imaginer l' « embellir ». Mais il est d'une beauté *spéciale*, comme spéciale est aussi la Langue (on s'en souvient) (1), pour l'interprétation de laquelle vague peut sembler la compétence, même d'un Allemand moderne instruit, même d'un Français capable de penser en allemand moderne, si, à cet Allemand ou à ce Français, il manque la connaissance des racines germaniques, l'intelligence, à livre ouvert, des textes du *Mittelhochdeutsch*, et surtout, c'est trop évident, celle de l'Epopée nationale allemande (plus de cinquante expressions transposées par Wagner, dans le seul *Anneau du Nibelung*). Je ne parle pas du jeu des Allitérations, auquel il faut, avant de traduire, être rompu par la pratique des vieux Chants germains, scandinaves, sous peine de dénaturer l'œuvre, puisque Wagner a dit qu'il *n'aurait pu* l'écrire autrement que sous cette forme du *vers allitéré...* Hé bien, cette poésie si magnifique d'idiome, mais tellement insolite aussi, fallait-il l'offrir dépouillée de toute beauté *rythmique* ou *verbale* ? Ma conscience m'a répondu : Non ! Fallait-il en tenter quelque restitution ? Ma conscience m'a répondu : Oui ! Et je ne sais si j'ai réussi : mais je crois pouvoir dire, hardiment, qu'entre, d'une

(1) Cf. ci-dessus, pp. 101-104 et 106-107.

part, cette tentative, et, de l'autre, un essai de littéralité pure (dont chacun se peut faire une idée, dans ce volume même, par mes Notes de la « Scène » Première de *l'Or-du-Rhin*), nul homme de bon sens n'hésitera.

Par bonheur en effet pour moi, semblable essai a été fait. Il a été fait, sur cette « Scène », par MM. Chamberlain et Edouard Dujardin (1) : et l'étrange résultat, de leurs consciencieux efforts, ne m'aura pas été d'un petit enseignement ! Si jamais en effet deux hommes, deux écrivains, pour s'attaquer à pareille tâche, furent qualifiés, ce sont bien eux: l'un, M. Houston-Stewart Chamberlain, qui, ayant consacré sa vie à l'étude de l'Art wagnérien, est, avec le baron de Wolzogen en Allemagne, avec MM. Ernst et Kufferath, Pierre et Charles Bonnier en France, au nombre des plus compétents (2) ; l'autre, remarquable poète, musicographe autorisé, directeur (aux temps héroïques !) de cette vaillante et noble *Revue Wagnérienne* dont j'aurai plus d'une fois tenté, puisqu'elle est devenue introuvable, d'humblement condenser, ici, la riche matière « tétralogique ». Or voici, à titre d'exemples au hasard, deux des phrases de leur traduction (philologiquement litté-

(1) *Revue Wagnérienne*, t. Ier.

(2) Je ne puis pas transformer ces notes en un catalogue international de noms et d'ouvrages. Toutefois, *sans me proposer de faire une liste complète*, aux sept noms ci-dessus je voudrais ajouter: pour la France, ceux de Mme Judith Gautier et de MM. Arsène Alexandre, *Henry Bauer*, Camille Benoit, Raymond Bouyer, Alphonse Combes, Ch. Darcours, *de Fourcaud*, A.-Ferdinand Hérold, H. Lavoix, *Charles Malherbe*, *Stéphane Mallarmé*, Camille Mauclair, *Catulle Mendès*, Charles Morice, George Noufflard, Charles Nuitter, Adolphe Retté, Emile de Saint-Auban, *Schuré*, *Albert Soubies*, Eugène Véron, Willy (Henry-Gauthier-Villars, l'étonnante « Ouvreuse du Cirque d'été »), *Teodor de Wyzewa*, etc., etc. ; pour l'Allemagne, ceux de MM. Otto Eiser, Wolfgang Golther, Fritz Kögel, Meinck, J.-Nover, etc., etc., et, à certains points de vue, ceux de MM. Glasenapp, Nohl, Pfohl, Tappert, etc. ; pour la Belgique, ceux de MM. Louis Hemma, Henry Maubel, Albert

rale) : « Comme est bon que vous une seule ne soyez! De trois, je plais bien à une..... » En faut-il davantage? — J'accède : « O chante encore si doux et fin, comme saint ce séduit mon oreille! (1) » Ils ajoutaient, je le sais, que c'était « œuvre modeste », intéressante seulement pour « quelques rares curieux » : moi, je me demande si même ces quelques rares curieux auraient eu l'intrépidité de lire quatre Drames d'un tel style, — où je me refuse, dans tous les cas (et le lecteur avec moi, j'espère), à voir l'équivalent, *wagnériennement français*, de la « conversation IDÉALE » allemande!

Aussi n'ai-je pas eu grand mérite, éclairé par ce précédent, à considérer le mot-à-mot, pour la *Tétralogie* du moins : comme un point d'arrivée? jamais (2)! —

Mockel, etc.; pour le Danemark, celui de M. Gjellerup ; pour la Norwège, celui de M. Gérard Schelderup ; pour l'Espagne, celui de M. Marsillach Lleonart ; — pour l'Angleterre, celui de M. Dannreuther (n'oublions pas que M. Chamberlain est Anglais, encore qu'il écrive en allemand — et même, quelquefois, en français, — des pages excellentes sur Richard Wagner. Ce qu'il réserve à sa patrie, c'est le fruit de ses études botaniques, et plusieurs m'affirment que ce n'est pas peu de chose). Je ne parle là, bien entendu, que des *publicistes* ; et, parmi les publicistes, que de ceux dont les écrits me sont ou familiers, ou avantageusement connus. Il est deux classes d'auteurs dont je ne pouvais mot dire : 1° ceux qui me révoltent (ceux-là, — qui m'aura lu les reconnaîtra) ; 2° ceux que je n'ai point lus.

(1) On trouvera, de cette traduction (philologiquement littérale), d'autres extraits assez nombreux, dans mes Notes de la « Scène » Première de *L'Or-du-Rhin*, pp. 223-242. Aussi suis-je forcé de signaler ces Notes, comme un élément de critique fort utile pour apprécier ma traduction personnelle : quiconque, ayant à la juger, l'aura bien voulu comparer, *d'abord*, à celle de MM. Dujardin et Houston-Stewart Chamberlain, sera *ensuite* disposé, j'y compte, à m'approuver. — Cf. encore, d'ailleurs, ci-dessous, la note (1) de la p. 124.

(2) « Le mot-à-mot, quand il contrarie le tour naturel de notre langue, est la pire des traductions. » (Villemain). — Cf. ci-dessous la note (1) de la p. 124.

Comme un point de départ, au contraire. Pas plus que mes aînés, du reste, je ne voulais me proposer, pour but, un « compromis d'élégante prose » : c'eût été défigurer l'œuvre. Bien mieux : je ne pouvais guère oublier que la Musique amplifie, complète certains mots, s'unit à la Mimique, souvent, et au Décor, pour impartir à d'autres leur spéciale valeur ; mais, si j'ai tenu grand compte de ces correspondances, insister sans exemples m'entraînerait trop loin, et combien plus avec exemples ! Après tout, au sujet, soit des compensations, soit des transpositions que j'ai cru devoir me permettre, l'Annotation des quatre Drames me fera suffisamment comprendre (1).

Pour l'instant, s'il fallait, d'un mot, caractériser l'interprétation que j'ai voulu donner des Poèmes, je dirais qu'elle est DRAMATIQUE, résolument.

Cela n'est point une La Palissade : lisez une traduction du *Théâtre* de Gœthe, ou du *Théâtre* de Schiller, ou, tenez ! celle qu'a osée M. Charles Nuitter, des *Quatre Poèmes d' « Opéras »*..... Vous avez le sens presque toujours, en un français coulant, correct, syntaxiste et conventionnel, d'élève de rhétorique fort en version allemande ; mais cela ne vous prend pas aux entrailles comme (oui, je me plais à le ressasser !) cette « conversation idéale », qu'a voulue, et réalisée, dans ses textes allemands, Wagner : pourquoi ? C'est excessivement simple : les traducteurs ont négligé qu'il s'agit d'œuvres *dramatiques*, dans lesquelles l'*accent* des répliques, l'INTONATION joue le plus grand rôle. Ils ne se sont pas joué les Drames à haute voix. Ils n'ont point comparé

(1) Entre autres signalerai-je, *Or-du-Rhin*, « scène IV », p. 301, la note relative à Erda. Je n'ai pas multiplié les notes de cette nature. Je ne le pouvais sans m'exposer à encombrer les pages de ce livre, que certains, j'en ai peur, estimeront encombrées déjà. — Sur la méthode suivie dans mon *Annotation philologique* des quatre Drames, cf. ci-après, p. 128, note (1).

le *son* des répliques traduites au *son* des répliques originales : c'est pourtant essentiel, ce me semble ! Et c'est pourquoi des œuvres dramatiques françaises, quand elles sont d'un homme de génie, bouleversent, à la lecture, presque autant qu'au théâtre : au lieu que les plus vivantes des œuvres étrangères, dans une traduction, nous laissent froids ; sans doute quelques très rares Artistes parviennent-ils à se rendre compte de leur mouvement, mais au prix d'un effort qui diminue, toujours, la fraicheur de joie esthétique de la sensation directe. Qu'est-ce donc pour la masse du Public, incapable (faute d'expérience) incapable de cet effort ! — Hé bien ! voilà un reproche que l'on ne fera pas, je m'en flatte, à ma Traduction de la *Tétralogie*. Il n'est pas une phrase, pas un mot, qui n'aient été placés, déplacés, remplacés, jusqu'à ce que la correspondance m'ait semblé parfaitement exacte entre chaque son du texte allemand et chaque son du texte français ; l'air que ma voix a fait vibrer ne peut fournir la preuve de pareils efforts : mais l'un de mes manuscrits, que je garde soigneusement, porte trace de ce furieux labeur ; on y trouverait, me fait-on remarquer, des passages remaniés jusqu'à soixante-douze fois...... Au reste, si jamais tentative fut à pareil point nécessaire, c'est bien à propos d'un Poème comme celui ou ceux d'un Richard Wagner : puisqu'il a voulu « opérer, par la représentation scénique, une impression irrésistible, et faire qu'en sa présence enfin s'évanouisse, dans le sentiment purement humain, *toute velléité même de réflexion abstraite* (1) », il fallait, autant que le permet la prose, viser à produire cet effet sur le lecteur d'une Traduction ; lui offrir le *Drame*, en un mot, sous une forme tellement *dramatique*, qu'il n'eût aucun effort de « *réflexion* » à faire

(1) *Lettre sur la Musique*, pp. LXXIII-LXXIV. — Cf. ci-dessus . 97, passage en italiques.

pour se rendre compte des répliques, de l'*intonation* des répliques, de la vraie portée des répliques, dans les textes originaux. J'ose dire qu'aucune version strictement « littérale », dans ces conditions, ne sera FIDÈLE ! J'ose dire qu'aucune ne sera *lisible* ! et, une fois de plus, j'en fais la preuve en réclamant qu'on s'imagine ce qu'aurait pu être, à la lecture, pour quatre Drames *consécutifs*, l'interprétation Dujardin ? Wagner est un très grand Poète ! et ce Poète fût sorti de l'épreuve ridiculisé pour jamais (en France) : trop formidablement différentes sont les races !.....

Cela ne veut pas dire que j'aie « francisé » la *Tétralogie*. Je n'ai pas essayé. Les analogies linguistiques du persan et de l'allemand d'une part, du latin et de l'allemand d'autre part, m'ont été du plus heureux secours pour conformer wagnériennement la langue de ma Traduction au génie indo-germanique et au génie indo-latin : pour réconcilier, par delà les temps, les idiomes et les syntaxes, dans le « sein maternel », comme eût dit Wagner, de l'étymologie aryenne. Tout détail serait pédantesque et déplacé. Ce que je puis murmurer, c'est que je suis armé, non seulement de l'acquis personnel de mes études, mais des fiches linguistiques de vérification que j'ai prises dans les ouvrages spéciaux (1),

(1) Il m'est arrivé néanmoins, quoique parfaitement édifié sur la différence existant entre le sens moderne de certains mots, et le sens primitif employé par Wagner, de me décider pour un moyen terme : lorsque j'ai cru pouvoir enrichir, de la sorte, une phrase quelque peu vague (comme beaucoup de phrases allemandes, — cf. p. 313, note), d'une signification supplémentaire conforme au caractère du personnage, à la situation dans laquelle il se trouve, à l'esprit d'un passage heureux, — intraduisible. Je dis donc tout bas (pour ceux des écrivains spéciaux qui peuvent être appelés à me juger) que je n'ignore en aucune façon dans quelle stricte acception Wagner s'est servi (je cite au hasard un certain nombre de mes fiches) de vocables ou d'expressions tels que *sehren*, *uas*, *Wunder*, *selig*, *heilig*, *Harst*, *die Trauten*, *Lungerer*, *Halle*, etc. Je n'ai donné que de bien rares exemples des transpositions ten-

dans Schade, dans Grimm, etc., sans oublier l'ouvrage aussi, peu philosophique mais précieux, de M. Hans de Wolzogen : *La Langue des Poèmes de Richard*

tées : ce jeu, qui n'eût intéressé que des philologues ou des linguistes, fût devenu fatigant, bientôt, pour le public, plus que pour moi; et ma Traduction littérale, d'ailleurs, paraîtra tôt ou tard, j'espère, soit seule, soit en regard de celle-ci. — Autre observation qui s'applique, non plus à des mots isolés, mais à des groupes de mots entiers; dans le même esprit que ci-dessus, lorsque la traduction quelque peu gauche de l'un de ces groupes, mais seulement en des phrases d'importance secondaire, eût interrompu sans nécessité le cours dramatique du dialogue, je me suis efforcé d'établir, sur le fonds des mêmes mots allemands, une version d'allure plus aisée, de sens le plus voisin possible; mais je n'y apporte aucun amour-propre; et s'il m'est proposé pour ces phrases peu nombreuses (très rares : quinze à vingt-cinq au plus) une version *à la fois* heureuse ou dramatique — et littérale, je n'hésiterai naturellement pas, dans l'une des éditions futures, à substituer à la mienne cette nouvelle version fragmentaire. — Que cette note me soit l'occasion de placer une remarque essentielle, relative à la cause profonde en vertu de laquelle le mot-à-mot strict importe, çà et là, fort peu; cette cause profonde réside en ce que, *à l'exception, bien entendu, des irréductibles passages ressortissant à la symbolique générale de l'œuvre*, le texte du poème eût admis des variantes (et il en existe, en effet). M. Chamberlain, l'un des deux auteurs de l'essai de littéralité philologique à quoi j'ai dû faire allusion, M. Chamberlain ne pense-t-il pas lui-même, et n'a-t-il pas écrit lui-même, qu'abstraction faite, il faut le redire, des passages plus haut mentionnés, le poème, en un certain sens, est plus « fortuit » que la musique ? car celle-ci est tout expressive (étant principe d'émotion pure) d'une vérité d'ordre plus vague, ou plutôt moins particulier, pour lequel peut changer la « fable », — mais d'une vérité, par là même, plus certaine et plus absolue; c'est ce que signifie cet axiome, le plus wagnérien des axiomes (contenu dans *Oper und Drama*): « La Musique, au lieu d'exprimer, comme la Parole, ce qui n'est que pensé, exprime la Réalité. » Pour être en même temps musical, il suffit, en effet, qu'un sujet soit *humain*, à la condition qu'on entende ce terme en son acception esthétique la plus intime et la plus large. Ainsi pensa Schopenhauer, ainsi Wagner, ainsi Carlyle — et du dernier me revient à la mémoire l'idée, providentiellement à propos, l'idée qui lui faisait trouver, dans la substance des deux *Eddas*, une « *Mythologie* MUSICALE ».

Wagner (1). Elles me serviront lorsque tôt ou tard, *grâce à cette Traduction de propagande*, j'espère, on pourra publier, purement et simplement, la littéralité des poèmes wagnériens, sans craindre qu'ils ne soient ou mal compris, ou méconnus. C'est pour contribuer à rendre moins lointaine l'éventualité prévue d'une publication de cette nature, que dans celle-ci, en attendant, quand l'interprétation française (toujours conforme à l'esprit de l'œuvre, à l'intonation du passage) *semble* s'éloigner de la lettre du texte, une note, *de temps en temps*, donne le sens littéral : que choisiront peut-être de bien rares Artistes, mais qui eût rebuté le grand public en lui rendant impossible la lecture suivie des quatre Drames, « l'évanouissement », voulu par Wagner, « l'évanouissement de toute réflexion dans le sentiment purement humain ».

Pour me résumer et conclure : fort d'une traduction littérale scrupuleusement faite mot à mot ; d'une deuxième traduction moins littérale, déjà courante, pas assez littéraire encore ; possédant, au fond de ma mémoire, jusqu'aux moins importants des vers et des répliques ; ayant médité sur chaque Drame, sur son ensemble et sur son texte, sur les prolongements musicaux, plastiques ou mimiques de ce texte ; m'étant joué ces Drames en moi et à haute voix ; m'étant identifié, dans les sources les plus lointaines, aux personnages, et métamorphosé avec eux de proche en proche jusqu'en leur métempsychose wagnérienne, je les ai donc recréés *dramatiquement*, m'attachant à communiquer, à des Français ignorant l'allemand, l'impression de beauté *dramatique*, dramaturgique et phonétique qu'ils produisent à la lecture, à l'audition, à la représentation,

(1) Hans von WOLZOGEN: *Die Sprache in Richard Wagners Dichtungen* (Leipzig, Reinboth, éd.).

sur des Français connaissant l'allemand, — et l'allemand spécial de Richard Wagner.

Puissé-je y avoir réussi !

Et maintenant, de ces efforts, heureux ou malheureux, mais énormes et consciencieux dans tous les cas, la seule récompense que j'attende, c'est que le Public veuille bien, par respect pour Richard Wagner, par souci de son propre plaisir, de son propre profit moral, *lire ce volume avec méthode.*

La méthode ? Ne découle-t-elle pas de ce long Essai ? A qui m'a suivi jusqu'ici, ai-je besoin d'expliquer pourquoi je le supplie de *lire d'abord les Drames*, UNE PREMIÈRE FOIS, SANS JAMAIS SE REPORTER AUX NOTES (sauf dans les cas, très rares d'ailleurs, où le sens lui paraîtrait obscur) ? Qu'il les vive à plein cœur, ces Drames ! Qu'il ne s'en laisse point détourner par tels détails philologiques ! Ces détails ont leur importance : à qui veut approfondir l'œuvre, ils sont indispensables, certes ; mais ils sont inutiles à qui ne veut que la sentir, et c'est de la sentir qu'il s'agit surtout (1). Je ne doute pas que le lecteur, du reste, n'ait ensuite la curiosité, — le besoin, même, — d'aller plus loin.

Qu'il fasse alors des quatre Drames, à loisir, *une seconde étude, s'arrêtant à chacune des notes* : qu'il s'aide des unes pour deviner certaines beautés *intraduisibles* ; des autres, pour pénétrer mieux le *symbolisme* des poèmes ; d'autres, enfin, pour constater, comparant ces poèmes aux sources, le sublime génie

(1) Cf. *Gesammelte Schriften und Dichtungen* : « Le Drame n'a qu'un seul but, — *agir sur le sentiment* » (tome IV, p. 253. — Cf. aussi dans le même volume, pp. 97, 246, etc., etc., des affirmations analogues). — Se reporter d'autre part aux citations, plus haut, pp. 97, 123, de la *Lettre sur la Musique*.

créateur et *transformateur* de Richard Wagner (1).

De ces Notes, qu'il remonte aux pages que tour à tour elles confirment, préparent ou complètent : aux pages où mon ami Edmond Barthélemy, dans ce même vo-

(1) DE MON ANNOTATION PHILOLOGIQUE DES DRAMES. — Il importe de dire ici, pour mes juges, comment je l'ai conçue. Les remarques dont elle se compose sont tour à tour : les unes « philologiques » (au sens restreint du mot); d'autres, mythographiques; d'autres, herméneutiques; d'autres, comparatives des textes et des sources.

1° « PHILOLOGIQUES » (au sens le plus restreint de ce mot), les Notes donnent le sens littéral, soit d'après tels prédécesseurs, pour légitimer une transposition, — soit, plus souvent, d'après moi-même : tantôt pour préparer l'esprit à l'idée d'une future Traduction littérale, tantôt pour lui permettre d'entrevoir, au moins, des beautés que rendent intraduisibles la différence de génie des deux langues et les particularités de la Métrique wagnérienne. Ce sens littéral, au surplus, je ne l'ai noté que peu fréquemment : j'ai plutôt essayé de choisir des exemples très expressifs du dramatique de ma méthode. Assez nombreux pour *L'Or-du-Rhin*, plus rares déjà pour *La Walküre*, de plus en plus rares pour *Siegfried*, ces exemples sont presque absents du *Crépuscule*. C'est qu'à mesure que, de Drame en Drame, le lecteur me semblait devoir s'accoutumer mieux à la Pensée de Richard Wagner, non seulement toute explication devenait de moins en moins nécessaire, mais moi-même, insensiblement, graduellement, je tentais de *rapprocher* mon style de la littéralité pure.

2° MYTHOGRAPHIQUES, les Notes visent à livrer, flagrants, des éléments de comparaison entre l'Œuvre traduite, d'une part, et, d'autre part, les Mythes germains et scandinaves dont elle est à titre *secondaire*, mais à titre réel, pourtant, une synthèse, un panorama ; elles montreront qu'avant d'être un grand Musicien, Wagner fut un très grand Poète, rendant aux vieilles Légendes mieux qu'il ne leur a pris, faisant arriver ces Légendes profondes à la « définitive conscience de leur signification propre ». Je conseille du reste aux lecteurs peu familiarisés avec ces mêmes Légendes (qui sont moins connues en France qu'en Allemagne) de *s'en faire une idée, d'abord*, par les articles consacrés, dans toutes les encyclopédies, aux personnages mythiques (Odin, etc.) mis en scène par Wagner dans *L'Anneau du Nibelung*. Je me suis borné à dire, ici, ce qu'on n'aurait peut-être pas toujours trouvé partout : on comprendra que le reste eût encombré ces pages.

3° HERMÉNEUTIQUES, EXÉGÉTIQUES, loin de prétendre à tout

lume, lui révélera combien de siècles d'Humanité, scandinave, germanique, ou simplement — humaine, stratifiés autour des racines de cette immense *Tétralogie*,

expliquer, les Notes se contentent de fournir des exemples de la manière dont il importe de chercher le sens symbolique et profond des Drames, sous la surabondante vie extérieure, concrète, qui toujours y suffit à l'intérêt de l'action [Cf. les notes (2) de la p. 248, et (1) de la p. 494]. L'étude de mon ami Edmond Barthelemy, et le livre de M. Ernst : *L'Art de Richard Wagner : l'Œuvre Poétique*, achèveront d'éclairer quiconque serait peu familiarisé avec de telles méditations.

4° Comparatives, les Notes sont avant tout *choisies :* un second volume comme celui-ci n'eût pas suffi à tout contenir. Au reste l'essentiel, en ce cas, n'était nullement d'être complet : à quoi bon tant d'érudition ? les Drames de Wagner, en eux-mêmes, ne doivent agir sur notre esprit que par l'intermédiaire du cœur, sur notre cœur que par l'intermédiaire des sens. Seulement, à un point de vue critique, il peut être attachant, démonstratif, utile, de suivre, presque vers par vers, ce qu'a su faire des sources cet immense Poète. Elles sont de deux familles, ces sources : les scandinaves, les germaniques. De celles-là, les plus importantes sont les *Eddas* (et même la *Völsunga-Saga*) ; de celles-ci, le *Nibelungenôt*, l'épopée nationale allemande. Sans doute en est-il d'autres que j'ai dû citer, mais d'une manière fortuite et brève : presqu'aucune d'elles n'étant traduite, je n'aurais pu faire de rapprochements qu'au prix d'une foule de commentaires qui auraient rebuté le lecteur, la place ne m'eût-elle pas manqué. D'autre part, une difficulté m'embarrassait : Wagner, évidemment, n'a pas lu les Eddas dans leur vieil idiome islandais, mais dans leurs traductions allemandes (celle d'Ettmüller (1837) ; celle de Simrock (1851), qui, remarque assez importante, offrent l'une et l'autre un système, déjà très heureux, d'allitération ; pour la *Völsunga*, voir ci-dessous pp. 201-204, l'*Etude Critique*. Or mes Notes font presque toujours, pour ainsi dire, *toucher du doigt* : le travail personnel accompli, par Wagner, sur ces précieux poèmes par lui transfigurés ; mais elles le feraient sentir bien davantage encore, si j'avais pu citer les textes. Si j'avais pu ? je pouvais ! mais à quoi bon ? pour qui ? Encore une fois, notre œuvre s'adresse au Public, à celui qui ne sait pas l'allemand : car, pour quiconque le sait, qu'a-t-il besoin de notre aide ? Telles quelles, mes Notes comparatives, empruntées aux versions françaises (dont j'indiquerai plus loin la bibliographie), sont suffisamment concluantes, grâce à la sélection sévère que j'en ai faite, — puisqu'elles se rapportent, en somme, aux mêmes

circulent infiltrés dans sa sève, y viennent des profondeurs ressusciter en Drames, verdoyer en frondaisons de Songe, s'épanouir en floraisons de Pensée féconde et rédemptrice.

passages scandinaviques que les traductions feuilletées par Wagner. L'avouerai-je ? un de mes secrets désirs serait que le lecteur, par une étude des vieux poèmes, complétât les notions qu'aura pu lui donner, sur la profonde Ame septentrionale, la prise de connaissance de *L'Anneau du Nibelung*. Moi-même travaille depuis deux ans, en ce qui concerne les *Eddas*, à une Traduction-Édition française : mais sans doute faudra-t-il beaucoup plus de temps encore pour « mettre au point » cette tâche ardue. Aussi me suis-je effacé (provisoirement, au moins) devant les interprètes antérieurs de ces sources, quitte à rectifier leur version, parfois, d'une manière qui ne la rendit point méconnaissable. Toutes mes citations des *Eddas* appartiennent à la traduction, introuvable et défectueuse, mais seule complète, de Mlle R. DU PUGET (Paris, Bibliothèque Etrangère, 1838), ou à celle, déjà bien meilleure mais fragmentaire, de M. EMILE DE LAVELEYE (*La Saga des Nibelungen dans les Eddas et dans le Nord scandinave* ; Paris, Librairie Internationale, 1866). Quant à mes citations du *Nibelunge-nôt*, j'ai pris soin de les faire suivre de l'indication des pages de la version française, par le même M. EMILE DE LAVELEYE (*Les Nibelungen*, nouvelle édition ; Paris, C. Marpon et E. Flammarion ; s. d.). — Un dernier mot pour ceux qui, n'ayant pas présente la chronographie que j'ai donnée (pp. 65-66, 67-68, 71-76) de la composition poétique de *L'Anneau*, se demanderaient pourquoi ces extraits des sources, rares pour le *Rheingold* comme pour *La Walküre*, sont multipliés pour *Siegfried* et pour le *Crépuscule-des-Dieux*. A ces oublieux je répéterai : que *Le Crépuscule-des-Dieux* est le Drame, D'ABORD UNIQUE, duquel est issue la *Tétralogie* (il s'appelait alors *Siegfried's Tod*) : un intérêt spécial s'attache donc à la genèse d'un semblable générateur ! N'en est-il pas de même pour *Siegfried*, qui, sous le nom du « *Jeune Siegfried* » fut dramatisé après le *Crépuscule*, afin que fussent montrés, sur la scène, certains épisodes, seulement racontés dans la conception primitive ? Et ainsi de suite : Wagner, parti de la légende nationale du *Nibelunge-nôt*, qui, nécessairement, devait le frapper d'abord, s'est avancé peu à peu dans les origines mythologiques de cette légende, pour *aboutir*, enfin, à *L'Or-du-Rhin*. — On comprend, dans ces conditions, que les Notes, relatives à la genèse de l'œuvre, soient infiniment moins nombreuses et pour le Prologue, et pour *La Walküre*.

Sur Wagner Dramaturge, alors, — sur Wagner Créateur, — et sur Wagner Penseur, — chacun, je suis tranquille, sera pleinement édifié.

Il ne lui restera plus qu'à savoir se servir des notions qu'il aura recueillies, des idées personnelles qui l'obséderont en foule, car on s'est bien gardé de lui tout dire ici même : pour élargir les unes, pour vérifier les autres, il consultera l'un des ouvrages de Critique (1) que j'ai recommandés en ce travail.

Puis, comme ni les Poèmes, ni leur Annotation, ni leur Glose, et ni même nul monument critique n'auront suffi à satisfaire les aspirations nées en lui, il finira — par où l'on commence à présent : il cherchera, dans la Musique, tout ce que le Poème n'a pu, n'a voulu exprimer.

S'il lui est impossible d'aller à Bayreuth, il prendra, à défaut d'une Partition d'orchestre, une Partition pour piano : en s'efforçant de s'y rendre compte (même avec le livret Wilder qui l'accompagne) des réactions verbales, plastiques et musicales de la quadruple symphonie ; en s'aidant, pour faire cet effort, et des passages correspondants de la présente Traduction en prose, et de leur Commentaire musicographique.

S'il lui est impossible aussi, par manque de temps, par manque d'éducation spéciale, par toute autre raison quelconque, de s'instruire en une Partition, ou même si cela lui fut possible : qu'il aille, soit ! aux concerts publics, — qu'il aille à l'Opéra s'il veut, ou à Lyon, ou à Bruxelles... Plus rien de *La « Valkyrie »* ne l'y désorientera : de lecteur, devenu spectateur, mieux préparé que nul autre à ces représentations, il saura que ce qui, là, semble incompréhensible, antidramatique même parfois, semble tel uniquement parce qu'elle est

(1) Cf. la note (1) de la p. 31 et, *passim*, toute l'Annotation de *l'Avant-Propos du Traducteur.*

amputée, cette infortunée « *Valkyrie* », du Tout indivisible dont elle est un acte! Mieux que nul autre, il pourra mesurer quel fut le génie de Richard Wagner, pour que dénaturées, tronquées, atténuées, ses œuvres dramatiques n'en apparaissent pas moins, dans tous leurs détails, surhumaines: mais qu'il se souvienne bien que sous cette forme scénique, pour laquelle elles ne furent point faites, elles sont des copies infidèles, des produits ambigus, funestes à notre Art (1), corrupteurs pour nos musiciens, déconcertants pour le Public, traitres à la pensée de Wagner, traitres à l'Art qu'il a voulu! — Qu'il s'imagine, ce spectateur, privé de la poésie du texte wagnérien (par la traduction musicale française); privé d'une déclamation pure (par les différences des deux langues et par les habitudes des chanteurs d'opéras); privé de toute netteté dans l'articulation (par la prédominance fâcheuse de l'orchestre dans nos théâtres); privé des conditions d'acoustique et d'optique qui, concentrant son attention, lui feraient tôt accepter, comme des réalités, les Symboles les plus fantastiques de la Légende: qu'il s'imagine, ce spectateur, ce qu'est le Drame de Richard Wagner, représenté comme il doit l'être (2)! Qu'il apprenne à le désirer tel, intégralement.

(1) Wagner lui-même disait que sa musique dramatique n'aurait, sur l'Art français, d'influence salutaire qu'à la condition péremptoire qu'on ne tenterait point de la franciser.

(2) Cette imagination du lecteur, aidons-la. — Cf. d'abord les notes (1) de la p. 97 et surtout (1) de la p. 110. — Voici maintenant comment un témoin peu suspect, M. Octave Fouque, a décrit dans *l'Art* (7e année, t. IV, pp. 68-70, 138-140, 199-200) l'impression produite à *Bayreuth*, par les Drames de Richard Wagner, sur un Public plutôt mêlé : « Au moment où la toile se lève, *les lumières s'éteignent dans la salle*, et le spectateur reste plongé dans une nuit profonde. Au milieu de ces ténèbres *remplies des mille sonorités de l'orchestre invisible*, le cadre scénique s'illumine. *Forcément* l'œil est attiré, peu à peu *fasciné par ce point brillant*. Les chanteurs sont les premiers de l'Allemagne.

Mais surtout, qu'il médite sur l'Art, et sur ce que serait un Peuple aux yeux duquel de pareils Drames, issus des sources nationales, deviendraient le signe de

Disciplinés par une volonté despotique, ils ne songent nullement à leur métier de chanteurs. *Toute idée de virtuosité est éteinte dans leur âme;* pour rien au monde, ils ne voudraient faire valoir les artifices de leurs gosiers, ou gagner par des tours de force vocaux les bravos des dilettanti. Leur unique et constante préoccupation est d'entrer dans l'idée du poème et de représenter dignement le personnage dont ils portent le costume. Les hommes ont la taille des héros, les femmes sont belles; *gestes, attitudes, silences, ils ont tout appris du maître*, et traduisent fidèlement, consciencieusement la physionomie qui, pour une soirée, devient leur être véritable. Ce n'est pas herr Niemann ou herr Schlesser, ce n'est pas frau Materna ou frau Wekerlin : c'est Siegfried, Hagen et les Walkûres. La scène est machinée avec art; elle a su utiliser toutes les inventions de la science moderne; *les prodiges s'y succèdent*, toujours commentés par cet orchestre qui *enveloppe la représentation d'une sonorité magique*. LE PHÉNOMÈNE S'ACCOMPLIT, et, dans ce demi-rêve où tout ce magnétisme l'a jeté, l'esprit du spectateur, ACCEPTANT, SANS LA MOINDRE RÉSISTANCE, LES OBSCURITÉS, LES NAÏVETÉS, PARFOIS LES MONSTRUOSITÉS DE LA LÉGENDE, est violemment tiré hors de lui-même; songeur, inconscient, halluciné, il chevauche, à la suite du poète, emporté par une imagination sans frein à travers le pays fantastique que peuplent les dieux, les héros, les chimères et les fées. » — Ces deux termes : « chimères » et « fées », sont malheureux et me gâtent le reste. Des « fées » ? sont-ce des *Walkûres* que M. Fouque veut dire ? Des « chimères » ? seraient-ce le Dragon du *Rheingold*, et celui du Drame de *Siegfried ?* N'importe ! L'essentiel est que sur le fond de la chose, l'auteur de l'article ait dit juste. Oui, placé dans les conditions pour lesquelles seules le Drame est fait, le spectateur français lui-même accepterait, j'en suis certain, tout ce que, dans *L'Anneau du Nibelung*, plusieurs dénomment : la « ménagerie ». — Une partie du but de Wagner ne fut-elle pas de nous arracher au souvenir de la vie réelle ? (Cf. *Gesammelte Schriften*, t. VIII, p. 37, et ci-dessus, pp. 15-17; 19; et 63, n (1) de provoquer un état d'âme plus favorable à la vision, à la conception des choses idéales ? de faire parvenir notre esprit, jeté dans une sorte de rêve, jusqu'à cette entière *clairvoyance* où il découvre un enchaînement, « un nouvel enchaînement des phénomènes du monde, que, dans l'état de veille ordinaire, nos yeux ne pouvaient apercevoir » ? (Cf. *Lettre sur la Musique*, p. LVIII.) Or, si le *but* est rempli, qu'imson Art, l'expression artistique de sa vie nationale, l'organe particulier de son humanité générale (1) ; qu'il médite, et, quoi que j'aie pu dire, qu'il n'ait point de « honte » pour notre Patrie : l'Allemagne, l'Europe, le Monde, hélas ! ne sont pas mieux partagés qu'elle.

L'Allemagne ? — Lorsque Richard Wagner, malgré l'hostilité de sa race, dont il est la vivante synthèse articulée, fut parvenu, à force de persévérance, à fonder à Bayreuth son *Théâtre Idéal,* et à y faire représenter, en quatre jours consécutifs, du 13 au 18 août 1876, devant un public enthousiaste, la Tétralogie de *L'Anneau du Nibelung* : « A présent, » put-il s'écrier, « à présent, Messieurs, vous avez Un Art ! » (*Jetzt, meine Herren, habt Ihr eine Kunst !*) Paroles redoutables ! Hautes paroles : non d'orgueil, pauvres mesquines âmes d'affreux Zoïles ! mais d'ambition sublime et désintéressée pour son pays, — qui ne comprit guère : « Maintenant », dit-il encore, « c'est à vous à vouloir ! »

portent les *moyens* ? « Le Merveilleux dans l'Art, disait Richard Wagner, EST le *moyen* de rendre claire à tous la Vérité de la Nature. » (*Entwürfe, Gedanken, Fragmente, loc. cit.*, p. 66). Voyez comme simplement, dès ouvert le rideau, le *Rheingold* nous plonge en plein surnaturel, ainsi qu'au milieu de choses palpables ! et comme si notre monde réel n'était que le seuil d'un autre monde — plus réel, en un certain sens. Dante seul eut cette audace tranquille, que note Carlyle... mais Dante (hélas !) était d'un Age de Foi...

(1) Cf. *L'Œuvre et la Mission de ma Vie* : « C'est seulement par la scène que l'art national peut devenir vraiment la propriété du peuple, et seulement quand la grande partie de l'art qui touche à la scène, en popularisant et en personnifiant l'art, lui est assurée en propriété, que cet art peut atteindre une pleine et libre vie nationale dans d'autres branches. Un drame national vrai, vivant, élevé à la hauteur d'un idéal artistique, est la source réelle, pure, vivifiante, de toute autre vie artistique nationale. Aussi la condition misérable de la scène de l'Europe moderne, étant entièrement non nationale et non artistique......, est-elle l'une des plus sûres mesures de l'esprit de la civilisation européenne en général. » (Pp. 19-20.)

Ah! oui... Ses illusions furent de courte durée: « Il fut clair », notait-il quelques années plus tard, « que mon objet plus réel que personnel n'avait pas même encore été compris, et alors pas une seule branche de l'autorité gouvernementale, même en présence de cet heureux résultat, ne put être amenée à faire un effort pour obtenir ce qui avait été démontré ainsi être entièrement possible, pour l'amélioration de l'art national (1). » Et Wagner, qui souvent fut moins tendre pour nous, ajoutait avec amertume: « S'il était arrivé en France, à l'époque de la plus grande gloire nationale, que, dans un cas identique, un artiste, déjà dignement connu par ses œuvres, eût cherché à fonder une institution d'une haute importance nationale pour la conservation et l'encouragement de l'Art le plus noble des grands maitres de sa race, et eût demandé le concours de ses compatriotes, dans un tel cas, il ne peut être mis en doute que l'État aurait mis tous ses soins à l'assister. En France, il y aurait eu au moins un tel degré de compréhension de son but, qu'on aurait vu clairement qu'il y avait là une chose destinée à provoquer une manifestation particulièrement caractéristique de

(1) *L'Œuvre et la Mission de ma Vie*, p. 79. — « Rien de pareil à ce que j'avais projeté, et, en dernier lieu, commencé avec confiance, grâce au concours d'amis enthousiastes, n'avait jamais encore été entrepris : c'eût été essentiellement digne de notre jeune gouvernement impérial, qui ne pouvait inaugurer son brillant règne plus glorieusement qu'en donnant l'aide la plus franche à un objet purement idéal et pour un motif purement idéal... Mais les pouvoirs qui régnaient en Allemagne, négligents comme jamais des intérêts de l'art véritable, ne virent alors dans mes efforts, comme ils n'y avaient toujours vu auparavant, que l'expression de la plus extrême ambition personnelle, et, dans l'institution que je projetais, rien que les demandes extravagantes d'une représentation extraordinaire et inusitée de mes propres ouvrages, pour ma seule satisfaction d'amour-propre personnel. L'achèvement de mon entreprise fut dès lors laissé entièrement à moi et à mes amis. » (*Id.*, p. 78).

la part des pouvoirs de la nation, et que l'heureuse réalisation de cette entreprise serait un grand honneur national (1). »

Hélas! nous avons de bonnes raisons d'être assurés, pour notre part, de l'indifférence des « pouvoirs » publics actuels de notre Patrie. Mais nous n'en avons pas de moins bonnes d'avoir confiance en la Nation: c'est à elle que s'appliquent ces paroles de Fénelon (2): « Les naturels vifs sont capables de terribles égarements, les passions et la présomption les entrainent; mais aussi ils ont de grandes ressources et reviennent souvent de loin. » Et voici qui, du même, s'applique au Peuple Allemand: « Les naturels indolents échappent à toutes les sollicitations: ils ne sont jamais où ils doivent être, ils écoutent tout et ne sentent rien. » Aussi semble-t-il bien que Wagner, sur la fin de sa vie, ait désespéré: « A tout hasard, l'expérience d'une longue vie m'a appris, à mes dépens, que le plus sérieux soutien d'une cause si purement idéale ne peut pas être attendu du peuple en général tel qu'il existe aujourd'hui dans notre Allemagne unifiée. L'art allemand ne sera jamais placé dans une position de sécurité par l'acte volontaire de la nation allemande, mais il sera délivré par l'accident de quelque concours individuel isolé (3). » De même il écrivait, aux *Bayreuther Blätter*, en 1878: « L'esprit allemand serait-il donc mort? La foi seule empêche de le penser! »

Peu nous importe, à nous, que « l'esprit allemand » soit mort. Mais il nous importe beaucoup que ne soit pas perdue, pour notre Art, en quelque idiome humain qu'elle se soit exprimée, cette Voix de Nature qui a parlé par la bouche et par l'Œuvre de Richard Wagner.

(1) *L'Œuvre et la Mission de ma Vie*, p. 77.
(2) *Traité de l'Education des Filles*.
(3) *L'Œuvre et la Mission de ma Vie*, p. 91.

De cette Voix, nous ne pouvons nous désintéresser; nous le pouvons moins que tout autre Peuple : « Toute solution sociale ou intellectuelle reste inféconde pour l'Europe, jusqu'à ce que la France l'ait interprétée, traduite, popularisée... Ainsi, chaque pensée solitaire des nations est révélée par la France. Elle dit le Verbe de l'Europe, comme la Grèce a dit celui de l'Asie (1). » Qui parle ainsi? Notre Michelet, non sans nous asséner quelques rudes vérités : mais ces paroles aussi — sont une vérité vraie! J'en veux surtout retenir cette assimilation, providentiellement opportune puisqu'il s'agit ici de l'Art de Richard Wagner, cette assimilation de notre rôle, en Europe, au rôle du Peuple Grec antique : les Grecs ont eu Un Art; l'Allemagne en possède un, — pourrait en avoir un, du moins. Et nous, Français que nous sommes, n'en aurons-nous pas un? « Voulons-nous espérer? » comme dit encore Wagner. — Qui sait?... Ne semble-t-il pas que de nos fumiers d'hier, les Lys de l'Idéal renaissent en pousses timides? Grandiront-ils? Regardez-les : c'est d'être regardés qu'ils vivent! Dans tous les cas, dussent-ils mourir, il ne sera point dit qu'une voix, la plus indigne, hélas! de toutes, n'aura pas dans le désert crié comme un écho : « Maintenant, » Français que vous êtes, « c'est à vous à vouloir! »

Est-ce « dans le désert » qu'elle crie?

Non! — Non!

LOUIS-PILATE DE BRINN'GAUBAST (*Ajax*).

(1) MICHELET, *Introduction à l'Histoire universelle.*

DES CYCLES GERMANIQUES
ET SCANDINAVES

DANS

LA TÉTRALOGIE

DE

RICHARD WAGNER

SOMMAIRE

I.-II. — Le *Nibelunge-nôt* et les *Eddas* ; leur substance historique ; élaborations qui ont fixé ces poèmes.

III. — Traces de Panthéisme scandinave laissées en Allemagne par le *Nibelunge-nôt* et par les *Eddas*.

IV. — Wagner parmi ce Panthéisme. Il en prend, pour les mettre dans son œuvre, les deux grands aspects : Chute et Rédemption. Etude critique de la *Tétralogie*, à ce point de vue.

Psychologie de l'œuvre.

DÉTAIL

Le *Nibelunge-nôt* : trois séries de chants, de sagas, composent ce poème ; sagas burgundes, avec Gunther ; franques, avec Siegfried ; gothiques, avec Théodoric. Notes sur Gunther; sur Siegfried, sur Théodoric. — Ces sagas sont recueillies par les Moines ; entre leurs mains, latinisation de l'épopée barbare : pourquoi. — Ce qui, pourtant, subsiste dans le poème : le plus vieux et le plus fort symbole : l'Or.

Les Deux *Eddas*. Recension islandaise des *Eddas* : Sœmund ; Snorri. — Note sur les possibles rédactions antérieures des sagas qui composent les *Eddas* : Skaldes. Les Skaldes sont les conservateurs des éléments mythiques scandinaves, défigurés par le génie latin (je ne dis pas chrétien), dans l'Europe centrale. — Les chants héroïques en circulation, dès le ve siècle, dans l'Europe centrale, se combinent, lorsqu'ils remontent vers la Scandinavie, avec les éléments mythiques restés, là, vivaces, et, par ce mélange, ils acquièrent une nouvelle vigueur. Autre rehaut qui s'y vient ajouter : les traditions relatives aux Rois-de-Mer — De l'Allemagne vient le fait ; du Nord scandinave, la symbolique.

Rapide aperçu sur le Panthéisme en Allemagne : Moyen-Age et Temps modernes. Palingénésie des croyances scandinaves. Légendaire médiéval : Nains ; Koboldes ; Nixes ; Wassermanns ; Ondines ; Femmes-Cygnes ; Chevaliers-errants. Légendes de Lore-Ley et de Kunégonde ; Légende de l'Anneau, etc. — Le Panthéisme germanique dans Dürer et Holbein, et depuis, etc. — Opinion de Henri Heine. — C'est peut-être parmi ce très spécial Panthéisme que les Allemands ont pu prendre cette tournure d'esprit, qui a fait dire d'eux (par Wagner lui-même) : « Le Germain aime l'action qui rêve. »

Cette pensée nous apparaît, en quelque sorte, comme l'hygiène de la *Tétralogie*. — Deux grands aspects dans l'ensemble des Dogmes scandinaves : Chute ; Rédemption. Etude de ces deux termes dans les sources et dans Wagner. — Wagner a, surtout, donné à l'idée de Rédemption un relief exceptionnel, tout à fait original. — Balder, Dieu-Agneau, agent de la Rédemption dans la théogonie scandinave ; forme très abstraite du dogme de Balder. — Pour dramatiser l'idée de Rédemption, Wagner la transpose sur Siegfried : modification très heureuse. — En même temps qu'il se prête à synthétiser l'idée de Rédemption, le symbole de Siegfried est l'équivalent de tout un large courant historique. — Invasions ; Renouvellement (historique) du Monde, considéré du point de vue du symbole de Siegfried.

Substance psychique de la double idée de Chute et de Rédemption : Wotan. Psychologie du drame de Wagner.

I

Le poème du *Nibelunge-nôt* n'est point l'œuvre de tel ou tel. Tout au plus a-t-on cru pouvoir identifier en Henri d'Ofterdingen, qui aurait vécu au XIIIe siècle, le définitif compilateur *des* Chants qui le composent (1). Cette identité importe peu, d'ailleurs. Quels sont, plutôt, les événements qui constituent la substance historique de cette épopée ? — Trois groupes de traditions s'y ressortissent à l'activité des trois principales figures

(1) Vers 1210, selon Lachmann.

Chants, Lieder : — Nibelungen *lied* oder Nibelungen *lieder* ? s'est demandé un érudit allemand, H. Fischer. Lachmann, avant lui, s'était posé la même question et avait dit : *Lieder* — Chants détachés, rhapsodies. Il faut adopter l'opinion de Lachmann.

du poème : Siegfried, Gunther, Théodoric (sans parler d'Attila). Avec Siegfried, les traditions des Francs-Saliens ; avec Gunther, celles des Burgundes ; celles des Goths, avec Théodoric.

Il n'y a guère, toutefois, que la tradition burgunde que l'on puisse étudier historiquement ; mais cela suffit, puisque l'événement qu'elle rapporte, — la destruction du premier royaume de Bourgogne par les Huns (436), — est capital dans le poème.

Cette constatation est basée sur un passage de la *Chronique* de Prosper Aquitanus, prêtre au ve siècle, et ami de saint Augustin :

« Eodem tempore Gundicarium Burgundionum regem, inter Gallias habitantem, Ætius bello obtrivit pacemque ei supplicanti dedit, quâ non diù potitus est, siquidem illum Chuni cum populo suo ac stirpe deleverunt. »

Ce Gundicaire, — le Gunther des *Nibelungen*, — entra en Gaule au commencement du ve siècle ; il s'empara du territoire compris entre le Rhin et les Alpes, et c'est en 436 qu'il périt dans une grande bataille livrée aux Huns sur les bords du Rhin.

Vicissitude fortuite dans ce chaotique drame des Invasions. Mais un souvenir s'en fit, plus tragique que l'événement même, et qui, toujours grandi, aboutit à l'épopée des *Nibelungen* (1). C'est que la bataille des Champs-Catalauniques, la plus grande bataille de toute l'époque des Invasions, vint par là-dessus, et l'impression inouïe qu'elle laissa, — cette monstrueuse mêlée de tous les peuples, cette manière de Leipsick fauve et nue, — se répandit, par récurrence, sur les

(1) Nous verrons bientôt que le poème des *Nibelungen* constitue la première forme de cette tradition, — la première en date. Les *Chants héroïques de l'Edda* jailliront, plus tard, sous l'action d'un événement parallèle à celui de la chute de l'empire romain, et qu'ils exprimeront avec les mêmes symboles. Nous voulons parler des invasions danoises, du démembrement de l'empire carlovingien.

événements antérieurs comme sur ceux qui suivirent, et les rougit du même flamboiement.

Ce fut, ensuite, un vaste envol de légendes, de chants, — le cycle épique de l'invasion d'Attila ; cycle né dans les rumeurs de la cavalerie hunnique, rythmé du choc des boucliers sur les Champs Catalauniens, partout épandu..., mais qui, peu à peu, se localisa suivant des conditions, que volontiers essayerions-nous, en passant, de déterminer. — Le sujet principal n'est plus, dès lors, l'invasion d'Attila, la chute de l'empire romain ; bien que tout craquant du symbole de cette immense catastrophe, le cycle se limite à une des circonstances de cette invasion, à un événement restreint, mais aussi plus vivant peut-être, plus spontanément dramatique, parce qu'il est moins systématique : l'anéantissement du premier royaume de Bourgogne. Et tout le tragique est reporté, accumulé, sur cette circonstance particulière.

Il est certain qu'il existait déjà, avant l'invasion d'Attila en Gaule, une légende sur la mort de Gundicaire. Mais après Attila, parmi la pleine épouvante du temps, cette légende sanglante se développa à l'infini. Elle fut comme un thème où chacun mit son âme douloureuse. C'est même, sans doute, pour cela, c'est dans cette sensation de chaos, que Prosper Aquitanus, relatant l'événement, force la note, va jusqu'à écrire que le roi Burgunde fut exterminé avec son peuple et sa race, « cum populo suo ac stirpe ». Réminiscence, évidemment, réminiscence effarée, dans cette oreille latine, de quelque abrupt poème, de quelque farouche saga entendue, déjà presque fixée dans la forme des lieder forcenés qui clament, à la fin du *Nibelunge-nôt*, l'entr'égorgement des Huns, des Burgundes et des Amelungen ; mais erreur d'histoire, ou, du moins, exagération propre à entrainer à une erreur d'histoire (car Aquitanus, personnellement, s'embarrassa fort peu, semble-t-il, de connaitre la suite des affaires de Gunther), attendu que Gunther eut pour successeur son fils Gundiok, lequel régna jusqu'en 463, et, en mourant, partagea ses états entre ses quatre fils : Chilpéric, Gondemar, Gondebaud et Godégésile. Gondebaud, ayant déposé ses trois frères, régna seul. La Burgundie sous lui serait, semble-t-il, redevenue puissante. La Loi Gombette, promulguée à Lyon par Gondebaud, et dont maintes dispositions sont empruntées au Code Théodosien, établit, entre autres choses, que les Burgundes laisseront aux vaincus le tiers, au moins, des terres conquises, et elle accorde aux Romains les mêmes droits qu'au peuple vainqueur. Cela implique une grande force.

Fait important : C'est dans cette Loi qu'est consignée la généalogie de la première dynastie burgunde. On y retrouve les noms des rois et princes burgundes chantés dans les *Nibelungen* et dans l'*Edda :* Gibico (1), qui est Giuki, père de Gunther, Gundahar qui est Gunther, Gislahar et Godomar pour Giselher et Gernôt, frères de Gunther (2).

Or, il est permis d'inférer de cette particularité qu'au moment où les noms des vieux rois et princes de Burgundie figuraient, pour la première fois, dans un Code promulgué par un de leurs descendants, les souvenirs, les légendes, les traditions qui leur étaient attachées, bénéficiaient d'une telle lumière, surgissaient, augmentées des impressions laissées par tout ce qui s'était accompli depuis. La mort de Gunther, par exemple, ne fut plus une catastrophe fortuite parmi les ruines du sillage d'Attila ; mais *toute* l'invasion s'épanouit dans ce désastre, toutes les flammes et les écroulements de la dévastation hunnique emplissent ce champ de ba-

(1) Gibich, père des Gibichungen, dans le *Crépuscule-des-Dieux*.
(2) Hagene ?

taille des bords du Rhin, où tomba le valeureux Gunther.

Ce grand mouvement des invasions, cette rumeur immense de vie barbare aboutissait partout, aux formes exaltées, apocalyptiques, de sa propre tradition. Devant Basine prédisant à Chilpéric la décadence de la race mérovingienne, on songe à Brünnhilde, lorsqu'elle dévoile à Sigurd le sanglant avenir du Héros.

Ce serait du règne de Gondebaud, apparemment, qu'il faudrait dater le cycle *chanté* (non point *écrit*) des sagas burgundes.

Ces chants, probablement, figuraient au nombre des sagas germaniques que Charlemagne fit recueillir, en si grand nombre. Vraisemblable, parmi cette époque passionnée, au travers de tant de batailles.— Puis, des voûtes, du silence, le vieux cri de guerre des Barbaries évanoui ; une grande douleur, une grande victime, une âme désespérée ; un crépuscule tombant sur cet éclat d'épées : Louis le Pieux. Il n'aimait guère ces bardits tonitruants qui avaient fait la joie de son père. — Et qui s'improvisa, faute de lui, conservateur de ces âpres légendes ? Nul autre que le clergé monastique, le dur clergé monastique d'alors ,qui arma Lothaire contre son père. Par zèle studieux ? Plutôt par une sorte de jouissance que devaient trouver à fixer ces farouches évocations tous ces Moines guerriers, de sang germanique, qui, souvent, avaient pour abbés des princes d'empire et passaient, sans s'en émouvoir, des cellules du monastère aux tentes du champ de bataille. L'origine des collections bénédictines ? des compilations enfiévrées d'un fatras de vieux poèmes frustes et tonnants ! Les sagas burgundes furent, comme tant d'autres, recensées dans les couvents (1).

(1) Waldo, prince-abbé de Reichenau, fit copier douze chants en langue germanique, *Duodecim Carmina Theodiscæ linguæ formata*. Des recensions latines furent faites, toujours dans les couvents (surtout en Saxe, sem-

Mais avant d'examiner cette phase de la formation du cycle des *Nibelungen*, où les chants qui le composent sont recueillis, recensés, — et *remaniés*, verrons-nous, par les Moines, il nous faut dire, vite, quelques mots, — peu intéressants, — des identifications historiques tentées, jusqu'à présent, à l'égard de Siegfried et Dietrich (Théodoric).

Que n'a-t-on pas combiné pour estampiller d'archéologie Siegfried ! *L'Art de vérifier les dates*, tout entier, a fait nombre de sauts périlleux, sans pouvoir jamais retomber sur cette date chimérique, enfouie au fond de la légende ! On a *voulu* voir en Siegfried le Sigebert mérovingien. Comme Siegfried, Sigebert vainquit Saxons et Danois. — « Il les dompta par la force, cet homme si beau ! Le roi Liùdger doit en souffrir le dommage, ainsi que son frère Liùdgast, du pays des Sahsen (*Nibelungen*, *IV*). » Sigebert était Roi d'Austrasie ; or, la capitale du Royaume de Siegfried, selon le poème, Santen, près du Rhin, se trouvait, par conséquent, en Austrasie ; et il est certain, d'autre part, que, même avant les rois mérovingiens, à l'époque où Santen était une colonie romaine, les Francs-Saliens, à la tribu desquels Siegfried aurait appartenu, selon une autre hypothèse, etaient établis déjà dans cette contrée, puisque Julien, leur ayant vainement représenté qu'ils y usurpaient le territoire des empereurs, fut tenu de les en chasser. Outre

ble-t-il), d'autres chants teutoniques, de celui, par exemple, dont un poète se servit pour composer la *Klage*, qui est un résumé de la légende des *Nibelungen* ; sans doute aussi du chant qui a fourni à l'*Edda* le *Gubdrunarhvot*, *Gudrune sauvée des eaux*, et qui raconte la mort de Swanhilde, fille de Sigurd et de Gudrune, écartelée sur l'ordre de son époux, le roi goth Airmanarecks (Hermanaric). Fulco, archevêque de Reims, édifia de cette légende Charles le Simple, à propos de telle circonstance de la vie de ce roi, qui aurait présenté des analogies avec les traditions relatives au roi goth. Ce clergé mi-barbare prenait ses textes de sermons aussi bien dans les vieilles légendes abruptes, dont son sang roulait le souvenir, que dans les Ecritures mêmes. N'étaient-elles pas un peu pour eux, ces légendes, aussi les *Ecritures* ?

cet argument, l'on n'a pas manqué d'établir une correspondance entre les querelles de Frédégonde et de Brunehaut et celles de Kriemhilt et de Brünnhild. Comme Sigebert, dans l'Histoire, Siegfried, dans le poème, est victime de ces querelles. Sigebert est assassiné comme il allait s'emparer de Tournay, refuge de son rival Chilpéric. Ainsi Gunther se félicite de la mort de Siegfried, dont la puissance menaçait la sienne. Il est certain que la célèbre rivalité de Frédégonde et de Brunehaut a eu sa légende, laquelle a pu se mêler, après coup, aux traditions burgundes. Mais ces identifications, même plus étroites, n'en demeureraient pas moins stériles, attendu que jamais on ne pourra vérifier historiquement les rapports de Siegfried avec les Burgundes du temps de Gunther, puisque, à l'époque de Sigebert, Gunther n'existait plus.

Aussi cette fameuse figure gravée (*jadis*, Cf. Montfaucon ; la figure actuelle n'est pas authentique) sur le tombeau de Sigebert, à Saint-Médard de Soissons, et qui représente ce roi, *les pieds sur un dragon*. L'on a cru y voir un souvenir du mythe de Siegfried vainqueur de Fafner. La même figure se retrouve dans l'église de Santen, et l'on pourrait certainement, avec un peu de recherche, en indiquer ailleurs d'autres exemplaires. Mais que prouve cela, sinon que ce mythe scandinave du Dragon terrassé, ne heurtant point les idées du Christianisme, qui, lui-même, a son saint Michel vainqueur du Dragon, s'était conservé plus longtemps que les autres mythes, et était devenu comme un symbole de vaillance, de lieutenance divine. Ce symbole je le retrouve en d'autres personnages, avec qui jamais pourtant on ne songea à identifier Siegfried ; ainsi : le Fléau-*de*-Dieu ; et Théodoric dont le nom signifie : Combattant-*de*-Dieu.

Enfin une tradition norvégienne, — que, d'ailleurs, l'on ne peut guère prendre plus au sérieux que les hypothèses concernant l'identification du Héros des

Nibelungen avec Sigebert Ier d'Austrasie (mais deux improbabilités se valent), — viendrait contredire le système ci-dessus rapporté. En effet, suivant ces dernières données, Siegfried, ou plutôt Sigurd, aurait vécu en Norvège, vers le commencement du IXe siècle, puisque le iarl Ragnar Lodbrog, qui y régnait alors, épousa, en secondes noces, une certaine Aslaug, (ou Kraka) « qu'il crut, longtemps, la fille d'un simple pêcheur, mais qui avait eu, pour père, *Sigurd* Fáhnericida et *Brynnhilda* pour mère (1). » Une saga attribue même à Ragnar Lodbrog la victoire sur le Dragon ! Il y eut, dans les pays norvégiens, une manière de dynastie de Sigurd (2), etc.

Le Siegfried germanique serait cependant antérieur au Sigurd scandinave. Lachmann et W. Grimm en font un Chef d'une tribu de Francs-Saliens. Dans les *Nibelugen*. les terres de Siegfried sont, comme on a vu, situées dans le pays qu'occupaient les Francs-Saliens. A quel moment aurait-il vécu parmi eux? A une époque très reculée certainement, puisque, aussi haut qu'on remonte, on retrouve Santen comme colonie romaine (*Colonia Trajana*, et aussi *Tricesimœ*). Le récit fait par Ammien-Marcellin de la lutte que Julien engagea avec eux, et qui les fit connaître, ne fournit aucun indice sur Siegfried. Si donc Siegfried a vécu parmi les Francs-Saliens, c'est à l'époque héroïque, quasi-fabuleuse, où ces tribus erraient, sans autres annales que les Chants de leurs Skaldes, des solitudes du Rhin aux brumeux rivages de la mer du Nord. Dans ces conditions, on ne peut guère plus en savoir historiquement sur le Héros germanique, que, par exemple, sur les rois danois de la mythique dynastie Skioldungienne.

Quelques mots sur Théodoric et nous avons fini ce

(1) Cf. Guillaume de Jumièges, *Historia Northmannorum*, I. C. 5. — Saxo Grammaticus, *Historia Danica*, L. IX — Sagan af Ragnari Lopbrock, C. I. Stockholm, 1737.

(2) Sigurd Ier (1103-1130), Sigurd II (1136-1155), Sigurd III (1162-1163).

fastidieux inventaire des données, positivement ou hypothétiquement historiques, incluses dans le poème des *Nibelungen*. Au vrai, nous pourrions arrêter ici même cet exposé, car, en fait, aucune relation n'a jamais existé entre le cycle des *Nibelungen* et l'histoire de Théodoric, lequel est le Dietrich du poème. La catastrophe de Gunther eut lieu en 436, bien avant la naissance de Théodoric (455). — Mais le roi des Ostrogoths étant, après Attila, la plus grande figure du ve siècle, les traditions épiques le concernant se seront invinciblement liées, en dépit de l'écart de date, à celles qui se sont groupées autour de l'invasion d'Attila. Il serait assez possible que ces traditions aient pris, dans le poème des *Nibelungen*, la place d'une saga, également gothique, mais bien antérieure : la saga d'Hermanaric (1), (qui fut vaincu par les Huns), saga dont nul souvenir ne subsista dans la rédaction définitive des *Nibelungen*, mais que l'on retrouve, à deux reprises, dans les *Eddas* (2), lesquelles contiennent comme la matière brute, façonnée et ordonnée (trop bien ordonnée !) dans l'épopée germanique. Le souvenir de Théodoric, plus glorieux, aura remplacé celui d'Hermanaric, figure brumeuse de Barbare immémorial, sombrée obscurément, sans éclair de framée, dans l'insondable flot des Huns. L'exemple de ces substitutions se rencontre dans toutes les épopées naturelles, notamment dans la *Chanson de Roland*, où les authentiques Gascons de Roncevaux font place, en définitive, aux Sarrasins, mieux légendaires.

(1) Dans l'imagination du temps, ces deux noms : Hermanaric et Théodoric, semblaient s'appeler l'un l'autre ; ils se trouvent réunis (malgré l'énorme écart chronologique : Hermanaric, an 336 ; Théodoric an 455), dans divers chants barbares, dans le *Chant d'Hildebrand et d'Hadubradt*, entre autres, mentionné, je crois, pour la première fois, en France, par J.-J. Ampère. « Dans ce chant, dit Ampère, Théodoric, selon la légende et non pas selon l'histoire, avait été forcé de laisser son royaume aux mains d'Hermanaric, qui, à l'instigation d'Odoacre, s'en était emparé. Le héros fugitif avait trouvé un asile chez le roi des Huns, Attila. »

(2) Cf. *Gudrune sauvée des Eaux* et le *Chant de Hamdir*.

Voici, maintenant, le moment de silence, où tous ces chants épiques, après avoir quelque temps flotté comme une âme solitaire, enfouirent dans l'asile des couvents le triste et fier souvenir des vieilles Barbaries (1). Le retentissement des boucliers se perdit au fond des absides ; le Bardit devint cantilène et l'orgue ensevelit l'âpre cri des batailles.

Et pourtant ! elle fut longue à mourir, cette vaste clameur. Ces Moines mêmes, que sentirent-ils, tout d'abord, dans ces Chants de jadis, qui les pût captiver ? C'est qu'ils s'y miraient, eux-mêmes, en ces côtés de rudesse et d'impétuosité barbares que la discipline canonique avait mal réprimés en eux. Cet effrènement, ces sursauts de race, je les retrouve dans la virulence des anciennes excommunications ! La loi d'excommunication est, sans nul doute, d'origine latine ; elle est la forme nouvelle et morale du bannissement romain : ni feu, ni eau. Mais cette loi, pour avoir force, trouva, dans les moyens du clergé, mieux que les juridictions impassiblement systématiques de l'ancien monde : la fougue aussi du monde nouveau, du Nord purifiant l'univers.

Les Chants du Nord, tout pleins de cette fougue, n'eussent guère été modifiés par les Moines, lorsque ceux-ci les compilèrent, si ce travail ne se fût fait en vue de certaines fins que nous allons constater. Car si bien des raisons s'accordaient à conserver à ces chants, à travers toutes les vicissitudes, leur style d'authenticité, des influences latines, d'autre part, agissant invinciblement, ne tardèrent point à altérer cette physionomie première.

(1) C'est, très probablement, après Charlemagne, et à son exemple, que les Moines recueillirent les poésies barbares, en même temps que ce groupe de récits qui contiennent tout le légendaire carlovingien : la *Chronique de Turpin* (Roland à Roncevaux) ; les *Cantilènes héroïques* ; le *Chant de Fontenay* ; la *Captivité de Louis II à Bénévent* (Dissolution de l'empire carlovingien) ; la *Chronique du Moine de Saint-Gall* (Cycle de Charlemagne) ; la *Chronique de l'Abbaye de Saint-Amand* (Invasions northmannes).

De ces influences latines, voici ce qu'assez judicieusement on pourrait penser, semble-t-il. Charlemagne tente l'unité politique; son œuvre ne lui survit pas. Mais, lui disparu, les Moines et les Evêques font l'unité religieuse. Benoit d'Aniane réforme le Monachisme; Hincmar fonde une manière d'Eglise gallicane. En raison de l'affaiblissement de l'activité civile, ou plutôt militaire, croit l'autorité ecclésiastique. Cette tradition romaine que Charlemagne a renouvelée, c'est le clergé qui en hérite. — « Hincmar considère l'empire de Charlemagne comme la continuation de l'empire romain. Cependant, et bien qu'il fût imbu des avantages de l'unité politique, telle que le monde l'avait connue sous Charlemagne, il parait s'être résigné facilement à la voir disparaitre sous les fils de Louis le Débonnaire, comptant que le règne universel de l'Eglise suffirait pour maintenir au moins l'unité idéale de la Société Carolingienne (1). » Et cette unité ne fut pas qu'idéale : elle s'attesta foncièrement (2). Or, la conviction que « le règne universel de l'Eglise » maintiendra l'unité de la Société Carlovingienne inspire au clergé une sorte d'œuvre de réorganisation latine (3). Car d'où tirer que de

(1) *Deux travaux allemands sur Hincmar.* (Revue des Questions historiques.)

(2) Partout où l'Eglise eut des biens : propriétés épiscopales, abbayes, prieurés, menses innombrables, — l'administration romaine, tout lointainement transposée qu'elle fût, — après le Sénat, le Chapitre, après la toge du Consul, la chape de l'Abbé, — régit de nouveau les hommes. — « Une abbaye, dit Chateaubriand, n'était autre chose que la demeure d'un riche patricien romain, avec les diverses classes d'esclaves et d'ouvriers attachés au service de la propriété et du propriétaire, avec les villes et les villages de leur dépendance. Le Père-Abbé était le Maître; les Moines, comme les affranchis de ce Maître, cultivaient les sciences, les lettres et les arts. — L'Abbaye de Saint-Riquier possédait la ville de ce nom, treize autres villes, trente villages, un nombre infini de métairies, etc. »

(3) Voici de bien caractéristiques effets de cette latinisation qui gagne, dès lors, tout. Lorsque Lothaire, ligué avec Pépin, lutte contre Charles le Chauve pour reconstituer, à son profit, l'héritage de Charlemagne, la tradition romaine, ce sont les hommes de langue latine, les Aquitains, qui l'aident le mieux. Mais ensuite les deux rois s'appuient au contraire

la vieille tradition latine, romaine, un concept de domination universelle ?

Certes, c'est ici raisonner bien systématiquement; mais la vie intime, nerveuse, — impénétrable hélas ! à un aussi bref, et, en effet, sèchement systématique examen, — se ressentait de ces dispositions générales. Non du peuple, inconscient encore, disséminé, que je dis : vie nerveuse, mais du clergé, dont les œuvres l'exprimaient, cette vie, dont les occupations la racontaient. Là, elle aboutit à des manières d'être concrètes, à des aspects, à de la forme, à du style.

Le souffle de latinité qui revient du Midi, comme aux plus beaux jours de l'âge gallo-romain, anime savamment cette intime, nerveuse vie monastique, fine et puissante, réorganisée par saint Benoît d'Aniane, par lui préparée à recevoir un tel souffle !

Excepté Jean Scott Erigène, si l'immortel effluve oriental de sapience ne suscite pas encore de grands théologiens, déjà apparaissent les grands canonistes : Hincmar, Benoît d'Aniane. C'est cet effluve qui caresse l'imaginative du Moine de St-Gall, des premiers poètes de la Table-Ronde et du Saint-Graal; c'est lui qui inspirera Gerbert, et Abbon, et Hucbald, le fondateur de la grande école de Reims, et Bernon, et saint Odon, l'un fondateur, l'autre réformateur de Cluny, etc.

Une chose qui frappe, dans les événements de ce temps, c'est ce penchant des hommes à chercher dans les traditions sacrées des analogies avec leurs propres situations. Atterré par la dévastation northmanne,

sur les Saxons, sur les Northmanns, sur les Esclavons, sur le Nord païen. Alors l'Eglise, brusquement, se déclare pour Charles le Chauve, les Aquitains aussi. Et le fils puîné de Louis le Débonnaire sera le défenseur du culte, de l'unité romaine, canonique, contre l'anarchie du Nord, et c'est alors que Hincmar rêve du plan de Charlemagne réalisé par le Clergé, par le Midi, par l'Orient, Charles le Chauve étant l'épée de ce Clergé, comme, autrefois, Pépin le Bref et Charlemagne furent l'épée du Saint-Siège.

Charles le Simple fait souscrire un Concile qui sanctionne un capitulaire qui n'est qu'une paraphrase d'un passage de l'Écriture : « Nous voyons de nos yeux ce que le prophète a prédit autrefois : Les étrangers dévoreront votre pays devant vous, etc. » — Plus tard, parmi l'épouvantement de l'An Mil, Henri II, empereur d'Allemagne, se réfugie dans le monastère de Saint-Vanne, s'écriant, avec l'Ecclésiaste : « Voici le lieu de repos que j'ai choisi et mon habitation aux siècles des siècles ! » — Pourquoi cette évocation continuelle, spontanée, sans nul apprêt déclamatoire, inconsciente d'être lyrique, et par qui le Présent se mire si rêveusement dans le Passé ? — C'est que l'influence traditionniste du clergé est devenue immense. Et nous avons vu que cette tradition est surtout latine.

Dans ces monastères pleins des nimbes de la Légende dorée que pouvait-il advenir des vieux chants barbares du Nord ? — Lourds des armes qui conquirent l'Empire romain, les Héros germaniques entrèrent, eux aussi, dans le rayonnement de cette Légende. Le Moyen Age alors put confondre Siegfried avec saint Victor. Ces frustes apparitions, dégagées à peine du remous des migrations barbares, les Moines les vêtirent de tout un anachronique clinquant de chapes, de missels et d'auréolements. Peu s'en fallut, sans doute, que la légende (1) primitive des *Nibelungen* ne tournât totalement à quelque épopée latine du goût de l'*Alexandre Chevalier*. Ce que la Latinité chrétienne avait fait pour l'Orient héroïque, elle le pouvait faire pour l'Occident épique. Saint Martin et saint Georges portaient casques et cnémides, non du centurion du IVe siècle que fut, en effet, le premier, mais un casque et des cnémides, tout à fait homériques, d'Achille ou d'Hector. Ulysse, retiré à la cour des rois de Castille, richomme autant qu'un

(1) Je n'emploie pas ce mot au sens monacal : *legenda* (*legendum est*), mais dans l'acception générale.

Cid, guerroyait contre le Maure, cependant que Hartus, le vieux pendragon celtique des bardes païens, maintenant, à la tête des Vingt-Quatre de la Table-Ronde, partait à la conquête du Saint-Graal.

Dans le *Nibelunge-nôt*, le remaniement n'est pas aussi radical; il y a addition de nuances plutôt que superposition de faits. Une interpolation très apparente, cependant, c'est celle d'un des grands événements du xe siècle, ou plutôt du souvenir de cet événement, abouté là, bon gré mal gré, en plein ve siècle : la conversion des Hongrois au christianisme, sous leur duc Geysa. Les Moines jettent tout bonnement à travers le poème l'auteur de cette conversion : l'évêque Pilgerin de Passau; ils en font l'oncle de Brunnhild. La Walküre, nièce d'un évêque ! — Si j'avais été à la place des Moines, j'aurais plutôt mentionné saint Anschaire, l'apôtre des Scandinaves, au ixe siècle. — C'eût été plus logique. — Mais voilà : toute la chrétienté en parlait, de cette conversion des Hongrois. Sylvestre II décernait le titre de roi à Étienne le Saint, fils de Geysa, et qui achevait l'œuvre commencée par l'évêque Pilgerin. Comment passer tant de choses sous silence.

Arrivèrent, ensuite, les Minnesänger, les Troubadours, avec tout le brocart de l'ère du gothique rayonnant. Ils remplacèrent, sur le heaume des héros, les ailes des casques barbares par le cimier de la Chevalerie; ils gonflèrent au-dessus des Hordes les bannières et les oriflammes, et le tourbillonnement des migrations s'arrangea en belles ordonnances de tournois. — Nous sommes à Worms, sur le Rhin, en plein xiiie siècle, au plus beau moment de cette manière de Renaissance que suscita le zèle artistique de Frédéric II de Hohenstaufen. Du reste le pittoresque chevaleresque se trouve, çà et là, d'accord avec le vieux poème. Le Moyen Age n'avait-il pas eu son Siegfried : Richard-Cœur-de-Lion ? Je ne crois pas que les Minnesänger aient beaucoup repris aux magnifiques lieder qui chantent, à la fin du poème, le combat des Huns, des Burgundes et des Amelungen. Les anachronismes qui sont du fait des Troubadours restent épidermiques. Mais les Moines, eux, sont allés jusqu'au fond et nous auraient presque changé l'âme de l'œuvre, si un grand aspect hiératique, primordial, celui-là même où les créations du génie barbare ont atteint toute l'entournure possible, et dont il faut par conséquent parler à ce titre, n'avait subsisté, malgré tout, dans le poème : — l'Or.

L'Or, pour les peuples qui envahirent l'Empire, c'était Rome. Même au IXe siècle, alors que les Sarrasins ont pillé le trésor de Saint-Pierre, Rome fascine toujours l'Occident. Partout les Vikings la pensent voir. Fière, sur un fond d'architectures capitolines, un pape et un roi à ses pieds, parmi de voluptueuses pénombres trainant en lourds rideaux d'alcôve, Marozie, comme plus tard Lucrèce Borgia, se profile encore en impératrice. Dans la suite, en plein Moyen Age, à l'heure la plus sombre de la ruine, lorsqu'il n'y a plus de pape, plus de peuple, lorsque Clément V s'en est allé et que Rienzi n'est pas encore venu, lorsque la sauvage féodalité romaine, restée seule maitresse, pille et dévaste, tronquant les colonnes antiques, et plantant, à la place, d'autres colonnes, de monstrueuses colonnes, barbares comme un pilier lombard : les Colonna, la sanglante famille des Colonna, — alors on peut bien croire le mirage dissipé, dispersé aux cent écroulements dont les Barons se font de difformes châteaux. Et pourtant il continue indirectement, c'est vrai, par Byzance, héritière de Rome. C'est la fabuleuse fascination de Byzance qui détermine, au fond, la IVe croisade. Mais c'est Rome qu'on pilla dans Byzance, et la conquête « latine » du vieil Empire d'Orient fut la suprême lacération au dernier pan de l'immense pourpre des Césars.

Pour suggérer, d'abord, exprimer, ensuite, symboliquement, cette conquête des richesses du monde oriental, les religions du Nord eurent ce mythe d'un demi-dieu s'emparant d'un trésor, après en avoir tué le détenteur, — Siegfried vainqueur de Fafner, — mythe, sans aucun doute, antérieur (1) aux invasions barbares, mais qui de ces événements, de ces fastes, reçut, en quelque sorte, force de vie, d'actualité. Si la transfiguration légendaire des grandes gloires barbares du ve siècle, — Attila, Gunther, Théodoric, — fut si rapide,

(1) Très probablement, les populations primitives de la Gaule connurent une manière de mythe de l'Or. — Le monde gaélique eut sa légende de l'*Or de Toulouse*, comme le monde germanique celle du *Rheingold*; l'une et l'autre issues, sans doute, d'un mythe commun, apporté, en Gaule, par la branche celtique des invasions indo-germaniques, et, dans le nord de l'Europe, par la branche scandinave. Seulement, la légende de l'*Or de Toulouse* a tout un côté historique, fertile en détails précis, lesquels, par l'effet d'un rapprochement assez permis, peuvent jeter une lumière curieuse sur la légende du *Rheingold*, restée, elle, exclusivement mythique. Voici ce que dit Strabon : « Comme la contrée (la contrée des Tectosages, autour de Toulouse) abondait en mines d'or et que les habitants étaient à la fois, *très superstitieux* et très frugaux, il s'y était formé des trésors sur différents points. Les lacs et étangs sacrés surtout offraient des asiles sûrs où l'on jetait l'or et l'argent en lingots. Lors de la prise de Toulouse par le consul Cœpio (106 av. J. C.), les trésors jetés dans les étangs sacrés furent pillés. » Ainsi que dans les fables scandinaves, ce rapt ne porta pas bonheur à son auteur, qui mourut misérablement. La somme des richesses qui furent trouvées dans les lacs sacrés, en lingots d'or et d'argent, représentait, au dire de Posidonius, une valeur de 15,000 talents (environ 83 millions de francs). — Plus tard, devenus possesseurs tranquilles du pays, les Romains vendirent les étangs sacrés, « et aujourd'hui encore, ajoute Strabon, les acquéreurs y trouvent des lingots d'argent battu, ayant la forme de pierres meulières. » Supposez ces détails reportés sur le Rheingold : curieux! — Je trouve, d'ailleurs, dans une coutume des anciens Germains, comme les rites destinés à symboliser un trésor caché dans des lacs ou fleuves sacrés, dans un sanctuaire : Lorsque sont finies les fêtes durant lesquelles la déesse Erda, la Terre-Mère, parcourt l'univers, « le char (qui la porta), les voiles qui la couvrirent sont jetés dans un lac solitaire. Des esclaves s'acquittent de cet office, et, aussitôt après, le lac les engloutit. De là une religieuse terreur et une *sainte ignorance* sur cet objet mystérieux *qu'on ne peut voir sans périr*. » — TACITE, *Germanie*. — Et en effet, tous ceux qui touchèrent à cet « objet mystérieux » (l'Or, l'opulence de la Terre, la Terre-Mère, Erda ; dans les fables scandinaves, Erda ne veut pas qu'on la voie), tous ceux qui s'en emparèrent, périrent misérablement. Siegfried, Hagene, Gunther, Attila (Attila, selon la légende), en Occident, Cœpio, en Orient.

si puissante, dans le Nord, c'est qu'il s'y trouva ce mythe tout prêt à les mouler; mythe qui, par delà même ces figures, semble avoir expressément dominé la première moitié du Moyen Age : depuis les luttes cupides des dynastes Mérovingiens et Carlovingiens jusqu'au monstrueux pillage de Constantinople. Quoi d'étonnant que, malgré les Moines, son influence se soit continuée, vivacement, dans les *Nibelungen*? — C'est surtout pour s'emparer de son trésor que Hagene tue Siegfried. Certes, les causes mythiques du crime de Hagene ne sauraient être indiquées dans le poème. On ne soupçonne pas qu'en s'appropriant le Trésor, — lequel avait appartenu aux Niflungen, esprits infernaux, — Hagene, *leur descendant*, les venge sur la race qui les asservit, sur les Völsungen, postérité d'Odin, et dont Siegfried est issu. C'est, symboliquement, la revanche des ténèbres sur le jour, le Crépuscule des Dieux. Mais, tel que le donne le *Nibelunge-nôt*, le récit de l'événement est encore d'une âpreté, d'un tragique mal conciliable avec le ton d'une compilation de moines, et des approfondissements de fatalité se devinent, aux sonorités étranges, prolongées, qu'il répand alors. L'acte de Hagene n'est point personnel; il est la volition du Destin. Cela se vérifie, à la fin du poème, lorsque Hagene paye de sa vie son refus de dire où est caché l'Or. Et il meurt, joyeux, certain que cet Or, enseveli par lui dans le Rhin, ne retombera jamais entre les mains de ses ennemis.

II

On a sur les auteurs des *Eddas*, ou, plus exactement, sur leurs rédacteurs, leurs compilateurs, des données beaucoup plus précises que sur le compilateur du *Nibelunge-nôt*. Nous résumerons brièvement ces données. Les chants qui composent la première *Edda* (1) furent recueillis et coordonnés, en Islande, vers la fin du XIe siècle, par un prêtre du nom de Sœmund Sigfusson (1057?-1132). Ce Sœmund, après avoir étudié dans les universités d'Allemagne et de France, *gallicana eloquentia in septentrionali viro*, de retour dans sa patrie, s'appliqua à rassembler les traditions du Paganisme scandinave. Ces traditions, il fut le seul à ne les point répudier. L'île était convertie au Christianisme. On le taxa de sorcellerie. Cette lugubre Islande aspirait, elle aussi, vers l'Orient; l'Évangile, depuis peu, l'en entretenait. Elle voulait effacer les douloureux souvenirs du culte scandinave, culte dont les mystères allaient si bien pourtant avec cette terre de limbes, où déjà plane la stupeur du pôle. Les mélancoliques légendes scandinaves la racontaient si bien! Les flammes de ses volcans luisaient sur ses neiges, comme les flammes de la montagne d'Hindarfiall sur le sommeil de Brünnhilde. Les rougeurs et les lividités de la fin du monde scandinave, — un hiver épouvantable suivi d'un embrasement universel, — semblent envelopper cette terre où les volcans surgissent de la glace. Ces affinités, cette poésie, Sœmund la sentit peut-être;

(1) Nous ne parlons pas, bien entendu, des autres sagas recueillies par Sœmund, telles que les sagas de *Ragnar Lodbrog*, de *Hervara*, de *Blomsturvalla*, d'*Yglinga*, d'*Olaf-Tryggva-Sonar*, de *Jomsvikingia*, de *Knytlinga*, etc.

il la respecta dans les légendes qu'il recueillit et qui, très probablement, ne perdirent, entre ses mains, rien de leur caractère primitif. Lorsqu'il veut exprimer des idées plus récentes, personnelles, au lieu de remanier dans le sens de ces idées la matière dont il dispose (comme les *Nibelungen*, les Moines), il intercale, franchement, des passages de sa façon, et dont il n'atténue nullement les disparates. Tel est, dans son recueil, le *Chant-du-Soleil*, exposé d'une morale toute chrétienne.

Snorri-Sturluson (1178-1241), compilateur de la seconde *Edda*, recueillit et augmenta l'héritage des travaux de Sœmund. On lui doit le *Gylfaginning* (*la Vision de Gylfi*), écrit capital pour la connaissance de la mythologie scandinave. Certes, il ne tient que de seconde main les notions qu'il y coordonne, et que l'on retrouve, éparses, dans les principales sagas de Sœmund, telles que : La *Prédiction de Wola-la-Savante*, les *Chants solennels d'Odin*, le *poème du Corbeau d'Odin*, le *poème de Vegtam*, etc. Mais ces notions, on pourrait les considérer, après leur reproduction par Snorri, comme dûment contrôlées, car il les serait allé vérifier aux sources mêmes, en Suède et en Norvège. — L'œuvre de Snorri (y compris le *Bragarodur*, ou *Entretiens de Bragi, fils d'Odin*) est plus didactique que celle de Sœmund. On y démêle l'expression d'idées propres au Moyen Age, notamment cette préoccupation de ressortir à la tradition troyenne tous les cycles connus depuis, surtout les cycles scandinaves. Comme le premier roi franc, dans les *Chroniques de Saint-Denis*, le premier roi scandinave, Odin, est, dans Snorri, un des fils de Priam, échappé de la ruine de Troie. Le Ragnarœcker, la fin du monde scandinave, n'est autre que l'embrasement d'Ilion. Négligeons des rapprochements plus subtils, je veux dire naïfs ; l'importance de ces fables c'est de confirmer en somme, ce que l'on sait des origines orientales des théogonies scandinaves. Ajoutons que Snorri, comme Sœmund, n'a fort heureusement pas infiltré ses lubies dans le corps même des sagas. Il les expose à part. Et voilà pourquoi les compilations de deux pauvres prêtres islandais, en butte à l'hostilité de leurs contemporains (c'est peut-être pour cela qu'ils se complurent si fort dans le Passé), sont bien autrement importantes, pour la connaissance des antiquités scandinaves, que le *Nibelunge-nôt* allemand. Après ces quelques mots sur la recension islandaise des *Eddas*, il nous faut parler de la rédaction *originale* des poèmes mythologiques qu'elles contiennent.

On a fort peu de choses sur les Skaldes norwégiens qui, les premiers, célébrèrent les traditions religieuses du Nord. Snorri, dont le travail offrirait pourtant plus de ressources critiques que celui de Sœmund, cite, çà et là, quelques très vagues autorités, dont ce qu'il dit de plus explicite se trouve dans le *Skaldskaparmal*, recueil de règles poétiques, conçues d'après les Skaldes, et qu'on peut lire à la suite des sagas. Or, ces indications sont tout à fait insuffisantes. D'après les opinions les plus autorisées (Lachmann, Grimm, etc.), ces sagas mythologiques ne seraient point postérieures au VIIIe siècle.

Qu'étaient les Skaldes de ce temps-là? — Disciples des prêtres, prêtres, eux-mêmes, d'un rang inférieur, ils tenaient d'eux les traditions mythologiques, les antiques légendes, dont ils reportaient, ensuite, la grandeur sur un roi, qu'ils célébraient, lui prêtant la gloire des héros mythiques, lui arrangeant de divines généalogies (1). Et c'est par ainsi que les symboles

(1) Comme les bardes calédoniens. — *Voyez*, à ce sujet, dans Ossian, les *Chants de Selma* : — « Ainsi chantaient les bardes dans Selma ; ils charmaient le repos de Fingal par les accords de leurs harpes et les récits des temps passés. *Les chefs accouraient de leur colline* pour entendre leurs concerts guerriers... »

théogoniques entrèrent si profondément dans la vie, dont ils purent accueillir les fastes. Le rêve et l'action se confondirent.

Communs, d'abord, *oralement*, à tout le monde germanico-scandinave, ces symboles, après la conversion de l'Allemagne au Christianisme, étaient remontés vers la Scandinavie, où les Skaldes les avaient recueillis. Or, les légendes historiques du cycle des *Nibelungen* se propagèrent, également, dans le Nord, en Danemark et en Norvège. Appuyées, là, sur les traditions religieuses, qui s'y étaient conservées intactes, elles y gardèrent ce caractère primordial, que les idées du moyen âge devaient, en Allemagne, défigurer. Elles y furent à l'abri des influences latines, les Danois et les Norvégiens s'étant déclarés les ennemis des Allemands, dès ceux-ci convertis ; et Charlemagne, en décimant les Saxons, éleva plus haut cette barrière.

Ainsi c'est en Scandinavie que les traditions épiques de la Germanie se combinèrent avec les traditions religieuses du Nord, et acquirent, par ainsi, une ampleur, une portée symbolique.

Le cycle des héros burgundes, francs et goths fut comme raccordé aux anciennes mythologies. L'invasion d'Attila, la chute du premier royaume de Bourgogne, les exploits de Siegfried, tout cela se trouva cadrer, pour ainsi dire, avec des dogmes préétablis, avec des prédispositions d'âme, et qui auraient trouvé, dans ces événements, d'harmoniques résultats.

Par la voix des Skaldes, chez des peuples qui avaient gardé leur caractère natif, ces événements furent proclamés avec une sorte de faste sacerdotal.

Tandis que dans l'Occident latin, les Moines retraçaient, à leur façon, ce passé légendaire, ici il s'évoquait, vivant.

A cette force que prenait l'évocation, dans un milieu d'ingénuité, vinrent s'ajouter les rehauts des formes mythiques : les traditions humaines se prolongèrent dans l'éternité ; les colonnes de Walhall se superposèrent aux portiques des villes, et les héros ne moururent que pour renaitre auprès de Wotan.

Il faut le redire ici, très utilement : La religion scandinave contenait, mythes ou légendes, des formes toutes prêtes à exprimer, symboliquement, la chute de l'empire romain, le renouvellement historique du monde (*Ragnarœcker*). — C'est pour cela que le cycle des *Nibelungen*, écho de cet événement, conserva, dans l'extrême Nord, toute sa véritable signification, toute son ampleur fatidique. Il est plus épique chez les Allemands, plus religieux chez les Scandinaves ; ici, glorification des hommes ; là, volition de Dieu. Si c'est de l'Allemagne que le fait est parti, c'est dans le Nord scandinave que le symbole s'est produit.

Il y eut autre chose encore pour ajouter à ces chants. A l'époque où ils se répandirent, oralement, dans le Nord, une Barbarie s'y agitait, aussi formidable que celle des premières invasions. Elle se préparait, celle-là, à conquérir l'empire de Charlemagne. Poussant leurs barques loin des livides fjords scandinaves, les Vikings cinglaient vers l'Orient, vers le vieil empourprement romain, les Vikings s'y ruaient, au tonnerre des chants qui célébraient la conquête de l'Or. Jamais, probablement, les fables scandinaves n'eurent tant de consistance qu'à ce moment. Elles se grossirent du merveilleux de ces nouvelles aventures. La chute de l'empire carlovingien prolongea le fracas de la ruine de l'empire romain. La tradition de la Détresse des Nibelungen, l'idée d'une grande puissance écroulée, n'aurait-elle pas commencé de prendre, sous l'action de ces circonstances, sa seconde forme, cette forme, définitivement fixée dans l'*Edda-Sœmundar* ? (1).

(1) V. la note de la page 141.

Ces figures, à la fois flamboyantes et glauques des Rois-de-la-Mer, sont comme si elles réincarnaient les vieux Héros des grandes invasions. Les Attila, les Siegfried, les Gunther s'agitent derrière les Ragnar Lodbrog, les Hastings, les Bjœrn Côte-de-Fer (1). Aussi terribles que leurs prédécesseurs, ces Northmanns ! Du fond du Nord, ils apportent une fatalité aussi inexorable que celle d'Attila. Sur eux, la même lueur d'en haut ; cette fulguration, ils la trainent sur les cathédrales et sur les manoirs, comme autrefois les Huns sur les temples et sur les villas. Un pirate veut aller à Rome coiffer le laurier des imperators.

Et c'est de cet effrénement que s'emplirent les chants

(1) On peut, à ce point de vue, comparer le chant de harpe de Gunnar (Gunther) avec le Chant de mort de Ragnar Lodbrog. Gunnar périt, dans l'*Edda-Sæmundar*, du même supplice que Ragnar, dans la saga northmanne : les Vipères. Qu'on nous permette de rapprocher quelques citations tirées des deux poëmes :

« ... Il arriva que Gunnar, fils de Giuki, attendait la mort dans la tour de Grabak-le-Serpent. Les pieds du noble Chef étaient libres, mais ses mains étaient attachées par de fortes entraves.

« ... On donna une harpe au Héros victorieux dans les combats. Il révéla son talent en jouant avec les doigts de ses pieds. Il fit résonner admirablement les cordes de la harpe. Nul ne savait en jouer aussi bien que le roi.

« ... La Tour-aux-Serpents résonna au son des cordes d'or. »

Et il chante ; il invective Atli, son meurtrier. Il ne craint pas la mort. D'ailleurs, il est bien vengé :

« ... Notre vaillante sœur a tué ton frère... »

Ces chants ont endormi les serpents. Seule, la mère d'Atli, changée en vipère, veille encore :

« ... Elle me perce le cœur au fond de la poitrine...

« ... Tais-toi, Harpe sonore ! je dois partir pour aller habiter désormais le vaste Walhalla, boire l'hydromel sacré avec les Dieux, et manger du sanglier Sahrimnir aux festins d'Odin. »

Le Chant de mort de Ragnar Lodbrog exprime les mêmes choses : — La vie est de peu ; éternité radieuse dans le Walhalla. Cette mort sera vengée par la parenté. Voici partie de ce chant :

« — Nous avons frappé de nos épées, dans le temps où, jeune encore, j'allai, *vers l'Orient*, apprêter aux loups un repas sanglant, et dans ce grand combat où j'envoyais au palais d'Odin tout le peuple de Helsinghie. De là nos vaisseaux nous portèrent à l'embouchure de la Vistule, où nos lances entamèrent les cuirasses et où nos épées rompirent les boucliers.

eddiques; les symboles, conservés par les Skaldes, enveloppent toute cette vie orageuse. Le cycle des invasions danoises transparait dans l'*Edda*. Plusieurs sagas de ce recueil, absolument postérieures à l'inspiration germanique, chantent même, nommément, des Rois-de-Mer.

Résumons les deux chapitres qu'on vient de lire : — Les traditions épiques de la Germanie ayant pris consistance, peu après les grandes invasions du ve siècle, dans les chants qui constituent le fonds du poème des *Nibelungen*, et laissé, dans le centre de l'Europe, les éléments, bientôt défigurés, de ce poème, remontèrent vers l'extrême-Nord, lorsque, partout ailleurs, le monde barbare eut été régularisé par le Christianisme. Là, ces traditions se combinèrent avec les symboles religieux qui, grâce aux Skaldes, y étaient restés vivaces. Elles s'y trouvèrent, de plus, mêlées à de nouvelles vitalités barbares, dont elles furent animées et augmentées : d'où les *Eddas*. Des pages qui précèdent, nous

« — Nous avons frappé de nos épées ! Maintenant, j'éprouve que les hommes sont esclaves du Destin... Jamais je n'aurais cru que la mort dût me venir de cet Ælla (roi de Northumberland), quand je poussais mes planches si loin à travers les flots, et donnais de tels festins aux bêtes carnassières.

« — Nous avons frappé de nos épées ! Si les fils d'Aslauga (ses fils) savaient les angoisses que j'éprouve, s'ils savaient que les serpents venimeux m'enlacent et me couvrent de leurs morsures, ils tressailliraient tous et voudraient courir aux combats, car la mère que je leur laisse leur a donné des cœurs vaillants. »

Lequel de ces deux chants est, comme rédaction, le plus ancien ? Le chant de Gunnar est-il une imitation du chant de Lodbrog ? L'ancienne saga burgunde s'est-elle modifiée sous l'influence des sagas des Rois-de-la-Mer, du cycle des Rois-de-la-Mer ? L'affirmative ne serait pas impossible. Ce chant ne se trouvait point dans le manuscrit de l'*Edda-Sæmundar* (*Codex Regius*). Plusieurs ont avancé qu'il serait l'ouvrage d'un pasteur islandais, très versé dans la littérature des sagas, Gunnar Paulsen. Mais où ce Gunnar Paulsen aurait-il pris idée de ce chant ? Évidemment dans les sagas des Rois-de-Mer, desquelles il répète plusieurs traits. Cet exemple, ainsi adopté, montrerait assez bien la transformation des anciennes sagas germaniques sous l'influence scandinave. (Voyez la mort de Gunther dans le *Nibelunge-nôt* et comparez.)

tirerons donc ce principe : — Si c'est au monde germanique qu'appartient le fait historique, c'est le Nord scandinave qui, de ce fait, soit qu'il ait ajusté la symbolique à l'histoire ou l'histoire à la symbolique, a dégagé le sens religieux. C'est par l'effort de l'âme du Nord que ces choses du monde acquièrent un développement d'éternité. Il faudra donc examiner le sens symbolique de la *Tétralogie* en se plaçant au point de vue des *Eddas ;* puis nous verrons ces symboles aboutir à l'Humanité des *Nibelungen.*

III

Nous avons vu le cycle des *Nibelungen* se dessiner dans le sens des idées du Moyen-Age, se projeter définitivement dans le Moyen-Age, étude ou loisir du Moine ou du Baron (1). Il devint, pour l'Allemagne, ce qu'était, pour la France, la *Chanson de Roland.* Il est, en sa formalité dernière, le produit de cette activité littéraire qui aboutit, d'autre part, à la *Table-Ronde*, à la *Brut d'Angleterre*, au *Faux-Gildas*, à *Garin-le-Loherain* et, surtout, au *Roman du Reinhart.* Le *Nibelunge-nôt* reflète l'esprit chevaleresque du temps, comme le *Reinhart* en répète l'esprit satirique; comédie dans le *Reinhart*, tragédie dans le *Nibelunge-nôt*, le premier est l'envers du second (2). C'est, apparemment, en Saxe, Brème, Munster, Soest (l'ancienne Saxe), que que le poème définitif fut le plus répandu; c'était là que ses légendes constitutives s'étaient le plus abondamment concentrées. — Il y eut même, très proba-

(1) Manuscrit de Saint-Gall. Manuscrit de Lassbergh, écrit dans une des salles de ce château.

(2) On trouve dans le *Reinhart* allemand maintes allusions aux traditions épiques des *Nibelungen.*

blement, d'autres chants appartenant au cycle des *Nibelungen* qui ne furent pas attirés dans la rédaction écrite au commencement du XIIIe siècle. Le poète Marner indique quelques-uns de ces chants.

Nous n'avons ni l'intention, ni la faculté de relever, une à une, tout le long de l'époque féodale, les vicissitudes de l'épopée germanique. Nous voulons seulement suivre, à travers le Moyen-Age, la trace générale du poème, mais du poème considéré, maintenant, dans son caractère païen, scandinave. Pour cela, ayant vu l'action du Moyen-Age sur l'œuvre, il faut examiner la réaction de l'œuvre sur le Moyen-Age (1). Le Moyen Age a teinté le poème des couleurs de l'idéal latin et chevaleresque; à son tour le poème incorpore dans le Moyen-Age le vivant souvenir des Mythologies et des Barbaries; il y suscite comme des palingénésies de religions et d'épopées.

Comme nous venons de l'indiquer, la tradition des *Nibelungen* ne donna pas seulement naissance au poème de ce nom. A un degré de formation moins « parfaite », elle se résolut en une pluralité de légendes, de contes, de *märchen*, qui descendirent dans le peuple. La Chevalerie avait pour elle la grande épopée ruisselante de durandals et d'oriflammes. Le peuple eut mieux : l'âme même de l'épopée, son âme naïve, primitive, mystérieuse, pleine de l'étoilement des anciens cieux. Qu'on ne nous objecte pas la prétendue « grossièreté » de ces légendes : nous savons bien que l'une d'elles, le *Hœrner Syfrid*, fait du Héros du Nord un apprenti forgeron (mais il tranche l'enclume avec l'Épée forgée !), un bouvier (mais il est le prodigieux bouvier d'un monstrueux bétail de Dragons !). Lorsqu'elles aboutissent si bas, ou plutôt si loin, les traditions épiques sont bien près de revenir à l'élémentaire réalité

(1) Il s'agit, bien entendu, du Moyen-Age allemand.

de leur origine; et c'est encore à travers l'âme des peuples (1) que ces traditions s'identifient le mieux à elles-mêmes. Tout le légendaire de la vieille Allemagne tient dans l'ensemble de ces contes; non ce légendaire historique, officiel, en quelque sorte, qui dérobe sous la naïveté de la forme d'immanentes conceptions politiques (2); mais ce légendaire composé de l'émerveillement que met au cœur de l'homme le spectacle de la vie, de la nature et du ciel. Cette irradiation de l'ingénuité absorbe, dissout toutes les idées de temps, de mesure, de relativité, et elle colore tout du même rayon éternel. Après le poëte, où trouver ce don de contemplation mieux développé que dans le peuple? — C'est pour cela que ce qu'il y avait d'intimement agissant, d'invétéré, de domestique, pour ainsi dire, dans les vieux cycles du Nord, alla si droit, sous la forme de pauvres contes, aux peuples germaniques.

Et ainsi les vieilles mythologies, les vieilles croyances, les vieux fastes sublimes roulaient confusément du fond du Passé ténébreux jusqu'à l'âme naïve du Moyen-Age, dans l'humble et profonde lueur de cette âme. L'ancien panthéisme scandinave se modelait, peu à peu, dans les clartés du Christianisme. La lumière de la grâce se levait sur un monde renouvelé, sans doute, mais dont les matériaux, pour être autrement agencés, n'en étaient pas moins païens de provenance, n'en représentaient pas moins comme tout ce que le Ragnarœcker scandinave avait laissé de vestiges de l'antique Nord. — C'étaient, comme dit symboliquement le *Gylfaginning*, c'étaient, retrouvées dans les herbes de la ruine, les

(1) ...des peuples... du Moyen-Age.

(2) Dans la légende de Charlemagne mort, devant ressusciter lorsque le flot de sa barbe aura trois fois entouré la pierre où le vieil empereur repose, et ramener une ère de prospérité, n'y a-t-il pas comme le symbole d'une reconstitution de l'empire... d'Occident (germanique, plutôt ?... Hélas!)

tablettes d'or jadis possédées par les Ases; et l'on pourrait dire du peuple allemand du Moyen-Age ce que l'Edda de Snorri rapporte des nouveaux Dieux qui naquirent après la fin du monde: « Ils parlent de la poussière puissante laissée par le Passé, des preuves de force données dans ces temps, et des Runes antiques de Fimbul-Tyr. »

Dans cette « poussière puissante » flottait, crépusculairement, l'immense palingénésie, la myriade des légendes païennes, des apparitions qui, du fond des ruines paternelles, lentement, se tournaient vers le Moyen-Age, et, en imploration au seuil de ses porches, au rebord de ses ogives, lui demandaient asile. Et les peuples accueillirent cet essaim qui se répandit par les villes et par les campagnes, par les cathédrales et par les castels.

La création en fleur des mythologies festonna de rinceaux la rigidité pieuse des architectures.

Il faut, pour l'Allemagne, examiner de plus près le légendaire, le panthéisme qui, du fond de l'immense tradition des *Nibelungen* (1) et des *Eddas*, s'épancha sur elle, comme d'une corne d'abondance. Le Christianisme vint par dessus, mais sous cette Allemagne chrétienne, le merveilleux, le fabuleux transparait magiquement (2); il forme le fond de superstition de toutes les coutumes; et, comme la vie à quoi il se mêle n'est plus la vie exclusivement militaire des temps barbares, comme, à côté de l'Homme d'armes, voici venir le Bourgeois, le Paysan, l'Ecolier, ce merveilleux prend comme quelque aspect familier, immédiat, pratique. L'impression qu'il dégage aurait quelque chose d'analogue à l'effet de la *Cuisine des Anges* de Murillo.

Cette bonhomie dans le fantastique, j'en trouve

(1) J'entends : le poème primitif des *Nibelungen*, alors qu'il contenait certainement les éléments que recueillirent les *Eddas*.

(2) Nous reviendrons la-dessus.

d'abord les traits dans le cycle des Nains, des Männlein. Ils ont quitté les montagnes de la Norvège et de l'Islande pour les montagnes de la Germanie : le Wunderberg, le Taunus, l'Erz-Gebirge, le Thuringerwald. Dans les idées chrétiennes de l'Allemagne, Dieu les a créés pour cultiver le sol, comme ils étaient, vers l'extrême-nord scandinave, dans ces terres de geysers et de volcans, les formidables forces géologiques. Maintenant, adoucis, les voilà retirés dans des montagnes plus tranquilles, couronnées de chalets et festonnées de vignes. De leur ancien labeur, ils ont gardé comme une industrie, une diligence de fourmis. Leurs femmes filent le lin. Et sur cette vie d'ordre et de travail, la douceur de sentiments chrétiens. Les Nains du Wunderberg vont à l'église de Saltzbourg. Leurs distractions : la musique et la danse. Au crépuscule, par toutes les fissures des rochers, vite, dans la campagne. Tous ces petits yeux convoiteurs laissent, un moment, le spectacle des trésors édifiés en sombreurs vermeilles, sous la montagne, pour la douce nuance infinie du ciel du soir. Ils s'entretiennent, sur la colline, avec les étudiants qui passent, tandis que d'en bas, de tous les clochers de la grand'ville universitaire, Gœttingue, Iéna, Heidelberg, montent les carillons des angelus et des rumeurs d'activités latines. Puis ce sont les voisinages chez les burgraves de la Contrée : maint haut Electeur les prie à diner. Et, vidrecome au poing, ils boivent au Saint-Empire de la nation allemande, à la prospérité de l'Empereur, à la conquête de l'Italie.

Moins insignes sont les Koboldes. Le Kobolde c'est le nain domestiqué. Il n'habite pas la montagne ; le paysan, dans la plaine, l'emploie comme garçon de ferme. Il couche, l'été, dans la grange ; l'hiver, au coin de l'âtre. Il ne demande pour salaire qu'une écuelle de lait tous les jours. Complaisant, modeste, gai. Par les soirs de moisson, c'est lui qui mène la joie des travailleurs; il est le dernier à quitter la danse, et, quand tout s'est endormi, sa gaieté solitaire persiste bien avant dans la nuit, comme une veille de grillon.

Mais d'autres ébats, dans la campagne, sous le clair de lune, succèdent à la rougeoyante danse des moissonneurs, pailletée d'épis. Fondus au vague de l'azur lunaire, voici voltiger les Elfes en farandoles argentées. Ils sont l'âme de l'apaisement de la nuit, et leur rythme est comme le déroulement d'un soupir de béatitude. Tels, impondérables dans l'ampleur de l'éther, par les collines et par les clairières, ils décrivent leurs volutes. Et, à ce frôlement, un éveil fantômal a frémi dans la campagne; alors, tout le panthéisme possible à la Nature se lève, s'esquisse. En essors innombrables, voici les esprits des eaux, des forêts, des montagnes. Les Nixes chantent au bord des cascades, que ce chant active, auprès des moulins qui en tournent plus vite, ou bien, vagabondes, elles s'en vont conter des histoires aux bergers assemblés autour d'un feu, dans la prairie. C'est une immense églogue nocturne et fantastique. De la nappe lumineuse de l'étang, le Wassermann émerge, sous son chaperon vert; il barbotte tel qu'une énorme grenouille, et les ondes, en fuites ondulées autour de ses ébats, semblent se propager, par delà les rives, dans l'ondulation de la forêt remuée de myriades de hantises. Là, dans un rayon de lune, les Vierges-cygnes s'essorent en aspirations de lys; ou bien, espérantes au bord du lac, en la magnifique candeur de leurs ailes, elles attendent le Chevalier qu'elles mèneront vers d'ineffables exploits (1). Mais voici vers ce rêve, en bercements infinis, lents, voici, du fond des

(1) Dans l'*Edda-Sæmundar*, les Vierges-cygnes, qui sont Valkyries, protègent, et parfois épousent les héros. Cette tradition scandinave s'est hypostasiée dans certaines légendes françaises et allemandes du Moyen-Age, telles que le *Lac du Désiré*, et surtout le *Chevalier au Cygne*, du minnesänger Conrad de Wurtzbourg. — « Au Cygne correspond toute une épopée chevaleresque, où l'oiseau, tant de fois chanté par la muse

ondes, émaner de magiques symphonies. Dans les lointains de limpidités, on entend des tintements de cloches, des modulations d'orgues, comme si l'abîme entier était une cathédrale toute grondante de vêpres. Les eaux semblent s'approfondir en basiliques de cristal; et des chœurs harmonieux d'ondines peuplent ces architectures transparentes. Ce sont de savantes musiciennes; les séductions de leurs concerts sont faites, n'en doutez mie, de toutes les ressources d'un orchestre varié: saquebute, trombone, harpe, guiterne, viole, chalumeau... Soudain les sons défaillent, le silence s'étend, la lune étale plus largement le miroir de l'eau; et, dans ce recueillement, une voix, une voix solitaire s'élève, lente, pure, extasiée comme un essor d'ange. C'est Lore-Ley, la belle fée du Rhin, l'éternelle fiancée; elle chante la venue prochaine du bien-aimé, de l'unique Amant. Que de bons chevaliers ont péri dans les flots! Nul ne fut le Prédestiné. Celui-là viendra-t-il jamais? Combien de nuits couleront encore, semblables à cette nuit, pleines de l'appel langoureux et stérile. Combien de nuées rouleront encore sous le clair de lune, avant les nuées d'assomption qui emporteront vers l'éternité le beau couple enfin réuni. Elle est pourtant bien belle. L'évêque qui la cita comme magicienne n'eut pas la force de la condamner : « — La douceur du regard, le frais incarnat du visage, la suave mélodie de la voix, voilà ma magie. »

La légende de Lore-Ley, c'est presque le mythe de Brünnhild. Elle aussi attend un Héros, un autre Siegfried. Mais Lore-Ley, par sa mélancolie, appartient trop encore au Moyen-Age. Viendra-t-il jamais, l'amant

antique, prend, sous l'influence du génie romantique, une signification nouvelle. Le Cygne amène, en effet, vers le Nord, de vaillants chevaliers qui fondent les premières principautés des bords du Rhin... Au caractère religieux dont l'avait revêtu l'antiquité, le Cygne des traditions du Nord unit alors un caractère profondément historique » (Georges Kastner, *Les Sirènes*).

espéré ? Elle est bien de cette époque qui ne put réaliser qu'à travers tant de douleurs et d'incertitudes le plus magnifique idéal.

C'est dans une autre légende, celle de Kunégonde, qu'il faut chercher l'immédiate transposition du mythe de Brünnhild. Kunégonde, voilà, distincte du Moyen-Age, la Walküre des *Eddas*. Couchée au sommet d'un roc escarpé, il fallait que celui qui la voulait conquérir gravît à cheval cette pente vertigineuse. Bien des Chevaliers périrent. Enfin, il parut, le Héros. Mais, comme Siegfried, il méprisa le prix de son exploit ; et la Dédaignée se précipita dans le gouffre. Cette légende nous semble plus précise que celle de Lore-Ley. La fée du Rhin invoque la venue de l'amant, à la manière des jeunes filles dont le fiancé était à la croisade. Tout autre, tout à fait en dehors du Moyen-Age, est la conception de l'amour dans la légende de Kunégonde : l'amour est, là, sauvage, hautain. Ce n'est plus la fée mélancolique, vague dans la sérénité bleuâtre des nuits d'été, la fée vagabonde qui voudrait fixer et reposer sur un cœur pur son cœur éternellement incertain ; mais c'est la guerrière violente, vermeille en la clarté des sommets qui lui font un piédestal, la guerrière dont il faut, pour en être aimé, ployer l'orgueil primordial. Et n'est-ce pas comme la tristesse d'un *Ragnarœcker*, d'une fin du monde, cette irréalisation du secret et suprême Désir qui couvait pourtant au cœur farouche de la vierge ?

Mais, dominant la confusion de ces contes, que l'on pourrait appeler la menue monnaie panthéistique des palingénésies, dominant le tourbillon des nains, des koboldes, des sylphes, des ondines, des femmes-cygnes, des fées et des chevaliers errants, voici des contours plus vastes, des légendes plus profondes et qu'anime l'âme même des anciens mythes. L'immense symbole de l'Anneau, après avoir signifié, pour les peuples de l'Invasion, la puissance de l'Empire Romain, exprime, maintenant, pour les peuples du Moyen-Age, la puissance de l'Empire Karlovingien. A cet Anneau sont liées les destinées de la nouvelle Capitale de l'Occident, Aix-la-Chapelle. La légende raconte que l'Anneau fut découvert, par l'archevêque Turpin, sous la langue d'une vieille femme, de qui Charlemagne, par l'attirance d'un tel trésor sur elle, s'était rendu amoureux. Quelle serait la signification de cette figure de vieille femme ? Volontiers verrions-nous en elle comme l'emblème du Passé Barbare et Scandinave, une sorte de Erda, de Märe, de Sapience des anciens âges. Par elle, Charlemagne est encore lié à ce Passé. Mais l'archevêque Turpin, qui représente ici les temps nouveaux, la Latinité civilisatrice, dépouille la vieille femme de son artifice ; il lui enlève l'Anneau, qu'il garde. Et dès lors, Charlemagne, en raison de la même fascination occulte de l'Anneau, se laisse dominer par l'influence du Prélat ; il se tourne vers l'Avenir. Mais, ajoute la tradition, l'archevêque, prévoyant les malheurs qui pourraient arriver si ce talisman tombait entre les mains d'un méchant homme, le jeta dans le lac d'Aix-la-Chapelle ; et c'est ainsi que cette ville recéla le palladium du nouvel empire d'Occident.

Non moins immédiate est la transposition populaire et chrétienne du mythe des Géants édifiant Wallhall, Freya devant être leur salaire. — « Les Ases ayant élevé Midgôrd, dit le *Gylfaginning*, un architecte, de la race des Géants, vint les trouver et offrit de construire, en trois ans, un château tellement fort qu'il serait impossible aux Géants des Montagnes et aux Hrimthursars de s'en emparer. Il demanda , pour récompense, Freya, Déesse de l'Amour. Les Ases consentirent. Mais au moment de s'exécuter, ils hésitèrent, rejetèrent la responsabilité de ce marché sur Loke, qui, à les entendre, les avait perfidement conseillés. Loke, pris de peur, use d'un subterfuge pour empêcher le Géant de finir son ouvrage dans les délais promis. Et Thor, survenant, surprend le Géant dans son dépit, et, de sa massue, il lui fracasse le crâne. »

Ce mythe scandinave, c'est l'Amour sacrifié (presque) à la Puissance. Identique est le sens de la légende allemande du Moyen-Age. Avec le ton de l'époque, le ton intime et rustique d'un Téniers, elle marmotte que: Richesse ne fait pas Bonheur, et l'empêche souvent. — Il y avait, une fois, un paysan de la Hesse, si pauvre, qu'il n'avait pas de quoi se bâtir une grange. Il s'adresse au Diable, lequel se charge de bâtir la grange du jour au lendemain, avant le premier chant du coq, si le paysan s'engage à lui donner « un bien qu'il possède mais qu'il ne connait pas encore ». Accepté. Or la femme du malheureux était enceinte, et l'enfant sera le salaire du démiurge. Déjà la grange est bâtie ; il n'y a plus qu'une tuile à poser, et il est encore nuit. Mais la femme du paysan s'en va incontinent dans la basse-cour, et elle fait si bien le coq, que tous les cocoricos des fermes environnantes répondirent. Et le Diable s'enfuit, penaud, sous cette moqueuse fanfare matinale, qui est comme l'éclat de rire de l'aube du bon Dieu.

Nous pourrions multiplier ces exemples. Mais ceux que nous venons de rapporter constatent suffisamment la trace des traditions mythologiques et épiques du Nord à travers le Moyen-Age allemand. Plus tard, loin que l'Art chrétien fût impropre à exprimer ces traditions, elles bénéficièrent, au contraire, de toutes ses ressources. Jamais le legendaire ne fut plus vivace, plus nombreux, plus fouillé que dans l'Allemagne du xve siècle, à la veille d'Albert Dürer et d'Holbein. Il multipliait ses aspects par cela même qu'il avait plus de formes plastiques à son service. Ce sont les linéaments de ce pandæmonium qui saillissent, en angles si sauvages, dans l'*Apocalypse* d'Albert Dürer ; c'est de tout ce mystère qu'est faite la profondeur, la poésie terrible du grand artiste ; c'est la grande idée de Nécessité des dogmes du Nord, transposée dans la tristesse de son âme persécutée, qui fixe ces profils si stricts, qui bute ces fronts carrés, qui crispe ces sourcils dans une ombre soucieuse. Chez Holbein, le génie germanique aboutit plus touffu, et avec ce que le Moyen-Age lui a donné d'ingénuité et de bonhomie. L'idée même est dans Dürer ; dans Holbein, l'enveloppe, la vibration panthéistique de cette idée, ce merveilleux dont nous venons de noter quelques traits. Toutes les fantastiques morphes que le Moyen-Age allemand, en sa conception presque païenne de la Nature, envoluta autour des symboles du Nord, toutes ces giroyantes créations fantômales de sylphes, de nains, de bêtes apocryphes, véritable grouillement nabot ou dégingandé d'un cauchemar de Callot, — s'épandent formidablement dans la *Danse-des-Morts !* (1). Mais, pour reprendre, ici, un point qui demande explication, et bien que ce que nous allons dire puisse paraitre paradoxal, c'est précisément parce que ces artistes étaient chrétiens, qu'ils purent si bien exprimer l'ancien génie païen et idolâtre de leur patrie. En effet, le Christianisme positif d'alors développait, surtout en Allemagne, un sens pratique de l'hyperbole, une vision raisonneuse, ergoteuse, des choses les plus lointaines, bien experte à démêler le chaos des vieux symboles. Par cette aptitude à garder, dans les plus effarantes conceptions, ce sentiment de la réalité, l'habitude, le pli, en quelque sorte, de la vie courante, domestique, ces artistes purent animer leur rêve d'une activité immédiate, l'enrichir d'une infinité de motifs familiers, où l'âme se reposait, en toute intimité, et sans s'apercevoir qu'elle eût changé de sphère. Le chef-d'œuvre, dans la célèbre *Madone* d'Holbein, ce n'est

(1) Sur la lignée de ces artistes plaçons Hoffmann et Weber.

pas même la Madone : c'est cette famille bourgeoise agenouillée devant elle, c'est ce Jacques Meyer, bourgmestre de Bâle, avec sa femme, bonne poule allemande, ses deux garçons et ses deux filles, placidement campés, en leur inaltérable bonhomie, sur le bord de cette suprême apothéose (1). Et c'est de même sur ce sentiment profond de la vie que s'appuya, chez les Dürer et chez les Holbein, l'ancien génie germanique.

Ce que nous venons de dire achèverait d'expliquer pourquoi le panthéisme scandinave, transposé dans les légendes, dans les *märchen*, fut si vivace en Allemagne. De ce panthéisme, l'Allemagne, tant au Moyen-Age que de nos jours, « a toujours admis le principe sans jamais le formuler » : le Christianisme n'y a rien changé ; au contraire, certains dogmes catholiques ont pu même être greffés sur d'anciens dogmes scandinaves (Apocalypse-Ragnarœcker). Un sentiment subjectif de la nature, voilà l'essence de ce Panthéisme (2). Or, le Christianisme, renforçant cet esprit d'abstraction, en lui enseignant, pour ainsi dire, une gymnastique sûre, ne put que confirmer le panthéisme qui en découle. C'est ce que semble constater Heine, lorsqu'il dit qu'en Allemagne « artistes et savants, philosophes et poètes tendent et aboutissent au panthéisme », seule doctrine qui lui paraisse d'accord avec les exigences du sentiment national.

« Nos premiers romantiques, dit-il, agirent par un

(1) A ce propos, voici un passage bien caractéristique d'Etienne Lanzkrana, prévôt de Sainte-Dorothée, à Vienne (1477). Ce livre a pour titre la *Route du Ciel :* « Ensuite, assis en sa maison avec sa femme et ses enfants, le père leur demande ce qu'ils ont retenu du sermon ; il leur dit ce dont il se souvient lui-même. Il les questionne sur ce qu'ils savent. Il fait ensuite apporter quelque chose à boire, puis il chante, avec tous les siens, un beau cantique à la louange de Dieu, de Notre-Dame ou des chers saints du Paradis, et il se réjouit saintement en Dieu avec tout son petit monde. »

(2) Cf. Novalis. — Voy. dans Mme de Staël. *De l'Allemagne*, p. 598; *De la Contemplation de la Nature.*

instinct panthéistique qu'eux-mêmes ne comprirent pas. Le sentiment, qu'ils crurent une tendresse renaissante pour le bon temps du catholicisme, avait une origine plus profonde qu'ils ne soupçonnaient. Leur respect, leur prédilection pour les traditions du Moyen-Age, pour les croyances populaires, pour la diablerie, la magie et la sorcellerie, tout cela ne fut qu'un amour réveillé subitement, et à son insu, pour le panthéisme des vieux Germains; et dans ces figures indignement barbouillées et méchamment mutilées, ils n'aimaient vraiment que la religion antichrétienne [point tant que cela antichrétienne!] de leurs pères. J'ai dit comment le Christianisme avait absorbé les éléments de la vieille religion germanique ; comment, après une outrageante transformation [ne serait-ce point beaucoup dire ?], ces éléments s'étaient conservés dans les croyances populaires du Moyen-Age, de sorte que le vieux culte de la nature fut considéré comme impure et méchante magie, que les vieux dieux ne furent plus que de vilains diables, et les chastes prêtresses d'infâmes sorcières... Nos romantiques voulurent restaurer le Moyen-Age catholique, parce qu'ils sentaient qu'il y avait là beaucoup de souvenirs sacrés de leurs premiers ancêtres et de leurs nationalités primitives conservés sous d'autres formes. Ce furent ces reliques souillées et mutilées [?] qui éveillèrent dans leur âme une si vive sympathie, et ils détestèrent le protestantisme et le libéralisme qui s'efforçaient de détruire *les restes sacrés du germanisme avec tout le passé catholique.* »

De ce « germanisme » nous venons de suivre les traces jusqu'à la Renaissance. Ces traces disparaissent à l'époque de la Réforme. On ne lit plus que la Bible. Les Luthériens vendent, dilapident les chefs-d'œuvre d'Albert Dürer comme « vieux tableaux papistes » (1).

(1) Le protestantisme contribua pourtant, involontairement, à fortifier l'ancien esprit germanique. Nous y reviendrons.

L'artiste choyé de l'époque, c'est Hans Sachs, le bon meistersänger de Nuremberg, le poète de la Réforme, cordonnier de son état. Ce qui l'a sauvé de l'oubli, c'est d'avoir traduit des psaumes pour le culte réformé. La gloire ne coûtait pas cher, alors! Wagner, dans ses *Maitres-Chanteurs*, a caressé le type de ce Hans Sachs, cela bien forcément. S'il l'eût pris tel que l'histoire nous le donne, solennel et pédant cordonnier-poète, personne n'eût supporté ce savetier de Pathmos.

La Réforme aboutit à la Guerre de Trente-Ans. L'Allemagne perdit tout dans cette guerre, son vieil esprit et son indépendance. Lorsqu'elle sortit, exténuée, de la lutte, lorsqu'elle voulut se ressaisir, ce fut une inexprimable stupeur; elle se recoucha, désespérée, dans les ténèbres. Une lueur, pourtant, pointait au loin; il y avait des splendeurs, là-bas; le « soleil du grand siècle » se levait sur l'Europe. Un de ces rayons toucha la vieille Allemagne défaillante. L'Olympe auroral prêtait sa lueur au Walhall crépusculaire. L'Allemagne se ranima un peu dans cette clarté. Au bord de l'apothéose de Versailles elle s'assit, triste, oppressée de souvenirs qu'elle devait taire. Il lui fallut imiter, suivre le goût de ce siècle qui n'était pas son siècle. Elle eut aussi ses poètes à perruque, les Hagedorn, les Gellert, les Weiss; mais son cœur ne les comprenait point; et, pour comble de malheur, son Louis XIV, à elle, son Frédéric, devait laisser dans cet exil le génie allemand, imposer à la patrie du mysticisme le scepticisme de Voltaire.

Mais ce délaissement même est favorable à la maturation de la véritable pensée germanique. Ignorée, elle n'en est que plus indépendante; elle peut, sans entraves, se mettre à la recherche des sources perdues depuis la Renaissance, et, quand elle les a retrouvées y puiser à loisir les forces qui bientôt s'épanouiront dans les grandes œuvres des Lessing, des Klopstock, des Gœthe et des Schiller. C'est l'Angleterre qui la guide dans ces recherches : Georges II fonde l'université de Gœttingue; Bodmer pressent Shakspeare. Hamlet, c'est encore le Nord scandinave, c'est le Danemark, ce Danemark qui avait pour Odin, un culte tout à fait spécial, distinct des ritualités générales, ce Danemark où le poète Œhlenschläger soulèvera bientôt tant d'enthousiasme en ressuscitant les Dieux du Walhall. Le XVIIIe siècle de Frédéric s'en va. Wieland en abrite les derniers violons dans la forêt enchantée d'Obéron, et, par dessus ces mourants pizzicati, Klopstock fait retentir les vastes orgues de la *Messiade*.

Klopstock : il contribua beaucoup à la revivification du vieil esprit germanique. Chose singulière, à première vue, c'est le poète le plus chrétien de l'Allemagne qui prépara la renaissance du Panthéisme du Nord. Pourquoi? Parce que la *Messiade* intronisa une sorte de romantisme théologique, qui donna du beau religieux une idée plus libérale, cependant que, d'autre part, conséquence assez inattendue, le Protestantisme, l'esprit d'examen, en limitant les dogmes classiques, facilitait le développement d'une autre catégorie d'idées, de notions religieuses; et ce fut le vieux panthéisme du Nord qui d'abord poussa la porte ainsi déverrouillée.

Klopstock, en répandant une conception plus large du beau religieux (comme Châteaubriand, plus tard, en France), en orientant les âmes vers un mysticisme plus métaphysique que dogmatique, acheva ce que le Protestantisme avait préparé.

Alors la poésie d'Œhlenschläger fut comme le soleil qui vint illuminer, vivifier, préciser cette atmosphère de mysticisme éparse depuis Klopstock. Ce grand rêve de mélancolie, vague jusqu'alors (1), elle le dramatisa, elle le modela. Les symboles du Nord le sculptèrent; il se formula sous l'enveloppe des traditions nationales; il

(1) Ne pas oublier que la moitié de la *Messiade* est sans objet direct.

revêtit les plastiques véhémentes des volitions légendaires. Tel fut, en Danemark et en Allemagne, le rôle du théâtre et des poèmes d'Œhlenschläger : *La Mort de Balder*, *les Dieux du Nord*, *Staerkodder*, etc. Cette influence de son œuvre sur l'esprit allemand est bien incontestable, puisque c'est par l'Allemagne que le reste de l'Europe connut le poète danois.

Nous venons d'indiquer les principales circonstances intellectuelles qui précédèrent, entourèrent ou suivirent l'apparition de l'épopée des *Nibelungen*. Ces circonstances, ou préparaient cet événement, ou en frayaient la portée. Cependant, édité pour la première fois, à Berlin, en 1782, par Chr. Muller, le poème demeura longtemps inconnu au-delà d'un certain cercle d'érudits (1). On peut même dire qu'il entrait seulement dans une troisième et suprême phase d'élaboration, qu'il lui fallait passer par la Critique, avant d'être irrévocablement fixé. Le travail de Chr. Muller fut plutôt d'exhumation que d'édition; restait à nettoyer cette vieille médaille dont on ne pouvait démêler les profils. L'aspect gothique des manuscrits pouvait faire penser à quelque roman de chevalerie. Mais bientôt, sous le Minnesänger, on retrouva le Skalde; investigations premières qui aboutirent à l'édition de Von der Hagen (1810), puis à celle de Zeune (1815). Ces deux éditions semblent s'être fort répandues en Allemagne; elle se réveillait d'Iéna. Plus heureuse qu'au lendemain des Trente Ans, elle put se ressaisir. C'est que, maintenant, elle s'affermissait en la vieille âme forte que lui avait révélée, en elle-même, l'épopée des *Nibelungen* ; dans

(1) Voici ce qu'en dit Mme de Stael (1810), qui, en sa qualité d'amie d'Auguste Schlegel, eût pu en savoir davantage. Il est vrai que Schlegel n'avait pas encore entrepris ses travaux sur l'épopée nationale des Allemands : « On vient de retrouver un poème épique intitulé les *Nibelings* (sic) et composé dans le XIIIe siècle. » — Mention précédée d'une phrase qui montre que l'auteur prend ce poème pour un roman de Chevalerie.

l'épopée, elle retrouvait sa gloire barbare, sa nationalité pure, tout le faisceau des armes ancestrales; et c'est le souffle du vieux poème (hélas!) qui gonfla le cœur forcené de Théodore Kœrner. L'œuvre, désormais, était populaire.

La critique, toutefois, était loin d'avoir complété ses travaux à son égard (ils durent encore, je crois). Le texte dûment fixé, restait à établir les origines du poème. Auguste Schlegel, il me semble, donna l'exemple de ces nouvelles investigations (1818). Mais, à ce point de vue, les travaux de Lachmann restent les plus solides (1826) (1). La grande révélation avait, entre temps, jailli des *Eddas*. Mieux connues, grâce à la belle édition de Finn-Magnussen, elles fournirent une admirable base pour l'étude des *Nibelungen*. On retrouvait dans les sagas les éléments primordiaux du poème, les éléments que l'Islande avait recueillis, purs de toute influence latine. Mais qu'il nous suffise d'indiquer ce détail essentiel. Il n'entre pas dans notre sujet de faire un exposé total des travaux critiques qui mirent l'œuvre au point. Après Chr. Muller, Von der Hagen, Zeune, Schlegel et Lachmann, nous devons seulement citer encore : la belle édition de Karl Simrock (1827), à l'occasion de laquelle Gœthe prononça qu'il n'était plus permis à personne d'ignorer le *Nibelunge-nôt*; et surtout la *Mythologie allemande* des frères Grimm (1835) qui, certainement, a ouvert de nouveaux points de vue à l'étude des éléments mythiques de l'épopée. Fragmentaires, incompréhensibles dans le poème, ces éléments, ces traces mythiques, désormais se complétaient, s'expliquaient par leurs développements ou leurs antécédents enfin dévoilés. L'évocation ne restait plus comme barrée. Du fond des temps légendaires, elle surgissait, s'avançait; et, toujours grandissante, elle se

(1) *Traité sur l'origine et la signification des Nibelungen* (1826).

déroulait, se compliquait, se peuplait, suivant l'optique de plans toujours plus rapprochés; des activités de plus en plus militantes, de plus en plus plastiques, magnifiaient les antiques symboles : le Mythe des temps barbares devenait le Légendaire du Moyen-Age, et ce Légendaire, le Panthéisme du dix-neuvième siècle.

On le sait : il y a toute une littérature des *Nibelungen*, il y a tout un art des *Nibelungen*; mais nous devons abréger ce regard rétrospectif. Qui ne connait les fresques de Cornélius et la tragédie de Frédéric Hebbel ? Ces belles œuvres, définitives en leur temps, ne sont plus guère, aujourd'hui, qu'un vestitule au *Saint des Saints*, où nous allons enfin pénétrer, tout tremblant; ou plutôt, pour rester dans la couleur du pays, elles sont comme le sentier que l'on suivrait, le long d'une montagne des bords du Rhin, pour arriver, là-haut, ébloui, à la gloire coronale d'un Burg dominateur.

IV

Wagner a dit une parole bien en rapport avec l'esprit subjectif des Allemands : « Le Germain aime l'action qui rêve (1). » Cette pensée nous apparait, en quelque sorte, comme l'hygiène de la *Tétralogie*; elle doit même avoir eu une part d'influence sur la conception des détails. Les données originales ne l'excluaient point, s'y ajustant, elles-mêmes, curieusement : Les *Eddas*, c'est le Rêve, le Symbole; le *Nibelunge-nôt* (2), c'est

(1) Passage d'une conversation de Wagner, en date du 26 octobre 1879, recueillie par M. de Fourcaud, et reproduite par M. Ernst, dans la *Revue contemporaine*, 1886.

(2) Nous rattachons au *Nibelunge-nôt* la saga des *Nibelungen* dans les *Eddas*.

l'action. Ici, les Dieux; là, les Héros; ceux-là perdant le Monde, ceux-ci le sauvant; abstraction, puis action; symbole et fait. A vrai dire ces deux termes : Chute, Rédemption, sont totalement inclus dans la théogonie scandinave, telle qu'elle est exposée dans la partie mythologique, doctrinaire, des *Eddas*. Ni les chants héroïques dont se compose une bonne moitié de ce recueil, ni le *Nibelunge-nôt*, tout entier, n'ajoutent à cette notion. Mais ainsi amoindri de toute sa substance épique, de toute sa mise en œuvre dans le monde, le mythe devient par trop abstrait; virtualité couvant obscurément le fait, il sous-entend trop la possibilité d'activité humaine. Privé de vie vaillante, de lettre prestigieuse, reste l'esprit, de ce large remuement dont nous avons essayé tout d'abord et sommairement (1) de reconnaître les principaux rythmes historiques: Grandes invasions, chute de l'Empire romain; invasions northmannes, chute de l'Empire carlovingien. La grande synthèse de cette correspondance humaine du mythe, ce pourrait être, plausiblement : Siegfried. C'est pourquoi Wagner, dans son système essentiellement dramatique, fait, à côté de la figure de Wotan, la principale de l'œuvre, celle-là, et qui lui donne une admirable unité de pensée (sur quoi nous reviendrons), une si haute place à la figure de Siegfried. Par Siegfried, Wotan s'épanouit indéfiniment dans le monde (2), non à la façon du paganisme méridional, jouisseusement, mais vers une floraison toute spirituelle, en vue d'une fin morale, en vue de sa propre Rédemption. Contre cette expansion : la Fatalité. De là le Drame.

Chercher dans Wagner et dans les *Eddas* la double idée de Chute et de Rédemption; comparer les deux expressions : ainsi procéderons-nous pour découvrir ce

(1) Nous y reviendrons.

(2) L'hypostase de Wotan en Brünnhilde est aussi très importante, ce que nous développerons.

que Wagner doit aux sources, et, surtout, ce qu'il doit à lui-même.

La *Tétralogie* lue, ce résumé se dégage; premièrement, en ce qui concerne l'idée de la Chute :

L'Orgueil divin, s'arrogeant d'exorbitants attributs, voulut se placer sur une cime inaccessible, dominer la Fatalité. Les Dieux firent donc édifier Walhall par les Géants. Mais lorsqu'il fallut payer les Démiurges, ils ne purent trouver de quoi s'en acquitter (1). Ils donneraient bien Freya, la Déesse de l'Amour, mais c'est elle qui fait mûrir les Pommes de Jeunesse, et, sans Elle, les Dieux mourraient. Cependant, il y a l'Or du Rhin... Cet Or sacré, que nul ne devait jamais voir, inoffensif jouet d'innocentes Ondines, un Gnome, Alberich, pour prix de son renoncement à l'Amour, a pu le ravir aux Filles du Fleuve, et c'est à ce voleur que les Dieux le volent à leur tour. Pour garder Freya, ils le livrent aux

(1) Il y a là un point obscur peut-être de cosmogonie et qu'il faudrait élucider. En effet, on peut se demander pourquoi, tout-puissants, les Dieux, pourtant, ne pouvaient user légitimement de l'Or et furent maudits dès qu'ils se le furent approprié. C'est que, dans la théogonie scandinave, la Nature, Erda, antérieure aux Dieux, semble distincte et au-dessus d'eux. Ailleurs, Cybèle, Mère des Dieux, ne les passe point en pouvoir. Ici, la Nature, l'Infinitif, Erda, l'Incréée, les environne comme une fatalité. Aussi bien, cette profusion de Nains souterrains, de Géants souterrains, ce mythe du feu primordial (*le Muspelhem* opérant la fonte du Givre accumulé dans le Chaos (le *Ginnung*), et faisant éclore ainsi le Père des Géants, Ymer, lequel est la matière première du Monde, tout cela révèle surtout des origines géologiques, une fatalité physique antérieure à l'Intelligence. De sorte que l'Or, substance planétaire, fruit premier de la Genèse, l'Or n'appartient pas aux Dieux ; à personne. Il est libre dans les virtualités antiques. Qu'on se reporte à ce que nous avons dit (page 155, note) du culte abstrait de l'Or chez les tribus gaéliques, de ce même culte, l'Or étant ici symbolisé par Erda, chez les premiers Germains. L'Or de Toulouse et le Tabernacle d'Erda étaient coulés dans des lacs sacrés. Nul, à peine d'en mourir, ne devait violer le mystère de ces eaux, sanctuaire formidable ; et, sans doute, est-ce comme par l'effet de cette inexorable ritualité que les Dieux, ayant profané l'Or sacré, furent maudits, premiers qu'ils étaient à ruiner les dogmes dont ils avaient la conservation. C'était comme un suicide. Wagner a intitulé le premier tableau du *Rheingold : Au fond du Rhin*. Ce détail, tout de mise en scène à première vue, dénote plus d'étude qu'on ne pourrait croire.

Géants. Mais l'Or, ainsi profané, doit porter malheur à quiconque y toucha et y touchera, sciemment, en vue de s'en servir. L'Or est donc la première expression de la Fatalité, et, à ce résultat, les Dieux eux-mêmes, les Dieux, dans leur orgueil d'indépendance, se trouvent avoir contribué, puisque l'Or ne fut arraché de sa virtualité que pour payer le Walhall, la citadelle des Dieux.

Les Dieux ont profané l'Or, les Dieux mourront; telle est la faute, la Chute. Seule, pourrait les sauver la restitution de l'Or aux Ondines. Mais comment? L'Or est au pouvoir du géant Fafner, métamorphosé en Dragon. Les Dieux n'ont pas pouvoir sur les Géants. D'ailleurs, seul, un être exempt de tout péché, un être inconscient, pur, libre, ignorant la Richesse, et qui serait donc pauvre dans le plus vaste trésor du Monde, seul, un tel être peut toucher à l'Or sans en subir la fatalité. Par ces mains faite, sera valable la restitution aux Ondines du Rhin.

Wotan engendrera donc un tel Héros : qui tuera le Dragon ; qui, pour le retourner aux Ondines, s'emparera du Trésor, de l'Anneau, synthèse du Trésor. Et c'est, deuxièmement, l'idée de Rédemption. Ici, le Drame commence, complexe.

Ce Héros, Wotan pense l'avoir en Siegmund, issu de lui, origine glorieuse que cache une existence obscure, vagabonde, voulue par le Dieu pour son fils, Siegmund devant ignorer sa naissance divine, être absolument livré à lui-même, inconscient, libre enfin, ainsi que le veut la Fatalité. Mais, d'autre part, il n'est que l'incarnation du désir de Wotan, de sa spontanéité, de sa révolte contre le Destin. Il n'agit donc pas de lui-même ; il ne peut avoir la *personnelle* intuition de sa mission, qu'il faut qu'on lui révèle, et qui ? si ce n'est Wotan ? Cruelle perplexité ! — Siegmund n'est plus libre, puisque le Dieu le guide. Défié, le Destin s'accomplit aussitôt. Wotan a voulu que, du moins, la révélation fût indirecte, transmise à Siegmund, par Sieglinde, sœur du Héros, et dépositaire des *intentions* des Dieux. Séparée de son frère, dès l'enfance, celui-ci la retrouve mariée par contrainte à Hunding, l'ennemi de sa race. Siegmund devient l'amant de Sieglinde. Seuls divins parmi les hommes, ces deux êtres ont cédé à l'*inévitable* attirance de leur commune origine. Ils se sont réunis en Wotan, retrouvés en lui, absolument, puisque c'est l'*intime* secret du dieu qui *motive* leur rencontre. Venus de lui, ils retournent à lui. Logique. Mais Wotan, s'il accepte cet inceste, faillit à son devoir de Dieu-Régulateur; car il ne doit pas agir que pour ses enfants, son cher rêve ! il doit agir pour les *autres*, pour le troupeau, pour la tourbe qui vit d'égalité, de niveau, d'aplatissement. Il y a deux fonctions en lui : Libre, spontané, il s'incarne, pour ainsi dire, en Siegmund-Sieglinde ; responsable, Fricka, son épouse, qu'il alla chercher dans la Fontaine-de-Sapience, Fricka, la bonne ménagère de la Nécessité, personnifie, impérieusement, cette *autre* nature. A Wotan, enclin à pardonner, elle rappelle « son devoir ». Wotan, sous peine de se nier soi-même, ne peut aller contre ce qu'il a de plus précis, de plus *actuel* en son essence ; car ses enfants, hélas! ne personnifient, de lui, rien de *probant*, — un lointain désir d'au-delà... Donc, Siegmund doit mourir. Mais l'Enfant que Sieglinde aura de lui, sera le Héros prédestiné.

Jusque-là, le Drame est demeuré presque mythique : il va devenir humain ; et c'est Brünnhilde, la fille de Wotan, autre forme de son secret concept, qui prépare cette transformation : la Vie est plus libre que le Rêve, le pauvre Rêve persécuté du Dieu, irréalisable *en lui-même* ; que la Vie, libre, « lui soit donc » vaillamment « sororale ». — Déchue de son rang de Walküre, pour avoir protégé Siegmund contre Hunding, malgré l'*appa-*

rente volonté du dieu, Brünnhilde n'est plus que femme. Bannie des champs de bataille, l'orgueilleuse, la divine ; à l'Amour résignée... Et Wotan l'endort, jusqu'au Héros, digne d'Elle, qui la réveillera.

Ce Héros, c'est Siegfried, l'enfant de Siegmund et de Sieglinde. Armé du Glaive, il tue Fafner, enlève l'Or, l'Anneau. Puis, suivant sa destinée, il va trouver Brünnhilde. Ainsi l'Anneau est presque redevenu la propriété des Dieux, puisque ce sont leurs enfants qui le possèdent ; propriété où le Destin n'a rien à redire, puisque leurs enfants le possèdent, *innocemment*. Qu'il soit restitué aux Filles-du-Rhin, et la Rédemption est accomplie. Mais voici que l'Humanité, la Vie, dans le Drame introduite par l'amour de Siegfried et de Brünnhilde, éclate, indépendante, ivre d'elle-même, insoucieuse de la Divine-Détresse ; et l'Anneau devient une bague de fiançailles. Ainsi le Rédempteur *en jouit*, lui aussi, de cet Or effroyable ; il *en* subira donc l'immanent pouvoir de malédiction. Le Destin rend impossible la Rédemption par les clauses mêmes qu'il avait stipulées pour la permettre : Un Héros libre, ignorant, ingénu, pauvre dans la Richesse. Voici ce Héros, tout en la candeur de son âme : son intuition ne va pas au sombre mystère, au ciel chancelant, aux Dieux qui se meurent (il faudrait encore une Révélation !) ; elle va à la Vie. Qu'importent les Dieux ? L'Humanité veut vivre !

Et Siegfried, le Chevalier errant, va chercher aventure. Jouissance des deux côtés : jouissance des aventures, et de se rendre, par ces exploits, plus digne encore de Brünnhilde. Mais il arrive à la cour de Gunther. Un philtre bu, pris des mains du traître Hagen, fils d'Alberich, et le Héros a oublié Brünnhilde. Le voici amoureux de la sœur de Gunther, Gutrune. Alors l'Humanité, déjà dégagée des Dieux, oscille, toute, à l'antique Ténèbre. Alberich l'étreint. Le maléfice du père, Hagen, noir héritier, l'a largement répandu sur le Monde. Le Verbe de nuit a pris vie immédiate ; les haines ont éclaté ; les Armées se lèvent, les Royaumes s'écroulent ; et Siegfried, le pur, l'amant ineffable de la Déesse exilée, Siegfried, oublieux maintenant, se perd au tournoiement de ces fastes désordonnés. Il veut Gutrune ; il l'aura, si Gunther, en retour, a Brünnhilde. Trahie, Brünnhilde se venge. Prompt à servir la haine de Brünnhilde, Hagen tue Siegfried. Brisée dans les Cieux, brisée dans la Vie, la Valkyrie se tue. Et la voilà gisante, la Race rédemptrice.

Mais de cette Rédemption l'espoir est-il à jamais détruit ? Non. Sans doute, les Dieux, dans leur formalité actuelle, sont bien perdus. Mais Brünnhilde, avant de mourir, — avant de suivre l'Amant que toujours elle adore, Brünnhilde parle, elle voit l'Avenir ; et c'est un un grand espoir : — Oui, les Dieux actuels vont passer ; mais, par delà leur ruine et leurs rédempteurs morts, du moins subsistera ce que le Destin même a motivé : — la Révolte contre le Destin, dont les Dieux laissent l'immortel exemple ; la *spontanéité* de Wotan, jaillie des nécessités mêmes de la lutte, et qui, transmise aux Hommes enseignés par Siegmund et Sieglinde, par Siegfried et Brünnhilde, incarnations de la Joie divine, — développée parmi eux, deviendra l'éternelle allégresse humaine dans l'Amour illimité. Et c'est la véritable Rédemption ; car il faudra de nouveaux Dieux pour symboliser, projeter dans l'infini cette nouvelle plénitude. Encore de l'extase, encore du Ciel : *Renaissance* des anciens Dieux.

Non moins nettement que du Drame se dégage des *Eddas* la double notion de Chute et de Salut. Cette idée est la base de la théogonie scandinave ; idée ancienne, primordiale à ce point, que les *Eddas*, ÉCRITES, dans la suite, à quelle distance? l'expriment, en quelque sorte, inconsciemment ; très antérieure à toutes les formalités de culte, de superstition, d'allégorie. Ame. Religiosité bien logiquement éclose parmi la désolation d'une nature, où devait se faire si nette, dans les cœurs, l'aspiration vers le Mieux, — vers le Soleil.

Et pourtant ! que Wotan, lui, Régulateur du Chaos, Dispensateur de toute Affirmation, soit voué à l'inquiétude, aux affres d'une douloureuse palingénésie possible, nécessaire... : dur à expliquer, si l'on veut, — comme il le faut, — chercher la réponse ailleurs que dans les symboles des *Eddas*, dans cette symbolisation, construite après coup et qui est un résultat impassible s'ignorant soi-même, un total de valeurs inconnues, indécomposable (1). Où est l'enseignement primordial, instantané, immédiatement substantiel? Rien n'est resté de ces flagrances, — inconcevablement anciennes ! — Cette *extérieure* fiction des Dieux voués à la Chute pour avoir prostitué l'Or, exprime, sans doute, quelque prodigieux Drame initial. Mais *de quoi* est fait ce Drame ? — Est-ce un état d'humanité, ou de cosmogonie, ou de géologie ? La fiction de l'Or-du-Rhin s'accorde, avons-nous vu, avec certaines ritualités, avec certaines sacerdotalités des religions scandinaves (« germaniques » serait plus rigoureusement exact). Mais ceci constaté, nous n'en savons plus long. Pourquoi Wotan, ordonnateur, vivificateur, a-t-il en lui un principe de ruine, partant une fatalité de transformation? Pourquoi ce non définitif de ce qui fut, d'abord, si décisif? — Ceci n'exprimerait-il pas (au point de vue le plus immédiat, historique, pratique), la pente éternelle du Nord vers le Midi, l'incoërcible aspiration vers plus de

(1) Sæmund et Snorri : admirables, ces humbles chrétiens, dans leur sympathie pour les traditions païennes (*gentilia !*) de leur pays. Mais enfin il leur était impossible de pénétrer le sens de ces traditions. Et leurs contemporains, avons-nous vu, n'étaient pas pour les renseigner ! — Poètes, oui, en ce qu'ils ont absolument respecté ces vieilles choses ! Vénérables pour *eux*, ces choses, mais inexpliquées, inexplicables ! Les commentaires de Snorri sont des enfantillages.

soleil ; ceci n'annoncerait-il pas les Invasions, les Genséric, les Odoacre et les Ragnar Lodbrog ? — Odin n'avait pas fait assez de lumière, assez de chaleur ; volcans et geysers jaillissaient, mais sans pouvoir fondre les glaces environnantes. Prêtre, Guerrier, Législateur, dépensé en activités de Glaive, de Prière et de Code, Odin, malgré tant d'efforts, n'avait pu dompter à fond, ce terrible Nord. Il l'avait enchaîné ; — mais, dit le symbole, Fenris, le Loup famélique, un jour s'évadera et détruira l'œuvre du dieu. Ailleurs donc, le Repos ! L'inquiétude de l'Ame du Nord, ou, simplement, de l'Ame, dans l'Actuel, son espoir aussi en l'Ailleurs, tel nous apparait ce double dogme de Chute et de Rédemption, voilà surtout ce que nous semble exprimer Odin. — Qu'une « faute » ait été commise par les Dieux, peu nous importe, au fond : strict, muet symbole d'un état d'âme ; jeu de prêtres inconnus, repris par de naïfs compilateurs ; jeu merveilleusement sincère, certes ! vérifié sincère, puisque toutes les manifestations du Nord corroborèrent cette lettre du Dogme. Odoacre, Genséric, les Northmanns, qu'est-ce qui les pousse ? C'est (banal, même, point d'histoire) cette angoisse de ne pouvoir plus bientôt vivre là où ils avaient d'abord leur établissement ; d'y sentir une fatalité de misère, d'écroulement, — et de « faute » et de « crime », peut-être ! Et c'est, aussi, cette divination des béatitudes futures, là-bas, Ailleurs, vers l'Orient, vers cette ROMA qui s'est emparée de l'Or-du-Monde.

Nous reprendrons ces aperçus sur Odin, annoncés ici, non développés. Des choses moins générales maintenant nous sollicitent. Quelle est, strictement, la symbolique adaptée, dans les *Eddas*, à la double idée de Chute et de Rédemption.

Cinq symboles paraissent exprimer la Chute. Les deux premiers ont trait à l'édification de Walhall et à l'enlèvement de Freya. Ils disent l'Orgueil des Dieux, l'hostilité des Géants ; les trois autres, qui se rapportent à la Recherche du Marteau-de-Thor, à la Perte du Glaive-de-Frey, et, surtout, à la Dilapidation de l'Or-du-Rhin, racontent la Détresse-des-Dieux, victimes de leurs passions, deleur orgueil, de leur avidité (1).

La Construction de Walhall par les Géants, tel est, avons-nous vu, le symbole de l'« orgueil » des Dieux. Mais, dans l'*Edda*, ce n'est point la nécessité de payer de cette œuvre les Géants, qui entraine les Dieux à la faute mortelle, à profaner l'Or-du-Rhin. Ils ne risquent encore que Freya, Déesse de l'Amour, détail que Wagner a également utilisé, nous savons dans quel but : pour amener les Dieux à dilapider l'Or ; car c'est contre l'abandon de l'Anneau, que, dans la *Tétralogie*, les Géants rendent Freya. Dans l'*Edda*, il n'est pas encore question de l'Or-du-Rhin. Le Mythe ne revêtira cet aspect qu'au bout de quatre transformations ; et même les Dieux finissent toujours par récupérer Freya sans autre dommage. Les symboles sont, dans l'*Edda*, exposés impassiblement, lentement, à d'immenses distances, les uns des autres, à travers toutes sortes d'aventures ; leur signification ne s'accuse qu'à la longue. Cela vient de ce que ces symboles, comme l'*Edda* les donne, baignent, en quelque sorte, dans une multiplicité de circonstances qui, souvent, ne découlent pas d'eux. Il a fallu à Wagner un puissant effort de concentration pour dégager leurs immédiates conséquences dramatiques.

Résumons le symbole de Walhall et de Freya (nous devons transcrire ici ce résumé, déjà donné lors de l'examen des traces panthéistiques scandinaves à travers le Moyen-Age allemand) :

(1) Orgueil, Avidité, Passions : il faudrait, pourtant, qualifier moins sévèrement le libre exercice d'une Nature de Joie et d'Harmonie. Nous y reviendrons.

— Les Ases ayant élevé Midgörd, un architecte, de la race des Géants, vint les trouver et offrit de construire, en trois ans, un Château tellement fort, qu'il serait impossible aux Géants des Montagnes et aux Hrimthursars de s'en emparer. Mais il demanda, pour récompense, Freya, Déesse de l'Amour. Les Ases consentirent. Au moment de s'exécuter, ils hésitèrent, rejetant la responsabilité de ce marché sur Loke, qui, à les entendre, les avait perfidement conseillés. Loke, pris de peur, use d'un subterfuge pour empêcher le Géant de finir son ouvrage dans le délai convenu. Et Thor, survenant, surprend le Géant dans son dépit, et, de sa massue, il lui fracasse le crâne.

Dans le symbole suivant, il n'est plus question de Walhall. Les Dieux sont toujours au moment de perdre Freya (1), mais, à vrai dire, on ne voit pas bien en punition de quelle faute. Il y a là, surtout, une embûche des Géants; les Dieux semblent assez innocents de ce qui leur arrive. Voici ce symbole :

Trois Ases Odin, Loke et Hœner, voyagent. Un soir, au bivouac, ayant grand faim, ils mettent un bœuf à cuire, mais le bœuf ne cuit point; et un aigle, perché sur un arbre, au-dessus, s'écrie : — C'est moi qui empêche de cuire le bœuf! Si vous consentez à m'en donner une part, il cuira. Les Dieux consentent. Mais l'aigle prend les plus grosses portions. Loke, irrité, lui assène un coup de perche. Cette perche se fixe, d'un bout, à l'aigle, de l'autre bout, à Loke. Alors l'aigle qui n'est autre qu'un Géant métamorphosé, enlève Loke, lui déclarant qu'il ne consentira à le délivrer que s'il lui livre Iduna (Freya) et les Pommes-de-Jeunesse. Iduna (Freya) est livrée, et les Pommes. Vieillesse, Agonie des Dieux. Ils contraignent Loke, le coupable,

(1) A la lettre, ce n'est plus ici, nommément, Freya, mais une autre Déesse, Iduna, Gardienne des Pommes-de-Jeunesse, absolument identique à Freya. Le sens reste donc le même.

à récupérer Iduna (Freya). Métamorphosé en Faucon, il se rend à la demeure du Géant, trouve Iduna seule, la change en noix et l'enlève dans son bec, etc.

Dans l'autre symbole, la Recherche du Marteau-de-Thor, l'idée de Détresse s'accentue, encore qu'il n'y soit pas indiqué pourquoi les Dieux ont mérité de perdre le Marteau-de-Thor. Ce symbole offre de frappantes analogies avec celui de la Récupération-de-l'Anneau. Sans le Marteau-de-Thor, les Dieux sont fort menacés, de même qu'ils mourront si l'Anneau n'est pas reconquis. De même que le Géant Fafner détient l'Anneau, c'est le Géant Thrymer qui cache le Marteau. Mais la suite n'est plus conforme ; elle se rattache au mythe de Freya, et non à celui de Siegfried. Thrymer : — « J'ai caché le Marteau de Hloride à huit haltes de profondeur dans la Terre : pas un homme ne pourra l'en retirer, s'il ne m'amène Freya pour épouse. » Loke dit à Thor : « — Les Géants bâtiront bientôt dans Asgord si tu ne vas point quérir ton Marteau. » Thor, sous le déguisement de Freya, se rend chez Thrymer, et, dès le Marteau reconquis, il assomme le Géant.

En somme, les Dieux, jusqu'ici, parviennent à éluder la Fatalité dont les Géants sont les opiniâtres instruments. Toujours la Lueur surmonte l'encombrement des Ténèbres. Du fond des ouragans les Dieux resurgissent, purs. — Sous leur impassibilité, leur inconscience, leur pauvre, exaspérante tranquillité d'expression, ces symboles se sentent d'on ne sait quelle bouillante époque de jeunesse. Ils instituent. La vaillance des Dieux dompte la Fatalité, l'étouffe sous l'abondance de la Création, comme ce Héros de la Völsunga-saga, qui, d'un bras infatigable, pétrit une pâte où grouille une vipère.

Wagner a surtout retenu de ces symboles les détails relatifs à Freya. Ils ne touchent guère que par Freya à la *Tétralogie* ; cela seul nous aurait obligé de les exposer, quelque fastidieux que cela soit, si, au surplus, ils n'étaient pas comme les divers aspects préparatoires de ce dogme scandinave de chute, non encore parvenu à sa forme définitive. Cette forme est déjà mieux accusée dans le symbole de la Perte du Glaive-de-Frey. Il y a là, tout à fait, idée de chute, mais, ici, l'amour cause cette chute. — « Oui, dit au dieu Frey l'infernal Loke, tu as acheté avec de l'Or ta femme, la fille de Gymer, et tu as perdu ton Glaive. Lorsque les fils de Muspell (royaume de Surtur, Géant-du-Feu) arriveront à cheval par Markvod (à la fin du Monde), tu n'auras point d'armes pour les combattre. » Frey avait confié son Glaive à son écuyer pour qu'il allât lui conquérir la femme qu'il aimait, et l'écuyer n'a point rapporté le Glaive.

Nous voici enfin arrivés à ce fameux symbole de l'Or-du-Rhin. Résumons-le d'après l'*Edda-Sœmundar* (*Deuxième Chant de Sigurd vainqueur de Fafnir*) :

— Régin raconta à Sigurd l'histoire de ses aïeux et leurs aventures, et comment Odin, Högni et Loki arrivèrent à la cascade d'Andwari. Dans cette chute d'eau, il y avait une grande quantité de poissons. Un Nain, qui s'appelait Andwari (1), vivait, depuis longtemps, près de cette chute, sous forme de brochet, et il y prenait sa nourriture. Notre frère s'appelait Ottur, dit Régin, et il nageait souvent dans la chute, sous forme d'une loutre. Un jour, il avait pris un saumon, et il le mangeait au

(1) Cet Andwari est le Alberich de Wagner, qu'on trouve dans les *Nibelungen*, mais non dans les *Eddas*. Il n'a pas, dans l'épopée allemande, l'importance que lui attribue Wagner. Mais cette figure mythologique de nain sous-marin se compliqua singulièrement, avons-nous vu, des imaginations du Moyen Age. Il devint alors le *Wassermann*, sorte d'Ondin maléfique très redouté qui habitait, dans les profondeurs des eaux, un palais plein de trésors (réminiscence évidente de l'Andwari des *Eddas*). Il est vrai que, dans les *Nibelungen*, Alberich garde aussi un trésor, mais c'est le trésor de Siegfried. Nous croyons que Wagner s'est surtout souvenu de la légende allemande du Moyen Age, dont il aurait combiné les données avec les renseignements de l'*Edda* sur les *Alfes-Noirs*.

bord de l'eau, les yeux à moitié fermés, lorsque Loki le tua d'un coup de pierre. Or, cet Ottur, frère de Régin et de Fafnir, est le fils du géant Hreidmar, chez qui, le soir même du meurtre, les Dieux demandent l'hospitalité. Hreidmar, lorsque les Dieux lui montrent la peau de la loutre, reconnaît son fils. Aidé de ses deux autres fils, Régin et Fafnir, il garrotte les Dieux, demande le prix du meurtre. Les Dieux ne seront pas libres, qu'ils n'aient rempli d'or et recouvert d'or la peau de la loutre. Les Dieux envoyèrent donc Loki pour aller chercher l'Or. Loki se rendit auprès de Ran (femme d'Ægir, dieu de la Mer) et obtint d'elle son filet. Il jeta le filet devant le Brochet, qui s'y engagea — « Si tu veux sauver ta tête des rets de Hel, lui dit alors Loki, livre-moi la Flamme-des-Eaux, l'Or brillant. » Andwari lui livre tout le Trésor, sauf un Anneau. Loki le lui enlève aussi. Le Nain se rendit au Burg et dit : « Maintenant cet Or causera la mort de deux frères et de huit nobles guerriers. Nul ne jouira de mon Or. » — Les dieux se croyaient donc libres, ayant empli et recouvert d'or la peau de la loutre. Mais Hreidmar s'approcha et, voyant un poil du museau qui émergeait encore, il exigea qu'on le couvrit aussi. — Odin prit l'Anneau Andwara-naut et cacha le poil sous l'Anneau (1). La fatalité attachée à l'Or se vérifia aussitôt. Fafnir tua son père Hreidmar, qui lui refusait une part de l'Or, chassa son frère Régin, qui lui demandait sa moitié d'héritage. Enfin, il se transforma en Dragon pour mieux défendre le trésor dont il était l'unique possesseur.

Wagner, en substituant à cet obscur symbole naturiste d'une loutre dont les Dieux doivent payer le meurtre, les exquis symboles idéalistes de Walhall

(1) Dans le *Rheingold*, c'est l'œil de Freya, entr'aperçu à travers une fissure de l'Or en tas devant elle, que les Géants exigent de couvrir avec l'Anneau. Tant qu'ils verront ce regard, ils ne pourront pas renoncer à Elle ! — On voit la belle transposition imaginée par Wagner.

édifié et de Freya rachetée, a mis dans le Drame une abondance de vie auguste, humaine et sculpturale. Si l'on fouille les sources naturistes du symbole de l'*Edda*, on arrive, bientôt, à de fastidieuses questions de cosmogonie, peut-être à des questions, pires, de géologie. C'est la Guerre des Dieux et des Géants, la lutte des éléments et de l'Intelligence, la révolte du Chaos contre l'Esprit qui le couve et l'ordonne, toutes choses peu susceptibles de dramatisation, même abstraite. Nous répétons ce que nous croyons le plus plausible : Le Symbole de l'Or, dans l'*Edda*, se dégage d'insondables profondeurs de cosmogonie et de géologie mêlées. Cette loutre Ottur, morphe élémentaire et végétante d'un Géant, — que tuent les Dieux, ceci ne représenterait-il pas un certain état de nature, que nous ne nous soucions d'analyser, mais, entendons bien, un *certain état de Nature* où les Dieux, l'Idée aurait voulu apporter un changement, aurait voulu *autrement* se satisfaire. Prétention vaine. Et il faut, au contraire, que tout aille sans eux, les Dieux, et, en réparation de leur tentative insultante, ils sont tenus d'investir la matière offensée, révoltée, d'on ne sait quelle redevance ; il leur faut composer avec la Matière, livrer l'Or aux Géants, dit simplement le symbole. Où, dans tout cela, des indications de sentiment, de Drame?

Mais à côté de cette incassable gangue, de cet inductile filon, Wagner, dans la riche mine des *Eddas*, avait découvert ces magnifiques symboles de Walhall et de Freya, et ceci, Fierté, Amour, laissait toutes les questions mathématiques et naturistes de cosmogonie. Voilà le premier grand soulèvement du Drame, la Corne d'abondance de toutes les floraisons et de tous les frémissements. Mais, d'autre part, il n'était pas possible de négliger, dans sa racine mythique, ce symbole de l'Or, qui doit emplir de ses développements humains tout le reste du Drame. C'est alors que

Wagner le raccorde aux Symboles de Walhall et de Freya. L'Or sera le prix, non du sang d'un Géant, mais de Walhall édifié, en même temps que la rançon de Freya reconquise. Quel que soit l'objet en vue de quoi les Dieux font usage de l'Or, la faute est la même. Ils ont touché à l'Or, ils subiront sa fatalité. C'est le point essentiel.

Telle est, bien imparfaitement exposée, l'idée de chute dans les *Eddas*. En même temps, nous avons vu la mise en œuvre de cette idée dans Wagner. Wagner, jusqu'ici, combine les symboles; — mais il n'y a pas encore création. C'est dans sa manière d'interpréter l'idée de Rédemption que s'atteste son originalité d'exégèse.

Cette idée de Rédemption est incluse, avons-nous vu, dans la partie doctrinaire, abstraite, de la théogonie scandinave, et qui ne pouvait fournir de matière au Drame (1); sensible pourtant, cette idée, et vivante, oui, sous sa profonde enveloppe de théorie; expression primordiale de la mysticité de l'Ame-du-Nord. Beaucoup plus précise, même, que l'idée de chute; formulée d'un coup. Ceci est très explicable : la chute c'est l'angoisse, l'incertitude, la vie inconsciente, obscurément penchée à tous les gouffres. A reconnaître, démêler cette confusion immense de circonstances déroulées tout au long des vagues étendues vitales, il ne faut pas moins de cinq symboles. — Mais pour la Rédemption : précision, accord spontané. La Rédemption est un fait unique et qui absorbe tout. Dès les balbutiements du Chaos, rien, dans la théogonie scandinave, qui n'y tende. Les *Eddas* divines (Sœmund), commencent (2) par prédire la Fin-du-Monde, donc, implicitement, de nouvelles élaborations, une Résurrection.

La correspondance historique du Mythe, ce serait,

(1) Nous verrons, bientôt, mieux pourquoi.
(2) *Edda-Sæmundar* — Chant premier : *Prédiction* de *Wala-la-Savante*.

répétons-le, (car nous devons tresser cette hypothèse à travers notre travail), ce serait la pente du Nord vers le Midi, la poussée vers plus de soleil, vers l'orientale certitude, Rome : Attila, Genséric, le Moyen-Age, — le Christianisme. — Le Christianisme : n'est-ce pas sur cette Lueur que s'ouvrent les immenses arcanes empourprés du Ragnarœcker ? Ce concept norse de la Rédemption, historiquement exprimé par les Invasions, lorsqu'il se fut essayé en Europe au ve siècle, puis définitivement répandu, au ixe siècle, s'y trouva d'accord avec les dogmes chrétiens, avec le dogme de l'Espérance eucharistique, dont ainsi il prépara, on peut le dire, l'épanouissement. Pour le Chrétien comme pour le Scandinave, lle luisait, cette Espérance, par delà les vertiges et les décombres d'une nécessaire Transformation : l'Apocalypse, pour le Chrétien, le Ragnarœcker, pour le Scandinave. De l'union de ces deux concepts, l'un par l'autre affirmés (sans doute dès après les invasions danoises), sortit, d'abord, le douloureux et pur Rêve mystique de l'An Mil, résultat immédiat et passager, car la définitive suite séculaire, ce fut l'élan, le renouvellement du xie siècle, le grand dogme de communion eucharistique, de Pardon, qui, du sein des sanglotantes âmes du Moyen-Age, fleurit, fleurit pieusement, pour s'épanouir, lys parfait, sur la Montagne-du-Purgatoire (1).

Ce dogme scandinave de Rédemption, magnifique Chant d'espérance que toute une race jeta vers l'avenir, en voici donc, d'après le *Gylfaginning*, l'expression abrupte, précise et positive cependant en sa concentration symbolique.

— Après le Ragnarœcker, il y aura un nouveau Ciel. Le Ciel contient *Gimle*, qui est le nouveau Walhall, puis Briner, un palais où ceux qui aiment boire trouveront à se satisfaire... Il sortira de la Mer une Terre

(1) Dante. A chaque essor d'âme pardonnée, la Montagne-du-Purgatoire tressaille d'allégresse.

Verte et belle, sur laquelle les Céréales croitront sans avoir été semées. Vidarr (fils d'Odin et qui a vaincu Fenris) et Vale, sa femme, existent encore ; ils n'ont été blessés ni par la Mer, ni par les Flammes de Surtur; et ils habitent la plaine d'Ida, où était, autrefois, Asgôrd. Les fils de Thor, Magne et Mode, les y rejoindront, apportant Mjœllner, le Marteau. BALDER et Hœder reviendront aussi de chez Hel. Ces Dieux seront assis côte à côte ; ils s'entretiendront de ce qui leur est arrivé, des événements d'autrefois et du Loup Fenris. Ils retrouveront dans l'herbe les tablettes d'or possédées par les Ases. Un couple, Lif et Lif-Thraser, se soustraira aux Flammes-de-Surtur, dans le bois de Hroddmimer ; et sa postérité repeuplera le Monde entier. —

Renaissance. — La grande idée morale par quoi vaut réellement cette Renaissance, c'est ce retour de BALDER, — le Christ du Nord ! — du doux, du juste Balder, que les anciens Dieux méritèrent de ne pouvoir garder parmi eux, mais qui vient consoler le monde épuré. Lumière sereine sur ces vieux dogmes de Rénovation, qui, sans cela, épouvanteraient, tant ils détruisent de vieilles joies ; souveraine justification : le Destin eut raison, puisque Balder renait. Les fils de Hloride ont bien sauvé le Marteau, arme de la primordiale Intelligence ; Odin se perpétue bien en Vidarr, son fils ; mais, plus que tout cela, l'auguste certitude revivifiante, la Paix et l'Amour illimités, c'est Balder revenu ! Balder, l'Agneau pascal, espéré de tout ce douloureux Monde Scandinave, la Douceur qui expie tout, l'inépuisable Pitié. Aucune témérité à ce rapprochement ! aucun sacrilége à irradier, autour d'une autre Hostie, la chaste aurore boréale de la Rédemption scandinave. Cette indication pascale, indubitablement le mythe de Balder la donne. Qu'est-il allé faire aux Enfers, sinon expier la faute des Dieux et vaincre la Mort, comme l'Autre ! en arrachant au Destin le gage d'une Renaissance ?

Certes, il n'a point d'Evangile. — Les événements au canal desquels s'épandit cette source de compassion et de pitié, qui pourra jamais les dire, et qui dénombrera l'infinie vibration des cœurs qui, par ce Dieu-Agneau, vécurent en tout épanouissement, en toute possession de doux intérêts quotidiens, oui, vécurent tels, pourtant, au fond de ces âges sinistrement inconnus aujourd'hui. Mais, preuve intime du caractère rédempteur de Balder, il est déjà très satisfaisant de pouvoir reconnaitre en Balder toute l'Ame du Nord, tout ce qui fait la jeunesse, la force de l'Ame du Nord, son *perpétuel renouvellement*, son *devenir illimité*. Espoir éperdu en l'Abstrait, irradiation dans l'élargissement de l'Abstrait, sentiment vivace de l'Eternité, — n'est-ce pas là un état d'âme clairement exprimé par ce mythe de Balder descendu aux « enfers », mort à la *vie immédiate* du Walhall, mais ressuscité dans le Mystère, restauré dans l'Inconnu, par delà les Nornes, par delà les circonstances du Ciel passager et de la Terre périssable. Et le Monde renouvelé n'est, semble-t-il, que l'expression de cette Toute-Science, de cette Toute-Bonté, sortie du Mystère exploré, revenue à elle-même, manifestée. Dieu-Holocauste, Hostie, oui, aussi, puisque, temporellement, il souffre, il perd le Walhall ; déchirement du départ vers le Mystère.

Dans la loi scandinave de bannissement, qui forçait les jeunes hommes à aller chercher fortune hors de leur patrie, je sens je ne sais quel souvenir de l'exil de Balder. Ces bannis conquirent l'Europe ; et, par cette efflorescence qui leur fut donnée, au-dehors, vers le Midi, les races septentrionales, languissantes dans leurs solitudes de neiges, furent peut-être sauvées. Comme Balder, ils allaient vers l'Inconnu, avec, pour seul souvenir de leur patrie, quelques runes gravées sur l'étambot de leurs navires. Ils portaient la peine de toutes les misères paternelles. Ils erraient comme des loups ; eux-mêmes s'appelaient loups. Et ce fut d'eux, pourtant, que vint le salut (1).

Nous n'espérons pas qu'on puisse se faire, sur cet exposé insuffisant, une idée complète de la Rédemption et du Rédempteur dans la théogonie scandinave. Toutefois, sommes-nous obligés de prier le lecteur de s'y tenir, s'il veut sentir, par comparaison, l'originalité de l'interprétation wagnérienne.

Wagner ne pouvait songer à faire de Balder la figure centrale de son œuvre. Cette figure reste, en quelque sorte, théorique ; elle se dérobe dans les ultimes profondeurs mythiques ; elle contemple son rêve, là-bas, par delà les temps ; rien ne la relie à la partie héroïque, humaine des *Eddas*, à l'épopée des *Nibelungen* ; et ces développements humains importent en tant que reflets d'autres très importantes vitalités théogoniques. L'épopée des *Nibelungen* est plaquée, en quelque sorte, sur le Walhall, comme l'*Iliade* sur l'Olympe. Pour dramatiser donc l'idée de Rédemption, il fallait la transposer parmi toute cette humanité des *Eddas héroïques* et du *Nibelunge-nôt*, l'incarner dans la principale figure de ces cycles épiques : SIEGFRIED. Du jour où Wagner accomplit cette transposition, son Drame existait. Tout, en son œuvre, le Ciel et la Terre, était solidaire d'une même vie poignante.

Disons-le bien haut : ce fut-là un coup d'audace, une inspiration de génie, que d'incohérents détails, des indices épars, dans la matière dont il disposait, semblaient pouvoir uniquement suggérer à Wagner. Je cherche, en vain, dans le Sigurd des *Eddas*, et, à plus forte raison, dans le Siegfried du *Nibelunge-nôt*, cette *absolue* identité rédemptrice dont Wagner magnifie le

(1) Dans la *Völsunga-saga*, des Héros bannis prennent la forme de loups. Ces héros sont la postérité humaine d'Odin. 'est d'eux que sort Siegfried. C'est dans le cadre fourni par la *Völsunga ga* que Wagner place, tout d'abord, l'idée de Rédemption.

Héros. — Sans doute, disons-le vite en passant, toute cette histoire de Siegfried se pourrait prêter à quelque belle apparence de symbole solaire ; nombreuses sont les gloses qui opinèrent pour cette interprétation : Sigurd, Soleil du Printemps, victorieux de l'Hiver (Fafnir), et Brünnhild, la Nature, éveillée de son baiser. Mais il était impossible que Wagner prît au sérieux un rapprochement aussi banal. L'étrange aventure, que de partir d'une donnée cosmographique.

Examinons la *Völsunga-saga*, qui forme, dans les Cycles scandinaves, comme le point de contact des âges divins avec les âges héroïques. Là, le ciel s'ouvre sur la terre ; Walhall s'épanche en tourbillons de Dieux, et l'éblouissante Visitation laisse après elle, en traînées de gloire, les Postérités épiques, les Héros prédestinés. Eh ! bien, si Siegfried est un de ces héros prédestinés, le Héros de la Rédemption, l'attestation doit s'en trouver dans ce récit de la *Völsunga-saga*, où s'évoquent les circonstances qui précédèrent et entourèrent l'événement de sa naissance (1).

(1) Force nous est, pour l'intelligence de ces remarques, de donner ici le résumé de la partie de la *Völsunga-saga* qui se rapporte à la naissance de Siegfried. Pour l'analyse de cette saga, encore peu connue en France, nous devons beaucoup à l'obligeance de M. Alfred Ernst.

— Siegmundr et sa sœur jumelle, Signy, sont issus d'un héros, Völsung, fils de Völse.

Cependant, le fils de Völsung porte le nom de Rerir, fils de Sigi, fils, lui-même d'Odin. On ne distingue pas si le nom de Völse s'applique à Odin, à Sigi, son fils, ou à Rerir, son petit-fils. Siegmundr a pour père Völsung, voilà tout.

Signy est mariée, contre son gré, au roi Siggeir. Le jour du mariage, un vieillard borgne (Wotan) est entré dans la demeure de Völsung, et a enfoncé un glaive dans l'énorme tronc du pommier, pilier central de la maison, promettant ce glaive à qui le pourrait arracher de l'arbre.

Siegmundr, seul, y réussit, sans effort ; Siggeir, ayant vainement tenté de lui acheter l'arme, invite Völsung et les fils de Völsung en sa propre demeure. Signy avertit son père et ses frères que son mari leur tend un guet-apens. Ils n'en viennent pas moins au rendez-vous, méprisant le danger. A la suite d'un combat où est tué Völsung, ses fils, prisonniers de Siggeir, sont liés, exposés par lui dans la forêt.

Là, un vieil élan vient, chaque nuit, étrangle et dévore l'un des

Dès l'abord, en effet, la race de Siegfried paraît prédestinée. Le Glaive que Wotan, le Voyageur borgne au manteau bleu, a enfoncé dans un arbre, le promettant à qui pourrait l'en retirer, Siegmund, descendant de Wotan et père de Siegfried, est seul à le pouvoir arracher. — Qu'est-ce que ce Glaive? C'est l'Arme qui tuera le Dragon, qui reconquerra l'Or, l'Arme dévolue à Siegfried.

patients. Cet élan, c'est la propre mère de Siggeir, sorcière qui revêt cette forme pour perpétrer ses forfaits. Lorsqu'allait arriver le tour de Siegmundr, Signy lui envoie secrètement un homme dévoué, qui lui enduit de miel le visage et lui en met un rayon dans la bouche, L'élan vient, lèche le miel, plonge sa langue dans la bouche de Siegmundr ; le héros la lui mord, l'arrache, le monstre meurt, après une lutte si violente, que les liens du captif se rompent.

Il s'enfuit, vit dans la forêt. Signy qui, seule, connaît sa retraite, lui envoie les fils qu'elle a eus de Siggeir, pour qu'il les associe à son œuvre de vengeance, ou qu'il les tue, s'ils ne sont pas assez braves. Comme ils se montrent sensibles à la peur (détail utilisé par Wagner), Siegmundr les massacre bientôt.

Signy, alors, s'aide du pouvoir d'une jeune sorcière, dont la forme peut être échangée contre la sienne ; cette sorcière la remplace, la nuit, auprès de Siggeir, tandis qu'elle-même s'en va trouver Siegmundr dans la forêt.

Le fils de cet inceste est le fort Sinfjötli (sur lequel il se trouve, dans l'*Edda Sæmundar*, un chant héroïque, incompréhensible sans cette saga, et maintes allusions dans divers chants du même recueil) ; sa mère l'envoie, dès qu'il a dix ans, à Siegmundr, qui lui impose la même épreuve que jadis aux fils de Siggeir : pétrir une pâte où est cachée une vipère. Sinfjötli s'en tire, sans peur, et son père l'emmène avec lui dans son existence de guerre et de rapines, par les bois.

A la porte d'une maison où dorment deux fils de roi, ils aperçoivent, un jour, deux peaux de loups, appendues ; ils les prennent, s'en revêtent. Or, ceux qui se couvraient de ces peaux ne les pouvaient quitter de neuf jours, mués en loups durant ce laps. Ainsi, sous forme de loups, tous les deux errent, traqués.

Enfin, Sinfjötli devenu homme, son père et lui se rendent chez Siggeir; ils sont saisis, enterrés vifs. Mais Signy leur avait remis le glaive de Siegmundr, à l'aide duquel ils creusent le sol et se font libres. Ils mettent le feu à la maison de Siggeir, avec qui Signy périt, volontairement, satisfaite d'être vengée de lui.

Siegmundr regagne son ancien héritage ; là, puissant, il épouse Borghild, laquelle lui donne un fils, Helgi (c'est un héros encore des Chants de l'Édda, Chant III, 2me partie). Plus tard, veuf, il épouse Hjördis, fille du roi Eylimi. Or, Helgi a tué un autre chef, Hunding ; et le fils de Hunding, Lyngwi, avait vainement aimé Hjördis ; Lyngwi déclare donc la guerre à Siegmundr et à Eylimi ; armé de son glaive mystérieux, le premier fait des exploits rares ; mais, enveloppé d'un manteau bleu et

L'Or restitué par Siegfried au sanctuaire des Ondes antiques, les Dieux seront lavés de leur faute fatale. Mais qui dit cela? — C'est Wagner, et, après lui, tout le monde. Eh bien, cela, il faudrait que ce fût l'*Edda* qui le dit, donnant ainsi, formellement, Siegfried comme un Héros rédempteur. Or l'*Edda* ne mentionne rien de pareil, ni d'approximatif. La fatalité de l'Or se

l'œil unique caché sous un large chapeau, un homme (Wotan) surgit devant lui, oppose son épieu au glaive de Siegmundr, qu'avaient protégé, jusque-là, ses *Déesses protectrices*. Le glaive se brise, le héros désarmé est tué ; Eylimi aussi.

Hjördis, la nuit tombée, vient sur le champ de bataille ; elle trouve Siegmundr encore vivant, veut panser ses plaies ; il l'arrête : « Odin ne veut plus que je brandisse mon Glaive ; gardes-en les tronçons avec soin ; car tu vas mettre au monde un fils qui sera le plus glorieux héros de notre lignée ; il portera triomphalement le Glaive, — qu'on reforgera de ces debris et qui sera nommé *Gram* (Angoisse, fureur). » — Siegmundr meurt au point du jour. Hjördis enfante Sigurd, puis elle se remarie avec Alf, fils du roi de Danemark, Hjalprek. — La suite est conforme à l'*Edda*.

Wagner a étudié cette saga sur la traduction de Von der Hagen. On peut voir par quel procédé de concentration il est parvenu à établir le sujet de la *Walküre*, lequel est le pivot du Drame. — Dans la *Völsunga*, ce n'est que de sa troisième femme, Hjördis, que Siegmundr a Siegfried, et cette naissance n'est point incestueuse. Wagner a transposé Hjördis en Borgny, sœur incestueuse de Siegmundr, et dont il a fait Sieglinde. Hunding est substitué au roi Siggeir. Dans la *Völsunga*, Siegmund ne se rencontre pas avec Hunding ; seulement, les fils de celui-ci déclarent la guerre au Völsung, mais bien longtemps après son inceste avec Borgny (Sieglinde) et pour un tout autre motif. C'est dans cette guerre qu'il meurt, — par la volonté de Wotan. (Peut-être, au fond, est-ce de son inceste qu'il porte alors la peine ?). Wagner a donc résumé tout le cycle des drames de la *Völsunga* dans ces trois figures : Siegmund, Borgny (Sieglinde), et Hunding, figures éparses là, réunies ici. — Quant à l'intervention de la Walküre, la légende se borne à dire que les « Déesses protectrices » de Siegmundr le protégeaient durant le combat contre les fils de Hunding. — Mais on lit ailleurs que la Walküre avait été endormie par Odin, pour avoir, malgré sa défense, protégé le jeune héros Agnar contre le farouche Hialmgunnar, et causé, ainsi, la mort de ce dernier. Ailleurs encore, une autre Walküre, Swawa, protège Helgi, fils de Siegmund et de sa seconde femme, Borghild, contre Hunding ; elle est, de même, endormie sur une montagne.

Cette Swawa qui s'appelle aussi Sigrune, paraît être, en somme, la mme que Brünnhild, comme le fait supposer ce passage de la *Prophétie de Gripir* : « Elle dort encore (la Walküre) dans la montagne, *depuis la mort de Helgi*. Tu coupes sa cotte de mailles du tranchant de ta bonne épée qui a tué Fafnir. »

perpétue, par delà Siegfried, pour amener cette catastrophe des Burgundes, qui fait le sujet du *Nibelunge-nôt*. De sorte que l'*Edda* lue, nous sommes obligés d'en revenir au mythe de Balder, pour nous reposer sur une idée précise de Rédemption.

Certes, ce n'est pas à dire que cette figure splendidement vague de Siegfried ne se puisse, par l'effet de quelques rapprochements, préciser, ne puisse prendre un certain sens de rédemption. Voici : les Dieux ont prostitué l'Or-du-Rhin (1). Parce qu'ils ont arraché l'Or de sa virtualité primordiale, — symbolisée par l'Eau, figure parfaite, en effet, d'inconscience, Léthé d'ingénuité, — parce qu'ils l'ont rendu pernicieux, le Mal est déchaîné dans le Monde. Cette faute, ils la doivent expier, en vertu même de la fonction du principe d'équité, indépendant, qui règne, irréductible, au plus pur de leur essence. Ils ne peuvent pas se sauver par leur propre industrie, ils ne peuvent toucher, derechef, à l'Or, fût-ce pour le restituer, car leurs mains ne sont plus pures, sont *conscientes* de la puissance de l'Or (2). — Que faire ?... — Et voici que, d'aventure, au plus profond d'une des plus farouches légendes de l'*Edda* (3), un enfant, un pauvre enfant, éclôt, perle de pitié dans ce chaos dévorateur, vagissement mêlé au grondement des batailles. — Son père ? mort au combat. Par delà ce père, gisant, debout, une colossale figure d'aïeul, blême, inquiète, un pied dans la bataille, l'autre pied

(1) Ceci encore, l'*Edda* ne le dit pas positivement ; elle dit, tout juste, que cet Or porte malheur à quiconque le possède. Pourquoi ? Parce qu'il y a, sans doute, sacrilège à se l'approprier. Mais pour trouver ce motif, il faut quitter l'*Edda* proprement dite, et se reporter au Mythe de Erda (voy. page 183, note) tel qu'il fut connu des anciens Germains (plus spécialement connu d'eux, semble-t-il, que des Scandinaves eddiques) et qu'exprime le culte abstrait de l'Or.

(2) Tout ceci n'est qu'implicitement indiqué dans l'*Edda*.

(3) Strictement, la *Völsunga-saga* ne fait pas partie des *Eddas* proprement dites. J'entends seulement qu'on peut l'incorporer dans la « littérature eddique ».

au bord de ce berceau, furtivement paternelle, comme à l'insu d'une fatalité de malédiction, paternelle dans un éclair d'amour persécuté. Et c'est, ensuite, un vieux Glaive magique au poing de cet Enfant; quelqu'un pour le conduire à la caverne du Dragon; le Dragon égorgé; l'Or aux mains de l'Enfant, de Siegfried, fils des Dieux. — Cet Enfant, né dans le malheur, inconscient de son origine et de sa prédestination, cet Enfant, c'est le Rédempteur... Plausible. — Insistons encore : nous pouvons préciser cette légende au moyen d'analogies trouvées dans l'histoire même des anciens Scandinaves, dans leur histoire *écrite*, non légendaire. — Ces Héros de la *Völsunga-saga*, bannis, errants, sous forme de loups, et qui s'efforcent, du fond de leur misère, vers on ne sait quelle œuvre victorieuse, ne sont-ils pas à l'image de ces outlaws, de ces « loups », comme ils s'appelaient eux-mêmes, qui, volontairement ou non, s'exilèrent de la lugubre patrie danoise pour conquérir les pays du soleil. — Sigurd, dans la *Völsunga*, aussi bien que Bjœrn, dans l'Histoire, est un de ces fils de loups; le fils de l'obscur, de l'inconnu (1), des vieux mystères de deuil et de révolte, l'effrayant Orphelin, — bâtard, peut-être, aux yeux des hommes, — en qui surgissent les Représailles. — Insistons toujours : il y a un moment, dans la destinée du Sigurd des *Eddas*, l'*évidence* d'une direction divine. L'aïeul, entrevu auprès du berceau, apparaît encore une fois, au moment où, sans son intervention, pendant une tempête, la barque du Héros, voguant vers de vengeurs exploits, allait sombrer. Et cet aïeul, le Chant de l'*Edda* dit positivement que c'est Wotan (2).

(1) FAFNIR, mourant : « — Compagnon, compagnon, quel compagnon t'a donné le jour? De quel homme es-tu le fils, toi qui as osé teindre ton arme brillante dans le sang de Fafnir?

SIGURD : « — Je m'appelle un prodige, et je marche ci et là, sans avoir connu de mère. Je n'ai point non plus connu de père, comme les autres hommes. Je m'avance solitaire. »

(2) *Deuxième Chant de Sigurd, vainqueur de Fafnir.*

Très plausible d'inférer de tout cela la mission rédemptrice de Siegfred ; mais plausible, *seulement* ; car, redisons-le, nulle part, Siegfried n'accomplit, ou, plutôt, ne *doit* accomplir l'acte qui, seul, au sens même des plus vieux dogmes germaniques, peut le révéler Rédempteur : la Restitution de l'Or au Tabernacle. Cet acte, qui camperait décisivement Siegfried, c'est Wagner, et Wagner seul, qui en attribue au Héros la prédestination. Coup d'audace génial, qui transporte sur une inconsciente, passagère tête humaine, toute une profondeur divine, toute une stabilité d'éternité. Et ces rapprochements, où le visionnaire croit avoir touché le vrai sens de la figure de Siegfried, ont, dans les *Eddas*, leurs éléments tellement perdus, noyés, éparpillés parmi toutes sortes de perspectives ! — Le caractère propre des chants l'*Edda*, fait remarquer W. Grimm, c'est de supposer connue la totalité des événements dont ils ne relatent que des particularités. Ce cycle, dont Siegfried fut le Héros, est-il, en son ensemble, une rédemption ? Peut-être ; mais quelle raison de donner là, de préférence, l'affirmative, puisque, à côté de ces hypothèses, nous avons le mythe, si précis, de Balder ?

Cette raison, répétons-le, c'est que le mythe de Balder ne vaut qu'en tant que doctrine abstraite, et qu'il fallait, en quelque sorte, l'incarner, le relier à la tradition humaine ; il fallait, logiquement, dans cette atmosphère de rêve, faire remuer les épopées (1). Alors, dans l'imagination de Wagner, Siegfried surgit, environné de la double vapeur, obscure et radieuse, des mystères divins et des gloires humaines. Expression vibrante des Mythes, il se rattachait, d'un côté, aux antiques oracles, de l'autre, aux réalisations fougueuses de la Vie. Il était, à la fois, le rêve et l'acte ; et l'acte, par lui,

(1) Nous prions qu'on se reporte à l'examen des éléments historiques du *Nibelunge-nôt*.

éclatait, fatidique, comme longuement couvé par le rêve. L'action qui rêve, diraient les Allemands. Avec Siegfried toute une race palpitait sous ce grand regard des Dieux; par Siegfried, fils d'Odin, Prince des peuples du Nord, figure idéale de chef d'armées, les ultimes visions du Mythe se continuaient dans les primes apparitions de l'Histoire. L'humanité qu'il entraînait avait, vraiment, quelque chose de *divin à accomplir*. Sur lui brillait l'Arc-en-ciel de Walhall, comme le Labarum sur Constantin.

Que venaient-elles faire, toutes ces hordes dont le tourbillon emplit l'Europe, au ve siècle? — Réaliser le long Rêve, épancher le vaste Rêve, que les religions du Nord, depuis des ères immémoriales, avaient grossi dans ces âmes norses, en silence, en l'ennui d'une vie encore sans annales, inexprimée, — vaste rêve de Soleil et de Rénovation sous le ciel gris et sourd. Et dès que, par les suggestions de cette immense rêverie, les peuples du Nord eurent enfin trouvé un symbole capable de les guider, ce victorieux symbole de Siegfried, ils s'ébranlèrent, ils crièrent vers l'avenir jusqu'alors fermé. Large soupir d'un cœur longtemps oppressé! C'est dans ce soupir que se dilatait le cœur, le sombre cœur des Odoacre et des Genséric. Et les invasions roulaient, les âmes roulaient sur la pente enfin trouvée; l'atmosphère de songe accumulée éclatait en réalités fulgurantes. Siegfried! Siegfried! où était-il? nulle part, — et partout, partout où il y avait un élan. Et, peu à peu, dégageant de ce vaste enthousiasme toutes les possibilités immédiates qu'il recélait, la réalité, la forte réalité prenait, frappait, dans cette lave, des effigies de gloire précise, des profils de conscience et de volonté. Les capitaines surgissaient : Euric, Ataulphe, Alaric; les hordes devenaient peuples : Goths, Alains, Suèves; les codes se constituaient : loi salique, loi ripuaire, loi burgunde. Dans ces remous, jusqu'alors chaotiques, la lumière du Midi mettait des formes ; la poussière étouffante des migrations s'aérait ; la vision prenait de l'entournure : épanouissement formidable de glaives ! Il faut voir, dans Sidoine Apollinaire, l'effarement du temps, le vertige de l'automnal siècle gréco-romain, la toge chassée par le sayon, l'étalon par l'aurochs, le char par le chariot. En éclairs sur le bondissement des croupes, des carrures, des casques, le soleil, le soir, était comme une tempête d'écarlate ; elles étaient finies, les vesprées, où, doux, estival et blond, il tournait, moelleusement, de la pente des frontons à l'inclinaison des collines. Les frontons croulaient ; les collines épaulaient des camps barbares.

Et ce fut alors, dans la pleine vie, dans la clameur, le total aboutissement de ce grand rêve du Nord ; tout ce qu'il impliquait eut lieu ; tout se décida ; faits précis, désormais, courants, pratiques ; l'âme norse entrait dans le train du monde. Même, sous cette réalisation positive, sous ce vêtement de vie, sous ce maniement des choses, la pensée primordiale est-elle comme étouffée ; elle reste comme interdite en présence des faits qui l'équivalent ; on hésite à environner d'éternité des circonstances devenues si actuelles. — Et pourtant, entre le Goth brandissant sa framée et Wotan agitant sa lance, une correspondance s'établit, invincible. Il ne s'étend, du Guerrier au Dieu, que l'écart chronologique ; il y a le plain-pied d'un même frisson d'âme. — Frisson très inconscient, certes, chez le Barbare, mais qu'importe ? Le Gépide qui lance le javelot, le Suève qui brandit l'angon, le Hérule qui décoche la flèche, l'Alain qui ramène son bouclier, le Saxon qui pousse sa barque, le Gélon qui se taillade les joues, tous, qu'ils soient couverts de peaux, de braies ou de cuirasses, casqués, chevelus ou tondus, qu'ils boivent l'ale, l'eau, le lait, le vin, le sang, tous savent que les Walkûres, s'ils tombent, viendront les chercher sur les champs de bataille, et qu'ils iront, dans les salles de Walhall, grossir la foule des bienheureux Einhærjars. Si c'est surtout cette idée de la mort qui les ramène au dogme, leur vie n'en est pas moins comme un accomplissement, un sacerdoce dogmatique. — Qu'ils le sachent ou non, s'ils bouleversent le vieux Monde, c'est pour que d'autres puissent le réédifier en plus pur.

L'histoire de Siegfried, c'est tout cela vu, en masse, dans un seul homme. En lui semble condensée toute l'énorme épopée germanique du ve siècle. Amour-propre national, non, mais nécessité esthétique, Wagner a *accentué* cette figure, ainsi comprise, de cette idée scandinave de Rédemption, *transposée de Balder à elle.*

Et c'est beau cette évocation, à propos, en somme, d'une pure entité, cette large évocation d'humanité, ces magnificences d'histoire, ce remuement héroïque dont croula le lourd portique romain. C'est beau de faire de la vie avec les dogmes, — de prendre tous ces peuples, tous ces Burgundes, tous ces Franks, tous ces Goths, et de les agiter en vivaces réalisations de ce qui fut conçu avant le temps, avant la forme, avant le nombre. C'est, en quelque sorte, comme l'éternité mobilisée, temporifiée. Le Drame divin traine sur la terre, y roule ses tourbillons en marches d'armées, ses lueurs en frémissements d'épées. — Lorsque, sur la montagne céleste, Wotan rêve, le regard vers Walhall, bientôt payé avec un or maudit, déjà, par delà cet horizon d'empyrée, dans les « mornes espaces des créations futures », de ces créations qui *seront* parce que le Drame divin *est*, déjà court le tressaillement des tragédies héréditaires : Siegfried tue le Dragon, Héros de joie, insoucieux de l'épieu que lève Hagen. Gunther passe, vertigineux, dans un tumulte de hordes barbares. Gunther : — apparition vraiment humaine, vraiment historique, concrète, — où toute l'existence s'est trouvée pour commenter tout le rêve (1). Il est, — avec sa sœur Gutrune, amoureuse de Siegfried, — comme l'atmosphère d'épaisse vie ardente qui prend dans sa vibration cet à demi-mythique Siegfried, et lui communique l'effervescence d'être. Wotan, Gunther : les deux extrémités du Drame, l'un tout éternité, l'autre tout humanité. Gunther complète Siegfried. Figure positivement, crûment historique, il suggère tout ce qui n'a pu nommément trouver place dans l'œuvre, avant tout symbolique, de Wagner ; tout ce torrent de vie barbare du ve siècle, qui bondit de toute la force de son courant dans les *Chants héroïques de l'Edda* et dans l'épopée des *Nibelungen*.

L'aboutissement humain du Mythe, considéré en son essence dans l'*Or-du-Rhin* et dans la *Walküre*, le Mythe corporifié, voilà le but qui, entrevu dès *Siegfried*, est réalisé dans le *Crépuscule-des-Dieux*. Il n'y a qu'à jeter un coup d'œil sur le plan de la *Tétralogie* pour sentir tout le souci qu'avait Wagner, de ménager, pour la fin du Drame, par des gradations habiles, ce grand épanouissement épique. L'épopée, il la rencontrait déjà, au moment de la *Walküre*, — alors que le Drame était loin d'être révolu, — dans la *Võlsunga-saga*, où se trouve le sujet de la *Walküre*. L'histoire de Siegmund, comme la donne ce poème, est aussi épiquement développée que l'histoire de Siegfried ; c'est une suite non moins majestueuse de drames. Il y avait, dès lors, dans la richesse même de la matière offerte par la *Võlsunga*, un écueil pour Wagner. De plus, en laissant intacts les éléments puisés dans la *Võlsunga*, Wagner ne compromettait pas seulement la gradation de l'effet, il risquait un anachronisme. Ce poème de la *Võlsunga*, évidemment d'origine norvé-

(1) Gunther évoque Attila; Attila évoque la Chute de l'empire romain, prépare le Moyen Age.

gienne, s'il avait été incorporé intégralement, aurait jeté dans l'œuvre un coloris moins archaïque que celui propre à la saga *germanique* des *Nibelungen*, laquelle fournit le couronnement du drame (1). Wagner donc a imaginé, pour ces événements de la *Völsunga*, une allure primitive qu'ils n'ont pas dans l'original ; il les a simplifiés suivant les nécessités de la perspective de son œuvre. La *Völsunga* lui fournissait Siegmund, mais un Siegmund du IXe siècle, une manière de Roi-de-Mer, et il fallait un Siegmund, non pas même du Ve siècle, de l'époque des invasions, mais antérieur, un Siegmund de l'âge lacustre, pour ainsi dire, tout près des dieux. Toute cette longue épopée de la *Völsunga*, fourmillante de rois, de guerres et d'amours, Wagner l'a donc réduite à deux hommes se disputant une femme ; il l'a reculée jusqu'à l'extrême fond des temps barbares, dans des temps d'invidualités immédiates, où tout se passait d'homme à homme, de glaive à glaive. Siegmund et Hunding se disputant Sieglinde, c'était le choc de deux épieux et non de deux armées. Par ainsi, les éléments de la *Walküre* étaient mis à leur plan, et les masses profondes du *Crépuscule-des-Dieux*, les armées, les rois, les conquérants, se déroulaient en une suite logiquement amplifiée, qui était comme la progression de la vie même.

On pourrait, peut-être, arrêter ici cet examen des cycles germaniques et scandinaves au triple point de vue de la Mythographie, — de l'Histoire — et du

(1) Je ne veux pas dire, par là, qu'en eux-mêmes les événements de la *Völsunga* sont postérieurs à ceux des *Nibelungen* ; ce serait difficile, attendu que ce sont les mêmes événements, et pris même, par la *Völsunga*, dans des origines plus anciennes. Mais le récit norvégien de la *Völsunga* (définitivement compile au XIIe siècle) *leur donne une couleur plus récente*, la couleur de l'époque des Rois-de-Mer. C'est comme l'histoire de la Norvège, au IXe siècle, transposée hiératiquement dans ces légendes. Ce n'est plus le Ve siècle barbare dont on ne peut se résoudre à séparer Siegfried. Siegfried a été *germanique* avant d'être *scandinave*.

Drame de Wagner. Il nous faut pourtant insister encore, et définitivement, sur la figure de Wotan, source spirituelle de ces cycles, et qui réside au fond d'eux comme leur intime psychologie. Siegfried, c'est la trace de Wotan dans le monde, la militance du double dogme de chute et de rédemption. Cet aspect humain, dramatique, constaté, reste à considérer ce dogme en son essence, c'est-à-dire en Wotan, à remonter de Siegfried à Wotan, foyer de l'œuvre wagnérienne. Important : faire suffisamment ressortir cette figure de Wotan, ce serait dégager l'unité psychologique de la *Tétralogie*. A quoi nous bornons cette Etude.

Des diverses conceptions, émises à l'égard du grand dieu scandinave, aucune ne me semble résumer aussi complètement que celle de Wagner les caractéristiques des Religions du Nord. Gray nous a fait une manière de Walhall classique, dorique, « un palais construit de blocs de marbre noir », selon l'expression de Carlyle. — Carlyle, lui, réunit dans la figure d'Odin, prise en tant que prototype tout à fait primordial, les éléments d'une théorie de l'Héroïsme, du Héros « Enseigneur d'Hommes » ; — théorie non spécialement attachée à Odin, non inséparable de lui, mais émise à son occasion, réversible ailleurs, et réitérée, en effet, développée sur d'autres têtes, successivement (1). Il y a assez loin de cet Odin systématique, préconçu, à l'Odin des *Eddas* et de la *Tétralogie*. « Une Consécration de la Valeur », tel est le sens d'Odin, selon Carlyle. Indiscutable. Mais c'est là un sens partiel, une croyance ne dépassant point les aspirations courantes de la Vie, — de la vie d'alors, il est vrai, de la vie forcenée des Barbares du ve siècle et des Northmanns du IXe siècle. Il nous semble, après Wagner, qu'on peut voir autre chose dans le dieu scandinave qu'on peut y voir, surtout,

(1). Mahomet, Dante, Shakespeare, Luther, Knox, Cromwell, Johnson, Rousseau, Burns, Napoléon.

l'inquiétude de l'Ame du Nord, ou, simplement, de l'Ame, dans l'Actuel, son espoir aussi en l'Ailleurs.

L'Espoir ! Walhall n'en fut-il pas le symbole ? En Walhall, Wotan exprima l'aspiration de son âme, un besoin d'ordre et de tendresse au lendemain des tempêtes du chaos. Walhall : immense symbole, en vérité, non de l'orgueil des Dieux, mais de leur rêve de liberté. Liberté incomplètement conquise, sans doute, sur les tourbillons désordonnés du Mal, puisque Walhall *doit* périr. Souvenez-vous de cet incessant aheurtement des Géants contre la *citadelle* des Dieux. N'importe, Walhall est saint ; il est comme la première douloureuse épreuve de l'idéal, le premier essai vénérable qui prépare le plein épanouissement futur, le futur Walhall libéré de toute fatalité. Je remarque fort ceci que l'idée de Walhall faisait comme *toute* la Règle des scandinaves ; le but suprême de leur vie était de le mériter ; et je remarque plus encore ceci que cette idée, pour eux, régirait même leur vie à venir, — puisqu'ils n'étaient appelés dans Walhall que comme jugés dignes de le défendre, à la fin du Monde, contre les Géants. Transposons un instant, pour la mieux sentir, cette conception dans le Christianisme : les Elus luttant pour le Paradis *dans* le Paradis même : Quel effort *démesuré* d'idéal ! quelle tension *interminable* vers l'Absolu ! Toujours plus haut ! — Et ainsi Wotan monte, monte dans les hauteurs de la Liberté harmonieuse, de cime en cime. — Walhall, du moins, est-il l'ultime sommet à jamais radieux ? — Hélas, les ténèbres recouvriront la Montagne divine ; l'*imperfection* déferlera jusque-là ; et Wotan lutte pour la lumière, inextinguiblement, et tous les bons avec lui. Dans le Christianisme, Dieu, du moins, reste inaccessible au fond du saint-des-saints. L'effort ne s'impose qu'aux Elus, non à Celui qui élit. Ici le Ciel et la Terre sont solidaires : Idéal largement vécu ! — Ce large, violent Idéal éperdu, cette inextinguible soif de l'Abstrait, voilà tout Wotan, ou, plus exactement, voilà sa face d'éternité, s'il est incontestable, d'autre part, que son côté d'humanité est une « Consécration de la Valeur ». Ces deux finalités, d'ailleurs, se complètent l'une l'autre.

Maintenant, pourquoi Wotan a-t-il mérité de *tomber* ? — Qu'est-ce que cette chute dont parlent symboliquement les *Eddas* ? Ce symbole de l'Or-du-Rhin, nous l'admettons comme jeu de prêtres ou de skaldes, non comme drame intime d'âme. — Peu nous importe que Wotan ait commis une « faute » ; est-il, au fond, responsable de l'inéluctable catastrophe où sombrera son rêve ? Mais la fatalité de cette catastrophe est ailleurs immanente ; oui, ailleurs, n'importe où, spontanément éparse, incréée comme le Chaos, indépendante comme le Mal. Dieu n'est pas responsable de Satan ; Odin ne voulait que la lumière, il est innocent de la nuit. — Un vieux désespoir d'être, vissicitude primordiale, antérieur à tous les événements, à toutes choses faites, antérieur à Walhall, qui, précisément, est une protestation, — un vieux, irrémédiable désespoir d'être, mine la création des Dieux et l'engloutira quelque jour. Wotan ne peut le fuir, ce Désespoir, ce loup qui le dévorera (1). — Et pourtant il espère ! mélancolique espérance que symbolise Walhall ! protestation contre la Douleur ! ferveur d'âmes aimantes : lueurs héroïquement vivaces dans les profondeurs du Néant. — Oui, il y a, dans ce Walhall en proie aux tempêtes, une sublime affirmation de vie, quelque chose, en vérité, sur ces glorieuses architectures rayonnant dans le gouffre, comme l'épanouissement d'une conscience de « roseau-pensant. »

(1). Mythe de Fenris *enchaîné* :

« Sois sage, ô *ma* Douleur, et tiens-toi plus tranquille. »

Wotan, — Walhall : l'Ame, — l'Espoir. — Et ici, je vois éclore Freya : Freya qui, elle aussi, est toute la Joie possible, hélas ! joie fugitive, été du Nord ; Freya par qui si douloureusement mûrissent, à travers tant d'orages, les Pommes-de-Jeunesse. Je voudrais, également, nommer Balder, la pâle Douceur du Ciel des Dieux, Balder, le « Bénigne » et le Résigné, voué à quelle Passion ! — Adonis et Jésus. Ils sont, avec Walhall, les signes visibles de l'essence de Wotan, de sa vaillance, de sa confiance en la vie, les formes palpitantes d'une Pensée d'harmonie, tout à fait les créations d'une large Cordialité. — Aussi, quel deuil à la Mort de Balder ! le plus jeune Sourire de Wotan, c'était lui ; c'était lui, la floraison la plus tendre de l'Ame du Nord. Car il ignorait, ce candide Balder, les implacables fatalités originelles ; une belle lueur de consolation le baignait tout ; il était tout en clarté ; rien de la nuit antique qui lui fût mêlé. Et à le voir si dégagé du Passé de Deuil, le Dieu, le Père soucieux, finissait par participer à cette suavité d'oubli ; il espérait.

Ames neuves, joyeuses, ignorantes, qui, dans leur sécurité d'ignorer, trouvent une force, une liberté que ne connaissent point les Dieux, — les sombres Dieux qui savent tout. — Ce sont aussi de ces âmes, Siegmund, Sieglinde, Siegfried, Brünnhilde. Si elles sont absolument, comme Balder et Freya, des hypostases de la Volonté divine, des tabernacles inviolables où se complait l'âme divine, l'*Edda* ne le dit pas du tout. Mais telle est leur fonction dans la *Tétralogie* : bel élan créateur de Wagner. L'amour de Siegmund et de Sieglinde, celui de Siegfried et de Brünnhilde, c'est comme un déploiement de Wotan dans la joie et dans la liberté, une échappée hors du Destin ; c'est l'Ame libérée de toute misère, en pleine extase. Siegmund et Sieglinde, Siegfried et Brünnhilde : je ne serais pas loin de considérer ces couples comme des manières de figures platoniciennes, des conceptions flagrantes du Désir (1), des idées réalisées. Wagner, certes! âme saxonne, scandinave, connaissait profondément cette Ame du Nord, si riche d'idéal, qu'elle trouve dans tout un reflet de son propre infini. Ces reflets, pour Wotan, ce sont ces êtres de lumière et d'amour, Siegmund-Sieglinde, Siegfried-Brünnhilde, reflets éblouissants projetés dans de limpides vibrations de vie extasiée. Prolongement de l'âme, là-bas, dans un clair avenir de félicités; élan éperdu loin des Ténèbres, du Destin, de l'Urgent. Toujours plus haut. Wotan, — Ame primitive, Désir, Mouvement (2), — Wotan complètement identifié avec son idéal, tout entier à contempler l'image de son rêve, oublierait les sombres nécessités qui l'enchainent, la vieille fatalité de malveillance qui l'atterre. Se renouveler en son rêve! Aussi, quel effort! Quelle explosion d'éternité dans ces intenses figures d'amants: Siegmund-Sieglinde, Siegfried-Brünnhilde (3). Comme, dans

(1) Il y a, dans la théogonie scandinave, un Dieu peu connu, le Dieu *Désir*, que l'on voudrait bien pouvoir identifier avec Wotan. — « Peut-être le dieu le plus remarquable dont nous entendions parler est-il un de ceux dont Grimm trouve trace : le dieu Wunsch, ou Wish (*to wish*, désirer). Ceci n'est-il pas la plus sincère et pourtant la plus rudimentaire voix de l'esprit de l'homme ? le plus rudimentaire idéal que l'homme ait jamais formé. » — CARLYLE.

(2) « — Le mot *Wuotan*, qui est la forme originelle d'Odin, mot répandu comme nom de leur principale divinité, d'un bout à l'autre des nations teutoniques, partout, ce mot, qui se rattache, d'après Grimm, au latin *vadere*, à l'anglais *wade* et autres semblables, — signifie, primitivement, *Mouvement*, source de mouvement, Puissance, et est le digne nom du plus haut dieu... Le mot signifie Divinité, dit-il, parmi les vieilles nations saxonnes, germaines, et toutes les nations teutoniques; les adjectifs formés de lui signifient tous *divin*, suprême, ou quelque chose appartenant au principal Dieu. » — CARLYLE.

(3) Brünnhilde serait, dans le Drame, même avant Siegfried, la plus précise de ces « figures platoniciennes ». C'est elle qui est le plus nommément, le plus immédiatement, l'incarnation de la Volonté de Wotan; c'est en elle que cette Volonté se satisfait le mieux; en elle, victorieuse, un instant, du Destin. Elle est la plus large *naissance* de Wotan dans la vie concrète, — la plus profonde substance vitale où il

leur amour, ils ont l'air de sentir qu'ils sont, en vérité, l'écho de quelque éperdu cri divin.

Et ici éclate le drame psychique : Ces formes parfaites de son Désir, Wotan est obligé de les détruire. Il faut que l'Ame renonce à son rêve (1). Pourquoi ? — Mais laissons-là les linéaments, les explications du symbole ; sortons de toutes ces savantes constructions mythologiques. Il n'y a plus que ceci : Wotan, l'Ame en quête d'idéal, d'éternité ; Siegmund et Sieglinde, Siegfried et Brünnhilde représentant ces efforts. Leur amour, c'était la spontanéité de Wotan largement épandue ; il donnait la pleine mesure de l'aspiration divine; leur cœur contenait *tout* le ciel, absolument, expression hyperbolique ailleurs, positive ici. Oui, à travers les ténèbres de l'antique Désespoir, l'Ame, à force d'amour, avait ouvert des perspectives de consolation, de délivrance. Dégagée de l'angoisse première,

s'hypostasie. — Ce n'est pas tout à fait ainsi que sont, que *demeurent*, les Walküres dans les *Eddas*. Certes, elles y accomplissent bien les volontés célestes, mais sans jamais se départir, elles-mêmes, de leur divinité, leur mission étant, en quelque sorte, d'absorber le concret dans l'abstrait, de transplanter la vie dans l'éternité (Héros *conduits* au Walhall). Ici, au contraire, la Walküre, penchée, de plus en plus, vers l'Humanité, s'y solidarise, enfin, y reste attachée par le lien de son amour pour Siegfried. C'est que Wagner a voulu une incarnation tout à fait humaine de Wotan, afin de mieux faire saisir les luttes de cette âme. D'où, à la place de Balder : Siegmund-Sieglinde, Siegfried, — et Brünnhilde. Je n'oublie point toutefois, malgré ce qui précède, que la Brünnhilde de la *Tétralogie* est, à peu de chose près, la Brünnhild des *Eddas* ; mais dans les *Eddas* Brünnhild agit beaucoup moins comme Walküre que comme amante de Siegfried, et cet amour détruit sa nature de Walkyrie. Elle est, justement, une exception parmi les Walküres. On voit bien d'autres Walküres aimer aussi des Héros ; mais tôt ou tard, les vierges-cygnes s'envolent (je pourrais citer plus d'une saga) et il faut, précisément, que, pour les fixer auprès d'eux, les Héros leur enlèvent leur symbolique plumage. Dans les chants eddiques, Brünnhild est endormie par Wotan, pour avoir, malgré la défense du dieu, protégé le jeune Agnar contre le farouche Hialmgunnar (Voir la note relative à la *Völsunga-saga*). Mais, naturellement, la psychologie des *Eddas* n'atteint pas jusqu'à dire si, faisant cela, la Walküre accomplit un désir secrètement cher au Dieu. L'idée est toute à Wagner ; elle est belle.

(1) De même, Wotan est impuissant à sauver Balder.

de l'*inertie* originelle, elle s'était affermie en sa vaillance, elle avait eu foi en ses rêves. Et ces rêves s'évanouissent. La forme dramatique de ceci est exacte : un père qui voit mourir ses enfants ; exacte aussi la forme mythique ; un dieu qui tombe en cendres dans la déchéance de son incarnation. Mais c'est avant tout, essentiellement, la Chute d'une Ame, — la chute fatale d'une âme qui, cependant, avait tout tenté pour son salut. — C'est l'immense monde de l'Ame écroulé. Pourquoi ?

Il faut en revenir à la vie même, à aujourd'hui si l'on veut.

Peu importe, d'ailleurs, pourquoi l'Ame tombe, pourquoi Wotan *doit* périr. Considérer surtout ceci : — Cette fatalité de dissolution, dès qu'elle a pesé sur l'Ame, l'a mise dans l'obligation de réagir, de s'exprimer. Elle est, cette fatalité, l'occasion de toute vie de l'Ame, avant d'en être le tombeau. — « L'Homme ne vaut que par le malheur », dit un livre, déjà de jadis, — et d'aujourd'hui. *Memento* quia pulvis es. Et la vie, dans ses affirmations les plus passionnées, dans ses ferveurs les plus enthousiastes, n'est toute, au fond, que ce *memorandum*. Memorandum parfois même peu fardé, hautement reconnu pour ressort de vie : au Moyen Age, par exemple, et qui assumerait de dire que la vie du Moyen Age ne fut pas belle? — Sans l'idée de rupture, le roseau ne serait que roseau ; dès qu'il *sait* qu'il rompt, il est le Roseau-Pensant ; c'est toute sa vie, cette conscience, sa forte vie. Je suis assez confus de ces raisons, point neuves ; mais ce symbole de Wotan, dont j'essaye d'inventorier la substance psychique, est, qu'on y songe, tellement élémentaire !

Donc le bondissement de l'Ame scandinave, cinglée par l'idée de néant, c'est Balder, nous disent les Mythologies, Siegfried, nous disent les Epopées, les Invasions, nous dit l'histoire. Puissant cri de conscience, en tous cas, puissante palpitation d'âme, qui a pu monter jusqu'à nous, à travers la triple profondeur des temps : Le Mythe, la Légende et l'Histoire. Que nous importe de voir, dans la Fable, Balder « mourir », — dans l'Epopée, Siegfried assassiné, dans l'Histoire, les Hordes de l'Invasion s'entr'égorger pour les dépouilles de Rome? — Balder renaîtra ; — la vénération de la mémoire de Siegfried fera surgir d'autres Héros ; — le désordre des Barbaries aboutira aux pieuses constitutions du Moyen Age. Et tout cela, c'est, prolongée, la vibration de l'Ame initiale, c'est la palingénésie des moissons nouvelles se levant de la « poussière puissante laissée par le Passé », c'est le souvenir fécond des « Runes antiques », c'est la vie perpétuée, — la Rédemption.

Edmond BARTHÉLEMY.

Le 1er octobre 1893.

NOTA

Dans toutes les pages qui suivent :

1° Les renvois à l'*Annotation Philologique* (L.-P. de B'.G.) sont marqués en *chiffres arabes*.

2° Les renvois au *Commentaire Musicographique* (Ed. B.) sont indiqués en *astérisques*.

L'ANNEAU DU NIBELUNG

FESTIVAL SCÉNIQUE EN UN PROLOGUE ET TROIS JOURNÉES,

Représenté, pour la première fois intégralement, au *Festspiel-Haus* de Bayreuth, les 13, 14, 16 et 18 août 1876.

Traduction et *Annotation* par LOUIS-PILATE DE BRINN'GAUBAST.

Commentaire Musicographique par EDMOND BARTHÉLEMY.

PERSONNAGES

de *L'Or-du-Rhin* (Prologue).

WOTAN, **DONNER,** **FROH,** **LOGE,**	**Dieux.**
FASOLT, **FAFNER,**	**Géants.**
ALBERICH, **MIME,**	**Nibelungen.**
FRICKA, **FREYA,** **ERDA,**	**Déesses.**
WOGLINDE, **WELLGUNDE,** **FLOSSHILDE,**	**Filles-du-Rhin.**

Nibelungen.

L'OR-DU-RHIN

SCÈNE PREMIÈRE (1)

AU FOND DU RHIN (*)

Crépuscule verdâtre, vers en haut plus clair, vers en bas plus sombre. La partie supérieure est pleine d'eaux fluctuantes, qui coulent de droite à gauche, indiscontinûment. Vers l'inférieure, les flots se résolvent en un voile de brouillard de plus en plus fin, de telle sorte qu'à hauteur d'homme un espace, à partir du sol, paraît libre entièrement des eaux, qui passent, comme des traînées de nuages, sur le fond ténébreux. De toutes parts, limitant la scène, des bancs de rochers abrupts surgissent des profondeurs; sur le sol, pas une place complètement aplanie : c'est un sauvage chaos de fissures, de déchiquetures, qui laisse de tous côtés, au plus noir des ténèbres, deviner de plus profonds abîmes.

Autour d'un roc dressant, au centre de la scène, sa pointe aiguë jusque là où les eaux, dans une plus lumineuse clarté crépusculaire, affluent avec plus d'abondance, l'une des FILLES-DU-RHIN, d'un mouvement gracieux, nage en tournoyant.

WOGLINDE

Veya! Vaga! (2) Vegue, ô la vague, la vague bercée, la vague berceuse! (3) Vagalaveya! Vallala veyala veya!

(1) Ou : « Premier *Tableau* ». — *Voir* la note (1) de la p. 27.

(2) Sur *Weia! Waga!* on lirait avec fruit un intéressant article philologique (en allemand), compris, sous ce titre, parmi les *Wagneriana* de M. Hans von Wolzogen.

(3) Littéralement : « Vogue, [ô] toi vague, — Ondoie au berceau! » *Vibre en la vive!* traduit M. Édouard Dujardin. C'est

(*) Le motif de la Nature (*Ur-Melodie*, ou, plus exactement, *Motiv des Urelementes,* motif des Eléments-primordiaux) qu'expose le prélude de l'Or-du-Rhin, joue un rôle capital dans le système thématique de la *Tétralogie*. Il revient

LA VOIX DE WELLGUNDE, *venant d'en haut.*

Woglinde, es-tu seule à veiller ?

WOGLINDE

Avec Wellgunde, je serais à deux.

un de ces passages qui, n'ayant aucune importance au point de vue du sens général de l'œuvre, peuvent être, sans crime, transposés, de leur beauté phonétique allemande, suivant une harmonieuse combinaison de syllabes françaises. Il ne faudrait, évidemment, ni multiplier ces transpositions, ni, surtout, leur prêter plus de valeur qu'elles n'en ont : plus fidèles, à la beauté spéciale des passages transposés, que la simple et sèche littéralité, elles contribuent, rien de plus, rien de moins, à encadrer, d'un style davantage adéquat, l'immense majorité des passages pour lesquels la littéralité suffit, regagne, en vigueur dramatique ou en profondeur de sens général, ce qu'elle peut perdre en vaine sonorité de syllabes. Au sujet de ces intermittentes et fidèles infidélités, que je ne m'astreindrai guère à signaler chaque fois, mais dont j'ai tenu à notifier la première parmi les premières, consulter ci-dessus mon Avant-Propos.

---

exprimer, — toutes les fois que le Drame l'implique, — l'innocence première, la paix ancienne des choses. Il s'étale comme le large fond physique, végétal, harmonieusement lointain, sur lequel se détachent, violentes et actuelles, les apparitions du Drame. — Nous avons attentivement noté tous les passages de la *Tétralogie* qui ramènent l'Ur-Melodie. En général, presque toutes les fois qu'une idée de nature est émise, ou sous-entendue (et c'est souvent), ce thème revient, berceuse immense qui baigne tout le Drame (Erda ; — les Nornes ; — l'Arc-en-Ciel ; — le Rhin ; — la chute des Dieux, lisez : le retour à la Nature, au creuset primordial).

Quant à la technique et au pittoresque de ce grand thème, nulles lignes ne seraient plus suggestives que les lignes suivantes de MM. Alfred Ernst et Catulle Mendès :

« — Une immense tenue sur l'accord de *mi-bémol* majeur, au grave, — dit M. Alfred rnst (RICHARD WAGNER ET LE

WELLGUNDE, du haut du Fleuve, plonge en bas vers le roc,

Montre voir comme tu veilles.

(Elle cherche à attraper WOGLINDE.)

WOGLINDE, à la nage, lui échappe.

Ici je te nargue (1).

(Elles se lutinent, cherchent à se prendre, par jeu.)

(1) Littéralement : « Sûre contre toi », c'est-à-dire : Ici je suis en sûreté contre toi. — Le caractère résolûment DRAMATIQUE de cette traduction de la *Tétralogie* m'impose de semblables changements, que je ne me serais et ne me suis permis, j'y insiste, dans aucun des passages ressortissant au sens général de l'œuvre (*voir* la précédente note et mon Avant-Propos), et que je me suis efforcé toujours d'adapter, suivant la logique, à l'intonation de l'original — poème, partition, — et au naturel des personnages. Je ressasse dès à présent ces remarques, afin d'y moins revenir ensuite. Quoi qu'on en pense, — peut-être encore, pour le passage qui nous occupe, préférera-t-on ma traduction à celle de MM. Dujardin et Houston Stewart Chamberlain : « Sûre de toi » ; comme on voit, c'est un pur contre-sens. J'admets qu'à la rigueur,

DRAME CONTEMPORAIN, p. 203 (*a*) ouvre le prélude de *Rheingold*. Un cor échelonne, *pianissimo*, les notes constitutives de l'*Ur-Melodie*; un deuxième les répète, jusqu'à ce qu'ils se répondent, et qu'enfin la mélodie se dégage, dite d'abord par les bassons, sur un murmure imitatif des violoncelles. C'est le motif de la Nature, représentée, en son innocence et sa simplicité primordiales, par les eaux du grand fleuve légendaire, le Rhin. La mélodie progresse, passe aux voix élevées de l'orchestre, se développe, sans cesse recommencée, avec un bercement rythmique qui reproduit le mouvement même des vagues... »

Sur le développement (thématique) de l'*Ur-Melodie*, M. Ernst dit ceci (*b*) : « Cette mélodie se compose, *essentiellement*, des

(*a*) 1 volume. — Paris, 1887. — Librairie Moderne.
(*b*) *Ibid.*, pages 132 et suivantes.

LA VOIX DE FLOSSHILDE, venant d'en haut.

Heyala veya! Turbulentes de sœurs!

étymologiquement, « Sûre de toi » demeure défendable au (vrai) sens de : « Sûre contre toi » ; même, quiconque sait la compétence, la presque infaillibilité, en toutes les questions wagnériennes, de ces deux parfaits wagnéristes, doit, au cas présent, comme en d'autres cas, rendre justice aux intentions dont il critique les résultats, et non, critiquable lui-même, triompher en pédant d'une faute que pas un des deux n'a pu faire (je l'affirme, en toute sincérité). Mais on conviendra bien que s'il est une circonstance où s'insurger contre l'usage est évidemment inutile, c'est avant tout celle où un traducteur, trop soucieux de tournures étymologiques, altère le sens... pour le mieux rendre ! — Encore telles étymologies sont-elles peut-être contestables ?

---

notes d'un accord parfait majeur, la tonique, la médiante, la dominante. Ces trois notes distinctes sont d'abord données par les cors, dans un certain ordre, *seules*. Puis, lorsque la ligne mélodique se complète et s'anime, des notes de passage viennent lier entre eux ces degrés fondamentaux, qui, d'ailleurs, restent seuls accentués. La forme *éclatante* de ce *Thème de la nature* sera très rationnellement le motif proclamé un peu plus tard par la trompette, celui qu'on appelle d'habitude *la Fanfare de l'Or-du-Rhin*.

Cette fanfare est encore formée des mêmes notes, mais groupées suivant une figure différente.

Quand Wotan voudra opposer à l'Or une force neuve, celle du Fer, — c'est-à-dire créer les héros qui doivent reconquérir l'Anneau, et libérer le monde de la malédiction, — c'est une autre figure mélodique, toujours faite des mêmes notes, et d'ordinaire aussi confiée à la trompette, qui s'associera maintenant à cette idée. Ce motif est surtout connu sous le nom de *thème de l'Epée*, parce que le glaive qu'ont oublié les géants, relevé par le dieu, donné par lui au héros, est le symbole visible de la puissance nouvelle.

Si à présent on écrit la mélodie primitive dans le mode mineur, on aura le thème qui accompagne l'apparition d'*Erda*, et qui, rythmé d'une façon plus saccadée, se transforme dans

WELLGUNDE

Nage, Flosshilde! Woglinde échappe : à l'aide, pour saisir la fuyarde! (1)

(1) Littéralement : « la fluante », « la coulante » ; ce qui, sans doute, est plus expressif et poétique, et ce que moi-même j'imprimerais, si... — Du moins donnerai-je souvent, en des cas analogues, le sens littéral en une note, car c'est évidemment celui que choisiront artiste et lettré. Mais j'ai dû, pour faciliter la lecture courante de la traduction, tenir un certain compte, sans m'y asservir, des accoutumances du public français, parmi la masse duquel la présente édition, propagandiste s'il en fut, doit, non certes « vulgariser », mais répandre la connaissance et l'admiration de la *Tétralogie*.

le thème de la *Götternoth* (le *Péril* ou la *Détresse des dieux*). Si, revenant à la forme majeure du motif, on inverse en quelque sorte sa marche, on voit de suite quelles modifications très simples suffisent pour créer le thème dit du *Crépuscule* et de la *Fin des dieux*. Nous retrouverons les accords parfaits majeur et mineur, brisés, arpégés tour à tour sur un fier mouvement de galop, dans les deux motifs essentiels de la *Chevauchée* : celui qui est spécial aux Walkyries et à leur fonction guerrière, et la figure, plus simplement descriptive, qui rythme la fantastique cavalcade par l'échevèlement des nuées. Deux des motifs orchestraux qui se développent dans la scène des Nornes, au début de la *Götterdämmerung*, dérivent visiblement aussi de la mélodie primitive, et voilà donc une dizaine de thèmes faciles à rattacher à un principe commun... »

— « D'on ne sait quelle profondeur (*a*) émane sourdement un son. Il semble que l'on entende, à peine perceptible, informe, le bruit premier d'un monde qui va vivre. Le son insiste, s'efforce, se dégage, il s'y mêle un désir de montée, de développement. Il se multiplie en sonorités d'abord confuses, l'une à l'autre enchaînées dans une vague ligne déjà de déroulement, et se hausse, et s'enfle, et, moins obscurément, avec une expansion lente qui se dilate de plus en plus, veut

(*a*) Catulle Mendès : *Richard Wagner*, 1 volume. Paris, Charpentier, 1886.

FLOSSHILDE plonge, et descend entre les deux joueuses.

Sur l'Or, qui dort, vous veillez mal ; faites meilleure garde autour du berceau du Dormeur, ou vous payerez cher, toutes deux, votre jeu !

(Avec de gais cris vifs, ses deux sœurs se poursuivent : FLOSSHILDE cherche à saisir tantôt l'une, tantôt l'autre ; elles lui échappent et, finalement, se réunissent pour donner, à FLOSSHILDE, la chasse : ainsi, comme des poissons, elles frétillent, vont d'un roc à l'autre, en folâtrant, avec des rires.)

Cependant, surgi du gouffre par une ténébreuse crevasse, ALBERICH, gravissant l'un des rocs, a paru. Il fait halte, enveloppé encore d'obscurité, et se plaît à contempler, muet, les ébats des Ondines.

ALBERICH

Hé, hé ! Nixes ! Que vous êtes mignonnes, enviable peuple ! Hors de la nuit du Nibelheim (1), j'aurais plaisir à venir vers vous, si vous vous incliniez vers moi.

(Au son de voix d'ALBERICH, les Ondines cessent leur jeu.)

(1) *Nibelheim*, « Région- » (ou « Pays », « Séjour », « Monde », « Patrie ») « -des-vapeurs-obscures », habitée par les *Nibelungen*, ou nains. — Le Drame et des Notes préciseront.

---

atteindre le plein épanouissement de soi-même dans une grande onde mélodique. Une onde, en effet. Le son, émané des profondeurs, n'était-ce pas la plainte souterraine d'une source qui bientôt se répand par un bâillement de la terre et s'élargit et devient sous le ciel l'harmonieux ruissellement d'un fleuve ? Les rythmes, dans les mystères de l'orchestre, se déroulent l'un sur l'autre, s'accompagnent, se poussent. Parmi la fluidité de tous, quelques-uns, plus précis, semblent tendre vers une expression plus palpable de leur essence. On dirait que le remuement de l'onde va prendre une forme nouvelle, vivante, mais toujours fugace et courbe comme lui... »

On consultera avec fruit la partition réduite au Piano par Kleinmichel (Paris, P. Schott et Cie). Prélude de l'*Or-du-Rhin* pages 1 à 5. Toutes les références indiquées au cours de notre travail se rapportent à cette Partition.

WOGLINDE

Heï! qui est là-bas?

WELLGUNDE

C'est noir et ça crie.

FLOSSHILDE

Voyons un peu qui nous espionne!

(Elles plongent, s'enfonçant davantage, et reconnaissent alors le Nibelung.) (1)

WOGLINDE et WELLGUNDE

Pouah! l'horreur!

FLOSSHILDE, remontant rapidement.

Veillez bien sur l'Or! C'est contre un tel ennemi que le Père nous mit en garde.

(Les deux autres la suivent; et toutes trois se réunissent, vivement, autour du roc central.)

ALBERICH

Vous, là-haut!

TOUTES TROIS

Que veux-tu, là, en bas?

ALBERICH

Pour me tenir en silence ici, dans ma surprise, est-ce que je trouble donc vos jeux? Si vous plongiez vers lui, le Niblung aurait plaisir à faire des folies avec vous!

(1) *Nibelung*, [nain] « issu-des-vapeurs-obscures » (Cf. la Note précédente). — Le sens *dualiste* du mythe (primitif) sera ultérieurement expliqué. Mais il est d'autres sens, d'aucuns géologiques, on pourrait même dire : volcaniques, d'origine islandaise, peut-être; Wagner avait bien mieux à faire que de les adopter et d'y insister : il les a suggérés, du moins (Alberich sera ci-après le « nain-du-soufre »; un « brandon de soufre dans le flux des vagues »; enfin, c'est par la « Faille-du-Soufre » qu'on descend à Nibelheim). — Cf. aussi la note sur le mot « Alfe », p. 233.

WELLGUNDE

C'est avec nous qu'il veut jouer ?

WOGLINDE

Raille-t-il ?

ALBERICH

Comme, dans l'eau miroitante, vous semblez claires et belles ! Comme volontiers mon bras étreindrait celle, des sveltes, qui voudrait me faire la grâce de descendre auprès de moi !

FLOSSHILDE

A présent je ris de ma peur : l'ennemi est amoureux.

(Elles rient.)

WELLGUNDE

L'affreux hibou lubrique !

WOGLINDE

Faisons sa connaissance ?

(Elle se laisse descendre et glisser jusque sur le sommet du roc au pied duquel est Alberich.)

ALBERICH

Celle-ci descend vers moi.

WOGLINDE

A ton tour, viens près de moi !

ALBERICH escalade, leste comme un kobold, quoique forcé de faire halte à différentes reprises, le roc, dont il atteint la cime.

Mica glaiseux, gluant et lisse ! Et comme je glisse ! Pour les mains, pour les pieds, nulle prise, nul équilibre, un sol qui fuit ! (Il éternue.) L'eau me chatouille jusqu'au fond du nez : maudit éternuement !

(Il se trouve, à présent, dans le voisinage de WOGLINDE.)

WOGLINDE, riant.

C'est avec des éternuements qu'approche mon magnifique amant ! (1)

ALBERICH

Sois à moi, délicate enfant !

(Il cherche à l'enlacer.)

WOGLINDE, se dégageant.

Si tu veux m'aimer, viens m'aimer ici !

(Elle s'est élancée sur un autre roc. Ses sœurs rient.)

ALBERICH, se grattant la tête.

O malheur : tu t'enfuis ? Reviens donc ! Tu montes là sans peine, toi : mais moi !...

WOGLINDE se laisse couler sur un troisième rocher, situé plus profondément.

Descends seulement au fond : là tu ne peux que m'attraper !

ALBERICH, sautant lestement.

Oui, là, en bas : certes, c'est bien mieux !

(1) Littéralement : « [C'est] en éternuant [qu']approche la magnificence de mon amant ! » Je ne résiste point au désir de donner ainsi, çà et là, de telles citations à titre d'exemples : qu'elles justifient, s'il en est besoin, les libertés que j'ai prises avec l'original, en cette traduction *dramatique*. Car enfin, c'est très bien, la littéralité : mais quoi ! déjà privée de musique, privée de ses allitérations, comme elle deviendrait infidèle aux plastiques beautés de la langue de Wagner ! Le mot sous le mot, ce n'est point traduction, c'est trahison. J'ajouterai que c'est souvent paresse, car pareil labeur mécanique n'exige aucune intelligence, aucun effort d'intelligence, et pourrait même se faire, horreur ! à coups de lexique.

WOGLINDE remonte, d'un bond, sur un roc à l'écart.

Et maintenant, tout en haut !

(Toutes rient.)

ALBERICH

Renchéri de poisson ! comment le prendre au bond ? Attends, perfide !

(Il s'apprête à grimper vivement à sa poursuite.)

WELLGUNDE, qui s'est placée sur un autre rocher, situé plus profondément.

Heya ! Mon doux ami ! n'entends-tu pas ma voix ?

ALBERICH, se retournant.

C'est toi qui m'appelles ?

WELLGUNDE

Mon conseil est bon : viens de mon côté, laisse là Woglinde.

ALBERICH saute avec prestesse sur le sol, et court à WELLGUNDE.

Tu es bien plus belle que cette sauvage-là (1). — Plonge seulement plus au fond, si tu veux m'être bonne ?

WELLGUNDE, descendant un peu plus.

A présent, suis-je à ta portée ?

ALBERICH

Pas assez ! Jette tes souples bras autour de moi, que je puisse te lutiner, toucher ta nuque, te caresser, me serrer étroitement contre toi, contre ta poitrine palpitante, avec tendressse, avec passion ! (2)

(1) Littéralement : « Bien plus belle es-tu — que cette sauvage-là, — cette moins brillante — et trop fort glissante. »

(2) On pourra comparer ce passage, d'une si chaude sensualité, avec certaines phrases des chants dialogués des Bayadères, notamment l'*Entretien d'un Homme et d'une Femme en route* (*Chants populaires du Sud de l'Inde*, traduction et notices par E. Lamairesse, 1868).

WELLGUNDE

Es-tu si amoureux, si assoiffé de plaisir ? Voyons d'abord, mon cher, comment tu es tourné ? — Pouah ! velu ! Pouah ! bossu ! Le gnome noir ! L'affreux nain-du-soufre ! Cherche une amante à qui tu plaises !

ALBERICH cherche à la retenir de force.

Je ne te plais pas, soit ! mais je te tiens.

WELLGUNDE, d'un bond, s'élance sur le roc du milieu.

Tiens-moi bien, je pourrais t'échapper !

(Toutes les trois rient.)

ALBERICH, irrité, l'invectivant.

Fille perfide ! Froid poisson, qu'on ne sait par où saisir ! (1) Si tu ne me trouves pas beau, charmant, plaisant, mignon, brillant, et si ma peau te dégoûte, eh bien ! va-t'en faire l'amour aux anguilles !

FLOSSHILDE

Qu'as-tu à gronder, Alfe ? (2) Si vite découragé ? Tu n'as demandé qu'à deux ! La troisième, si tu lui parlais, si tu l'aimais, te réserve une douce consolation !

(1) Cette traduction explicative s'autorise de dictons allemands. — Littéralement : « épineux poisson » ; ou plutôt : « poisson plein d'arêtes. »

(2) « *Alp* ». — Les anciens poèmes scandinaves divisent les Alfes (*âlfr*, *alfar*) en *Alfes-de-Lumière* et en *Alfes-Noirs*. C'est des derniers (qu'on a souvent comparés, à tort ou à raison, avec les *arbhas* de la mythologie védique, et qu'il faut se garder de confondre avec les « Elfes » d'Irlande, d'Écosse, etc.) c'est des Alfes-Noirs, donc, qu'Alberich fait partie. — On l'a vu ci-dessus nommé : « gnome ». Là, ainsi que dans tout le poème, le terme exact eût été « dvergue » (*Zwerg*) : mais ces nuances mythographiques étaient d'un intérêt trop mince pour me retenir de préférer le vocable « gnome », plus rythmique, et, d'ailleurs, moins déconcertant. — Cf. la note (1) de la p. 434.

ALBERICH

Un chant propice descend ici vers moi. — Que vous soyez plus d'une, quelle chance! car, sur plusieurs, j'en séduirai bien une : tandis que si vous n'étiez qu'une! (1) — Dois-je te croire? Alors viens, descends, coule-toi ici!

FLOSSHILDE descend vers ALBERICH.

Sœurs niaises! êtes-vous assez folles de le trouver laid!

ALBERICH, s'approchant vivement.

Elles le sont à mes yeux, niaises, et laides aussi, depuis que je t'ai vue, toi, la plus charmante.

FLOSSHILDE, câline.

O chante encore : si douce, si délicate, si magnifique, ta voix m'extasie les oreilles! (2)

(1) Voici la version littérale de M. Edouard Dujardin; « littéraire » aussi, dit-il; qu'on en juge : « Comme est bon, que vous — Une seule ne soyez! — De maintes, je plais bien à une .. » etc. Ce qui, d'ailleurs, doit être inexact, le présent ayant chez Wagner, souvent et ici, le sens futur : « De maintes, je plairai bien à une. » Mais n'eus-je point raison d'avancer que de pareilles littéralités, pour littéraires qu'on les prétende, justifient trop, s'il en est besoin, le système de traduction que j'ai cru devoir adopter comme plus fidèle à la beauté, aux réelles beautés du poème?

(2) Suivant l'inexorable littéralité de MM. Edouard Dujardin et Houston Stewart Chamberlain : « O chante encore — si doux et fin; — comme saint ce séduit mon oreille! » Il serait facile, en vérité, de critiquer un pareil système de traduction : il prend le sens le plus général pour chaque vocable, et ne tient guère compte d'aucune nuance; il rend (germanisme licite) l'adjectif, pris adverbialement, par le simple adjectif français, ce qui est absolument contraire au présent génie de notre langue.... Mais ces erreurs, encore un coup, laissent intacte l'autorité qu'il faut reconnaître à ces messieurs dans toutes les questions wagnériennes : et j'ai dit plus haut (p. 121) pour quelle cause unique je m'attaque à leur vieil essai de traduction.

ALBERICH, la touchant familièrement.

Doux compliment : mon cœur tressaille, tremble et se trouble de plaisir.

FLOSSHILDE le repousse avec douceur.

Ton charme fait la joie de mes yeux ; ton doux sourire, la joie de mon âme ! (Elle l'attire tendrement vers elle) O bien-aimé !

ALBERICH

O bien-aimée ! (1)

FLOSSHILDE

Puisses-tu m'aimer !

ALBERICH

Puisses-tu m'appartenir toujours !

FLOSSHILDE, le tient tout à fait embrassé.

Ton regard brûlant, ta barbe hirsute, ô puissé-je à jamais les voir, les contempler ! Ta rude tignasse, ses boucles hérissées, puisse Flosshilde, à jamais, les envelopper de ses flots ! Ta figure de crapaud, (2) le croassement de ta voix, ô puissé-je, surprise et muette, n'en plus voir, n'en plus ouïr d'autre !

(1) « Très bienheureux homme ! — Très douce fille ! » traduit, littéralement, M. Edouard Dujardin. Mais si le sens général, ordinaire, des mots est ainsi transcrit, — ni le sens particulier de ces mots quant au passage, ni l'intonation dramatique de ce passage, ni la symétrie des répliques allitérées ne se trouvent rendus : « Seligster Mann ! — süssesste Maid ! » Entre une pareille traduction morte et la traduction que j'ai rêvée (je ne dis pas : « que j'ai réalisée »), il y a juste autant de différence qu'entre une photographie servile d'un paysage, — et l'interprétation vivante de ce paysage par un artiste épris de nature.

(2) On verra plus loin qu'Alberich se métamorphose en crapaud. Je sais des personnes, et voire des Wagnériens fervents (aussi fervents que fermés d'ailleurs à toute intelligence des mythes, des symboles, des âmes non-françaises), qui en sont encore à reprocher à Wagner ce malheureux crapaud. A ceux-là, — les mêmes qui réclament contre le « bétail » fantastique de la *Tétralogie* entière, — nous refuserons toute explication. Qu'ils

(**WOGLINDE et WELLGUNDE, en plongeant, se sont approchées par derrière ; elles poussent, lorsqu'elles sont tout contre eux, un retentissant éclat de rire.**)

ALBERICH, bondissant, surpris, des bras de FLOSSHILDE.

Est-ce de moi que vous riez, méchantes ?

FLOSSHILDE, s'arrachant brusquement à lui.

Comme de juste, au bout de la chanson.

(**Elle remonte vite, avec ses sœurs, et mêle, aux leurs, ses éclats de rire**).

ALBERICH, d'une voix déchirante.

Malheur ! hélas malheur ! O douleur ! O douleur ! (*) La troisième, la plus chère, m'a-t-elle aussi joué ? — Filles sans pudeur ! Perfides ! Vile engeance de débauche ! Ne vivez-vous que d'imposture, clique de Nixes sans foi ?

LES TROIS FILLES-DU-RHIN

Vallala ! Lalaleya ! Laleï ! — Heya ! Heya ! Haha ! — Tu devrais avoir honte, Alfe ! Cesse de criailler, là au fond ! Ecoute

continuent de parler de « féeries » ou de « contes de fées » : nous hausserons les épaules et les plaindrons vivement. Mais tout au moins devront-ils constater, dès maintenant, qu'assez longtemps d'avance Wagner les prépare à voir, sur la scène, et ce crapaud, et, plus tard, chacune, sans exception, des bêtes de sa *Tétralogie*. — Touchant la vraisemblance scénique de tels détails, dans les conditions toutes spéciales du *Festspiel-Haus* de Bayreuth, cf. l'*Avant-Propos*, p. 132, note (2).

(*) Il faut noter ici la *naissance* du thème de la servitude (Partition, page 24, 5me portée). Ce thème, qui exprime la tyrannie des choses, surgit logiquement pour caractériser la farouche passion impuissante d'Alberich. Non moins logiquement, il servira, partiellement, à symboliser l'Epieu de Wotan, l'Epieu sacré couvert des Runes des traités (Pactes, Conventions, Nécessité, Servitudes) et, partiellement aussi, le travail des Nibelungen.

ce que nous te répliquons ! Pourquoi, poltron, n'as-tu pas eu l'audace de garrotter celle que tu aimes ? Sans félonie, nous sommes fidèles à l'amoureux qui nous capture. — Attrape-nous seulement, et puis n'aie pas peur ! Nous aurons bien du mal à nous sauver, dans le Fleuve.

(Elle se mettent à nager séparément et çà et là, tantôt plus bas, tantôt plus haut, pour pousser ALBERICH à leur donner la chasse.)

ALBERICH

Quelle dévorante chaleur me brûle, circule à travers tous mes membres ! La rage et l'amour, puissamment, sauvagement, bouleversent mon être ! (1) — Ah ! vous rirez ! vous mentirez ! j'ai soif de m'assouvir sur vous, il faut que l'une de vous m'appartienne !

(Il se met à les pourchasser en des efforts désespérés ; escalade, avec une terrible agilité, roc sur roc, bondit de l'un à l'autre, cherchant à saisir tantôt l'une et tantôt l'autre des Ondines, qui échappent, à chaque tentative, avec d'outrageants éclats de rire ; il trébuche, roule au fond du gouffre, se rue alors, précipitamment, pour remonter; enfin, à bout de patience, bavant de rage, hors d'haleine, il s'arrête et montre, aux Ondines, son poing, convulsivement fermé.)

ALBERICH, à peine maître de soi.

Qu'en ce poing-là j'en tienne une !...

Il s'obstine en une rage muette, les regards braqués en haut, attirés soudain, fascinés, par un spectacle tout nouveau.

(1) « Comme dans mes membres — chaude ardeur — me brûle et ard ! — Fureur et amour — sauvage et puissant — me boule l'âme ! » Telle est la version littérale (littéraire aussi, paraît-il) de MM. Edouard Dujardin et Chamberlain. La commenter serait trop cruel ! Si Wagner avait *voulu* dire « chaude ardeur » (ailleurs : « humide mouille ») il ne serait point le poète qu'il est, mais le plus librettiste des librettistes, le plus scribiste des scribistes. Voilà où mène l'abus d'une littéralité qui repousse jusqu'au sens figuré des mots. Vrai ! jamais les ennemis de Wagner n'eussent porté, à sa gloire d'impeccable et d'immense poète, un plus funeste coup qu'une pareille traduction, étendue à toute la *Tétralogie*.

A travers le Fleuve descend et circule, de plus en plus claire, une lueur : au haut du roc central elle s'embrase, et flamboie, d'une splendeur d'or éblouissante, qui limpide, radieuse et magique, se propage à travers les eaux.) (*)

WOGLINDE

Voyez, sœurs ! L'éveilleuse rit (1), dans les eaux profondes.

WELLGUNDE

Elle salue, à travers les collines des flots glauques, le joyeux Dormeur mystérieux.

FLOSSHILDE

Pour qu'il les rouvre, elle baise ses yeux (2) ; admirez comme ils brillent, dans les splendeurs radieuses ! D'onde en onde, leurs regards d'étoiles glissent, éblouissants, par les vagues.

TOUTES TROIS, nageant ensemble, avec grâce, autour du rocher.

Heyayaheya ! — Heyayaheya ! — Vallalallalala leyayaheï ! — Or-du-Rhin ! (3) Or-du-Rhin ! Qu'il est clair, ton rire de lumière ! qu'il est divin, ton rire de joie ! (4) — Heyayaheï —

(1) « L'éveilleuse », c'est, ou la lumière, ou bien le soleil (qui, dans la langue allemande, est du genre féminin).

(2) Littéralement : « son œil. »

(3) « Or-du-Rhein », selon M. Dujardin. Je n'insiste point.

(4) Il y a ici, dans le texte, deux vers, dont j'ai transposé la valeur ci-dessous, par l'addition des mots « doré » et « sacré » : « Le flot doré scintille, le fleuve sacré flamboie. » Les deux vers dont je parle sont ainsi rendus par M. Edouard Dujardin : « L'ardent brillement — Brille hors toi sacré en l'onde ! »

(*) C'est ici que surgit la Fanfare de l'Or-du-Rhin, forme éclatante du Thème originel. (Partition, pages 30 et suivantes.) — « Une frémissante montée de harpe traverse le tourbillonnement des instruments à cordes. Lancée par la voix dominatrice de la trompette, la fanfare de l'Or-du-Rhin éclate, cingle l'orchestre de ses notes triomphales, et, sur le *Sol*

Heyayaheya ! — Réveille-toi, bien-aimé, joyeusement réveille-toi ! C'est pour toi nos ébats, la grâce de nos ébats : le flot doré scintille, le Fleuve sacré flamboie ; tournoyons dans son lit, toutes aux délices du bain, glissons ! plongeons ! des danses ! des chants ! Or-du-Rhin ! Or-du-Rhin ! Heyayaheya ! — Vallalaleya yaheï !

ALBERICH, dont, obstinément, les yeux restent fixés sur l'Or, comme fascinés par sa splendeur.

Qu'est-ce donc, fuyardes, (1) qui brille et rayonne ainsi-là ?

LES TROIS JOUVENCELLES, tour à tour.

Pour n'avoir jamais ouï de l'Or-du-Rhin, d'où sors-tu donc, âpre niais ? — Toi, ignorer l'Or, toi, un Alfe ? ignorer l'Or dont l'œil tour à tour veille, sommeille, astre des eaux profondes, (2) divine lumière des vagues ? (3) — Vois quelles délices pour nous, quelles délices de glisser dans les prestiges de sa splendeur ! Viens, poltron, t'y baigner aussi, viens y nager comme nous, t'en griser avec nous !

(Elles rient.)

ALBERICH

L'Or n'est bon qu'à vous éclairer dans vos ébats et vos plongeons ? (4) Voilà qui me serait indifférent !

(1) Littéralement : « [ô] vous, lisses » ; ou : « [ô] vous, glissantes. »

(2) « La joyeuse étoile en le gouffre aqueux, qui, saint, transclaire les vagues » (Traduction Edouard Dujardin).

(3) « Sauve maintenant ta tête des rets de Hel et livre-moi *la flamme des eaux, l'or brillant.* » (*Sigurdakvidha Fâfnisbana önnur*) — Voir l'étude de Edmond Barthélemy (p.193-194).

(4) Littéralement : « [C'est] seulement à votre jeu-de-plonge [que] serait bon l'Or ? »

aigu qui la termine, sur cette note éblouissante qui sonne et glorieusement se prolonge, comme un cri d'universelle royauté, les trois ondines entonnent leur hymne d'allégresse... » (Alfred Ernst, *ibid.*, p. 205.)

WOGLINDE

Il ne dirait pas de mal de la parure de l'Or, s'il en savait toutes les merveilles !

WELLGUNDE

L'Or-du-Rhin ! c'est l'Héritage même du Monde qu'il conquerrait, avec un pouvoir sans limites, à quiconque aurait su s'en forger un Anneau.

FLOSSHILDE

Voilà ce qu'a dit le Père, en nous recommandant de veiller, avec prudence, sur le Trésor limpide, pour que nul traître ne l'arrache au Fleuve : silence donc, indiscrètes bavardes !

WELLGUNDE

Très prudente sœur ! est-ce à propos que tu grondes ? Ignores-tu donc auquel, seul parmi tous les êtres, il est réservé de forger l'Or ?

WOGLINDE

Celui-là seul qui renonce au pouvoir de l'Amour, celui-là seul qui chasse la douceur de l'Amour, celui-là seul, Maître du charme, pourra faire, avec l'Or, l'Anneau. (*)

(*) Ici le Thème du *Renoncement à l'Amour* ; accords, au grave, *pianissimo* ; à quoi succède le *Thème de l'Anneau*, déjà esquissé à la page précédente de la partition. Ces deux thèmes sont ici très logiquement juxtaposés, en ce sens que, pour posséder l'Or, l'Anneau, par conséquent, qui sera forgé de l'Or, il faut qu'Alberich renonce à l'Amour. Prophétiques, gros d'un monde d'idées, ces deux motifs passent ici, obscurs, comme tout ce qui est prophétique, perdus en l'éclat de la fanfare de l'Or-du-Rhin, dont rayonne toute cette scène ; le chant même des ondines procède partiellement du motif de l'Or-du-Rhin. Voir la partition, pages 42 et suivantes. On verra, dans ce même passage, comment le thème du Walhall se dégage du thème de l'An-

WELLGUNDE

Nous sommes bien tranquilles, et sans crainte : car il suffit qu'un être vive pour qu'il veuille en même temps aimer ; pas un ne renoncerait à l'Amour.

WOGLINDE

Lui moins que tout autre, l'Alfe lascif : il périrait plutôt, d'amour !

FLOSSHILDE

Je ne le crains guère, après l'épreuve que j'en ai faite : l'ardeur de son amour m'aurait presque enflammée.

WELLGUNDE

Un brandon de soufre dans le flux des vagues : en sa colère d'amour il siffle bruyamment.

TOUTES TROIS, ensemble.

Vallalalleya ! Laheï ! Alfe charmant, ne riras-tu pas aussi ? Dans la splendeur de l'Or, comme tu brilles beau ! Viens, charmant, viens rire avec nous !

(Elles rient.)

ALBERICH, l'œil fixé sur l'Or, obstinément, n'a pas perdu, de leur babillage, un mot.

C'est l'Héritage du Monde que j'obtiendrais par toi ? Si je ne puis me conquérir l'Amour, ne pourrais-je habilement, du moins, me conquérir la joie-des-sens ? (Haut, d'un accent terrible :) Raillez, soit ! Le Nibelung va jouer, avec vous !

---

neau. Tous deux, symbolisent, en effet, deux modes d'ambition : les dieux veulent régner par la force et la gloire, le Nibelung cherche à conquérir la domination universelle par la ruse, les entreprises ténébreuses, la mystérieuse séduction des richesses.

(Furieusement il bondit vers le rocher central, dont il escalade le sommet avec une effroyable précipitation. Les Ondines se séparent avec des cris aigus, et fuient, remontant de divers côtés.)

LES TROIS FILLES-DU-RHIN

Heya ! Heya ! Heyahabeï ! Sauvez-vous ! l'Alfe est enragé ! l'eau pétille et jaillit sous lui : c'est l'Amour qui l'a rendu fou !

(Elles s'esclaffent d'un rire frénétique.)

ALBERICH, au sommet du roc, en étendant la main vers l'Or.

Vous n'avez donc pas peur encore ? Faites l'amour désormais dans les ténèbres, humide engeance ! J'éteins votre lumière ; l'Or, je l'arrache au roc, pour en forger l'Anneau vengeur : car, que le Fleuve m'entende, — ainsi, je maudis l'Amour ! (1)

(Avec une force terrible, il arrache l'Or au roc, et précipitamment se rue vers les profondeurs, où il disparaît avec lui. Le Fleuve, à l'instant même, s'emplit d'une épaisse nuit. Les Ondines plongent, en toute hâte, à la poursuite du ravisseur.)

LES FILLES-DU-RHIN, vociférant.

Arrêtez le voleur ! Sauvez l'Or ! A l'aide ! A l'aide ! Malheur ! Malheur ! (2)

(Le Fleuve paraît, en même temps qu'elles, s'enfoncer vers les profondeurs : on entend sonner, aux abîmes, les risées aiguës d'ALBERICH. Les rochers disparaissent dans l'obscurité dense ; toute la scène est, du haut en bas, remplie d'un noir ondoiement d'eaux, qui, durant un assez long temps, semblent, de plus en plus, baisser.)

(1) « C'est ce renoncement à l'Amour qui engendre le Drame entier jusqu'à la mort de Siegfried. » (RICHARD WAGNER.)

(2) Au lieu de : « Malheur ! », « Douleur ! » (qui est l'un des sens de « Wehe ! Wehe ! »), M. Dujardin traduit : « Aïe ! Aïe ! » C'est sur ce mot, — un vrai *mot de la fin*, en effet, que s'arrête son malheureux essai. J'ai développé plus haut quelles bonnes raisons j'ai eues pour m'acharner sur cet essai. Il n'est que juste de dire ici combien M. Dujardin fut, vers la même époque, infi-

SCÈNE DEUXIÈME

(Peu à peu les vagues se changent en nuages, qui graduellement s'éclaircissent ; et lorsqu'ils se sont, à la fin, dissipés en une sorte de subtil brouillard, on aperçoit, voilé encore par les dernières ombres nocturnes, le

PLATEAU D'UNE HAUTE MONTAGNE

Le jour naissant éclaire, d'une splendeur grandissante, un Burg aux flamboyants créneaux (*), situé sur la crête d'un roc, au fond de la scène; entre cette crête, d'une part, couronnée par le Burg, et le premier plan, d'autre part, vallée profonde, où coule le Rhin. — Vers le côté, sur un lit de fleurs, WOTAN, FRICKA, reposent et dorment.)

FRICKA s'éveille ; son regard tombe sur le Burg ; elle reste surprise et s'effraye :

Wotan ! cher époux ! (1) réveille-toi !

niment mieux inspiré dans ses traductions, littérales aussi, de deux autres scènes capitales : l'*Evocation d'Erda*, et la *Mort de Brünnhilde*. Nous ne saurions oublier d'ailleurs maintes vaillantes pages de polémique, maintes précieuses pages fluides de rêve, dues à la plume du même poète, et pleines d'une belle foi wagnérienne, c'est-à-dire d'une altière foi d'Art. Il lui sera beaucoup pardonné, parce qu'il aima beaucoup Wagner et l'a compris presque toujours. Quant à M. Stewart Chamberlain, dont j'admire depuis bien longtemps le pur zèle désintéressé, je le prie de trouver ici, nonobstant telles critiques, l'expression du profond respect d'un homme libre, à la bouche sincère.

(1) Littéralement : « Wotan ! époux ! »

(*) Le grand thème du Walhall, dont une très douce ébauche a paru à la fin de la première scène, s'affirme ici solennellement, tandis que l'aurore se lève au loin sur le Burg divin. (Partition, page 55.)

WOTAN, en un songe, à voix basse.

Porte et portail protègent, pour moi, le bienheureux palais des joies : l'honneur de l'Homme, la puissance éternelle, s'élèvent à la gloire infinie ! (1)

FRICKA le secoue.

Debout, sors du doux leurre des rêves ! Réveille-toi, homme, et regarde !

WOTAN se réveille, et se soulève quelque peu ; le spectacle du Burg, sur l'heure, fascine ses yeux :

Il est achevé, l'œuvre éternel (2): sur la cime, la haute cime du mont, Burg-des-Dieux, palais magnifique, il resplendit, puissant, majestueux à voir, sublime, dominateur enfin, tel que l'avait conçu mon rêve, tel que l'évoquait mon Désir ! (3)

(1) Ce passage, le premier parmi d'autres, suffit pour prouver à quel point Wotan peut, d'un bout à l'autre du rôle, être considéré, surnaturel à part, comme une personnification de notre Pensée *humaine*, de nos Désirs *humains* d'agir et de posséder. Certes, il y a dans son personnage bien d'autres choses, mais il y a notamment celles-là. L'*Edda* de Snorro ne rapporte-t-elle pas : « Nous croyons qu'Odin et ses frères gouvernent le ciel et la terre ? Nous donnons le nom d'Odin au maître de l'univers, parce que ce nom est celui *du plus grand homme* que nous connaissons ? — Il faut que les hommes l'appellent ainsi. »

(2) Il importe de bien saisir que ce « Burg », plus tard nommé Walhall, *a déjà un sens symbolique*. — Je laisse au Drame de le suggérer, et à ces paroles de Brünnhilde (conclusion de la Deuxième « Journée » : « Passe donc, *monde* (ou : « *âge* ») brillant du Walhall ! Qu'en poussière s'écroule ton Burg orgueilleux ! Adieu, resplendissante magnificence des Dieux ! » etc. — Au surplus, le mot « éternel » (*ewig*), fréquemment employé dans l'*Anneau du Nibelung*, n'y désigne-t-il, presque toujours, qu'une « éternité » tout artificielle, — et, non plus que le mot hébreu correspondant, n'a nulle valeur mathématique.

(3) Littéralement : « comme ma Volonté l'a déterminé. » *Wille* peut signifier d'ailleurs aussi Désir, et, si j'ai choisi ce dernier mot, ce n'est pas sans avoir médité. Je ne puis malheureusement me livrer, pour motiver l'emploi de chaque terme, à des dissertations d'ordre philosophique. Qu'il me suffise

FRICKA

Ainsi, c'est une joie sans mélange que tu trouves dans ce qui m'épouvante ? Toi, le Burg te transporte ; moi, j'ai peur, pour Freya (1). Négligent ! souviens-toi du salaire stipulé ! Le Burg est achevé, ton gage est caduc : ce qu'il t'en coûte, l'as-tu oublié ?

WOTAN.

Je trouve justes les conditions de ceux qui m'ont construit un tel Burg ; par un pacte, j'ai réduit leur indomptable engeance à m'élever l'auguste demeure ; la voilà debout — grâce à leur force : — quant au payement, tranquillise-toi.

FRICKA

O légèreté ! Rire criminel ! Joie égoïste ! Cœur sans amour ! Si j'avais connu votre pacte, j'aurais empêché cette duperie ; mais courageusement vous aviez, vous, des hommes, éloigné les femmes, pour pouvoir, sourds à toute pitié, sans être importunés par nous, vous concerter seuls avec les Géants. Voilà comme cyniques, sans rougir, tout fiers de votre vil trafic, vous avez osé leur offrir mon adorable sœur, Freya (2). — Mais rien ne vous est sacré, barbares, rien n'est sacré pour vous, les hommes, quand vous aspirez à l'empire !

de redire ici, une fois pour toutes, que cette traduction, tout entière, repose sur une première traduction littérale que je compte bien publier un jour, à part ou jointe à la présente, mais qui, *actuellement*, n'eût point rempli mon but. Inutile de faire remarquer que si je m'étais contenté de cette première traduction, j'aurais eu à me donner, en moins, tout le mal que m'a coûté celle-ci, et sans doute j'aurais assumé des responsabilités moindres. Mais j'ai expliqué quelles raisons m'ont poussé à considérer tel infidèlement fidèle mot-à-mot comme la pire des caricatures d'un poème dramatique aussi parfait que possible.

(1) Sur Freya, consulter la note mythographique qui lui est consacrée, p. 253, et aussi les notes (2) de la page 251, (2) de la page 255, etc.

(2) « Dans le commencement du premier âge des Dieux,.... un architecte vint les trouver, et offrit de construire en trois ans un château tellement fort, qu'il serait impossible aux Géants des montagnes... de s'en emparer... Mais il demanda pour

WOTAN

Semblable aspiration, peut-être, était étrangère à Fricka, lorsque ses prières mêmes réclamèrent un palais?

FRICKA

Il me faut bien, hélas, (*) inquiète sur la fidélité douteuse de mon époux, songer aux moyens de l'attacher à moi, quand au loin quelque chose l'attire (1); une pompeuse résidence, riche-

récompense Freya, ainsi que le soleil et la lune. Les Ases s'assemblèrent pour délibérer sur cet objet, et dirent à l'architecte que ses demandes lui seraient accordées s'il bâtissait ce château dans l'espace d'un hiver ; mais si le premier jour de l'été il restait quelque chose à faire à cet édifice, la convention serait nulle. » (*Edda* de Snorro, *Gylfaginning*.) Pour les transformations du mythe de la mise en gage de Freya, déesse de l'Amour et de la Jeunesse, se reporter à l'Etude d'Edmond Barthélemy, qui fournit le *commentaire* des sources dont je ne puis donner ci-dessous que les *extraits*.

(1) « ODIN : Frigga, donne-moi un avis. J'ai le désir de voyager et d'aller trouver Vafthrudner ; j'ai une envie extrême de causer de la sagesse antique avec ce géant si savant. FRIGGA : Je conseille au père des armées de rester dans son palais divin... ODIN : J'ai beaucoup voyagé, j'ai mis à l'épreuve bien des intelligences, maintenant je désire connaître les usages établis dans les salles de Vafthrudner. » (*Vafthrudnismal.*) — Cf. p. 431, notes.

(*).

« Il me faut bien, hélas... »

Nous n'insisterons pas sur le Thème de l'*Enchaînement d'Amour*, qui apparaît, ici, à ces paroles de Fricka (Voy. partition, page 60) ; par contre, nous aimerions examiner plus longuement le *Motif de Freya* qui lui succède, dès l'arrivée de la jeune déesse, et qui a une bien autre importance, au point de vue général de la *Tétralogie*. Ce Motif se lie bientôt à un autre, dit le *Motif de la Fuite*, et qui, exprimant, d'une façon immédiate, l'enlèvement de Freya par les Géants, évoque, en même temps, tout ce qu'il y a de précaire, de mélancoli-

ment aménagée, pouvait t'enchainer d'un doux lien, capable de t'y retenir (1). Mais toi, dans une habitation, tu ne voyais qu'un rempart pour te défendre mieux, pour mieux asseoir ta force et ta domination; c'est pour provoquer d'incessantes tempêtes qu'a surgi le Burg orgueilleux.

(1) C'est ainsi que le génie de Wagner a su, synthétiste entre tous, indiquer la mission de la femme dans celles des sociétés non fondées, comme à Rome, sur le sacerdoce paternel sanctificateur du foyer. Constatons la teinte germanique intime de l'indication wagnérienne. Et que de siècles sont résumés par les plaintes de Fricka déçue! Mais qu'importe ? cette déception fut passagère... — Et dire que tous ces développements du sens humain des personnages sont suggérés en quelques mots ! dire qu'ils ne nuisent nullement à ceux, simultanés, du sens symbolique spécial à toute l'œuvre ! dire surtout — car là est le miracle ! — que, suggérant réellement cela, et destinés à le suggérer, ces personnages n'en vivent pas moins, d'une vie dramatique si puissante, qu'en somme chacune de leurs paroles peut sembler se rapporter au drame seul, en tant que drame ! J'ai grand'peine à me retenir de (naïvement!) rappeler : qu'après toutes ces choses admirées, il reste à admirer... — Quoi ? — Si peu : la musique ! Toute cette merveille de cette musique!

---

quement aventureux dans le bonheur des Dieux voués à la Chute, dans l'idéal qui couve au front tourmenté de Wotan. — Désormais, d'un bout à l'autre de la *Tétralogie*, ces deux idées d'Amour et d'Angoisse reviendront toujours simultanément : de même que le Motif de la Fuite scande, dans l'*Or-du-Rhin*, l'apparition de Freya, bientôt ravie par les Géants, de même dans la *Walkyrie*, il précède l'amour persécuté de Siegmund et de Sieglinde ; enfin dans la formidable Marche funèbre du *Crépuscule-des-Dieux*, lorsque s'éloigne dans la nuit le cortège de Siegfried assassiné, — un trait rapide, saccadé, très sourd, qui s'obstine, gémit lugubrement, à travers le glorieux thème de la Race de Wälse, déployé aux cuivres, semble rappeler les phrases heurtées de ce Motif-de la-Fuite.

WOTAN, souriant.

Si tu désires, femme, m'y retenir, dis donc au Dieu, dès à présent, les moyens, en demeurant au Burg, de conquérir pour soi l'univers, hors du Burg. Le changement ! tout ce qui vit a l'amour du changement : je ne puis donc non plus m'y soustraire.

FRICKA

Homme sans amour ! le plus méchant des hommes ! C'est à ces vains hochets, puissance, domination, que tu sacrifies l'Amour, et le mérite d'une épouse (1) indignement bernée par toi ?

WOTAN, grave.

Pour te conquérir comme épouse, j'ai laissé l'un de mes yeux en gage (2) : quelle folie c'est à toi de récriminer main-

(1) Littéralement : « l'Amour » (d'une part) « et » (d'autre part) « la précieuse valeur de la Femme » (*Weibes*). C'est de Freya qu'il s'agit ici : la musique et, un peu plus loin, presque textuellement pareilles, les paroles prononcées par Loge, ne laissent nul doute. Mais comme la réponse de Wotan se réfère à ce même vocable *Weib*, qu'il applique alors à Fricka ; comme d'ailleurs la phrase de Fricka peut à la rigueur, dans l'original, prêter à l'amphibologie, j'ai adopté ici la signification la plus directement dramatique. Aussi bien le choix de Wotan (entre la Puissance et l'Amour) n'est-il pas encore arrêté, sa réplique suffit à le prouver. — On pourra néanmoins remarquer que (Freya étant un symbole de Beauté, de Jeunesse, — et d'Amour) le sens intégral reste sauf, grâce aux mots : « l'Amour », suivis d'une virgule. — Je profite de cette occasion pour déclarer : que je ne m'astreindrai plus, par la suite, à des justifications de cette espèce. Que celle-ci serve à démontrer qu'en chacun des cas analogues, tous les sens de tous les passages furent étudiés, approfondis, et toutes les traductions, de tous les mots, décidées par de scrupuleux raisonnements.

(2) Wotan, dans la *Tétralogie*, comme dans les sources norraines du drame, est en effet un dieu borgne : « Je sais, Odin, où tu as caché ton œil ; c'est dans le puits limpide de Mimer, » lit-on dans l'*Edda* de Sœmund, qui nomme cet œil, un peu plus loin, « le gage du Père-des-Prédestinés » (c'est-à-dire Odin ou Wotan).

tenant ! J'honore les femmes, pourtant, plus même qu'il ne t'agrée ! Et Freya, l'excellente (1), je ne l'abandonnerai point: jamais, au fond, jamais je n'y pensai sérieusement.

FRICKA

Protège-la donc, c'est l'heure : sans défense, folle d'angoisse, la voici qui accourt se réfugier ici !

FREYA, *arrivant précipitamment.*

Au secours, sœur ! Protège-moi, mon frère ! (2) Du haut du

Snorro dans son *Edda*, citant ces vers, ajoute: que « la Raison et la Sagesse sont cachées dans le puits de Mimer. Mimer est plein de science, parce qu'il boit de l'eau de ce puits.... Odin y vint un jour et demanda une gorgée, qu'il ne put obtenir avant d'avoir mis l'un de ses yeux en gage. » Et Wagner fait dire par la Première Norne, en la première des scènes du *Crépuscule-des-Dieux* : «... sous le frais ombrage bruissait une source, dont les flots, en courant, chuchotaient la sagesse.... — Un Dieu hardi vint pour boire à la source : d'un de ses yeux, pour jamais abandonné, il acheta ce droit. » Donc Fricka est, personnifiée, cette gorgée d'eau de la source de sapience ; elle est la « Sagesse » acquise par Wotan, incarnée par Wagner pour faire vivre *à nos yeux* les *dramatiques luttes intérieures* de cette sublime âme de Wotan, de cette immense âme d'Homme divinisé ; c'est ainsi que s'incarnera plus loin, en cette admirable Brünnhilde, la vivante Volonté d'aimer révoltée, dans le cœur du Dieu, contre la froide sagesse, contre l'étroite coutume, — contre Fricka. Nous aurons, et dans la *Walküre*, et dans tel passage de *Siegfried*, l'occasion d'insister sur ces sens symboliques. — Quant à « l'œil de Wotan », d'après les mythographes, cet œil est simplement le soleil. Wagner, on s'en apercevra, s'est servi çà et là de cette interprétation ; mais il l'a, suivant l'habitude de son génie, enrichie d'un nouvel et profond sens philosophique dont s'éclaire son quadruple drame, et que nous montrerons en temps opportun (à propos de *Siegfried*, acte III). — Cf. p. 491, note (1).

(1) Littéralement : « Et Freya, la bonne, je ne l'abandonne[rai] point. »

(2) Littéralement : « beau-frère ! »

roc, là-bas, Fasolt (1) m'a menacée de venir me chercher (2).

WOTAN

Qu'il menace ! — N'as-tu point vu Loge ?

FRICKA

Oui, c'est de préférence au Rusé (3) que, toujours, tu donnes ta confiance ! Il nous a déjà créé bien des maux (4), mais continuellement encore il t'ensorcelle.

(1) Rappelons, pour les personnes curieuses de ces questions, que, dans la *Deutsche Mythologie* de Grimm, 4e édition, Berlin, 1875, tome Ier, page 529, Fasolt est mentionné comme un Géant de l'Orage (*Riese des Sturms*) et que l'étymologie de son nom y est fixée. Aussi bien, si je donne cette indication, c'est qu'elle me fournit l'occasion de signaler l'œuvre utile, de Grimm, comme l'une des sources principales de la *Tétralogie* entière, particulièrement au point de vue des épithètes caractéristiques. Ainsi le type du Géant est spécifié, par Grimm, « gutmütig, plump, wild, tückisch und heftig » ; il insiste sur leurs qualités de bâtisseurs (tout le monde songe immédiatement aux constructions dites cyclopéennes), etc., etc. Je ne puis ici prouver mon dire par plus d'exemples ; je me contente, *pour les initiés*, de choisir, entre dix mille, une phrase sur laquelle je reviendrai plus loin ; résumant tout un développement relatif aux Walküres, il conclut : « die Walküre ist ein Wunschkint, Wunsches Kint » (édition citée, I, 347) : c'est la conception même adoptée par Wagner.

(2) En un autre mythe de l'Edda, le marteau de Thor ayant été volé, Loke, chargé de le recouvrer, déclare que le coupable est le Géant Thrymer. « Pas un homme ne pourra le lui reprendre, s'il ne lui amène Freya pour épouse... Freya ! couvre-toi du lin des fiancées, et nous irons ensemble à Jœtenhem » (séjour des Jotes ou Géants). — « Freya se mit en colère, et sa respiration en fut accélérée ; tout le palais des Ases trembla, et le collier Brising bondit sur le sein de l'Asesse: « On me croirait folle d'hommes, si j'allais avec toi à Jœtenhem. » (*Edda* de Snorro : — *La Recherche du Marteau.*) — Pour ce symbole et ses analogies avec le symbole de l'Anneau, se reporter à l'Etude d'Edmond Barthélemy, p. 192.

(3) Ou : « au Malin. »

(4) C'est sans doute la mort de Balder à quoi Fricka fait allusion. Entre autres choses sur Loke, l'*Edda* de Snorro dit : « C'est l'auteur des perfidies, de tout ce qui déshonore les dieux et les

WOTAN

Où le libre courage peut, tout seul, triompher, je ne sollicite l'aide de personne; mais l'adresse, la ruse, telles que Loge est rompu à les pratiquer, permettent seules de faire, à notre avantage, tourner la malice même et la ruse d'un ennemi. Loge s'est engagé, en me conseillant le pacte, à la délivrance de Freya (1) : c'est sur lui que je compte.

FRICKA

Et il te laisse seul. — Et voici les Géants qui s'avancent à grands pas : qu'attend ton subtil auxiliaire ?

FREYA

Qu'attendent mes frères, pour me secourir, puisque mon beau-frère même abandonne l'impuissante ? A l'aide, Donner! Par ici ! Par ici ! Sauve Freya, mon Froh ! (2)

FRICKA

Ils ont soin de se cacher, maintenant, tous ceux qui t'ont trahi dans cet infâme complot.

hommes... Son caractère est méchant et fort léger. Il a entraîné les Dieux dans plus d'une aventure dont il les a souvent tirés par son esprit inventif... » Et l'*Edda* de Sæmund : « LOKE *chanta* :... Je porterai le bruit et le trouble parmi les Ases, et je mélangerai leur hydromel d'amertume. » (*Le Festin d'Æger.*)

(1) Voir d'abord la note (2) de la p. 245. « Ce mauvais conseil avait été donné par Loke... — Loke... jura d'arranger les choses de manière à ce que l'architecte ne reçût point la récompense promise. » (*Edda* de Snorro.)

(2) Grimm fait remarquer avec justesse que la mythologie norraine apparie toujours Freyr (Froh) avec Freya. Voir, sur ces deux divinités, les notes mythographiques qui leur sont consacrées, p. 251, 253, 255, 258, 270, 308.

(Arrivent, armés d'énormes pieux, FASOLT et FAFNER, l'un et l'autre d'une gigantesque stature.) (*)

FASOLT

Tandis que tu dormais mollement, tous les deux, sans dormir (1), nous bâtissions ton Burg. Jamais las d'un labeur énorme, nous entassions les lourdes pierres ; donjon à pic, porte et portail, défendent ton palais, renfermé dans une forteresse élancée (2). Clair, éclatant, le jour paraît ; solide, debout, notre œuvre est là : entre, et paye-nous notre salaire !

WOTAN

Votre salaire, gens ? fixez-le : quelles sont, d'abord, vos prétentions ?

FASOLT

Nos prétentions ? tout est convenu : as-tu donc si mauvaise

(1) Dans la mythologie du Nord, les Géants craignent le jour, ou même, sont, durant le jour, changés en pierres. Dans *Siegfried*, l'Antre de Fafner demeure, même le soleil levé, tout enveloppé d'épaisses ténèbres, etc.

(2) Voir d'abord la note (2) de la p. 245. — « L'architecte... demanda la permission de se servir de son cheval Svadelfœre. Il commença dès le premier jour de l'hiver la construction du château, et *toutes les nuits il apportait des pierres* avec le secours de son cheval. Les Ases étaient surpris de voir *les grandes montagnes* que Svadelfœre traînait... Vers la fin de l'hiver, le château était très avancé ; ...trois jours avant l'été, l'architecte n'avait plus que la porte à faire... » (*Edda* de Snorro.)

(*) Les Géants sont musicalement décrits par un thème aux cadences lourdes liées par des traits rapides ; il donne, ainsi l'impression d'une énorme force qui va roulant. (*Voy.* un exemple, page 68.) Précédemment, l'orchestre a émis le thème de la Lance (ou des Conventions) qui *dérive*, comme on a vu, du thème de la servitude.

mémoire? Freya, l'adorable; Holda, l'amoureuse (1), nous l'emmenons, suivant notre pacte.

WOTAN

Êtes-vous fous, avec votre pacte? Pensez à quelque autre salaire : sachez que Freya n'est pas à vendre (2).

(1) Freia, die holde,
Holda, die freie...

Il y a dans le texte un exemple de *Wortspiel* (jeu de mots wagnérien, procédé que d'ailleurs le poète emploie sans cesse avec bonheur. Ici le Géant dit : « l'adorable » et en fait ensuite un nom propre. Cet échange est intraduisible, et c'est regrettable d'autant plus, qu'il montre deux aspects symboliques de Freya. Je ne me suis attaché qu'à garder l'antithèse, pâle reflet de la beauté du texte. Des grincheux pourront critiquer mon interprétation de *freie*; c'est pourtant la plus synthétique que j'aie trouvée pour ce passage (trois principales de mes raisons, pour affirmer une fois encore le scrupuleux choix de tous mes termes : Freya est la déesse aux chats, emblèmes des frénésies sensuelles de l'amour; c'est certainement comme telle que la désire Fasolt, brute loyale, mais brute, en définitive; Grimm, du reste, entre autres racines, propose *frei*, mais avec le sens de *protervus* et d'*impudens*. J'aurais bien traduit : « luxurieuse », mais Fasolt ne connaît ni ce mot, ni même la chose : puissance élémentaire comme les Ondines du Rhin, à qui leur ignorance a fait perdre leur Or, il confondrait comme elles, abandonné à soi, *Lust* et *Liebe*, le Plaisir et l'Amour). — Quant à ce nom de Holda (cf. *Tannhäuser*), il reparaît plus loin, Freya se l'attribuant elle-même. Je crois utile de rappeler qu'il y a, dans la mythologie germanique, une Holda; ce n'est pas le lieu d'expliquer en quoi elle s'y différencie de Freya, à laquelle l'assimile Wagner volontairement. Les curieux qui ne pourront lire Grimm trouveront sur ce point quelque chose dans le travail (vieilli) d'Ozanam touchant les religions septentrionales. Notons seulement qu'avant Wagner, Grimm (édition citée, I, 251) s'était livré à d'analogues identifications de Déesses, et avait dit, entre autres choses : Holda, von *hold* (lieb, *propitius*), » etc.

(2) Voir d'abord les notes (2) de la p. 245, et (2) de la p. 252. — « Les dieux s'assirent alors sur leurs trônes pour délibérer, et s'entredemandèrent qui avait donné le conseil de marier Freya en Jœtenhem. » (*Edda* de Snorro.)

FASOLT, après quelques instants de muette surprise indignée.

Que dis-tu, ha! penserais-tu à trahir ta parole? à trahir la parole donnée? Te fais-tu un jeu des Runes (1) inscrites sur ta Lance (2) même, des Runes du pacte stipulé? (3)

FAFNER, ricanant.

Brave frère, avec ta loyauté! La vois-tu à présent, niais, la perfidie?

FASOLT

Toi, Fils-de-la-Lumière (4), si prompt à t'engager, écoute, et prends bien garde à toi: sois fidèle aux pactes conclus! Si tu es quelque chose, c'est en vertu des pactes: sur ces bases, ta puissance est solidement assise. Plus sage que nous n'étions

(1) « Les *Runes* d'Odin sont un trait significatif de sa physionomie. Les Runes et les miracles de « magie » qu'il opérait par elles, constituent un trait considérable dans la tradition. Les Runes sont l'Alphabet scandinave, supposent qu'Odin fut l'inventeur des Lettres, aussi bien que de la « magie, » parmi ce peuple! C'est la plus grande invention que l homme ait jamais faite, ce fait de noter la pensée invisible qui est en lui à l'aide de caractères écrits... » etc. (Carlyle, *Les Héros*, traduction Izoulet-Loubatières, p. 44.) L'occasion se présentera plus loin d'en dire davantage sur les Runes.

(2) On verra suffisamment par la suite ce qu'est cette Lance, et comment Wotan la possède: « Puis, sur le Frêne-du-Monde » (sur le Frêne symbolique du Monde, Yggdrasil chez les Scandinaves) « Wotan rompit une branche: le Puissant se tailla sur le tronc la hampe d'une Lance ». (*Crépuscule-des-Dieux*, scène I.) Elle est le signe de son pouvoir: « Les Runes des conventions loyalement débattues » (avec les grandes forces naturelles, les dieux, les géants, les nains et les hommes; conventions par lesquelles il a donc non créé, mais organisé l'univers), « Wotan les inscrivit sur la hampe de la Lance: il la tint au poing, c'était tenir le Monde. » (*Id.*, *ibid.*)

(3) « La convention, arrêtée entre les Ases et l'architecte, avait été confirmée en présence de bons témoins et avec beaucoup de serments. Car le géant trouvait peu sûr pour lui d'habiter parmi les Ases sans une bonne garantie. » (*Edda* de Snorro.)

(4) « Fils-de-la-Lumière » ou: « Fils-de-Lumière. »

malins, tu as su nous réduire, nous libres, à nous lier par des traités : mais si tu ne sais pas, sincèrement, loyalement, et spontanément, rester toi-même fidèle aux pactes, je maudirai, moi, ta sagesse, et je dénoncerai tes traités ! — Qu'un sot Géant te donne cette leçon, puisque ta sagesse en a besoin!

WOTAN

Quelle malice est la tienne, d'avoir pris au sérieux des conventions conclues pour rire! L'aimable déesse, toute lumière, toute grâce, de quoi, lourdauds, vous servirait son charme?

FASOLT

Nous railles-tu? Ha! que mal à propos! — Celle qui sur vous règne par la Beauté, lumière de votre auguste race, la Femme, avec toutes ses délices, vous la livrez en gage pour un Burg, un palais, le jour où vous êtes assez fous pour languir vers des tours [de pierre! Nous, les patauds aux pattes calleuses, nous nous exténuons, nous suons sang et eau, à seule fin d'obtenir une femme dont la grâce et dont la douceur habitent avec nous, pauvres gens : — et vous osez, après, dire nul un tel marché?

FAFNER

Trêve de vains radotages! Du salaire pour lui-même (1), en somme, de Freya pour Freya, nous n'avons guère que faire. S'il s'agit, avant tout, d'en dépouiller les Dieux, c'est à cause des Pommes-d'Or qui croissent dans son verger; des Pommes, qu'elle seule sait faire mûrir; des Pommes, dont l'éternel usage assure à leur séquelle une éternelle jeunesse; la fleur en dépérirait vite, sitôt Freya perdue pour eux : faibles, débiles, vieillis, livides, ils languiraient (2): c'est pour cela — qu'il nous faut Freya!

(1) Littéralement : [Notre] gain (salaire), [ce] n'[est] pas en mariage [que] nous [le] recherchons ».

(2) « Elle conserve, dans une boite, des Pommes dont les Dieux se nourrissent quand ils se sentent vieillir; elles leur rendent la jeunesse; il en sera de même jusqu'à Ragnarœcker (Crépuscule-des-Dieux)... Il est essentiel pour les Dieux qu'Iduna

WOTAN, à part.

Loge tarde trop longtemps !

FASOLT

Allons, réponds nettement !

WOTAN

Cherchez un autre prix !

FASOLT

Pas d'autre prix : Freya !

FAFNER

Toi, là, suis-nous, au loin !

(Ils marchent sur FREYA.)

FREYA, fuyant :

A l'aide ! A l'aide, contre les brutes !

(DONNER et FROH accourent.)

FROH

Avec moi, Freya ! — Loin d'elle, impudent ! C'est Froh qui protège sa Beauté (1).

veille avec soin sur ce dépôt. » (*Edda* de Snorro : — *Gylfaginning*.) Le symbole des Pommes est assez clair pour qu'on me dispense de l'expliquer. On voit d'ailleurs que, dans la mythologie norse, elles sont gardées par *Iduna*, avec laquelle Richard Wagner a donc identifié Freya. Or disons, en passant, qu'il l'assimile encore à Sjœfn, une autre Asesse, qui « a le pouvoir de disposer les cœurs à l'amour. « On a constaté d'autre part qu'au moyen d'un jeu de mots génial il la confond volontairement avec la Holda des anciens Germains. — Je me borne à signaler ici ces synthétisations conscientes ; c'est un peu plus loin que je les apprécie, p. 308, dans une note relative à Froh. — Pour le rapt d'Iduna et de ses Pommes par le géant Thjasse (*Edda* de Snorro.) se reporter à l'étude d'Edmond Barthélemy, p. 191, et à la note (1), ci-dessous, p. 272.

(1) Littéralement : « [C'est] Froh [qui] protège[ra] la Belle. »

DONNER, faisant face aux Géants.

Ai-je jamais, Fasolt et Fafner, éprouvé sur vous mon marteau ? (1)

FAFNER

A quoi bon cette menace ?

FASOLT

De quoi viens-tu te mêler ? Nous n'avons provoqué personne : nous ne réclamons que ce qu'on nous doit.

DONNER, brandissant son marteau.

Plus d'une fois déjà, aux Géants, j'ai payé ce qui leur était dû (2); jamais je ne suis resté l'obligé des larrons : approchez! je vous le pèserai, votre salaire, et je ferai bon poids !

WOTAN, la Lance tendue entre les adversaires.

Holà, Brutal ! (3) Rien par la force ! Le bois de ma Lance est garant des traités : nous n'avons que faire de ton marteau !

(1) « Thor » (Donner), résume l'*Edda* de Snorro, « ...possède trois objets précieux : le Marteau Mjœllner, connu... des Géants de Montagne, car il a brisé bien des têtes parmi eux... » Les chants de l'*Edda* de Sœmund sont remplis, en effet, de passages pareils à celui-ci... :« Il (Thor), lança Mjœllner, et tua toutes les baleines des montagnes, » c'est-à-dire les Géants (*Le Poème de Hymer*, 35.) Le même chant surnomme Thor « la douleur des Géantes » (14), etc. — « Le carreau de feu jaillissant du ciel, » commente Carlyle, « c'est le Marteau, brisant tout, lancé de la main de Thor. » (*Les Héros*, trad. Izoulet-Loubatières, p. 30.)

(2) « Les Ases ayant acquis la certitude qu'ils avaient reçu chez eux un géant de montagne, n'eurent plus aucun égard aux serments qu'ils avaient faits. Ils appelèrent *Thor* qui vint de suite, *et acquitta la dette contractée pour la construction du château* : le géant ne retourna point à Jœtenheim. Du premier coup, Thor lui brisa le crâne. » (*Edda* de Snorro.)

(3) Ou : « Sauvage ! »

FREYA

Malheur ! Malheur ! Wotan m'abandonne !

FRICKA

Je ne comprends plus tes actes, impitoyable époux !

WOTAN se détourne, et voit venir Loge. (*)

Enfin, Loge ! Et voilà comment tu t'es hâté d'aplanir la mauvaise affaire où tu nous avais engagés ?

LOGE est, au fond de la scène, arrivé de la vallée.

Quoi ? dans quelle affaire, engagés ? S'agit-il de la convention par laquelle toi-même, au conseil, tu t'es lié à ces Géants ? — C'est dans les profondeurs, c'est par les hauteurs, moi, que me pousse ma prédilection (1) ; une demeure ! un chez-soi ! je ne me vois pas là-dedans. Pour Donner, Froh, à la bonne heure : s'ils veulent une femme (2), un toit leur est utile, à eux (3) : et quant à toi, Wotan, c'était un fier manoir, une forteresse que tu voulais. — Eh bien, demeure, château, palais digne d'une cour, superbe Burg, tout est debout, solidement construit, tout est parfait ; Fafner, Fasolt, ont tenu parole ; j'ai sondé moi-même, pierre à pierre, les magnifiques

(1) Loge est, en effet, le Dieu du Feu.

(2) Allusion au poème du *Voyage de Skirner*, qui raconte, en l'*Edda* de Sœmund, l'épisode, repris par Snorro, de l'amour de Frey pour la géante Gerd.

(3) Thor (ou Donner) et Frey (ou Froh) ont, dans les *Eddas*, chacun une demeure : celle du premier s'appelle Bilskirner ; « c'est le plus vaste édifice élevé par la main des hommes » (*Edda* de Snorro ; *Poème de Grimner*.) Celle de Frey a pour nom Alfheim (séjour des Alfes lumineux).

(*) On peut considérer le thème de Loge, qui paraît ici (partition, page 77), comme appartenant au groupe des Motifs *élémentaires*. Son dessin chromatique, félin, sifflant, et, avec cela, torrentiel, donne une idée de végétation, mais de végétation à la fois pétillante et sournoise.

murs, leur ouvrage : rien qui n'y soit à toute épreuve ! (1) Je ne suis donc pas resté oisif, comme tel ou tel : et quiconque ose dire le contraire en a menti ! (2)

WOTAN

Ton astuce élude ma question : garde-toi bien de manquer à ta parole ! Moi, ton seul ami parmi tous les Dieux, c'est moi qui, malgré leur méfiance, t'accueillis (3) dans leur assemblée. Parle donc, et conseille-moi bien ! Lorsque les

(1) Le château était très avancé, tellement élevé et si fort, que personne n'aurait pu l'attaquer. » (*Edda* de Snorro.)

(2) « Il y a... un Ase, nommé, par quelques Skaldes, le *détracteur* des dieux... On le nomme Loke. » (*Edda* de Snorro,) Loke (ou Loki) présente en effet ce caractère dans l'un des poèmes de l'*Edda* de Sœmund intitulé *Le Festin d'Æger*, ou *Chant diffamatoire de Loke* (*Lokasenna*), œuvre, dit Léouzon-le-Duc, de quelque païen à demi converti, ou de quelque sceptique de mauvaise humeur, et l'une des pages les plus apocryphes de ce recueil. — Wagner, dont l'une des fins (secondaire) a été de synthetiser sans omission, par tel détail de mise en scène, telle parole du texte, tel geste parfois, toute la mythologie cosmogonique et théogonique septentrionale des Germains et des Scandinaves, s'est gardé de négliger cet aspect du personnage.

(3) « Alors les Ases secouèrent leurs boucliers, coururent sur Loke en criant, et le chassèrent vers la forêt ; puis ils revinrent au festin. Loke retourna également sur ses pas... Loke entra dans la salle ; quand tous ceux qui s'y trouvaient l'aperçurent, ils gardèrent le silence. LOKE *chanta* : Lopter est altéré ; il vient de loin pour demander aux Ases une rasade du limpide hydromel. Comment se fait-il, dieux, que vous vous taisez si tristement ? vous ne pouvez plus parler ? Indiquez-moi un siège et une place au festin, ou chassez-moi. BRAGE *chanta* : Jamais les Ases ne te donneront un siège ni une place au festin : ils savent quels sont les hôtes qu'on peut inviter à la fète joyeuse. LOKE *chanta* : Odin, te souviens-tu des temps anciens ? nous avons alors mêlé notre sang : tu juras de ne jamais boire une rasade, s'il n'y en avait pas autant pour moi. ODIN *chanta* :... Le père du loup (c'est-à-dire Loke) aura une place au festin, afin qu'il ne nous adresse point d'invectives dans la demeure d'Æger. » (*Le Festin d'Æger*, dans l'*Edda* de Sœmund.)

constructeurs (1) du Burg stipulèrent que Freya serait leur récompense, je n'y consentis, tu le sais, que sur ta promesse, solennelle, de libérer ce gage sacré (2).

LOGE

C'est-à-dire que je promis de réfléchir, de chercher, avec toute ma sollicitude, quelque moyen de le libérer : quant à trouver un tel moyen s'il est impossible à trouver, ou bien s'il est impraticable, qui donc eût pu promettre cela ?

FRICKA, à Wotan.

Vois en quel fourbe infâme tu plaças ta confiance !

FROH

C'est Loge que tu t'appelles, — moi je t'appelle Mensonge ! (3)

(1) Il y a ici un double sens : « constructeurs » et « rustres, » en allemand, s'exprimant par le même vocable.

(2) « Tous s'accordèrent à dire que ce mauvais conseil avait été donné par Loke, source du mal. Ils le menacèrent d'une mort ignominieuse, s'il ne trouvait pas un expédient pour empêcher l'architecte de terminer son travail à l'époque fixée. Loke eut peur et jura d'arranger les choses de manière que l'architecte ne reçût point la récompense promise. » (*Edda* de Snorro, *Gylfaginning*.) Il en est exactement de même dans le mythe relatif au rapt d'Iduna (Voir la note (1) de la p. 272) : les Dieux « se réunirent en conseil,... pour savoir lequel d'entre eux avait eu le dernier des nouvelles d'Iduna. On se rappela l'avoir vue sortir d'Asgörd avec Loke. Celui-ci fut donc arrêté, conduit dans l'assemblée des Ases, menacé de mort et de rudes traitements s'il ne ramenait pas Iduna. Loke eut peur, et promit de chercher Iduna dans Jœtenhem... » etc. (*Id.*, *Bragarodur*.)

(3) *Loge* heisst du,
doch nenn'ich dich *Lüge* !

Par ce jeu de mots, fondé sur l'allitération, Wagner établit un rapport entre Loge, principe destructeur comme Dieu du Feu, et Loge esprit de *Mensonge* (Lüge). On peut suivre, à travers les

DONNER

Maudite flamme, je te soufflerai ! (1)

LOGE

Imbéciles ! pour cacher leur opprobre, ils m'outragent.

(DONNER, et FROH, (2) veulent se jeter sur lui.)

WOTAN les contient.

Laissez-moi en paix mon ami ! (3) Vous ignorez, vous, l'art de Loge, le mérite, le poids de ses conseils (4) : prisez-les mieux, faites-lui crédit : il payera tout, avec du temps (5).

quatre drames du *Ring*, les beaux développements de ce rapport. — La réplique suivante, de Donner (« Maudite flamme, » Verfluchte *Lohe*), est encore un autre jeu de mots sur le nom de Loge. — Qu'on ne se méprenne en rien sur l'expression « jeu de mots » : il s'agit de rapprochements typiques, philosophiquement justifiés, entre des racines différentes de sens, analogues de sons ; il s'agit de beautés plus que phonétiques, dont pas une traduction ne peut suggérer l'au delà ; et je plaindrais sincèrement quiconque les taxerait de puérilités, ou n'y verrait qu'une question de « forme. » Comme si, pour tout Artiste complet, — pour Wagner, — forme et fond ! n'étaient pas tout un !

(1) « THOR (Donner) *entra, et chanta :* Tais-toi, hideux démon ! Mjœllner, l'agile marteau, imposera silence à ta langue. Il t'imposera silence et tu auras vécu. LOKE *chanta :* Te voilà, fils de la terre ! pourquoi crier ainsi, Thor ? Tu n'oseras point me frapper quand il s'agira de combattre le loup qui doit avaler Odin... » etc. (*Le Festin d'Æger.*)

(2) « FREY (Froh) *chanta* :... Tais-toi maintenant, Loke, si tu ne veux être enchaîné sous peu. » (*Le Festin d'Æger.*)

(3) Sur cette « amitié » de Loke et d'Odin, voir la note (3) de la p. 259.

(4) Sur l'ingéniosité de Loke, voir la note (4) de la p. 250.

(5) Littéralement : « Plus richement pèse le prix de son conseil, — [plus c'est] en tardant [qu']il le paye. » Par lui-même, ce mot-à-mot simple est assez clair, et l'on voit que je l'ai, non suivi, mais adapté *dramatiquement*. C'est l'une des dernières fois que je m'imposerai la peine de souligner de pareils changements, sans aucune importance foncière.

FAFNER

Pas de temps ! pas de délai : payez de suite !

FASOLT

Le salaire se fait bien attendre.

WOTAN, *à Loge.*

Et maintenant écoute, entêté ! voyons si tu es à l'épreuve ! où es-tu allé ? qu'as-tu fait ? (1)

LOGE

Toujours l'ingratitude est le salaire de Loge ! Dans l'orage, inquiet pour toi seul, j'ai fouillé l'univers entier, jusqu'en ses recoins, cherchant partout, autour de moi, une rançon qui suffit aux Géants, pour Freya. J'ai cherché vainement, vois-tu bien ! Dans l'ensemble des mondes rien n'est, aux yeux des hommes, assez précieux pour compenser la perte de la volupté, la perte des délices et de l'amour de la Femme. (*Tous se groupent en des attitudes de surprise.*) (2) (*) Dans les eaux, dans les airs, sur terre, partout où grouille la vie, où s'agite une substance, partout où des germes circulent, j'ai cherché,

(1) Voir d'abord la note (2) de la p. 250. — « Freya, prête-moi ta forme emplumée pour retrouver le marteau »... Loke s'envola donc, et la forme emplumée siffla dans les airs. » (*La Recherche du Marteau.*) A son retour, « Thor le rencontra... et lui adressa de suite ces paroles : As-tu réussi à remplir ton importante commission ? Raconte-moi les nouvelles de l'air. » (*Id.*)

(2) Je rappellerai cette indication dans l'annotation de *La Walküre :* au moment où Brünnhilde y trahira, d'abord, son ignorance et sa stupeur des tendresses de l'Humanité.

(*) La Fanfare de l'Or-du-Rhin, forme éclatante du Thème originel, thème essentiellement *élémentaire* (Loge, comme le Rhin, est le symbole d'un élément), monte et descend à l'Orchestre pendant ce récit de Loge. (Partition, page 85, en bas, et suivantes.)

j'ai interrogé : « S'il est pour l'homme un bien souverain, préférable aux délices, à l'amour de la Femme, dites-le moi, révélez-le moi ! » Mais partout où la vie circule, on a ri de moi : dans les eaux, dans les airs, sur terre, tout aspire à l'Amour, tous aspirent à la Femme. — Un seul être a maudit l'Amour, pour de l'Or rouge (1) (*) : c'est Nacht-Alberich (2), le Nibelung ; il courtisait les Filles-du-Rhin, qui m'ont crié leur peine avec des gémissements : elles le repoussèrent, et, par vengeance, il leur déroba l'Or-du-Rhin, l'Or qui lui paraît, désormais, un trésor plus précieux, plus sublime que l'Amour. Sur leur jouet, volé aux profondeurs du gouffre, sur leur jouet splendide les Ondines pleurent, Wotan ! C'est toi qu'elles supplient de faire justice, pour leur restituer leur Or, à tout jamais. — J'ai promis d'appuyer leurs plaintes : Loge tient parole !

WOTAN

Tu délires, si tu n'es un traître ! tu connais ma propre détresse (3), et tu veux que j'aille aider autrui ?

(1) L'Or, dans tous les vieux chants épiques des Scandinaves et des Germains, est constamment ainsi qualifié de « rouge. » Et des Gens se récrient : « L'or est jaune ! » — A vos Chimies, à vos Physiques, Gens de notre bel âge « de progrès ! » Ces poètes, dont les œuvres rudes survivront, encore que « barbares, » à toutes les actuelles erreurs de votre « science, » de votre « civilisation, » auraient-ils donc su avant vous, par leurs yeux et non par vos livres, que les couleurs que nous « connaissons » aux métaux se modifient quand la lumière a subi plusieurs réflexions à leur surface ? — Oui certes, ils n'eurent pas besoin d'un Bénédic Prévost pour intuitivement dire et chanter : « l'Or ROUGE ! »

(2) C'est-à-dire : Alberich-de-la-Nuit. Etymologiquement : Roi-des-Alfes-de-la-Nuit. — Cf. p. 434, note.

(3) J'ai presque toujours, dans les quatre drames, donné au mot *Noth*, comme ici, sa signification la plus compréhensive :

(*) Le Thème de Walhall, ironiquement combiné avec le thème de Loge, (combinaison frappante d'où se dégage une idée d'Ordre, de Bonheur menacé ; on sait que Loge, le Feu, détruira le Monde) accompagne la précédente mélodie de Loge. Le thème de Servitude y est aussi donné nettement.

FASOLT, qui a attentivement écouté, à FAFNER.

J'ai du dépit à voir l'Alfe posséder l'Or : ce Nibelung, déjà, nous fit bien du mal; mais il a toujours eu l'adresse de se dérober à nos représailles.

FAFNER

Si l'Or lui donne de la puissance, c'est quelque nouveau mauvais tour que prépare contre nous sa haine. — Toi, là, Loge! parle sans mentir : quelle si grande valeur a donc l'Or, qu'il tient lieu, au Nibelung, de tout?

LOGE

L'Or, dans les profondeurs des eaux, n'est qu'un jouet, pour la joie des enfants rieuses : mais qu'on en forge un cercle, une bague, c'est la plus haute puissance qu'il donne, c'est l'univers livré à l'homme (1).

WOTAN

De l'Or-du-Rhin, j'ai ouï parler : son rouge éclat cacherait des Runes-de-Proie; pouvoir, richesses, voilà, sans mesure, ce que procurerait certain Anneau (2).

celle de « *détresse* ». Mais je tiens à dire, une fois pour toutes, qu'étymologiquement comme en composition, ce vocable implique une idée de contrainte ou de nécessité. Pour plus d'une raison, qu'on sentira bien lorsqu'apparaîtra le mot « détresse », cette observation est utile. Qu'elle me soit l'occasion de redire à quel point Wagner, philologue, et philologue des plus remarquables, a, autant que possible, ramené tous les mots, employés par lui, à l'étymologique pureté de leur sens.

(1) « Dans le Trésor se trouvait une petite verge d'or, la baguette du souhait. Celui qui l'aurait su, aurait pu être le maître de tous les hommes, dans l'univers entier. » (*Nibelunge-nôt*, XIX, trad. Laveleye, p. 169.)

(2) De même Gunther, dans le *Crépuscule-des-Dieux*, dit, lorsque Hagen le tâte et le tente : « Du Trésor des Nibelungen j'ai entendu parler : il contiendrait lui-même le plus enviable bien ? » Ces correspondances extérieures fortifient l'interne unité des quatre drames; ne pouvant les signaler toutes, je signale

FRICKA

Sans doute pourrait-on faire encore, du jouet d'or, des bijoux éclatants, belle parure pour des femmes ?

LOGE

A porter avec grâce l'éblouissante parure, la femme pourrait fixer, sans doute, la fidélité d'un époux ? Aux gnomes d'en forger la splendeur, sans relâche, asservis par l'Anneau.

FRICKA

Et sans doute, aussi, mon époux peut-il s'approprier cet Or ? (1)

WOTAN

Posséder l'Anneau, certes, me semble avantageux. — Mais par quel moyen, Loge, dis-moi ? comment pourrais-je, moi, forger l'Or ?

ici l'une des plus frappantes ; le lecteur verra bien les autres. — Étant donné le but poursuivi, consciemment, par Richard Wagner, — adapter au génie de sa race et appliquer, germanisées, les formules dramatiques de l'Art complet des Grecs, — il est intéressant d'emprunter dès maintenant, à l'excellent *Manuel de Philologie classique*, par Salomon Reinach (tome Ier, pp. 210 et 211), quelques trop peu nombreux extraits. Résumant un article substantiel de Weil, relatif à la symétrie dans les tragédies des anciens, il constate qu' « à des développements symétriques de l'idée, répondent des suites de vers d'une longueur égale » ; il cite des exemples, et observe : « La raison de cette symétrie... n'est autre que la tendance... à mettre d'accord la forme et le fond. » — « Si, » du reste, « de l'examen des tirades, on s'élève à celui des épisodes, des scènes et des actes, on reconnaîtra partout la même tendance à la symétrie. La tragédie grecque est un tout organique qui se développe autour d'un centre, et dont les parties, formées d'unités symétriquement disposées, sont symétriques entre elles et par rapport à l'ensemble... » Au surplus, cette loi du parallélisme, comme toutes les lois de l'Art, est un *idéal*, et les poètes s'en rapprochent par instinct, plutôt qu'ils ne s'y asservissent par système.

(1) De même Fricka fut la première à témoigner le désir d'un Burg, — quitte à récriminer plus tard.

LOGE

Des Runes-magiques, que nul ne sait, peuvent seules réduire l'Or en Anneau : seul doit y réussir, sans peine, qui renonce au bonheur de l'Amour. (WOTAN, découragé, se détourne.) Tu peux t'épargner cette douleur ; aussi bien, tu viendrais trop tard : Alberich n'a point perdu de temps ; il s'est, sans hésiter, rendu Maître du charme : il a réussi, l'Anneau est forgé.

DONNER

Le gnome nous asservira tous, si l'Anneau ne lui est arraché (1).

WOTAN

Il faut que je l'aie !

FROH

C'est très facile : il n'y a plus à maudire l'Amour.

LOGE

Facile ? dérisoirement facile, sans malice, un vrai jeu d'enfant !

WOTAN

Comment donc ? dis vite ?

(1) Se reporter à l'Étude d'Edmond Barthélemy (p. 192) : analogies du mythe relatif à l'Anneau, et du mythe relatif au vol du Marteau de Thor. — « Vingthor (Donner) se mit en colère, lorsque, en se réveillant, il ne retrouva plus son marteau auprès de lui ; sa barbe trembla, sa tête se troubla, et le fils de la Terre tâtonna autour de lui. » (*La Recherche du Marteau.*) « Loke, fils de Lœfœ, chanta : Ne parle pas ainsi, Thor ! Les Géants *bâtiront bientôt dans Asgôrd, si tu ne vas point quérir ton marteau.* » (*Id.*) Et encore : « *Cela va mal pour les Ases, cela va mal pour les Alfes :* tu as caché le marteau de Hlorido. » (*Id.*)

LOGE

Par le vol ! Ce qu'un voleur a soustrait, tu le soustrais au voleur : fut-il jamais un bien plus aisément (1) acquis ? — Mais Alberich est sur ses gardes, il se défendra par la ruse ; procède avec prudence, avec subtilité, si tu fais justice du larron, pour rendre aux Filles-du-Rhin leur jouet rouge, leur Or, — puisque telle est, d'ailleurs, la prière qu'elles t'adressent.

WOTAN

Les Filles-du-Rhin ? Le beau conseil à me donner !

FRICKA

Qu'on ne me parle point de cette engeance des eaux : elles n'ont déjà noyé que trop d'hommes, séduits par leurs caresses d'amour.

(**WOTAN** reste debout, muet, en proie à une lutte intérieure ; les autres Dieux, fixant sur lui leurs regards, attendent en silence (2). — Cependant **FAFNER**, à l'écart, s'est concerté avec **FASOLT**.)

FAFNER

Crois-moi, plus que Freya l'Or qui brille est utile : c'est l'éternelle Jeunesse également qu'il s'assure, quiconque lui

(1) Ou : « moins chèrement acquis. »

(2) « Odin est le premier et le plus ancien des Ases ; il règne sur toutes choses, et les autres dieux le servent comme des enfants servent leur père. » (*Edda* de Snorro, *Gylfaginning*.) « Odin s'appelle encore Haptagud, le dieu des dieux. » (*Id.*) Mais ces sources n'expliqueraient pas, comme il convient, l'indication plastique du texte de Wagner. L'attitude des Dieux est, ici, autrement significative. Dans la première esquisse de la *Tétralogie*, Wotan n'était nommé qu'à peine : le Maître des Dieux, sans doute, mais rien autre. Dans la version dernière il est le *seul* dieu, pourrait-on dire. Les autres ne sont guère, sauf Loge, que les personnifications de certaines parmi les facultés de Wotan. Tout rayonne de lui comme d'un centre ; les autres personnages agissent, mais leurs actes *n'ont de sens que par rapport à lui*, et le quadruple drame n'est, en son entier, que la figuration de sa pensée, de sa volonté, de son renoncement, et de son sacrifice.

fait violence grâce aux prestiges de l'Or. (Ils se rapprochent des Dieux.) Ecoute, Wotan, c'est notre dernier mot (1) : que Freya se rassure et vous reste; j'ai découvert, pour sa rançon, une rétribution plus légère : à nous, grossiers Géants, l'Or du Nibelung suffit, l'Or rouge.

WOTAN

Êtes-vous fous ? ce que je ne possède point, impudents, puis-je vous en faire don ?

FAFNER

Ce fut une très rude tâche de construire ton Burg, là : c'en est une très simple, pour toi, d'employer contre le Nibelung cette adresse, unie à la force, et faute de quoi, toujours, sont demeurés inutiles tous les efforts de notre haine.

WOTAN

Moi, pour votre compte, m'attaquer à l'Alfe ? Moi, pour votre compte, prendre votre ennemi ? Niais que vous êtes ! votre extravagante impudence abuse, aussi, de ma gratitude !

FASOLT, soudain, saute sur FREYA, et l'entraîne à l'écart avec l'aide de FAFNER.

Ici, femme ! en notre pouvoir ! Tu vas nous suivre en guise de gage, jusqu'à ce qu'on nous paye ta rançon.

(FREYA pousse un grand cri : tous les DIEUX sont au comble de la consternation.)

FAFNER

Certes, il faut l'arracher d'ici ! Jusqu'à ce soir, prenez-y garde, elle ne sera pour nous qu'un gage : nous reviendrons

(1) Littéralement : « Écoute, Wotan, la parole des attendants. »

alors; mais si, à ce moment, l'Or-du-Rhin, l'Or brillant, l'Or rouge n'est point ici...

FASOLT

En ce cas plus de sursis! plus de délai : perdue pour vous, Freya, pour toujours, nous suivra.

FREYA

Sœur ! Mes frères! Au secours! sauvez-moi !

(Elle est enlevée par les Géants (1), qui précipitamment s'éloignent. Les Dieux, avec consternation, écoutent se perdre au loin ses clameurs de détresse). (*)

FROH

Vite, à leur poursuite !

DONNER

Que tout s'écroule donc !

(Du regard, ils interrogent WOTAN.) (2)

LOGE, suivant des yeux les Géants.

De toutes leurs lourdes jambes, ils fuient vers la vallée; les voilà qui franchissent le Rhin, pataugeant à travers le gué;

(1) Pour le rapt d'Iduna (Freya) dans l'*Edda* de Snorro (*Bragarodur*), se reporter à l'Etude d'Edmond Barthélemy, p. 191. — « Le Géant Thjasse arriva sous la forme d'un aigle, prit Iduna et s'envola avec elle, » etc.

(2) Voir la note (2) de la p. 267.

(*) Lorsque les Géants emmènent Freya, Gardienne des Pommes de Jeunesse, l'Orchestre émet le thème de la Déchéance des Dieux. Ce thème est antithétique au thème des *Pommes d'Or* (c'est-à-dire de la Jeunesse des Dieux); il a paru, auparavant, à ces paroles de Fafner: « S'il s'agit de dépouiller les dieux de Freya, c'est à cause des Pommes d'Or qui croissent dans son verger. » (Partition, page 74.)

sur leur échine de brutes, Freya n'est guère à l'aise! — Ha ha! comme les lourdauds s'en donnent de barboter! Déjà, dans la vallée, les voilà qui s'ébranlent : ils atteindront bien Riesenheim (1) sans s'être reposés une fois! (Il se tourne du côté des DIEUX.) A quoi songe Wotan, d'un air si farouche? — Comment vont les Dieux bienheureux? (2)

(Un brouillard livide envahit la scène, qu'il assombrit progressivement; les DIEUX y prennent une apparence de plus en plus blême et vieillotte : debout, pleins d'inquiétude, tous regardent WOTAN, pensif, les yeux fixés au sol.)

LOGE

Un brouillard m'abuse-t-il? Suis-je le jouet d'un songe? Tremblants et blêmes, soudain, comme vous vous êtes fanés! Vos joues, l'éclat qui s'en éteint! Vos yeux, leurs regards qui clignotent? — Toi, mais ris donc, mon Froh, c'est encore l'heure de rire! (3) — Comment, Donner? ta main laisse

(1) *Riesenheim*, « Séjour-des-Géants ». — C'est le *Jötunheim* des *Eddas*; les Scandinaves avaient partagé l'univers en neuf mondes: trois au-dessus de la terre; trois sous la terre; et trois sur la terre. *Jötunheim* était de ces derniers : « Sur l'échine de la Terre pèse la race des Géants; Riesenheim, tel est leur pays », dit plus loin le Voyageur dans le drame de *Siegfried* (acte 1er, scène avec Mime).

(2) « THRYMER *chanta :* Comment vont les Ases, comment vont les Alfes?... LOKE *chanta :* Cela va mal pour les Ases, cela va mal pour les Alfes; tu as caché le marteau de Hloride. » (*La Recherche du Marteau*). — Voir la note (2) de la p. 250, et l'Étude d'Edmond Barthélemy, p. 192.

(3) Littéralement : « Allons, courage, mon Froh, — il est encore matin! »

Frisch, mein *Froh*,
Noch ist's ja *früh!*

C'est un jeu de mots fondé, comme ceux précédemment cités par moi, sur d'heureuses allitérations. Il est d'ailleurs si suggestif, en sa richesse de sens possibles et variés, qu'on ne peut même songer à le traduire. Pour aider à l'intelligence de l'un de ces sens, rappelons seulement qu'à la rigueur Froh peut être et a pu être considéré comme une divinité solaire.

tomber ton marteau ? — Et Fricka, qu'est-ce qui lui arrive ? Elle n'a donc pas plaisir à voir, grisonnant ainsi tout d'un coup, Wotan devenir presque un vieillard ?

FRICKA

Malheur ! Malheur ! que se passe-t-il ?

DONNER

Ma main faiblit.

FROH

Mon cœur défaille.

LOGE

A présent, j'ai trouvé ! Ce qui vous manque, le voici : les fruits de Freya, — dont, aujourd'hui, vous n'avez pas encore goûté. Vous étiez vigoureux et jeunes, lorsque vous les mangiez chaque jour. Mais la jardinière est en gage ; sur les branches, le fruit meurt et sèche : bientôt il en tombera, pourri. — Pour moi, la chose importe moins ; pour moi, Freya fut toujours chiche (1), fort avare de ses précieux fruits : car, en fait d'authenticité, je suis une fois moins pur, n'est-ce pas ? que vous autres (2), les Magnifiques ! En revanche tout dé-

(1) « FREYA *chanta :* Tu es fou, Loke, de raconter tes méfaits... LOKE *chanta :* Tais-toi, Freya ! je te connais parfaitement ; tu n'es pas exempte de fautes : les Ases et les Alfes assis dans cette salle ont tous joui de tes faveurs. FREYA *chanta :* Ta langue est chargée de mensonges ; elle occasionnera ta perte. Les Ases et les Asesses sont irrités contre toi. Le retour dans ta demeure te sera triste. LOKE *chanta :* Tais-toi, Freya ! tu es une empoisonneuse et tu pratiques la magie... » etc., etc. (*Le Festin d'Æger*. — Dans ce poème, Loke échange d'autres aménités avec Iduna ou Idun, gardienne des Pommes suivant l'*Edda*).

(2) Comparez (je signale ces rapprochements sans commentaires) les correspondances des présents sous-entendus de ce rôle de Loge, avec telles répliques de Hagen, au drame du *Crépuscule-des-Dieux :* « Mon sang vous eût gâté ce breuvage ! Il ne circule pas, en mes veines, authentique, légitime et noble comme le vôtre... Je me tiens donc à l'écart de votre ardente alliance. » Dans les *Eddas*

pendait, pour vous, des fruits de jouvence: voyez donc à la préserver! sans les Pommes, vieux et gris, décrépits et moroses, risée du monde, les Dieux mourront (1).

FRICKA

Wotan, fatal, funeste époux! Vois à quelles avanies, à quelle ignominie, ta légèreté nous a livrés!

WOTAN, brusquement, comme prenant une détermination soudaine.

En route, Loge! descends avec moi! Partons pour Nibelheim (2) : je veux conquérir l'Or.

LOGE

Ainsi, les Filles-du-Rhin peuvent avoir bon espoir? tu veux exaucer leur prière?

WOTAN, avec violence.

Tais-toi, bavard! Freya, la bonne Freya, c'est trouver sa rançon qu'il faut.

LOGE

Tu l'ordonnes, je te conduirai donc avec plaisir : descendons-nous à pic, droit par le Rhin?

WOTAN

Pas par le Rhin!

non plus, Loke ne fait point partie de la race proprement dite des Dieux: puissance élémentaire, il est un de ces géants (Jötuns), en lesquels sont personnifiées les grandes forces brutes naturelles, hostiles aux Ases ordonnateurs.

(1) « Le Géant Thjasse arriva sous la forme d'un aigle, prit Iduna » (gardienne des Pommes-de-Jeunesse; ici: Freya) « et s'envola avec elle. Les Ases souffrirent beaucoup de l'absence de cette Asesse : ils grisonnaient et vieillissaient... » *(Edda* de Snorro). Se reporter à l'Étude d'Edmond Barthélemy, p. 191, et à la note (2) de la p. 253.

(2) Sur *Nibelheim*, voir la note (1) de la p. 228.

LOGE

Soit ! par la Faille-du-Soufre alors : là ; glisse-toi là-dedans après moi !

(Il prend les devants et disparaît, latéralement, dans une crevasse : une vapeur de soufre en sort aussitôt.)

WOTAN

Vous autres, jusqu'au soir, attendez-nous ici : je pars à la conquête de l'Or, rançon de la Jeunesse perdue !

(Il descend, à la suite de LOGE, dans la crevasse : une nouvelle vapeur en jaillit, se développe, couvre toute la scène, rapidement, d'un épais nuage. Déjà les personnages restés sont invisibles.)

DONNER

Heureux voyage, Wotan !

FROH

Bonne chance ! Heureux succès !

FRICKA

Oh ! reviens vite vers ta femme inquiète ! (1)

La vapeur sulfureuse s'assombrit, de plus en plus, en une nuée tout à fait noire, qui se dirige de bas en haut ; cette nuée se transforme alors, se solidifie en une suite de ténébreuses crevasses de pierre ; le mouvement d'ascension se prolonge, suggère cette illusion que la scène s'enfonce aux entrailles de la terre, de plus en plus profondément (*).

(1) « FRIGGA : Honneur à ton départ ! Honneur à ton retour ! Honneur à toi quand les Asesses te salueront de nouveau ! » (*Vafthrudnismal.*)

(*) Durant tout ce temps l'orchestre martèle le Motif rythmique de la Forge. A mesure que les Dieux plongent dans les entrailles de la Terre, le motif se précise. Des enclumes retentissent. — Tout s'ébranle ; et, sur un dernier *forte*, à quoi succède le rugissement d'un violent

SCÈNE TROISIÈME

Enfin commence à poindre de divers côtés, au loin, une lueur d'un rouge sombre : on distingue, à perte de vue, un immense

GOUFFRE SOUTERRAIN,

où d'étroits orifices, des puits, semblent, de toutes parts, déboucher.
(ALBERICH tire de ce côté, par les oreilles, hors d'une galerie latérale, MIME, qui pousse des gémissements aigus.)

ALBERICH

Héhé ! (1) Héhé ! Ici ! par ici ! Gnome sournois ! tu seras pincé ferme, je m'en charge, si tu ne m'ajustes pas sur l'heure, parfaitement, conforme à mes ordres, le chef-d'œuvre !

MIME, hurlant.

Ohe ! Ohe ! Aou ! Aou ! Lâche-moi, seulement ! Il est prêt, conforme à tes ordres, articulé, à force de soins, de peines, de sueurs : ôte seulement tes ongles de mon oreille !

(1) Ce cri familier d'Alberich est, dans maintes légendes germaniques, prêté aux nains. Ainsi, dans sa condensation de la mythologie nationale (mieux : des mythologies de sa race), le génie de Wagner n'a rien oublié, rien négligé.

---

allegro, Alberich apparaît dans son royaume souterrain (partition, 111 à 115). Le Motif rythmique de la Forge est très important, il reparaîtra, élargi, dans le premier acte de *Siegfried*, où il souligne le rôle de Mime. Nous signalerons là, de ce motif, une bien curieuse application.

Le *thème du Trésor* ; la *Plainte de Mime* ; le *Commandement d'Alberich* (ou *thème de la Servitude*) ; et, enfin, le *Motif du Tarnhelm* sont les principaux passages orchestraux de cette scène.

ALBERICH, le lâchant.

Pourquoi ces retards, alors? Que ne le montres-tu point?

MIME

Pauvre de moi! c'est que j'avais peur qu'il n'y manquât encore des choses.

ALBERICH

Des choses? quelles choses?

MIME, embarrassé :

Par ci... par là...

ALBERICH

Quoi, par ci par là? Montre-le tel quel! (Il veut de nouveau lui sauter aux oreilles : d'effroi, MIME laisse tomber un maillis métallique, qu'il cachait en ses mains crispées. ALBERICH se rue, ramasse le maillis, et l'examine minutieusement.) Voyez le fourbe! tout est forgé, prêt, parfait, conforme à mes ordres! L'imbécile voulait donc ruser, m'en imposer? garder pour soi le chef-d'œuvre que mon industrie lui apprit l'art de fabriquer? T'y ai-je pris, là, voleur stupide? (Il se met sur la tête le maillis, en guise de « Tarnhelm » (1). Le heaume est à ma tête : savoir si le charme opère? — « Ténèbres et brouillard, plus personne aussitôt! » — (Il s'évanouit; à sa place on voit une colonne de brouillard.) Me vois-tu, frère?

(1) Ce heaume magique n'est autre chose que la *Tarnkappe*, le capuchon ou chaperon magique, investi de semblables vertus, et dont maintes légendes, maints poèmes, y compris le *Nibelunge-nôt*, attribuent à des nains, des dvergues, etc., la précieuse possession plus ou moins provisoire : « J'ai entendu parler de nains sauvages qui habitent les cavernes et qui portent pour leur défense une chose merveilleuse, la Tarnkappe. Celui qui la porte sur lui est parfaitement à l'abri des coups et des blessures. Nul ne voit la personne qui en est revêtue; elle peut entendre et voir, mais nul ne l'aperçoit. Sa force aussi en devient beaucoup plus grande. Ainsi nous le disent les traditions. » (*Nibelunge-nôt*, trad. Laveleye, VI, p. 57)

MIME, ébahi, regardant autour de soi.

Où es-tu ? non, je ne te vois pas.

LA VOIX D'ALBERICH

C'est bien : sens-moi donc, infâme drôle ! Tiens, pour tes désirs de vol ! Tiens !

(MIME crie, se tord, sous les coups d'un fouet, qu'on entend frapper sans l'apercevoir.) (1)

LA VOIX D'ALBERICH, ricanant :

Merci pour ton œuvre, imbécile ! Elle fait son office à merveille. — Hoho ! Hoho ! les Nibelungen, courbez-vous sous Alberich, tous ! Partout, partout il sera présent, désormais, pour vous surveiller ; plus de repos pour vous, plus de répit pour vous ; c'est pour lui que vous peinerez, et vous ne le verrez point ; quand vous ne le verrez point, tremblez qu'il ne survienne : vous êtes, à jamais, ses esclaves ! Hoho ! hoho ! l'entendez-vous ? il approche, le Maître-des-Nibelungen !

(La colonne de brouillard s'évanouit au fond : on entend, de plus en plus loin, gronder la fureur D'ALBERICH ; du fond des gouffres lui répondent des hurlements, des plaintes, des cris, qui s'assourdissent bientôt pour se perdre, à la fin, dans un lointain toujours plus vague. — De douleur, MIME s'est affaissé : ses soupirs, ses lamentations sont entendus de WOTAN et LOGE, qui se laissent glisser du haut d'une crevasse supérieure.)

LOGE

C'est Nibelheim, nous y voici : au travers du brouillard livide, quelle palpitation d'étincelles !

WOTAN

On gémit haut ici : qu'est-ce qui gît sur la roche ?

(1) « Alberich portait cotte de mailles et heaume, et, dans sa main, un pesant fouet d'or. » (*Nibelunge-nôt*, VIII, 78.)

LOGE se penche vers MIME.

Quelle merveille pleures-tu là ?

MIME

Ohe ! Ohe ! Aou ! Aou !

LOGE

Haha ! Toi, Mime ! l'alerte gnome ! qu'as-tu donc à te débattre ainsi ?

MIME

Laisse-moi la paix !

LOGE

Je le veux bien, certes ! et mieux encore, écoute : je veux t'assister, Mime !

MIME, se redressant un peu.

M'assister ? qui peut rien pour moi ? Il faut que j'obéisse à mon propre frère, qui s'est fait un esclave de moi.

LOGE

Un esclave ? de toi, Mime ? d'où lui vint cette puissance ?

MIME

Grâce à sa malveillante adresse, Alberich, avec l'Or-du-Rhin, s'est fait une Bague : stupides, nous nous courbons sous sa vertu magique ; c'est par là qu'il s'est asservi notre noir troupeau de Nibelungen. Jadis, pour nos épouses nous forgions, sans souci, tel bijou, telle parure exquise, quelque joli jouet pour la joie des Nibelungen : travailler nous était une fête. A présent, l'infâme nous oblige à nous glisser dans les crevasses, à nous exténuer pour lui, toujours pour lui ! Guidée par l'Anneau d'Or, son avarice devine où sont enfouies de nouvelles richesses (1) ; et, sur l'heure, il nous faut chercher, fouiller,

(1) On pense à la *baguette divinatoire* de coudrier. Au sujet de cette vertu de l'Anneau, voir ci-dessous p. 289, note (1).

creuser, fondre sa proie, forger la fonte, sans repos, sans répit, sans trêve, pour grossir le Trésor du Maître (1).

LOGE

C'est ta paresse, probablement, qu'a voulu punir sa fureur?

MIME

Pauvre de moi, hélas ! il m'a contraint au pire : il m'avait fait fondre et souder les mailles d'un heaume, un vrai chef-d'œuvre, avec des instructions précises pour en articuler chaque pièce. J'eus bien la perspicacité de remarquer quelle vertu, quelle puissance propres acquérait l'œuvre, à mesure que le métal prenait forme : aussi voulais-je garder le heaume, me soustraire, à l'aide de son charme, à la tyrannie d'Alberich, et peut-être, oui, peut-être, à mon tour, torturer le bourreau lui-même, le mettre en mon pouvoir, lui arracher l'Anneau ; bref, de même que je suis à présent son esclave, faire de l'arrogant mon esclave, à moi, libre !

LOGE

Si perspicace, pourquoi n'as-tu pas réussi ?

(1) C'est surtout en ce passage que Wagner s'est souvenu des paroles prêtées par Raupach à Eugel, roi des Nibelungen, dans le drame du *Trésor des Nibelungs* (1834). Je ne crois pourtant pas que ces réminiscences aient jusqu'ici frappé personne. « EUGEL : On nous appelle les Nibelungs ; depuis les premiers temps nous habitons au sein de ces rochers ; toujours nous avons pris plaisir à porter ici, dans la nuit, tout ce qui brille, métal ou pierrerie, et à en façonner des objets précieux. C'est ainsi que fut amassé ce trésor. Le géant Hreidmar en eut connaissance ; il passa la mer et vint ici se rendre maître de nos richesses et nous réduire nous-mêmes en servitude. Dès lors esclaves, nous fûmes obligés de faire, avec effort, ce qui, jusque-là, avait été un plaisir, et jour et nuit, souvent maltraités, il nous força d'augmenter incessamment ce funeste trésor. » (Prologue, scène III) Peut-être signalerai-je ailleurs d'autres analogies frappantes. Mais du reste, il n'est pas inutile d'ajouter que Raupach lui-même s'est servi de maintes sources, notamment du *Hœrner Siegfried* (ou *Lied vom hürnen Siegfried*, ou *Siegfriedslied*), etc.

MIME

Hélas! moi qui fabriquai l'œuvre, je ne sus point deviner le véritable charme, le charme auquel elle obéit ! Quel secret renfermait le heaume, celui qui me l'arracha, cette œuvre, après me l'avoir fait entreprendre, vient, — mais malheureusement trop tard ! — de me l'enseigner : sous mes yeux mêmes, il disparut; mais son bras, invisible, en frappa tout autant sur la peau calleuse de l'aveugle. Telle est la jolie récompense, — imbécile ! — que je me suis forgée !

(Il se frictionne le dos en hurlant. Les DIEUX rient.) (1)

LOGE, à WOTAN

Conviens-en, la capture ne sera guère commode.

WOTAN

Mais l'ennemi succombera, grâce à tes artifices.

MIME, frappé par le rire des DIEUX (2), les considère plus attentivement.

Au fait, avec toutes vos questions, étrangers, qui pouvez-vous être ?

LOGE

Des amis pour toi : de sa détresse, nous voulons délivrer le peuple des Nibelungen.

(On entend se rapprocher le brouhaha des grondements et des châtiments D'ALBERICH.)

MIME

Soyez sur vos gardes ! Alberich approche.

(1) Les Dieux germaniques, comme les Dieux d'Homère, ont un rire tout particulier dont parle Grimm, *Deutsche Mythologie*, article *Lachen*. On pourra voir ce rire, plus loin, bafouer la plainte éplorée des Filles-du-Rhin. Qu'on se rappelle plus tard, lisant *la Walküre*, cette cruauté presque ingénue. Dans la *Tétralogie*, rien qui ne s'enchaîne ainsi.

(2) *Voir* la note ci-dessus.

WOTAN

C'est lui que nous attendons ici.

(Il s'assied, tranquille, sur une pierre ; LOGE, à côté de lui, s'y adosse. — Décoiffé du Tarnhelm, qui pend à sa ceinture, ALBERICH paraît ; il pousse devant soi, à coups de fouet, hors du puits situé le plus profondément, toute une foule de NIBELUNGEN : ces derniers sont chargés de bijoux ou de lingots d'or ou d'argent ; ils accumulent le tout en un tas, un Trésor, sous les invectives, les outrages ininterrompus D'ALBERICH.)

ALBERICH

Par ici ! — Là ! — Héhé ! Hoho ! Foule fainéante, en tas, le Trésor ! Toi, là, en haut ! Veux-tu marcher ? Tourbe infâme, à bas l'Or forgé ! Dois-je vous aider ? Tout de ce côté ! (Il aperçoit, tout à coup, WOTAN et LOGE.) Hé ! qui est là ? Qui a pénétré jusqu'ici ? — Mime ! approche, misérable drôle ! Aurais-tu jacassé avec ces deux rôdeurs ? Fainéant ! veux-tu bien, tout de suite, aller travailler et forger ? (Il pousse MIME dans la foule des NIBELUNGEN, à coups de fouet.) Hé ! au travail ! Tous hors d'ici ! En bas, vivement ! Tirez-moi l'Or des nouvelles mines ! Et fouillez sur l'heure ! sinon, le fouet ! C'est Mime qui me répond de votre zèle, sous peine de sentir le branle de mon bras : que je suis présent partout, là où nul ne s'en doute, il le sait assez, j'imagine ! — Allez-vous rester là ? Partirez-vous bientôt ? (Il retire son Anneau, le baise, et l'étend d'un air menaçant.) Troupeau d'esclaves ! obéissez au Maître de l'Anneau, et tremblez !

(Avec des hurlements, des cris aigus, les NIBELUNGEN (et MIME parmi eux) se dispersent, et se glissent de toutes parts, en bas, dans les puits et les mines.) (1)

(1) Je ne puis pas m'empêcher de m'imaginer que Wagner, spécialement à l'époque où fut écrit ce poème (fin de 1852), songeait à la misère sociale des mineurs d'Allemagne — et d'ailleurs. Le Nibelung, qui renonce à l'Amour pour avoir l'Or, n'est-il pas vrai que nous le connaissions, — ainsi que son nocturne troupeau, — avant d'avoir lu *L'Or-du-Rhin* ? Sans doute, il y a bien d'autres choses, et de plus grandioses, et de plus terribles, et surtout de moins particulières, dans ce rôle synthétique d'Alberich. Mais j'ai de bonnes raisons de croire qu'il s'y trouve *aussi* cela.

ALBERICH, marchant sur WOTAN et LOGE, avec colère.

Vous, que cherchez-vous ici ?

WOTAN

A croire les contes qu'on nous faisait sur le ténébreux Nibelheim, Alberich y réaliserait de puissants miracles : c'est pour en assouvir notre curiosité que nous sommes venus, en visiteurs.

ALBERICH

C'est la haine et l'envie, sans doute, qui vous amènent à Nibelheim : d'aussi téméraires visiteurs, croyez-moi, je les connais fort bien.

LOGE

Si tu me connais tant, Alfe sans raison, qui suis-je, dis-moi, que tu clabaudes de la sorte ? Quand tu gisais, blotti, dans un trou froid, qui, avant que t'eût jamais ri Loge, t'a donné la lumière, la chaleur de la flamme ? (1) Ton art de forgeron, à quoi te servirait-il, si je n'avais allumé ta forge ? Je suis ton cousin, et je fus ton ami : ta gratitude est donc, je trouve, bien maladroite !

ALBERICH

C'est pour les Alfes-de-Lumière (2) que Loge, le rusé, Loge, le fourbe, réserve à présent ses sourires : traître ! si tu es leur ami comme tu fus, jadis, mon ami, haha ! tant mieux pour moi ! je n'ai rien à craindre d'eux.

LOGE

Et voilà bien pourquoi tu peux, j'imagine, te fier à moi ?

(1) J'ai déjà rappelé que Loge est le Dieu du Feu.

(2) « Sur les cimes nébuleuses, les Dieux habitent Walhall. Ce sont des Alfes-de-Lumière, » dit à Mime, dans le drame de *Siegfried*, Le Voyageur (acte Ier). — Sur les Alfes en général, voir la note (1) de la p. 434. — Cf. aussi p. 233, note (2).

ALBERICH

Je ne me fie qu'à ton manque de foi ! Pas à ta foi ! — Aussi bien, je peux vous braver tous.

LOGE

Ton pouvoir te donne bien du cœur : ta force a furieusement grandi !

ALBERICH

Le Trésor, accumulé là par mon peuple, est-ce que tu l'as vu ?

LOGE

D'aussi digne d'envie, je n'en connais pas un seul.

ALBERICH

C'est, quant à présent, un pauvre petit tas : mais l'avenir le verra grossir puissamment, surabondamment.

WOTAN

Mais à quoi peut bien t'être utile un tel Trésor, puisque Nibelheim est sans joie, et qu'il n'existe rien, ici, à troquer contre des richesses ?

ALBERICH

C'est à les produire, ces richesses, et à les garder, ces richesses, que me sert la nuit du Nibelheim ; mais avec le Trésor, quand l'abîme sera comble, alors, je compte faire des merveilles, et m'approprier le monde entier.

WOTAN

Comment t'y prendras-tu, mon cher ?

ALBERICH

Vous, les Dieux, qui vivez là-haut, frôlés par les caresses des brises, ivres de joie, pâmés d'amour ! avec ma poigne d'Or, je vous subjuguerai tous ! De même que j'ai maudit l'Amour, tout ce qui vit devra maudire l'Amour (1): captivés, fascinés par l'Or, vous aurez le délire de l'Or. Bercez-vous sur les cimes, dans les murmures des brises, race d'éternels voluptueux : mais prenez-garde à l'Alfe-Noir que vous méprisez ! prenez garde ! — Car vous, les mâles, ma toute-puissance vous asservira, tout d'abord ; et vos femelles, dont la beauté dédaigna mes supplications, serviront, à défaut d'Amour, au Plaisir, aux luxures du gnome ! — Hahahaha ! vous m'entendez ? prenez garde à mon noir troupeau (2), prenez bien garde, si, du fond des gouffres muets, l'Or du Nibelung s'élève à la lumière du Jour !

WOTAN, bondissant.

Péris, gnome scélérat !

ALBERICH

Quoi ? qu'est-ce qu'il dit ?

LOGE, s'est interposé.

Sois donc de sang-froid ! (A ALBERICH) Qui donc ne serait saisi d'étonnement, s'il comprend l'œuvre d'Alberich ? Qu'à ton admirable habileté viennent à réussir les projets par toi fondés sur le Trésor, il me faudra bien te proclamer le Plus-Puissant parmi les êtres : car la Lune même, les Astres même, jusqu'au resplendissant Soleil, que pourraient-ils faire d'autre, alors, que d'être dociles à tes ordres ? — Il importe pourtant avant tout, suivant moi, que les amasseurs du Trésor, le troupeau des Nibelungen, t'obéissent sans envie ni haine. Tu possèdes, grâce à ta hardiesse, l'Anneau qui fait trembler ton

(1) Littéralement : « De même que moi j'[ai] renoncé à l'Amour, — Tout ce qui vit » (ou : « vivra ») — « Devra y renoncer. » On saisit la nuance qu'implique ce mot-à-mot, et pourquoi il me faut le noter. — En effet, tous les personnages, *consciemment ou inconsciemment*, jusqu'à l'Acte libérateur qui conclut *L'Anneau du Nibelung*, subiront cette fatalité, bientôt corroborée (dans la « Scène » quatrième) par la Malédiction supplémentaire du nain. — Cf. ci-dessus la note (1) de la p. 242.

(2) Littéralement : « l'armée de la Nuit. »

peuple : mais si quelque voleur profitait de ton sommeil pour t'arracher l'Anneau par ruse, de quelle manière alors, avec toute ta sagesse, te garantirais-tu toi-même ?

ALBERICH

Loge s'estime le plus fin des êtres ; à son avis, tout autre est toujours bête : si je pouvais avoir besoin de lui pour un conseil, pour un service, qu'il se ferait payer plus que cher, le voleur ! il en serait bien aise ! — Le heaume qui cache et qui déguise, je me le suis inventé moi-même ; j'ai forcé Mime, le plus habile des forgerons, à me le forger ; le heaume peut instantanément: ou, suivant mon caprice, me métamorphoser, ou dissimuler ma présence ; invisible à quiconque me cherche, je n'en suis pas moins présent partout. Aussi suis-je en sécurité, gardé que je suis même contre toi, ami rare ! ami dévoué !

LOGE

Certes, j'ai vu bien des choses, et d'extraordinaires : mais pareil miracle, jamais. Cette œuvre unique, je n'y puis croire ; si elle pouvait se réaliser, ton pouvoir serait éternel.

ALBERICH

Me juges-tu donc menteur et fanfaron, comme Loge ?

LOGE

Tant que je n'aurai pas eu des preuves, gnome, je révoquerai ta parole en doute.

ALBERICH

L'imbécile, sûr de son esprit, se gonfle jusqu'à en crever : c'est bien ! que l'envie te torture ! Précise : sous quelle forme veux-tu que je t'apparaisse, à l'instant même ?

LOGE

Sous celle que tu voudras, pourvu que, de stupeur, j'en reste muet !

ALBERICH, plaçant, sur sa tête, le heaume.

« Dragon gigantesque, déroule tes anneaux ! »

(Aussitôt il s'évanouit : à sa place un reptile géant, monstrueux (1), se déploie sur le sol ; il se dresse, menaçant, de sa gueule béante, WOTAN et LOGE.)

LOGE feint d'être saisi d'effroi.

Ohe ! Ohe ! dragon terrible ! ne me dévore pas ! laisse à Loge la vie !

WOTAN rit.

Bien, Alberich ! A la bonne heure ! Ce dragon géant, sur ma foi, pour un nain, c'est grandir bien vite !

(Le reptile disparaît; à sa place, on revoit ALBERICH sous sa figure ordinaire.)

ALBERICH

Héhé ! Vous, les malins, me croyez-vous, à présent ?

(1) Dans *Siegfried* paraît sur la scène Fafner, métamorphosé en Dragon. Si l'on veut bien ne pas oublier que la *Tétralogie* fut écrite pour être jouée en quatre « journées », sans doute estimera-t-on moins « antidramatique » cette mise-à-la-scène d'un dragon — qui n'est ni « de la Reine » ni même « de Villars », comme s'épanchait, en ma présence, l'un de nos plus nationaux entrepreneurs de mots de la fin. Car on sera forcé de reconnaître avec quel soin spécial Wagner y a, dès ici, préparé. Je ne répéterai point à ce propos les observations présentées, dans une de mes précédentes notes, quant au crapaud dont Alberich va prendre ci-dessous l'apparence. Mais, non sans un secret espoir d'être injurié par ces infirmes, — je ressasserai, mille fois s'il le faut, combien sont à plaindre ceux-là qui osent prononcer, tout haut ou tout bas, l'absurde blasphème : « Une féerie ! » — Touchant la vraisemblance scénique de tels détails, dans les conditions toutes spéciales du *Festspiel-Haus* de Bayreuth, cf. l'*Avant-Propos*, p. 132, note (2).

LOGE

Mon tremblement te répond assez. Tu t'es bien vite changé en un reptile énorme : j'ai vu le prodige, j'y crois sans peine. Mais, de même que tu t'es grandi, pourrais-tu te rendre tout petit ? Ce serait le plus sûr moyen, je crois, de te dérober à tout danger ; mais cela me semble trop difficile !

ALBERICH

Trop difficile pour toi, parce que tu es trop bête ! Quelle petitesse dois-je me donner ?

LOGE

Telle que tu puisses tenir dans les plus étroites fentes, où le crapaud blottit son effroi.

ALBERICH

Bah ! rien de plus aisé ! Vois plutôt ! (Il met le Tarnhelm en position :) « Tors et gris, crapaud, rampe ! »

(Il disparaît : les DIEUX aperçoivent, sur la roche, un crapaud (1) rampant de leur côté.)

LOGE, à WOTAN.

Là ! le crapaud ! saute dessus ! vivement !

(WOTAN met le pied sur le crapaud : LOGE lui saisit la tête et s'empare du Tarnhelm.)

ALBERICH, instantanément, redevient visible sous sa figure ordinaire, se débattant sous le pied de WOTAN (2) :

Ohe ! Malédiction ! Captif !

(1) *Voir* la note (2) de la p. 235.

(2) Quelque inopportunes qu'elles paraissent peut-être, j'ai mes raisons d'écrire ici, simplement, ces mots suggestifs : Saint Michel terrassant le démon.

LOGE

Tiens-le ferme, jusqu'à ce que je l'aie lié.

(D'une corde de liber, dont il s'était muni, il attache ALBERICH par les bras et les jambes ; puis tous deux saisissent le captif, qui s'épuise en furieux efforts pour se défendre, et l'emportent vers la crevasse par laquelle ils ont descendu.)

LOGE

En haut ! Vite ! Là, il est à nous !

(Ils disparaissent dans la crevasse.)

SCÈNE QUATRIÈME

Comme précédemment, mais en sens inverse, la scène se transforme, jusqu'à ce qu'apparaisse de nouveau le

PLATEAU D'UNE HAUTE MONTAGNE

ainsi que dans la Scène Deuxième : seulement il est encore voilé du pâle brouillard qui, après l'enlèvement de FREYA, l'a enveloppé.

Surgissent de la crevasse WOTAN et LOGE, amenant ALBERICH garrotté.

LOGE

Ici, cousin, fais comme chez toi ! Vois, mon très cher, le monde s'étendre sous tes pieds (1), ce monde, que, sans rien faire, tu veux t'approprier : voyons, quel petit coin, dis-moi, m'y réserves-tu pour étable ?

ALBERICH

Misérable ! Infâme ! Valet ! Traître ! Desserre ces liens et laisse-moi libre, ou tu payeras cher tes outrages !

(1) « Il y a dans Asgórd une place appelée Hlidskjalf ; lorsqu'Odin s'y assied, son regard embrasse tout l'univers, toutes les actions des hommes. » (*Edda* de Snorro, p. 30.)

WOTAN

Tu voyais déjà, dans tes rêves, tout ce qui vit, tout ce qui vibre, le Monde, en ta puissance : et te voici captif, impuissant, solidement garrotté, hagard, devant moi; tu ne peux pas le nier. Tu veux te libérer ? soit : il faut payer rançon.

ALBERICH

Niais que je fus ! fou chimérique ! M'être aussi bêtement laissé prendre à leurs impostures de voleurs ! Qu'une effrayante vengeance venge ma crédulité !

LOGE

Si tu veux te venger, libère-toi d'abord : nul homme libre, à l'homme garrotté, ne rendra compte de ses outrages. Donc, si tu veux te venger : d'abord, sans tarder, songe à ta rançon ! (1)

ALBERICH, brusquement.

Hé bien, parlez : qu'exigez-vous ?

WOTAN

Le Trésor et ton Or clair (2).

ALBERICH

Cupide canaille d'escrocs ! (A part :) Pourvu que je garde l'Anneau, seulement, peu m'importe, en somme, le Trésor : par l'Anneau, n'en aurai-je pas vite, à volonté, un autre,

(1) « Odin envoya Loki à Schwarzalfenheim. Celui-ci se rendit auprès du nain Andwari, qui nageait dans l'eau sous forme de poisson. Loki le saisit, le retint, et lui demanda pour rançon tout l'or qu'il possédait dans ses rochers, et c'était un immense trésor. » (*Edda* de Snorro).

(2) « Alors Loki parla ainsi : « ...Sauve maintenant ta tête des rets de Hel et livre-moi la flamme des eaux, l'or brillant. » (*Sigurdakvidha Fâfnisbana önnur.*)

incessamment nourri ? (1) Ceci serait une leçon faite pour me rendre sage : je ne la paye pas trop d'un hochet.

WOTAN

Abandonnes-tu le Trésor ?

ALBERICH

Déliez-moi la main, j'ordonnerai qu'on l'apporte. (LOGE lui délivre la main droite, ALBERICH touche l'Anneau, des lèvres, et marmotte l'ordre.) Allons, je viens d'appeler ici les Nibelungen : je les entends, dociles au Maître, apporter au jour le Trésor enfoui dans les profondeurs. Délivrez-moi de ces liens odieux !

WOTAN

Pas avant que tout soit acquitté.

(Surgissent de la faille les NIBELUNGEN, chargés des bijoux du Trésor.) (2).

ALBERICH

Indigne ignominie ! ainsi garrotté, moi, à la vue de ces lâches esclaves ! — Apportez ! là ! comme je l'ordonne ! En tas, le Trésor, déposez tout ! Êtes-vous paralysés ? voulez-vous que je vous aide ? — Que nul ne lève les yeux ! — Vivement, là ! Vite ! Maintenant, déguerpissez d'ici : au travail, pour le Maître ! aux mines ! Malheur à vous, si je vous trouve à flâner ! Sachez que je suis sur vos talons!

(Lorsqu'ils ont entassé le Trésor, les NIBELUNGEN, de nouveau, se glissent, craintivement, par la faille.)

(1) « Le nain cacha sous sa main un petit anneau d'or... demanda de pouvoir garder cet anneau, parce que, par son moyen, il pourrait de nouveau augmenter son trésor. » (*Edda* de Snorro.) L'*Edda* de Sœmund (*Sigurdakvidha Fâfnisbana õnnur*) emble ignorer que l'anneau possède une telle vertu ; du moins n'en fait-elle pas une explicite mention.

(2) « Prenez garde », a dit Alberich un peu plus haut, « si, du fond des gouffres muets, l'or du Nibelung s'élève à la lumière du jour ! »

ALBERICH

J'ai payé : laissez-moi partir ! Et, de grâce, rendez-moi le heaume, que Loge tient là !

LOGE, *jetant le Tarnhelm sur le Trésor.*

Le butin fait partie de l'amende (1).

ALBERICH

Voleur maudit ! — Mais soit, patience ! Qui m'a forgé l'ancien, peut en forger un autre : je détiens encore la puissance à laquelle Mime est asservi. N'importe, il est dur de laisser, à l'ennemi rusé, cette arme de ruse ! — Eh bien donc ! Alberich vous a tout laissé, tout : détachez ses liens, misérables !

LOGE, à WOTAN.

Es-tu satisfait ? Dois-je le détacher ?

WOTAN

Un Anneau d'Or brille à ton doigt (2) : entends-tu, Alfe ? il fait partie, tel est mon avis, du Trésor.

ALBERICH, *épouvanté.*

L'Anneau ? (3).

WOTAN

Pour ta rançon, il faut le laisser.

(1) « Rei, fœdissimæ per se, adjecta indignitas est. Pondera ab Gallis allata iniqua, et, tribuno recusante, *additus* ab insolente Gallo *ponderi gladius* ; auditaque intoleranda Romanis vox : *Væ victis esse.* » (Tite-Live, V, 48.)

(2) Wotan se verra dire la même chose, un peu plus loin, par les Géants ; et, dans *le Crépuscule-des-Dieux*, réclamant à Siegfried l'Anneau, les Filles-du-Rhin la répèteront, textuellement, en les mêmes termes. Qu'on veuille bien se reporter à ma note antérieure, sur la symétrie chez Wagner et dans les poèmes dramatiques des Grecs (p. 264, note 2).

(3) *Voir* ci-dessous la note (1) de la page 292.

ALBERICH

La vie, — mais point l'Anneau ! jamais !

WOTAN

C'est l'Anneau que je désire : je n'ai que faire de la vie !

ALBERICH

Si je rachète mon corps et ma vie, par là même je rachète l'Anneau ! Car mes mains et ma tête, mes oreilles et mes yeux, ne peuvent pas être plus à moi, ne peuvent pas être plus moi-même que l'est ce rouge Anneau d'Or ci !

WOTAN

A toi l'Anneau ? dis-tu : à toi ? Délires-tu, Alfe sans pudeur ? sois franc, réponds : à qui l'avais-tu soustrait, l'Or, dont tu fis cet Anneau brillant ? Etait-ce à toi, ce que ta malice volait aux profondeurs des eaux ? Va donc demander aux Filles-du-Rhin si elles t'auraient donné leur Or, s'il est à toi, l'Or volé dont est fait l'Anneau ?

ALBERICH

Misérable défaite ! Ecœurante perfidie ! Voleur ! C'est toi qui oses, à moi, reprocher un crime dont tu profites ? Comme tu l'eusses volontiers volé toi-même au Rhin, son Or, s'il eût été aussi facile de le forger, que de le lui soustraire ! Hypocrite ! quel heureux hasard ce serait, pour ta prospérité, que, dans l'horreur de sa détresse (1), sous l'empire de la honte, sous l'empire de la rage, le Nibelung, à ton bénéfice, eût trouvé l'effroyable charme ! Mais l'épouvantable Anathème, l'exécrable Malédiction d'un malheureux au désespoir, doit-elle, grâce au joyau suprême, contribuer à ton triomphe ? Si j'ai maudit l'Amour, fut-ce pour grandir ta force ? Prends

(1) Je rappelle ce que j'ai dit plus haut, mais que je ne répétera guère chaque fois : à savoir, qu'à l'idée de « détresse » doit s'ajouter presque toujours, en cette traduction de la *Tétralogie*, une idée de contrainte ou de nécessité.

garde à toi, Dieu tout-puissant! Si j'avais commis un crime, moi, je n'en devais compte à personne, qu'à moi : mais si tu oses, toi, l'Eternel, sans pudeur, m'arracher l'Anneau, c'est sur tout ce qui fut dans le passé, tout ce qui existe dans le présent, c'est sur tout ce qui sera dans l'avenir que retombera ton propre forfait !

WOTAN

Assez de phrases ! L'Anneau ! Ton verbiage ne prouvera pas tes droits sur lui.

(Avec une force irrésistible, il arrache, au doigt d'ALBERICH, l'Anneau.) (1).

ALBERICH, avec un cri horrible.

Malheur ! Perdu ! Anéanti ! Le plus malheureux des esclaves !

WOTAN s'est mis au doigt l'Anneau, qu'il contemple avec complaisance.

Ainsi, je m'élève au rang suprême : le plus omnipotent des Maîtres !

LOGE

Puis-je le détacher ?

WOTAN

Détache-le !

LOGE détache les liens d'ALBERICH.

Glisse-toi donc chez toi ! va-t-en : tu es libre !

(1) « Loki voyait tout l'or que possédait Andwari. Mais, quand celui-ci eut livré tout le trésor, il retenait encore un anneau. Loki le vit et le lui enleva aussi. » (*Sigurdakvidha Fâfnisbana önnur.*) « Loki le vit et lui ordonna de donner aussi l'anneau. Le nain demanda de pouvoir garder cet anneau... mais Loki lui répondit qu'il ne lui laisserait rien, et, lui prenant l'anneau, s'en alla. » (*Edda* de Snorro.) « Il retourna vers la demeure de Hreidmar et montra l'or à Odhin, et, quand Odhin vit l'anneau, il le trouva beau. Il s'en empara... » (*Id.*)

ALBERICH, se redressant avec un rire farouche (*).

Suis-je libre désormais? bien libre? — A vous donc, ce premier salut de ma liberté ! (1). — Malédiction sur cet Anneau, qu'une Malédiction m'a conquis ! Si l'Or m'en a valu puissance, une toute-puissance illimitée, que cette vertu magique perde quiconque le porte ! Que toute joie disparaisse pour l'être à qui sourira sa splendeur ! Qu'une déchirante angoisse

(1) La Malédiction d'Alberich a, sur le développement de l' « action » (jusqu'à la conclusion du *Crépuscule-des-Dieux*), une influence trop décisive pour que je ne tienne pas à donner ici, à côté de mon adaptation toute *dramatique*, la littéralité du texte. Si l'adaptation dramatique était en effet nécessaire pour produire, en première lecture, l'impression du mouvement de ce passage capital, la littéralité n'est pas moins nécessaire à quiconque voudrait, l'œuvre lue, en approfondir à loisir le sens et les correspondances (j'ai souligné, *en italiques*, les plus intéressantes de ces correspondances) : — « Comme par [une] Malédiction il ne réussit, — Maudit soit cet Anneau ! — S'[il] donna, [par] son Or, — A moi, [une] puissance sans mesure, — Que désormais *son charme engendre — Mort* pour qui le porte[ra] ! — *Nul joyeux* [*ne*] *doit — Se réjouir de lui;* — Qu'à nul heureux [ne] rie — Son splendide éclat ; — Qui le possède[ra], — [Que] le ronge l'angoisse, — Et qui ne l'a[ura] pas, — [Que] le dévore [l']envie ! — [Que] chacun soit-avide — De son bien, — Mais [que] nul [ne] tire-profit, — Avec utilité, de-lui ; — Sans avantage [que] le garde son Maître, — Mais [qu']il attire vers lui l'égorgeur ! — *Voué à la mort*, — [*Que*] *la Peur enchaîne le lâche;* — [Qu'] aussi longtemps [qu']il vit (vivra), — Il en meure, consumé [de désir] — Maître de l'Anneau, — *Comme* [s'il était] *esclave de l'Anneau :* — Jusqu'à-ce-qu'*en ma main — De nouveau je tienne le volé* ! — [C'est] ainsi [que] bénit, — Dans [sa] détresse suprême, — [C'est ainsi qu'il bénit] son Trésor, le Nibelung ! »

(*) Deux thèmes servent de base à l'Imprécation d'Alberich: *la Malédiction d'Alberich* et le *Motif de Destruction*, — d'anéantissement, — indiquant l'entreprise continue du ténébreux pouvoir contre le règne et l'existence même des Dieux. (Partition, pages 174-175 et suivantes.)

assassine qui l'aura ! Qu'une dévorante envie ronge quiconque ne l'a pas ! Qu'il enflamme l'avarice de tous, sans utilité pour personne ! (1) Que, toujours fatal à son Maître, il le guide vers ses égorgeurs ! Qu'il paralyse le lâche par l'horreur de la mort ! Qu'il fasse de la vie même une continuelle mort ! Que le Maître de l'Anneau soit le valet de l'Anneau — jusqu'au jour où l'objet du vol reviendrait en mes mains, à moi ! — Voilà comment, du fond de son horrible détresse, le Nibelung bénit son Trésor ! — Garde-le, soit, garde-le bien : car tu n'échapperas pas à ma Malédiction !

(Il disparaît rapidement dans la faille.)

LOGE

As-tu prêté l'oreille à son salut d'amour ?

WOTAN, perdu dans la contemplation de l'Anneau.

Laissons-lui le plaisir de baver !

(Le voile de brouillard s'éclaire graduellement à l'avant-scène.)

LOGE, regardant vers la droite.

Fasolt, et Fafner, viennent là-bas ; ils ramènent Freya.

(Arrivent, du côté opposé, FRICKA, DONNER et FROH.)

FROH

Vous voici de retour.

DONNER

Bienvenue à toi, frère !

FRICKA, anxieuse, court à WOTAN.

M'apportes-tu d'heureuses nouvelles ?

(1) « Alors le nain dit que quiconque posséderait cet anneau, le payerait de sa vie. Loki reprit qu'il pouvait en advenir ainsi qu'il le disait, mais que ce serait l'affaire de celui qui posséderait l'anneau à l'avenir. » (*Edda* de Snorro.) « Le nain se rendit au Burg et dit : « Maintenant cet or que Gustr possédait causera la mort de deux frères et de huit nobles guerriers. Nul ne jouira de mon or. » (*Sigurdakvidha Fâfnisbana önnur*.)

LOGE, montrant le Trésor.

La ruse et la force ont vaincu : voici de quoi délivrer Freya.

DONNER

Elle approche avec les Géants, la Bien-Aimée.

FROH

Elle approche : oh ! qu'elles sont exquises, les bouffées de brise, qu'elles parfument suavement les sens, les bouffées de brise qui la précèdent ! Quelle vie pour nous, quelle affreuse vie s'il fallait la perdre à jamais, elle qui nous prodigue, l'insoucieuse, les bienfaits de l'éternelle Jeunesse !

(L'avant-scène s'est désassombrie ; il semble que les DIEUX, à travers la clarté, recouvrent leur fraîcheur première : le voile de brouillard, néanmoins, demeure suspendu sur l'arrière-plan, de telle sorte que le Burg, au loin, demeure invisible.)

(Arrivent FASOLT et FAFNER ; FREYA, qu'ils ramènent, est entre eux.

FRICKA court joyeusement vers elle, pour l'embrasser.

Sœur bien-aimée ! Douce sœur, douce Joie ! m'es-tu reconquise ?

FASOLT, la repoussant.

Halte-là ! C'est à nous encore qu'elle appartient : n'y touchez point ! — Dans le haut (1) Riesenheim, nous nous sommes reposés : nous nous sommes conduits loyalement, dignement envers notre otage ; si fort que je le regrette, je la ramène ici : comptez aux deux frères sa rançon.

WOTAN

La rançon est prête : l'Or est là : qu'on vous en fasse honnête mesure.

(1) Les Géants sont, par les *Eddas*, surnommés fréquemment « les baleines des montagnes » (*Poème de Hymer*, 35) ; « les habitants de la montagne » (*Id.*, 17), etc.

FASOLT

D'être privé de la Femme, sache-le, j'ai le cœur navré (1) : s'il me faut ne plus penser à elle, qu'on entasse le Trésor, les bijoux, les lingots, jusqu'à ce qu'ils me cachent sa Beauté ! (2).

WOTAN

Soit ! Prenez les mesures de Freya.

(En plein sol, par-devant FREYA, qu'ils mesurent ainsi en long et en large, FASOLT et FAFNER fichent leurs pieux.)

FAFNER

Les pieux sont plantés ; c'est la mesure du gage : que le Trésor la comble (3).

WOTAN

Qu'on en finisse vite : le dégoût m'écœure !

LOGE

Aide-moi, Froh !

FROH

Volontiers ! finir ce supplice de Freya !

(LOGE et FROH entassent, rapidement, le Trésor, entre les deux pieux.)

(1) Comparer ce passage de l'*Edda* : « Dans la cour se promenaient les troupeaux à cornes d'or, les bœufs noirs, la joie du géant : « J'ai de l'or, j'ai des perles, Freya seule me manquait. » (*La Recherche du Marteau.*)

(2) Littéralement : « la Fleurissante. »

(3) Mon collaborateur Edmond Barthélemy a parfaitement mis en lumière (IVe partie de son Étude) avec quel génie créateur Wagner a transposé de l'*Edda* toute cette admirable scène poétique. Je prie donc le lecteur de se reporter ci-dessus, à la page 194, pour les sources. Je rappelle seulement que, dans les *Eddas*, les Dieux, dont Odin et Loki, ayant tué une loutre Otur, fils métamorphosé d'un certain Hreidmar, le père et les frères de la loutre se saisissent des meurtriers : « On écorcha la loutre, et Hreidmar, ayant pris la peau, dit qu'il fallait la remplir d'or rouge, puis la recouvrir aussi d'or extérieurement, et qu'ainsi ils achèteraient la paix. » (*Edda* de Snorro.)

FAFNER

Pas si vite ! Plus tassé ! Moins lâche ! Il faut que la mesure soit pleine ! (Avec une insistance brutale, il tasse davantage le Trésor ; il s'accroupit ensuite, pour constater les vides.) Ici ! je vois au travers : bouchez-moi les lacunes !

LOGE

Arrière, brute ! Ne me détourne rien !

FAFNER

Par ici ! cette fente-là, qui bâille !

WOTAN, se détournant avec découragement.

La honte me brûle au fond du cœur.

FRICKA, le regard fixé sur FREYA.

Vois sa honte à elle, sous l'outrage, à la Généreuse ! son douloureux regard, en silence, implorer, pour qu'on la délivre ! O méchant homme ! Elle, toute Amour, l'avoir réduite à cet outrage !

FAFNER

Encore donc de ce côté ! Encore !

DONNER

Je ne sais quoi me retient ! J'écume de fureur, à voir le cynisme du pleutre ! (1) — Ici, chien ! Si tu veux mesurer, mesure-toi d'abord, toi-même, avec moi !

FAFNER

La paix, Donner ! gronde quand il faut : ton fracas ne sert à rien ici !

(1) Snorro, dans son *Edda*, citant la *Völuspa*, prête au Donner scandinave (Thor) une semblable fureur quand les Dieux ont « promis de livrer la femme d'Od (Freya) à un rejeton des Géants... car il reste rarement tranquille, lorsque de pareilles choses viennent à ses oreilles. »

DONNER s'élance.

Pas même à te foudroyer, infâme?

WOTAN

Paix, donc ! Déjà Freya me semble cachée.

LOGE

Le Trésor y a passé.

FAFNER, mesurant du regard.

Je vois encore briller la chevelure de Holda (1) : jette sur le Trésor ce maillis !

LOGE

Comment? le heaume aussi?

FAFNER

Avec le reste! Vivement !

WOTAN

Laisse-le donc!

LOGE, jette le heaume sur le monceau.

Nous voilà d'accord. — Etes-vous satisfaits?

FASOLT

Freya, la Belle, je ne la vois plus : est-elle rachetée? faudra-t-il que j'y renonce? (Il s'approche, et scrute le Trésor.) Malheur! son regard, je le vois encore ! il brille ! ici! L'astre, l'œil, m'illumine encore! je l'aperçois encore, par une fente ! — Tant que je verrai cet œil divin, je ne renoncerai pas à la Femme (*).

(1) Voir la note (1) de la page 253.

(*) Ici la Mélodie de Freya revient à l'Orchestre.

FAFNER

Hé! comblez-moi le trou, je vous le conseille! (1).

LOGE

Insatiable! — Vous voyez bien qu'il n'y a plus d'Or!

FAFNER

Nullement, mon cher! Au doigt de Wotan, scintille encore un Anneau d'Or (2) : pour boucher la fente, donnez-le!

WOTAN

Quoi! cet Anneau?

LOGE

Il faut vous dire : c'est aux Filles-du-Rhin qu'en appartient l'Or : c'est à elles que Wotan le rendra.

WOTAN

Que rabâches-tu donc? Le butin, que je me suis péniblement conquis, je le garde pour moi-même, sans trouble.

LOGE

Alors, tant pis pour ma parole, que j'avais donnée aux plaignantes.

WOTAN

Ta parole ne m'engage en rien : j'ai pris l'Anneau, donc il me reste.

(1) Voir d'abord la note (3) de la page 296 : « Les Ases délivrèrent le trésor à Hreidmar, remplirent la peau de la loutre et la placèrent debout sur ses pieds. Les Ases devaient encore l'entourer d'or et l'en couvrir complètement. » (*Sigurdakvidha Fâfnisbana önnur.*) « Quand cela fut fait, ...Hreidmar s'approcha, *examina tout avec grande attention*, et aperçut *un poil de la barbe*. Il exigea qu'il fût aussi caché, que sinon le traité serait rompu. » (*Edda* de Snorro.)

(2) Voir la note (2) de la page 290.

FAFNER

Il te faut l'ajouter à la rançon, pourtant.

WOTAN

Réclamez sans pudeur ce que vous voudrez : j'accorde tout ; mais l'Anneau, je ne l'abandonnerai pour rien au monde !

FASOLT, furieusement, tire FREYA de derrière le Trésor.

C'en est donc fait, rien n'est changé : Freya va nous suivre, à jamais !

FREYA

Au secours ! Au secours !

FRICKA

Impitoyable Dieu, cède ! cède !

FROH

N'épargne pas l'Or !

DONNER

Fais-leur donc aumône de l'Anneau !

WOTAN

Laissez-moi ! L'Anneau, non ! je ne le donne pas.

(FAFNER retient encore FASOLT, qui veut partir à l'instant même ; tous se tiennent debout, consternés ; WOTAN, avec colère, se détourne à l'écart. La scène s'est de nouveau assombrie ; de la faille rocheuse, latérale, surgit une bleuâtre lueur, dans laquelle ERDA, tout à coup, devient visible pour WOTAN : majestueuse et noble, émergeant à mi-corps, enveloppée des opulentes ondes d'une chevelure noire.) (*)

(*) A cette indication scénique, apparaît le motif de Erda, Déesse de la Terre. Ce thème, — analogie tout à fait intéressante et profonde, — n'est autre que la Mélodie

ERDA, en étendant la main vers WOTAN, d'un air prophétique.

Cède, ô Wotan, résigne-toi ! fuis la Malédiction de l'Anneau ! sa possession te vouerait, inéluctablement, à la plus noire des catastrophes.

WOTAN

Femme ou sibylle, qui donc es-tu ?

ERDA

Tout ce qui fut m'est connu ; tout ce qui devient, je le vois ; tout ce qui sera, je le prévois : l'Ur-Wala (1), c'est moi,

(1) C'est-à-dire « l'Originelle-Wala ». Vola ou Vala était le nom réservé, chez les Scandinaves, à des prophétesses qu'on appelait, en telles circonstances, pour prédire l'avenir. En traduisant par « l'âme antique » (de l'impérissable univers), je ne fais que développer logiquement, dramatiquement, le sens intégral, le sens le plus compréhensif, tel que le révèlent et la musique et l'ensemble du rôle d'Erda, dans le *Rheingold* et dans *Siegfried*, sans oublier les allusions qu'y fait Wotan, dans la *Walküre*. Dans tous les cas, quelque respect que je professe pour M. Schuré, je ne puis me rallier à sa version : « Celle-qui-*choisit*-originairement. » Personnification de la Terre, âme *passive* autant qu'omnisciente de la Nature, antérieure aux dieux comme à l'homme, survivant aux dieux comme à l'homme, dont le Désir ou la Volonté suivie d'effort parviennent à la dompter parfois, et. parfois à la pénétrer, — Erda, en aucun vers de la *Tétralogie*, n'est « Celle-qui-*choisit*-originairement ». — Il convient de rappeler que, dans l'*Edda*, c'est une « Vola » aussi qui, par la *Völuspa*, cette Apocalyse du Nord, raconte ou plutôt suggère en des vers, tour à tour obscurs, bizarres et sublimes, sa vision terrible et confuse des destinées, et notamment de la Fin des Dieux.

primitive réapparue, mais en mineur et dans la mesure en 4 temps (elle est, dans le Prélude, en 6/8) ; puis elle revient avec la forme majeure, comme dans le Prélude, mais toujours rythmée à 4 temps, à ces paroles de Erda : « J'ai trois filles dès l'Éternité conçues » jusqu'à celles-ci : « Mais cette fois quelque immense péril... »

l'âme antique de l'impérissable univers, Erda enfin, qui somme ton âme. J'ai trois filles, dès l'éternité conçues dans mon sein, les Trois Nornes : ce sont elles qui te révèlent, dans les ténèbres (1), mes visions. Mais, cette fois, quelque immense péril me précipite moi-même vers toi : écoute ! écoute ! écoute ! Tout ce qui est, doit finir. Sombre jour pour les Dieux !

(1) C'est en effet la nuit que Wagner (Prologue du *Crépuscule-des-Dieux*) nous mettra devant les yeux les Nornes. — Traducteur, il m'importe de placer ici une observation d'ordre général. Le texte porte bien : « révèlent » (littéralement : « disent ») ; mais, critiquant ci-dessus une interprétation de M. Édouard Dujardin, j'ai eu l'occasion d'expliquer comment le présent a, chez Wagner, assez souvent le sens du futur (transposition nécessitée par le caractère analytique du futur allemand, lequel, alourdi d'un auxiliaire, se prête mal, en raison de cet élément logique, aux synthèses tout émotionnelles de la mélodie concordante ; transposition qu'autorisaient, non seulement l'esprit et l'exemple des vieux textes nationaux, mais, — puisque Wagner recherchait la « conversation idéale », — l'emploi de cette forme, simplifiée, dans la *conversation* moderne). Aussi une traduction qui, n'étant pas totale, n'aurait pas à tenir compte des réactions constantes, réciproques, de toutes les parties des quatre Drames, pourrait-elle rendre mon « révèlent » par le temps futur : « révéleront » (« diront »). C'est l'une des critiques que je prévois, comme j'en aurai prévu bien d'autres ; mais, d'avance, je ne l'accepte point : le présent n'est-il pas éternel pour celle qui vient de déclarer : « Tout ce qui fut m'est connu ; tout ce qui devient, je le vois ; tout ce qui sera, je le prévois » ? — Plusieurs fois, dans le cours des Drames, j'ai ainsi modifié, wagnériennement toujours, la stricte concordance des temps : ces modifications, je ne les signalerai plus. J'annonce seulement que c'est par des réflexions de ce genre que sera déterminé, plus loin, l'emploi des temps du verbe dans la scène des Nornes (Prologue du *Crépuscule-des-Dieux*).

Et le thème se prolonge, en se modifiant, jusqu'à la disparition de Erda. (Partition, pages 192-193-194.) Le Thème du Crépuscule des Dieux est également donné dans ce passage. (Partition, page 194.)

Crépuscule pour les Dieux ! (1). Ecoute ma voix : rejette l'Anneau !

(Elle s'abîme lentement jusqu'à la poitrine, ce pendant que la lueur bleuâtre s'assombrit.)

WOTAN

Ton Verbe sonne à mes oreilles avec la sainteté du mystère : demeure, que j'en sache davantage !

ERDA, en s'évanouissant.

Ma prédiction t'en dit assez : médite-la dans l'angoisse ! rêves-y dans l'épouvante !

(Elle s'engloutit.)

WOTAN

Dans l'angoisse, moi ? Dans l'épouvante ? — Il faut que je te saisisse, je veux savoir tout !

(Il veut se ruer dans la crevasse, pour retenir ERDA : DONNER, FROH et FRICKA se jettent au-devant de lui et le retiennent.)

FRICKA

Que veux-tu, Furieux ?

FROH

Arrête, Wotan ! La Généreuse, redoute-la ! Respecte son Verbe !

DONNER, aux Géants :

Holà, Géants ! rétrogradez, et attendez : l'Or, on vous le donne.

(1) « La savante Wola sait beaucoup de choses. Je vois dans l'éloignement les ténèbres se répandre sur les puissances, et leur dernier combat. » (*Völuspa.*) « Le soleil commence à s'obscurcir, la terre s'enfonce dans l'Océan, les brillantes étoiles disparaissent, la fumée s'élève en tourbillons, et les flammes jouent avec le ciel lui-même. » (*Id.*)

FREYA

Puis-je l'espérer ? Holda, bien vrai, vous parait-elle digne d'une telle rançon ?

(Tous tendent leurs regards vers WOTAN.)

WOTAN, qui était abîmé dans une profonde méditation, se violente, se maîtrise brusquement et se décide.

Avec nous, Freya ! Tu es délivrée : que rachetée, nous revienne la Jeunesse ! — Vous, Géants, prenez votre Anneau !

(Il jette l'Anneau sur le Trésor.) (1)

(Lâchée par les GÉANTS, FREYA, toute joyeuse, s'élance vers les DIEUX, qui, l'un après l'autre, longuement, au comble de la joie aussi, lui font d'affectueuses caresses.)

(FAFNER déploie aussitôt un énorme sac, et se jette sur le Trésor, afin de l'y entasser.)

FASOLT, se jetant au-devant de son frère :

Halte-là, toi, cupide ! Laisse-m'en ! Chacun notre part, loyalement (2).

FAFNER

Plus qu'à l'Or, tu tenais à la Femme, toi, stupide fat amouraché : c'est avec peine que ta folie s'est laissé résoudre à l'échange. Freya, tu l'aurais prise pour toi, sans partager :

(1) Voir d'abord la note (1) de la page 299 : « Odin prit l'anneau Andvara-naut et cacha le poil sous l'anneau » (*Sigurdakvidha Fâfnisbana önnur*) « et dit qu'ainsi il avait payé sa composition pour la mort de la loutre. » (*Edda* de Snorro.)

(2) « Fafnir et Regin exigèrent de leur père une part de la composition payée pour la mort de leur frère. Mais Hreidmar refusa. Alors Fafnir saisit son épée, tua son père Hreidmar pendant son sommeil. Hreidmar mourut, et Fafnir prit tout l'or pour lui seul. Regin réclama sa part de l'héritage paternel ; mais Fafnir refusa. » (*Sigurdakvidha Fâfnisbana önnur.*)

le Trésor, si je le partage, moi, il est juste que je m'en réserve la plus grosse moitié (1).

FASOLT

Toi, infâme ! A moi cet outrage ? — (Aux DIEUX) J'en appelle à votre jugement : partagez suivant la Justice, loyalement, le Trésor entre nous ! (2).

LOGE

Le Trésor, laisse-le lui râfler : contente-toi de l'Anneau pour toi !

FASOLT, se ruant sur FAFNER, qui, ce pendant, avait ensaché abondamment.

Arrière, impudent ! C'est à moi l'Anneau : il m'est resté, à moi, pour le regard de Freya.

(Il cherche brutalement à s'emparer de l'Anneau.)

(1) Voir d'abord la précédente note. — « Regin demanda que Fafnir lui remît la moitié du trésor. Fafnir répondit qu'il ne devait pas espérer qu'il partageât l'or avec lui, attendu qu'il avait tué son père pour le posséder et qu'il n'avait qu'à s'éloigner s'il ne voulait partager le sort de Hreidmar. Fafnir avait pris l'épée Hrotti et le casque que Hreidmar avait possédé, et l'avait posé sur sa tête. Ce casque s'appelait Œgirshelm » (c'est l'équivalent du Tarnhelm) « et il inspirait l'épouvante à tous les humains. Regin avait pris l'épée qui s'appelait Resil, et il s'enfuit en l'emportant. » (*Edda* de Snorro.)

(2) Cette requête de Fasolt est une réminiscence d'un semblable épisode du *Nibelunge-nôt* : « Tout le trésor de Nibelung avait été apporté hors de la montagne creuse... Comme les Nibelungen se mettaient à le partager, Siegfrid les vit et le héros en fut étonné... Schilbung et Nibelung reçurent fort bien le brave Siegfrid. De commun accord ils prièrent le noble jeune chef, l'homme très beau, de partager le trésor entre eux... Mais ils étaient peu satisfaits du service que leur rendait Siegfrid le bon héros : il ne put en venir à bout, tant ils étaient d'humeur colère. » (*Nibelunge-nôt*, III, 22-23.)

FAFNER

N'y touche pas! L'Anneau est à moi.

(Ils luttent : FASOLT arrache l'Anneau.)

FASOLT

Je le tiens ! il m'appartient !

FAFNER

Tiens-le ferme, il pourrait tomber ! (Il frappe, furieusement, de son pieu, FASOLT, et, d'un seul coup, l'abat par terre; puis, avec précipitation, arrache au moribond l'Anneau.) Louche, à présent, vers e regard de Freya : tu n'y gagneras plus l'Anneau ! (Il glisse l'Anneau dans le sac, et ramasse ensuite le Trésor tout à son aise.)

(Tous les DIEUX se tiennent terrifiés. Solennel silence, prolongé.) (*)

WOTAN

Telle est donc l'efficace du terrible Anathème !

LOGE

Que te semble-t-il de ton bonheur, Wotan ? Avoir conquis l'Anneau t'eût valu bien des choses; le perdre, est encore plus avantageux pour toi : tes ennemis, vois, s'assomment entre eux, pour l'Or, que tu leur as laissé. (1)

(1) « LOKI : Je t'ai donné de l'or pour racheter ma vie, mais il ne portera pas bonheur à ton fils. Il sera la cause de votre mort à tous deux... Je crois voir des choses encore plus terribles. On se battra pour une femme. Ils ne sont pas encore nés les nobles guerriers pour qui cet or sera une cause de discorde. » (*Sigurdakvidha Fàfnisbana önnur.*)

(*) La Malédiction d'Alberich reparaît à l'Orchestre (trombones) (partition, pages 200 et 201).

WOTAN, profondément secoué.

Oui, mais quelle inquiétude m'oppresse ! L'angoisse et l'épouvante paralysent ma raison ; qu'Erda m'enseigne à les finir : c'est vers elle qu'il me faut descendre ! (1)

FRICKA, l'enlaçant câlinement.

A quoi t'attardes-tu, Wotan ? Le Burg auguste ne te fait-il pas signe ? N'attend-il pas d'offrir désormais, à son Maître, l'hospitalité, la sécurité ?

WOTAN

Le Burg ! c'est d'un salaire maudit que je l'ai payé !

DONNER, (*) montrant le fond, qui est encore voilé de brouillard.

D'orageuses touffeurs chargent l'air : qu'elles sont lourdes ! comme elles m'oppressent et m'assombrissent ! Rassemblons ces nuées livides, que la foudre y zigzague, qu'elle rassérène

(1) Or, Wotan descendra vers elle entre la scène IV de *l'Or-du-Rhin* et l'acte Ier de *la Walküre* : un récit relatif à ces faits *s'imposera* donc dans *la Walküre*. — J'aurai à rappeler cette observation, lorsqu'il s'agira, non point de justifier, mais d'expliquer, pour les obtus, l'existence d'un pareil récit, considéré comme une « longueur » et par nos critiques nationaux mieux à l'aise devant des vaudevilles, et par l'immense majorité des critiques germaniques eux-mêmes. — Cf. p. 358, note (1).

(*) Ces paroles de Donner correspondent, dans la partition (pages 203, *in fine*, 204 et suivantes), au motif de l'*Incantation de la foudre*.

Une hypothèse : — On remarquerait, si l'on entendait l'exécution orchestrale de la *Chevauchée des Walkyries* immédiatement après celle de l'*Orage de Rheingold*, on remarquerait, certainement, entre ces deux pages symphoniques, non pas de radicales similitudes, mais comme des analogies de construction. — Ici et là, le souffle est un peu le même. — Le frémissement des cordes, dans l'*Orage de*

l'azur (1). (Il a gravi un roc élevé, et brandit maintenant son marteau.) Hé là ! Hé là ! Ici, brouillards ! Ici, nuages ! Ici, fumées ! Donner vous rappelle, ralliez-vous ! Le maître a brandi son marteau : hé là ! hé là ! Ici ! par ici, vapeurs nébuleuses ! Donner vous rappelle, ralliez-vous ! Donner rassemble son troupeau ! (Les nuages se sont rassemblés autour de lui ; il disparaît absolument, au milieu d'une nuée d'orage qui s'amoncelle en s'obscurcissant de plus en plus. Alors on entend, sur le roc, lourdement les décharges du marteau s'abattre ; un immense éclair sillonne la nuée, suivi d'un affreux coup de tonnerre.)

A moi, frère ! Jette le pont des Dieux !

(FROH a disparu parmi les nuages (2) ; les nuages, subitement, se dissipent ; DONNER et FROH deviennent visibles : à partir de leurs pieds

(1) « Le Tonnerre n'était pas alors simple Électricité, vitreuse ou résineuse, c'était le Dieu Donner (Thunder) ou Thor, — Dieu aussi de la bienfaisante Chaleur d'Été. — N'est-ce pas un trait de droite et honnête force, dit Uhland, qui a écrit un bel *Essai* sur Thor, que le vieux cœur Norse trouve son ami dans le Dieu du Tonnerre ? qu'il ne soit pas effrayé et éloigné par son Tonnerre ; mais trouve que la Chaleur d'Été, le bel et noble été, doit nécessairement avoir et aura du Tonnerre aussi !... » (Carlyle, *les Héros*, trad. citée.)

(2) Ainsi Wagner ne néglige rien ; il se garde bien de ramener étroitement toutes ces figures mythologiques à la météo-

---

Rheingold, équivaut assez au sifflement ininterrompu de ces mêmes cordes, dans la *Chevauchée des Walkyries*, cependant que le thème de l'Incantation de la Foudre, se déroule puissamment sur les tourbillons, qu'il cingle, comme le thème des Walkyries fouaille, tonitruant, le halètement des violons. — Ces analogies, dis-je, paraissent plausibles, si l'on sait que, dans la Mythologie scandinave, les Walküres étaient, dans l'ordre physique, une personnification des Nuées. (*Voy.* la note de mon collaborateur, page 375.) DONNER entassant et enflammant les nuées orageuses, c'est, au physique, WOTAN convoquant et ruant les Walkyries. L'orage c'est le Champ de bataille. Les Walküres, après le combat, frayaient aux Héros morts la route du Ciel. Ainsi l'arc-en-ciel vient après l'orage.

s'élance, éblouissante, une arche d'arc-en-ciel par-dessus la vallée, jusqu'au Burg qui, frappé par le soleil couchant, rayonne du plus splendide éclat.) (*)

FAFNER, ayant enfin ramassé tout le Trésor près du cadavre de son frère, a, l'énorme sac sur le dos, évacué la scène durant l'incantation de DONNER.)

FROH

Frêle, mais ferme à vos pieds (1), le pont conduit au Burg : foulez-en, hardiment, l'intrépide sentier !

WOTAN, abîmé dans la contemplation du Burg.

L'œil du soleil rayonne, en son éclat du soir : le Burg s'embrase à ses splendeurs : le Burg ! dans les flammes aurorales, mer-

rologie, comme certaines écoles qu'on sait trop ; mais il fait leur part à ces hypothèses, dont le naturisme, dépouillé de ces exagérations grotesques, — recèle une vérité relative. Ce que j'observe ici quant à Froh, je pourrais le redire, presque à chaque vers, quant à Wotan, quant à Donner, et pour Alberich, et pour les Walküres, et pour tous. *Tous* les sens possibles, physiques et moraux, de tous les mythes possibles pour chaque personnage, Wagner, d'un mot souvent, les évoque, les suggère, ou même les enrichit encore de virtualités nouvelles, issues de sa personnelle vision. — Cf. pp. 375, note (1) ; 491, note (1) ; 501, note (2); etc.

(1) « N'as-tu pas ouï dire que les Dieux ont fait un pont pour unir la terre au ciel ? Ce pont se nomme Bæfrœst ; tu l'as vu, et tu lui donnes peut-être le nom d'arc-en-ciel. Il est de trois couleurs. On a employé pour le construire plus d'art et de force que pour tout le reste. » (*Edda* de Snorro.) « Bæfrœst, qu'on appelle encore le pont des Ases... » (*Id.*) « La couleur rouge de l'arc-en-ciel est du feu. Les Hrimthursars et les géants des montagnes escaladeraient le ciel, s'ils pouvaient passer par le pont des Ases quand ils le veulent. » (*Id.*)

(*) L'Harmonie de l'Arc-en-ciel, qui apparaît ici (partition, pages 208 et suivantes), est constituée par un trille immense, déjà entendu lors de l'éveil de l'Or, mais qui revient ici, plus riche, plus lumineux, et dont l'éblouissante palpitation enveloppe un pur dessin mélodique où se retrouve la ligne fondamentale du Thème-de-la-Nature.

veilleux, mais sans maître encore, comme il brillait ! (*) comme il fascinait mon désir ! Le soir tombe, le Burg est à nous, conquis au prix d'âpres angoisses ! La Nuit grandit, la Nuit jalouse : qu'il nous offre un asile contre elle, contre sa haine. Salut à toi, mon Burg ! Trêve d'affres ! Assez d'effroi ! (**) (A FRICKA :) Suis-moi, femme, dans Walhall, pour y vivre avec moi ! (Il lui saisit la main.)

FRICKA

Qu'indique ce nom ? Jamais, il me semble, je ne l'entendis.

WOTAN

Si tu vois vivre et triompher les projets qu'a faits mon courage, maître à la fin de ma terreur, le sens du nom t'apparaîtra ! (1)

(1) Grimm (*Deutsche Mythologie*, éd. citée, article *Wuotan*, traduit le mot *Valhöll* par « *aula optionis* » ; et (observation qui sera bien comprise par quiconque aura lu les Drames avant ces Notes, ainsi qu'il sied) ajoute que *Valhöll* et *Valkyrja* vont bien avec l'idée de *Désir* et de *Choix* (*Wunsch* et *Wahl*). — Cf. ci-dessous, pp. 345, n. (1); 353, n. (3); 354, n. (1); 363, n. (2).

(*) L'on trouvera ici (partition, page 209, en bas, et seq.) une magnifique forme du thème de Walhall, solennelle harmonie pacifiée, où le ruissellement des thèmes précédents se fond comme une rouge fin d'orage dans un vaste soleil couchant. — Vêpres flamboyantes : telle est bien l'impression que dégagent, pour nous, ces irradiées harmonies finales de *Rheingold*.

(**) Ici, pour la première fois, surgit à deux reprises le très important *Thème de l'Épée*, qui reviendra souvent dans la suite (partition, page 212), et qui représentera, désormais, la pensée de Wotan, pensée d'où sortiront les Walkyries et les Héros. Insistons pour faire sentir combien cette fanfare de l'Épée est dans le pittoresque des mythes évoqués ici. Non seulement Siegmund et Siegfried, mais tous les Héros surgiraient

(**WOTAN** et **FRICKA** s'avancent vers le pont ; **FROH** et **FREYA** les suivent de près, puis vient **DONNER**.)

LOGE, demeurant à l'avant-scène, et, du regard, suivant les **DIEUX**:

Les voilà rués à leur perte, eux qui se targuent d'être éternels ; et j'éprouve quelque honte à me commettre avec eux. Oh ! métamorphoser mon être, comme jadis, en langues de flammes, quelle tentation! Consumer leur ramas d'aveugles (1), qui me domptèrent, au lieu de disparaître avec eux dans l'ignominie du néant ! Fussent-ils les plus divins des Dieux, l'idée n'est pas si bête, en somme ! J'y veux penser : qui sait ce que je fais ? (Il part, pour rejoindre les **DIEUX**, d'un air dégagé.)

(Des profondeurs, le chant des **FILLES-DU-RHIN** s'élève.)

LES TROIS FILLES-DU-RHIN

Or-du-Rhin ! Or impollué (2), limpide et clair, comme tu

(1) « LOKE *chanta :* « J'ai chanté devant les Ases et devant leurs fils tout ce qui m'est venu à l'esprit... Tu as brassé de la bière forte, Æger, mais tu ne donneras plus de festins : le feu dévorera tout ce qui est ici, il te brûle le dos. » (*Le Festin d'Æger*, 65.)

(2) *Rheingold! — Reines Gold!* — (Or-du-Rhin ! — Pur Or !) C'est un de ces jeux de syllabes dont j'ai déjà parlé, dont

---

à cette clameur fulgurante, pour défendre, amenés au Walhall par les Walkyries, le Burg divin à la fin du Monde, lorsque les Géants du Feu l'envahiront. Le thème de l'Épée est, en partie, contenu dans le thème de la Nature. Il dérive des notes essentielles de ce dernier thème et il est précédé de deux notes supplémentaires. — Elle est, cette affinité du thème de l'Épée avec celui de la Nature, remarquablement logique, selon nous. En effet, la Nature, c'est la pureté; le Glaive, c'est la Rédemption. Le pur entre les purs, tel doit être le Héros rédempteur. Sa pureté, son ingénuité, profonde et radieuse comme l'inconscience sereine de la Nature même, voilà la radicale condition de sa force. Saisit-on le rapprochement ?

brillais ! Comme nous t'aimions, Or pur, comme nous pleurons sur toi ! Rendez-nous l'Or, hélas ! O rendez-nous l'Or pur !

WOTAN, au moment de poser le pied sur le pont, s'arrête et se retourne.

Quelle plainte sonne ici jusqu'à moi ?

LOGE

Celle des Filles-du-Rhin, pour le vol de l'Or.

WOTAN

Maudites Nixes ! — Fais cesser leurs importunités !

LOGE, criant en bas vers la vallée.

Holà ! vous, là-bas, dans les eaux ! qu'avez-vous à geindre vers nous ? L'Or, mes filles, ne brille plus pour vous ? La belle affaire ! Le soleil de la nouvelle gloire des Dieux vous illumine : qu'il vous console ! — Voilà ce que vous souhaite Wotan !

(Les DIEUX éclatent de rire et s'engagent sur le pont.)

LES FILLES-DU-RHIN, des profondeurs.

Or-du-Rhin ! Or impollué ! Brille encore dans nos eaux profondes, jouet radieux ! Hors de nos eaux profondes, nul

plus souvent, hélas ! j'ai bien dû me taire, puisqu'ils ne sont point traduisibles. Mais d'autant plus génial est celui-ci que le Rhin demeure, par toute la *Tétralogie*, la symbolisation de l'Originelle Pureté, comme le formulent expressément les derniers vers du présent drame (voir ci-dessous, note 1), et, surtout, le dénoûment du *Crépuscule-des-Dieux*.

n'est franc ni loyal (1), puisque le ciel même, traître et lâche, ose rire de notre désespoir !

(Quand tous les DIEUX, marchant au Burg, sont sur le pont, le rideau tombe.) (*)

(1) Qu'une remarque s'inscrive, cette fois pour toutes, ici : nombre de locutions allemandes, de phrases entières, ont dans l'original une élasticité, une *suggestivité* dues au *vague* de l'idiome, et dont nulle traduction ne peut rendre l'on-ne-sait-quoi. — Le sens tout à fait littéral de ces paroles des Filles-du-Rhin (que j'adapte pour la lecture) est beaucoup plus riche, comme le prouve ce passage des émouvants *Souvenirs* de M. HANS VON WOLZOGEN : « Le soir qui précéda sa mort » (c'est de Richard Wagner qu'il s'agit), « ... encore une fois, pour la dernière, il se mit au piano et entonna les dernières paroles de ce chant mélancolique des Filles-du-Rhin : « *Dans l'abîme seulement existe l'intimité et la loyauté.* » — « Oui, l'intimité et la loyauté, — seulement dans l'abîme, » répéta-t-il doucement pour lui-même. » (*Mercure de France,* série moderne, tome X, p. 310, — Avril 1894 : excellente traduction de M. DAVID ROGET.)

(*) Les dernières harmonies du *Rheingold* se répartissent en groupes symphoniques si nets, si bien indiqués par la marche même du Drame, qu'il devient inutile de les noter au fur et à mesure, séparément. Citons, tout ensemble, sans crainte de voir le lecteur ne pouvoir leur assigner leur place respective : le Chant des filles du Rhin, la mélodie de Loge, enfin la Marche triomphale, issue du motif de l'Arc-en-ciel, aux sons de laquelle les Dieux ascendent vers le Walhall.

PREMIÈRE JOURNÉE :

LA WALKÜRE

(*DIE WALKÜRE*)

PERSONNAGES

SIEGMUND.
HUNDING.
WOTAN.
SIEGLINDE.
BRÜNNHILDE.
FRICKA.

Huit Walküres.

LA WALKÜRE

ACTE PREMIER

L'INTÉRIEUR D'UNE HABITATION

Au milieu se dresse le tronc d'un puissant frêne, dont les racines, fortement proéminentes, vont se perdre au loin dans la terre du sol; de sa cime l'arbre est séparé par un toit de charpente, percé de manière à laisser sortir, par des ouvertures correspondantes, le tronc et les rameaux qui s'en détachent de tous côtés; on comprend que la cime touffue doit s'élargir au-dessus de ce toit. Autour du tronc du frêne comme centre, une salle a été charpentée; les murs sont de bois grossièrement équarri; des tentures y sont suspendues, çà et là, tressées ou tissées. A droite, au premier plan, se dresse l'âtre, dont la cheminée sort latéralement en haut par le toit; derrière le foyer se trouve un espace en retrait, sorte de magasin pour les provisions: on y accède par quelques marches en bois; au devant pend une tenture tressée, à demi relevée. Au fond, porte d'entrée, avec une simple barre de bois pour verrou. A gauche, une autre porte, celle d'une chambre intérieure, où accèdent également des marches; en avant, de ce même côté, une table avec un large banc, charpenté contre la cloison, et des escabeaux de bois faisant face au banc.

Un court prélude orchestral tonne, d'un mouvement violent et tempétueux (*). Au lever du rideau, SIEGMUND ouvre du dehors, précipitamment, la porte d'entrée, et pénètre : on est vers le soir; violent orage, près de s'apaiser. — SIEGMUND tient un instant la barre de clôture dans la main, parcourt des yeux l'habitation; il paraît harassé d'un excessif effort; ses vêtements, son aspect dénotent qu'il est en fuite. N'apercevant personne, il ferme derrière soi la porte, marche à l'âtre et s'y jette, rendu, sur une peau d'ours.

SIEGMUND

A qui que soit ce foyer, il faut que je m'y repose.

(*) Prélude de la *Walkyrie*. (Partition, pages 1 à 5.)

Après une trentaine de mesures où halette un farouche hagard rythme de fuite, et où se traînent de lamentables,

(Il se laisse tomber en arrière, et demeure un certain temps immobile, étendu. SIEGLINDE sort de la chambre à gauche. Elle a entendu le bruit, cru son mari rentré ; la gravité de sa mine fait place à la surprise, lorsqu'elle trouve, étendu près de l'âtre, un étranger.)

SIEGLINDE, encore au fond.

Un homme, un étranger ! Il faut que je l'interroge. (Elle se rapproche, avec tranquillité, de quelques pas.) Qui est entré dans la maison et s'y est couché au foyer ? (Comme SIEGMUND demeure immobile, elle s'approche davantage encore, et le considère.) Il s'est couché, lassé des fatigues d'une longue route ; ses sens l'ont-ils abandonné ? Serait-il souffrant ? (Elle se rapproche, se penche vers lui.) Il respire encore ; il a seulement fermé les yeux : l'homme me semble vaillant, même là, tombé de fatigue (*).

SIEGMUND, levant, en sursaut, la tête.

Une source ! de l'eau !

---

appels, — le thème de l'Incantation de la foudre, entendu vers la fin de *Rheingold* (partition de *Rheingold*, page 203, *in fine*, 204 et seq ; voy. aussi notre note de la page 307), reparaît par deux fois (prélude, page 3, en bas). Rien ne pourrait dire l'épouvante dont tressaillent ces rythmes de fuite cinglée par des déchirements d'orage. Dès les premières mesures, c'est comme le surgissement cyclopéen d'un tragique Réprouvé ; le motif caractéristique de Siegmund fugitif est donné : fuir, errer, voilà la destinée du Héros. (*Voy.* note de la page 246.) Incarnation de l'idéal d'un Dieu, toutes les persécutions s'acharnent après lui. A-t-on bien réfléchi à toute la fureur, à tout le désespoir que Wagner a mis dans ce terrible prélude ?

C'est, pourtant, la volonté de Wotan qui chasse ainsi le Héros sous la tempête. Ce qu'exprime le thème de l'Incantation de la Foudre. L'idée des Walküres se rattache aussi peut-être à cette idée d'orage. Brünnhilde apparaîtra au Héros et lui annoncera sa mort.

(*) L'orchestre, cependant, s'est apaisé. Une phrase de compassion, maintenant se déroule. (Partition, pages 8 et 9.)

SIEGLINDE

Je vais le soulager. (**Elle prend vivement une corne à boire, va l'emplir hors de la maison, revient, et la présente à SIEGMUND.**) L'eau que tu réclamais, la voici : rafraichis ta lèvre altérée ! (**SIEGMUND boit, et lui rend la corne. Il la remercie d'un signe de tête, et fixe assez longuement le regard sur son visage, avec un intérêt croissant.**)

SIEGMUND

L'eau m'a rafraichi, ranimé, elle a fait léger mon fardeau de fatigue ; mon courage est réconforté, mes yeux jouissent avec délices du bonheur de s'être rouverts : — qui est-ce, qui me rafraichit ainsi ?

SIEGLINDE

Cette demeure est, ainsi que cette femme, la propriété de Hunding ; repose-toi chez lui, comme un hôte, jusqu'à ce qu'il revienne.

SIEGMUND

Je suis désarmé : l'hôte blessé, ton époux ne le repoussera pas ?

SIEGLINDE, **émue.**

Blessé ? Montre tes blessures, vite !

SIEGMUND se secoue, et, se soulevant sur sa couche, se met vivement sur son séant.

Elles sont légères, indignes qu'on en parle ; mes membres tiennent encore à mon corps, solidement. Si ma lance et mon bouclier eussent été, pour soutenir mon bras, à moitié aussi forts que lui, jamais l'ennemi ne m'aurait vu fuir ; — mais lance et bouclier se rompirent ; la meute ennemie me traqua, lassé ; l'ardente tempête brisa mon corps... Plus vite que moi-même pour la meute, ma fatigue disparaît pour moi : c'était la nuit, et c'est le soleil ; c'était la torpeur, c'est la joie.

SIEGLINDE a rempli d'hydromel une corne, et la lui tend :

L'hydromel doux, le doux breuvage, tu ne peux me faire l'injure de refuser.

SIEGMUND

Mets-y d'abord tes lèvres ? (1)

SIEGLINDE, ayant trempé ses lèvres au bord de la corne, la lui rend ; SIEGMUND boit un long trait, puis tout à coup s'arrête, rend à son tour la corne. Tous deux se regardent, avec un intérêt grandissant, longtemps, en silence (*).

SIEGMUND, d'une voix frémissante.

C'est un infortuné que tu as réconforté : l'infortune, puisse de toi la détourner mon vœu ! (Il se précipite pour sortir.) Je me suis arrêté, j'ai doucement reposé : plus loin mes pas.

SIEGLINDE, se retournant vivement.

Pourquoi fuir déjà ? qui te poursuit ?

SIEGMUND

Où que je fuie, le mauvais-sort me suit ; où que je sois, le mauvais-sort s'approche : de toi, femme, qu'il reste donc loin ! Plus loin mes pieds ! Plus loin mes yeux !

(Il s'élance vers la porte et soulève la clôture.)

(1) Littéralement : « Me l'as-tu goûté ? » ou : « Me le goûterais-tu ? »

(*) N'oublions pas de noter ici le délicieux thème d'amour qui, sur une réminiscence angoissée du prélude (combinaison significative, *Voy.* page 246, note déjà citée), apparaît, lentement soupiré par un violoncelle solo, puis par quatre autres qui viennent prolonger cette caresse. (Partition, à la page 11 : d'abord le motif de la Fuite de Siegmund ; puis pages 12 et 13 : Mélodie du Regard.)

SIEGLINDE, en un passionné oubli de soi-même.

Va, reste, alors ! Où déjà l'infortune habite, tu n'apporteras point l'infortune ! (*)

SIEGMUND reste sur place, profondément remué, et scrute le visage de SIEGLINDE : celle-ci abaisse enfin, confuse et triste, les yeux. Silence prolongé. SIEGMUND rétrograde, s'assied et s'adosse au foyer :

Wehwalt (1), c'est le nom que j'ai pris, moi-même : — j'attends Hunding.

SIEGLINDE persévère, interdite, dans le silence ; puis elle se lève, elle prête l'oreille, elle écoute Hunding, au dehors, conduire son cheval à l'écurie, (**) court alors vers la porte, et l'ouvre.

Armé d'un bouclier et d'une lance, HUNDING entre, et, dès qu'il aperçoit SIEGMUND, s'arrête au seuil.

SIEGLINDE, au grave regard dont la questionne HUNDING.

J'ai trouvé l'homme ici, brisé de fatigue, près du foyer : c'est la détresse qui l'y amenait.

HUNDING

Tu l'as secouru ?

(1) *Wehwalt* est un nom symbolique : « Celui-qui-agit-dans-la-douleur. »

(*) A ces paroles de Sieglinde, le *Motif triste des Wälsungen*, dit par les basses seules, raconte la destinée douloureuse de la descendance de Wotan. Ce motif reviendra souvent ; la forme la plus belle en est donnée, selon nous, dans la Marche funèbre du *Crépuscule-des-Dieux*. Après la réplique de Siegmund, tandis que les deux amants, longuement se regardent, ce motif se combine avec le *Motif de la Compassion, ou de Sieglinde*, auquel, bientôt, vient s'ajouter, plaintivement, le motif d'amour. (Partition, pages 15 et 16.)

(**) Ici le thème de Hunding. Aux cors d'abord, puis aux tubas. Brusque figure instrumentale sur de sombres accords. (Partition, page 16.)

SIEGLINDE

Je l'ai désaltéré, et traité en hôte.

SIEGMUND, qui, d'un regard ferme et sûr, observe HUNDING :

Je lui dois abri et breuvage : vas-tu, pour cela, blâmer la femme ?

HUNDING

Mon foyer est sacré : — sacrée te soit ma maison ! (A SIEGLINDE, en enlevant ses armes, qu'il lui passe.) Prépare le repas pour nous, les hommes !

SIEGLINDE suspend les armes au tronc du frêne, va dans l'office chercher nourriture et boisson, et prépare sur la table le repas du soir.

HUNDING scrute, d'un regard pénétrant et stupéfié, les traits de SIEGMUND, qu'il compare avec ceux de sa femme.

Quelle ressemblance avec la femme ! Le même serpent luisant brille aussi dans ses yeux (1). (Il dissimule son étonnement, et se tourne, d'un air dégagé, vers SIEGMUND.) C'est de loin, vrai ! que tu viens ; longue fut ton étape ; il n'était pas à cheval, l'hôte qui se repose ici : quels sentiers furent assez mauvais pour te mettre en pareil état ?

SIEGMUND

Par forêts et prés, landes et brandes, m'ont chassé la tempête et la puissante détresse : j'ignore la route que j'ai pu suivre ; davantage encore, où je suis égaré : j'aurais même plaisir à l'apprendre.

HUNDING, à table, offre un siège à Siegmund.

L'hôte dont le toit te protège, dont la demeure t'abrite, se nomme Hunding : si tu tournes d'ici tes pas vers l'Occident,

(1) C'est à l'extraordinaire éclat du regard qu'est reconnaissable, dans la *Völsunga Saga,* la race divine des Völsungen (Wälsungen), à laquelle, dans le drame de Wagner, appartiennent Siegmund et Sieglinde.

là, dans les riches domaines (1), vivent les hommes de Hunding, les défenseurs de son honneur. A présent, si mon hôte m'honore, qu'il dise son nom.

SIEGMUND, qui s'est assis à table, regarde pensivement devant soi. **SIEGLINDE**, elle aussi, s'est assise, à côté de **HUNDING**, vis-à-vis de **SIEGMUND**, sur lequel elle fixe les yeux avec un intérêt visible, une attentive curiosité.

HUNDING, qui tous deux les observe.

Si tu hésitais à te confier à moi, parle néanmoins, pour la femme : vois, comme elle t'interroge avec curiosité !

SIEGLINDE, franchement, d'une voix pleine d'intérêt.

J'aurais plaisir, mon hôte, à savoir qui tu es.

SIEGMUND, la regarde dans les yeux, et commence, avec gravité :

Friedmund, je ne puis m'appeler ainsi ; Frohwalt, qui sait ? je pourrais l'être : mais le nom qui me convient, c'est Wehwalt (2) : Le Loup (3), voilà quel fut mon père ; et c'est à deux

(1) Hunding était un roi fort riche, et il a donné son nom au Hundland. C'était en même temps un guerrier célèbre, et il avait beaucoup de fils, tous occupés d'expéditions lointaines. » (*Second Poème sur Helge, le vainqueur de Hunding.*)

(2) *Friedmund* (antonyme de Siegmund) : « Bouche-de-paix », ou « Bouche-qui-proclame-la-paix » ; ou, conformément à d'autres racines (*munt* en vieux-haut-allemand), « Protecteur-de-la-paix » ; ou encore (?) : « Joyeux-dans (ou de, ou par) -la-paix. » — *Frohwalt* (antonyme de *Wehwalt*) : « celui-qui-agit-dans-la-joie ». — *Wehwalt*, « celui-qui-agit-dans-la-douleur », ainsi que nous l'avons vu plus haut.

(3) Wagner s'est souvenu qu'en Scandinavie, le loup est un symbole de force, de courage et d'indépendance. Dans la saga d'Egill, le grand-père du héros, pareillement, s'appelle Ulf (Le Loup) : « Ulf était grand et fort ; nul n'était son égal. » C'est presque le texte de Wagner. Le loup était d'ailleurs consacré à Odin (Wotan). Le *Poème du Corbeau d'Odin* attribue au dieu le surnom de « *Père-des-Loups* » (23) ; et le Siegmund de la *Völsunga*, métamorphosé réellement en loup, erre, traqué, durant les neuf jours qu'il garde cette forme (voir ci-dessus, dans l'Étude d'Edmond Barthélemy,

que je vins au monde : moi-même, et puis une sœur jumelle.— Mère, sœur, me furent bientôt ravies ; mère, sœur, à peine les ai-je connues. — Quant au Loup, vigoureux, terrible, il eut d'innombrables ennemis. Il allait à la chasse, le vieux, avec son jeune : la chasse ! un jour qu'ils en revenaient, ils trouvèrent vide la bauge des Loups ; brûlé, le fier manoir, en cendres ; rasé, le tronc puissant du chêne ; tuée, criblée de blessures, ma mère au vaillant corps ; effacée, toute trace de ma sœur : cette âpre détresse, nous la dûmes aux hordes des Neidingen (1). Proscrit, le vieux fuit, avec moi ; Le Loup, son jeune, de longues années, vécurent dans la forêt sauvage : plus d'une battue fut faite contre eux ; mais tous deux se défendaient en Loups, courageusement. (Se tournant vers HUNDING.) Voilà ce que t'apprend un Louveteau (2), que plus d'un connaît bien pour un digne Louveteau !

HUNDING

Merveilleuse et sauvage est ton histoire, hôte intrépide, Wehwalt, — Le Louveteau ! Il me semble bien, sur ces deux

en note, un résumé de la *Völsunga* d'après M. Ernst). Du reste, en cette saga d'Egill citée plus haut, un personnage du nom d'Eyvind, ayant troublé par un meurtre une fête solennelle, est déclaré *loup*, c'est-à-dire anathématisé et forcé de fuir. Les anciennes lois normandes disaient encore, réglant la punition de certains forfaits : que le coupable soit loup, *wargus esto !* — Tegner, en son fameux poème, met aussi dans la bouche de *Frithiof* cette expression : « Oui, j'ai incendié le temple de Balder, et l'on m'appelle *varg i veum*, » c'est-à-dire *loup dans le sanctuaire.* — Ainsi Wotan a pris et fait prendre à Siegmund ce rôle de révolté contre l'ordre établi : « A la façon des bêtes sauvages, avec lui j'errai par les bois ; contre les lois faites par les Dieux, j'exaltai sa témérité », racontera-t-il un peu plus loin : pourquoi ? — c'est ce qu'alors on verra. — Quant à savoir dès à présent que *Wolfe*, Le Loup, c'est bien Wotan, comment donc y parvenons-nous ? Le poème ne le dit pas, c'est vrai, mais la musique l'exprime assez : à l'orchestre, le thème du Walhall.

(1) *Die Neidinge*, « les Fils-de-l'Envie », « les Fils-de-la-Haine ».

(2) « Le roi Sigmund et sa race portaient le nom de Vœl et d'*Ylfing* » (c'est-à-dire *Louveteau*, *Wolfing* en allemand) lit-on dans le recueil de Sæmund, au *second chant sur Helge, vainqueur de Hunding*. Et la nouvelle *Edda* l'appelle « fils de *Wolfung* ».

vaillants, avoir ouï jadis quelque sombre saga, encore que je n'aie connu Le Loup, ni Le Louveteau.

SIEGLINDE

Poursuis donc, étranger : où est ton père, maintenant ?

SIEGMUND

Contre nous, les Neidingen organisèrent une chasse terrible : des chasseurs, beaucoup tombèrent sous les Loups ; mis en déroute par leur gibier, ils fuirent à travers la forêt, s'y dispersèrent, comme la poussière. Mais j'étais séparé de mon père : j'eus beau chercher, je perdis sa trace ; une peau de loup, voila tout ce que je découvris dans la forêt : elle gisait là, vide, devant moi ; quant à mon père, je ne le vis plus (*). — Hors des bois, un instinct me poussait ; j'allai vers mes semblables, hommes, femmes : mais un ami, j'eus beau le chercher ; une épouse, la solliciter, — c'est par tous que je fus méprisé, le mauvais-sort pesait sur moi. Les autres condamnaient ce qui me paraissait juste ; ce que je trouvais coupable avait toute leur estime. Je me heurtai partout à des pactes ; la colère m'accueillait partout ; si je m'efforçais vers

(*) O douceur nostalgique du thème de Walhall, que l'orchestre murmure ici ; — évocation glorieuse et tendre. (Partition, page 26.) Je considère ce passage comme un de ceux où la conception musicale de Wagner a pleinement réalisé son but. Aucune parole ne saurait donner une idée de la sérénité douce du thème de Walhall, dans *Rheingold* (*Voy.* la partition de *Rheingold*, page 213). Mais la situation dramatique double, ici, l'émotion musicale. La confiante plénitude du thème (cf. *Rheingold*) s'estompe ici, suavement, des brumes d'une mélancolique souvenance :

Il est amer et doux, durant les nuits d'hiver,
D'écouter, près du feu qui palpite et qui fume,
Les souvenirs lointains lentement s'élever...

Un motif d'amour (Siegmund et Sieglinde), succède immédiatement à ce thème. (Partition, page 26, en bas.)

le bonheur, je n'éveillais que la souffrance : — c'est pourquoi Wehwalt est mon nom, puisque je n'agis que dans la souffrance.

HUNDING

La Norne (1) qui te donna, en partage, un si funeste sort, ne t'aimait point : l'homme dont tu t'approches comme un hôte te salue sans joie, étranger.

SIEGLINDE

Les lâches seuls craignent l'homme sans armes ! — Raconte encore, mon hôte, comment, en combattant, tu perdis à la fin tes armes !

SIEGMUND, *s'animant de plus en plus.*

Une malheureuse enfant réclamait mon appui : les siens prétendaient la marier avec un homme qu'elle n'aimait point. Contre cette violence, j'accordai mon aide ; j'attaquai les vils oppresseurs devenus mes ennemis, je les vainquis. Alors, voyant ses frères tués, la vierge embrassa leurs cadavres ; la douleur chassa la fureur ; gémissante, déplorant le carnage en un torrent de larmes farouches, l'infortunée cria vengeance pour la mort de ses propres frères (2). — Les parents et les hommes des tués se ruèrent donc ; je me vis environné d'implacables ennemis. Mais du reste la vierge elle-même ne put échapper

(1) Outre les trois Nornes proprement dites, desquelles il est ailleurs parlé, « il y a plusieurs sortes de Nornes, » lit-on dans l'*Edda* de Snorro : « Celles qui assistent à la naissance des hommes pour leur donner la vie sont de race divine, » etc. « Les Nornes d'origine céleste donnent le bonheur ; quand les hommes tombent dans l'infortune, c'est aux méchantes Nornes qu'il faut l'attribuer. »

(2) La situation et certaines paroles de Helge et de Sigrun, dans un chant de l'*Edda* de Sœmund (le *Poème Antique sur les Vœls*) offrent des analogies telles avec ce récit de la *Tétralogie*, qu'elles en pourraient bien être l'origine. Cette observation ne s'adressant qu'à de bien rares personnes initiées, je n'insisterai ni ne citerai.

à leur rage : longtemps je la défendis de ma lance et la couvris de mon bouclier, jusqu'à ce que lance et bouclier m'eurent été brisés dans les mains. L'enfant périt : blessé, resté sans armes, je la vis mourir ; elle s'abattit sur les cadavres, et la horde acharnée bondit à ma poursuite. (Avec un regard empli d'un feu douloureux, vers SIEGLINDE.) Tu m'as interrogé, femme : tu sais, à présent, pourquoi mon nom n'est point — Friedmund ! (1) (Il se lève et marche au foyer. Pâle, émue, bouleversée, SIEGLINDE regarde à terre) (*).

HUNDING, très sombre.

Je sais une race farouche ; pour elle, rien n'est sacré, de ce qui, pour tout autre, est sacré : odieuse à tous, elle m'est odieuse (2). Appelé pour venger le sang de mes proches, j'allai, j'arrivai, mais trop tard ; je rentre, et c'est pour trouver, dans ma propre maison, les traces du misérable en fuite ! — Soit, Louveteau (3), ma maison t'abrite, pour aujour-

(1) *Friedmund.* — *Voir* la note (2) de la page 323.

(2) *Wolfing*, « Fils-du-Loup » ; *Hunding*, « Fils-du-Chien ». Ce sont des ennemis naturels.

(3) Ce sont, ai-je remarqué, des ennemis naturels : l'un, sauvage ; l'autre, domestique, ou plutôt loup domestiqué, si asservi à la coutume, qu'il ajournera sa vengeance afin d'observer strictement la loi sociale de l'hospitalité.

(*) A ces dernières paroles de Siegmund, l'orchestre émet, pour la première fois, le grand motif héroïque de la Race des Wälsungen (partition, page 32), thème dont le rôle est considérable dans l'œuvre. On remarque d'abord, entre ce thème et celui du Walhall, une affinité tout indiquée ; elle suggère que les Wälsungen sont fils de Wotan. Le motif héroïque des Wälsungen est cependant d'une couleur infiniment plus sombre que celui du *Walhall*. (N'oublions pas le Motif de la Fuite, propre à Siegmund.) Nous entrevoyons, dès maintenant, la destinée tragique des Wälsungen. Il n'est pas inutile de dire que ce thème est formé de deux motifs qui reviennent parfois isolément dans la suite.

d'hui; pour cette nuit, je t'accorde asile. Mais demain (1), sois armé, sois bien armé, défends-toi bien; c'est au grand jour que je t'attaquerai: c'est sur toi que je vengerai nos morts (2). (A SIEGLINDE, qui, avec une attitude inquiète, s'est placée entre les deux hommes.) Hors la salle! Ne rôde pas ici! Prépare-moi la boisson du soir, mets-toi au lit et attends-moi!

SIEGLINDE, toute pensive, prend sur la table une corne, va vers une armoire, y prend des épices, et se dirige vers la chambre à gauche. Parvenue à la plus haute marche, au seuil de la porte, elle se retourne encore. SIEGMUND, qui ne la quitte point des yeux, est debout près du foyer, tranquille en apparence, en proie à une fureur contenue: elle attache sur lui un long regard, tout plein d'un désir passionné, et dont elle lui indique enfin, avec une insistance significative, un endroit, sur le tronc du frêne (*). HUNDING, remarquant qu'elle s'attarde, d'un geste impératif la chasse: elle rentre alors et disparaît, avec la lanterne et la corne.

HUNDING prend ses armes à l'arbre.

C'est avec des armes, que l'homme se préserve. — Toi, Louveteau, demain, je t'attaquerai: ma parole, tu l'as entendue, — garde-toi bien!

(Il rentre, avec ses armes, dans la chambre, à son tour.)

(1) Les lecteurs qui connaissent le *Nibelunge-nôt* peuvent se souvenir des paroles de Hagene de Troneje, adressées (XXXe aventure) aux Hiunen qu'il devine hostiles: « Je doute qu'aucun de vous exécute le projet que vous avez formé. Mais, si vous voulez commencer, attendez jusqu'à demain au matin. Nous sommes étrangers, laissez-nous donc reposer cette nuit. » (Trad. Laveleye, p. 271.)

(2) « La discorde et l'inimitié régnaient entre Siegmund et Hunding, et ils se tuaient réciproquement leurs parents. » (*Second chant sur Helge, vainqueur de Hunding.*)

(*) Au moment où Sieglinde, se retournant vers Siegmund, lui montre des yeux, ténacement, le tronc du frêne, l'orchestre, très doucement, comme pour exprimer la secrète pensée de Sieglinde, déroule le thème de l'épée (partition, page 35, en bas). (Voy. *Rheingold*, partition, page 212.) Le second motif du Thème héroïque des Wälsungen, motif qui semble exprimer plus particulièrement une idée d'amour, reparaît un peu avant le thème de l'Epée; — significatif.

SIEGMUND, seul.

La nuit est tombée tout à fait ; la salle n'est plus éclairée que par un feu languissant, dans l'âtre. SIEGMUND se laisse tomber sur sa couche, près du feu, et médite longuement, en silence, avec une grande agitation. (*)

Au faîte de la détresse, je dois trouver un Glaive : voilà ce que m'a promis mon père. — Je suis sans armes, tombé sous le toit d'un ennemi : l'hospitalité même lui assure sa vengeance : — mais j'ai pu voir une femme divine ; mon cœur brûle de trouble et d'extase : — c'est vers elle désormais qu'un désir fou m'attire, une déchirante langueur, un suave enchantement ; et c'est elle que courbe à son joug l'homme qui raille ma main désarmée ! — Wälse ! Wälse ! Où est ton Glaive ? le fort Glaive que dans la tourmente je puisse brandir, puisque le secret de mon cœur furieux se précipite hors de ma poitrine ! (**) (Le feu s'écroule : une lueur éclate, jaillie du brasier qui pétille, à la place qu'avait désignée, sur le tronc du frêne, le regard de SIEGLINDE, et où l'on distingue, plus nettement, faire saillie la poignée d'un Glaive.) Mais dans la pénombre, là-bas, cette clarté plus nette, quelle est-elle ? quel rayon sort du tronc du frêne ? Ma prunelle aveuglée, quel éclair l'illumine ? De quel éblouissement sublime flamboie mon cœur ! Est-ce le regard laissé

(*) Un passage orchestral précède ces paroles de Siegmund : « Une attente mortelle se fait, dit M. Ernst, — à peine coupée par de sourdes pulsations des timbales, auxquelles répond l'obscur accord des tubas, enveloppant une lente ébauche du thème de l'épée (partition, page 37, les 4 premières portées). Sous une note sans cesse répétée par les cors (5me portée), la trompette basse dessine le motif du Glaive, nettement cette fois, mais dans le mode mineur (6me portée). Un *trémolo* croissant commence aux altos et aux violons, sur une basse qui monte par degrés chromatiques, tandis que les cors prolongent leur pédale, et le cri de Siegmund éclate. »

(**) La fanfare de l'épée revient ici, solennellement, avec force, lancée par la trompette en *ut*. (Partition, page 39, 6me portée.) Elle reste tressée dans l'orchestre durant tout ce monologue de Siegmund (hautbois-trompette-cor). (Partition, pages 39 à 43.)

derrière elle, ce regard de fleur, fixé là par elle, en sortant? (*A partir de ce moment, le feu, par degrés, s'éteint dans l'âtre.*) Les ténèbres couvraient mes yeux; c'est alors que, d'un radieux regard, elle m'effleura. Ce fut la chaleur, ce fut le jour, ce fut la lumière du soleil m'inondant d'un vertige de joie, illuminant mon front d'un prestige enchanteur, jusqu'à ce qu'il eut, — en même temps qu'elle, — disparu, par delà les cimes. Une fois encore, — elle me quittait, — son éclat du soir me toucha; lui-même, le tronc du frêne antique resplendit, d'un flamboiement d'or: dès lors la fleur se fane, la lumière agonise, les ténèbres couvrent mes yeux; seulement, au fond de mon cœur comme par delà les cimes, sans lumière, la flamme couve encore.

(*Le feu s'est tout à fait éteint; nuit complète. — La chambre latérale s'ouvre avec précaution; toute vêtue de blanc,* SIEGLINDE *en sort, et se dirige droit vers* SIEGMUND.)

SIEGLINDE

Dors-tu, mon hôte?

SIEGMUND, *surpris et joyeux, se lève.*

Qui donc s'approche?

SIEGLINDE, *avec hâte et mystère.*

C'est moi : écoute! — Hunding dort, d'un sommeil profond; j'ai, dans son breuvage, mis un narcotique. Que cette nuit serve à ton salut!

SIEGMUND, *l'interrompant, avec chaleur.*

Le salut pour moi, c'est de te voir!

SIEGLINDE (*)

Laisse-moi te montrer une arme — ô si tu la gagnais! Le plus auguste des héros, ainsi devrais-je te nommer alors;

(*) Les deux thèmes du Glaive et de Walhall alternent durant tout ce récit de Sieglinde (partition jusqu'à la page 47).

c'est Au-Plus-Fort seul qu'elle fut destinée. O sois attentif, à ce que je te révèle! — Les hommes, la tourbe des parents, priés par Hunding à ses noces, étaient assis, dans cette salle même ; il prenait pour épouse une femme que, malgré elle, des scélérats lui ont livrée. Tandis qu'eux buvaient, j'étais assise, triste: un étranger alors entra, un Vieillard (1), sous

(1) Dans l'orchestre, le thème du Walhall. — D'ailleurs le signalement du *Vieillard* est conforme à la tradition norraine sur Odin (Wotan) ; *der blinde Greis*, le nomment certaines sagas: j'ai déjà noté (Or-du-Rhin, p. 248) qu'il est un Dieu borgne, ici comme dans la *Völsunga*, et pourquoi il est un Dieu borgne. — L'*Edda* de Sœmund lui donne encore, entre autres surnoms, celui de *Siddhötr* ou *Sidhatter* (*Poème de Grimmer*, 48), en allemand *der breithütige* (Grimm, *Deutsche Mythologie*), c'est-à-dire « celui-à-l'ample-chapeau ». Il est, dans le même poème, « vêtu d'un manteau bleu » (comparez ci-dessous *Siegfried*, p. 429). Enfin la *Völuspa* l'appelle (21) « le vieillard, l'auteur des Ases », et l'on a pu voir par une note (p. 322) que la race de Wälse (dans la *Tétralogie:* Wotan) se reconnaît à l'éclat du regard.

Le thème du Glaive souligne principalement ces paroles de Sieglinde:

« C'est au plus Fort qu'elle fut destinée... »

Le thème de Walhall (toute l'âme de Wotan, cette harmonie!) enveloppe nostalgiquement cette phrase :

« Un Etranger alors entra..., un Vieillard. » (Wotan).

Mais à ces nouvelles paroles de Sieglinde:

« O si je le trouvais aujourd'hui, l'Ami..., »

un nouveau motif triomphal, un thème très allègre, appelé « Cri de victoire des Wälsungen » ou encore l' « Appel des Wälsungen », jaillit résolument; moins grave que les thèmes précédents, il forme comme une transition entre ces thèmes et les motifs d'amour qui, maintenant, vont dominer jusqu'à la fin de l'acte (partition, page 47). — Le motif de l' « Appel des Wälsungen » exprimerait la joie des deux amants se retrouvant enfin. Il revient plusieurs fois ensuite. (Partition, pages 48, 49.) — Le début du lied du Printemps semble une réminiscence de ce motif. (Partition, page 52.)

des vêtements gris; son chapeau pendait bas, lui cachait l'un des yeux; mais les éclairs de l'autre alarmèrent tous les hommes, troublés par leur puissante menace : en moi seule, cet œil éveilla comme une douceur mélancolique, de la tristesse et du désir, larmes et soulas tout ensemble. D'un regard foudroyant pour les autres, il me montrait un Glaive que ses mains brandissaient; il l'enfonça au tronc du frêne, jusqu'à la garde : — le Glaive devait appartenir à celui qui l'en arracherait. Les hommes firent de vaillants efforts, tous : nul ne conquit l'arme. Des hôtes sont venus, des hôtes partis, les plus forts ont tenté l'épreuve, le fer n'a pas bougé d'un pouce : le Glaive adhère à l'arbre, et se tait. — Alors je sus quel il était, celui qui m'avait saluée dans l'excès même de ma douleur : je sais encore auquel des hommes, auquel seul, il destine le Glaive. O si je le trouvais aujourd'hui, l'Ami, et ici même; s'il pouvait arriver, d'au loin, vers la plus malheureuse des femmes : tout ce que j'ai pu souffrir en une farouche douleur, tout ce qui jamais m'a torturée dans le déshonneur et dans la honte, la plus douce des vengeances me payerait enfin tout! J'aurais regagné ce que jamais j'ai perdu, j'aurais reconquis ce que jamais j'ai pleuré, — si je le trouvais, l'Ami sacré, si j'étreignais enfin dans mes bras le Héros!

SIEGMUND l'enlace avec une ardeur passionnée.

O douce femme, il te tient, l'Ami, auquel reviennent l'Arme et l'Épouse! O généreuse, il brûle ardemment ma poitrine, le serment qui nous fait époux! Ce que toujours rêva mon désir, c'est en toi que je l'ai contemplé; c'est en toi, que j'ai trouvé ce qui toujours m'a manqué! Si tu as enduré la honte, et si la douleur m'a navré; si je fus, moi, méprisé, et toi, déshonorée, la joyeuse vengeance crie, maintenant, vers notre propre joie! Debout, dans l'allégresse d'une volupté sacrée, je te tiens, je t'étreins, ô bien-aimée, je sens ton cœur divin qui bat!

SIEGLINDE, soudain, tressaille de frayeur, et se dégage.

Ha! qui est sorti? qui est venu?

(La porte du fond s'est ouverte; elle demeure béante, largement : dehors, magnifique nuit de printemps ; la pleine lune, y resplendissant, projette son éclatante lumière sur le couple, qui peut ainsi s'apercevoir en toute netteté.)

SIEGMUND, en une suave extase. (*)

Nul n'est sorti, — quelqu'un est venu : vois le Renouveau sourire ici ! (Il l'attire à soi, sur la couche, avec une tendre violence.) Les tourmentes hivernales reculent devant l'avril, le Printemps brille d'un doux éclat. Dans la tiédeur des brises, suavement, voluptueusement, c'est lui qui flotte, vibre et murmure, lui qui multiplie les merveilles ; sur les bois et la plaine, c'est son haleine qui vente, c'est son œil large ouvert qui rit ; dans la voix des oiseaux joyeux, c'est sa joyeuse voix qui gazouille ; ces parfums captivants, c'est lui qui les prodigue ; dans ces fleurs délicieuses, c'est sa sève qui circule ; dans les germes, c'est sa vigueur ; dans les bourgeons, c'est sa vigueur ! Sans armes que sa grâce et sa tendresse, il dompte le monde ; les tourmentes hivernales reculent, devant sa toute-puissante attaque : sans doute, c'est son vaillant assaut qui fit céder cette porte, aussi ; rude, revêche, arrogante, elle nous séparait de lui ; mais il s'est rué vers sa sœur (1), car l'Amour

(1) Cette « sœur » du Printemps, c'est l'Amour (se souvenir que le vocable « amour », dans la langue allemande, est un féminin) : « l'Amour, *cachée* au fond de nos âmes... » On voit donc que moi-même, pour cette fois, j'ai fait d' « amour » un féminin, comme plus d'un exemple classique et poétique m'y autorise.

(*) Ici commence le célèbre *lied* du Printemps (partition, page 52), constitué par le thème d'Amour de Siegmund et Sieglinde, le thème du Printemps, ceux de la Fuite (encore), de l'Epée, du Walhall... Il faut leur ajouter le thème des *Pressentiments*, nouvellement entendu, mais de la même venue que le motif d'Amour, et qui exprime le pressentiment qu'ont les deux amants de leur parenté divine. Cela prépare à la foudroyante scène du Glaive retrouvé.

attirait le Printemps, l'Amour, cachée au fond de nos âmes, l'Amour, dont la béatitude rit désormais à la lumière ! Sa sœur, le Printemps l'a faite libre ; il a brisé l'obstacle qui l'en séparait ; avec des cris de joie folle ils se saluent tous deux : l'Amour et le Printemps se sont rejoints !

SIEGLINDE

C'est toi le Printemps, où j'aspirais, durant les siècles froids de l'hiver ; mon cœur t'a salué d'un auguste frisson, dès l'instant où pour moi ton regard a fleuri. — Dès lors, tout ce qui n'était pas toi me fut étranger, indifférent ; tout le passé, je l'avais oublié : avait-il existé, seulement ? Mais toi, je t'avais toujours connu ; toi, je te reconnus sans hésiter : je t'aperçus, et tu fus moi-même ; ce que je recélais en moi, ce que je suis, tout m'apparut, clair comme le jour ; une fanfare d'allégresse chantait à mes oreilles : j'avais, dans les déserts glacials de mon exil, un Ami, pour la première fois.

(Elle se pend, ravie, à son cou, et, de tout près, contemple son visage.)

SIEGMUND

O douceur ! O joie ! Bien-Aimée !

SIEGLINDE, les yeux dans ses yeux.

Laisse-moi, de tout près, m'incliner vers toi, contempler la lumière sacrée dont rayonnent tes yeux, ton visage, et qui dompte si doucement mes sens !

SIEGMUND

La lune printanière t'illumine ; baignée dans ses rayons, tu brilles d'une grâce divine ! Comment ne me serais-je pas pris au piège ? — mon regard s'en repaît, avec délices.

SIEGLINDE lui écarte du front les cheveux, et le considère avec admiration.

Comme ton front s'élève, découvert et franc ! Comme tes veines, sur la tempe, entrelacent leurs rameaux ! La joie qui m'enchante, j'en ai peur ! Est-ce un miracle ? est-ce un souvenir ? Aujourd'hui je t'ai vu pour la première fois, et pourtant mes yeux t'avaient vu déjà ! (1)

SIEGMUND

Dans un rêve d'amour, je me souviens aussi, dans l'ardeur du désir je t'avais vue déjà !

SIEGLINDE

Mirée dans l'eau, j'ai connu mon image, — et c'est elle qu'à présent je retrouve : c'est, telle qu'elle vint vers moi, jadis, du fond des eaux, mon image, que je retrouve en toi ! (2)

SIEGMUND

Ton image, que je portais cachée au fond de moi-même.

SIEGLINDE, détournant tout à coup les yeux.

O silence ! laisse-moi rêver à ta voix : — son timbre, tout enfant, je crois l'avoir entendu... mais non ! ce fut l'autre jour, lorsque l'écho des bois répercutait ma propre voix.

SIEGMUND

O la plus délicieuse des voix !

SIEGLINDE, le regardant de nouveau, tout à coup, dans les yeux.

La splendeur de tes yeux, je l'ai vue briller déjà : — c'est bien là le regard du Vieillard, lorsqu'il me salua, lorsqu'il consola ma tristesse. C'est à cet intrépide regard que je le reconnus (3), moi, son enfant, et j'allais, déjà, le nommer par

(1) Ce ne sont point ici lieux communs d'amour, puisque, frère et sœur, Siegmund et Sieglinde se sont, en effet, vus toute leur enfance.

(2) Ici encore, nul lieu commun : cette ressemblance, si naturelle, avait déjà frappé Hunding.

(3) *Voir* la note (1) de la page 322, et la note (1) de la page 331.

son nom... (Elle s'interrompt, et puis continue à mi-voix.) C'est bien Wehwalt (1), que tu t'appelles?

SIEGMUND

Ce n'est plus ainsi, depuis que tu m'aimes : si j'agis, désormais, c'est dans la plus sainte joie!

SIEGLINDE

Et Friedmund (2), en ta joie tu ne peux te nommer Friedmund?

SIEGMUND

Appelle-moi du nom que tu préfères pour moi : mon nom, que je le reçoive de toi!

SIEGLINDE

Mais ton père, s'appelait-il Le Loup?

SIEGMUND

Certes, un Loup pour les renards couards! Mais celui dont l'œil rayonnait aussi superbe, ô Bien-Aimée, que tes propres prunelles sacrées, celui-là, Wälse était son nom.

SIEGLINDE, hors de soi.

Si ton père, ce fut Wälse, si tu es un Wälsung (3), c'est

(1) *Wehwalt, voir* la note (1) de la p. 321, et la note (2) de la p. 323. — Se rappeler ainsi le sens du nom, afin de comprendre bien la réplique de Siegmund. — Même remarque pour *Friedmund*, plus bas.

(2) *Friedmund, voir* la note (2) de la p. 323.

(3) Pour la filiation de Siegmund, Wagner a beaucoup simplifié : Völsung est le nom de son père d'après la *Völsunga*, sans qu'on y voie clairement si Völse (Wälse), le père de Völsung, est Odin (se reporter à l'Étude d'Edmond Barthélemy, p. 201). — De même un chant de l'ancienne *Edda* (*second chant sur Helge*,

pour toi (1) qu'il poussa son Glaive au tronc du frêne, et laisse-moi t'appeler, comme je t'aime : Siegmund (2), — ainsi je te nomme.

SIEGMUND s'élance vers le tronc, et saisit la poignée du Glaive.

Siegmund je m'appelle, et Siegmund je suis : qu'il le prouve, ce Glaive que je tiens sans crainte ! Wälse m'avait promis qu'au faîte de la détresse, je le trouverais : je le saisis enfin ! La détresse, la suprême détresse de la tendresse la plus sacrée, la détresse (3), la mortelle détresse de l'Amour qui souffre et désire, me brûle clairement dans la poitrine, me rue vers la mort ou vers l'acte : Nothung ! (4) Nothung ! ô Glaive, c'est ainsi que je te nomme — Nothung ! Nothung ! enviable fer ! Montre ta dent tranchante : sors du fourreau, pour moi ! (Avec une force irrésistible, il arrache le Glaive hors du

vainqueur de Hunding) dit de Siegmund : « Le roi Sigmund Vœlsungsson... » Et, plus loin : « Le roi Sigmund et sa race portaient le nom de Vœl... » — Enfin le *Lai* (anglo-saxon) *de Beowulf* donne le nom de Wälse au père de Siegmund. — Consulter d'autre part, ci-dessus, la note (1) de la page 331.

(1) « Saluons le Père-des-Armées à l'esprit clément ; il donne de l'or et récompense ceux qui le méritent. Hermod eut de lui une cotte de mailles, et *Sigmund un glaive.* » (*Edda* de Sœmund, *Poème de Hyndla*, 2.)

(2) *Siegmund* (antonyme de *Friedmund*), « Bouche-de-Victoire » ou « Bouche-qui-proclame-la-Victoire », etc. Voir ci-dessus la note (2) de la p. 323, sur *Friedmund*, en y substituant partout le vocable « *victoire* » au mot « *paix.* »

(3) Au risque d'ennuyer certains, je crois devoir une fois de plus, en ce passage capital, répéter qu'à l'idée de « détresse » doit s'ajouter presque toujours, en cette traduction de la *Tétralogie*, une idée de contrainte ou de nécessité. C'est sous l'empire de cette contrainte, de cette nécessité suprême, que Siegmund profère ces paroles et nomme son glaive : « Nothung ! Nothung ! »

(4) *Nothung* se traduit : « *Fils-de-la-Détresse* » (tel est le sens auquel je m'arrête) ; « Celui-qu'on-trouve-dans-la-Détresse » (M. Ernst) ; « *Urgence* » (M. Schuré) ; « *Détresse* » (Victor Wilder). — Ce glaive est tellement, pour ainsi dire, un personnage actif de la *Tétralogie*, que j'ai cru devoir lui garder son nom sans plus le traduire qu'on ne traduit Siegmund, ou Brünnhilde, ou bien Hunding, etc. — *Voir* ci-dessous la note (1) de la page 447.

tronc, et le montre à Sieglinde, interdite et ravie.) (*) C'est Siegmund, le Wälsung, que tu vois, ô femme ! Pour don-des-fiançailles, il te présente ce Glaive : c'est ainsi qu'il conquiert la plus divine des femmes ; c'est ainsi qu'il l'arrache à la maison ennemie. Loin d'ici, suis-le désormais, bien loin, dans la maison riante du Renouveau : Nothung le Glaive t'y protégera, si, par amour pour toi, Siegmund a succombé ! (Il l'enlace et veut l'entraîner.)

SIEGLINDE, enivrée de joie.

Si tu es Siegmund, toi que je vois, — si je suis Sieglinde, moi qui te désire, c'est ta sœur, c'est ta propre sœur qu'avec le Glaive tu as conquise !

SIEGMUND

Ma sœur, ma fiancée aussi ! Que par nous donc fleurisse le sang des Wälsungen ! (Il l'attire, avec une passion furieuse, sur sa poitrine : Sieglinde s'y jette avec un cri (1). — Le rideau tombe rapidement.)

(1) Il s'agit d'expliquer la portée de cet « inceste ». — Si l'on veut bien prendre la peine de se référer à l'analyse de la *Völsunga* (pp. 201-204), on y trouvera, dans les amours de Siegmund et de sa sœur Signy, le prototype de celles de Siegmund et Sieglinde. Pour les amants de la *Völsunga*, le but est, avant tout, d'engendrer un Héros qui soit AUTHENTIQUEMENT de *leur* race, afin de les pouvoir mieux venger, l'un et l'autre, d'affronts communs : bref, un Völsung qui soit Völsung en chacune des gouttes de son sang.

(*) A ce geste, l'orchestre éclate. La fanfare du Glaive jaillit (partition, page 74).

Elle reparaît, mais plus douce, à travers les thèmes d'Amour et de Printemps qui reviennent.

Le chant de Siegmund, avant le geste, a ramené, par frissons, le chant de Erda, lorsque dans *Rheingold*, elle prophétise la fin des Dieux. Si l'on note que les paroles de Siegmund, ici, sur cette sombre mélodie, sont toutes d'allégresse, on sentira, du fait même de ce contraste sinistre, toute la force de la tragique fatalité attachée au descendant de Wotan.

N'oublions pas que nous sommes en plein milieu barbare; mais plutôt (car cela ne prouverait pas grand'chose), n'oublions pas que nous sommes en pleine saga *mythique*. Or, que de Mythes ne reposent-ils pas sur un inceste! que de cosmogonies tout entières!... L'inceste est au debut de la *Genèse* hébraïque (on peut le rappeler, — car c'est notoire, — sans craindre d'offenser personne), il s'y étale même par la suite, lorsqu'il a cessé d'être utile à la reproduction de notre espèce, et quand l'aînée des filles de Loth, textuellement, dit à sa sœur : « Notre père est vieux, et il n'y a point d'homme dans la contrée pour venir vers nous, selon l'usage de tous les pays. Viens, faisons boire du vin à notre père, et couchons avec lui, *afin que nous conservions la race de notre père.* » Observons, fait d'ailleurs remarquer M. Ernst, « observons que Wagner a rendu excusable l'acte des deux Wälsungen, l'a fait presque nécessaire, l'a glorifié de douleur et d'enthousiasme, en montrant l'éclosion de l'amour avant la révélation de la parenté, en posant la souffrance imméritée et la sympathie réciproque du persécuté et de l'esclave, la pitié sainte et le pur dévouement, comme préliminaires et causes de cet amour. La plus extrême angoisse d'un péril mortel, l'obligation pour Siegmund de sauver Sieglinde et de se défendre lui-même, la volonté enfin de Wotan, qui a conduit le frère près de la sœur (à l'endroit où l'épée vierge attend, enfoncée au cœur de l'arbre, la main du héros prédestiné), cette volonté qui ouvre la porte de la sinistre demeure, et enveloppe le couple de toute la joie de la nature, de toute l'ivresse du printemps, — autant de raisons dramatiques qui emportent nos résistances et contre lesquelles s'émoussent les objections. Une sorte de droit primordial de l'amour apparaît, s'arme de toutes les négations qu'il a subies, de toutes les violences endurées, et triomphe, avec fureur, avec délire, de tous les obstacles opposés à sa manifestation. »

ACTE DEUXIÈME (*)

SAUVAGES MONTAGNES ROCHEUSES

Au fond s'ouvre une gorge qui monte : elle débouche en plate-forme sur une crête de rocs, à partir de laquelle le sol s'abaisse en pente vers l'avant-scène.

WOTAN, armé en guerre, avec la Lance au poing : devant lui BRÜNNHILDE, en WALKÜRE, également armée de pied en cap.

WOTAN

Va brider ton cheval, vierge cavalière ! Une brûlante querelle s'allumera bientôt : que Brünnhilde se rue au combat, qu'elle livre au Wälsung la victoire ! Pour Hunding, le choisisse à qui il appartient (1) : dans Walhall, je n'ai que faire de lui. A cheval donc, et droit au combat ! (2)

(1) C'est à Fricka qu'il « appartient », comme le prouve la fin de cet Acte Deuxième. Il semble qu'ici, de la part de Wagner, il y ait eu confusion consciente, analogue à telles confusions, involontairement établies, par plus d'un docte mythographe, entre Fricka (Frigg) et Freya : — « Freya, » dit l'*Edda* de Snorro, « possède le palais de Folkvang, et, lorsqu'elle se rend à cheval sur le champ de bataille, une moitié des hommes tués lui *appartient* ; l'autre est à Odin, » etc.

(2) « Maintenant j'ai dit les noms des *vierges du dieu de la guerre*, des *valkyries prêtes à chevaucher vers le champ de bataille*. » (*Völuspa*, 24.)

(*) Le thème de l'Épée reparaît, transformé, dans le Prélude du 2e Acte, où l'on retrouve aussi des motifs d'amour et

BRÜNNHILDE, bondissant de roc en roc, escalade à droite avec des cris de joie.

Hoïotoho ! Hoïotoho ! — Heyaha ! Heyaha ! — Haheï ! Haheï ! Heyaho ! (Elle fait halte au haut d'une pointe de rocher, plonge un regard dans la gorge au fond, et, se retournant, crie à WOTAN.) Crois-moi, Père, toi-même, prépare-toi ! tu vas subir un rude assaut : c'est Fricka qui approche, ta femme, dans son char, avec son attelage de béliers (1). Heï ! comme elle brandit son fouet d'or ! les pauvres bêtes gémissent d'angoisse ; les roues rendent un fracas sauvage : sa rage court vers quelque querelle ! Soutenir semblable attaque, certes, m'agréerait peu, j'y préfère les combats des braves (2) : vois donc à faire tête

(1) Ces béliers, tant reprochés à Wagner dramaturge — en vérité, pourquoi reprochés ? — ces béliers, qui vont apparaître sur la scène, sont *annoncés*, ainsi qu'on le voit. Il est d'ailleurs notoire que Wagner y tenait fort, et se fâcha même avec le baron de Hülsen, qui lui proposait de représenter le *Ring*, mais à la condition que fût supprimé le « bétail ». — A une époque où tout le monde est, veut ou croit être « symboliste », il ne devrait cependant pas être bien difficile de découvrir quelles bonnes raisons, — non point seulement traditionnelles, — Wagner avait d'atteler quand même deux béliers au char de Fricka, « sagesse » et convention, morale, règle et coutume, gardienne de l'honneur d'un Hunding ! et j'en suis encore à chercher : pourquoi tel, non des moindres entre les wagnéristes, lors de la première des représentations de « *La Valkyrie* » à la Monnaie, souhaitait de voir la « ménagerie » du *Ring*, une bonne fois, sais-tu ? « à la cantonade ».

(2) « Le Père de tous est puissant, les alfes ont du discernement..., les nornes indiquent sur leurs boucliers la marche du temps..., les hommes souffrent..., *les walkyries aspirent après les batailles.* » (*Edda* de Sœmund, *Poème du Corbeau d'Odin*, 1.)

---

de fuite. Les motifs d'amour sont des réminiscences de la Mélodie du Regard et du Lied du Printemps. Ils se combinent, significativement, avec une transformation du motif de la Fuite (Cf. fuite de Siegmund et de Sieglinde, fin du 2e acte). Y est aussi donné le motif principal de la Chevauchée des Walküres (à la fin du Prélude) (partition, pages 80 à 83).

à l'assaut; moi, je t'abandonne, joyeuse, à ton sort! — Hoïotoho! Hoïotoho! — Heyaha! Heyaha! — Haheï! Haheï! Hoïoheï!

(Elle a disparu derrière le sommet, tandis que, surgissant du défilé, FRICKA, sur un char attelé de deux béliers, parvient jusque sur la plate-forme, y met rapidement pied à terre, et marche, en gagnant l'avant-scène, avec colère, droit à Wotan.)

WOTAN, la regardant venir.

L'éternel assaut! L'éternel souci! Mais je tiendrai bon (*).

FRICKA

Dans ces monts où, pour échapper aux regards de ton épouse, tu te caches, je viens te chercher, pour que tu me promettes assistance.

WOTAN

Que Fricka, librement, dise ce dont elle s'afflige.

FRICKA

J'ai su la détresse de Hunding, il m'a invoquée, réclamant vengeance : la Gardienne de l'Hymen l'a écouté, lui a promis d'impitoyablement châtier le crime du couple sans pudeur qui fit cette injure à l'époux...

WOTAN

Qu'a-t-il commis de si mal, ce couple? Ils s'aimaient : le Printemps les unit; les prestiges de l'Amour les avaient

(*) Pendant cette scène, un motif important est développé à l'orchestre : c'est le thème de la *grande douleur de Wotan*. Ce motif prédomine ici; il caractérise là lutte intérieure de Wotan.

enivrés : qui puis-je punir d'avoir cédé à la toute-puissance de l'Amour ?

FRICKA

Tu te feins bien naïf et bien sourd, comme si tu ne savais pas, vraiment, de quoi je les accuse ! C'est d'avoir violé sans pudeur les serments sacrés du mariage ! (1)

WOTAN

Sacrés ? Tels ne sont point, pour moi, des serments jurés sans amour ; et n'exige pas de moi, véritablement, que je maintienne par contrainte ce qui ne te touche en rien : car là où des forces, hardiment, s'opposent, je les pousse, moi, franchement, au combat.

FRICKA

Si la violation du mariage est chose honorable à tes yeux, va donc plus loin dans tes bravades, proclame sacré l'inceste

(1) Fricka ne considère pas, ne veut pas considérer si des époux s'aiment, ou ne s'aiment pas. Elle est la Gardienne de l'ordre établi ; elle est surtout, c'est ce qu'il faut bien saisir, le principe d'ordre de Wotan, dieu organisateur du Monde. Que les obtus ne viennent donc point nous parler, pour la critiquer, d'une « scène de ménage » imitée d'Homère. En une note de la Scène Deuxième de l'*Or-du-Rhin*, je disais : « Donc Fricka est, personnifiée, cette gorgée d'eau de la source de sapience ; elle est la « sagesse » acquise par Wotan, incarnée par Wagner pour faire vivre *à nos yeux* les *dramatiques luttes intérieures* de cette sublime âme de Wotan, de cette immense âme d'Homme divinisé ; c'est ainsi que s'incarnera plus loin, en cette admirable Brünnhilde, la vivante Volonté d'aimer révoltée, dans le cœur du dieu, contre la froide sagesse, contre l'étroite coutume, — contre Fricka. » Si d'aucuns en doutaient encore, une lettre de Wagner va faire cesser leurs doutes : « ... le combat », dit-il, « de Wotan contre son inclination, d'une part, et Fricka (*die Sitte*), d'autre part. » (Lettre à Uhlig, du 12 nov. 1851.) Or, quel est donc le sens de *Sitte ?* Voici : c'est la morale fondée sur la coutume, sur les hypocrites conventions sociales : « Tes facultés n'embrassent, des choses, que leurs habituels rapports, tandis que ma raison cherche un ordre inconnu ! »

s'épanouissant; sacrée, l'alliance de deux jumeaux! Mon cœur frémit d'horreur, mon esprit a le vertige : le frère, nuptialement, étreindre sa sœur! Quand vit-on frère et sœur s'aimer d'amour charnel? Mais quand?

WOTAN

Quand? Mais aujourd'hui, tu l'as vu : apprends par là qu'il est des faits qui, pour n'avoir jamais eu lieu, n'en éclatent pas moins tout spontanément. Ceux-là s'aiment, tu ne peux pas le nier : suis donc un conseil raisonnable! Bénis, si ta bénédiction doit être payée d'une douce joie, bénis, souriant à l'Amour, l'hymen de Siegmund et Sieglinde!

FRICKA, dont la fureur éclate, poussée à bout.

Ainsi, depuis que Wälse a des jeunes, c'en est fait des Dieux éternels? Voilà ce que je me disais, — j'avais donc deviné juste? Parenté, consanguinité, peu t'importent ces liens sacrés; tout ce que tu vénérais autrefois, tu le rejettes; les nœuds que toi-même avais serrés, tu veux les rompre; tu violes par jeu les lois du ciel, pour que ce couple révolté, pour que ces jumeaux criminels, pour que ces enfants de l'adultère puissent n'avoir de frein que leur plaisir, et de règle que leur caprice?... Mais à quoi bon parler du mariage, des serments, à celui qui les a trahis? Car l'épouse trop fidèle, tu l'as trompée sans cesse! Pas une caverne, pas une cime, où la lubricité n'ait allumé tes yeux, comme si l'adultère (1) seul t'offrait des jouis-

(1) A présent que le lecteur ne peut douter, d'après ces notes, du sens symbolique de Fricka, je laisse à sa perspicacité le soin et le plaisir d'apercevoir, sous l'interprétation concrète et transparente, nécessaire à la vie et au mouvement du drame, la signification profonde, âme de cette vie tout extérieure. A quiconque sait lire est-il nécessaire d'expliquer ce que Fricka veut dire par les « adultères » de Wotan? L'un d'eux, le plus important pour la marche du drame, n'est-il pas expliqué ci-dessous, par Wotan lui-même, à Brünnhilde? « Savoir! rongé du besoin de savoir, le Dieu bondit du ciel jusqu'aux entrailles du Monde. Charmée par un philtre d'amour, la Wala » (Erda, la Nature), « la Wala me répondit enfin. Je l'avais connue; et c'est ainsi que vous eûtes pour mère, toi, Brünnhilde, avec tes huit sœurs, la plus

sances, comme si tu t'acharnais à mortifier mon cœur ! N'importe ! je souffrais en silence, je te laissais courir les batailles avec tes haïssables filles, bâtardes d'un amour barbare ; c'est qu'alors même, en moi tu ménageais l'épouse, assez pour imposer à la horde de tes Walküres, voire à la favorite de ton âme, à Brünnhilde, le respect dû à leur souveraine (1). Mais

savante sibylle du Monde. » Wotan a forcé la Nature d'enfanter suivant son Désir, — puisque la Walküre est appelée *Wunschmaid*. Et de là sort le rôle de Brünnhilde ; de Brünnhilde, *strahlende Liebe*, radieux Amour ; de Brünnhilde, Wotan féminin, etc. — L' « adultère » de « Wälse » et ses conséquences, c'est-à-dire l'infidélité de Wotan à l'ordre établi par lui-même, donneraient lieu à des commentaires tout analogues. Mais je ne peux guère plus prolonger que je ne veux multiplier des notes ayant le caractère de celle-ci. Mon but n'est nullement d'y tout dire, un volume n'y suffirait point; mon but est de montrer aux lecteurs, peu familiarisés avec l'esprit de Wagner, qu'ils se feraient de ses drames une idée très fausse en jugeant, d'après leur surabondante vie extérieure, que cette vie n'est pas le « symbole », si l'on veut, d'une plus surabondante encore vie intérieure. Mon but est de montrer à ces mêmes lecteurs, par quelques exemples entre mille, à quels points de vue il faut se placer pour d'abord, comme eût dit Rabelais, notre Rabelais, « fleurer, sentir et estimer ces beaux livres » ; pour, ensuite, « par curieuse leçon et méditation fréquente, rompre l'os et sugcer la substantifique mouelle. » Car il n'est point du tout honteux d'ignorer l'œuvre de Wagner ; il n'est point honteux, pour qui la connaît, de l'attaquer au nom d'une idée précise ; mais il serait ridicule et triste et pitoyable et criminel de la lire sans y rien comprendre, uniquement parce que c'est la *mode* de paraître admirer Wagner. Eh bien, par l'interprétation de quelques passages, donnée en note, chacun pourra se faire une idée de ce qu'il y a sous le sens concret de presque chaque phrase ; chercher ce second sens parallèle ; — et s'il ne le trouve pas, c'est qu'il voudra bien ! A moins... mais n'injurions personne !

(1) Depuis nombre de pages déjà, je ne m'astreins plus à signaler les transpositions dramatiques opérées par moi dans cette traduction, toutes conformes au sens général de l'œuvre et aux prolongements de la musique. Pour n'en pas tout à fait perdre l'habitude, donnons un passage littéral, dont la lettre n'eût point convenu à cette adaptation, en prose, d'un Drame-Musical-Poétique-Plastique. — Il y a donc ici, dans l'original : « Car ta

depuis que sous des noms nouveaux, il t'a plu, déguisé en Wälse, de courir par les bois à la manière des loups ; à présent que tu t'es ravalé jusqu'à l'ignominie suprême de procréer un couple humain, tu jettes, à la ventrée de la Louve, ton épouse à fouler aux pattes ! — Achève donc, va, comble la mesure : fais-leur écraser ta victime !

WOTAN, tranquillement.

Toutes mes explications seraient vaines : elles ne t'apprendraient rien de mon but, et tu n'y saurais rien comprendre avant sa réalisation. Tes facultés n'embrassent, des choses, que leurs habituels rapports, tandis que ma raison cherche un ordre inconnu ! (1) Un seul mot ! j'ai besoin d'un Héros qui, sans la protection divine, s'affranchisse de la loi divine : à cette seule condition pourra-t-il accomplir un exploit nécessaire aux Dieux, mais impossible à chacun d'eux.

FRICKA

Avec tes airs profonds, tu veux m'en imposer ! Des héros ? Quoi de sublime pourraient-ils accomplir qui fût impossible à leurs Dieux, — à leurs Dieux, dont la faveur seule agit en eux ?

WOTAN

Leur courage personnel, tu n'y as pas égard.

FRICKA

Qui les enhardit de la sorte, — des hommes ? N'est-ce donc plus grâce à toi que les regards des plus débiles flamboient

femme, tu [la] craignais encore de sorte — Que la troupe des Walküres, — Et Brünnhilde même, — *Fiancée de ton Désir*, — Tu [les] livras en obéissance-respectueuse à la Maîtresse. » Ce qui signifie que Wotan soumettait encore, aux Règles de l'Ordre établi, ses Désirs d'un « ordre inconnu ».

(1) Littéralement : « [C'est le] dès toujours Accoutumé — Seulement [que] tu peux comprendre : — Tandis que, ce qui encore jamais ne s'est réalisé, — [C'est] à cela [qu']aspire ma pensée. »

d'audace ? N'es-tu plus le principe de toute force ? L'élan des ambitieux, qui l'aiguillonne ? toi seul ! (1) — Par des finesses nouvelles, tu cherches à me leurrer ; par de nouveaux détours, tu voudrais m'échapper ! mais, avec ton Wälsung, tu n'auras pas cette chance : il ne doit sa bravoure qu'à toi, c'est toi seul que je retrouve en lui (2).

WOTAN

C'est lui-même, c'est dans la douleur la plus sauvage qu'il s'est grandi : pas une fois je ne lui vins en aide.

FRICKA

Ne l'aide donc pas aujourd'hui non plus ; prends-lui le Glaive. dont tu lui fis don !

WOTAN

Le Glaive ?

FRICKA

Certainement, le Glaive, le Glaive magique, rapide et fort, que toi, le Dieu, donnas à ton fils (3).

WOTAN

Siegmund se l'est conquis lui-même, dans la détresse.

FRICKA

C'est à toi, qu'il dut cette détresse, comme il te doit l'enviable Glaive : crois-tu donc pouvoir m'abuser ? Jour et nuit,

(1) « *Il* (*Odin*) *donne la victoire à ses fils*, à quelques-uns la richesse, l'éloquence à ceux qui sont généreux, la raison aux hommes, le vent aux navigateurs, l'esprit poétique aux poètes et *le courage viril à beaucoup de guerriers*. » (*Edda* de Sœmund : *Poème de Hyndla*, 3.)

(2) Grimm (*Deutsche Mythologie*, édition citée, I, p. 308) montre que Sigmund est un nom d'Odin. — Point de vue : considérer Siegmund comme une « incarnation » de Wotan.

(3) *Voir* la note (1) de la page 337.

ne t'ai-je pas suivi de près ? C'est pour lui, c'est toi-même qui fichas le Glaive au cœur du frêne : et tu lui as promis, toi-même, l'arme divine ; et c'est toi-même encore, à force d'artifices, qui l'as guidé vers l'arbre (1) où tu l'avais fichée: nieras-tu cela ? (WOTAN fait un geste de rage.) Contre un esclave, quel noble s'abaisse à combattre ? Homme libre, il se contente de châtier l'offenseur : contre toi, j'aurais pu lutter sans déchéance ; mais à mes yeux Siegmund est vil, comme un valet. (WOTAN se détourne avec découragement.) Il t'appartient, il est ta chose ! Est-ce à ta compagne éternelle de s'humilier devant ta chose ? Est-ce à moi d'essuyer l'outrage des plus abjects, fable du téméraire, et risée des âmes libres ? Mon époux ne le souffrira pas, il n'avilira pas ainsi la déesse que je suis encore !

WOTAN, sombre.

Que réclames-tu ?

FRICKA

Le Wälsung ! abandonne le Wälsung !

WOTAN, d'une voix sourde.

Qu'il passe son chemin.

FRICKA

Mais toi — tu ne le protégeras pas, si le vengeur l'appelle au combat.

WOTAN

Personnellement — je ne le protégerai pas.

FRICKA

Regarde-moi face à face, ne médite pas une fraude ! Écarte aussi de lui la Walküre !

(1) Le Prélude de *La Walküre* indique nettement, par le thème de l'*Incantation de Donner* (voir *L'Or-du-Rhin*, scène quatrième), cette intervention de Wotan, *Sturmvater*, le Père-des-Orages, dirigeant la fuite de Siegmund.

WOTAN

Que la Walküre agisse librement.

FRICKA

Nenni ! Ta Volonté, c'est elle et nulle autre qui l'exécute : défends-lui d'accorder la victoire (1) à Siegmund !

WOTAN, en proie à une violente lutte intérieure.

Je ne puis l'abattre : il a trouvé mon Glaive !

FRICKA

Ote au Glaive sa vertu, brise-le aux mains de l'esclave ; que son adversaire le voie sans appui ! (Sur la hauteur, BRÜNNHILDE entonne la joyeuse clameur des Walküres, à laquelle FRICKA prête l'oreille ; bientôt BRÜNNHILDE elle-même paraît, avec son cheval, sur le sentier de droite.) Voici ton intrépide enfant : c'est son cri de joie ; elle arrive au galop par là.

WOTAN, d'une voix éteinte, à part.

C'est moi qui l'ai mandée, à cheval, et pour Siegmund !

FRICKA

Qu'aujourd'hui, sous son bouclier, s'abrite l'inviolable honneur de ton épouse ! Raillés des hommes (2), déchus de leur majesté suprême, les Dieux iraient droit à leur perte, si d'une définitive, d'une éclatante manière, la vierge guerrière, aujourd'hui, ne vengeait enfin mon bon droit ! — Mon honneur le réclame : le Wälsung doit périr ! — Wotan m'en donne-t-il sa parole ?

(1) *Voir* la note (1) de la page 354.

(2) « FRIGG *chânta :* « Ne racontez jamais vos aventures aux races humaines, ni ce que deux Ases ont fait dans les temps anciens. » (*Le Festin d'Æger*, 25.)

WOTAN, se laissant tomber, assis, sur un rocher, en proie à une douleur, à une fureur affreuses.

Reçois-en ma parole ! (*)

(**BRÜNNHILDE**, au moment où, d'en haut, elle avait aperçu **FRICKA**, s'était interrompue de chanter ; en silence et lentement, elle a fait à son cheval, en le menant par la bride, descendre le sentier rocheux jusqu'à une grotte, où elle le met : à cet instant **FRICKA**, regagnant son char, passe auprès d'elle.)

FRICKA, à **BRÜNNHILDE**.

Heervater (1) t'attend : va savoir, de lui, comme il a décidé du sort !

(Elle monte sur son char et part rapidement.)

BRÜNNHILDE, avec un air de surprise et d'inquiétude, vient se placer en face de **WOTAN**, qui, assis sur le roc auquel il s'adosse, la tête appuyée sur la main, s'absorbe en une sombre rêverie.

Funeste, j'en ai peur, est l'issue du débat, puisque Fricka riait au sort ! — Père, qu'est-ce que doit apprendre ton enfant ? Tu sembles troublé, toi, et triste !

(1) *Heervater*, « le Père-des-Armées ». C'est l'un des noms d'Odin (Wotan) dans les *Eddas* : « FRIGGA : Je conseille au *Père-des-Armées* de rester dans son palais divin. » (*Vafthrudnismâl*, 2.)

(*) Le motif de la Lance s'élève ici à l'orchestre, pour rappeler les traités jurés par Wotan (partition, page 110).

La forme de ce motif est ici très nette. Il serait superflu de commenter le fait de son affinité (qu'on remarque ici) avec le thème de Walhall. Il présente pourtant, malgré cette affinité, un caractère très arrêté de sombre énergie. Ce motif, on le sait, est principalement constitué par le thème de la servitude. Là surtout est l'intention dramatique.

WOTAN laisse retomber les bras et baisse la tête, avec une mimique d'impuissance.

Dans mes propres liens, je me suis pris : de tous les êtres, moi, le moins libre ! (1)

BRÜNNHILDE

Mais je ne t'ai jamais vu ainsi ! Quoi te ronge le cœur ?

WOTAN, levant les bras, dans une explosion de fureur sauvage.

Ignominie céleste ! Irréparable opprobre ! Détresse (2) des Dieux ! Détresse des Dieux ! Rage sans issue ! Douleur sans terme ! Je suis le plus malheureux des êtres !

BRÜNNHILDE jette, terrifiée, bouclier, lance et heaume loin d'elle, et se laisse tomber aux pieds de WOTAN, avec une familiarité tendre et pleine de sollicitude.

Père ! Père ! Dis-moi, qu'as-tu ? Comme tu m'inquiètes ! Comme tu terrifies ton enfant ! Confie-moi, dis ! je te suis fidèle : vois, c'est Brünnhilde qui t'en prie !

(Sur les genoux, sur le sein de WOTAN, elle pose, tendre et craintive, la tête et les mains).

WOTAN, longuement, la regarde dans les yeux, tout en caressant sa chevelure ; enfin, comme s'il revenait à soi d'une profonde préoccupation, il commence, mais à voix très basse.

Le dire ! ne briserai-je pas ainsi l'attache qui tient ma Volonté ?

BRÜNNHILDE, de même, à voix très basse.

C'est à la Volonté de Wotan que tu parles, en me disant quoi tu veux : qui suis-je, mais qui, sinon ta Volonté ?

(1) « Le moins libre » : c'est évident, et Wotan insiste plus loin : « Maître du Monde grâce aux traités, me voici l'esclave des traités. »

(2) *Voir* la note (3) de la page 263.

WOTAN

Qu'à jamais reste irrévélé ce secret, que je ne veux dire à personne : je te parle, mais c'est devant moi-même que je médite, devant moi seul. (D'une voix plus sourde encore et plus sinistre, les yeux fixés sur ceux de BRÜNNHILDE.) Lorsque l'attrait du jeune Amour se fut un peu fané pour moi, mon âme convoita la Puissance : dans l'impétueuse fougue d'une ambition farouche, je sus conquérir l'univers. J'asservis à des lois toutes les puissances du mal : seul, l'artificieux Loge, sous la forme d'une flamme errante, sut m'égarer, et m'échappa. — Mais je ne pus renoncer à l'Amour : dans l'omnipotence même, j'aspirais à l'Amour. Un fils des ténèbres a su, lui, s'affranchir de ce suprême lien : l'Amour, c'est un débile Nibelung, c'est Alberich qui l'a maudit, conquérant, par cet anathème, avec l'Or éclatant du Rhin, une puissance incommensurable. L'Anneau qu'il s'en était forgé, je le lui arrachai, par la ruse : mais je ne le rendis pas au Fleuve ; j'en payai les créneaux de Walhall, du Burg bâti par les Géants, grâce auquel je domine le Monde. Celle à qui du passé rien n'est obscur (1), Erda, l'auguste, la savante Wala, m'avait fait rejeter cet Anneau, non sans me prophétiser une ruine définitive. J'en voulais savoir davantage ; mais, sans répondre à mes questions, la sibylle avait disparu. J'en perdis toute sérénité ; savoir ! rongé du besoin de savoir, le Dieu bondit du ciel jusqu'aux entrailles du Monde. Charmée par un philtre d'amour, troublée dans l'orgueil de sa science, la Wala me répondit enfin (2). Je l'avais connue ; et c'est ainsi

(1) Donc cette connaissance du Passé est une condition suffisante pour qu'Erda connaisse également l'Avenir. — Qu'on prenne la peine de lire Wagner entre les lignes : à chaque instant l'on y trouvera de ces significations profondes, sans que la marche du Drame en soit interrompue, puisque le poète se garde bien de les présenter comme apophtegmes.

(2) « Elle (Wola) était assise seule en dehors, lorsque vint le vieillard, l'auteur des Ases, et elle lut dans son œil. — « Que me demandes-tu ? pourquoi me tenter ? »... Le père des armées fit choix pour elle de bagues et de chaînes d'or,... des sons magiques et des chants puissants. Elle regarda bien avant dans tous les mondes... Dans tous les lieux où elle recevait l'hospitalité, on la nommait Heidi et Wola-la-Savante... » (*Völuspa*, 22, 23, 25.)

que vous eûtes pour mère (1), toi, Brünnhilde, avec tes huit sœurs (2), la plus savante sibylle du monde. Je vous élevai moi-même, dans l'espoir de détourner, grâce aux Walküres, les dangers que la Wala m'avait donnés à craindre — la chute ignominieuse des Dieux. Pour qu'à l'heure de la lutte l'ennemi nous trouvât forts, je vous chargeai de souffler l'héroïsme au cœur de nos anciens esclaves, au cœur de cette Humanité réduite, par notre despotisme, à courber passivement la tête sous des conventions fallacieuses. Nous avions éteint leur bravoure : votre tâche fut de la rallumer, de la diriger vers les batailles, de la soutenir dans les mêlées, d'exalter leur vigueur par la rudesse des guerres, pour que je pusse réunir, dans le palais du Walhall (3), d'intrépides multitudes armées (4).

(1) L'*Edda* de Snorro dit d'Odin : « La terre était sa fille et sa femme. » (*Gylfaginning*.)

(2) « Avec tes huit sœurs. » Le texte dit seulement : « De l'univers la plus savante femme — [T'] enfanta, toi, Brünnhilde, à moi. — [C'est] avec huit sœurs — [Que] je t'élevai, » etc. — Mon interprétation n'en est pas moins exacte (partition, ensemble de l'œuvre, gloses des commentateurs les moins incompétents, m'autorisent à l'affirmer telle) : aux sagaces de voir par la suite pourquoi le texte de Wagner laisse seulement deviner, des autres Walküres, ce qu'il dit de Brünnhilde en termes précis. — Quand au nombre neuf ou trois fois trois, il jouissait, en Scandinavie, comme dans l'Inde ancienne, d'une faveur toute particulière, dont la trace est en plus d'un mythe. Le *Poème de Helge, vainqueur de Hating*, dit d'une chevauchée de Walkyries : « Elles étaient trois bandes, de neuf chacune », etc.

(3) « Gladshem est la cinquième demeure céleste. Walhall tout resplendissant d'or y tient une vaste place ; Odin y fait tous les jours un choix parmi les hommes tués sur les champs de bataille. Ils ont grande impatience de se rendre chez Odin pour voir sa salle ; le plafond en est cannelé avec des bois de lances ; le toit est couvert de boucliers ; des cottes de mailles sont étendues sur ses bancs... Un loup est enchaîné devant la porte de l'ouest, et un aigle plane au-dessus » (*Poème de Grimner*, 8, 9, 10, dans l'*Edda* de Sœmund), sans doute pour signifier, comme le suppose M. Léouzon-le-Duc, que ceux qui avaient pu nourrir les aigles et les loups des cadavres de leurs ennemis étaient seuls dignes d'entrer dans cette glorieuse demeure.

(4) « Ganglere continua : « Tu m'as dit que tous les hommes morts sur le champ de bataille, depuis la création du monde, sont

BRÜNNHILDE

Ton palais, nous l'avons peuplé, sans nous lasser; moi-même, combien déjà t'ai-je amené de Héros ! (1) Notre zèle est toujours le même; quoi donc peut t'inquiéter encore ?

WOTAN

C'est autre chose ; écoute-moi bien : voici ce que me prédit la Wala ! — C'est par les hordes d'Alberich que nous sommes en danger de périr : fou de rage, ivre de haine, le Nibelung veut se venger ; pour l'instant, je ne crains guère ses ténébreuses légions : — nos Héros m'assurent la victoire. Mais l'Anneau ! si jamais il recouvrait l'Anneau, dès lors Walhall serait perdu : seul, celui qui renia l'Amour peut, pour assouvir sa fureur, faire servir les Runes de la Bague à la définitive humiliation

maintenant à Walhall avec Odin. » (*Edda* de Snorro, *Gylfaginning*.) « Ganglere dit alors : « Walhall est peuplée d'une multitude immense, et Odin doit avoir bien de l'habileté pour gouverner tant de monde. » (*Id.*) « Ganglere dit : « Il faut que Walhall soit un édifice immense ; la foule doit en rendre l'entrée et la sortie fort difficiles. » Har répondit : « Il n'est pas plus difficile de trouver place à Walhall que d'y entrer ». On trouve dans le chant de Grimner le passage suivant : « Walhall possède, je crois, cinq cents portes et quarante encore. Huit cents Einhærjars peuvent sortir de front par chacune de ses portes, quand ils vont combattre le loup. » (*Edda* de Snorro.) Le *Poème de Grimner* (23) qui fait partie de l'*Edda* de Sœmund, contient en effet bien ce passage. *Einheriars* est le nom que portent les élus d'Odin (de *ein*, un ; et *heri*, héros, combattant. *Einheriar*, d'après Bergman, serait bien rendu par *Monomaque*, ou guerrier qui lutte, à lui seul, contre un ou plusieurs adversaires). Quant au loup qu'ils ont à combattre, c'est Fenris, l'ennemi d'Odin, qu'au Crépuscule-des-Dieux sa gueule doit engloutir.

(1) « Elles sont appelées les Walkyries. Odin les envoie sur tous les champs de bataille ; elles savent quels sont les guerriers qui succomberont, et disposent de la victoire. Gunn, Rota, et Skuld, la plus jeune des nornes, sont toujours à cheval ; elles marquent les guerriers qui doivent périr, et dirigent le cours des batailles. » (*Edda* de Snorro, *Gylfaginning*.)

des Dieux. Il m'aliénerait l'âme de mes propres Héros, contraindrait leur bravoure à se rallier à sa cause, et m'attaquerait avec ces forces. J'ai donc songé, dans mon angoisse, à ravir, en même temps que l'Anneau, tout espoir à notre adversaire. L'un des Géants auxquels, jadis, j'ai payé leur travail avec cet Or maudit, garde le Trésor : c'est Fafner, qui l'acquit par un fratricide. Comment lui arracher une Bague qu'il a reçue de moi-même, en salaire, conformément à notre pacte ? Frapper Fafner m'est interdit : mon courage, ma puissance échoueraient contre lui. Tels sont les liens qui me paralysent : maître du Monde grâce aux Traités, me voici l'esclave des Traités (1). Un seul peut ce qui m'est impossible (*) : un Héros que mes préférences mêmes ne me pousseraient jamais à soutenir ; qui, étranger au Dieu, affranchi de sa faveur, réaliserait inconsciemment, sans en avoir reçu mission, par le fait de sa détresse propre, et à l'aide de ses propres armes, l'objet de mon exclusif Désir, cet exploit que le devoir m'interdit, non seulement d'accomplir, mais de suggérer jamais. — Comment découvrirais-je cet ami, cet ennemi, capable de lutter, pour moi, contre ma divinité même ? Comment créerais-je un être libre, qui, jamais approuvé par moi, mériterait mon amour par son insoumission ? Quel autre enfin, sans être moi, réalisera, spon-

(1) Littéralement : « Moi qui par des Pactes [suis] Maître, — [C'est] des Pactes [que] je suis à présent le valet. »

(*) Précédant ces paroles de Wotan :

« Un seul peut ce qui m'est impossible... »

le thème du *Péril des Dieux* apparaît à l'orchestre (partition, page 123). Il se combine aussitôt avec le thème de la douleur de Wotan.

Outre ce thème et le beau mouvement de la bénédiction du Nibelung (page 133), il faut citer les réminiscences de *Rheingold*, qui commentent fort logiquement le long récit de Wotan.

Le thème du *Péril des Dieux* semble résulter de la fusion des deux motifs des Nornes et du Crépuscule-des-Dieux. Sur le thème du Péril-des-Dieux, Voy., *Or-du-Rhin*, la note relative à l'Ur-Mélodie.

tanément, l'objet de mon exclusif Désir? — Ignominie divine! Déshonorante détresse! Dégoût de ne retrouver que moi-même, éternellement, dans tout ce que je crée! Autre chose, voilà ce que je recherche, autre chose que moi : c'est en vain! Car l'être indépendant doit se créer lui-même : — je ne sais me pétrir que des valets!

BRÜNNHILDE

Mais le fils de Wälse? mais Siegmund? N'est-il donc pas le fils de ses œuvres?

WOTAN

A la façon des bêtes sauvages, avec lui j'errai par les bois; contre les lois faites par les Dieux, j'exaltai sa témérité; et seul, de la vengeance des Dieux, le préserve le Glaive dont un Dieu l'a pourvu. — Par quelles subtilités crus-je m'abuser moi-même? Si facilement Fricka m'enleva toute illusion! Comme elle m'a pénétré, humilié, confondu! Tout me contraint de céder à ses vœux!

BRÜNNHILDE

Alors, c'est à Siegmund que tu refuses la victoire?

WOTAN, dont la fureur éclate en une explosion de désespoir.

J'ai touché l'Anneau d'Alberich! J'en ai manié l'Or en avare! L'Anathème que j'ai voulu fuir ne me fuira plus, lui, plus jamais! Je dois abandonner qui j'aime, égorger qui j'aime, le trahir, mentir à la parole en laquelle il a foi! Adieu donc, gloire du rang suprême, éblouissante ignominie de la magnificence divine! Mon édifice, puisse-t-il crouler! Mon œuvre, je la répudie! Et je ne désire plus rien sinon la fin! — la fin! (Il s'interrompt d'un air pensif). Et, la fin, Alberich s'en charge! — C'est maintenant qu'éclate l'affreux sens de l'oracle de la Wala : « Lorsque l'ennemi noir de l'Amour se procrée, dans sa haine, un fils, la fin des Bienheureux, dès lors, ne tarde pas! » — N'ai-je pas appris, tout récemment, l'histoire d'une femme séduite, grâce à son Or, par le Nibelung, et possédée par l'avorton ? Oui, dans les flancs d'une femme mûrit, engendré par la haine, par l'efficace vertu de la haine, le fruit de l'odieux accouplement. Oui, celui qui renia l'Amour aura pu perpétrer ce miracle, quand moi, que l'Amour seul rendit père, j'aurai vainement tenté d'affranchir mon enfant ! (D'une voix farouche.) Soit, je te bénis, fils du Nibelung ! Plein, pour elle, d'un profond dégoût, je te lègue cette vaine splendeur de la divinité : tu peux en rassasier ton insatiable haine !

BRÜNNHILDE, épouvantée.

Oh ! dis, parle ! que doit faire ton enfant ?

WOTAN, amer.

Pieusement, combattre pour Fricka, protéger pour elle le mariage ; pour elle, protéger les serments ! Son choix, tel est aussi mon choix. Ma propre Volonté, de quoi me servirait-elle ? Je ne puis pas vouloir un homme libre ! — Toi donc, va désormais combattre en faveur des valets de Fricka !

BRÜNNHILDE

Malheur ! Rétracte, avec repentir, ta parole ! Tu aimes Siegmund : je le sais, c'est pour l'amour de toi, que je dois protéger le fils de Wälse.

WOTAN

C'est Siegmund que tu dois abattre, c'est pour Hunding que tu dois vaincre ! Prends bien garde à toi, tiens-toi ferme, fais appel à toute ta bravoure pour ce combat : c'est un Glaive-de-Victoire qu'y brandira Siegmund ; il succombera difficilement sous toi, si ta main tremble.

BRÜNNHILDE

Celui que toi-même, toujours, tu m'appris à chérir, dont la vertu sublime est précieuse à ton cœur, — contre lui, jamais ta parole ne saura me contraindre d'agir.

WOTAN

Téméraire ! c'est toi qui m'outrages ! Qu'es-tu, sinon l'exécutrice, l'aveugle exécutrice du choix de ma Volonté ? — En délibérant avec toi, me suis-je donc, assez bas, ravalé, pour devenir le jouet de ma propre créature? Sais-tu ce qu'est ma colère, enfant ? Tremble, si jamais les éclairs en tombaient sur toi pour te foudroyer ! Dans mon cœur, je cache la fureur qui, dans le chaos et l'horreur, jette un monde souriant jadis à mon Désir : malheur, à celui-là qu'elle frappe ! je changerais sa bravade en deuil ! Crois-moi donc, ne m'exaspère pas ; exécute mes ordres : — que Siegmund succombe ! — Et que ce soit l'œuvre de la Walküre. (**Précipitamment il s'éloigne, et disparaît bientôt, à gauche, dans la montagne.**) (1)

BRÜNNHILDE reste debout, longtemps, frappée de stupeur et d'effroi.

Je n'ai jamais, en un tel état, vu Siegvater (2), quelque querelle qui l'eût exaspéré. (**Elle se baisse toute triste et ramasse ses armes, dont elle se revêt**). Combien lourdes me pèsent ces armes ! Quand je combattais à mon désir, combien elles me semblaient légères ! C'est vers un meurtre détesté que je traîne aujourd'hui mon angoisse ! (**Elle réfléchit, puis elle soupire.**)

(1) Et maintenant, le lecteur juge-t-il que cette « longue » scène soit une « longueur » ? — Il paraît que c'en est une, pourtant ! Hé bien, je prie les critiques de nous déduire en quoi... Je sais beaucoup d' « actions » fort grouillantes, pour ma part, qui sont plus « longues » que cette « longueur » : l' « action ? » mais, dans le « récit » de Wotan, ne progresse-t-elle pas de phrase en phrase, de vers en vers, de mot en mot? Voudra-t-on comprendre, à la fin, que *La Walküre* n'est point faite pour être jouée seule? Je ne veux pas me refuser le plaisir, dans tous les cas, de noter : qu'en une lettre à Liszt, Wagner nomme cette scène (et pour cause !) — « *la plus importante du quadruple Drame.* — Qu'en pense-t-on? Cela vaudrait qu'on y pensât, j'espère ! — Cf. p. 307, n. (1).

(2) *Siegvater*, « le Père-des-Victoires. » C'est, dans l'*Edda* de Sæmund (*Poème de Grimner*, 48), un autre des surnoms d'Odin, recueilli par Snorro dans son *Gylfaginning*.

Mon bien-aimé Wälsung, hélas ! Dans l'excès de la douleur, ta Fidèle est réduite à t'être infidèle, en t'abandonnant ! (Elle fait volte-face vers le fond, et y aperçoit SIEGMUND et SIEGLINDE, comme ils parviennent au haut de la gorge ; elle les regarde un moment tandis qu'ils approchent, puis gagne la grotte où est son cheval, et y disparaît pour le spectateur.

Arrive SIEGLINDE avec SIEGMUND. Précipitamment elle marche en avant ; il s'efforce de la retenir.

SIEGMUND

Arrête-toi, ici : prends quelque repos !

SIEGLINDE

Plus loin ! Plus loin !

SIEGMUND l'enlace avec une douce violence.

Non, pas plus loin ! Tu te reposeras, ma Bien-Aimée ! — A l'extase de la volupté tu t'es arrachée brusquement ; avec une précipitation soudaine, tu t'es mise à fuir devant toi ; en cette course sauvage, à peine pouvais-je te suivre : par les bois, par la plaine, sur les rocs, sur les pierres, farouche, muette, tu bondissais; pas un cri n'a pu t'arrêter. (Elle regarde devant soi, au loin, fixement, et d'un air sauvage.) Repose-toi maintenant ! parle-moi ! Parle ! ton silence me torture ! Vois, c'est ton frère qui tient sa femme : c'est Siegmund qui est avec toi ! (Il l'a menée, insensiblement, vers le roc où Wotan s'assit.)

SIEGLINDE, dans les yeux, regarde Siegmund avec une grandissante extase ; puis elle lui jette ses bras au col, éperdûment ; elle tressaille enfin d'une soudaine horreur, et veut fuir ; Siegmund l'enlace avec passion.

Arrière ! Arrière ! fuis la maudite ! L'étreinte de mes bras est un sacrilège ! Déshonoré, flétri, ce corps n'existe plus ! fuis-le, c'est un cadavre, arrache-toi du cadavre ! C'est au vent de balayer ses restes, à celle qui s'est livrée, déjà perdue d'honneur, au plus généreux des héros !... Oui, lorsqu'il l'eut prise dans ses bras, lui donnant, avec son amour, la suprême joie, puisqu'il l'aimait sans partage, lui, qui pour la première fois l'éveillait à l'amour, — sentant la plus douce, la plus sainte, la plus bénie des voluptés la pénétrer toute, âme et sens, comment ne sentit-elle pas aussi, l'infâme, la saisir l'épouvante, le dégoût et l'horreur de la plus affreuse des souillures : celle d'avoir subi, sans amour, l'étreinte et la loi d'un époux ! Laisse la maudite, laisse-la te fuir ! laisse ! Je suis abjecte, je suis indigne ! A toi, le plus pur des hommes et le plus grand, ne dois-je pas m'arracher ? Comment t'appartenir jamais, moi qui n'apporte, à mon frère, que mon déshonneur ! à mon libérateur, à mon Ami, que ma honte !

SIEGMUND

L'outrage qui t'a déshonorée, le sang du sacrilège va l'effacer bientôt ! Cesse donc de fuir ; attends l'ennemi ; c'est ici qu'il doit succomber : si Nothung lui déchire le cœur, tu es vengée !

SIEGLINDE, avec terreur, se dresse et prête l'oreille.

Écoute ! les trompes — l'entends-tu leur signal ? — Partout autour sonne leur furieuse rumeur ; des bois et de la plaine elle monte, éclatante. Hunding, de son profond sommeil, s'est réveillé ; ses hommes, ses chiens, il les convoque ; ardente, lâchée, la meute hurle ; sauvage, elle aboie vers le ciel, à cause de la foi violée du mariage ! (Elle éclate de rire, comme une folle ; puis, violemment, tressaille d'angoisse.) Où es-tu, Siegmund ? que je te voie encore ! radieux frère, ardemment aimé ! Que l'étoile de tes yeux, une fois encore, rayonne sur moi : ne refuse pas les baisers de l'infâme ! — Écoute ! ô écoute ! Hunding, c'est sa trompe ! sa meute approche, avec de puissantes armes ! Ton Glaive ? Lequel résiste au flot furieux des chiens ? Jette-le loin, Siegmund ! — Siegmund, où es-tu ? Ha ! là ! — je te vois. — Affreuse vision ! — Les mâchoires des dogues s'ouvrent vers ta chair ; ton généreux regard ne les arrête pas : c'est aux pieds que te saisissent leurs crocs irrésistibles ! — tu tombes ! — le Glaive éclate en pièces : —

il s'écroule, le frêne, — le tronc fracassé ! — O frère ! mon frère ! Siegmund ! — ha ! — (Elle pousse un cri et tombe, épuisée, dans les bras de SIEGMUND.)

SIEGMUND

Sœur ! Bien-Aimée ! (*)

Il guette attentivement son souffle, et s'assure qu'elle respire encore. Il la dépose alors, près de soi, de façon qu'au moment où lui-même vient à s'asseoir sur le rocher, elle puisse avoir la tête appuyée sur ses genoux. Tous deux, en cette posture, demeurent, jusqu'à la fin de la scène suivante.

Long silence, durant lequel SIEGMUND, incliné vers SIEGLINDE, en une tendre sollicitude, la baise, au front, d'un long baiser.

BRÜNNHILDE, avec son cheval, qu'elle conduit par la bride, est sortie de la grotte et s'est avancée, d'une marche lente et solennelle ; elle s'arrête en face de SIEGMUND, à une faible distance de lui. Tenant d'une main sa lance avec son bouclier, et, de l'autre, appuyée sur l'encolure du cheval, elle considère ainsi, gravement, silencieusement, longuement, SIEGMUND. (**)

(*) L'orchestre paraphrase divers motifs de l'Amour de Siegmund et de Sieglinde, celui de la Mélodie du Regard, principalement (partition, page 156).

(**) La scène quatrième débute par un magnifique passage orchestral. Le thème de l'Interrogation de la Destinée (dont nous entendrons une réminiscence lors de la marche funèbre du *Crépuscule des Dieux*) rythme trois notes, mornes comme un écho dans une caverne (tubas) ; une mélodie lui répond : — l'Annonce de la Mort (cuivres). Mais, aussitôt, comme une lointaine aurore de résurrection, voici, par bouffées, les ineffables harmonies du Walhall, douces et majestueuses. — La Walkyrie s'avance... — Beaucoup estiment cette scène la plus belle de toute la *Walküre* ; avec raison, peut-être. Bien plus profondément que dans la fameuse *Chevauchée des Walkyries*, — cette prodigieuse page décorative, — le véritable aspect psychique des Walkures scandinaves, de ces symboles sublimes de mort et de résurrection, est ici impérissablement fixé. (Partition, pages 156 et 157.)

BRÜNNHILDE

Siegmund ! — Regarde-moi ! — C'est moi, celle que tu vas suivre bientôt.

SIEGMUND dirige, vers elle, son regard.

Qui donc es-tu, toi qui si belle, et si grave aussi, m'apparais ?

BRÜNNHILDE

J'apparais à ceux-là seulement qui sont destinés à périr : la lumière de la vie, quiconque m'a vue la quitte. C'est sur le champ de bataille seulement que j'apparais aux plus généreux : quiconque d'entre eux m'a vue, je l'ai choisi pour la mort. (*)

SIEGMUND la regarde en face, longuement ; puis, tout pensif, il baisse la tête, qu'il relève enfin vers BRÜNNHILDE avec une gravité solennelle.

Le héros qui va te suivre, où est-ce, que tu le mèneras ?

BRÜNNHILDE

Vers Walvater (1), qui t'a choisi : c'est à Walhall que tu me suivras.

(1) *Walvater*, « le Père-des-Prédestinés-au-Carnage. » Encore l'un des surnoms d'Odin dans les *Eddas* (*Völuspa*, 1 ; *Vegtams-Kvidha*, 5) : « On donne à Odin le nom... de Valfader, père des prédestinés, parce que les guerriers qui succombent sur les champs de bataille sont ses élus. Ils ont des places à Walhall..., où ils portent le nom d'Einhærjars ». (*Edda* de Snorro : *Gylfaginning*.)

(*) Durant tout ce dialogue entre Brünnhilde et Siegmund, le thème de l'Annonce de la Mort, développé, alterne avec les motifs de la Destinée, du Walhall (partition, pages 157-158), des Walkyries (page 160 et seq.), de Freya. Le thème d'Amour reprend, amenant une phrase qui exprime émotion de Brünnhilde.

SIEGMUND

Dans la salle du Walhall, trouverai-je Walvater seul ?

BRÜNNHILDE

Salué par l'auguste foule des Héros morts en combattant, tu recevras, environné d'eux (1), le plus hautement saint des hommages.

SIEGMUND

Trouverai-je dans Walhall mon propre père, Wälse ?

BRÜNNHILDE

Son père, le Wälsung l'y trouvera.

SIEGMUND

Recevrai-je, dans Walhall, l'accueil joyeux d'une femme ?

BRÜNNHILDE

C'est l'empire des augustes Vierges-du-Désir (2) ; dans une

(1) « Mais à quoi les Einhærjars passent-ils le temps quand ils ne sont pas occupés à boire ? » Har répondit : « Tous les jours, après avoir fait leur toilette, ils prennent leurs armes, se rendent dans la cour pour se combattre et se vaincre mutuellement. Ce sont leurs jeux. Vers le moment du déjeuner, ils rentrent à cheval dans Walhall, et se mettent à boire comme il est dit ici : « Tous les Einhærjars combattent chaque jour dans la cour d'Odin ; puis ils reviennent s'asseoir à la salle du festin et sont amis comme auparavant. » (*Edda* de Snorro, *Gylfaginning*.) Le passage cité par Snorro se trouve, plus ou moins textuellement, dans l'*Edda* de Sæmund, au *Vafthrudnismal*, 41.)

(2) *Wunschmädchen*, « Filles-de-Désir », ou « Filles-du-Désir » est la traduction littérale de l'islandais *óskmeyjar*, dénomination donnée aux Walküres dans l'*Edda* de Sæmund et la *Völsunga*. D'autre part, *Oski* signifie « Désir » (*Wunsc*) et c'est l'un des noms que s'attribue Odin dans les vieux poèmes scandinaves. Grimm, qui rappelle tous ces détails (*Deutsche Mythologie*, édition citée, I, 347) les résume en cette phrase que j'ai déjà reproduite : « Die Walküre ist ein Wunschkint, Wunsches Kint. »

sainte familiarité, la Fille même de Wotan t'offrira la boisson. (1)

SIEGMUND

Tu es sainte : c'est avec piété que je reconnais la Fille de Wotan ; mais, Éternelle ! dis-moi ceci seulement : ma sœur, ma bien-aimée, ma femme, accompagnera-t-elle son frère ? Siegmund, là-haut, possédera-t-il Sieglinde ?

BRÜNNHILDE

Non, elle doit respirer l'air de la terre encore ; Siegmund, là-haut, ne verra point Sieglinde !

SIEGMUND

Alors, salue pour moi Walhall, salue pour moi Wotan, salue pour moi Wälse et tous les Héros, — salue, même, les augustes Vierges-du-Désir : je ne te suivrai pas auprès d'elles.

(1) « Il y a encore d'autres femmes à Walhall ; elles sont chargées de verser à boire, de frotter les tables et les coupes. Voici leurs noms, comme on les trouve dans le poème de Grimner : « Je veux que Hrist » (Bruit-des-Boucliers) « et Mist » (Désordre) « m'apportent la coupe. Skeggjœld et Skœgul » (Hache et Fuite) « Hild et Thrud » (Courage et Persistance) « ... servent la bière forte aux Einhærjars. » (*Edda* de Snorro, *Gylfaginning*). « Elles sont appelées les Walkyries. » (*Id.*) « Ganglere demanda : Où trouve-t-on de quoi désaltérer les Einhærjars ? boivent-ils de l'eau ? — Har répondit : Tu me fais maintenant une singulière question. Odin inviterait-il chez lui des rois, des jarls ou d'autres hommes illustres, pour leur donner seulement de l'eau à boire ? La plupart de ceux qui viennent à Walhall trouveraient, je crois, que cette eau leur coûte cher ; je parle des guerriers dont les blessures et la mort ont été douloureuses. Mais j'ai autre chose à te raconter à ce sujet. Il y a dans Walhall une chèvre appelée Hejdrun, elle mange les feuilles de Lerad, sapin célèbre ; de ses mamelles coule l'hydromel nécessaire pour remplir une cuve très grande et enivrer tous les Einhærjars. » (*Id.*)

BRÜNNHILDE

Tu as vu la Walküre et son mortel regard : il faut donc qu'avec elle tu viennes !

SIEGMUND

Où Sieglinde vit, dans la joie, la souffrance, là, Siegmund aussi veut demeurer. Pas encore ton regard ne m'a fait mourir : jamais il ne saura me contraindre, à ne pas rester !

BRÜNNHILDE

Aussi longtemps que tu seras en vie, rien ne t'y contraindrait, c'est possible ; mais, insensé, la mort t'y contraindra, la mort — que je suis venue t'annoncer.

SIEGMUND

Où serait-il, le héros sous qui je dois succomber ?

BRÜNNHILDE

Hunding ; vous combattez : tu tombes.

SIEGMUND

Menace-moi de coups plus forts que les coups d'un Hunding ! Si tu guettes avidement ici la victime de notre combat, choisis celui-là pour ta proie : j'ai lieu d'espérer qu'il y périra.

BRÜNNHILDE, secouant la tête.

C'est contre toi, Wälsung — entends-moi bien ! — contre toi, que le sort fut choisi.

SIEGMUND

Connais-tu ce Glaive ? Qui m'en fit don me donna la victoire en partage : tes menaces, je les brave, grâce à lui !

BRÜNNHILDE, haussant la voix, avec force.

Qui t'en fit don — te donne en partage la mort! Il reprend au Glaive sa vertu.

SIEGMUND, violemment.

Tais-toi! n'effraye pas l'endormie! (1) (Il se penche sur Sieglinde, tendrement, avec une explosion de douleur.) Malheur! Hélas! toi la plus douce des femmes! toi, la plus triste entre les plus fidèles! Contre toi l'univers furieux se lève en armes : et moi, le seul à qui tu t'es confiée, moi, pour qui seul tu t'es révoltée contre lui, je ne dois plus te couvrir de ma protection, je dois, toi l'intrépide, te trahir par ma mort? — O honte à qui me fit don du Glaive, me réservant l'outrage et non pas la victoire! S'il me faut périr, non, je n'irai point à Walhall : (2) — que Hella (3) me saisisse, et garde sa proie!

(1) Je signale, aux commentateurs des « Qu'il mourût », cet exemple de ce que nos bons pédants nomment « le sublime. »

(2) Au VIIIe siècle, Radbot, prince des Frisons, recula devant le baptême, quand il apprit que, comme chrétien, il ne retrouverait pas dans le ciel ses compatriotes païens.

(3) *Hella*, *Héla* ou *Hel*, dans la mythologie norraine, est la fille de Loki ou Loke et d'une géante. Personnification de la Mort, elle règne sur ceux qui ne sont morts ni en combattant ni en se suicidant. « Odin précipita Hel dans Niflhem, et lui donna puissance sur neuf mondes, afin qu'elle pût faire changer de demeure aux hommes qu'on lui envoie, c'est-à-dire qui meurent de maladie et de vieillesse. Elle y possède de grandes habitations entourées de murailles excessivement hautes. Sa principale salle se nomme *Eljudener*; son écuelle *Hunger* (la disette); son couteau *Svælt* (la faim); son esclave mâle *Senfærdig* (lent); son esclave femelle *Sena* (lente). Le seuil de la porte par laquelle on passe pour entrer chez Hel est appelé *Fællande-Svek* (piège perfide); son lit *Tivnsot* (la phtisie); les rideaux de ce lit sont appelés *Fortærande-Sorg* (chagrin dévorant). Une moitié du corps de Hel est bleue, l'autre a la carnation humaine; son aspect est effrayant et sinistre; elle est fort connue. » (*Edda* de Snorro.) Une citation de ce genre ne manquera pas de faire rire, aux dépens des « barbares » vieux Norses, tels critiques tant pieusement pâmés (1894) sur les allégories intolérables d'un'*Lutrin*.

BRÜNNHILDE, bouleversée.

Estimes-tu si peu les joies éternelles ? Se pourrait-il qu'elle fût tout pour toi, la pauvre femme qui lasse, douloureuse et brisée, dort suspendue là sur tes genoux ? Rien d'autre, à tes yeux, ne serait sacré ?

SIEGMUND, avec un regard amer.

Si jeune et si belle tu brilles à mes yeux : mais mon cœur, combien froide et dure te reconnait-il ! — Si tu ne peux qu'outrager, va-t'en, rude, insensible vierge ! S'il faut que tu te repaisses de mon infortune, réjouis-toi donc de ma souffrance ; rassasie ton cœur, plein de haine, du spectacle de ma détresse : — mais, les âpres joies du Walhall, ne viens pas, véritablement ! me les exalter.

BRÜNNHILDE, de plus en plus émue.

Je vois la détresse qui dévore ton cœur ; je sens la douleur sacrée du héros... Siegmund, recommande-moi ta femme : que je la défende, que ma protection l'environne !

SIEGMUND

Nul sinon moi ne touchera, vivante, ma Bien-Aimée : puisque je fus promis à la mort, je tuerai l'endormie, d'abord !

BRÜNNHILDE

Wälsung ! Forcené ! Écoute mon conseil : recommande-moi ta femme, au nom du gage d'amour qu'elle a conçu de toi, dans la joie !

SIEGMUND, tirant son Glaive.

Ce Glaive, dont au loyal un déloyal fit don ; ce Glaive, traître à ma force en présence de l'ennemi, s'il ne me sert point contre l'ennemi, qu'il serve au moins contre l'ami ! (Levant son Glaive sur SIEGLINDE.) Deux vies te sourient ici, Nothung, ô fer de haine ! Prends-les ! prends-les toutes deux ! d'un coup !

BRÜNNHILDE, dans un fougueux élan d'irrésistible compassion.

Arrête, Wälsung ! Écoute, que Sieglinde vive — et que Siegmund vive avec elle ! Le sort du combat, c'en est fait, je le change : c'est toi que je bénis, c'est à toi, Siegmund, que j'accorderai la victoire ! (On entend des appels de trompes retentir au fond, venant du lointain.) L'entends-tu, l'appel ? Prépare-toi, héros ! Aie confiance en ton Glaive, brandis-le hardiment : l'arme sera fidèle à ta cause, comme fidèle aussi la Walküre ! Adieu, Siegmund, héros béni ! C'est au champ de bataille que tu me reverras !

Précipitamment elle s'éloigne, et disparait, avec son cheval, à droite, de côté, dans une gorge. Joyeux d'une joie sublime, SIEGMUND la suit des yeux.

Graduellement la scène s'est assombrie ; de lourdes nuées orageuses s'amassent et descendent sur le fond, enveloppent peu à peu tout à fait les parois de la montagne, la gorge, la plate-forme et la crête de rocs. De toutes parts éclatent des appels, encore lointains, de trompes guerrières, lesquelles, durant ce qui suit, se rapprochent, de plus en plus.

SIEGMUND, se penchant sur SIEGLINDE.

Bien-Aimée ! Un miraculeux assoupissement dompte ses angoisses et sa souffrance (*) : — la Walküre, lorsqu'elle vint vers moi, lui apportait-elle ce doux réconfort ? Fallait-il que le choix cruel n'épouvantât point davantage une femme déjà pleine de douleur ? Elle semble sans vie, elle qui vit, pourtant : quelque rêve bienheureux sourit à sa tristesse (**). (Nouvelles sonneries des trompes.) Dors ainsi ; dors, seulement, jusqu'à ce que le combat soit combattu, jusqu'à ce que te réjouisse la paix ! (Il la couche doucement sur la roche, lui baise le front, et se met en marche,

(*) Mélodie du Sommeil. (Partition, pages 176 et seq.)

(**).

« ...Quelque rêve bienheureux sourit à sa tristesse. »

Un des motifs du *lied* du Printemps accompagne ces paroles.

après de nouveaux appels de trompes.) Celui qui m'appelle là, qu'il se prépare maintenant; c'est son dû que je vais lui offrir : que Nothung lui paye son salaire! (Il se rue du côté du fond, où, sur la crête, il disparaît, dans une sombre nuée d'orage).

SIEGLINDE, en un songe.

Si le père pouvait rentrer, maintenant, à la maison ! Il s'attarde, et mon frère aussi, dans la forêt. Mère ! Mère ! j'ai peur ! les étrangers semblent hostiles et malveillants ! — Une fumée noire... noire... suffocante... déjà la flamme lèche de notre côté... la maison brûle ! — Au secours, frère ! Siegmund ! Siegmund ! (D'immenses éclairs sillonnent les nues; un formidable éclat de tonnerre réveille SIEGLINDE, qui se lève soudainement en sursaut). Siegmund ! — Ha ! (Elle regarde autour d'elle, l'œil fixe, avec une grandissante angoisse : la scène est presque toute couverte par les noires nuées d'orage ; éclairs et tonnerres indiscontinus. De toutes parts les appels de trompes se multiplient, de plus en plus proches.)

LA VOIX DE HUNDING, au fond, venant de la crête de rocs.

Wehwalt ! Wehwalt ! viens combattre avec moi, si tu ne veux pas que les chiens te saisissent !

LA VOIX DE SIEGMUND, plus lointaine, comme venant de derrière la gorge rocheuse.

Où te caches-tu, que j'ai passé près de toi ? Reste là, que je t'y fasse rester !

SIEGLINDE, qui guette attentivement, en une terrible agitation.

Hunding — Siegmund — si je pouvais les voir !

LA VOIX DE HUNDING.

Par ici, ravisseur infâme ! Que Fricka t'exécute ici !

LA VOIX DE SIEGMUND, venant, cette fois, de la crête de rocs également.

Me crois-tu toujours sans armes, lâche ? Misérable, au lieu de menacer avec des femmes, combats toi-même, sinon

Fricka t'abandonnera! Vois plutôt : chez toi, du tronc domestique, j'ai du premier coup tiré le Glaive : son tranchant, je vais t'en faire goûter! (1) (Un éclair illumine, soudain, la plate-forme et la crête de rocs : on y distingue HUNDING et SIEGMUND, combattant.)

SIEGLINDE, de toutes ses forces.

Arrêtez, hommes! Tuez-moi d'abord!

Elle se précipite vers la crête de rocs : mais jaillie de la droite, tout à coup, pour planer sur les combattants, une éclatante lueur l'éblouit si vivement qu'elle chancelle, se détourne, tâtonne, comme aveuglée. Dans cette clarté parait BRÜNNHILDE, au-dessus de SIEGMUND, qu'elle protège de son bouclier.

LA VOIX DE BRÜNNHILDE

Frappe-le, Siegmund! Foi au Glaive-de-Victoire!

Au moment précis où SIEGMUND, pour porter à HUNDING un coup mortel, élève le bras, il jaillit de la gauche, à travers les nues, une lueur flamboyante, rougeâtre, au milieu de laquelle apparait WOTAN; il se tient au-dessus de HUNDING et croise la Lance contre SIEGMUND.

LA VOIX DE WOTAN

Place à la Lance! En tronçons le Glaive!

Avec son bouclier, BRÜNNHILDE, devant WOTAN, a reculé, frappée d'épouvante : touché de la Lance, le Glaive de SIEGMUND est brisé; HUNDING perce de son épée la poitrine du héros sans arme; SIEGMUND s'abat.— Ayant entendu son soupir de mort, SIEGLINDE avec un cri tombe, comme inanimée.

Au moment de la chute de SIEGMUND, a disparu, des deux côtés, simultanément, l'éclatante lueur; jusque sur le devant du théâtre, une obscurité dense envahit les nuages, au milieu desquels on distingue, à demi, BRÜNNHILDE, inclinée vers SIEGLINDE.

(1) « Sa colère s'enflamma en même temps contre le Géant, et peu s'en fallut qu'il ne lui fît à l'instant *goûter* son marteau. » (*Edda* de Snorro; Épisode de Thor chez Hymer.)

BRÜNNHILDE

A cheval, que je te sauve !

Elle se hâte de soulever SIEGLINDE et, l'ayant placée sur son cheval (debout près de la gorge rocheuse), disparaît bientôt avec elle. Aussitôt les nuages se divisent au milieu, laissent voir distinctement HUNDING, retirant son épée de la poitrine de SIEGMUND, tombé. — WOTAN, environné de nuages, se tient derrière lui, sur un roc ; il est appuyé sur sa Lance, et considère, avec douleur, le cadavre de SIEGMUND.

WOTAN, après un court silence, et tourné du côté de HUNDING.

Va-t'en, valet ! t'agenouiller devant Fricka : annonce-lui que la Lance de Wotan a vengé son injure, va ! — va ! —

Au geste méprisant de sa main, HUNDING s'abat, mort, sur le sol (1).

WOTAN, avec une explosion, tout à coup, de fureur terrible.

Mais Brünnhilde — malheur à la criminelle ! Qu'effroyable soit le châtiment de la téméraire, lorsque ma monture rejoindra sa fuite !

Il disparaît parmi les éclairs et le tonnerre. — Le rideau tombe rapidement. (*)

(1) Wotan nous est ainsi montré comme dieu de la mort. Mais est-ce bien un nouvel aspect, car lequel des dieux Wotan n'est-il point ? Il conviendra toutefois de se le rappeler, cet aspect, lors de telle victoire de Siegfried sur Le Voyageur (Wotan), au drame de *Siegfried*. — A propos de Hunding, j'ai d'autre part noté, vers le début de l'Acte Deuxième, quelle confusion consciente il semble que Wagner ait établie entre Fricka (Frigg) et Freya, relativement à la tradition suivant laquelle la moitié des héros tués « appartenaient » à la dernière. Cf. p. 340, note (1).

(*) Le thème de la *Détresse des Dieux* accompagne la sortie de Wotan. (Partition, page 187.)

Quel que soit notre effort à démêler, à travers le touffu de la partition, les lignes maîtresses des principaux thèmes, nous ne pouvons pousser cette nomenclature jusqu'à noter, dans ces thèmes, les nuances, les subtiles transformations, les points précis de développement, par où s'expriment — plus complètement peut-être que par le texte — des situations morales complexes. Un exemple : Brünnhilde, incarnation de l'intime désir, du cœur même de Wotan, en voulant sauver Siegmund, agit selon le secret mouvement de ce cœur. Mais Wotan, pour les raisons que l'on sait, doit taire son cœur, laisser mourir Siegmund. La musique de Wagner, toute en combinaison de rappels, d'harmonies diverses simultanément contre-pointées, de nuances suggestives, était merveilleusement apte, — mieux que n'importe quel texte, — à décrire un tel état d'âme dédoublée. Mais quelle analyse verbale voudrait suivre, en ses infinis méandres, une telle polyphonie ? Il faut tout un orchestre pour rendre sensible la signification des motifs ainsi combinés.

ACTE TROISIEME (*)

SUR LE SOMMET D'UNE MONTAGNE ROCHEUSE

La scène est limitée, à droite, par une forêt de sapins. A gauche, l'entrée d'une grotte rocheuse qui forme une chambre naturelle, et par-dessus laquelle la roche s'élève à sa pointe culminante. En arrière, la vue est totalement libre ; des rochers, plus ou moins saillants, hérissent la bordure d'un versant qui s'abaisse à pic du côté du fond. Des vols de nuées isolées, précipitées par la tempête, passent, en effleurant la crête des rochers.

Les noms des huit Walküres qui, — sans compter BRÜNNHILDE, — paraissent successivement en scène, sont : GERHILDE, ORTLINDE, WALTRAUTE, SCHWERTLEITE, HELMWIGE, SIEGRUNE, GRIMGERDE, ROSSWEISSE (1).

(1) Tous ces noms de Walküres ont chacun un sens, comme ceux des Walkyries donnés par les *Eddas* (*Poème de Grimner*, 36 ; *Völuspa*, 24 ; *Edda* de Snorro, *voir* ci-dessus la note (1) de la p. 364). M. Schuré a essayé, à défaut d'une vraie traduction, la transposition de quelques-uns : par exemple celle de *Helmwige* en *Berceheaume* ; celle de *Rossweisse* en *Blanchecrine* ; ou celle de *Schwertleite* en *Conduirépée*. D'autres me semblent moins heureuses : *Siegrune* (Rune-de-Victoire) deviendrait *Grondevictoire*, etc.) Je devais au lecteur la mention de ces jeux innocents autant qu'inutiles ; mais je les imiterai d'autant moins que ces noms sont dans le drame huit noms, et rien de plus.

(*) *La Chevauchée des Walkyries* ! Quelque admiration que l'on éprouve pour cette prodigieuse page décorative, il ne faut pas oublier qu'elle n'est dans le drame qu'un

GERHILDE, ORTLINDE, WALTRAUTE et SCHWERTLEITE sont déjà couchées sur la cime rocheuse, les unes près de la grotte, les autres au-dessus : elles sont tout armées, de pied en cap.

élément secondaire. On entend dire : — « Allez donc voir la *Chevauchée des Walkyries.* » J'estime que ce n'est pas la raison principale d'écouter la *Walküre.* D'autres chefs-d'œuvre, sans doute, ont, de même, frappé par d'autres côtés que ceux où leur auteur s'attendait à provoquer le plus d'émotion. Mais jamais Art n'ayant été plus volontaire que l'Art de Wagner, il ne faut pas que là, encore, il en aille ainsi. Certes la plastique physique du drame, son intensité musicale aussi, deviennent ici formidables. Mais Wagner, très probablement, n'entendit ni ne put y mettre aucune réelle *sensation d'âme.* Le fond de l'œuvre ne s'ouvre pas, n'a pas à s'ouvrir ici. L'interprétation la plus juste que Wagner ait donnée de cette création scandinave des Walküres, c'est, selon nous, la scène de l'Annonce de la Mort (Voy. note de la page 361).

Les lignes suivantes de M. Alfred Ernst donneront, de cette épique *Chevauchée des Walkyries*, une belle idée musicale :

« Quelques traits de cordes, violents, incisifs mettent en branle les trilles des instruments à vent, depuis les clarinettes jusqu'aux petites flûtes. Sous ce *fortissimo* rageur, cors, bassons et violoncelles jettent un rythme entrainant de galop. Bientôt des traits s'envolent aux bois et aux cordes, sur chaque temps de la mesure, en tous sens, sifflants, exaspérés, avec un déchirement de rafale furieuse. La trompette basse, renforcée de deux cors, attaque le *thème des Walkyries* (*a*). Une deuxième phrase, née du même motif, éclate, martelée par quatre cors et par toutes les trompettes. Puis, dans le tourbillon croissant, le thème recommence, rugi par les trombones, tandis que le rideau s'ouvre sur un paysage sinistre. » (Partition, page 188 et seq.) (La *Chevauchée des Valkyries* a été éditée à part.)

(*a*) Voy. note de la page 340. Voy. partition, pages 80 à 83 ; le thème y est donné pour la première fois.

GERHILDE, couchée tout à la cime, et tournée du côté du fond.

Hoïotoho ! Hoïotoho ! — Heyaha ! Heyaha ! — Helmwige, ici ! Par ici ta monture !

Dans une masse nuageuse qui passe éclate la lueur d'un éclair : on y voit (1) une Walküre à cheval ; à l'arçon de sa selle pend le cadavre d'un guerrier.

LA VOIX D'HELMWIGE, du dehors.

Hoïotoho ! Hoïotoho !

ORTLINDE, WALTRAUTE et SCHWERTLEITE, saluant la nouvelle venue.

Heyaha ! Heyaha !

(Le nuage, avec l'apparition, s'est caché à droite derrière les sapins.)

(1) « Dans une masse nuageuse », etc. J'ai déjà fait remarquer ailleurs (mais il n'est pas mauvais de le rappeler quelquefois) que Wagner, en cette géniale synthèse des mythologies septentrionales, en cette géniale synthèse qu'est à titre secondaire, mais à titre réel, la *Tétralogie*, Wagner donc n'a jamais omis de suggérer, pour chaque personnage introduit par lui dans ses drames, toutes les virtuelles interprétations se rapportant, physiques ou morales, au personnage. C'est une des multiples raisons pour lesquelles chacune des Walküres arrive au milieu d'un nuage illuminé par les éclairs ; c'est encore de même que Waltraute, en une magnifique scène du *Crépuscule-des-Dieux*, viendra vers Brünnhilde au galop ; et, quand Waltraute s'éloignera : « Éclair et nuée », lui criera Brünnhilde, « éclair et nuée, par le vent soufflée, va-t-en donc, et ne reviens jamais ! » Maints passages nous laissent entrevoir, dans les vieux poèmes scandinaves, cette signification mythique ; voici l'un des plus transparents : « Elles étaient trois bandes de neuf chacune, mais une vierge chevauchait à leur tête ; elle était blanche sous le casque. Les chevaux secouèrent leur crinière, la rosée tomba dans les vallées profondes, et la grêle sur les arbres élevés. » (*Poème de Helge, vainqueur de Hating*, 28, dans l'*Edda* de Sœmund). — Plus d'un commentateur a d'ailleurs expliqué, dit avec justesse Henri Heine, que les Walkyries sont ces nuages qui jadis jouaient un grand rôle dans les batailles, et auxquels on faisait souvent des sacrifices avant la lutte. — Cf. *Commentaire musicographique*, pp. 307-309.

ORTLINDE, criant vers la forêt.

Près de la jument d'Ortlinde, attache ton étalon ; avec ma Grise, ton Brun paît volontiers !

WALTRAUTE, de même.

Qui te pend à l'arçon ?

HELMWIGE, sortant de la sapinière.

Sintolt le Hegeling !

SCHWERTLEITE

Mène ton Brun loin de la Grise : c'est Wittig, l'Irming, que porte la jument d'Ortlinde !

GERHILDE a descendu un peu, se rapprochant d'elles.

J'ai toujours vu Sintolt et Wittig être ennemis (1).

ORTLINDE s'élance vivement et court vers la forêt.

Heyaha ! L'étalon bouscule ma jument !

SCHWERTLEITE, et GERHILDE, éclatent de rire.

La querelle des héros divise encore les bêtes !

HELMWIGE, criant, tournée vers la forêt.

Tranquille, là, Brun ! C'est toi qui romps la paix ?

(1) Un Witeg apparait, dans le *Nibelunge-nôt*, à la cinquantième strophe de la XXVII• aventure. Wittich, d'ailleurs, est l'un des principaux héros de la *Wilkina* ou *Thidreks Saga*. — De même un Sindolt, « le guerrier choisi », est mentionné par l'épopée (aux strophes 10 et 11 pour la première fois) et y fait figure à plusieurs reprises. — Il fallait de semblables détails, pour que fût plus complète l'évocatrice synthèse qu'est, — entre autres choses, — la *Tétralogie*.

WALTRAUTE a pris, tout à la cime, la garde, à la place de GERHILDE.

Hoïotoho ! Hoïotoho ! Siegrune, ici ! Qu'as-tu pu faire si tard ?

(Passe, chevauchant vers la forêt : SIEGRUNE, apparition semblable à l'apparition de HELMWIGE.)

LA VOIX DE SIEGRUNE, à droite.

Une rude besogne ! — Les autres sont-elles là déjà ?

LES WALKÜRES

Hoïotoho ! Hoïotoho ! — Heyaha ! Heyaha !

(SIEGRUNE a disparu derrière la sapinière ; d'en bas montent deux voix, simultanément.)

GRIMGERDE et ROSSWEISSE, d'en bas.

Hoïotoho ! Hoïotoho ! — Heyaha ! Heyaha !

WALTRAUTE

Grimgerde et Rossweisse !

GERHILDE

Elles chevauchent à deux.

ORTLINDE, avec HELMWIGE et SIEGRUNE, qui vient d'arriver, est sortie de la forêt de sapins ; du haut de la bordure de rochers, toutes trois font des signaux en bas.

ORTLINDE, HELMWIGE et SIEGRUNE

Salut, Fougueuses ! Rossweisse et Grimgerde !

LES AUTRES WALKÜRES

Hoïotoho ! Hoïotoho ! — Heyaha ! Heyaha !

Dans un vol de nuages illuminés d'éclairs, et qui, d'abord surgis d'en bas, se dérobent ensuite derrière la forêt, GRIMGERDE et ROSSWEISSE apparaissent, également à cheval, chacune apportant, à l'arçon de sa selle, le cadavre d'un guerrier.

GERHILDE

Dans la forêt, vos chevaux, pour paître et se reposer !

ORTLINDE, criant vers les sapins.

Loin les unes des autres, les bêtes, en attendant que s'apaise la haine de nos héros !

GERHILDE, pendant que les autres rient.

La fureur des héros, la Grise vient de la payer !

(Arrivent, de la forêt, GRIMGERDE et ROSSWEISSE.)

LES WALKÜRES

Bienvenue ! Bienvenue !

SCHWERTLEITE

Vous étiez ensemble, Intrépides ?

GRIMGERDE

Nous venons de nous rencontrer, chevauchant séparément.

ROSSWEISSE

Si nous sommes au complet, ne tardons pas davantage : hâtons-nous d'aller à Walhall offrir à Wotan notre proie. (1)

HELMWIGE

Nous ne sommes que huit : une encore manque.

GERHILDE

C'est Brünnhilde : elle s'est attardée, sans doute, auprès du brun Wälsung.

(1) Voy. la note (1) de la p. 354.

WALTRAUTE

Nous devons l'attendre encore ici : s'il nous voyait revenir sans elle, Wotan nous ferait farouche accueil !

SIEGRUNE, tout à la cime, d'où elle guette au dehors.

Hoïotoho! Hoïotoho ! Par ici ! Par ici ! — Au galop d'une ardente chevauchée, c'est Brünnhilde.

LES WALKÜRES, courant vers la cime.

Heyaha ! Heyaha ! Brünnhilde ! Heï !

WALTRAUTE

Elle pousse droit aux sapins son cheval ; il n'en peut plus.

GRIMGERDE

Grane ! (1) comme il ronfle, en cette course effrénée !

ROSSWEISSE

Jamais je n'ai vu, si vite, galoper des Walküres !

ORTLINDE

A l'arçon de sa selle, que tient-elle ?

HELMWIGE

Ce n'est pas un héros !

SIEGRUNE

C'est une femme !

GERHILDE

Une femme ! Comment l'a-t-elle trouvée ?

(1) Sur Grane, voy. au drame de *Siegfried*, la note (1) de la p. 504.

SCHWERTLEITE

Elle ne salue ses sœurs d'aucun salut ?

WALTRAUTE

Heyaha ! Brünnhilde ! ne nous entends-tu pas ?

ORTLINDE

Aidez notre sœur à sauter de cheval ! (Dans la forêt de sapins se ruent GERHILDE et HELMWIGE.)

ROSSWEISSE

Grane s'abat fourbu, Grane, le fort ! (SIEGRUNE et WALTRAUTE sortent à leur tour.)

GRIMGERDE

Elle enlève de sa selle la femme... Quel empressement !

LES AUTRES WALKÜRES, courant vers la forêt.

Sœur ! Sœur ! Qu'y a-t-il d'arrivé ?
(Reviennent toutes les Walkures, accompagnant BRÜNNHILDE, qui conduit et soutient SIEGLINDE.)

BRÜNNHILDE, hors d'haleine.

Protégez-moi, secourez notre suprême détresse !

LES WALKÜRES

Cette course furieuse ? D'où viens-tu ? Qui donc poursuit ainsi ta fuite ?

BRÜNNHILDE

C'est pour la première fois que je fuis et qu'on me poursuit ! Heervater (1), c'est lui qui me poursuit !

(1) *Heervater*, « le Père-des-Armées ». Voy. la note (1) de la p. 350.

LES WALKÜRES, éperdues d'effroi.

Es-tu hors de sens ? Parle ! Dis-nous ! Heervater, c'est lui qui te poursuit ? C'est devant lui que tu fuis ?

BRÜNNHILDE, avec angoisse.

O sœurs, guettez du haut du roc ! Regardez, vers le Nord, si Walvater (1) approche ! (ORTLINDE et WALTRAUTE s'élancent, montent et guettent.) Vite ! l'apercevez-vous déjà ?

ORTLINDE

Une affreuse tempête court sur nous, du Nord.

WALTRAUTE

D'immenses nuées s'y accumulent.

LES WALKÜRES

C'est Heervater, sur sa monture (2) sacrée !

BRÜNNHILDE

C'est le Chasseur Sauvage (3), dont me chasse la fureur ! il approche, il approche du Nord ! Protégez-moi, sœurs ! Sauvez cette femme !

(1) *Walvater*, « le Père-des-Prédestinés ». Voy. la note (1) de la p. 362.

(2) Dans les sagas, ce cheval d'Odin est blanc. — Dans les *Eddas*, il naît d'une façon merveilleuse, s'appelle Sleipner, et a huit pieds. — Dans Wagner, on voit ce qu'il devient. Encore dans *Siegfried*, lorsqu'approche Wotan, sous la forme du Voyageur accompagné d'un vent d'orage : « Là ! quelle est cette lueur qui brille ? » dit Alberich. « Elle se rapproche, elle resplendit, c'est une éblouissante clarté ; il court comme un *coursier d'éclairs* qui se fraye par la Forêt passage, en s'ébrouant. » Puis, au moment où le quitte le Dieu : « Il part, sur sa *monture de flamme*... » etc. (Voy. *Siegfried*, acte II, scène Ire.)

(3) *Der wilde Jäger :* autre preuve du génie synthétique de Wagner. On sait que, d'après les mythographes, le *Chasseur sauvage* des légendes n'est autre que Wotan (Odin), lequel n'est

LES WALKÜRES

Qu'est-ce que c'est, que cette femme ?

BRÜNNHILDE

Ecoutez-moi, vite ! C'est Sieglinde, la sœur et la femme de Siegmund ; la fureur de Wotan poursuit les Wälsungen:— c'est au frère de cette femme que Brünnhilde, aujourd'hui, fut chargée d'enlever la victoire ; c'est Siegmund que pourtant je couvris de mon bouclier ; j'ai bravé le Dieu (1) ; lui-même, alors, frappa de sa Lance : Siegmund tomba ; mais je pris la fuite, avec sa femme ; pour la sauver, je courus vers vous, avec l'espoir que, moi aussi, vous me déroberiez, dans mon épouvante, au coup vengeur du châtiment !

LES WALKÜRES, dans la plus grande consternation.

O sœur, insensée ! qu'as-tu fait ? Malheur ! Malheur ! Brünnhilde, hélas ! Brünnhilde avoir enfreint, rebelle, l'ordre sacré de Heervater !

lui-même autre chose que la tempête poussant les nuages devant elle : « *Selbst Wuotans wüthendes Heer was ist anderes als eine Deutung des durch die Luft heulendes Sturmwindes ?* » dit Grimm. (*Deutsche Mythologie*, édition citée, I, 526.) A tout insolite bruit nocturne, le paysan de Norvège, encore, profère que « c'est Odin qui passe ! » Si le vent gémit dans les sapins, « C'est la chasse d'Odin qui poursuit les loups. » Pauvres mythes, d'être ainsi réduits, par la critique de notre époque, à ces phénoménalités ! Mais heureux mythes puisqu'un Wagner, sans négliger *l'exactitude* (*relative*) de leurs sens physiques, a mis en pleine lumière en quatre Drames vivants, nonobstant la critique myope, et sans dissertations « savantes », toute l'immense *vérité* latente (*absolue*), de leur principe moral.

(1) « Elle s'appelait Sigurdrifa et elle était Walkyrie. Elle raconta comment deux rois se faisaient la guerre : l'un avait nom Hialmgunnar : il était vieux, c'était le plus vaillant des guerriers et Odin lui avait promis la victoire. L'autre s'appelait Agnar, frère d'Auda, *et personne ne voulait le protéger*. Sigurdrifa tua Hialmgunnar dans le combat. » (*Sigurdrifumal.*)

WALTRAUTE, d'en haut.

Du côté du Nord, tout est noir !

ORTLINDE, de même.

Avec fureur, l'orage accourt sur nous.

LES WALKÜRES, tournées vers le fond.

Formidable, hennissant de fureur et s'ébrouant, le cheval de Walvater bondit !

BRÜNNHILDE

Si Wotan l'atteint, malheur à la pauvre ! il exterminerait tous les Wälsungen ! — Qui de vous me prête son cheval, le plus vif, pour lui ravir à temps cette femme ?

LES WALKÜRES

Veux-tu nous associer à ta folle rébellion ?

BRÜNNHILDE

Rossweisse ! sœur ! prête-moi ton coureur !

ROSSWEISSE

Son vol (1) n'eut jamais à fuir Walvater.

BRÜNNHILDE

Helmwige, toi !

HELMWIGE

J'obéis au Père.

BRÜNNHILDE

Waltraute ! Gerhilde ! Votre cheval ! Pour moi ! Ortlinde ! Siegrune ! O voyez mon angoisse ! Vous m'aimiez, soyez-moi fidèles : sauvez au moins cette triste femme !

(1) Littéralement : « Le volant », « le flottant. » — Cf. p. 375, note.

SIEGLINDE, qui jusqu'ici a regardé fixement, d'un œil sombre et distrait, devant soi, sursaute et se dégage brusquement, lorsque **BRÜNNHILDE** essaye de la prendre en ses bras, comme pour la couvrir de sa protection.

Ne te soucie pas de moi : la mort seule m'est bonne ! Qui t'a dit, jeune fille, de me sauver ? J'aurais été frappée, là-bas, par la même arme que Siegmund : c'est réunie à lui que j'aurais trouvé la mort ! Loin de Siegmund — ô Siegmund, de toi ! O que je meure, pour n'y plus penser ! Si tu ne veux que je te maudisse pour avoir fui, jeune fille, exauce donc pieusement mon instante prière, — enfonce-moi ton épée au cœur !

BRÜNNHILDE

Vis, ô femme, vis, au nom de l'Amour ! Sauve le gage que tu en as reçu : tu portes un Wälsung, en ton sein !

SIEGLINDE, est violemment saisie : tout à coup son visage rayonne, d'une sublime joie.

Sauve-moi, Intrépide ! Mon enfant (1), sauve-le ! Et vous, protégez-moi, jeunes filles, de toutes vos forces !

(Un effroyable orage s'accumule vers le fond : le tonnerre se rapproche.)

WALTRAUTE, d'en haut.

La tempête est sur nous !

ORTLINDE, de même.

Fuie quiconque peut la craindre !

LES WALKÜRES

Si la femme est menacée d'un péril, fuis avec : nulle des Walküres n'oserait la protéger !

(1) Faut-il signaler à nos pions cet autre exemple de « sublime » ? Ils ont le *droit* d'admirer, nous le leur affirmons.

SIEGLINDE, se jetant à genoux devant BRÜNNHILDE.

Sauve-moi, jeune fille ! La mère, sauve-la !

BRÜNNHILDE, avec une résolution soudaine.

Eh bien ! fuis donc vite — et fuis seule ! Je resterai, moi ; — je m'offre à la vengeance de Wotan ; j'affronterai sa fureur, ici, pour te laisser le temps d'échapper.

SIEGLINDE

Où dois-je me diriger ?

BRÜNNHILDE

Qui de vous, sœurs, s'est risquée vers l'Est ?

SIEGRUNE

Vers l'Orient, au loin, s'étend une forêt : Fafner y a ravi le Trésor des Niblungen.

SCHWERTLEITE

Là, sous la forme d'un dragon, s'est métamorphosée la brute (1) : dans une caverne, il garde l'Anneau d'Alberich. (*)

(1) « Fafnir se dirigea vers la Gnitaheide, s'y fit une couche, prit la forme d'un dragon et s'étendit sur l'or. » (*Edda* de Snorro.)

(*) Ces paroles de Siegrune et de Schwertleite sont soulignées, à l'orchestre, par les motifs de l'Anneau et du Dragon. (Partition, pages 227 et 228.) Le Motif du Dragon a déjà paru, dans *Rheingold* (partition de *Rheingold*, page 150), lors de la première métamorphose d'Alberich. On remarquera le souci qu'eut Wagner de ménager des retours de ce motif, qui n'est point pourtant fondamental dans l'œuvre. Mais cela prouve que sa conception lui est présente, à tout instant, dans tous ses détails, — détails non improvisés... — Ces lignes pour qui pourrait croire, — après d'autres, — que le Dragon est une fâcheuse... superfétation.

GRIMGERDE

Pour une femme sans défense, c'est une retraite peu sûre.

BRÜNNHILDE

Peu sûre ? C'est la plus sûre, pour elle, contre la fureur de Wotan : cette forêt, le Puissant la craint et l'évite.

WALTRAUTE, d'en haut.

Wotan, formidable, arrive droit au roc.

LES WALKÜRES

O Brünnhilde, entends-tu le mugissement de son approche ?

BRÜNNHILDE, montrant, à SIEGLINDE, son chemin.

Pars donc, hâte-toi, fuis vers l'Orient ! Affronte, endure toutes les tortures réservées, à ton âme vaillante, par la faim, par la soif, par les ronces, par les pierres ! Si la détresse s'acharne, ris ! Si la souffrance te dévore, ris ! car sache-le bien, ô femme, pour y penser toujours : l'enfant qui dans tes flancs s'agite, comme en un asile protecteur, deviendra, des Héros du monde, le plus sublime (*) ! (Elle lui tend les tronçons du

(*) A ces paroles :

«... Des héros du monde, le plus sublime. »

l'orchestre déroule, à la basse, sous une suite de clairs accords passionnés, l'héroïque phrase du thème de Siegfried, phrase que reproduit exactement la voix de Brünnhilde. (Partition, pages 230 et seq.) Bien volontiers dirions-nous que ce thème d'héroïque allure, que ce long thème double, proclamé par la double puissance de la voix et de l'orchestre, est parmi « les plus beaux » de la *Tétralogie*, comme il en est l'un des plus longs, si dans la conception dramatique de Wagner, d'une unité si profonde, où, toujours, dans une mesure précise, — ni plus, ni moins, — l'expression musicale correspond à l'in-

Glaive de Siegmund.) Ces robustes tronçons du Glaive (*), garde-les-lui. Près du cadavre de son père, j'ai réussi à les recueillir. A celui qui les rapprochera pour brandir ce Glaive reforgé (1), je veux donner son nom : c'est Siegfried ! Qu'il vive en joie dans la Victoire ! (2) (**)

(1) Les sources scandinaves mettaient cette prophétie dans la bouche de Siegmund mourant. (*Voir* en note, dans l'Étude d'Edmond Barthélemy, p. 201, l'analyse de la *Völsunga*.) Hjördis, femme de Siegmundr, vient sur le champ de bataille ; le héros dit alors ceci : « Odin ne veut plus que je brandisse mon glaive; *gardes-en les morceaux avec soin, car de toi va naître un fils qui sera le plus glorieux héros* de notre race ; il portera *victorieusement* l'épée qu'on *reforgera avec ces débris que je te donne*, et on nommera cette épée *Gram* (angoisse, colère). » Dans les *Chants des Iles Féroë*, récit tout à fait analogue : « Hjördis s'enveloppa d'un manteau bleu et se rendit sur le champ de bataille où gisait Sigmund :... — « Tu es venue trop tard, Hjördis, pour m'apporter les baumes qui pourraient guérir mes blessures... Prends les deux morceaux de mon épée et fais-les porter au forgeron par le jeune fils que tu as conçu. L'espoir que tu portes en ton sein, c'est le fils d'un héros. Élève-le avec soin et donne-lui le nom de Sjurd. Je te le dis en vérité, ce fils vengera ma mort. »

(2) Littéralement : « Celui qui, de nouveau jointe, — Brandira cette Épée un jour, — Que de moi il reçoive son nom : — « Sieg-

---

tensité du sentiment, — l'on pouvait, réflexion faite, véritablement, avancer, sans hérésie, que « ceci est plus beau que cela ». Ces réserves données, il faut ajouter que ce thème est sublime de grandeur épique et d'éperdue passion. Il est, — mais plus largement, — de la même venue que le thème de l'Epée.

(*).

« .. Ces robustes tronçons du Glaive... »

A ces paroles, la Fanfare du Glaive, succédant immédiatement au thème de Siegfried, s'élève à l'orchestre : deux mesures, et l'évocation est complète. (Partition, page 231.)

(**) Le motif de Siegfried retentit de nouveau. (Partition, page 231.)

SIEGLINDE (1)

O divine merveille ! Sublime vierge ! C'est donc à ta fidélité que je dois cette sainte consolation ! Au nom de celui que toutes les deux nous aimions, je sauve le trésor le plus cher : puisse ma gratitude, quelque jour, te récompenser et te sourire ! Adieu ! La douleur de Sieglinde te bénit (*) ! (Elle s'élance et sort par la droite, au premier plan.)

La cime du roc s'enveloppe de noires nuées d'orage ; une épouvantable tempête accourt, en mugissant, du fond ; la forêt de sapins latérale s'éclaire d'une éclatante lueur. Au milieu du fracas de la foudre, on distingue l'appel de WOTAN.

fried » : [c'est-à-dire] qu'[il] se *réjouisse* de » (ou « dans », ou « par ») « la *victoire.* » — Étymologiquement, *Siegfried* se compose du mot *Sieg*, *victoire*, et du mot *Friede*, qui signifie *paix*. Dans la première version du *Crépuscule-des-Dieux*, laquelle, sous le nom de *Siegfried's Tod*, était comme une condensation de la *Tétralogie* future, Wagner faisait dire par une Norne : « Durch *Sieg* bringt *Friede* ein Held, » « Par la *victoire*, un Héros apportera la *paix.* » — Mais ce sens ne s'adaptant plus à sa conception nouvelle du rôle de Siegfried, lorsque *Siegfried's Tod* (la *Mort de Siegfried*), drame d'abord unique, se déquadrupla, il aima mieux ramener, un peu arbitrairement, le deuxième élément du nom de son héros à cette idée de *Joie*, *Freude*, qui sonne à peu près comme *Friede*. Le caractère de Siegfried, *der überfrohe Held*, « le Héros joyeux-à-l'excès », dans les deux derniers drames du *Ring*, commente et justifie assez cet arbitraire. Aussi bien Wagner n'était-il pas libre de modifier le nom de Siegfried, et l'interprétation qu'il en a su trouver témoigne, opportune comme elle est, de l'extraordinaire souplesse de son génie, non moins attentif aux plus petits détails, que capable des plus compréhensives synthèses. — Du reste, on pourrait presque dire qu'il est revenu au sens des sources scandinaves : « Sig-Urd », « *Destinée-de-la-Victoire*. »

(1) « En ce temps-là croissait dans le Niderlant le fils d'un roi puissant. — Son père se nommait Sigemunt, sa mère *Sigelint*... — Ce brave guerrier s'appelait Siegfrid. » (*Nibelunge-nôt*, aven-

(*) La voix de Sieglinde chante ici le thème de la Rédemption par l'Amour, dans les accords glorieux de l'orchestre, — idéale harmonie pacifiée, fugitivement éclose entre deux

LA VOIX DE WOTAN

Arrête ! Brünnhilde !

LES WALKÜRES

Monture et cavalier sont arrivés au roc : la vengeance brûle ! Malheur à toi, Brünnhilde !

BRÜNNHILDE

Ah ! sœurs, assistez-moi ! mon cœur défaille ! Sa fureur me brisera, si vous ne l'arrêtez pas.

LES WALKÜRES

Par ici, perdue ! Baisse-toi derrière nous, ne te montre pas ! ne lui réponds pas ! (Toutes s'élancent vers la cime du roc, en cachant, derrière elles, BRÜNNHILDE.) Malheur ! Malheur ! Furieux, Wotan descend de cheval ! C'est de ce côté que bondit son pas vengeur !

WOTAN sort de la sapinière, transporté d'une fureur terrible, et s'arrête devant les Walküres, qui se sont groupées sur la cime de manière à cacher BRÜNNHILDE.

tu.e II, strophes 1 et 3.) — Dans toutes les sources scandinaves, notamment dans la *Völsunga* (se reporter à l'Etude d'Edmond Barthélemy, pp. 201-204), dans les *Eddas*, dans les *Chants des Iles Féroë*, l'épouse de Sigmund, la mère de Sigurd, a pour nom Hjördis. — Si Wagner a choisi pour elle celui de Sieglinde, d'après le *Nibelunge-nôt*, sans doute est-ce qu'il en eut des raisons importantes : j'en développerai ci-dessous quelques-unes dans *Siegfried*, en donnant, à propos de Sieglinde et de l'étymologie de ce nom, des indications que je crois neuves. Cf. p. 463, note (1).

---

tourmentes. — Remarquez cette conception, toujours présente, d'Amour et d'Angoisse. Ce thème s'éteint bientôt. Mais, à la fin de la *Tétralogie*, lorsque l'Amour aura pour jamais triomphé, ce thème de la Rédemption reviendra, large, suprême, illimité. (Partition, pages 232-233.)

WOTAN

Où est Brünnhilde ? Où est la rebelle ? La misérable, osez-vous me la cacher ?

LES WALKÜRES

Ta voix gronde et nous épouvante : — pour t'inspirer une telle fureur, Père, qu'ont pu commettre tes filles ?

WOTAN

Voudriez-vous me braver ? Téméraires, prenez garde ! Brünnhilde, je le sais ! vous me la cachez. Ecartez-vous de la réprouvée : elle est rejetée, à tout jamais, comme elle-même a rejeté son devoir !

LES WALKÜRES

La poursuivie a fui vers nous, nous a suppliées de la secourir ! Ta colère l'affole d'épouvante. Nous te conjurons, au nom de notre sœur éperdue, d'en laisser tomber la première violence.

WOTAN

Pusillanimes femmes que vous êtes ! Est-ce donc de moi que vous tenez cette sensiblerie ? Vous aurai-je donc élevées dans l'intrépidité qui vous précipite aux combats, vous aurai-je créé des cœurs rudes et durs, pour qu'à présent vous, les Farouches, vous pleuriez et vous pleurnichiez quand ma fureur frappe une rebelle ? Eh bien donc, vous qui gémissez, apprenez quel fut le crime de celle pour qui des pleurs brûlent vos yeux lâches ! Nulle ne connut comme elle ma plus intime pensée ! Nulle n'eut comme elle l'intelligence de la source de ma Volonté ; elle-même était le sein créateur de mon Désir : — et voici que cette alliance divine, elle l'a rompue, au point de se révolter contre ma Volonté, de mépriser mon ordre suprême, ouvertement, et de retourner, contre moi-même, l'arme qu'elle tient de mon Désir seul ! — M'entends-tu,

Brünnhilde, toi à qui la cuirasse (1), ton casque et tes armes, toute joie, toute faveur, ton nom et ta vie, ont été conférés par moi ? M'entends-tu t'accuser hautement, et, si tu te caches à qui t'accuse, est-ce pour te soustraire sans noblesse au châtiment qui t'épouvante ?

BRÜNNHILDE sort du groupe des Walküres, descend, d'un pas humble mais ferme, du haut du sommet du rocher, et s'arrête assez près de **WOTAN**.

Me voici, Père : prononce le châtiment !

WOTAN

Ce n'est pas moi tout seul qui te châtie : ton châtiment, toi-même l'auras fixé d'abord. Tu n'étais que par ma Volonté,

(1) « Ta cuirasse » : *Brünne* ; et, plus loin : « ton nom. » — *Brünnhilde* signifie « Hilde-sous-la-Cuirasse », *Hilda* (courage) étant une déesse de la guerre. Il est probable que si le nom, — comme celui de Siegfried, d'ailleurs, — n'eût pas été traditionnel, Wagner l'aurait rendu plus expressif de l'idée que symbolise Brünnhilde dans son Drame : le Désir de Wotan, la volonté de Wotan, Désir et Volonté d'aimer, « radieux Amour. » — Mais, s'il n'a pu modifier le nom, Wagner s'en est quand même servi comme il a pu. La « cuirasse » est devenue, pour lui, le signe extérieur de ce Désir, le signe extérieur de cette Volonté, aussi longtemps que le Dieu *les arme* pour l'Action, aussi longtemps qu'à cette Action il n'a point encore renoncé. Mais ce Désir, mais ce Vouloir, cette faculté d'aimer, d'agir, il va bientôt, avec Brünnhilde, les retrancher de soi-même et les « endormir », il va punir Brünnhilde, le cœur, la fille de la Nature, l'instinct, d'avoir désobéi à sa pensée, Fricka, à son égoïste pensée, servante avisée du destin. Et enfin ce Désir et cette Volonté, c'est Siegfried qui, coupant la « cuirasse » de Brünnhilde, achèvera de les rendre inactifs, tout au moins inutilisables pour Wotan. C'est pourquoi Brünnhilde, réveillée, Brünnhilde, désarmée, s'écriera, « avec une mélancolie graduellement accrue » : — « Je vois de la *cuirasse* l'étincelant acier : un Glaive affilé l'a tranchée en deux ; grâce à lui ma chair virginale est sans défense : sans sauvegarde, sans abri, sans fierté, je ne suis plus qu'une femme, rien qu'une triste femme ! » et finalement : « Il m'a déshonorée, le héros qui m'éveille ! Il m'a vue sans heaume ni *cuirasse* (*Brünne*) : *Brünnhilde, je ne suis plus Brünnhilde !* » J'interromps ici ce développement : aux lecteurs sagaces de l'achever.

c'est contre elle que tu as voulu ; tu n'exécutais que mes décrets, c'est contre eux que tu as décrété ; tu étais mon Désir fait vierge, et c'est contre moi que tu as désiré ; la vierge porteuse de mon bouclier, et c'est contre moi que tu l'auras porté ; tu disposais pour moi du sort, c'est contre moi que ton choix en aura disposé ; ton âme inspirait mes Héros, c'est contre moi que tu les animes ! — Ce que tu étais, Wotan te l'a dit : ce que tu es encore, constate-le toi-même ! Fille de mon Désir, tu ne l'es plus ; une Walküre, tu l'auras été : — Sois donc dorénavant ce qu'ainsi tu es encore ! (1)

BRÜNNHILDE, éperdue d'épouvante.

Tu me chasses ? Est-ce là ce que tu veux dire ?

WOTAN

Pour me les amener dans Walhall, tu n'iras plus chercher, au milieu du carnage, les Héros désignés par moi (2). La corne-à-boire, ce n'est plus toi, aux festins familiers des Dieux, qui me l'offriras avec tendresse ; plus jamais je ne baiserai tes lèvres enfantines ! Tu es exclue de la race des Dieux, retranchée de la souche éternelle ; notre alliance est rompue : je te bannis de ma présence !

LES WALKÜRES, éclatant en lamentations.

Malheur ! Hélas ! O sœur ! sœur !

(1) Une femme. — Car, il ne faut pas s'y méprendre, Brünnhilde est bien « une femme vivante, non une figure allégorique. » Cette remarque si juste est de M. Ernst, qui dit non moins excellemment : « Les significations mythiques, et même le symbolisme humain, n'apparaissent ici qu'à titre de généralisation, de légitimes prolongements poétiques. Le fait initial et capital, c'est la vie nettement sentie, fortement recréée sur la scène. C'est un cœur féminin réel que Wagner nous montre, en ses émotions diverses, et les interprétations ultérieures ne sont plausibles que parce qu'elles dérivent de cette souveraine réalité. » Il est bien entendu que la même observation s'applique à chacune des figures *à la fois* si vraiment *vivantes*, si profondément *symboliques*, si *multiplement unes* de la *Tétralogie*.

(2) *Voir* la note (1) de la p. 354.

BRÜNNHILDE

Tu me dépouilles de tes dons de jadis, sans exception ?

WOTAN

Qui te possédera, t'en dépouillera (1) ! C'est sur cette cime que je t'exile; d'un sommeil sans défense, j'y vais fermer tes yeux. Au premier homme alors la vierge, au premier homme qui la trouvera sur sa route, et qui l'éveillera (2).

LES WALKÜRES

Arrête, Père ! N'achève pas une telle malédiction ! Faut-il qu'elle, la vierge divine, soit déshonorée par un homme ? O toi, Terrible, écarte un si criant opprobre : comme notre sœur, l'outrage nous en frapperait !

WOTAN

N'avez-vous pas entendu mon arrêt ? Rebelle, de votre troupe votre sœur est retranchée ; avec vous, à travers les airs, elle ne chevauche plus; vierge, elle voit se faner sa fleur virginale ; un époux la conquiert pour femme, et la possède : c'est à l'Homme qu'elle doit obéir dorénavant, comme à son maître ; c'est au foyer qu'elle doit s'asseoir, et filer, risée des railleurs (3). (BRÜNNHILDE se laisse, avec un cri, tomber à ses pieds, sur le sol ; des gestes d'horreur échappent aux Walküres.) Son sort vous épouvante ? fuyez donc la perdue ! Écartez-vous d'elle, et tenez-vous au loin ! Quiconque de vous oserait s'attarder auprès d'elle, quiconque, en dépit de moi, tiendrait pour sa misère, partagerait son sort, l'insensée ! Avis aux téméraires ! — Et maintenant, hors d'ici ! Vous éviterez cette

(1) « Hélas ! l'amour chassa sa grande force. Et depuis lors elle ne fut pas plus forte qu'une autre femme. » (*Nibelunge-nôt*, X, 101.)
(2) *Voir* la note (2) de la p. 397.
(3) *Voir* la note (1) de la p. 393.

roche! Quittez-la moi sur l'heure ; ou c'est le désespoir qui vous y attend !

Avec de sauvages cris de douleur, les Walküres se dispersent et, précipitamment, bondissent en fuite vers la forêt ; bientôt on les entend, au galop de leurs chevaux, s'éloigner comme en un tumulte de tempête. — L'orage, durant la scène suivante, peu à peu s'apaise, les nuées se dissipent, le temps revient au calme, le crépuscule du soir tombe, puis enfin la nuit.

WOTAN est seul avec BRÜNNHILDE, encore prosternée à ses pieds. — Solennel silence, prolongé, tous deux gardant leur attitude.

BRÜNNHILDE, enfin, relevant la tête, lentement, cherche les yeux de WOTAN, toujours détournés d'elle, et, peu à peu, se redresse, durant la scène suivante.

Fut-il donc si honteux, mon crime, pour que tu le punisses d'une semblable honte ? Ai-je commis une si grande bassesse, que tu me précipites aussi bas (*) ? Fut-elle déshonorante, ma faute, assez pour qu'à présent l'on m'arrache tout honneur ? O dis, Père ! dis, regarde-moi dans les yeux : fais taire ta colère, maîtrise ta fureur ! Montre-moi, clairement, ce sombre forfait qui peut te réduire, avec une rigueur inflexible, à repousser ta fille la plus chère !

WOTAN

Ton action te montrera ton crime, — interroge-la !

BRÜNNHILDE

Qu'ai-je donc exécuté ? ton ordre.

WOTAN

T'ordonnais-je de combattre en faveur du Wälsung ?

(*) Ici apparaît le thème de la Justification. (Partition, page 271.) — Il reviendra, élargi, vers la fin de la scène.

BRÜNNHILDE

Comme Maître-du-Combat, tu l'avais ordonné.

WOTAN

Mais ces instructions, je les désavouai.

BRÜNNHILDE

Oui, lorsque, à ta propre pensée, Fricka t'eut rendu étranger : en acquiesçant à sa pensée, tu fus à toi-même ton ennemi.

WOTAN, avec amertume.

Je croyais que tu m'avais compris, et je punissais en toi la révolte consciente ; mais tu t'es figurée, sans doute, que, te voyant tellement au-dessous de ma colère, j'aurais la faiblesse, et l'absurdité, de ne point châtier ta trahison.

BRÜNNHILDE

Je ne suis pas savante, je ne savais qu'une chose : ton affection pour le Wälsung ; je savais quel conflit te forçait d'oublier uniquement cette chose, pour n'en avoir devant les yeux qu'une autre, effroyable à tes yeux, celle-ci : tu devais renoncer à protéger Siegmund.

WOTAN

Tu le savais, et tu le protégeais ?

BRÜNNHILDE

Je n'ai pu songer qu'à ton amour pour celui qu'avec désespoir, et contraint par la plus cruelle nécessité, tu condamnais. Messagère guerrière de Wotan, j'ai vu ce que tu ne pouvais voir, toi : par devoir même, j'ai vu Siegmund. En allant lui prédire sa mort, j'ai observé l'œil du Héros, j'ai entendu sa voix, j'ai senti sa détresse auguste ! Cette plainte criée vers moi par les lèvres du brave, cet effroyable désespoir de l'Amour le plus spontané, cette suprême assurance du plus navré des cœurs, retentissaient à mon oreille, révélaient à mes yeux, nettement, l'origine du frisson sacré dont mon âme palpitait en ses profondeurs. Interdite, bouleversée, debout devant lui, confuse, je ne sus plus songer qu'à l'aider. Ou vaincre avec Siegmund, ou périr avec lui, seule cette alternative m'apparut acceptable. Qui me souffla cet Amour au cœur? Conformément à quel Désir fus-je, pour le Wälsung, une sœur d'armes ? C'est pour avoir, avec passion, placé ma confiance en ce Désir, que j'ai osé braver tes ordres.

WOTAN

Tu te mêlais donc de faire ce que j'eusse fait moi-même, sans la double fatalité qui m'en interdisait la joie? Tu t'imaginais donc pouvoir, si facilement, t'enivrer du délice d'aimer, à l'heure où moi, rongé au cœur par les affres du désespoir, je couvais le désir, en ma fureur contre une atroce fatalité, de tarir, en ce cœur torturé, la source de l'Amour, par amour pour le monde ? Lorsque, acharné contre moi-même, écumant de rage, fou d'impuissance, hanté d'une frénétique et farouche idée fixe, je brûlais de l'effroyable envie d'ensevelir, sous les ruines du monde anéanti, mon inguérissable tourment, — toi, tu savourais, dans l'extase, l'infini de la béatitude ! Toute au voluptueux délire d'un attendrissement délicieux, tu buvais, aux philtres d'Amour, avec des rires, à l'heure où la détresse divine n'offrait à ma soif que du fiel ? — Suis donc librement désormais ton esprit inconsidéré : tu t'es, toi-même, affranchie de moi! T'éviter, tel devient mon devoir; concerter avec toi mes plans, je ne le peux plus; nous ne pouvons plus agir ensemble, unis dans un étroit amour; en quelque lieu du monde que tu vives et respires, le Dieu t'exile de sa présence !

BRÜNNHILDE

Eh bien ! dans sa sottise, ta fille t'a mal servi; bouleversée, ma raison n'a pas compris la tienne (1); oui, je n'ai pu m'em-

(1) On se rappelle la maxime fameuse : « Le cœur a des raisons que la raison ne connaît pas. »

pécher, séduite par d'exclusives prédilections, d'aimer ce que tu avais aimé. — Chasse-moi donc, réduis-moi, puisque c'est nécessaire, à t'éviter avec terreur ; nous étions unis, séparenous ; j'étais ta moitié même, retranche-moi de ton être, — mais n'oublie pas que mon être, à moi, fit tout entier partie du tien (1) ! Cette part de toi, cette part divine, non, tu ne la prostitueras point ! Son déshonneur t'éclabousserait, tu ne voudras pas son déshonneur ! En moi, si tu laissais l'outrage se faire un jeu de me bafouer, c'est toi-même, c'est toi que tu diminuerais !

WOTAN

Tu t'es, avec béatitude, soumise au pouvoir de l'Amour : sois désormais soumise à qui tu dois aimer !

BRÜNNHILDE

S'il me faut, bannie du Walhall, cesser d'agir et de régner avec toi ; s'il faut que j'obéisse aux ordres d'un homme, — ne me livre pas à quelque lâche ! Que celui qui me conquiert ne soit pas un indigne !

WOTAN

Tu t'es séparée de Walvater, — il ne saurait choisir pour toi (2).

(1) « J'étais ta moitié même » — « Mon être fit tout entier partie du tien, » etc. Ces phrases, d'ailleurs si dramatiques (Brünnhilde étant « fille » de Wotan) pour quiconque s'en tient à « l'intrigue », ces phrases sont significatives pour qui s'est déjà rendu compte de l'idée que représente Brünnhilde, volonté, désir, cœur, soif d'un ordre inconnu d'Amour, sentiment, révoltés contre l'Ordre établi, contre la pensée servante du destin, résignée aux nécessités, consciente de ne pouvoir « faire un monde à son image », comme s'exprimait Wagner lui-même, dans *Uber Staat und Religion*, en parlant de la *Tétralogie*.

(2) Von *Walvater* schiedest du,
Nicht *wählen* darf er für dich.

Walvater est le « Père-des-Prédestinés », — des prédestinés au carnage (*Wal*), à la mort sur le champ de bataille ; il les *choisit*

BRÜNNHILDE

Une généreuse lignée fut engendrée par toi (*) ; il n'en saurait naître aucun lâche : c'est sur la tige des Wälsungen que de tous les Héros, je le sais, s'épanouira le plus sacré.

WOTAN

La tige des Wälsungen ? Assez ! J'ai rompu avec toi, j'ai rompu avec elle : la Haine devait l'anéantir.

BRÜNNHILDE

En fuyant devant toi, je l'ai sauvée : du saint rejeton, Sieglinde est grosse ; elle l'aura porté dans l'angoisse, elle le mettra au monde avec des tortures telles, que jamais, physiques ou morales, nulle femme n'en souffrit d'aussi rudes.

WOTAN

Ni pour la femme, ni pour l'enfant, n'espère jamais ma protection !

BRÜNNHILDE

Elle conserve le Glaive par toi remis à Siegmund...

lui-même : de là une confusion entre *Wal*, carnage, et *Wahl*, choix. Le maître du *carnage* ou du *choix* (*Wal* ou *Wahl*) ne saurait choisir, *wählen*, pour Brünnhilde. — Mais pourquoi ? C'est facile à voir. Le *choix* de Wotan était fait, Siegmund devait périr. Ce choix, Brünnhilde l'a récusé : elle a donc ainsi perdu le droit de réclamer pour soi-même un *choix* à l'autorité qu'elle a récusée. Très logique sera son châtiment : coupable pour avoir *choisi*, elle sera condamnée à ne pouvoir *choisir*.

(*).

« Une généreuse lignée fut engendrée par toi... »

Le motif de Siegfried accompagne ces paroles de Brünnhilde. (Partition, page 286.)

WOTAN

Et, par moi, brisé dans ses mains! — N'essaye pas, ô vierge, de troubler mon cœur! Attends ta destinée, telle qu'elle doit s'accomplir : je ne puis pas la choisir pour toi! — Mais il me faut partir maintenant, loin de toi partir ; ici j'ai déjà tardé trop. De l'infidèle, je me détourne; quoi qu'elle puisse désirer pour soi, je n'en dois pas avoir connaissance : elle doit subir son châtiment, voilà ce que je dois savoir, rien de plus.

BRÜNNHILDE

Qu'as-tu résolu que je subisse?

WOTAN

Emprisonnée par moi dans un profond sommeil, sans défense, tu deviendras la femme, en t'éveillant, de celui qui t'aura réveillée (1).

BRÜNNHILDE tombe à genoux.

Si les liens d'un profond sommeil peuvent me livrer, proie facile, au plus lâche des hommes : il est une prière, une instante prière, que tu dois exaucer du moins, cette unique prière d'une angoisse sacrée! Environne l'endormie d'un rempart d'épouvante, pour que seul un Héros sans peur (2), libre entre tous (3), puisse me trouver un jour sur ce rocher!

(1) *Voir* d'abord la note (1) de la p. 382. — « Pour la punir Odin la piqua de l'épine du sommeil et décida qu'à partir de ce moment elle ne remporterait plus de victoire et qu'elle se marierait. » (*Sigurdrifumal.*)

(2) *Voir* d'abord la note précédente. — « Mais je lui dis que je faisais le serment de n'épouser *aucun homme qui connaitrait la crainte.* » (*Sigurdrifumal.*) Comparer ci-dessous la note (1) de la p. 403.

(3) Libre, puisqu'il sera sans peur; libérateur, puisqu'il sera libre. — Cf. p. 451., note (1).

WOTAN

C'est une faveur trop grande que tu réclames, — beaucoup trop grande !

BRÜNNHILDE, embrassant ses genoux (*).

Cette prière, cette unique prière, tu dois, oui, tu dois! l'exaucer. Brise ta fille, qui embrasse tes genoux ; écrase celle qui t'est chère, anéantis la vierge ; broie son corps de ta Lance, et détruis-en la trace : mais, cruel, ne la livre pas à la plus affreuse des souillures ! (Avec un enthousiasme sauvage.) Qu'à ton ordre, un brasier jaillisse (1), dont la flamme tourbillonne, ardente, autour du roc terrible ; dont les langues de feu lèchent, et dont les dents dévorent — le lâche, qui, sans pudeur, en oserait approcher ! (2)

WOTAN la regarde, ému, dans les yeux, et la relève.

Adieu, intrépide, admirable enfant ! Saint orgueil de mon cœur, adieu ! adieu ! adieu ! Puisqu'il me faudra t'éviter, puisqu'avec tendresse, jamais plus, mon salut ne pourra te saluer ; puisque tu ne devras plus à mon côté chevaucher, ni, dans nos festins, m'offrir l'hydromel ; puisqu'il me faut, toi que j'aimais, te perdre, toi, riante volupté de mes yeux : — du moins un feu nuptial va s'allumer pour toi, tel que pour

(1) « Tu me permettras de préparer une salle dans la marche solitaire... Une flamme, la Waberlohe, et de la fumée entoureront cette salle. Cette flamme, la Waberlohe, me protégera. » (*Chants des Iles Féroë.*) *Voir* ci-dessous *Siegfried*, note (1), p. 503.

(2) « Elle (Brünnhilde) habitait la montagne d'Hindaberg. Son Burg était entouré de Wafurlogi, le feu aux langues de flammes, et elle avait fait le serment de n'aimer que l'homme qui oserait chevaucher à travers Wafurlogi, le feu aux langues de flammes. » (*Edda* de Snorro.)

(*) Le thème de la Chevauchée et le motif de l'Incantation du Feu accompagnent ces paroles de Brünnhilde. (Partition, page 293.)

aucune fiancée jamais il n'en fut allumé ! Que la flamme dévorante brûle tout autour du roc ; qu'une mortelle épouvante en écarte qui tremble ; que le lâche fuie le Roc de Brünnhilde : et que celui-là seulement conquière la Fiancée, celui qui sera plus libre que moi-même — le Dieu ! (*) (BRÜNNHILDE, émue, enthousiasmée, se jette dans ses bras.) (**) Ces yeux, ces deux yeux lumineux, qu'en souriant j'ai si souvent baisés, lorsqu'un baiser te récompensait du combat joyeusement soutenu, lorsque de tes lèvres charmantes, en leurs gazouillements enfantins, coulait la louange des Héros ; ces deux yeux radieux, qui souvent m'illuminèrent dans la tourmente, lorsque la langueur du Désir et l'espérance brûlaient mon cœur, lorsque mon Désir aspirait, frémissant de sauvages angoisses, à des joies immenses comme les mondes : — ces deux yeux, pour la dernière fois, qu'ils me réjouissent, aujourd'hui, du dernier baiser des adieux ! Que pour l'Homme, trop heureux, s'allume leur étoile ; pour le malheureux Eternel, il faut qu'à jamais ils

---

(*).

«... Que celui-là seulement conquière la Fiancée... »

Le motif de Siegfried accompagne ces paroles. (Partition, page 298).

(**)

« Ces yeux... »

Précédant ces paroles, revient solennellement à l'orchestre, le thème élargi de la Justification, « et la mélodie monte, planant sur d'immenses accords de cuivres, aux plus extatiques hauteurs de sonorités instrumentales. Le thème dit du Sommeil de Brünnhilde (ou, mieux, de la Fiancée endormie dans la Flamme) éclate au dernier *fortissimo* de cette progression incomparable, et redescend, toujours adouci, à la rencontre de la voix de Wotan, qui bientôt s'élève en une émouvante lamentation. Le thème persiste à l'orchestre, coupé de quelques autres figures, et forme l'accompagnement expressif du dernier chant d'adieu. (*a*) » — (Partition, pages 298, en bas, et 299.)

(*a*) Alfred Ernst, *ibid.*, page 241.

se ferment ! Eh bien ! de toi s'arrache le Dieu ; et voici, c'est dans un baiser qu'il t'enlève la divinité ! (*)

(Il lui baise les deux yeux, qui demeurent aussitôt clos : elle se laisse doucement, épuisée, tomber en arrière, dans ses bras (**). Il la conduit avec tendresse vers un tertre bas et moussu, sous les larges branches d'un sapin, l'y étend, considère ses traits encore une fois, puis ferme la visière du casque ; il attarde ensuite ses regards, de nouveau, douloureusement, sur sa personne, par-dessus laquelle il place, à la fin, le long bouclier d'acier de la Walküre. — Alors, d'une marche solennelle et résolue, il gagne le milieu de la scène, et dirige, contre une puissante roche, la pointe de sa Lance.) (***).

Loge, entends-moi ! Loge, écoute-moi ! Tel que jadis je te trouvai sous la forme d'une flamme ardente ; tel que tu m'échappas, alors, sous la forme d'une flamme errante ; tel que je t'asservis enfin, c'est ici qu'aujourd'hui je t'évoque ! Jaillis, monte, tourbillonne autour du Roc, tremblotante flamme !

(A la dernière des sommations, de la pointe de la Lance il frappe trois fois la roche : il en jaillit un rayon de feu, qui se développe rapidement en une mer embrasée ; WOTAN, d'un signe encore de la pointe de la Lance, lui montre le pourtour du Roc à environner.)

(*) Thème du Renoncement à l'Amour (partition, p. 301). (Cf. *Rheingold*, partition, page 42).

(**) Pendant ce baiser de Wotan, l'orchestre, très doucement, égrène les arpèges du *Charme du Sommeil* (sept mesures). (Partition, page 302, en haut.)

(***) Ici commence le développement du Motif de l'Incantation du Feu « qui pétille aux harpes et aux flûtes, siffle aux violons divisés en quatre parties, sur les harmonies caractéristiques des instruments à vent. » (Partition, pages 303-304-305.)

Le thème de la Fiancée endormie dans la flamme vient se combiner avec lui, et « comme le refrain d'une berceuse grandiose, il se balance sur les traînées vertigineuses du Feu. » (Partition, page 306.)

Quiconque craint (1) la pointe de ma Lance, qu'il ne franchisse ce feu, jamais ! (*)

(Il disparaît parmi les flammes, dans la direction du fond. — Le rideau tombe.)

(1) « BRYNHILD : «... Il (Odin) m'entoura de boucliers dans Skatalund, de boucliers blancs et rouges dont les bords me pressaient. Il ordonna que celui-là seul m'éveillerait de mon sommeil, *qui jamais n'aurait connu la crainte*. Autour de ma résidence, située vers le sud, il fit brûler le feu qui dévore le bois. Celui-là seul devait traverser la flamme qui m'apporterait l'Or sur lequel Fafnir était couché. » (*Helreidh Brynhildar*.) Cette note, jointe à celle de la p. 399, établit que c'est bien dans l'*Edda* que Wagner a trouvé cette idée de la peur, l'un des ressorts les plus importants du drame de Siegfried en entier. Trop exclusive est donc l'affirmation de M. Alfred Ernst écrivant : « *L'idée de la peur*, et de l'impossibilité où Siegfried est de la ressentir, vient *principalement* des *Kindermärchen*. » Trop exclusive, sans doute; non, du reste, erronée, comme on s'en rendra compte plus loin. (*Voir Siegfried*, p. 476, note 2.)

(*) Le thème de Siegfried commente ces paroles de Wotan :

« Quiconque craint la pointe de ma Lance, »

(partition, pages 307, en bas, et 308)
cependant que continuent les harmonies du thème de la Fiancée endormie dans la flamme et du motif de l'Incantation du Feu. — La mélodie de l'Adieu apparaît un instant, succédant au thème de Siegfried (page 308). Puis vient encore l'*Interrogation de la Destinée*. Mais de tous ces thèmes tour à tour glorieux, torrentiels, mélancoliques, les harmonies comme impalpables de la Fiancée endormie, aériennement se dégagent, et enfin s'évaporent en un long decrescendo.

(*Voy*. partition, dernières pages, à partir de la page 302).

DEUXIÈME JOURNÉE :

SIEGFRIED

(*SIEGFRIED*)

PERSONNAGES

SIEGFRIED.
MIME.
LE VOYAGEUR.
ALBERICH.
FAFNER.
ERDA.
BRÜNNHILDE.

SIEGFRIED

ACTE PREMIER

FORÊT (1) (*)

(Le premier plan représente une caverne rocheuse, qui s'enfonce vers la gauche assez profondément, tandis qu'elle occupe, vers la droite, les trois quarts, environ, de la scène. Deux entrées naturelles s'ouvrent sur la forêt : l'une vers la droite, en face, au fond ; l'autre plus large, à droite aussi, mais latérale. Contre la paroi postérieure, vers la gauche, se dresse un grand âtre de forge, formé naturellement par des quartiers de rochers ; naturelle aussi la cheminée grossière, qui sort par la voûte de la grotte ; le vaste soufflet de forge est seul artificiel. Enclume massive et autres outils de forgeron.

Au moment où, après un court prélude, le rideau se lève,

MIME (2), assis devant l'enclume, martelle, avec une inquiétude grandissante, une épée : enfin, il s'arrête, découragé.)

Tourment forcé ! Fatigue stérile ! Ce glaive, le meilleur que jamais j'ai fait, tiendrait ferme à des poings de Géants :

(1) Dans une lettre du 20 novembre 1851, adressée d'Albisbrunn à Liszt, Wagner qualifie de *Waldstück*, « pièce sylvestre » (littéralement : « pièce-de-forêt »), son drame de *Siegfried*, qui, à cette époque, portait ce titre : *Le Jeune Siegfried*. — Il en fait observer d'abord « la grande simplicité scénique », le « petit nombre de personnages », et il conclut que représenté entre la *Walküre* et le *Crépuscule-des-Dieux* (encore intitulé alors *Siegfried's Tod*, la *Mort de Siegfried*), ce *Waldstück*, dont l'action est beaucoup moins complexe, « avec son audacieuse solitude juvénile, fera certainement une bien heureuse et particulière impression. »

(2) En ce personnage de Mime sont résumés : 1° celui de Regin, des sources scandinaves; 2° celui du forgeron Mimer dans le

(*) Comme tous les Préludes de la *Tétralogie* (excepté celui de l'*Or-du-Rhin*, dont l'importance est capitale), le Prélude

et pourtant l'injurieux enfant, pour lequel je l'aurai forgé, saura le faire éclater d'un coup, comme un jouet ! (Il jette, plein d'humeur, l'épée sur l'enclume, et, se mettant sur les hanches les poings, regarde, pensif, vers le sol.) Un glaive ! il en est un qu'il ne fra-

Siegfriedslied ou *Hœrner Siegfried* : Mimer a pour élève Siegfried, lequel ignore son origine, et c'est au fond des bois qu'ils vivent; plus d'un détail du premier acte est tiré de cette vieille source allemande. — Quant au Regin des deux *Eddas*, de la *Völsunga*, des Féroë, etc., c'est le même qui, menacé par Fafnir (voir l'annotation de l'*Or-du-Rhin*, « Scène » IV), s'est enfui — pour se réfugier à la cour du roi Hialprek : « Regin, fils de Hreidmar, était arrivé près de Hialprek. Il était le plus habile des hommes et un *nain de stature*. Il était *savant* et *méchant* et *connaissait* les sortilèges. Regin entreprit d'élever Sigurd; il l'instruisit et l'aimait beaucoup. Il raconta à Sigurd l'histoire de ses aïeux... » etc. (*Sigurdakvidha Fafnisbana önnur*.) Les notes ultérieures rendront compte des autres simplifications, identifications, ou modifications, qu'opéra Wagner pour créer son Mime.

---

de *Siegfried* se borne à nous préparer, d'une façon tout immédiate, à ce qui va se passer. Nous allons voir Mime s'essayant à reforger l'Épée; ce que suggèrent, dans le Prélude, les deux Motifs de la Forge (Cf. *Or-du-Rhin*, partition, pages 111 à 115, *voy.* la note musicographique de la page 273) et de l'Épée. Ces deux motifs continuent à alterner durant le premier monologue de Mime.—J'imagine que si l'on jouait à Paris la *Tétralogie* tout entière, ce premier acte de *Siegfried* serait, pour le spectateur, comme une sorte de délassement, — le délassement du sublime, — un bon recoin d'intimité où il se « remettrait » des écrasantes émotions de la *Walküre*. — Une fraîcheur d'idylle, une légèreté de jeunesse confiante, voilà ce qui charme doucement, dans tout ce premier acte. Wagner, parvenu au milieu de sa route, s'est comme oublié, en une halte délicieuse, parmi les vivifiantes profondeurs de forêt où s'éjoue héroïquement le clair enfant Siegfried. — Le perfide Mime lui-même, ce méchant nain, n'est point pour nous donner du souci. — Une faiblesse de Wagner, — que ce Mime! Et quand je dis faiblesse, entendez condescendance enjouée pour les côtés naïfs de la Légende; car il appartient

casserait point : ce ne sont pas les tronçons de Nothung qu'il me romprait, si je pouvais braser ces puissants débris, que mon art ne voit pas comment réunir. Ce Glaive-là ! si je réussissais à le forger pour lui, l'intrépide, mes affronts au-

---

bien, ce Mime, à la légende allemande des Männlein et des Koboldes; petit bonhomme industrieux et futé, chevrotant et agile. — Cela peut nous laisser indifférents; mais que n'avons-nous une telle puissante naïveté de prendre au mot nos légendes populaires et de les réaliser en Art !

La musique de ce premier acte de *Siegfried*, sous ses allures prestes et franches, porte toujours les mêmes caractéristiques d'indéviable volonté et de profonde combinaison; Wagner a vu ceci: Siegfried adolescent; et les exubérances d'une enfance héroïque, qui s'éveille, ont largement irradié la donnée en somme assez mince de ce premier acte, où tout (sauf le majestueux épisode du Voyageur) se passe entre deux personnages seulement, — aventure, je crois, rare au théâtre, — et à qui l'on ne fait guère crédit qu'en raison des souvenirs qu'ils représentent. — Mais voilà, je l'ai dit, il y a, d'un bout à l'autre, mêlé au jeune frémissement des bois printaniers, ce vaillant éveil de guerrière enfance, cette adorable vaillantise juvénile, impétueuse avec de soudaines haltes de rêve, qui bouscule les ours et lisse les oiseaux.

Grâce à sa conception musicale, Wagner a pu richement étoffer, dans ce premier acte, une polyphonie que la situation dramatique immédiate n'impliquait point aussi variée. Il y a certes un grand surgissement de motifs neufs, spontanés et jaillissants eux-mêmes comme l'adolescence de Siegfried mais comme la brume de souvenir de tels thèmes rappelés les enveloppe prestigieusement; et que serait devenue toute cette partie du Drame en des mains pauvres des procédés et des ressources que Wagner, en dépit des huées d'antan, — s'est opiniâtrement créés.

« Les motifs affectés à Siegfried, dit M. Ernst (*a*), se ramènent à deux types mélodiques principaux; les uns dérivent du thème héroïque, si fier et triomphal, qui sonnait dans la dernière scène de *la Walkyrie*; les autres, plus rapides, plus

(*a*) *Ibid.*, page 247.

raient enfin leur loyer ! — (Il se laisse tomber en arrière, la tête sur la poitrine, pensif.) Au fond de la Forêt ténébreuse est vautré Fafner, le farouche dragon (*): du poids de son formidable corps, il couvre et garde là le Trésor des Niblungen. L'enfantine vigueur de Siegfried triompherait, sans doute, du corps de Fafner : l'Anneau du Niblung, alors, serait à moi. Un Glaive est seul propre à cet acte ; Nothung pourrait seul, brandi par Siegfried (**), servir mon envie et mahaine : — et c'est celui-là, c'est Nothung, le Glaive, qui m'est impossible à braser ! — (Il se remet, avec la plus vive mauvaise humeur, à marteler.) Tourment forcé ! Fatigue stérile ! Ce glaive, le meilleur que jamais j'ai fait, jamais ne pourra servir à l'Acte unique ! jamais ! Si je

---

jeunes, ont leur forme pittoresque dans la « fanfare du Cor de Siegfried ».

« En dehors de ces deux thèmes essentiels, il en existe d'autres fort heureusement trouvés, tels que celui de l'ardeur impatiente de Siegfried, et le joli thème qui souligne son envie de courir par le monde (quelquefois appelé : « thème du voyage » ou « thème de Siegfried voyageur ») et qui est aussi relatif à son impétuosité naturelle.... Une joie de mouvement agite l'orchestre dès que Siegfried paraît... Mais bientôt glisse une mélodie plus douce, voisine aux thèmes d'amour connus de nos oreilles : Siegfried avoue qu'il a senti un vague désir sourdre en ses rêves ; il nous conte la tendresse mystérieuse qui a ému son âme, aux profondeurs de la forêt, sous les couverts de feuillage où chantent les oiseaux, où luisent les grands yeux timides des chevreuils. Son désir s'éveille aux premières intuitions de l'amour.. » (Pour toute cette partie voy. partition *passim*, page 1 à 50, toute la 1re scène.) — D'ailleurs, à une exécution suffisante au piano, on reconnaîtrait, facilement, les origines, les affinités des thèmes apparus durant cette première scène. Voir, au surplus, ci-après, de nombreux exemples.

(*) Dans l'orchestre, le thème du Dragon. (Partition, p. 8, en bas.)

(**) Une combinaison des thèmes de l'Épée et de Walhall accompagne significativement ces paroles. (Partition, page 8, en bas.)

frappe, tape et martelle, c'est que le gars m'y contraint : il brise d'un coup mon œuvre en deux, et ne m'accable pas moins d'outrages, lorsque pour lui je n'ai rien forgé

(Avec une impétueuse fougue arrive de la Forêt SIEGFRIED, en sauvage costume forestier, où pend un cor d'argent (1) suspendu par une chaîne; il mène, tenu en laisse par une corde d'écorces, un grand ours, qu'il pousse contre MIME avec une frénésie joyeuse) (2) (*).

SIEGFRIED

Hoïho ! Hoïho ! Mors ! Mors ! Dévore-le ! Dévore-le, le forgeron-Grimace ! (Il rit d'un rire énorme.)

(1) « Le chef » (Siegfrid) « avait aussi un magnifique cor d'or rouge. » (*Nibelunge-nôt*, XVI.)

(2) « Je veux donner un divertissement à nos compagnons..... Je vois un ours, qui va nous accompagner au camp ; s'il ne se sauve bien vite, il ne nous échappera pas. » (*Nibelunge-nôt*, XVI.) « ..... Le fier et beau chevalier » (Siegfrid) « ..... s'élance après l'ours..... Le héros le saisit aussitôt, et, sans recevoir aucune blessure, le garrotte en un instant..... et, avec grande audace, le ramène au foyer du camp ; c'était un jeu pour ce héros bon et intrépide..... Quand les hommes..... le virent venir, ils coururent à sa rencontre..... Il détacha la corde qui liait les pattes et la gueule de l'ours..... La bête voulait retourner au bois, ce qui effraya les gens. Le vacarme fit fuir l'ours vers la cuisine. Oh ! comme il chassa les cuisiniers loin du feu ! Plus d'un chaudron fut renversé, plus d'un brandon dispersé..... » etc. (*Id.*, *ibid.*) Cf. *Kindermärchen*, t. III, nº 160.

(*) C'est ici que surgit, pour la première fois, l'allègre fanfare du Cor de Siegfried. (Partition, page 11.) Elle reviendra souvent dans la suite, curieusement développée. Elle est simplement, ici, l'un des deux thèmes qui servent à caractériser l'impétuosité de Siegfried, le côté batailleur de cette impétuosité, comme l'autre thème, que nous rencontrerons bientôt, en exprime le côté enfantin.

MIME

Pars avec cette bête ! Qu'ai-je affaire d'un ours ?

SIEGFRIED

C'est à deux que je viens, pour te mieux pincer : Brun, réclame-lui mon glaive !

MIME

Hé ! laisse cette bête ! L'arme est là, toute prête, fourbie d'aujourd'hui (1).

SIEGFRIED

Aujourd'hui encore, tu vivras donc sauf ! (De sa laisse il délivre l'ours, et lui en applique un coup sur l'échine.) Va-t'en, cours, Brun : je n'ai plus besoin de toi ! (L'ours prend vers la Forêt sa course.)

MIME, sortant, tout tremblant, de derrière le foyer.

Des ours, que tu les chasses, que tu les tues, fort bien : pourquoi les amener, vivants, au logis ?

SIEGFRIED s'assied, pour se remettre de rire.

Je cherchais un compagnon meilleur que toi, le seul que j'y trouve ; alors, dans la Forêt profonde, j'ai fait sonner mon cor sonore : pour voir si quelque bon ami viendrait, joyeusement, s'associer à moi ? Du fourré sortit un ours, qui m'écoutait en grondant ; j'aurais pu trouver mieux, mais il me plut mieux que toi : d'une solide écorce j'attachai la bête,

(1) On remarquera quel frappant rapport de symétrie, entre le début du présent Acte et le début de la « Scène » Troisième de l'*Or-du-Rhin*, contribue à nous faire tout de suite nous rappeler le personnage de Mime. Comme jadis Alberich lui réclamait le Tarnhelm, Siegfried à son tour lui réclame son Glaive Mais leurs moyens de contrainte diffèrent, et la comparaison, certes, est intéressante. Je me borne à l'indiquer ici.

pour te réclamer, drôle, mon glaive. (Il se lève brusquement et bondit vers le glaive.)

MIME prend le glaive, et l'offre à SIEGFRIED.

J'ai fait l'arme tranchante, tu seras content du fil.

SIEGFRIED saisit le glaive.

Si l'acier n'en est dur et fort, qu'importe le fil ! (Il éprouve l'arme avec la main) (*). Heï ! qu'est-ce que c'est que ce joujou-là ? C'est ce clou frêle que tu nommes un glaive ? (Il frappe contre l'enclume l'épée, qui vole en pièces : MIME recule terrifié (1) (**). Tiens, le

(1) « Un matin de bonne heure, Sjurd..... traverse le fleuve, afin d'aller visiter Regin le forgeron. — Et voilà le jeune Sjurd qui chevauche devant sa porte. Regin rejette loin de lui tous ses outils de forgeron et saisit une épée..... — « Ecoute, Regin, rends-moi ce service, habile forgeron, forge-moi une épée..... Forge-moi convenablement cette épée, de manière que je puisse couper le fer et l'acier. Tu me forgeras cette épée claire et étincelante, qui tranchera le fer et la pierre. » — Regin saisit l'épée et la plaça dans le feu. Il y travailla dix nuits entières. Dix nuits entières, il y travailla. Le jeune Sjurd se met de nouveau à chevaucher. Un matin, de bonne heure, Sjurd..... traverse le fleuve,

(*) Durant le silence de ce jeu scénique le thème héroïque de Siegfried a, pour la première fois ici, passé dans l'orchestre. Il retentira jusqu'à la fin de la *Tétralogie*. Mais à présent, sur cette vaillante enfance que chantent les deux thèmes précédents, le grand thème héroïque vient planer comme le resplendissement auroral des gloires futures. (Partition, page 15, en bas.)

(**) A ce jeu scénique le second motif d'impétuosité éclate à l'orchestre ; il s'y agite, follement, en bonds et en tourbillons, sur un violent *staccato*, toujours plus fort. (Partition, pages 16 et seq.) Toute cette musique, ici, tumultueusement dérivée de ce motif, est pleine d'une verve irrésistible ; et, sous les prestiges d'une telle polyphonie, le tableau devient impayable, du vieux nain trembleur et futé, dont le frétillement se tapit sous cette avalanche de jeunesse et de fougue. Pris dans la

voilà ton glaive, infâme maladroit; c'est sur ton crâne que j'aurais dû le briser! — Le hâbleur! me laisserai-je berner longtemps encore? Il ose me rebattre les oreilles : de Géants,

afin de se rendre auprès de Regin. Et voilà le jeune Sjurd qui chevauche devant sa porte. Regin rejette loin de lui tous ses outils de forgeron *et saisit une épée.* — « Sois le bienvenu, Sjurd, j'ai forgé ton épée. Si le cœur et le courage ne te font pas défaut, tu seras bien préparé pour combattre. *Je t'ai forgé une épée claire et étincelante, qui coupera le fer et la pierre.* » Sjurd s'avance vers l'énorme enclume, afin de faire l'épreuve de sa force. *L'épée, du coup, se brisa en deux.* — « Tu mourras, Regin, et de ma main, car tu as voulu me tromper avec tes ruses d'armurier. » Regin, *le forgeron, se mit à trembler comme une feuille de lis...* » etc. (Chants des Iles Féroë, traduits par Em. de Laveleye, *La Saga des Nibelungen dans les Eddas et le Nord scandinave*, Paris, 1866.) Cette même scène de l'essai des glaives est dans la *Völsunga Saga*; dans le drame de La Motte Fouqué, *Sigurd der Schlangentödter* (*Siegfried le Tueur-de-Dragons*); dans le *Wieland der Schmied* (*Wieland le forgeron*) du *Heldenbuch* de Simrock (tome IV, 1843), et dans *Le Glaive de Siegfried* (*Siegfried's Schwert*), un poème d'Uhland.

souveraine bonne humeur de cette musique, je ne puis m'empêcher de penser à ces paroles de M. Hans de Wolzogen (*a*), dans ses souvenirs intimes sur Richard Wagner (*Mercure de France*, mai 1894. *Souvenirs* sur *Richard Wagner*, par HANS DE WOLZOGEN, DAVID ROGET, *trad.*) : «... Lorsqu'au milieu d'une conversation particulièrement animée, il prenait tout à coup, comme pour exprimer la bonne humeur, une scène de comédie gaie, par laquelle il se délectait dans la béatitude du plus naïf enthousiasme..., alors on voyait, en quelque sorte, les génies des siècles jouer et plaisanter ensemble comme des enfants!... C'était ce qui rendait la personnalité de Wagner si particulière et si enchanteresse, — c'était, justement, ce

(*a*) Signalons, de notre confrère allemand, le savant ouvrage sur les Thèmes de la *Tétralogie*, ouvrage analytique qui donne de ces thèmes une nomenclature remarquablement complète. De cet ouvrage qui a magistralement inauguré les Études thématiques de la *Tétralogie* nous voudrions voir en France une traduction répandue.

de vigoureux combats, d'exploits hardis, d'armes fameuses; des armes, il m'en créera; des glaives, il m'en forgera; après quoi il me vante son art, comme s'il pouvait rien faire de propre : et, quand je prends en main ce qu'il a martelé, du premier coup je brise sa ferraille ! Le pleutre ! il a de la chance d'être, pour moi, trop piètre : je fracasserais, avec son forgeage, le forgeron, le vieux Alfe imbécile ! A mon dépit, j'aurais alors une fin ! (**Il se jette, en fureur, sur un banc de pierre, à droite.**)

MIME, qui s'est tenu, sans cesse, prudemment, à l'écart.

Tu grondes de nouveau comme un forcené : ton ingratitude, certes ! est noire. Mauvais sujet ! Pour peu que je ne lui réussisse pas, du premier coup, tout pour le mieux, il oublie aussitôt tout le bien que j'ai pu lui faire ! (*) Ne voudras-tu donc jamais te rappeler ce que je t'ai appris de la reconnaissance ? Tu dois obéir, de bon gré, à celui qui toujours s'est montré bon pour toi. (**SIEGFRIED se retourne avec humeur, le visage du côté du mur, présentant ainsi le dos à MIME.**) Voilà ce qu'une fois de plus tu ne veux pas entendre ! — Peut-être, du moins, voudras-tu manger ? Voici du rôti qui descend de la broche; désires-tu goûter du bouillon ? J'en ai préparé tout exprès pour toi. (**Il offre les mets à SIEGFRIED, qui d'un geste, sans se retourner, fait tomber par terre marmite et rôti.**)

---

caractère de l'enfant agrandi par le prodigieux de la Génialité ! Et jamais ce caractère ne se montrait sous un jour de plus aimable liberté que lorsque le monde, ce monde laid et bruyant, éternellement agaçant, taquin, mordant, irritant, petit, le laissait en repos... »

Et *Siegfried*, c'est bien ce Repos-là ! une large halte vivifiante dans les bois.

(*) Le Motif de la forge accompagne en sourdine, comme d'une manière pateline, ces vantardises de Mime. On voit un ouvrier, — un mauvais ouvrier gouapeur, — exhibant force certificats, — son livret.

SIEGFRIED

Mon rôti, je l'ai rôti moi-même; quant à ton brouet, soiffe-le seul!

MIME se feint affligé.

Tel est donc le loyer de l'amour! Tel, l'outrageux salaire de la sollicitude! — Nouveau-né, qui t'a élevé? (*) Vermisseau, qui t'a vêtu? Serpent, qui t'a réchauffé? qui t'a fait boire, et qui, manger? Qui a veillé sur toi comme sur sa propre peau? (1) Et, lorsque tu grandis, qui encore t'a soigné? Qui préparait ton lit, pour que tu dormisses mieux? Qui t'a fait des jouets, forgé ton cor sonore? Qui, pour te mettre en joie, s'épuisait avec joie? Qui, par de sages conseils, développait

(1) Littéralement: « [C'est] comme enfant suçant — [Que] je t'élevai, — Réchauffai de vêtements — Le petit ver » (ou: « ton petit être chétif »; mais le mot peut aussi signifier « serpent ») : « — Nourriture et boisson — Je t'apportai, — Veillai sur toi — Comme [sur] ma propre peau..... » etc. Il y a dans le texte une sorte de berceuse, dont la traduction ne peut rendre l'accent:

Als zullendes Kind
zog ich dich auf,
wärmte mit Kleiden
den kleinen Wurm.....

La traduction de Victor Wilder (« poupon vagissant », « chétif vermisseau », etc.) est simplement intolérable. J'ai substitué, le mieux que j'ai pu, comme une symétrie interrogative, au rythme allitéré du texte.

(*) «... Nouveau-né, qui t'a élevé?... » etc., etc.

Mon collaborateur (cf., ci-dessus, sa note) a judicieusement agi en « substituant... comme une symétrie interrogative au rythme allitéré du texte. » En effet, cette symétrie interrogative répond exactement non seulement au rythme du texte, mais au mouvement du passage musical correspondant. C'est encore ici ce Motif de la forge qui, curieusement transformé, divisé comme en une série de balancements réguliers, accompagne, enveloppe, ainsi qu'une berceuse, ces paroles de Mime. (Partition, page 21.) On touche ici du doigt un des grands procédés musicaux de Wagner: [son procédé de la logique

ta raison ? Qui, par son clair savoir, instruisait ton esprit ? Qui, tandis qu'à cœur-joie tu rôdes par la Forêt, qui reste ici peinant, s'exténuant pour toi ? N'est-ce donc pas moi, pauvre vieux gnome ? moi, qui pour toi seul me tourmente ? moi, qui pour toi seul me consume ? Et, pour tous ces soucis, mon unique récompense, c'est que ce brutal garçon me torture, et qu'il me hait ! (Il éclate en sanglots).

SIEGFRIED, qui s'est de nouveau retourné, et qui a, tranquillement, scruté les regards de MIME.

Tu m'as enseigné beaucoup, Mime, et par toi j'ai beaucoup appris ; mais, ce que tu m'eusses le plus volontiers enseigné, je n'ai pu réussir à l'apprendre : non, je n'ai pu apprendre à te souffrir ! — M'offres-tu à manger, à boire ? mon dégoût me suffit, j'ai dès lors mangé ! M'as-tu fait un bon lit pour que j'y dorme mieux ? c'est assez : j'y dormirai mal ! Est-ce toi qui veux m'instruire et former mon esprit ? Je deviens sourd, j'aime mieux rester bête ! Je ne t'ai pas plutôt vu de mes yeux, que je trouve odieux tout ce que tu fais : que tu demeures, que tu ailles et viennes, que tu trottines, que tu clopines, que tu branles de la tête, que tu clignotes des yeux, à chacune de tes clopinades, au moindre de tes clignotements, je me sentirais presque d'humeur à te sauter à la gorge, monstre, pour te donner le coup de grâce ! — Voilà comment j'appris à te souffrir, Mime. Et maintenant, puisque tu es

transformation des thèmes. Comparez la forme première du Motif de la forge (Cf. *Rheingold*, partition pages 111 et seq. ; voy. la note musicale de la page 273) à la forme qu'affecte ce même motif dans cette scène de *Siegfried*. Ce développement est tout simplement génial. Outre l'efficacité de ce moyen au point de vue du maintien de l'unité dans l'œuvre, il était impossible de mieux transposer en musique l'âme même des vieux contes populaires, si vivace ici, des *märchen* qui font de Siegfried un apprenti forgeron, un « enfant trouvé » élevé par un forgeron — Tout à fait forte la « dialectique », — le mot n'est point déplacé ici, — la « dialectique » de la musique wagnérienne.

sage, aide-moi donc à savoir une chose; pour moi, c'est en vain que j'y ai réfléchi : moi qui, pour me séparer de toi, m'enfuis d'ici, sans cesse, à travers la Forêt, comment se fait-il qu'ici je revienne sans cesse ? Pas un animal que je ne te préfère : toi, je ne puis pas te souffrir ; mais l'oiseau sur la branche, les poissons au ruisseau, je les y souffre fort bien : — comment donc se fait-il que je revienne ici ? Toi qui es sage, explique-moi cela.

MIME s'assied à quelque distance, en un tête-à-tête familier.

Cela, mon enfant, te prouve simplement combien Mime est cher à ton cœur.

SIEGFRIED rit.

N'oublie donc pas si vite que je ne puis pas te souffrir !

MIME

C'est la faute de ton naturel, méchant garçon ; naturel sauvage, que tu dois dompter. — Les jeunes, avec des cris de regret, soupirent après le nid de leurs vieux ; leur regret s'appelle de l'amour : c'est ainsi que toi-même tu as soif de moi ; oui, c'est ainsi que tu l'aimes, ton Mime ; et c'est ainsi que tu dois ! l'aimer. Ce qu'est pour ses oisillons mal drus, incapables encore de prendre leur volée, l'oiseau qui les abecque au nid, voilà ce qu'est Mime pour ton enfance, Mime, dont l'expérience veille sur toi ; — voilà ce qu'il doit être à tes yeux.

SIEGFRIED

Eh bien, Mime, toi qui sais tant de choses (1), apprends-moi donc encore celle-ci ! — Ce renouveau, si bienheureusement des petits oiseaux s'égosillant, s'appelant l'un l'autre :(*)

(1) Littéralement : « puisque tu es si ingénieux ».

(*) Le thème de l'Amour de Siegmund et de Sieglinde baigne mélancoliquement le charme jeune de ces paroles ; il se développe et se modifie en plusieurs figures identiques. (Parn'as-tu pas répondu toi-même alors, à mes questions: C'est parce qu'ils sont mâle et femelle? Ils causaient avec tant d'amour, sans plus se quitter: ils firent un nid, ils y couvèrent; puis, lorsque la nichée fut née, battit des ailes, ils en prirent tous les deux grand soin. — De même, sous les halliers, s'accouplaient les chevreuils, même les bêtes farouches, loups et renards: le mâle cherchait les vivres, les apportait au gîte, la femelle allaitait les jeunes. Ainsi j'appris ce que c'est que l'amour; et jamais, à la mère, je ne dérobai ses jeunes. — Eh bien, Mime, ta tendre femelle, où la caches-tu, pour que je puisse l'appeler : ma mère?

MIME, avec contrariété.

Que te passe-t-il, fou? Ah! es-tu bête? Es-tu donc un oiseau, toi? Es-tu donc un renard?

SIEGFRIED

« Nouveau-né, tu m'as élevé; vermisseau, tu m'as vêtu » : — mais ce vermisseau, d'où te venait-il? D'où te venait-il, ce nouveau-né? A moins que tu ne m'aies peut-être fait sans mère!

MIME, avec un grand embarras.

Ce que je te dis, tu dois y croire: c'est moi qui suis ton père et ta mère, tout ensemble.

SIEGFRIED

Tu mens, hideux hibou! — J'ai parfaitement su voir comme les jeunes ressemblent aux vieux. Je suis allé au clair ruis-

---

tition, pages 29 et seq.) — C'est ce thème qui, parmi l'exubérance de l'enfance de Siegfried, met une note rêveuse; lui qui rêveusement enveloppe des tendres nuances suavement alanguies, tristes, des soirs évanouis, ce présent si frais, ce matin si joyeux. On retrouvera, plus largement, la même combinaison, poussée à sa signification la plus précise, dans la Symphonie de la Forêt.

seau : j'ai épié, dans son miroir, l'image des arbres et des bêtes ; le soleil, les nuages, dans son étincellement, tels qu'ils sont en réalité, me sont apparus. Je m'y suis donc aussi vu moi-même, (*) et je m'y suis trouvé tout différent de toi : tout autant qu'un poisson qui brille (**) pourrait différer d'un crapaud ; or, jamais un poisson n'est issu d'un crapaud.

(*) Passe, dans l'Orchestre, le thème héroïque de Siegfried. (Partition, page 33.)

(**) Wagner n'a rien négligé pour toujours approfondir l'atmosphère qui, dans son œuvre, baigne si largement toutes choses — Qu'on en juge ici — Ces paroles si simples, si fortuites :

« ... un poisson qui brille... »,

sont accompagnées, à l'orchestre, par une réminiscence du Thème de la Nature, par le passage de ce thème qui exprime le mieux l'épanouissement des choses, la souveraine montée du Fleuve-sacré. (Partition, page 33, en bas.) — L'Art de Richard Wagner est tout fait de ces évocations rapides, frissonnantes ; et c'est par ainsi qu'il devient la Vie même, toujours actuelle et toujours évoquée. C'est en parlant de soi que Siegfried dit : « ... Un poisson qui brille... » Or, si l'on n'oublie pas que l'âme de Siegfried communie avec l'ingénuité primordiale des choses, baigne dans l'onde première baptismale, on sent pourquoi le symbole mélodique de cette Onde revient ici, on comprend intimement cette réminiscence du thème de la Nature.

Au même point de vue, un autre exemple, pris dans le même passage, un exemple décisif d'où éclatera quelle force dramatique, — *vis dramatica*, — s'infiltre, — comme le sang dans les veines les plus ténues, — dans les plus infimes détails de l'œuvre.

Ces paroles [qui succèdent aux paroles précédentes : « tout autant qu'un poisson qui brille »] :

« ... pourrait différer d'un *crapaud*... »,

ces paroles, qui se rapportent à Mime, au Nibelung Mime, sont accompagnées par le Motif de la forge. (Partition,

MIME, tout à fait contrarié.

Voilà des raisonnements d'une extravagance rare !

SIEGFRIED, de plus en plus vivement.

Je commence même à saisir, vois-tu, quelle réponse faire à cette question que j'ai si souvent creusée en vain : moi qui, pour me séparer de toi, m'enfuis d'ici, sans cesse, à travers la Forêt, comment se fait-il qu'ici je revienne sans cesse ? (Il se lève brusquement.) C'est qu'il faut que tu m'apprennes encore qui fut mon père, et qui ma mère !

MIME se met à distance.

Mais quel père ? Mais quelle mère ? Mais quelle oiseuse question !

---

page 33, en bas.) — Immédiatement nous songeons à ce crapaud, — métamorphose d'Alberich, — dont le coassement ponctua le martèlement des enclumes, dans les Forges des Nibelungén (*Or-du-Rhin*, IIe tableau) ; et le particulier antagonisme existant, entre Siegfried et Mime devient ainsi, plus profondément, l'intime écho des grands chocs dont le Drame a jusqu'ici tressailli.

Le Motif de la Forge précède immédiatement, dans la Partition, le thème de la Nature. Si les paroles de la présente traduction, avant tout dramatique et littéraire, étaient *notées*, il faudrait écrire ainsi la phrase citée ci-dessus :

[«... Je m'y suis trouvé (dans l'eau) tout différent de toi :]

... tout autant que pourrait différer d'un crapaud un poisson qui brille... »

— « Jamais un poisson n'est issu d'un crapaud », conclut triomphalement l'Enfant Siegfried — En effet..., le Thème de la Nature n'est guère issu du Motif de la forge.

SIEGFRIED le saisit à la gorge.

Ainsi dois-je te saisir pour savoir quelque chose, puisque, de bon gré, je n'obtiendrai rien ! Ainsi ai-je dû t'arracher tout : la parole même, à peine en aurais-je eu soupçon, si je n'en avais, par la violence, tiré les secrets au misérable ! Crapoussin galeux ! parleras-tu ? Quel est mon père ? Quelle est ma mère ?

MIME, ayant consenti de la tête et fait des signes avec les mains, a été lâché par SIEGFRIED.

Un peu plus, et c'est à ma vie que tu t'en prendrais ! — Soit, laisse-moi désormais ! Ce que tu brûles de savoir, apprends-le, jusqu'au bout, tel que je le sais moi-même. — O ingrat, ô mauvais enfant ! écoute, à présent, pourquoi tu me hais ! Je ne suis ton père ni ton parent (1), — et pourtant, que ne me dois-tu pas ! Oui, tu m'es étranger, tout à fait étranger, à moi, qui suis ton seul ami ; c'est par pitié seulement que je te recueillis ici : ah ! ma récompense est charmante ! Mais pourquoi aussi, fou que je suis, m'attendais-je à de la gratitude ? — Un jour, là, au dehors, dans la Forêt sauvage, une femme, gisante à terre, geignait : pour la mettre à l'abri près du foyer bien chaud, je l'aidai à gagner cette

(1) Littéralement : « Je ne suis [un] père — Ni [un] cousin pour toi. »

Nicht bin ich *Vater*
Noch *Vetter* dir.

C'est un jeu de mots fondé sur l'allitération. Aussi les expressions *père*, *parent*, rapprochées, traduisent-elles mieux l'original que la plus fidèle des versions. Répéterai-je que je me suis rarement donné la peine de justifier ainsi mes « infidélités » ? Ce jeu fût devenu fastidieux pour le lecteur plus que pour moi. Mais un exemple çà et là peut contribuer à le convaincre que, dans la présente traduction (n'eût-elle aucun autre mérite, ce qui est possible), absolument pas une syllabe ne fut choisie à la légère.

caverne. (*) Elle y mit au monde, tristement, l'enfant qu'elle portait en ses flancs; (**) elle se tordait de souffrance, je la secourus de mon mieux : grande fut sa détresse, elle mourut, — mais Siegfried vivait.(***)

(*) Le motif triste des Wälsungen et le motif de la Compassion accompagnent très doucement ces paroles. Cette combinaison se passe de commentaires. (Partition, page 37, en bas.)

(**) Le Motif de l'Amour de Siegmund et de Sieglinde succède aux deux motifs précédents. (Partition, page 38.)

(***) Cette évocation, qui a déjà ramené les thèmes notés ci-dessus, éveille enfin, à l'orchestre, le thème héroïque de Siegfried ; il passe, très doucement, enveloppé, comme les autres, dans une brume de souvenir. (Partition, page 38.) Avec quelle rapidité se succèdent les thèmes, comme ils s'entrelacent, drus, en un large tissu harmonique, on le voit par les exemples précédents. Une seule portée, parfois, en contient jusqu'à trois. Cela sans disparates, chacun d'eux exprimant une idée précise qui se lie, *dramatiquement*, à l'idée suivante. De toutes ces palpitations surgit, noble et clair, le mouvement. On pourrait dire de cette musique ce que Berlioz écrivait au sujet de la *Neuvième Symphonie* : « Les dessins les plus originaux, les traits les plus expressifs se pressent, se croisent, s'entrelacent en tous sens, mais sans produire ni obscurité, ni encombrement ; il n'en résulte, au contraire, qu'un effet parfaitement clair, et les voix multiples de l'orchestre qui se plaignent ou menacent, chacune à sa manière et dans son style spécial, semblent n'en former qu'une seule, si grande est la force du sentiment qui les anime. » — (Passage cité par Victor Wilder, à propos de *l'allegro maestoso* de la *Neuvième Symphonie* : BEETHOVEN, 1 vol. Charpentier, 1886). — Le finale de la *Walküre* offre un exemple frappant de cette combinaison des thèmes. *Trois* motifs différents s'y développent simultanément et complètement : le Motif de l'Incantation du Feu, la Mélodie du sommeil et le thème héroïque de Siegfried. (Voy. *Walküre*, partition, pages 303 à 308, et la note de la page 402.) Ces exemples, cependant, et ces citations concernent plus parti-

SIEGFRIED *s'est rassis.*

Donc, c'est de moi qu'est morte ma mère ?

MIME

Elle te remit à ma protection : je me chargeai volontiers de l'enfant. Que de fatigues s'imposait là Mime ! que de mal il s'est donné, le bon Mime ! « Nouveau-né, qui t'a élevé ?... »

SIEGFRIED

Il me semble que tu te répètes ! Réponds : d'où me vient mon nom de Siegfried ?

MIME

C'est ainsi que ta mère m'a dit de te nommer : sous ce nom de Siegfried, tu deviendrais fort et beau (1). — « Vermisseau, qui t'a vêtu ? Serpent, qui t'a réchauffé ?... »

SIEGFRIED

Maintenant, comment s'appelait ma mère ?

MIME

Voilà ce que je sais vraiment à peine ! — « Qui t'a fait boire, et qui, manger ?... »

SIEGFRIED

Son nom ! Il faut que tu me dises son nom !

(1) *Voir*, dans *la Walküre*, la note (2) de la p. 387.

---

culièrement la *combinaison* des motifs. Il y a un autre point de vue, celui de la *liaison* des motifs, et qui est plus important encore, dès qu'il s'agit de la *Tétralogie*. Nous y reviendrons, sur un prochain exemple.

MIME

Il m'a peut-être échappé ? Attends ! C'est Sieglinde (1) qu'elle devait s'appeler, celle qui t'a confié à mes soins. — « Qui a veillé sur toi comme sur sa propre peau ?... »

SIEGFRIED

A présent, dis-moi le nom de mon père.

MIME, avec brusquerie.

Lui, je ne l'ai jamais vu.

SIEGFRIED

Mais comment s'appelait-il ? Ma mère a dû te le dire.

MIME

Elle m'a dit qu'il est mort en combattant, rien de plus ; c'est comme n'ayant plus de père qu'elle t'a confié à moi : — « Et lorsque tu grandis, qui encore t'a soigné ? Qui préparait ton lit, pour que tu dormisses mieux ?... »

SIEGFRIED

Assez ! Rentre cette vieille rengaine ! (2) — Si tu veux que je croie ton récit, si tout ce que tu m'as dit est vrai, fais-moi voir des preuves à l'instant !

MIME

Des preuves ? Quelle preuve encore veux-tu ?

SIEGFRIED

Je ne te croirai pas de mes oreilles, je ne te croirai qu'avec mes yeux : quelles preuves de ta bonne foi ? quelles preuves ?

(1) Dans les sources norraines, Hjördis. — Voir l'annotation de *La Walküre*, pp. 388-389.

(2) Littéralement : « Silence avec la vieille — Chanson d'étourneaux » !

MIME, après quelque hésitation, va chercher les débris d'un Glaive brisé en deux.(*)

Ce que m'a remis ta mère, le voici : à moi qui ai peiné, qui t'ai nourri, élevé, piètre salaire qu'elle laissa là: regarde, c'est un Glaive brisé ! (1) celui même que portait ton père, m'a-t-elle conté, lorsque, dans un combat suprême, il fut tué.

SIEGFRIED

Ces débris, tu vas me les forger : (**) voilà mon véritable Glaive ! (2) Allons, Mime, à l'œuvre, et tout de suite ; si tu

(1) Dans les *Chants des Iles Feroë*, comme dans la *Völsunga Saga* (voir l'annotation de *La Walküre*, p. 387), Hjördis a reçu, grosse de Sigurd, les débris du Glaive sur le champ de bataille, où, blessé à mort, Sigmund lui a dit : « Quand je reçus le premier coup, mon épée se brisa en deux..... Prends les deux morceaux de mon épée, et fais-les porter au forgeron par le jeune fils que tu as conçu..... Regin le forgeron habite de l'autre côté du fleuve.... Tu lui feras porter les deux morceaux de mon épée..... »

(2) Dans les *Chants des Iles Feroë*, Sjurd est allé trouver sa mère, laquelle n'est point morte en le mettant au monde : « Écoute, ô mère chérie, et dis-moi la vérité..... » ..... Hjördis se dirigea vers un coffre qui était tout lamé d'or : « Voici l'armure que portait ton père quand il fut tué. » ..... Elle prit aussi les morceaux de l'épée et les remit à Sjurd : « Voilà ce que m'a donné ton père qui me chérissait si tendrement. Prends les deux morceaux de son épée, afin d'en faire forger une nouvelle aussi bonne que la première. Le forgeron Regin habite de l'autre côté du fleuve, tu lui feras porter les deux morceaux de l'épée. » Voir ci-dessus la note (1) de la p. 413; et, dans *La Walküre*, p. 387, note (1).

(*) Le Motif de la forge souligne à souhait ce jeu scénique. (Partition, page 43). Il devient, pour ainsi dire, inséparable du thème de l'Épée, de même qu'il avoisine, en quelque sorte, dans *Rheingold*, le motif du Tarnhelm. Remarquez ce continuel souci d'unité.

(**) A ces paroles, l'orchestre entonne solennellement la Fanfare du Glaive. (Partition, page 44.) Par une suite de sonorités

sais travailler, prouve à présent ton art ! Pas de subterfuge, pas de mauvais tour : ces débris sont mon seul espoir. Si je te trouve à flâner, si tu les répares mal, si tu t'avises de quelque fraude en refondant leur solide acier, — misérable, c'est à ta peau que je m'en prendrai (1) : la fourbissure, je te la montrerai, moi ! Car c'est aujourd'hui même, sur ma parole, qu'il me faut le Glaive ; l'arme, aujourd'hui même je l'aurai !

MIME, terrifié.

Mais encore que prétends-tu faire, avec le Glaive, aujourd'hui même ?

(1) « Tu mourras, Regin, et de ma main, car tu as voulu me tromper avec tes ruses d'armurier. » Il prit les deux morceaux de l'épée et les jeta sur ses genoux. Regin, le forgeron, se mit à trembler comme une feuille de lis. Il prit les deux parties de l'épée brisée dans sa main, mais sa main tremblait comme la tige d'un lis. — « Tu vas me forger une autre épée, mais sache-le bien, Regin, si tu ne la fais pas mieux que celle-ci, tu ne conserveras pas la vie. Tu me forgeras une épée d'une trempe effroyablement dure. Je veux pouvoir couper le fer et l'acier..... » (*Chants des Iles Féroë.*)

martiales, qui l'élargissent, elle se lie à l'un des deux motifs d'impétuosité, à celui qui caractérise l'impatience juvénile de Siegfried. On a là un exemple très complet de la liaison des thèmes, chez Wagner, la parfaite réussite d'un des plus efficaces moyens que le Maître employa pour obtenir la double unité musicale et dramatique sur tous les points de son immense composition. On le voit : les thèmes successivement affectés à un personnage se lient, à point nommé, *sur* ce personnage. En outre, Wagner a, par ce moyen, obtenu de pouvoir logiquement transformer, transposer plutôt, les thèmes ramenés et d'éviter ainsi la monotonie. Ils se lient en un frisson mélodique dont le diapason convient aussi bien au thème ramené qu'au thème surgissant. Ils s'enrichissent l'un l'autre. C'est la vie nouvelle, incessamment végétante, chargeant de ses vivantes couleurs les vieux dessins sculpturaux du Passé.

SIEGFRIED

Fuir la Forêt, courir le monde, (*) et ne jamais revenir ici. Je suis libre, et j'en suis bien aise : rien qui me retienne, rien qui m'entrave! Toi, d'abord, tu n'es pas mon père ; c'est au lointain qu'est ma patrie ; ton foyer n'est pas le mien, ton toit n'est pas mon toit. Joyeux comme le poisson qui nage, libre comme le pinson qui prend l'essor, je pars d'ici: là-bas, par delà la Forêt, pareil au vent qui la franchit, je pars là-bas, — pour ne jamais te revoir, toi, Mime ! (Il s'engouffre dans la Forêt.)

MIME, éperdu d'angoisse.

Reste! Arrête! Où cours-tu? (De toutes ses forces, il crie du côté de la Forêt) Hé ! Siegfried ! Siegfried ! Hé ! — Le voilà rué par là! — Et moi ! — A mon ancienne détresse s'en ajoute une nouvelle ! j'en demeure stupide, absolument ! — A présent, comment me tirer de là? Comment le retenir? Comment le conduire (1) à l'antre de Fafner ? — Comment les rappro-

(1)

Wie führ'ich *den Huien*.....

Littéralement: « Comment conduirai-je *le Prompt*? » Siegfried sera qualifié plus tard « Héros *rapide* », *geschwinder* Held.

(*) Ici, le thème du Voyage, — un charmant *Scherzo*, — d'un mouvement gracieux et preste, déambule. (Partition, page 46.) L'impatience aventureuse du jeune Héros (*a*) y prend son aspect le plus séduisant; et c'est dans cet élan rieur vers là-bas que Siegfried, pour toujours, demeure tout entier profilé. — Cette idée, jaillissante ici, Wagner la développera, ou pour mieux dire, il la liera étroitement à la signification générale du Drame. A ce thème du Voyage, si jeune et si léger, correspondra, — amenant un élargissement qui est comme le regard promené sur le Monde enfin dévoilé, — la symphonie

(*a*) Cf., notre Michelet (toujours génial !) : « Dans cette figure colossale de Siegfried est réuni ce que la Grèce a divisé, la force héroïque et l'instinct voyageur, Achille et Ulysse ».

cher, comment, les tronçons de ce fer de malheur? Authentiques ! nul fourneau dont le feu leur donne la chaude ! Inflexibles ! il n'est pas un gnome dont le marteau puisse en venir à bout ; ni la haine du Nibelung, ni son envie, ni sa détresse, ni ses sueurs, rien, qui puisse me river Nothung ; rien, qui m'en refasse un Glaive entier ! — (Il s'affaisse, avec désespoir, sur un siège, derrière son enclume.)

Au seuil de la porte du fond arrive de la Forêt LE VOYAGEUR (WOTAN). — Couvert d'un long manteau bleu sombre, à la main une Lance en guise de bâton, il est coiffé d'un grand chapeau, dont le large bord, arrondi, pend sur l'un des yeux, qui lui manque.

LE VOYAGEUR (*)

Salut à toi, sage forgeron! A l'hôte, fatigué d'une longue route, accorde gracieusement une place à ton foyer! (1)

(1) « Honneur à toi, Vafthrudner!..... Je me nomme Göngröder » (Odin) « j'arrive de voyage et suis altéré; une invitation hospitalière de séjourner chez toi me ferait plaisir, car j'ai fait une longue course, géant. » (*Vafthrudnismàl*, le chant ou le poème de Vafthrudner, dans l'*Edda* de Sæmund).

---

de la *Rheinfahrt* (le Voyage sur le Rhin). Large fleuve où se perd le torrent tombé de la montagne, cette symphonie —, page d'une importance capitale —, est comme le but et le couronnement de tous les motifs d'aventure qui accompagnent le personnage de Siegfried. (Pour la *Rheinfahrt*, voy. la partition du *Crépuscule-des-Dieux*, pages 39 et seq., et, ci-après, page 524.) Dans la partition de *Siegfried*, le thème du Voyage se lie au motif d'impatience.

(*) L'apparition de Wotan s'annonce par une magistrale succession d'accords, dite *Harmonie du Voyageur*. (Partition, page 50, en bas.) — Ces accords reparaissent, un peu

MIME, de frayeur, a sursauté.

Qui peut venir me relancer dans la Forêt sauvage, jusqu'au fond de ces bois solitaires ?

---

plus loin (page 51), à ces mots de Wotan «... C'est le Voyageur... ».

A noter aussi, dans cette scène, le thème du Pouvoir des Dieux, où se retrouve un souvenir du thème de l'Epieu (voy. note de la page 236) et de la Détresse des Dieux (voy. note de la page 227).

Divers thèmes reparaissent, notamment celui du Walhall (p. 61, au bas, et page suivante), à ces paroles du Voyageur: «... Sur les cimes nébuleuses... »

Disons, d'une manière générale, que, dans toute cette scène rétrospective, il y a à peu près autant de thèmes ramenés que de faits accomplis rappelés et que ces thèmes expriment ces faits. — L'Harmonie du Voyageur ne dérive nullement, comme on le pourrait croire par un raisonnement assez naturel, des thèmes d'aventure entendus déjà. — Elle exprime bien autre chose ! — En sa résonnance lente et profonde, voilée, elle donne, positivement, l'impression d'une Force mystérieuse circulant par le Monde. — Wotan, c'est bien cette Force-là, désormais. Maintes fois déjà, dans ce premier acte de *Siegfried*, l'on a perçu comme de grands murmures sombres et sourds. — Les accords qui les constituent, je penche à les considérer comme des ébauches ou bien des dérivés de cette Harmonie du Voyageur, fixée ici en sa plénitude ; — ils exprimeraient l'approche, encore indécise, de Wotan, un environnement indéfini de Fatalité.

L'Harmonie du Voyageur appartient, avec d'autres harmonies, telles que celles du Tarnhelm et du Philtre, à la série des Thèmes qui, sans offrir un dessin mélodique caractérisé, *cantabile*, ont pourtant toute la clarté, toute la signification du *leit-motiv* proprement dit, et se ramifient, avec non moins de souplesse, suivant les variations du Drame.

LE VOYAGEUR

C'est Le Voyageur que me nomme le monde (1) : j'ai déjà voyagé bien loin, sur le dos de la terre je me suis mû beaucoup (2).

(1). « J'ai beaucoup *voyagé*..... » dit Göngröder (Odin) dans le *Vafthrudnismâl* cité. — « Jamais, *depuis que je voyage parmi les peuples*, je n'ai été appelé du même nom. » (*Poème de Grimner*, 48.) — « On peut aussi chercher la signification de plusieurs de ces noms dans les *voyages d'Odin*, dont les antiques sagas nous ont conservé le souvenir. » (*Edda* de Snorro, *Gylfaginning*.)

(2) « Je me suis *mû* beaucoup. » — « Grimm, l'Archéologue allemand, va jusqu'à nier », dit Carlyle, « qu'un homme Odin ait jamais existé. Il le prouve par l'étymologie. Le mot *Wuotan*, qui est la forme originelle d'Odin, mot répandu, comme nom de leur principale Divinité, d'un bout à l'autre des Nations Teutoniques partout; ce mot qui se rattache, d'après Grimm, au latin *vadere*, à l'anglais *wade* et autres semblables, signifie primitivement *Mouvement*, Source de Mouvment, Puissance, et est le digne nom du plus haut Dieu, non d'un homme quelconque..... Il faut nous incliner devant Grimm en matière étymologique. Considérons comme un point fixé que *Wuotan* signifie *Wading*, force de *Mouvement*. » (*Les Héros*, trad. citée, p. 39.) Quelque bizarre qu'ait pu sembler ma traduction de *rührt'ich mich viel*, « je me suis *mû* beaucoup », je crois que la voilà justifiée. Dans les pages de la *Deutsche Mythologie*, auxquelles fait allusion Carlyle, Grimm énumère d'abord et rapproche le gothique *Vôdans*, le vieux-haut-allemand *Wuotan*, le normannique (nordisch) *Odinn*. Il donne, comme étymologies, le vieux-haut-allemand *watan*, *wuot*, le vieux normannique *vada*, *ôd*, en leur attribuant les sens, non seulement du latin *vadere*, mais de *meare*, *transmeare*, *cum impetu ferri*. Il ajoute : De *watan* sort le substantif *Wuot* (μένος, *animus*, *mens*, *ingenium*) qui en vint insensiblement à signifier *Ungestüm* (impétuosité) et *Wildheit* (fougue, sauvagerie), si bien que le nom de *Wuotan* lui-même, après avoir évoqué les idées de puissance (*mächtig*) et de sagesse (*weise*), finit par évoquer celles de fougue sauvage (*wild*), d'impétuosité (*ungestüm*), de violence (*heftig*). Aussi Wagner (qui, je l'ai montré dans une note à propos de Fasolt, avait lu Grimm avec profit) qualifie-t-il Wotan de *Wilder* (sauvage), *der Mächt'ge* (*le Puissant*), *Wüthender* (furieux), etc., etc. Cette dernière signification est, de même que celle de *Mouvement*, l'une des plus étymologiques.

MIME

Meus-toi donc, et va-t-en d'ici sans t'y reposer, puisque le monde t'appelle Le Voyageur.

LE VOYAGEUR

A titre d'hôte, j'ai reposé chez les bons; des présents, plus d'un m'en a fait : car une mauvaise fortune menace les mauvais hôtes (1).

MIME

La mauvaise fortune, l'infortune, ont toujours habité chez moi : veux-tu donc grossir ma misère ?

LE VOYAGEUR, pénétrant plus avant.

Bien des choses, je les ai scrutées, j'en sais beaucoup (2) : j'en ai pu révéler de capitales à plus d'un ; plus d'un m'a dû l'unique remède à ses tortures, à sa détresse, bref à ce qui lui consumait l'âme.

MIME

Bien des choses, tu les as flairées, tu en as épié beaucoup ; je n'ai besoin ni de flaireur, ni d'espion. Je veux être ici seul, et tout seul; libre aux badauds d'aller ailleurs.

(1) Ce passage complète la synthèse des caractères prêtés à Odin par la tradition scandinave; il suggère le souvenir d'un chant tout entier de l'*Edda* de Sœmund, intitulé le *Havamâl*, ou le « Discours sublime » d'Odin. C'est, comme l'a dit J.-J. Ampère, un poème *gnomique*, dans lequel, sous une forme sentencieuse, sont déposées les idées que se faisaient les anciens Scandinaves de la supériorité intellectuelle et morale. Les vertus les plus recommandées sont la prudence, la libéralité, l'*hospitalité*: « Heureux celui qui donne ! Un hôte entre, où va-t-il s'asseoir? » — « Celui qui entre, les genoux glacés, a besoin de feu. » Etc., etc.

(2) « J'ai beaucoup voyagé, j'ai essayé d'un grand nombre de choses, j'ai mis bien des intelligences à l'épreuve. » Et plus loin : « J'ai beaucoup voyagé, beaucoup appris, j'ai mis à l'épreuve bien des intelligences. » (*Vafthrudnismâl*, cité plus haut.)

LE VOYAGEUR, se rapprochant encore de quelques pas.

Plus d'un, qui se croyait sage, ignorait L'unique chose qui lui eût été nécessaire ; et je l'amenais à m'interroger ; et je répondais, et je l'éclairais. Et c'était là sa récompense.

MIME, qui s'inquiète de plus en plus, à mesure que Le Voyageur se rapproche davantage.

Plus d'un fait étalage d'une science inopportune : la mienne me suffit, j'en ai juste assez ; mon esprit me suffit, je n'en désire pas plus : bon voyage !

LE VOYAGEUR s'assied au foyer.

C'est ici que je reste, assis au foyer. Puisque tu parles de science, parions, j'engage ma tête. Ma tête t'appartient, tu l'auras gagnée, si, à force de m'interroger, tu n'apprends point, par mes réponses, tout ce qu'il t'importe de savoir.

MIME, saisi et déconcerté, à part.

Comment me débarrasser de l'espion ? Posons-lui des questions captieuses. — (Haut.) Je prends en gage ta tête (1), en échange du foyer: vois à la sauver avec sens! Je poserai trois questions, à mon choix.

(1) « Odin partit donc pour mettre à l'épreuve l'habileté du savant Vafthrudner..... — ODIN : « Honneur à toi, Vafthrudner ! Me voici dans ta salle, où je viens te visiter en personne. Je désire savoir d'abord si tu es en effet le plus savant des géants. VAFTHRUDNER : Quel est cet homme qui vient dans ma salle pour m'adresser la parole? *Tu ne sortiras jamais d'ici, à moins que tu ne sois plus savant que moi*..... Assieds-toi dans la salle : nous lutterons ensuite à qui est le plus instruit de nous deux. » (*Vafthrudnismâl.*) Et plus loin : « *Par notre tête*, étranger, nous nous livrerons dans la salle des combats d'esprit. » — Par d'autres notes voisines, extraites du même poème, on peut se rendre compte des emprunts, assez importants, qu'y a faits Wagner. Ce genre de lutte à coups d'énigmes est un lieu commun de la poésie norse (Comparez, ci-dessous le passage tiré d'un chant tout analogue, avec, pour interlocuteurs, le dieu Thor et le nain Allvis).

LE VOYAGEUR

Et, les trois fois, je devrai répondre.

MIME, après quelque réflexion.

Sur le dos de la terre, tu t'es mû beaucoup ; l'univers, au loin tu l'as parcouru : eh bien, malin que tu es, dis-moi quelle race pullule, dans les profondeurs de la Terre.

LE VOYAGEUR

Dans les profondeurs de la Terre pullulent les Nibelungen : Nibelheim, tel est leur pays. Ce sont des Alfes-Noirs ; Schwarz-Alberich (1), jadis, les gouvernait en maître : grâce

(1) Littéralement : « *Noir-Alberich* ». Mais plutôt faut-il, décomposant le nom en ses éléments étymologiques, lui donner son vrai sens de « *Chef* », ou « *Maitre* », ou « *Roi-des-Alfes* (*Alben*)-*Noirs* », en opposition avec le titre que Wotan s'attribue plus loin, celui de « *Licht-Alberich* », « *Alberich-de-Lumière* », c'est-à-dire aussi « *Chef* », ou « *Maitre* », ou « *Roi-des-Alfes* (*Alben*)-*de-Lumière*. » — Dans une note de la « Scène » Première de *L'Or-du-Rhin*, j'ai déjà, parlant d'Alberich, dit quelque chose des Alfes-Noirs ou *Schwarzalben*. Voici comme l'*Edda* de Snorro les distingue des Alfes-de-Lumière ou *Lichtalben* (j'emploie les termes de Wagner ; ceux de l'*Edda* seraient *dock-alfar* et *lios-alfar*) : « Alfhem (Alfheimr) est la demeure des Alfes lumineux ; les Alfes-Noirs habitent dans la terre. S'ils diffèrent des premiers par l'extérieur, ils en diffèrent bien davantage encore par leurs œuvres. Les Alfes lumineux sont plus beaux que le soleil, les Alfes ténébreux plus noirs que la poix. » Des passages de l'*Edda* de Sœmund complètent ceux-ci, par exemple dans le chant de Grimner, etc. — L'antithèse et la symétrie, dans le texte allemand, sont éclatantes :

— *Schwarzalben sind sie :*
Schwarz-Alberich..... etc.
— *Lichtalben sind sie ;*
Licht-Alberich..... etc.

Alberich est d'ailleurs nommé, précédemment, *Nacht-Alberich* (Alberich-de-la-Nuit) ; plus loin, dans *Le Crépuscule-des-Dieux*, *Nacht-Hüter* (Gardien-de-la-Nuit), etc. Fasolt, s'adressant à Wotan, le qualifiait de *Lichtsohn* (Fils-de-Lumière). Aussi bien chacun de ces détails est-il expliqué à sa place.

à l'irrésistible toute-puissance d'une Bague magique, il s'était asservi cette race industrieuse ; se fit accumuler, par elle, tout un Trésor d'immenses richesses; et rêvait de soumettre le Monde. Quelle est ta deuxième question, gnome ?

MIME, réfléchissant plus profondément.

Tu m'en connais long (1), Voyageur, sur les profondeurs de la Terre : — et maintenant, dis-moi, simplement, quelle race pèse sur le dos de la Terre ?

LE VOYAGEUR

Sur l'échine de la Terre pèse la race des Géants : Riesenheim, tel est leur pays. Fasolt, Fafner, princes de ces brutes, envièrent au Nibelung sa puissance, conquirent son énorme Trésor ; et, avec le Trésor, l'Anneau, qui les brouilla : ils luttèrent, Fasolt succomba. Métamorphosé en sauvage Dragon, c'est Fafner qui garde à présent le Trésor. — Passons à la troisième question (2).

MIME, tout à fait ravi comme en un songe.

Tu m'en connais long, Voyageur, sur l'échine rugueuse de la Terre : — et maintenant dis-moi, véritablement, les cimes nébuleuses, quelle race y habite ? (3)

LE VOYAGEUR

Sur les cimes nébuleuses les Dieux habitent Walhall. Ce sont des Alfes-de-Lumière ; Licht-Alberich, Wotan, règne sur eux. Il s'est fait, d'un rameau sacré pris sur le Frêne-du-Monde, une Lance ; le tronc se desséchât-il, elle reste incorruptible ; grâce à sa pointe, Wotan gouverne l'univers. Les

(1) « Tu es savant, ô étranger !..... » (*Vafthrudnismâl.*)

(2) Littéralement : « La troisième question à présent menace. »

(3) « Dis-moi, Vafthruduer, si tu le sais et si ton esprit a quelque valeur, d'où vient la terre et le ciel élevé, savant géant ? » — « Dis-moi, Vafthrudner, si tu le sais et si ton esprit a quelque valeur, quelle est l'origine des Dieux ?..... » (*Vafthrudnismâl*, 20, 40.)

Runes-de-Loyauté, celle des Pactes divins, il les a gravées sur la hampe (1). La Lance, que serre le poing de Wotan, donne l'empire absolu du Monde à qui la porte : il a subjugué les Nibelungen ; imposé aux Géants ses lois ; à tout jamais, tous obéissent au puissant Maître de la Lance. (D'un geste comme involontaire, il frappe contre le sol sa Lance ; un sourd roulement de tonnerre gronde, épouvantant MIME.) Eh bien, sage gnome, n'ai-je pas été à la hauteur de tes questions ? Réponds : n'ai-je pas sauvé ma tête ?

MIME, arraché à la rêverie qui l'absorbait, a sursauté, saisi d'angoisse, et n'ose regarder LE VOYAGEUR.

Tu t'en es parfaitement tiré : maintenant, Voyageur, va ton chemin !

LE VOYAGEUR

Sur quoi devais-tu m'interroger ? Sur ce qui t'importe à savoir. Quel garant avais-tu que je te répondrais ? Ma tête : — à mon tour donc, je gage la tienne que tu ignores ce qui t'importe. Tu ne m'as pas accueilli comme on accueille un hôte : afin de jouir de ton foyer, j'ai remis ma tête entre tes mains. Suivant les règles du pari, la tienne m'appartient à présent, si tu ne réponds à trois questions : du courage donc, Mime, du courage !

(1) La Lance d'Odin, que les *Eddas* nomment Gungnir, est l'une des choses de l'univers sur lesquelles sont gravées les « véritables runes », suivant le *Sigurdrifumal* : « Apprends à connaître les runes de l'intelligence ..... Celui qui les trouva, les exprima et les grava le premier fut Sigfadir (Odin) ; il les puisa dans la rivière qui coulait du crâne de Heidraupnir (Mimir)..... Il se tenait sur le haut de la montagne, son épée étincelante à la main et le casque en tête. Pleine de sagesse, la tête de Mimir prononça sa première parole et indiqua les véritables runes. Il parla, et elles se gravèrent sur le bouclier du Dieu de la Lumière, ... sur l'or et sur le verre, ... sur le siège de Wala, *sur la pointe de Gungnir* et la poitrine de Grani, sur l'ongle de la Norne et sur le bec du Hibou..... Voilà les runes du savoir et les runes secourables, ... et les runes si renommées de la puissance..... Apprends à les connaître et laisse-les agir jusqu'à ce que les dieux meurent. » — Cf. p. 254, note (2).

MIME, timide, avec une craintive résignation.

Depuis longtemps déjà, j'ai fui mon sol natal ; depuis longtemps, quitté le sein maternel (1) ; depuis que l'éclat de l'œil de Wotan brille pour moi jusqu'en cette caverne, devant lui la science maternelle maigrit en moi. Mais, s'il peut m'être utile à présent d'être sage, Voyageur, interroge-moi donc ! Peut-être aurai-je la chance, puisque j'y suis contraint, de libérer ma tête de gnome (2).

LE VOYAGEUR

Eh bien, loyal gnome, dis-moi tout d'abord : quelle est la Race à qui Wotan semble cruel, quoiqu'il l'aime plus que tout au monde ?

MIME

Des races de Héros, j'ai ouï peu de choses : mais à ta question je puis répondre. Cette Race de son Désir, engendrée par Wotan, qui, malgré sa tendresse pour elle, la persécute, cette race, c'est celle des Wälsungen. De Wälse, il naquit deux jumeaux, qu'il désespéra sauvagement, deux jumeaux, Siegmund et Sieglinde : ils eurent eux-mêmes un fils, Siegfried, le plus fort des Wälsungen. — Garderai-je, Voyageur, ma tête, pour cette première réponse ?

LE VOYAGEUR

Avec quelle précision tu m'as nommé la Race ! (3) Certes, voilà de la subtilité ! La première question, tu l'as résolue ;

(1) La terre.

(2) « Puisque tu désires connaître la capacité d'un nain, mets-moi à l'épreuve, Vingthor. J'ai parcouru les neuf mondes, et je sais bien des choses. » (*Edda* de Sœmund, *Poème du Nain Allvis*, 9, analogue au *Vafthrudnismâl*.) Thor, l'interlocuteur d'Allvis (ou de Celui-qui-sait-tout), commence par ces mots l'interrogatoire : « Dis-moi, Allvis, car tu connais, je crois, tout ce qui concerne les races humaines..... »

(3) « Tu es bien savant, ô géant ! » (*Vafthrudnismâl*).

je passe donc, gnome, à la deuxième : — sur Siegfried veille un sage Nibelung, qui compte lui faire tuer Fafner, et, maître du Trésor, s'approprier l'Anneau. Quel est le Glaive qui peut, brandi par Siegfried, servir à la mort de Fafner ?

MIME, très vivement intéressé, au point d'oublier de plus en plus son actuelle situation.

Nothung, tel est le nom d'un enviable Glaive ; dans un frêne, en plein tronc, Wotan l'avait fiché ; le Glaive appartiendrait à qui l'en arracherait. Des plus forts des héros, pas un n'y réussit : seul le put Siegmund, l'intrépide ; il combattit, muni de cette arme, jusqu'à ce que la Lance de Wotan la lui eut fait voler en pièces. Maintenant c'est un sage forgeron qui garde avec soin les débris ; car il sait que le Glaive de Wotan, brandi par l'intrépide et Simple enfant (1), Siegfried, peut

(1) *Ein kühnes dummes Kind*, littéralement : « un intrépide [et] *niais* enfant ». « *Naïf* » serait peut-être plus exact, avec une idée d'*ignorance* et l'ironique intonation qu'il a souvent en notre langue. Siegfried est ainsi qualifié de *dumm*, plusieurs fois, par Mime, par soi-même. Sa *naïveté*, du reste, éclate à chaque instant, et Brünnhilde, à la fin du drame, y fait d'attendries allusions (soit lorsqu'il la prend pour sa mère, soit lorsqu'il s'effraye, comiquement, de ce qu'il a si vite « oublié » la peur). Sans cette *ignorance* de sa destinée, sans cette *inconscience* de sa haute mission, non seulement Siegfried ne serait pas *joyeux*, non-seulement il ne serait pas *libre*, libre de *crainte*, mais surtout il ne serait point, ne pourrait pas être, on le sait déjà, le Héros Rédempteur attendu par Wotan. — Aussi importe-t-il de souligner ici une première concordance entre le rôle de Siegfried, *niais*, *naïf*, *ignorant*, *dumm*, et celui plus sublime, sans doute, de Parsifal, « le Pur *Simple* » (ou « Fol »), *der reine Thor*. — D'autres comparaisons à faire seront indiquées, tout extérieures — car je ne puis, hélas, en ces notes, traiter le fond de semblables questions. — Qu'il me suffise, pour le moment, de conseiller, à quiconque aurait lu *Parsifal*, une méditation : sur les mères, de l'un et de l'autre Héros, Sieglinde et Cœur-Dolent ou Herzeleide ; et sur les circonstances où sont nés l'un et l'autre ; Beauté virile, Force virile, Joie virile, Prédestination rédemptrice, — issues de l'extrême faiblesse, de la suprême douleur, de l'affreuse prédestination à la défaite ou à la mort. — Cf. p. 451, note.

seul mettre à mort le Dragon. (Tout à fait satisfait.) Aurai-je, une deuxième fois, sauvé ma tête de gnome ?

LE VOYAGEUR

C'est-à-dire que c'est toi le plus avisé des sages : quelle sagacité sans égale ! Mais, sagace, si tu l'es assez pour vouloir, au profit d'une entreprise de gnome, exploiter l'héroïque enfant, prends garde à la troisieme question ! — Dis-moi donc, savant armurier, qui pourra bien, Nothung, le Glaive, le ressusciter de ses puissants débris ?

MIME, sursautant, éperdu d'épouvante.

De ses débris ? Le Glaive ? O malheur ! Tout tourne ! — Quoi faire ? Quoi dire ? Maudit acier, pourquoi suis-je allé te conserver ! Il m'a consumé, torturé de détresse ; il me demeure rigide, je ne puis le marteler : rivure, soudure, rien n'y fait, rien ! Si le plus savant des forgerons ne sait pas comment en venir à bout, si je ne puis pas, moi ! braser le Glaive, — le reforger, quel autre pourra ? Ce miracle, comment le produire ? Ce secret, comment le pénétrerai-je ?

LE VOYAGEUR s'est levé d'auprès du foyer.

Tu devais m'interroger trois fois ; les trois fois, je me suis dégagé : tu t'es bien enquis de choses vagues, vaines, lointaines : quant à celles qui te touchaient de si près, les seules profitables pour toi, l'idée ne t'en est point même venue. A présent, te voici bouleversé : ta tête, ta sage tête, est à moi. — Eh bien donc, gnome caduc, gage caduc, écoute, intrépide vainqueur de Fafner : seul, qui n'a point connu la Peur (1), peut forger Nothung de nouveau. (MIME, fixement, de tous ses yeux, le regarde ; LE VOYAGEUR se dispose à partir.) Ta sage tête, veille sur elle à partir d'aujourd'hui : caduque, — je la laisse à celui qui n'a jamais appris la Peur. (Il rit, sort, et s'éloigne à travers la Forêt.)

(1) Au sujet de l'origine eddique de cette idée, voir, dans *la Walküre*, la note (1) de la p. 403.

MIME, s'est affaissé, comme anéanti, sur l'escabeau derrière l'enclume : il regarde fixement, devant soi, dans la Forêt ensoleillée. — Après un assez long silence, il est saisi d'un tremblement violent.

Maudite lumière ! (*) Par là, comme l'air flamboie ! pourquoi ? Qu'est-ce qui s'y agite, y ondule, y court ? Qu'est-ce qui papillote, grouille et siffle ? Qu'est-ce qui tout alentour flotte, murmure et tremblote ? Tout brille, tout scintille, un soleil de feu ! Tout vibre, tout frémit, tout bourdonne ! Par là ! c'est par là ! un grondement ! oui, quelque chose mugit ! Et ces broussailles qui craquent ! C'est un passage qu'on se fraye ! C'est à moi qu'on en veut ! Une effroyable gueule, béante, pour me happer ! — C'est le Dragon ! C'est Fafner ! Fafner ! (Il pousse un grand cri et, tremblant, s'accroupit, derrière son enclume.)

SIEGFRIED débûche de la Forêt, écartant les broussailles qui craquent, et, du dehors encore, appelle.

Hé là ! Fainéant ! es-tu prêt, cette fois ? Vivement ! où en est le Glaive ? (Il a pénétré et s'arrête, surpris.) Mais le forgeron ? s'est-il esquivé ? Hé ! Mime ! Hé ! poltron ! (1) où es-tu ? où t'es-tu caché ?

(1)

Hehe ! *Mime* ! du *Memme* !

Littéralement : « Hé Hé ! *Mime* ! toi *poltron* ! » On voit assez que de tels jeux de mots sont intraduisibles en français. Tout au plus pourrait-on, *si le passage importait*, risquer une assonance, encore insuffisante, celle de « pusillanime », comme je l'ai fait plus loin, p. 443 :

Doch wie bringst du,
Mime mir's bei ?
Wie würst du *Memme* mir Meister ?

« Mais comment pourras-tu me les inspirer, *toi, Mime* ? *Toi*, le *pusillanime*, *toi*, comment serais-tu mon maître ? » (Dans la première phrase interrogative, *les* se rapporte à l'horreur, aux vertiges de la peur ; dans la deuxième, *toi* répété, joint à l'assonance de *pusillanime*, vise à rendre l'original par des effets équivalents).

(*) A signaler le curieux passage orchestral qui souligne les terreurs de Mime. (Partition, page 78 et seq). On en retrouvera les mystérieux murmures dans la *Symphonie de la Forêt*.

MIME, de derrière l'enclume, d'une faible voix.

Est-ce toi, mon enfant? Viens-tu seul ?

SIEGFRIED

Derrière l'enclume ? — Qu'est-ce que tu faisais là ? M'affilais-tu le Glaive, par hasard ?

MIME, hagard et distrait.

Le Glaive ? Le Glaive ? Comment le pourrais-je ? — (Comme à soi-même.) « Seul, qui n'a point connu la Peur, peut forger Nothung de nouveau. » — J'en sais trop pour une telle besogne !

SIEGFRIED

Me répondras-tu ? Veux-tu que je t'y décide ?

MIME, comme précédemment.

Me décider ? — J'ai parié ma tête, et je l'ai perdue : gage caduc, elle est à celui « qui n'a jamais appris la Peur ».

SIEGFRIED, avec violence.

Sont-ce des faux-fuyants ? Veux-tu m'échapper ?

MIME, se ressaisissant peu à peu.

J'échapperais à celui qui connaîtrait la Peur : — mais, la Peur, c'est précisément ce qu'à l'enfant je n'ai pas enseigné ! Imbécile ! avoir négligé ce qui seul m'eût été profitable ! Je voulais lui apprendre à m'aimer, — je puis me vanter d'avoir réussi ! Comment lui apprendrais-je à me craindre ?

SIEGFRIED l'empoigne.

Hé ! veux-tu que je t'aide ? Aujourd'hui, qu'as-tu fait ?

MIME

Je ne me suis occupé que de toi : il faut que je t'apprenne une chose capitale, c'est pour en chercher les moyens que je me suis enfoncé dans mes réflexions.

SIEGFRIED, riant.

Enfoncé, jusque sous ton siège : quoi de capital as-tu pu trouver là ?

MIME, se ressaisissant de plus en plus.

La Peur ! Oui, c'est la Peur que j'étudiais pour toi, pour l'apprendre à ton ignorance.

SIEGFRIED

Qu'est-ce que tu entends par la Peur ?

MIME

Tu ne l'as pas encore éprouvée, et tu veux quitter la Forêt pour t'en aller courir le Monde ? (1) A quoi te servirait le plus solide des Glaives, si la Peur te reste étrangère ?

SIEGFRIED, impatienté.

Quelque mauvaise raison que tu m'auras inventée !

MIME

Mauvaise raison ? Celle de ta mère ? C'est elle qui parle par ma bouche : il faut bien que je tienne mon serment de ne point t'exposer aux embûches du monde avant que tu aies appris la Peur.

(1) Wagner, ne le voit-on pas assez ? n'a pas le moindre besoin, grâce à son génie *dramatique*, d'une aride forme sentencieuse pour émettre de ces vues profondes. On en trouvera bientôt, ci-dessous, p. 444, un autre exemple, aussi *naturellement* amené.

SIEGFRIED

Si c'est un art, pourquoi ne le connais-je pas ? Allons ! Qu'entends-tu par la Peur ?

MIME, de plus en plus animé.

N'as-tu jamais senti, dans la Forêt obscure, au crépuscule, dans les lieux sombres, lorsqu'au loin tout y vibre, y bourdonne, y murmure, lorsqu'un sauvage grondement, de proche en proche, y ronfle, lorsqu'autour de toi tout y grouille d'une indistincte agitation, lorsque plane sur ton être une strideur grandissante, — n'as-tu pas senti, tout hagard, l'horreur paralyser tes membres ? Les membres ébranlés frissonnent et se dérobent, les sens troublés s'anéantissent dans les tourbillons du vertige ; le cœur, à coups précipités, palpite, halette, pantelle, éclate dans la poitrine ! — Si tu n'as pas éprouvé cela, tu n'as jamais connu la Peur.

SIEGFRIED

Ce doit être extraordinaire, singulièrement ! Mais ferme et fort, je le sens, reste mon cœur. Cette horreur, ce frisson, cet ébranlement, ce trouble, ces vertiges, cette paralysie qui pantelle, je les éprouverais avec plaisir ; oui, je désire vivement les connaître. — Mais comment pourrais-tu me les inspirer, toi, Mime ? Toi, le pusillanime, toi, comment serais-tu mon maître ?

MIME

Suis-moi seulement, je te guiderai bien : à force d'y penser, j'ai trouvé. Je connais un funeste Dragon ; il a étouffé beaucoup d'hommes, il en a dévoré beaucoup. C'est lui, Fafner, qui t'apprendra la Peur, si tu me suis à son repaire.

SIEGFRIED

Où est-ce ?

MIME

Neid-Höhle (1), tel est son nom : à l'Est, à l'extrémité de la Forêt.

SIEGFRIED

Alors, ce ne serait pas loin du Monde ?

MIME

Neid-Höhle ? — on ne peut plus près du Monde ! (2)

SIEGFRIED

C'est donc là qu'il faudra me conduire: ensuite, la Peur apprise, en avant par le Monde ! Mais, d'abord, forge-moi mon Glaive ; c'est dans le Monde que je le veux brandir.

MIME

Le Glaive ? O détresse !

SIEGFRIED

A la forge et tout de suite ! Voyons, qu'as-tu fait ? Montre.

MIME

Fer maudit ! comment le réparer ? Je ne pourrai pas ! Un charme, un charme tenace ! Comment en venir à bout ? Pas un gnome n'aura cette puissance ! Quiconque ne connaît point la Peur y réussirait sans doute mieux.

SIEGFRIED

Des finesses ! Des défaites ! Des mensonges ! toute sa science ! Des ruses, pour se tirer d'affaire : le fainéant ! S'il confessait,

(1) *Neid-Höhle*, « Antre-de-Haine-et-d'Envie ».

(2) Wagner, disais-je plus haut, n'a pas le moindre besoin, grâce à son génie *dramatique*, d'une aride forme sentencieuse pour émettre de ces vues profondes. J'en donnais alors un exemple, et j'en annonçais un deuxième — le voici : « Alors, ce ne serait pas loin du monde ? — Neid-Höhle ? (*Antre-de-Haine-et-d'Envie*) On ne peut plus près du monde ! » — En effet ?.....

encore, qu'il n'est qu'un bousilleur ! — Assez de bousillage ! Donne-moi ces tronçons ! C'est le fer de mon père, — il me cédera bien : c'est moi-même qui le forgerai, mon Glaive! (1)

MIME

Sans doute y réussirais-tu, si tu avais pratiqué l'art avec quelque assiduité ; mais toutes mes leçons te laissaient sans zèle : à présent, que veux-tu faire de propre ?

SIEGFRIED

Ce que son maître n'a pu, l'apprenti le pourrait-il ? Il aurait eu beau l'écouter toujours ! — Déguerpis ! Mêle-toi de tes affaires : ou je te jette au feu, toi aussi ! (Ayant accumulé sur l'âtre une masse de braises, il alimente sans cesse la flamme, serre, dans un étau, les tronçons du Glaive, lime, et les réduit en limaille.

MIME, en le regardant travailler.

Qu'est-ce que tu fais là ? Prends donc la soudure !

SIEGFRIED

Pas de soudure ! Je n'en ai pas besoin : pas de bouillie pour forger un Glaive !

MIME

Tu m'uses la lime, tu fausses la râpe : comment veux-tu limer de l'acier ?

(1) Dans le *Wieland der Schmied* de Simrock, Siegfried disait textuellement : « C'est moi-même qui le forgerai, mon Glaive ! » et toutefois ne le forgeait-il point. — Dans le poème d'Uhland, *Siegfried's Schwert*, déjà mentionné, le héros, d'ailleurs élève d'un forgeron, réussissait à se créer l'arme. — Dans la *Tétralogie* seulement, il vient à bout d'un tel projet malgré son ignorance de l'art, — à cause même de cette ignorance, marmottera Mime un peu plus loin.

SIEGFRIED

Il faut que je le voie pulvérisé : ce qui est en deux, c'est ainsi que je le dompterai.

MIME, tandis que SIEGFRIED lime avec frénésie.

L'expérience ici ne sert de rien, je le vois clairement : ici, à l'ignorant, sert son ignorance même! Comme il peine et comme il y va! Avec quelle force! L'acier disparaît, ce n'est pas long! J'ai beau être aussi vieux que cette grotte et cette Forêt, voilà ce que je n'ai jamais vu faire! (1) Mais viendra-t-il à bout du Glaive? Nous verrons bien : si, lui qui ne connaît point la Peur, il réussit, s'il le fourbit et s'il l'achève, — c'est que Le Voyageur avait donc raison! Il s'agit, à présent, de sauver ma tête, ma tremblante tête : comment m'y prendre? C'est à lui, l'intrépide enfant, qu'elle appartient, s'il n'apprend par Fafner la Peur. Mais, malheureux que je suis, j'y pense! Comment tuerait-il le Dragon, si le Dragon lui inspire la Peur? Maudite alternative! Je m'y engluerais ferme, si je ne trouvais quelque expédient pour venir à bout du sans-Peur lui-même.

SIEGFRIED, ayant limé jusqu'au bout les tronçons, en a rassemblé la limaille dans un creuset, qu'il met au feu : il entretient, durant ce qui suit, la flamme, avec le soufflet de forge.

Hé, Mime, vivement : comment se nomme-t-il, le Glaive que j'ai pulvérisé ?

(1)

Nun ward ich so alt
Wie Höhl'und Wald,
Und hab'nicht so'was geseh'n!

Presque textuellement tiréo de maints *Märchen* populaires allemands, cette phrase est tout évocatrice de cette mythologie panthéistique des Nix, des Alfes, des Dvergues, des Elfes, etc. C'est pourquoi sans doute Wagner l'a cueillie, afin que la synthèse fût complète.

MIME, sursautant, tiré de ses réflexions.

Nothung (1) est le nom de l'enviable Glaive : c'est ta mère (2) qui m'en a transmis la tradition.

SIEGFRIED, au travail (*).

Nothung ! Nothung ! enviable Glaive ! pourquoi t'es-tu brisé jadis ? Voici (3), j'ai réduit en paillettes ton acier, ton éclat d'acier : au creuset la limaille ! au feu !

Hoho ! Hoho ! — Haheï ! Haheï ! — Souffle, soufflet ! — Souffle le feu ! — Dans la forêt croissait un arbre, j'ai rué bas l'arbre sauvage : du frêne brun, j'ai fait du charbon. Voici, sur le foyer le frêne est en monceau !

Hoho ! Hoho ! — Haheï ! Haheï ! — Souffle, soufflet ! — Souffle le feu ! — L'arbre en charbon, qu'il brûle fièrement !

(1) *Voir*, dans *la Walküre*, la note (4) de la p. 337. — D'après cette note, le Glaive s'appelle, dans la *Völsunga*, dans les deux *Eddas* : *Gram*, qui signifie *angoisse* ou *colère*. — D'ailleurs, dans le *Nibelunge-nôt*, l'épée de Siegfrid a nom : *Balmung* ; dans le chant danois (*Sivard et Brynhild*) : *Adelring*, etc.

(2) *Voir* dans *la Walküre* la note (1) de la p. 387.

(3) « Voici » : il y a dans le texte *nun*, dont le sens est celui de « maintenant », « à présent », et qui souvent du reste est explétif. Je crois n'avoir nul besoin de justifier autrement cet emploi d'un mot dont l'équivalent est d'un si général usage dans les poésies *primitives*, — puisque aussi bien ce chant de Siegfried nous suggère l'authentique genèse de la Poésie dans les races humaines en contact avec la Nature : il nous suggère encore, à un autre point de vue, l'enthousiasme joyeux de l'Homme qui, pour la première fois, s'asservit la Matière. Mais d'ailleurs, quoi Wagner ne nous suggère-t-il point ?

(*) Voici le chant de la Forge : Un nouveau motif de forge se développe, plein d'entrain, très touffu, rythmant puissamment la très simple mélodie de Siegfried. Il ne ressemble nullement au morne motif de forge, affecté à Mime et aux Nibelungen, et qui exprime une idée de travail âpre et stérile. (Partition, pages 106 et suiv.)

Comme il rutile clair et sublime! Il pétille, les bluettes jaillissent, il me fond ma poussière d'acier.

Hoho! Hoho! — Haheï! Haheï! — Souffle, soufflet! — Souffle le feu! — Nothung! Nothung! enviable Glaive! déjà fond ta poussière d'acier : tu nages dans ta propre sueur, — bientôt je te brandirai, mon véritable Glaive!

MIME, assis à l'écart, et — durant les interruptions du chant de SIEGFRIED, — toujours à part.

Son Glaive, il le forgera; Fafner, il le tuera : cela, je le vois à coup sûr d'avance; par cette mort c'est le Trésor qu'il conquiert, c'est l'Anneau : — lui ravir ses conquêtes, comment? Par la ruse, avec de l'adresse, je m'approprierai l'une et l'autre, et mettrai ma tête en sûreté. Voyons : il a tué le Dragon; la lutte l'a fatigué; pour le réconforter, je lui présente un breuvage; dans ce breuvage, j'aurai mis des sucs aromatiques, recueillis tout exprès pour lui; il boit : quelques gouttes suffiront, pour qu'il tombe insensible et dorme; avec l'arme même qu'il s'est faite, je me débarrasse alors de lui : à moi le Trésor, à moi l'Anneau! Heï! sage Voyageur, si je t'ai paru bête, comment te plaît maintenant mon subtil esprit? Le remède, l'ai-je découvert? Mon repos, l'ai-je assuré? (Il se lève tout guilleret pour aveindre des vases, dont il verse dans une marmite les ingrédients.)

SIEGFRIED, l'acier fondu, l'a coulé dans un moule, qu'il plonge à l'instant même dans l'eau; on entend le bruit strident de la trempe.

C'est un flux de feu qui vient de fluer dans l'eau : c'est sa furieuse rage qui vient d'y siffler; le froid qui l'a calmé l'aura bientôt congelé. Est-ce qu'il blesse encore l'eau, le flux dévorant? Non pas! Est-ce qu'il la brûle encore? Non plus! Il est devenu ferme, l'acier, souverainement inflexible et dur : voici, du sang brûlant l'aura baigné, bientôt! — Et maintenant, sue encore une fois, sue que je t'achève : Nothung, Nothung, enviable Glaive! (Il met au feu le Glaive, et l'y fait rougir. Puis il se tourne du côté de MIME, qui, à l'autre bout du foyer, pose une marmite au bord du feu.) Qu'est-ce que fait le balourd avec sa marmite? Moi, je fais chauffer l'acier, — mais toi ! quel brouet viens-tu brasser là?

MIME

Que veux-tu? le forgeron a honte de voir son élève en remontrer au maître ; puisque pour le vieux c'en est fait de son art, qu'il soit donc le cuisinier de l'enfant : à l'un de faire bouillir le métal, au vieux de lui faire bouillir la soupe. (Il continue de faire cuire.)

SIEGFRIED, sans cesser de travailler.

Mime, l'artiste, étudie désormais la cuisine ; l'art de forger n'est plus de son goût : il m'a forgé des glaives, tous je les ai brisés ; s'il me fait la cuisine, je n'y toucherai donc pas. — La Peur, il veut me conduire où j'apprendrai la Peur ; il faut qu'un autre, au loin, me l'enseigne : il ne le peut pas lui-même, — et c'est ce qu'il connaît le mieux ; sa nullité se révèle en tout ! (Il a retiré l'acier rougi, et le martelle, sur l'enclume, avec le grand marteau, tout en chantant ce qui suit.)

Hoho ! Haheï ! Hoho ! — Forge, mon marteau, forge un solide Glaive ! — Hoho ! Haheï ! — Haheï ! Hoho ! — Haheï ! Hoho ! Haheï !

Ton bleu blafard, le sang le teignit, jadis, d'un rouge ruissellement d'écarlate : tu riais alors, frais acier, léchant le sang tiède, glacial acier ! — Hahaheï ! Hahaheï ! — Hahaheï ! heï ! heï ! — Hoho ! Hoho ! Hoho ! — Voici, la fournaise, aujourd'hui, c'est la fournaise qui t'a rougi ; le marteau ploie ta souple trempe : ta rage pétille en étincelles, sur moi qui t'ai vaincu, rebelle ! — Heyaho ! heyaho ! — Heyaho ! ho ! ho ! — Hoho ! hoho ! haheï !

Hoho ! haheï ! hoho ! — Forge, mon marteau, forge un solide Glaive ! — Hoho ! haheï ! — Haheï ! hoho ! — Haheï ! hoho ! haheï !

Tes vives étincelles, pour moi quelle joie vive ! Violence de la colère, ornement pour le brave ! Tu t'égayes, tu me souris, tu prends des airs, aussi, des airs farouches, des airs furieux ! — Hahaheï ! hahaheï ! — Hahaheï ! heï ! heï ! — Hoho !

hoho! hoho! — Par la flamme et par le marteau, j'ai triomphé! Étiré sous mes coups puissants, cesse de rougir : assez de honte! Sois froid, sois dur, autant que tu peux. — Heyaho! heyaho! — Heyaho! ho! ho! — Haheï! hoho! haheï! (En proférant les dernières notes, il plonge dans l'eau l'acier, et rit, au bruit strident.)

MIME, revenu à l'avant-scène, pendant que SIEGFRIED, en la poignée, fixe la lame forgée du Glaive.

Il s'est fait un Glaive affilé pour tuer Fafner, mon ennemi; moi, j'ai fait un breuvage pour me tuer Siegfried, quand il m'aura tué Fafner. Ma trahison doit réussir; ma ruse, avoir sa récompense! L'étincelant Anneau créé par mon frère, l'Anneau magique, par lui doué d'une toute-puissance irrésistible, l'Or clair, qui rend souverain, je l'aurai conquis, moi! — Moi! — Alors, Alberich même, qui m'asservit jadis, à mon tour je l'assujettis aux corvées du reste des gnomes : alors, rentré sous terre, je suis prince des Niblungen; alors, tout le troupeau m'obéit! — Le gnome qu'on méprisait, combien on l'estimera! Les Dieux, vers le Trésor, s'empressent, et les Héros : au branle de ma tête, l'univers s'incline; devant ma fureur, il frémit! — Et certes, Mime ne travaillera plus : c'est pour lui, que travailleront les autres, afin de l'enrichir, à jamais. Mime, l'intrépide, Mime sera roi, prince des Alfes, universel Maître! Hein, Mime! crois-tu que tu as de la chance? Toi! qui t'eût jamais prédit cela?

SIEGFRIED, durant les pauses de la tirade de MIME, et tout en achevant tour à tour de limer, d'affiler son Glaive, de le marteler au petit marteau.

Nothung! Nothung! enviable Glaive! Glaive refixé dans la poignée! Glaive en deux! Glaive refait par moi! Plus un coup ne te rompra, plus un. Tu t'es brisé, mon père est mort; je suis vivant, tu ressuscites, ton riche éclat rit à son fils, ton fil d'acier tranche à coup sûr. Nothung! Nothung! jeune! rajeuni! c'est moi qui t'ai ressuscité. Mort, en débris, tu gisais là; te voici radieux, fier, auguste! Montre aux scélérats ton éclat! frappe le traître, égorge l'infâme! Et toi, viens voir, forgeron de Mime, comment tranche le Glaive de Siegfried ! (*)

(Frappée du Glaive, qu'il a brandi en prononçant les derniers mots, l'enclume se fend, de haut en bas, en deux masses qui tombent à grand bruit (1). MIME, arraché à son extase, tombe, d'épouvante, assis par terre. SIEGFRIED lève joyeusement son Glaive. — Le rideau tombe.)

(1) « Et voilà le jeune Sjurd qui chevauche devant sa porte (celle de Regin). Regin rejette loin de lui tous ses outils de forgeron et saisit une épée : — « Sois le bienvenu, Sjurd, je t'ai forgé une épée ; si le courage ne te manque pas, tu iras loin en tes chevauchées. » Sjurd s'avança vers l'enclume et frappa de toutes ses forces. L'épée était si dure qu'elle ne pouvait plier ni se briser. Sjurd frappe avec force, et, du coup, il fend du haut en bas l'enclume et le billot qui la supporte. » (*Chants des Iles Féroé.*) « Alors Regin forgea une épée qui s'appelait Gram et qui était si acérée que quand Sigurd la tenait dans une rivière, elle coupait un flocon de laine que le courant apportait contre son tranchant. Puis, avec cette arme, Sigurd fendit jusqu'en bas l'enclume de Regin. » (*Edda de Snorro*). Analogues détails dans l'*Edda* de Sœmund (*Sigurdakvidha Fâfnisbana önnur*), dans la *Völsunga-saga*, dans la *Wilkina* ou *Thidreks-Saga*, etc. — Parmi les ressemblances *extérieures* de Siegfried et de Parsifal, notons en passant que ce dernier se coupe lui-même son arc et ses flèches. — En ce qui concerne Siegfried, Wagner a bien compris que le héros seul devait se reforger son Epée. Dans la *Tétralogie* seulement, remarquais-je plus haut, Siegfried vient à bout de ce projet malgré son ignorance de l'art, — *à cause même de cette ignorance*, a pu dire Mime. En effet, recréée par lui, dans ces conditions, *à ces conditions*, elle ne sera plus l'arme d'un Siegmund, d'un héros qui ne devait son Glaive, comme sa détresse, comme son courage et ses révoltes, qu'à Wotan même ; cette épée ne sera plus la Pensée de Wotan, mais l'arme d'un Héros vraiment libre ; l'arme d'une indépendante Humanité, dont Siegfried symbolise la Jeunesse, la Joie ; l'arme ainsi capable sinon d'effectuer, du moins de préparer, et de rendre possible, l'Acte unique, l'Acte libérateur et rédempteur ; l'arme capable, enfin, de fracasser la Lance, sur laquelle sont inscrites les Runes des Conventions, seules gardiennes de l'Ordre établi.

(*) A ces paroles, la Fanfare du Glaive jaillit, foudroyante. (Partition, page 135 en haut.) Le finale de l'acte est bâti sur ce thème.

ACTE DEUXIÈME

PROFONDE FORÊT

(Tout à l'arrière-plan, l'ouverture d'un antre. Le sol s'élève depuis la rampe jusque vers le milieu de la scène, où il fait une petite plate-forme; à partir de là il s'abaisse, en arrière et du côté de l'antre, dont l'ouverture ainsi n'est vue du spectateur que dans sa partie supérieure. A gauche on aperçoit, à travers les arbres de la Forêt, une muraille de rocs, crevassée. — Nuit obscure, plus profonde encore à l'arrière-plan, où d'abord l'œil du spectateur ne doit distinguer absolument rien.)

ALBERICH, couché à l'écart, tout auprès de la muraille de rocs, en une sombre méditation.

Dans la nuit et dans la Forêt, devant Neidhöhle, je demeure de garde : mon oreille guette, mon œil épuisé veille. — Aube tremblante, est-ce toi qui déjà tressailles ? Au travers des ténèbres, est-ce ta pâleur qui point ? (Un vent d'orage (1) s'élève, à droite, dans la Forêt.) Là ! quelle est cette lueur qui brille ? Elle se rapproche, elle resplendit, c'est une éblouissante clarté ; il court comme un coursier d'éclairs qui se fraye par la Forêt passage, en s'ébrouant. Qui approche ? est-ce déjà l'égorgeur du Dragon ? est-ce déjà celui qui tuera Fafner ? (La bourrasque s'apaise, la lueur disparaît.) La clarté s'est éteinte, — sa flamme

(1) A qui lut avec soin mes notes, faut-il remémorer que Wotan est le « Père-des-Orages » (*Sturmvater*), et quel est son « coursier d'éclairs », et pourquoi lui, *Lichtsohn*, « approche brillant, dans l'ombre ? » et tant et tant d'autres détails analogues? J'imagine que non.

a disparu : de nouveau, la nuit. — Qui approche là, brillant, dans l'ombre ?

LE VOYAGEUR sort de la Forêt, et s'arrête en face d'Alberich.

Neidhöhle ! m'y voici donc arrivé par la nuit : qui vois-je dans les ténèbres, là ? (Comme jailli des nuages tout à coup déchirés, le clair de lune pénètre, et projette sa lumière sur la figure du Voyageur.)

ALBERICH reconnaît LE VOYAGEUR, et recule d'effroi.

Toi ! ici ! (1) t'y montrer toi-même ? (Avec une explosion de fureur.) Qu'y veux-tu ? Arrière, passe ton chemin ! Hors d'ici, voleur sans pudeur !

LE VOYAGEUR

Schwarz-Alberich, c'est toi qui rôdes ici ? Est-ce que c'est toi qui veilles sur le gîte de Fafner ?

ALBERICH

Est-ce que ton envie, à toi, et ta haine, sont en quête d'un nouveau forfait ? Ne t'attarde pas ici ! écarte-toi d'ici ! Cette place, grâce à ta perfidie, ne fut que trop abreuvée de détresse ; maintenant donc, impudent que tu es, laisse-la moi libre !

LE VOYAGEUR

C'est pour voir, et non pour agir, que je suis venu (2) : qui pourrait m'interdire l'étape du Voyageur ?

(1) « Cette Forêt, le Puissant la craint et l'évite », disait Brünnhilde en *La Walküre*. Wotan craignait d'être tenté, quoique « frapper Fafner » lui fût « interdit. » Mais à présent qu'ayant *renoncé*, comme on s'en convaincra bientôt, il vient « pour voir, non pour agir, » il ne redoute plus les tentations. Alberich ne peut croire encore à ce renoncement ; d'où sa fureur et son effroi.

(2) Wotan, perdant Brünnhilde, a perdu, avec son vivant Désir, le goût d' « agir. » — « *Depuis qu'il s'est arraché de toi*, » dit Waltraute à Brünnhilde, au *Crépuscule-des-Dieux*, « dans les mêlées Wotan ne nous a plus envoyées » (*nous* désigne les Walkyries) ;

ALBERICH éclate d'un rire hargneux.

Esprit de fureur ! génie d'intrigue ! Si pourtant j'étais, à ton avantage, aussi aveugle, aussi naïf qu'autrefois quand tu me pris au piège ! Comme tu réussirais sans peine à me dérober encore l'Anneau ! Prends garde : ton art, je le connais bien, mais ton faible non plus n'est pas un secret pour moi. Mes trésors ont payé ta dette ; mon Anneau, l'effort des Géants qui t'avaient édifié ton Burg : ce qu'avec les arrogants, jadis, tu as conclu, les Runes en sont encore aujourd'hui garanties par la hampe souveraine de ta Lance. Ce qu'à titre de salaire tu leur as compté, tu ne peux l'arracher aux Géants : tu briserais toi-même la hampe de ta Lance ; dans ta main le sceptre suprême, tout fort qu'il est, tomberait en poudre.

LE VOYAGEUR

S'il m'a soumis ta méchanceté, ce n'est point par les Runes-de-Foi d'aucun pacte ; s'il t'asservit à moi, c'est par sa force propre : aussi est-ce pour la guerre que je le garde avec soin.

ALBERICH

Fières sont tes menaces, arrogante est ta force, mais comme, au fond du cœur, tu trembles ! Le gardien du Trésor, Fafner, est voué à la mort par ma Malédiction : — qui — héritera de lui ? L'enviable Trésor retournera-t-il au Niblung ? voilà ce qui t'assassine d'un éternel souci ! Car l'Anneau, si jamais je parviens à le ressaisir, j'en utiliserai la puissance

« sans direction, pleines d'inquiétude, nous chevauchions, au hasard, du côté des armées. Les Héros du Walhall, Walvater les fuyait : seul, à cheval, sans repos ni répit, il courait le Monde, en Voyageur... » etc., etc. Il faudra remarquer, en effet, qu'à mesure que se développe le quadruple Drame, Wotan y « agit » de moins en moins. Dans le *Crépuscule-des-Dieux*, il ne paraîtra plus, encore que tous les événements n'y soient, y compris le dénouement, que les inévitables péripéties, l'inévitable catastrophe, issues de ses « actions » antérieures.

autrement que de stupides Géants : qu'alors tremble l'auguste gardien des Héros (1) ! J'assaille les hauteurs du Walhall avec l'armée de Hella (2) : je deviens Maître de l'univers !

LE VOYAGEUR

Ton projet m'est connu ; mais il ne m'inquiète pas : l'Anneau, qui le conquerra l'aura.

ALBERICH

En quels termes vagues tu profères ce que nettement, d'ailleurs, je sais ! Ton arrogance compte sur la Race, la bien-aimée Race héroïque en laquelle refleurit ton sang. Sans doute as-tu pris soin d'élever certain gaillard, qui, bravement, e cueillerait le fruit que tu ne peux cueillir ?

LE VOYAGEUR

Ce n'est pas à moi qu'il faut chercher noise, c'est à Mime : ton frère, voilà pour toi le péril ; un enfant qu'il amène doit lui tuer Fafner. L'enfant ne sait rien de moi ; c'est le Niblung qui, seul, le fait agir à son profit. C'est pourquoi je te dis, camarade : agis, toi, librement, suivant tes intérêts ! Entends-moi bien, sois sur tes gardes : l'Anneau, l'enfant l'ignore, mais Mime est édifié.

ALBERICH

Tu retirerais du Trésor ta main ?

LE VOYAGEUR

Celui que j'aime agira pour soi, je le laisse agir : qu'il

(1) « Comment ce Dieu (Odin) trouve-t-il de quoi nourrir une foule qui doit être considérable (celle des Héros) ? — Har répondit : Elle est en effet très nombreuse et s'accroîtra bien davantage encore ; cependant elle sera insuffisante quand Fenris viendra. » (*Edda* de Snorro, *Gylfaginning*.)

(2) « Au Ragnarœcker (Crépuscule-des-Dieux) toute la suite de Hel sera avec Loke. » (*Edda* de Snorro.) — Sur Hella, p. 366, n. (3).

triomphe ou succombe, il est son propre Maître (1) : quant à moi, mes Héros seulement peuvent m'être utiles (2).

ALBERICH

C'est à Mime, et à lui seulement, que j'aurais à disputer l'Anneau ?

LE VOYAGEUR

Hors toi et lui, nul n'y aspire.

ALBERICH

Et pourtant, l'Anneau pourrait m'échapper ?

LE VOYAGEUR

Qui va venir libérer le Trésor ? C'est un Héros ; et l'Or, qui le convoite ? deux Niblungen ; et l'Anneau, qui le garde ? C'est Fafner : il succombe, — l'Anneau reste à qui l'a su râfler. — En veux-tu plus ? Où dort le Dragon ? Là ! si tu le mets en garde contre la mort, peut-être va-t-il, de bonne grâce, t'abandonner cette bagatelle. — Tiens, je vais moi-même te l'éveiller (3). — (Il se tourne du côté du fond.) Fafner ! Fafner ! réveille-toi, Dragon !

(1) Sein Herr ist er, « il est son maître. » — L'*Edda* de Sæmund (*Sigurdakvida Fâfnisbana æunur*), les *Chants des Iles Féroë*, la *Völsunga*, font d'Odin, tantôt sous les noms de Hnikar, Feng, Fiœlnir, etc., tantôt sous la forme d' « un homme âgé » qui « n'a qu'un œil au front », — le protecteur de Sigurd ou Sjurd, dont il guide la barque, ou auquel il donne des conseils pour tuer le Dragon, etc. On sait déjà, par la *Walküre*, que Wagner ne pouvait adopter cette version : « Un seul, » a dit Wotan, « peut ce qui m'est impossible : un Héros que mes préférences mêmes ne me pousseraient jamais à soutenir : qui, étranger au Dieu, *affranchi de sa faveur*, réaliserait inconsciemment, sans en avoir reçu mission, *et à l'aide de ses propres armes*, l'objet de mon exclusif Désir... », etc.

(2) Les Héros de Walhall.

(3) Wotan se nomme en effet lui-même ailleurs *der Weckrufer*, mot qui signifie « l'*Éveilleur* ».

ALBERICH, à part, frappé d'étonnement.

Où veut en venir sa sauvagerie (1) ? Se pourrait-il qu'il me fût propice ?

De la ténébreuse profondeur de l'arrière-plan,
LA VOIX DE FAFNER :

Qui trouble mon sommeil ?

LE VOYAGEUR

Quelqu'un est venu te crier détresse : c'est la vie qu'il te sauve, la vie, si tu la lui achètes du Trésor que tu gardes.

FAFNER

Que veut-il ?

ALBERICH

Veille, Fafner ! Veille, Dragon ! Un fort Héros approche, c'est ta vie sacrée qu'il menace.

FAFNER

J'ai faim de lui.

LE VOYAGEUR

Intrépide sa vigueur d'enfant ; tranchant, son Glaive.

ALBERICH

C'est l'Anneau d'Or seul qu'il convoite : laisse-moi l'Anneau pour récompense, je détourne la lutte, tu gardes ton Trésor, et c'est en paix que tu vis longtemps !

FAFNER — bâille.

Je gis et possède : — laissez-moi dormir !

(1) Littéralement : « Le Sauvage ».

LE VOYAGEUR éclate de rire.

Eh bien, Alberich, c'est un coup manqué ! Mais tu n'iras plus m'accuser ! Un seul mot encore, réfléchis-y bien : tout suit les lois de son naturel ; tu n'y changeras rien. Je t'abandonne la place : tiens-y ferme ! Fais l'épreuve avec Mime, ton frère : avec son naturel, à lui, sans doute réussiras-tu mieux. Quant au reste, apprends-le toi-même : ce ne sera pas long ! (Il disparaît dans la Forêt. Un vent d'orage s'élève, et s'apaise aussitôt.)

ALBERICH, l'ayant un long temps suivi des yeux avec colère.

Il part, sur sa monture de flamme : je reste, soucieux et bafoué ! Mais vous pouvez rire, Dieux que vous êtes, Dieux légers et voluptueux : je vous verrai tous périr encore ! L'Or ! tant qu'à la lumière du jour l'Or rayonnera, quelqu'un qui sait fera vigilance ! quelqu'un qui sait et qui vous brave ! quelqu'un qui trompera votre espoir !

(Crépuscule matinal. **ALBERICH** s'insinue dans une fente de rocher.)

MIME et **SIEGFRIED** arrivent au jour naissant. **SIEGFRIED** porte le Glaive à un baudrier. **MIME** examine l'endroit minutieusement ; puis il se dirige vers le fond, du côté de l'antre, qui reste plongé dans d'épaisses ténèbres, tandis que le soleil levant illumine, de plus en plus clair, la roche qui en masque l'entrée. **MIME** revient enfin vers **SIEGFRIED**.

MIME

Nous y sommes ! ne va pas plus loin !

SIEGFRIED s'assied sous un grand Tilleul.

C'est ici que j'apprendrai la Peur ? — Loin m'as-tu mené ; une nuit entière, par la Forêt, nous avons voyagé tous deux ; c'est bien ! dorénavant, Mime, tu dois m'éviter ! Si je n'apprends ici ce qu'il me faut apprendre, c'est seul qu'alors j'irai plus loin : enfin ! je serai donc délivré de toi !

MIME s'assied vis-à-vis, sans perdre de vue l'Antre.

Crois-moi, cher ! Si tu n'apprends pas, aujourd'hui et ici, la Peur, dans tout autre endroit, en tout autre temps, difficilement tu l'éprouveras. — Vois-tu, là, cette sombre gueule d'antre ? Il y gîte un Dragon sauvage horriblement, monstrueusement cruel et grand ; son épouvantable gueule s'ouvre : poil et peau, d'un seul coup sa rage peut t'engloutir.

SIEGFRIED

Il sera bon, cette gueule, de la lui fermer ; c'est bien ! j'aurai soin d'éviter ses dents.

MIME

Il distille et crache une bave venimeuse, qui dévore jusqu'aux os la chair.

SIEGFRIED

C'est bien ! pour que le venin de la bave ne puisse m'atteindre, j'aurai soin de me ranger sur le flanc du Dragon.

MIME

Sa queue est d'un serpent, elle s'élève avec force : malheur à celui qu'elle étreint ! Ses membres enlacés sont broyés comme du verre !

SIEGFRIED

Pour me préserver du branle de la queue, je ne perdrai pas de vue l'adversaire. — Mais un cœur, le Dragon a-t-il un cœur, dis-moi ?

MIME

Un féroce, inflexible cœur !

SIEGFRIED

Et ce cœur, est-il à la même place que chez l'homme et les animaux ?

MIME

Sans doute, enfant, à la même place; et maintenant, sens-tu venir la Peur?

SIEGFRIED

Nothung ! je pousse Nothung au cœur de l'orgueilleux : est-ce donc là de la Peur, par hasard ? Hé, vieux ! si c'est là tout ce que tu as à m'apprendre, tu peux continuer ta route ; ce n'est pas encore ici que je connaîtrai la Peur.

MIME

Attends la fin ! Ce que je t'en ai dit, que ce soit pour toi comme un bruit sourd : lorsque ce sera lui qu'en personne il te faudra voir face à face, rien qu'à le voir, oui, rien qu'à l'entendre, alors, tes sens défailliront ! Tu croiras sentir tes regards se noyer; le sol, vaciller sous tes pieds ; dans ta poitrine, ton cœur tremblant panteler : c'est alors, que tu me sauras gré de t'avoir conduit ; alors, que tu te rappelleras Mime, et que tu pourras juger s'il t'aime.

SIEGFRIED d'un bond se lève, révolté.

Tu ne dois pas, m'aimer ! Te l'ai-je dit, oui ou non ? Retire-toi de ma vue, et laisse-moi seul ! je ne supporterai pas plus longtemps que tu viennes me parler de ton amour ! (1) Oh! cette tête qui branle, ces yeux qui clignotent, quand pourrai-je enfin ne plus les voir, quand n'aurai-je plus le dégoût de les voir? Quand serai-je délivré de l'imbécile ?

MIME

Je te laisse : je vais me coucher là-bas auprès de la source. Tu n'as, toi, qu'à rester ici ; quand le soleil sera haut, surveille le Dragon ; c'est de l'antre qu'il se déroulera : c'est ici tout près qu'il passera, pour s'en aller boire à la source.

(1) « Ecoute, illustre Sjurd, va, chevauche... Pour un chef tel que toi, je suis prêt à donner ma vie. — Ecoute, Regin, tu me parles ainsi, mais, ô forgeron Regin, tu nourris d'autres sentiments au fond du cœur. » (*Chants des Iles Féroë.*)

SIEGFRIED, riant.

La source ! Si tu t'y arrêtes, Mime, j'y laisserai bien aller le Dragon : quitte à lui pousser dans les reins Nothung, aussitôt qu'il t'aura toi-même ingurgité ! Crois-moi donc, ne va pas te reposer auprès de la source : va-t'en ! va-t'en, le plus loin possible, et ne reviens plus jamais vers moi !

MIME

Tu ne peux pas m'interdire (1) de t'apporter à boire après un aussi rude combat ? Au surplus, s'il te faut un conseil, appelle-moi ; — ou encore, si la Peur t'a pris. (SIEGFRIED, d'un geste violent, le chasse.)

MIME, à part, tout en s'en allant.

Fafner et Siegfried — Siegfried et Fafner — ah ! s'ils pouvaient s'entrégorger ! (Il disparaît dans la Forêt.)

SIEGFRIED, seul. — Il se rassied sous le grand Tilleul.(*)

Que ce ne soit pas là mon père, comme je m'en sens heureux ! C'est à présent seulement que me plaît la fraiche Forêt ;

(1) « Promets-moi encore ceci, illustre Sjurd, quand tu te rendras sur la bruyère, sur la Glitraheide » (la bruyère étincelante où est couché le Dragon), « consens à ce que je t'y suive. » (*Chants des Iles Féroë*)

(*) Ici commence cette admirable Symphonie des Murmures de la Forêt. (Partition à partir de la page 173.) — L'inspiration de Wagner s'y épanouit en un souffle d'idyllisme héroïque. De mystérieux murmures frissonnent dans l'orchestre. Mais voici que de ces profondeurs palpitantes, doucement, mariant ses modulations au bruissement de la forêt, le thème si mélancolique des Malheurs des Wälsungen se déroule. (Cf. Valkyrie, partition, pages 15 et 16. — Voy. la

c'est à présent seulement que me rit la joie du jour : à présent qu'il m'a quitté, le monstre, et que je ne le reverrai plus du tout ! (Silence rêveur.) Mon père ! quel air pouvait-il bien avoir? — Ha ! — sans doute, l'air que j'ai moi-même : car, s'il y avait un fils de Mime, nécessairement, absolument, ne ressemblerait-il pas à Mime ? Absolument ! Aussi laid, disgracieux et gris, aussi petit et voûté, et gibbeux, et boiteux, et des oreilles pendantes, avec des yeux chassieux — assez

---

note de la page 321. — Pour ce passage de la partition de Siegfried, voy. cette partition page 174, en haut.)—Il reviendra, plus sombre, dans la Marche funèbre du Crépuscule des Dieux. Avec moins de détresse ici, mais toujours aussi poignant, il rappelle, d'un frisson, la destinée tragique attachée à la Race des Wälsungen ; il nous suggère que ce Héros, là, sous nos yeux, ivre de jeunesse et de vaillance, aura la destinée mélancoliquement tragique de Sieglinde et de Siegmund.

Un gazouillis d'oiseaux susurre, et voici qu'il se précise en un chant perlé. (Partition, page 176, au bas, et toute la page 177.) Sans doute l'oiseau, dont tout à l'heure Siegfried comprendra si bien le ramage. Emerveillé, l'Enfant veut imiter le chant des oiseaux ; il n'aboutit qu'à tirer de son chalumeau un son très criard et très douteux. (Partition, page 181.— Silence complet de l'orchestre durant ce puéril et charmant tableau d'idylle.) — Puis, tandis que l'immense murmure harmonieux reprend (partition, page 182), Siegfried, dépité, embouche son cor, cette fois, plus habile à cette musique-là. Une fanfare allègre, que nous entendrons souvent, se répercute à tous les échos de la Forêt, dont le bruissement est couvert tout à coup par de formidables accords graves. (Partition, page 184 et 185, en haut.) Hélas ! les oiseaux se sont envolés et c'est le Dragon qui arrive.

Toute cette Symphonie de la Forêt, si descriptive, si paysagiste, si remplie d'un souffle de Nature, est, d'ailleurs, quelque peu voisine aux thèmes de la Mélodie primitive. En son frissonnement palpite la note caractéristique, resplendissante, (*dominante*) de la *Rheingold-fanfare*, forme éclatante du thème originel. — (Cf. *Rheingold*, partition, page 30. — Voyez

sur l'Alfe ! je ne veux plus le voir. (Il s'appuie en arrière, et lève les yeux vers la cime de l'arbre. Long silence. — La Forêt murmure.) (1) Et ma mère ! comment me figurer ma mère ? Voilà ce que je ne puis pas du tout ! — Sans doute, ses yeux, clairs et brillants, luisaient pareils à ceux des biches, — mais plus beaux encore, bien plus beaux ! — — Ainsi donc, elle m'a mis au monde avec douleur, puis elle est morte : pourquoi, morte ? Les mères, celles des hommes, doivent-elles toutes ainsi mourir de leurs fils ? Oh ! que ce serait triste ! — — Hélas ! voir ma mère, voir ma mère ! une femme ! une femme, — comme celles des hommes ! (Il soupire, se renverse et

(1) *Waldweben*. — L'idée du *Waldweben* se trouve dans le *Wieland der Schmied* de Simrock. Mais qu'importe une telle origine, étant donné ce qu'a fait Wagner de cette idée ? — Peu d'habitués de nos concerts qui n'aient entendu le *Waldweben* : on voit par lui quelle communion s'établit entre la Nature, la Forêt vivante, — et l'âme de Siegfried. C'est de ces murmures de la Forêt que se dégage, pour flotter d'abord autour de lui, pour pénétrer ensuite en lui, ce qu'on appelle la « pensée de la mère. » Il n'est pas neuf de signaler, dans cette prestigieuse symphonie, l'intervention du thème dit *Wellenbewegung*, qui, d'un bout à l'autre du *Ring*, chante l'éternel renouvellement, l'éternelle succession, l'indéfini devenir des choses, des existences, et dont le mélodieux la note de la page 238.) Dans ces transformations profondes, fondamentales du thème de la nature, il y a une idée philosophique de durée ; et cette idée de durée, de perpétuité indifféremment radieuse des choses, nous allons la voir reparaître, se développer, s'affirmer, à mesure que le Drame, individuel, penchera de plus en plus vers sa catastrophe. La Partition du *Crépuscule-des-Dieux* est pleine de ces retours de la Mélodie primitive : significatif.

Se fondant de plus en plus dans le concert des harmonies premières, la Symphonie de la Forêt conclut par le Chant de l'Oiseau, où nous retrouvons la Mélodie de Woglinde, entendue au début de *Rheingold*, mélodie issue du motif de la Nature. (Cf. *Rheingold*, partition, page 5. — Voy. ci-après, la note de la page 470.)

s'allonge davantage. Long silence. — Le chant des oiseaux captive enfin sor attention. Il écoute particulièrement un bel oiseau, au-dessus de sa tête.)
O gracieux petit oiseau ! jamais, jusqu'à présent, je ne t'avais entendu : est-ce ici ta Forêt natale ? — Si je comprenais son

panthéisme, ici tout particulièrement, suggère la présence de l'âme de Sieglinde, indiquée d'ailleurs par un autre thème. Mais cette présence, à qui connaît l'œuvre allemande et la langue allemande, n'est-elle pas rendue évidente, en dehors même de la musique, par le choix des termes du texte ? Sous quel arbre Siegfried s'est-il assis ? Sous un *Tilleul*. Et l'Oiseau-de-la-Forêt, l'Oiseau qui tout à l'heure, prophétique, guidera l'innocent, sur quel arbre chante-t-il, sur lequel reste-t-il ? Sur le *Tilleul*, et dans le *Tilleul*. C'est le choix de cet arbre qui, dans le poème de *Siegfried*, exprime *pour le lecteur* cette présence de Sieglinde, cette présence de l'âme de Sieglinde, *sensible à l'auditeur*-spectateur du Drame intégral, du *Wort-Tondrama*, du Drame Musical-Poétique-Plastique. — Le choix de cet arbre ? — Sans doute ; voici : *Tilleul*, en français, n'évoque rien ; mais si *Tilleul* se prononçait *Linde* ; si *Linde* était l'un des éléments constitutifs du nom de *Sieg-Linde*, n'évoquerait-il pas bien des choses ? Or tel est le cas ; ma preuve est faite. Il me reste à la compléter par l'étymologie de Sieglinde, que j'ai promise antérieurement. Tout d'abord le mot *Sieg* (victoire) entre dans la composition du nom de chacun des Wälsungen (*Sieg*-mund, *Sieg*-linde, *Sieg*-fried), ce qui est logique, Wälse n'étant autre que Wotan, et Wotan s'appelant quelquefois *Sieg*-vater, le « Père-des-Victoires. » — *Sieg-Linde* pourrait donc se traduire, à peu près : « *Tilleul*-de-Victoire ». C'est un nom plus ou moins peau-rouge ? Je le reconnais ; mais il n'est tel qu'en apparence. Car ouvrons par exemple Schade (*Altdeutsches Wörterbuch*, 2e éd., Halle, 1872-82), au mot *Linde* : nous y lirons que *Linde* (Tilleul) est ainsi désigné à cause de la *tendresse*, *délicatesse*, souplesse et flexibilité du bois, « von der *Weichheit* und *Nachgiebigkeit* genannt, sowol von der weichen Spinde des Baums zwischen Rinde und Kern, als auch von dem *weichen nachgiebichen* Holze. » Or, *tendre* (au propre et au figuré), *délicat* (au propre et au figuré), ces adjectifs desquels Schade nous a convaincus que le Tilleul a tiré sa dénomination, se rendent en haut-allemand (*alt* et *mittelhochdeutsch*) par *lind*, *lindi*, *linde*, que le même philologue définit par *weich* (*tendre*, délicat, sensible), *zart* (*tendre*, délicat) *sanft* (*tendre*, doux, suave), etc. Pas n'est même besoin de remonter si loin : *lind* existe encore au sens de *gelind*, doux, avec les dérivés *lindern*, adoucir, et *Linderung*, adoucissement. — Il en résulte que *Sieg-linde*

doux balbutiement ! Sans doute pourrait-il me dire quelque chose, — peut-être — de ma mère bien-aimée ? Un gnome grondeur m'a débité qu'on pourrait, le balbutiement des petits oiseaux, parvenir à le comprendre bien : comment cela serait-il bien possible? (Il songe. Son regard s'arrête sur une touffe de roseaux, non loin du Tilleul.) Heï ! j'essaye d'imiter sa voix : il chante, sur un roseau j'entonne la même chanson! Au lieu d'employer des paroles, j'emploie les sons de sa mélodie ; voilà! c'est chanter son langage : si je le chante, je comprendrai bien ce qu'il pourra dire. (Il taille, dans un roseau qu'il s'est coupé du Glaive, une flûte.) Il se tait, il écoute : à moi donc de babiller ! (Il essaye, sur la flûte, la mélodie de l'oiseau, ne réussit pas à la reproduire, secoue, à plusieurs reprises, la tête, avec dépit : enfin y renonce.) Voilà qui ne sonne pas juste : ce ne sera pas ce roseau-là, qui me rendra l'exquise mélodie. — Il me semble, petit oiseau, que je reste sot : ah ! t'imiter n'est guère facile ! Il écoute, comme pour me narguer : l'espiègle ! il épie, et n'y comprend rien. — Heïda ! entends donc à présent mon cor ! sur ce sot roseau, je ne fais rien qui vaille. Une fanfare comme j'en puis sonner, une joyeuse fanfare de Forêt, voilà ce que tu vas écouter. Dans l'espoir d'attirer quelque bon compagnon, je l'ai bien souvent sonnée déjà : il n'est venu rien de meilleur que des ours et des loups. Voyons ce qu'elle m'attirera cette fois : si ce sera lui, le bon compagnon ? (Il a rejeté la flûte, et sonne, dans son petit cor d'argent, une joyeuse fanfare.)

outre l'idée de *victoire* (*Sieg*), commune à tous les Wälsungen, évoque l'idée de *tendresse*, douceur ; et que, par l'un de ces jeux de syllabes, désormais connus du lecteur comme si familiers à Wagner, *Linde*, dernière partie du nom, sert à investir génialement ici, comme d'une supplémentaire beauté philologique, l'incomparable poésie, la réalité symbolique, et la musicale vérité de la *métempsychose maternelle*.

(Au fond de la scène, se produit un mouvement. FAFNER, sous l'apparence d'un monstrueux Dragon-Serpent lacertoïde, s'est, dans l'antre, soulevé de sa couche ; il se fraye un passage à travers les broussailles, et, de bas en haut, se déroule jusque sur la plate-forme : toute l'antérieure partie de son corps y pose déjà (1) lorsqu'il exhale, énorme et sonore, un bâillement.)

SIEGFRIED se retourne, aperçoit FAFNER, le regarde avec surprise, et rit.

Si c'est là tout ce que ma fanfare m'attire d'aimable, à la bonne heure ! Je pourrais me vanter d'avoir un joli compagnon !

FAFNER, lorsqu'il a vu SIEGFRIED, s'est arrêté.

Qu'est-ce qu'il y a, là ?

SIEGFRIED

Tiens, tu es une bête, et tu parles ? Mais alors, tu vas me renseigner ! Tu as devant toi quelqu'un qui ne connaît point la Peur : peux-tu la lui faire éprouver ?

FAFNER

As-tu donc si grand cœur ?

SIEGFRIED

Grand cœur ou cœur, qu'en sais-je ! Si tu ne m'enseignes pas la Peur, prends garde à ta peau, voilà tout !

FAFNER — rit.

Je voulais boire : et je trouve à manger ! (Il ouvre la gueule et montre ses dents.)

(1) « Le dragon en rampant s'éloigne de son or, qu'on le sache bien. Sjurd... saisit sa lance terrible et s'arme aussi de son épée. — La chute d'eau était haute de trente coudées, et le dragon était couché dessous. *Son ventre reposait sur les rochers*, mais ses deux nageoires s'élevaient dans les airs... Et voilà le vaillant Sjurd qui brandit son épée... » (*Chants des Iles Féroë*.) — Touchant la vraisemblance scénique de cet épisode du Dragon Fafner, dans les conditions toutes spéciales du *Festspiel-Haus* de Bayreuth, cf. l'*Avant-Propos*, p. 132, note (2).

SIEGFRIED

Mignonne gueule que tu m'exhibes là : et ces dents donc ! riantes ! friandes ! Une vraie gueule à clore : vrai ! elle tient trop de place !

FAFNER

Mal faite pour des phrases vides ; pour t'engloutir, parfaite !

SIEGFRIED

Hoho ! nous sommes cruel et féroce, mon gaillard ; mais être digéré par toi me déplairait fort : aussi me semble-t-il à propos, infiniment plus à propos, que ce soit toi qui crèves ici sans délai.

FAFNER rugit.

Pruh ! Viens, jeune fanfaron !

SIEGFRIED saisit son Glaive.

Gare à toi, rugisseur : il vient, le fanfaron !

(Il se place en face de FAFNER : celui-ci s'avance davantage encore sur la plate-forme, et crache par les naseaux sa bave contre SIEGFRIED, qui se range à temps sur le côté. FAFNER projette alors sa queue pour le saisir : SIEGFRIED l'évite et saute, d'un bond, par-dessus le dos du monstre ; à l'instant même la queue se retourne : déjà presque enlacé, SIEGFRIED la frappe du Glaive. FAFNER la retire vivement, rugit, et, pour pouvoir de tout son poids se lancer sur Siegfried, il se dresse : il découvre ainsi sa poitrine ; SIEGFRIED l'y vise promptement au cœur (1), où il pousse son Glaive jusqu'à la poignée. FAFNER, sous la douleur, se cabre encore plus haut, puis il retombe sur la blessure, dans laquelle SIEGFRIED, sautant à l'écart, a laissé son Glaive. (2)

(1) » Sjurd perça le cœur quoiqu'il fût difficile d'y arriver. Il le perça de sa lance qui avait trente aunes de long. » (*Chants des Iles Féroë.*)

(2) « Sigurd et Regin montèrent vers la Gnita-Heide et y trouvèrent *le sentier par lequel Fafnir rampait vers l'eau.* Dans ce

SIEGFRIED

Tu as vécu, monstre de haine ! Maintenant, Nothung est dans ton cœur.

FAFNER, d'une voix défaillante.

Qui es-tu, intrépide qui m'as frappé au cœur ? Qui a pu pousser ta bravoure, ton enfantine bravoure, à l'exploit meurtrier ? Ton front n'a point couvé ce que tu as accompli (1).

SIEGFRIED

Je sais peu de chose encore ; qui je suis, pas même encore : à lutter à mort avec toi, toi-même as poussé mon courage (2).

FAFNER

Enfant aux yeux de clarté (3), ô ignorant de toi-même : apprends, qui tu as mis à mort. Ceux qui jadis furent les maitres

sentier Sigurd creusa une fosse profonde et s'y cacha. Quand Fafnir quitta l'or sur lequel il était couché, *de sa bouche il lança du poison* qui tomba sur la tête de Sigurd. Mais quand Fafnir passa au-dessus de la fosse, *Sigurd lui plongea son épée dans le cœur.* Fafnir *se débattait* et frappait de la tête *et de la queue...* » Ce récit sommaire, placé en tête du *Fâfnismâl* (*Edda* de Sœmund) et abrégé encore dans l'*Edda* de Snorro, donne assez bien l'idée de ce qu'est le combat de Sigurd en presque toutes les autres sources, y compris les *Chants des Iles Féroë.* La place me manque ici pour citer davantage.

(1) « Compagnon, compagnon, quel compagnon t'a donné le jour ? De quel homme es-tu le fils, toi qui as osé teindre ton arme brillante dans le sang de Fafnir ? *Ton épée a transpercé mon cœur... Qui t'a poussé et comment t'es-tu laissé pousser, ô jeune homme, à me tuer ?...* » (*Fâfnismal*, dans l'*Edda* de Sœmund).

(2) « Je m'appelle un prodige, et je marche ci et là *sans avoir connu de mère. Je n'ai point non plus de père comme les autres hommes*. Je m'avance solitaire. » — « *Mon cœur me poussait en avant*, mes mains et ma bonne épée ont fait le coup. » (*Fâfnismal.*)

(3) « Qui t'a poussé et comment t'es-tu laissé pousser à me tuer, *ô jeune homme à l'œil lumineux ?* » (*Fâfnismal.*)

du Monde (1), la colossale race des Géants, Fasolt et Fafner, les deux frères, ont maintenant succombé tous deux. Pour de l'Or maudit, donné par les Dieux, je tuai Fasolt : c'est celui qui gardait ce Trésor, Fafner, le dernier des Géants, métamorphosé en Dragon, que vient de mettre à mort un rose (2) Héros. Vois désormais clair, enfant dans ta fleur (3) ; le Maître du Trésor, la trahison l'enveloppe : celui qui t'a poussé, sans t'éclairer, à l'acte, médite, maintenant, la mort (4) de l'enfant dans sa fleur. (Expirant.) Vois comme cela finit : songe à moi ! (5) (*)

SIEGFRIED

Apprends-moi donc encore quelle est mon origine, puisque, ô Sauvage, la mort semble étendre ta vue (6) ; devine, d'après mon nom : c'est Siegfried que je me nomme.

(1) « FAFNER : « Je me croyais plus fort que les autres hommes, et je n'ai trouvé personne qui me résistât. » (*Fâfnismal.*)

(2) ... ein *rosiger* Held...

(3) « GRIPIR : J'ai pu voir dans tout son éclat le printemps de ta vie. » (*Grepisspâ.*)

(4) « Le Dragon répondit tandis que son sang s'écoulait : « Tu dois frapper maintenant Regin le forgeron... Tue maintenant Regin le forgeron comme tu m'as frappé. C'est le plus méchant des traîtres ; il veut te faire périr. » (*Chants des Iles Féroë.*)

(5) « Mais je te prédis une chose : *cet or* au son retentissant, ce métal aux reflets rouges, ces anneaux *te tueront...* » — « Maintenant, je te le conseille, Sigurd, crois-en mon avis, et chevauche loin d'ici. Cet or au son retentissant, ce métal aux reflets rouges, ces anneaux te tueront. « — « Regin *m'a trahi et te trahira aussi* ; *il sera la cause de notre mort à tous deux*. Fafnir doit quitter la vie, ta force m'a vaincu. » (*Fâfnismal*) Détails tout à fait analogues dans presque toutes les autres sources (*Völsunga* ; *Chants des Féroë*, etc.)

(6) « SIGURD : Dis-moi, Fafnir, toi qui vois l'avenir et qui sais tant de choses.... » (*Fafnismâl.*)

(*) Ici reparaît le motif de la Malédiction d'Alberich. (Partition, pages 193, au bas, et 194.)

FAFNER

Siegfried ! (Il soupire, se soulève, et meurt.)

SIEGFRIED (*)

Les morts ne répondent plus. — Mais vivant est mon Glaive : eh bien donc, à mon vivant Glaive d'être mon guide ! (FAFNER, en expirant, s'est tourné sur le flanc. De sa poitrine, SIEGFRIED retire le Glaive : du sang lui mouille la main, qui violemment tressaille.) Ce sang brûle comme du feu ! (D'un geste instinctif, à la bouche il porte les doigts, et suce le sang. Tandis qu'il regarde, rêveur, devant soi, son attention est, tout à coup, attirée par le chant des oiseaux de la Forêt. Il retient son souffle, il écoute.) Mais on dirait — que les oiseaux me parlent : distinctes me semblent les paroles (1)! Est-ce que ce serait l'effet de ce sang ? — Cet extraordinaire oiseau, celui-ci, — écoute ! que me chante-t-il ?

(1) « Sigurd prit le cœur de Fafnir et le fit rôtir à la broche. Quand il crut qu'il était à point et qu'il vit le jus découler du cœur, il y appliqua le doigt pour voir s'il était, en effet, assez cuit. *Mais il se brûla et se mit le doigt dans la bouche. Aussitôt que le sang de Fafnir eut touché sa langue, il comprit le langage des oiseaux. Il entendit ce que les aigles se disaient sur les branches.* » (*Fafnismâl.*) « PREMIER AIGLE : Voilà Sigurd teint de sang, il fait rôtir le cœur de Fafnir. Il me paraitrait sage ce guerrier, s'il mangeait cet organe de la vie, » etc. (*Id.*) Toutes les sources, *Chants des Féroë*, *Völsunga*, *Edda* de Snorro, etc., reproduisent d'analogues détails.

(*) La Symphonie de la Forêt reprend. (Partition, p. 195.) — C'est alors que sur les ondes bruissantes de l'orchestre l'Oiseau de la Forêt perle son adorable chant. (Partition, pages 196, 197.) — A signaler l'accord particulier, d'un effet si pittoresque, qui revient, parmi les traînées murmurantes de l'orchestre, à chaque phrase du Chant de l'Oiseau. — Ce Chant, avons-nous vu, reproduit presque identiquement la Mélodie de Woglinde. La seule différence, c'est que cette mélodie reparaît ici en mi-majeur, au lieu d'être, comme dans *Rheingold*, en mi-bémol majeur; le rythme en serait aussi peut-être un peu plus vif.

LA VOIX D'UN OISEAU DE LA FORÊT (1), dans le Tilleul.

Heï ! c'est Siegfried le Maître, à présent, du Trésor ! Du Trésor des Niblungen ! ô s'il pouvait le trouver dans l'antre ! Et le Tarnhelm, qui l'aiderait à quelque doux exploit ! Et l'Anneau, qui ferait de lui le Maître du Monde, l'Anneau !

SIEGFRIED

O cher petit oiseau ! pour ton conseil, merci : j'ai plaisir à m'y rendre. (Il s'éloigne et descend vers l'antre (2), où il s'engouffre et disparaît.)

(MIME arrive, rampant et regardant, non sans inquiétude, tout autour de soi, afin de s'assurer de la mort de FAFNER. — Au même moment, de l'autre côté, d'une des crevasses sort ALBERICH ; il observe attentivement MIME ; et quand celui-ci, ne voyant plus SIEGFRIED, avec circonspection veut se diriger vers l'antre, ALBERICH, se ruant sur lui, lui barre la route.)

ALBERICH

Pas si vite, mauvais compagnon ! où se glisse ta ruse ?

(1) Ces dialogues entre des oiseaux et des héros sont assez fréquents dans l'*Edda*, comme dans tous les chants primitifs, du reste. Ils contribuent à signifier la communion, l'intimité de l'homme enfant avec la Nature : cette signification, c'est encore l'une de celles qu'il importe d'attribuer au présent épisode de la *Tétralogie*.

(2) « SEPTIÈME AIGLE : « Qu'il coupe la tête à ce Jote au cœur froid, et *qu'il lui enlève ses richesses. Alors tout le trésor que possédait Fafnir sera à lui seul....* » — « .... *Sigurd suivit la trace de Fafnir vers sa demeure. Elle était ouverte*, mais la porte et les linteaux étaient en fer. Toute la charpente était aussi de fer et l'or était caché sous terre.... » (*Fáfnismal.*)

Puis sous les traînées murmurantes de l'orchestre, et tandis que l'Oiseau, par dessus, dit son chant, se déroule le motif mélancolique des Wälsungen, « comme si, dit judicieusement M. Ernst, l'âme de Sieglinde errait à l'entour de son fils très aimé. » (Voyez à ce propos la note de mon collaborateur, touchant Sieglinde page 463.) « Non moins reconnais-

MIME

Frère de malheur, j'avais besoin de toi ici! Quoi t'y amène?

ALBERICH

C'est toi qui convoites mon Or, drôle ? C'est toi qui ambitionnes mon bien ?

MIME

Arrière ! Quitte cette place ! Cette place m'appartient : qu'y viens-tu fureter?

ALBERICH

Oui, je te dérange, voleur, dans ta muette besogne ?

MIME

Ce que j'ai gagné, d'une lourde peine, ne doit point m'échapper.

ALBERICH

Est-ce toi qui as au Rhin ravi l'Or pour l'Anneau ? Est-ce toi qui l'as doté du charme tenace, l'Anneau ?

MIME

Et qui est-ce qui a forgé le Tarnhelm, grâce auquel on se métamorphose ? Toi, qui en avais besoin, tu l'as créé, peut-être?

ALBERICH

Et qu'y aurait jamais compris ta nullité ? Est-ce l'Anneau magique, oui ou non, qui m'avait asservi d'abord l'adresse du gnome?

---

sable, dans ce Chant de l'Oiseau, remarque le même auteur, est l'élément caractéristique du *Sommeil de Brünnhilde*. Le thème des Walkyries s'y trouve également : ces deux points fixent la nature *prophétique* de ce chant qui doit annoncer à Siegfried qu'une fiancée l'attend au faîte de la montagne. » (Voy. dans la partition pour tout le Chant de l'Oiseau, indépendamment du passage cité ci-dessus, les pages 208, 230, 231, 232, 233 et 234.)

MIME

L'Anneau ! où est-il, ton Anneau ? Ta lâcheté se l'est laissé ravir par les Géants ! Ce que tu perdis, ma ruse me l'a gagné.

ALBERICH

C'est l'exploit de l'enfant, qu'à présent, l'avare prétendrait exploiter ? Sous quel prétexte ? Quels droits as-tu ? L'exploit n'appartient qu'à lui seul !

MIME

Lui ! Mais qui l'a élevé ? C'est moi ! C'est de cette éducation qu'il me paye à présent : pour tant de peine, de soucis et de charges, depuis assez longtemps j'épie ma récompense !

ALBERICH

Il l'a élevé ! Le chiche ! Le ladre ! Il l'a élevé ! Voilà pourquoi, effrontément, audacieusement, le valet prétend être roi ! Sais-tu qu'au plus galeux des chiens l'Anneau conviendrait mieux qu'à toi ? L'Anneau souverain ? Jamais, misérable, jamais, ce ne sera toi qui l'emporteras !

MIME

Conserve-le donc : garde-le, soit, l'Anneau clair ! sois le Maître, toi ; mais sois aussi mon frère ! Mon Tarnhelm est un joujou drôle : faisons l'échange. Dans un tel partage du butin, nous trouverons notre compte tous deux.

ALBERICH, avec un rire de mépris.

Partager ? Avec toi ? Et le Tarnhelm, encore ! quelle fourbe est la tienne ! Mon sommeil serait sans cesse à la merc de tes pièges !

MIME, hors de soi.

Pas même l'échange ? Aucun partage ? Les mains vides, m'en aller sans aucune récompense ? Rien, tu ne veux m'abandonner rien ?

ALBERICH

Rien de rien pour toi ! pas un ongle : pas ça !

MIME, *furieux.*

Eh bien donc, tu n'auras ni l'Anneau, ni le Tarnhelm! Partager? je ne veux plus, maintenant. Contre toi j'appellerai Siegfried, à mon aide, et le Glaive du Héros: le fougueux Héros, ce sera lui qui te fera ton affaire, petit frère! (1)

ALBERICH

Retourne-toi donc: — voici qu'il sort de l'antre.

MIME

Il aura mis la main sur quelque rien frivole. —

ALBERICH

Le Tarnhelm! Il l'a! —

MIME

Oui, mais aussi l'Anneau! —

ALBERICH

Malédiction! —l'Anneau! —

MIME *rit avec malice.*

Attends donc : il va te le donner! — Et je vais m'occuper, moi, de le conquérir pour moi. (*Il s'insinue de nouveau dans la Forêt.*)

ALBERICH

Et pourtant c'est aux mains de son Maitre seul, qu'il doit revenir! (*Il disparaît dans une crevasse.*)

(1) « Cette querelle entre Mime et Alberich reproduit bien les aigres disputes (observe avec justesse M. Ernst) et les glapissements — comme de furieuses voix de vieilles femmes, — entendus, selon maint conte, au voisinage des endroits hantés par les nains. »

(SIEGFRIED cependant, sorti de l'antre avec le Tarnhelm et l'Anneau (1), s'est avancé, pensif et d'un pas lent : il contemple en rêvant sa proie, et, parvenu sur la plate-forme, de nouveau fait halte auprès de l'arbre. — Grand calme.)

SIEGFRIED

Quoi faire de vous, je ne sais : mais je vous ai pris sur l'Or amassé du Trésor, parce qu'un bon conseil me l'a conseillé. Eh bien, que votre parure atteste cette journée : qu'elles me rappellent, ces bagatelles, qu'en combattant ici j'ai mis à mort Fafner, mais pas encore appris la Peur ! (Il met le Tarnhelm à sa ceinture, et l'Anneau à son doigt. — Calme, silence, grandissants murmures de la Forêt. — Instinctivement SIEGFRIED cherche des yeux l'OISEAU, et l'écoute, en retenant son souffle.)

LA VOIX DE L'OISEAU DE LA FORÊT, dans le Tilleul.

Heï ! c'est Siegfried le Maitre, à présent, du Heaume et de l'Anneau ! O s'il pouvait se méfier du traitre Mime ! S'il pouvait écouter, d'une oreille attentive, les hypocrites propos du fourbe, Siegfried pourrait aussi, grâce aux effets du sang, voir clair au fond du cœur de Mime.

(La mine de SIEGFRIED, et son geste, expriment qu'il a compris l'OISEAU (2). Il voit approcher MIME et reste, jusqu'à la fin de la scène suivante, dans la même attitude, à la même place, sur la plate-forme : immobile, appuyé sur son Glaive, observant, — renfermé en soi.)

(1) « *Sigurd trouva là un énorme trésor*, et il en remplit deux coffres. *Il prit le casque d'Œgir* » (analogue au Tarnhelm), « la cotte de mailles d'or et l'épée Hroth et beaucoup de choses précieuses... » (*Fâfnismal.*)

(2) « DEUXIÈME AIGLE : Voilà Regin couché songeant comment il trompera l'homme qui se confie en lui.... » — « SIXIÈME AIGLE : Il » (Sigurd) « me paraît très imprudent s'il épargne plus longtemps ce dangereux ennemi. Regin qui le trahit est couché là-bas, et Sigurd ne sait pas comment il doit se défendre contre lui. » — ... « SIGURD : Le sort n'a pas décidé que Regin parviendrait à me tuer. Bientôt les deux frères descendront vers Hel. » (*Fâfnismal.* Se rappeler que dans les sources mythiques, Fafner est un frère de Regin, qui a mené Sigurd contre lui.)

MIME, approchant avec lenteur.

Il rêve, il suppute le prix du butin : — certain sage Voyageur, s'il rôdait par ici, pourrait bien enjôler l'enfant par d'habiles Runes? Que doublement subtil soit à présent le gnome : il s'agit à l'instant, pour moi, du plus adroit des piéges à tendre; il s'agit, par la familiarité d'insidieuses phrases, d'abuser l'arrogant enfant ! (Il se rapproche de SIEGFRIED). Bienvenue à toi, Siegfried ! Hé bien, toi l'Intrépide (1), la Peur, l'as-tu apprise ?

SIEGFRIED

Qui me l'apprendra reste à trouver (2).

MIME

Mais le Dragon, tu l'as mis à mort : un bien fâcheux compagnon, donc ?

SIEGFRIED

Si féroce et méchant fût-il, sa mort m'afflige cependant presque, alors que tant de pires scélérats qu'il faudrait frapper

(1) « *Regin s'était éloigné tandis que Sigurd tuait Fafnir. Il revint* au moment où Sigurd essuyait le sang de son épée. Regin dit : « *Salut à toi, Sigurd !* tu as remporté la victoire et *tué Fafnir*. De tous les hommes qui existent sur la terre, tu es *le plus vaillant*.... Tu es fier, Sigurd, et heureux de ta victoire, et tu essuies ton épée Gram dans l'herbe.... » (*Fâfnismâl.*)

(2) « Ne t'ai-je point parlé déjà, une autre fois, d'un sujet gai? C'était l'histoire du garçon qui s'en va par le monde « pour apprendre la peur » et qui est assez niais pour ne jamais la connaître. Pense à mon effroi, lorsque j'ai tout à coup reconnu que ce garçon n'est autre que le jeune Siegfried, qui conquiert le trésor et réveille Brünnhilde. » (Lettre de Wagner à Uhlig, datée de Zurich, 10 mai 1851.) M. Ernst cite ce document à l'appui de son affirmation que l'idée de la peur, et de l'impossibilité où Siegfried est de la ressentir, vient surtout du n° 4 du recueil populaire des *Kindermärchen*. Affirmation sans doute, ai-je dit déjà, trop exclusive : je crois l'avoir assez démontré par deux citations de l'*Edda* de Sœmund. (Voir *La Walküre*, p. 403, note (1), auxquelles je renvoie.)

vivent encore ! Pour celui qui m'a mené le tuer, certes, j'ai plus de haine que pour le Dragon (1).

MIME

Patience, va ! ce n'est plus pour longtemps que tu as à me voir : l'éternel sommeil, grâce à moi, t'aura fermé les yeux bientôt ! J'avais besoin de toi, tu m'as servi ; je n'ai plus qu'à te ravir ton butin : — m'est avis que j'y dois réussir ; avec un naïf tel que toi !... (2)

SIEGFRIED

Ainsi, tu me veux du mal ?

MIME

Où prends-tu cela ? — Siegfried, entends-moi donc, mon fils ! Toi et ta nature, de tout temps, je vous ai haïs du fond du cœur. Si, toi qui m'es odieux, je t'élevai, ce ne fut point par amour : il s'agissait pour moi, quand je m'imposai cette peine, — de l'Or ; du Trésor, gardé par Fafner. Si tu ne me le donnes pas, à présent, de bonne grâce, — Siegfried, mon fils, tu le vois toi-même, — c'est ta vie qu'il faudra me laisser !

SIEGFRIED

Que tu me hais, je l'entends avec plaisir : mais c'est ma vie aussi qu'il faut te laisser ?

(1) « SIGURD : « Tu m'as conseillé de chevaucher par dela la montagne sacrée. Si tu ne m'avais poussé à l'action, le Dragon aux écailles brillantes jouirait encore de la vie et de son trésor... » (*Fâfnismal*). « En luttant contre la mort, le Dragon lui dit :... « Ecoute, Sjurd, ce que j'ai à te dire. Qui t'a suivi dans le chemin jusqu'ici ? » — « C'est Regin ton frère, qui m'a montré le chemin. *C'est le plus méchant des traîtres* ; il veut te faire périr. » (*Chants des Iles Féroë*).

(2) Souvenir du *Nibelunge-nôt* : « L'homme hardi (Siegfrid) n'avait pas l'âme faite de façon à deviner leur trahison. Plein de vertu, il était étranger à toute fausseté. » (XVI, 146).

MIME

Je n'ai pourtant pas dit cela ? C'est toi qui me comprends mal ! (Il s'efforce visiblement de dissimuler). Voyons, tu es las, d'une lassitude rude ; tu as chaud, ton corps est brûlant ; il faudrait, pour te rafraîchir, quelque réconfortant breuvage : ma sollicitude y a pensé. Tandis que tu forgeais ton Glaive, je brassais le cordial qu'il te faut : si tu le bois à présent, j'aurai gagné ton Glaive, ton fidèle Glaive, et le Heaume et le Trésor avec (Il en ricane).

SIEGFRIED

Ainsi tu veux me voler mon Glaive et ce que j'ai conquis, Anneau et butin ?

MIME

Mais me comprends-tu donc assez mal ! ou bien si c'est moi qui m'embrouille et qui radote absolument ? Je me donne la plus grande peine pour feindre, pour dissimuler mon intime pensée, et voilà que toi, bêta que tu es, tu interprètes tout en mauvaise part ! Ouvre l'oreille, et comprends juste : écoute, ce que Mime pense ! — Prends ceci ! bois ! rafraîchis-toi ! mon breuvage, bien souvent, ne t'a-t-il point rafraîchi ? Tu avais beau t'être fâché, tu avais beau faire le méchant : ce que je t'offrais à boire, tu le prenais toujours, encore qu'avec dépit parfois.

SIEGFRIED, sans avoir l'air de rien.

Un bon breuvage me ferait plaisir : celui-ci, comment l'as-tu fait ?

MIME

Hé ! bois donc seulement ! fie-toi en mon art ! En nuit et brume tes sens se dissiperont bientôt : tu t'assoupiras sans conscience ; tes membres engourdis s'étendront tout à coup. Toi gisant, il me devient facile de m'approprier ton butin : mais, si tu te réveillais jamais, nulle part, eussé-je moi-même l'Anneau, je ne serais en sûreté contre toi. Du Glaive donc, que tu fis si tranchant, avant tout je trancherai la tête de l'enfant : après quoi je posséderai l'Anneau — sans inquiétude ! (Il ricane de nouveau).

SIEGFRIED

Tu veux me tuer, quand je dormirai ?

MIME

Comment pourrais-je t'avoir dit cela ? — Je ne veux, enfant, que trancher (1) ta tête ! Car, ma haine envers toi ne fût-elle pas aussi claire, et quand je n'aurais pas à venger tant d'outrages, tant d'indignes peines, je ne saurais point avoir de cesse que je ne t'aie balayé de ma route : comment m'approprierais-je différemment ta proie, puisque Alberich la guigne aussi ? — — Tiens, mon Wälsung ! Louveteau que tu es ! Soiffe, ingurgite et crève : ce sera ton dernier coup !

(Il s'est approché de SIEGFRIED et lui tend, avec une répugnante obséquiosité, une corne-à-boire où, tout d'abord, il avait versé d'un vase le breuvage. SIEGFRIED, ayant saisi son Glaive, comme dans un accès de dégoût violent, abat d'un seul coup MIME sur le sol, — mort. (2) — On entend ALBERICH, du fond d'une des crevasses, pousser de sarcastiques éclats de rire.)

SIEGFRIED

Et toi, goûte mon Glaive, écœurant bavard ! A l'envieuse haine, Nothung paye son dû : c'est bien pourquoi je l'aurai forgé (Ayant ramassé le cadavre de MIME, il le traîne vers l'antre, et

(1) « Troisième Aigle : « Après lui avoir *coupé la tête* » (à Siegfried), « il » (Regin) « enverra vers Hel ce bavard aux longs cheveux ; ainsi il possédera tout le trésor sur lequel Fafnir était couché. » (*Fáfnismal*).

(2) « Sigurd coupa la tête de Regin, mangea le cœur de Fafnir et but le sang de Regin et de Fafnir... » (*Fáfnismal*) — « Regin se coucha à terre pour boire le sang vénéneux du Dragon. Pour boire le sang vénéneux du Dragon, Regin se coucha à terre. Sigurd lui donna le coup de la mort à l'endroit où il se tenait. Et c'était le jeune Sjurd qui brandissait son épée. Il coupa en deux le forgeron Regin. » (*Chants des Iles Féroë*).

l'y jette). Dans l'antre donc! que le Trésor soit ta couche ; tu l'as visé d'une ruse tenace : jouis désormais de ses délices ! — Je te donnerai même un bon veilleur, pour te préserver des voleurs (Il roule le cadavre du Dragon jusqu'à la gueule béante de l'antre, qu'il obstrue ainsi complètement). Toi aussi, reste là couché, sombre Dragon (1) ! Partage, avec l'ennemi qui convoitait ta proie, la garde du brillant Trésor : c'est ainsi que vous aurez tous deux trouvé le repos ! (Il revient, cette besogne faite, vers l'avant-scène. — Il est Midi). L'âpre poids m'a donné bien chaud ! — Mon sang embrasé bondit et bouillonne ; ma main brûle mon front. — — Déjà le soleil est haut ; l'azur est pur : et, dans l'azur, son œil darde à pic ses regards sur mon crâne. — A moi la délicieuse fraîcheur de mon Tilleul ! (Il va de nouveau s'étendre à l'ombre du Tilleul. — Grand calme. Après un assez long silence :) Une fois encore, petit oiseau chéri, après une si odieuse, si longue interruption, j'écouterais avec joie ta voix : sur la branche, agréablement tu te balances ; tes frères autour de toi, tes sœurs volettent, s'ébattent, gazouillants, gais et tendres ! — Tandis que moi, — je suis si seul : de frère, de sœur, je n'en ai point ; mon père a succombé, ma mère n'existe plus : ma mère ! jamais ne l'a vue son fils ! — Pour unique compagnon, je n'eus qu'un hideux gnome ; entre nous nulle douceur, aucun amour possible ; le traître, enfin, me tendit des pièges, et m'a réduit à le supprimer ! — Eh bien, doux oiseau, réponds-moi : ne sais-tu pas pour moi quelque loyal ami ? Où le trouver ? Conseille-moi, veux-tu ? Depuis si longtemps j'y aspire, et jamais je n'ai rencontré cela : mais toi, mon bien-aimé, tu le découvrirais mieux peut-être, toi, qui déjà m'as si bien conseillé ! ô chante ! j'espère en ton ramage. (Silence ; puis) :

LA VOIX DE L'OISEAU DE LA FORÊT

Heï ! Siegfried a tué le gnome, le mauvais gnome ! Peut-être sais-je encore, pour lui, la plus divine de toutes les femmes. C'est sur un haut Rocher qu'elle dort, sur un Rocher qu'en-

(1) « Toi, Fafnir, tu exhales ton dernier souffle, tu vas descendre vers Hel. » (*Fafnismal*) « Tu étais effroyable, Dragon aux écailles brillantes, et tu avais un cœur impitoyable ! » (*Id.*)

toure la flamme : qu'il franchisse la fournaise, réveille la fiancée, Brünnhilde, alors, deviendrait sienne (1).

SIEGFRIED, *se redresse d'un bond.*

Suave ramage ! Doux gazouillis ! Espoir qui brûle et déchire l'âme ! qui bouleverse et passionne mon cœur, en l'embrasant ! Mon cœur, pourquoi bat-il si fort ? Mes sens, pourquoi sont-ils troublés ? Chante, apprends-le moi, doux ami !

L'OISEAU DE LA FORÊT

C'est d'Amour que je chante, joyeux dans la douleur ; voluptueux et triste je module mon lied : qui languit d'un désir, celui-là seul comprend !

SIEGFRIED

O joie ! joie ! quelque chose me précipite d'ici, hors de la Forêt, droit au Roc ! — Dis-moi, doux ramageur, encore : la fournaise, la traverserai-je ? la fiancée, puis-je l'éveiller ?

L'OISEAU DE LA FORÊT

Conquérir la vierge, réveiller Brünnhilde, jamais un lâche : seul, qui n'a point connu la Peur ! (2)

(1) « Alors Sigurd entendit ce que chantaient les aigles : « ... Je connais une femme admirablement belle, toute brillante d'or : ah ! si elle pouvait être à toi... Sur le haut sommet de Hindarfiall s'élève un burg tout entouré de feu... Sur le rocher dort la vierge des combats, et le feu dompté la lèche doucement. Yggar » (Odin) « lui piqua une épine dans son voile, dans le voile de la jeune fille qui voulait tuer des hommes. » (*Fâfnismal*) « Voici ce que lui dirent les oiseaux assis dans les arbres : « Brinhild est belle, la fille de Budli ; elle attend ton arrivée. » Et les oiseaux sauvages assis sur les branches des chênes lui dirent : « Brinhild, la fille de Budli, est belle ; elle attend ton amour. » Voilà ce qu'apprit Sjurd vers l'orient, dans son pays. » (*Chants des Iles Feroë.*)

(2) Les Aigles : « Tu peux, ô homme, contempler sous son heaume la vierge que le cheval Wings-Kornir » (Grane, dans la *Tétralogie*) « emporta hors de la mêlée. Nul guerrier ne peut interrompre le sommeil de Sigurdrifa » (Brünnhilde) « avant que les

SIEGFRIED, exultant de joie.

L'absurde enfant (1), qui ne connait point la peur ! cher petit oiseau, c'est bien moi. La Peur ! aujourd'hui même encore, j'ai voulu, sans succès, l'apprendre de Fafner. Aussi suis-je brûlé du désir d'y être initié, par Brünnhilde : comment trouver le chemin du Roc ? (L'Oiseau prend son essor, plane sur SIEGFRIED, enfin s'envole).

SIEGFRIED

Voilà comme je saurai ma route : vole, je suivrai partout ton vol !

(Il suit l'Oiseau. — Le rideau tombe).

Nornes y consentent. » (*Fâfnismal.*) — « Il » (Odin) « ordonna que *celui-là seul m'éveillerait de mon sommeil, qui jamais n'aurait connu la crainte.* » (*Helreidh Brynhildar* ou *Descente de Brynhild vers Hel*, dans l'*Edda* de Sœmund.)

(1) Littéralement : « le sot » (ou « naïf », ou « niais ») « garçon ». — Cf. p. 438, note (1).

ACTE TROISIÈME

SITE SAUVAGE

au pied d'une montagne rocheuse, qui du côté du fond à gauche se dresse à pic. — Nuit, orage et tempête, éclairs et tonnerres.

Devant la porte caverneuse d'une sorte de crypte en plein roc, LE VOYAGEUR — s'est arrêté.

Éveille-toi! Éveille-toi! Wala, réveille-toi! De ton long sommeil, dormeuse, je t'évoque. Mon cri t'appelle : remonte! remonte! Des vapeurs de la crypte, du ténébreux abime, remonte! Erda! Erda! Femme éternelle! Hors du gouffre natal, surgis! Je chante, pour que tu te réveilles, je chante, ta formule de réveil; de ta rêveuse torpeur, mon chant t'évoque. Omnisciente! Primordiale-Sagesse-de-l'Univers! Erda! Erda! Femme éternelle! Éveille-toi, Wala! Réveille-toi!

La crypte caverneuse s'est éclairée lentement, d'une lueur bleuâtre et crépusculaire, où surgit des abîmes ERDA. Elle paraît recouverte de givre (1); ses cheveux et ses vêtements jettent une clarté brillante.

(1) « Eveille-toi, Groa! éveille-toi, femme bonne! Je viens t'éveiller devant les portes de la mort. » (*Evocation de Groa.*) Mais c'est surtout d'un autre chant de l'*Edda* de Sœmund, *Wegtams-Kvidha*, que Wagner s'est ici souvenu. Dans ce poème de Vegtam, Odin, inquiet, comme tous les Ases, sur le sort de Balder, « Odin, le dominateur des peuples, se lève, il pose la selle sur Sleipner, et chevauche ensuite vers Niflhem. ... Odin avança : le chemin qui descendait de la terre retentit, et le père des Ases arriva dans la demeure de Hel. Il se dirigea vers la porte de l'Orient

ERDA

Fortement m'appelle la formule ; puissamment sa magie m'attire ; je suis réveillée de l'omniscient sommeil : qui trouble mon assoupissement ?

LE VOYAGEUR

C'est moi qui crie, moi qui t'éveille, suivant les formules du réveil, que je connais pour tous ceux qu'enferme un dur sommeil. Pour recueillir la science (1), pour profiter de l'originelle sagesse, j'ai parcouru le monde, voyagé beaucoup. Savante, nulle ne l'est plus que toi : tu sais les mystères de l'abime (2), ceux des montagnes, ceux des vallées, ceux aussi

où était le tombeau de *Vala*. Odin *chanta devant cette tombe l'évocation des morts*, regarda le nord et *traça des runes*; *il demanda une réponse. Vala se leva enfin*, et chanta ces paroles de la mort : « *Quel est, parmi les hommes, cet homme* qui m'est inconnu et qui répand la tristesse dans mon esprit ? *J'étais enveloppée de neige*, battue par la pluie et *mouchetée par la rosée* ; j'étais morte depuis longtemps. » (*Wegtams-Kvidka*, 6, et 8-11.) — C'est d'abord pour rappeler cette source scandinave que Wagner fait paraître, ici, Erda « recouverte de givre ». Pourquoi donc ne s'en soucia-t-il pas dans *L'Or-du-Rhin*, lorsque spontanément surgit Erda plus jeune ? C'est que lointaine encore était, à ce moment, l'éventualité du Crépuscule-des-Dieux. Mais voici qu'il est proche, et Wagner n'oublie point qu'entre autres phénomènes avant-coureurs du Ragnarœcker, il y aura, suivant les *Eddas*, « il y aura d'abord un hiver... : la neige tombera dans toutes les directions, une gelée très rigoureuse et des vents piquants feront disparaître la chaleur du soleil. Cet hiver se composera de trois hivers pareils, qui se succéderont sans été » etc. etc. Détails très peu dramaturgiques, non utilisés par Wagner, mais consciencieusement suggérés — d'un mot.

(1) C'est l'une des préoccupations d'Odin dans les *Eddas* ; celle de Snorro (*Bragarodur*) raconte longuement, entre autres choses, comment, déguisé en faucheur (on songe à mainte fable hellénique) il conquit l'hydromel de Suttung, « si parfait, que quiconque en boit devient poète et fort savant ».

(2) « On me nomme Vegtam, et je suis le fils de Valtam. *Parle-moi de l'abime*, et je te parlerai de la terre. » (*Wegtams-Kvidha*, 11.)

des airs et des flots. Pas un être en qui ne vive ton âme : pas de cerveau qui ne pense pas ta pensée : rien, dit-on, qui te soit inconnu. C'est pour profiter de cette science que je t'ai arrachée au sommeil.

ERDA

Mon sommeil est rêve, mon rêve est pensée; ma pensée, l'empire du savoir. Mais, tandis que je dors, veillent les Nornes : dans la corde des destinées elles filent, tressent et pieusement ourdissent ce que je sais : que n'interroges-tu donc les Nornes ?

LE VOYAGEUR

Esclaves du destin, comme le Monde, les Nornes filandières n'y pourraient changer rien ; tandis que de ta science il m'est permis, qui sait ? d'espérer apprendre comment enrayer la roue du rouet ?

ERDA

Les actions humaines m'obscurcissent l'esprit (1) : moi-même, moi, l'Omnisciente, un Puissant m'a forcée jadis, en agissant. J'enfantai à Wotan une Fille-de-son-Désir : il lui confia de choisir, pour lui, le sort du combat des Héros. Elle est intrépide, et savante aussi (2) : pourquoi m'éveilles-tu donc et n'interroges-tu pas, sur ce que tu tiens à connaître, la fille de Wotan et d'Erda ?

LE VOYAGEUR

C'est la Walküre que tu veux dire, Brünnhilde ? La vierge a bravé le Dompteur-des-Tempêtes, là où le plus rudement

(1) « Quel est, parmi les hommes, cet homme qui m'est inconnu et qui répand la tristesse dans mon esprit ? (*Weglams-Kvidha*, 10.)

(2) Dans la *Grepisspâ* de l'*Edda* de Sæmund, Brynhild est désignée par ces mots : « la voyante ». — Pour les *Chants des Iles Feroë*, c'est « la jeune fille pleine de savoir ». Comparez p. 520, n. (1), le prologue du *Crépuscule-des-Dieux* (scène entre Brünnhilde et Siegfried) et la scène finale du même drame.

lui-même se domptait : et ce que lui, le Maître du Combat, désirait faire, mais s'interdisait à soi-même par force, — elle a osé, la téméraire, l'accomplir pour son propre compte, elle, Brünnhilde, en le brûlant combat. Streitvater (1), pour punir la vierge, dans ses yeux a pressé le sommeil ; c'est sur ce Roc qu'elle dort, profondément : devenue femme, celle qui fut divine ne s'éveillera plus que pour aimer un homme (2). Que me servirait de l'interroger ?

ERDA s'est abîmée dans ses pensées, et reprend, après un long silence.

Tout est pour moi confus, depuis que je veille : tumultueux et vague l'univers tourbillonne ! La Walküre, l'enfant de la Wala, a donc été punie des entraves du sommeil, tandis que sommeillait celle qui sait tout, sa mère ? Qui lui apprit l'audace a châtié son audace ? Qui voulut qu'elle agît la blâme d'avoir agi ? Qui protège la justice détourne la justice ? Qui protège le serment règne par le parjure ? — Laisse-moi redescendre : laisse ma science rentrer dans son assoupissement !

LE VOYAGEUR

Mère, je ne te laisserai point partir (3), puisque je suis maître du charme. — Éternellement sachante, tu enfonças, jadis, l'aiguillon du souci, dans l'audacieux cœur de Wotan : ta science l'emplit d'un tel effroi de succomber ignominieusement sous quelque ennemi, que l'angoisse enchaîna son courage. Si tu es, du Monde, la plus savante femme, dis-moi maintenant comment le souci peut être vaincu par le Dieu ?

(1) *Streitvater*, « le Père-du-Combat ».

(2) « Sigurdrifa tua Hialmgunnar dans le combat ; mais, pour la punir, Odin la piqua de l'épine du sommeil et décida qu'à partir de ce moment elle ne remporterait plus de victoire dans les combats, et qu'elle se marierait. » (*Sigrdrifumâl.*)

(3) « J'ai parlé contre mon gré, maintenant je dois me taire, » répète à Vegtam plusieurs fois Vala. (*Wegtams-Kvidha*, 12, 14, 16.) Et Vegtam (Odin) lui réplique chaque fois : « Parle-moi, Vala ! Il est des choses que je veux savoir, et je t'interrogerai jusqu'à ce que tu les aies dites. » (*Id.*, 13, 15, 17.) Ou encore (17) : « Dis-moi cette seule chose, tu ne dormiras pas auparavant. »

ERDA

Tu n'es pas — ce que tu te nommes ! Qu'as-tu à venir, âpre Sauvage, troubler le sommeil de la Wala ? Laisse-moi libre, Sans-Repos que tu es ! Romps le joug du charme !

LE VOYAGEUR

Tu n'es pas — ce que tu te crois ! (1) La sagesse de la Mère-Originelle tire à sa fin : ton savoir se dissipe devant ma Volonté ! Ce qu'il veut, Wotan, — le sais-tu ? Ignorante, je vais te le crier dans les oreilles, pour qu'à jamais tu puisses dormir en paix. — La fin des Dieux ne m'épouvante guère, depuis que j'y aspire, depuis que je la — veux ! Ce que jadis, dans une crise de sauvage douleur et de désespoir, j'ai résolu, c'est librement que je l'exécute, avec joie et sérénité : si, saisi d'un furieux dégoût, j'ai voué l'univers à la haine du Nibelung, c'est, maintenant, au divin Wälsung que je veux léguer mon héritage. Élu par moi, qu'il n'a jamais connu, un intrépide enfant, libre de mon conseil, a conquis l'Anneau du Nibelung. Sans envie, sans haine, toute joie, toute Amour, sa noblesse paralyse l'Anathème d'Alberich ; car la Peur lui demeure étrangère. Celle que tu m'enfantas, Brünnhilde, le Héros va doucement l'éveiller pour soi-même : réveillée, ton enfant accomplira, consciente, l'Acte libérateur et rédempteur du Monde. — Va donc dormir, clos tes paupières, regarde ma ruine en rêvant ! (2) Par un miracle encore, qui leur est dû aussi, — à l'éternellement Jeune le Dieu cède, avec joie. — Abîme-toi donc, Erda ! Souci originel !

(1) « Mais les fils des Ases n'ont pas d'intelligence. » (*Wegtams Kvidha*, 12.) — « *Tu n'es point Vegtam*, comme je l'ai cru ; tu es Odin le chef des peuples. — *Tu n'es pas Vala, tu n'es pas une savante femme*, mais trois fois la mère des Thursars. » (*Id.*, 18, 19.)

(2) « Retourne chez toi, Odin, et sois généreux. Les hommes ne viendront plus me trouver avant le temps où Loke brisera ses liens, avant le moment de la mort des Dieux. » (*Wegtams-Kvidha*, 20.)

Mère, de l'originel effroi! Dans l'éternel sommeil abime-toi! abime-toi! — De ce côté, voici venir Siegfried.

ERDA s'abîme. La caverne est devenue de nouveau tout à fait sombre.

LE VOYAGEUR s'y adosse en attendant SIEGFRIED.

La faible lumière de la lune illumine quelque peu la scène. La tempête entièrement s'apaise.

SIEGFRIED, à l'avant-scène, arrivant par la droite.

Mon petit oiseau s'en est allé : — son vol folâtre et son doux chant m'ont délicieusement indiqué le chemin : voici qu'il m'a quitté, pour disparaître au loin. Le mieux sera de trouver moi-même la montagne, en continuant dans la direction qu'a paru m'indiquer mon guide. (Il s'avance vers le fond.)

LE VOYAGEUR, demeurant dans son attitude près de la caverne.

Où t'appelle ton chemin, fils?

SIEGFRIED

C'est là qu'on parle : de quoi savoir mon chemin, peut-être. — Je cherche un Roc, la flamme l'enveloppe : il y dort une femme, que je veux éveiller (1).

LE VOYAGEUR

Ce Roc, qui t'a dit de le chercher? qui d'y aspirer, à cette femme?

(1) « Il passe devant la cour du roi Juki. » (Gibich) « Dehors se tient Grimhild entourée de maints guerriers... — Sjurd, suspends ta course, écoute et réponds-moi. J'ai une fille qui est belle et qui veut t'accorder son amour » (Gudrun) « — Jamais je ne suspends ma course... Je continue à gravir la montagne où brûle la Waberlohe... Je continue à gravir la montagne pour contempler une belle femme. » (*Chants des Iles Feroë.*)

SIEGFRIED

C'est, dans la Forêt, le chant d'un petit oiseau, qui m'a donné cette bonne idée (1).

LE VOYAGEUR

Sans doute un petit oiseau babille-t-il bien des choses ; mais nul homme ne peut les comprendre : comment, le sens du chant, l'as-tu pu deviner ?

SIEGFRIED

Grâce au sang d'un Dragon sauvage, que j'ai tué devant Neidhöhle : à peine ce sang brûlant m'eut-il mouillé la langue que je compris la chanson de l'oiseau.

LE VOYAGEUR

Tu as frappé le Géant : qui donc te provoquait à faire face au puissant Dragon ?

SIEGFRIED

J'avais été conduit par Mime, un traître gnome ; c'était la Peur, qu'il voulait m'enseigner : mais le Dragon provoqua lui-même, en ouvrant contre moi sa gueule, le coup de Glaive dont il fut frappé.

LE VOYAGEUR

Qui fit le Glaive si tranchant et dur, que le plus fort des ennemis pût succomber sous lui ?

(1) « Ecoute, Sjurd, qui t'a montré le chemin, quand tu chevauchais à travers la fumée et les flammes de la Waberlohe ? — Deux oiseaux me dirent dans le bois verdoyant : Elle est belle, Brinhild, la fille de Budli, et elle attend ta venue. Voilà ce que me dirent deux oiseaux sur mon chemin, et c'est pour cela que j'ai chevauché jusqu'ici. » (*Chants des Iles Feroë.*)

SIEGFRIED

Moi-même : comme le forgeron ne pouvait le braser, je l'ai fait, mon Glaive : peut-être, sans cela, ne l'aurais-je pas encore.

LE VOYAGEUR

Mais les puissants tronçons dont tu l'as fait, ton Glaive, qui les avait créés, d'abord ?

SIEGFRIED

Qu'en sais-je ! Je sais seulement que les tronçons, divisés, ne m'eussent pas été bons à grand'chose, si je ne m'en étais pas créé le Glaive à nouveau.

LE VOYAGEUR, *mis en belle humeur, éclate de rire.*

Cela, — je le pense bien aussi !

SIEGFRIED

Qu'as-tu à te moquer de moi ! Vieux questionneur, assez ; ne me fais pas plus longtemps jaser ! Peux-tu m'indiquer le chemin, parle : si tu ne le peux pas, ferme ton bec !

LE VOYAGEUR

Patience, garçon que tu es ! puisque je te parais vieux, tu me dois le respect.

SIEGFRIED

Ce ne serait pas mal ! Depuis que je vis, un vieux n'a cessé d'entraver mon chemin (1): ce n'est pas pour rien que je viens de l'en nettoyer. Si tu t'obstines à te planter là plus longtemps pour me faire obstacle, prends garde, te dis-je, d'avoir le sort de Mime ! (*Il se rapproche du* VOYAGEUR.) Comment donc es-tu fait ? Qu'est-ce que ce grand chapeau-là ? Pourquoi te pend-il ainsi sur le visage ?

(1) « Wagner n'a pas le moindre besoin d'une aride forme sentencieuse pour émettre de ces vues profondes. » Combien de fois l'aurai-je répété ? Maisi le faut.

LE VOYAGEUR

Une guise de Voyageur, pour marcher face au vent.

SIEGFRIED

Mais, là-dessous, il te manque un œil ! Quelqu'un te l'aura crevé sans doute, dont tu barrais la route avec trop d'arrogance ? Allons, place ! ou tu pourrais bien perdre l'autre, aussi.

LE VOYAGEUR

Je vois, mon fils, qu'où tu ne sais rien, du moins sais-tu promptement t'aider. C'est grâce à l'œil, dont je suis privé, que tu aperçois celui qui m'est resté pour voir (1).

(1) Pour comprendre cette phrase obscure (en apparence), il suffirait, à la rigueur, de se rappeler qu'Odin étant un dieu borgne, l'œil qui lui manque n'est autre chose que que *le soleil*, — disent les mythographes. « C'est grâce à » cet « œil » de Wotan que Siegfried *peut voir* l'autre œil, celui qui reste au Dieu. — Wagner, notais-je dans *l'Or-du-Rhin*, s'est servi çà et là de cette interprétation ; mais il l'a, suivant l'habitude de son génie, enrichie d'un nouvel et profond sens philosophique, dont s'éclaire son quadruple Drame : si l'on veut bien prendre la peine de se reporter à cette même note (p. 248), et se rappeler dans quel but Wotan a « mis en gage » l'œil qui lui manque (pour épouser Fricka, la Sagesse incarnée), sans doute comprendra-t-on pourquoi, tout en recommandant comme utile, en raison de sa simplicité, la glose mythographique ci-dessus, je me rallie sans hésitation à celle de M. Alfred Ernst. L'énigmatique passage signifie, d'après lui, que l'œil auquel a renoncé Wotan (pour acquérir la froide Sagesse, qu'il a crue nécessaire au gouvernement du Monde) est « l'une de ses deux clairvoyances » : clairvoyance de l'instinct, ou, si l'on veut, du cœur. Et l'éminent critique ajoute : « Issu de la tendresse que Wotan eut pour les hommes, loin des dieux, contre les dieux même et les lois édictées » (cf. dans *La Walküre*, le rôle entier de Siegmund ; le *récit* de Wotan à Brünnhilde ; l'émotion de Brünnhilde, Wotan-féminin, devant la douleur du Héros), « Siegfried est », comme le fut Siegmund, « le représentant de cette clairvoyance sacrifiée ; il en procède, et il regarde Wotan précisément avec l'œil qui manque à celui-ci, c'est-à-dire avec la lumineuse sûreté d'une libre nature, d'un cœur libre. »

SIEGFRIED

Tu es drôle et je ris ! — mais écoute : cette fois, c'est assez bavardé : vite, montre-moi mon chemin, après quoi, passe ton chemin ! je ne t'estime utile à rien d'autre : parle donc, ou je te fais sauter !

LE VOYAGEUR

Si tu me connaissais, intrépide rejeton, tu m'épargnerais tes outrages ! Pour moi, qui te tiens de si près, tes menaces sont des douleurs. Si dès toujours ta Race de lumière me fut chère, — mon impitoyable fureur sut l'accabler d'horreur, aussi : toi, à qui je suis tellement propice, n'éveille pas aujourd'hui ma haine (1), elle t'anéantirait et moi !

SIEGFRIED

Me répondre, misérable entêté, tu ne veux pas? Laisse-moi passer ! car c'est par là, je le sais, qu'on va vers la femme endormie : c'est par là qu'avant de fuir volait mon petit oiseau.

LE VOYAGEUR, dans un accès de fureur.

C'est pour son salut qu'il t'a fui ; c'est le Maître des Corbeaux (2) qu'il devinait ici : s'ils l'atteignent, malheur à lui ! Le chemin qu'il t'a montré, non ! tu ne le suivras point !

SIEGFRIED

Hoho ! barreur de route ! Qui donc es-tu, pour vouloir m'arrêter ?

(1) « Ma haine ». — *Neid* pourrait encore (« doit », diront certains) se traduire ici par : mon « envie ». — Cf. p. 494, note (1).

(2) « Deux corbeaux, perchés sur ses épaules, lui racontent à l'oreille ce qu'ils ont vu et entendu. On les nomme Hugen et Munen. Ils partent à la pointe du jour, parcourent la terre et sont de retour pour le déjeuner. Odin sait ainsi tout ce qui passe ; on l'appelle le Dieu aux Corbeaux. » (*Edda* de Snorro, *Gylfaginning.*) — Grimm interprète ainsi les noms des deux corbeaux, d'après leur étymologie : *Huginn* de *hugr* (*animus*, *cogitatio*) ; *Muninn* de *munr* (*mens*).

LE VOYAGEUR

Crains en moi le gardien du Rocher ! (1) Ma puissance y tient prisonnière la vierge endormie : quiconque la réveillerait, quiconque la posséderait, briserait cette puissance à jamais ! — Autour de la jeune femme flotte une mer embrasée, les langues de la fournaise lèchent le Roc tout autour : qui prétend à la fiancée, rencontre d'abord l'incendie. (De sa Lance il fait signe.) Regarde vers là-haut ! La vois-tu, la lueur ? — L'éclat s'accroit, le feu s'avive ; des nuages de fumée ardente, des tourbillons de flammes se développent, se précipitent, crépitent, pétillent. Tout autour de ton crâne, un océan de lumière : éblouissant, furieux, dévorateur, le feu, pour t'engloutir en un instant (2) : — arrière donc, enfant téméraire !

SIEGFRIED

Arrière toi-même, phraseur ! Dans les flammes (3), vers Brünnhilde, tout de suite ! il faut que je passe !

LE VOYAGEUR, lui opposant sa Lance.

Si la flamme ne t'épouvante pas, ma Lance t'en fermera le chemin ! L'autorité suprême est dans mes mains encore ; le Glaive, que tu brandis, ma Lance, autrefois, l'a brisé : une fois de plus, qu'il éclate sous la Lance éternelle !

SIEGFRIED, tirant son Glaive.

Ennemi de mon père ! Est-ce toi qu'ici je retrouve ? C'est à propos pour ma vengeance ! Brandis ta Lance : qu'en pièces

(1) « *L'homme du guet* a de la peine à se faire entendre ; il dit : « Celui qui chevauchera à travers la Waberlohe obtiendra la jeune fille. » (*Chants des Iles Feroë.*)

(2) « La flamme s'élançait, la terre tremblait et les langues de feu s'élançaient jusqu'au ciel. Nul parmi les plus braves n'osait s'avancer au milieu des flammes. » (*Brot af Brynhildarkvidhu.*)

(3) « Jamais je ne suspends ma course... » etc. (Voir plus haut p. 488, note, l'extrait des *Chants des Iles Feroë.*) — « L'illustre Sjurd s'écrie, qu'on le sache au loin : « J'en porte le présage sur mon bouclier ; je veux chevaucher à travers le feu. » (*Id.*)

la mette mon Glaive ! (Il lutte contre LE VOYAGEUR, dont il rompt la Lance en tronçons. Épouvantable coup de tonnerre.)

LE VOYAGEUR, se retirant (1).

Va donc ! Va ! je ne puis te retenir ! (Il disparaît) (*).

(1) Pourquoi Wotan s'oppose au passage de Siegfried ? — Un commentateur de Wagner, auteur d'un livre qui, hélas ! fait autorité pour beaucoup, répondrait (p. 228) : « Wotan craint que le Héros qu'il a suscité pour le salut des dieux ne cause leur perte définitive... » Comme cela est bien compris, n'est-ce pas ? Comme l'on s'est bien donné la peine, je ne dirai pas d'approfondir, mais de lire, seulement, la scène précédente et ces paroles du Voyageur : « La fin des Dieux ne m'épouvante guère, depuis que j'y aspire, depuis que je la — veux ! » Et encore : « Au divin Wälsung je veux léguer mon héritage... A l'éternellement Jeune le Dieu cède, avec joie... » Vraiment, conçoit-on bien, maintenant, telles phrases indignées de mon *Avant-Propos* ? Mais songeons à donner nous-même une autre glose. — Lorsque Le Voyageur a dit, au Deuxième Acte, qu'il venait « pour voir, et non pour agir », j'ai noté que ce dégoût de l'action datait, chez lui, de la perte de son Désir, de son vivant Désir, Brünnhilde. J'ajoutais qu'à mesure que se développe le Drame, Wotan y « agit » de moins en moins, quoiqu'il en reste, au fond, le personnage unique. Hé bien ! son attitude, en présence de Siegfried, n'est pas contradictoire de ces affirmations. Lorsque, dans *La Walküre*, le Dieu a « renoncé » pour la première fois (« Soit, je te bénis, fils du Nibelung ! ») ce « renoncement » a été suivi, on se le rappelle, d'un accès de fureur motivé par la résistance de Brünnhilde (Désir personnifié de Wotan). Or, il vient de « renoncer » encore ; et son nouvel accès de fureur, consécutif, de même, à ce nouveau « renoncement », paraît symétrique du premier : chaque fois que son Désir *se réveille*, résiste (comme dans *La Walküre*), ou *va se réveiller* (comme ici), le conflit moral doit éclater. Wotan, dans une partie de son rôle, n'étant, en somme,

(*) Le thème de la Fin des Dieux s'élève significativement à la fin de cette scène. (Partition, pages 279 et 280. — Pour ce thème, cf. partition de *Rheingold*, page 74 ; voy. note de la page 269 ; même partition, page 194 ; voyez note de la page 302.)

SIEGFRIED

Comment? avec son arme hors de combat, le lâche m'échappe?

Avec une grandissante clarté, les nuages de feu, du haut du fond, sont descendus : la scène tout entière se remplit d'une fluctuante mer embrasée.

SIEGFRIED

Ha! flamme de délices! éclatante splendeur! Radieuse s'ouvre pour moi la route. — Dans le feu, me baigner! Dans le feu, trouver la fiancée! Hoho! Hoho! Haheï! Haheï! O joie! joie! Qu'à présent je m'appelle un compagnon, que je puisse aimer! (*)

Il embouche son cor et, sonnant sa fanfare d'appel, se rue dans le feu. — La flamme déborde en vagues jusque sur l'avant-scène. On entend, proche d'abord, et bientôt plus lointaine, la sonnerie du cor de SIEGFRIED. — Les nuages de feu, continuellement, tourbillonnent d'arrière en avant : la sonnerie du cor de SIEGFRIED, retentissant de nouveau plus proche, indique qu'il s'élève vers la cime en contournant le rocher du fond.

qu'un symbole incarné de notre Ame, de nos désirs *humains* d'agir et de posséder, il serait du reste bien *humain* qu'à l'instant de perdre tout pouvoir, le Dieu, même résigné, ne l'en défendît pas moins. Mais il me semble plus logique d'admettre que c'est la rigueur, d'une part, — d'un inéluctable destin, qui provoque cette suprême révolte, tandis que d'autre part Wotan fait une épreuve, non seulement de sa propre puissance, mais surtout de celle du Héros cherché : tel est le sens de toutes les questions qui finissent par lasser Siegfried; le Dieu ne les pose que pour se prouver à

(*) Surgit ici l'aveuglante symphonie de la Traversée du Feu. (Cf. *Walküre*, partition, page 303 et seq. — Voy. note de la page 402.) (Partition de *Siegfried*, pages 281 à 285.) « Les rapides batteries du Feu courent aux instruments à cordes; on se croit revenu à l'Incantation finale de la *Walkyrie*. Nous sommes en pleine traversée du Feu: dans l'étincellement du glockenspiel et du triangle, au milieu

A la fin la flamme commence à pâlir (1) ; elle se résout comme en un voile subtil, diaphane, qui, s'éclaircissant à son tour, laisse voir, tout irradié du jour le plus splendide, l'éther serein d'un ciel d'azur.

La scène, que les nuages ont tout entière évacuée, représente le sommet d'une montagne rocheuse (comme au troisième acte de LA WALKÜRE) : à gauche l'entrée d'une grotte rocheuse qui forme une chambre naturelle; à droite, une forêt de grands sapins ; à l'arrière-plan, la vue totalement libre. — A l'avant-scène, à l'ombre d'un sapin aux larges branches, est étendue BRÜNNHILDE en un profond sommeil : couverte de son long

soi-même qu'il a bien devant lui le Héros remplissant toutes les conditions (d'ignorance, et de liberté) spécifiées, soit dans *La Walküre*, au Deuxième Acte, en la scène que Wagner nommait avec raison « la plus importante du quadruple Drame » (en est-on convaincu, maintenant?), soit, ci-dessus même, devant Erda, dans la deuxième scène-culminante de l'œuvre. Ajoutons qu'au point de vue de la construction du Drame, il y a, dans la défaite de Wotan par Siegfried, une façon naturelle et merveilleusement franche de montrer le Dieu sortant de l' « action » (de l' « action » visible, du moins — puisque *Le Crépuscule-des-Dieux*, bien que Wotan n'y paraisse même plus, continue d'être, jusqu'au bout, « la figuration de sa Pensée »).

(1) « Sigurd dirige Grani (son cheval) avec son épée. Le feu s'éloigne du chef; les flammes s'abaissent devant le héros. » (*Brot af Brynhildarkvidhu.*)

---

de la vibration des cymbales, des frémissantes traînées des cordes, des clairs dessins des flûtes, les cuivres proclament le thème de Siegfried, auquel répond l'allègre sonnerie de son cor d'argent. De grands traits de harpe mettent leur triomphante ivresse dans la magie de ce pittoresque tableau... »

Cette page instrumentale est, en comptant la symphonie des *Murmures de la Forêt*, la deuxième dans la série des grands morceaux d'orchestre affectés à Siegfried. — Les deux autres principales sont la symphonie du Voyage sur le Rhin et la Marche funèbre du Crépuscule des Dieux. Je crois que ces grandes pages musicales, qui accompagnent, à travers le Drame, le personnage de Siegfried, et où, à mesure qu'elles se succèdent, se retrouvent, de plus en plus nombreux, des thèmes importants entendus déjà, je crois,

bouclier, armée de pied en cap d'armes étincelantes, avec la cotte de mailles, avec le casque en tête (1).

SIEGFRIED vient d'arriver au fond, près de la saillie qui borde le sommet de la roche (son cor avait, en dernier lieu, sonné de nouveau comme plus lointain, après quoi définitivement il s'était tu). Il regarde, d'un œil surpris, autour de soi. (*)

SIEGFRIED

Bienheureuse solitude, hauteurs ensoleillées! (Regardant vers la forêt de sapins.) Dans cette sombre forêt de sapins, qu'est-ce

(1) « Nul n'osait s'avancer assez près pour contempler la Waberlohe... Nul ne chevauche sur le sommet de Brinhild, sauf Sjurd le rapide. Lui et son cheval Grani traversent la fumée et les flammes. ... Il était ardent, le feu qui brûlait les flancs de Sjurd. Sjurd gravit le sommet de Brinhild, ce que nul n'osa avant

dis-je, que ces grands passages symphoniques ont pour but, ainsi constitués, de ramener peu à peu, condenser, résumer sur le personnage du Héros les principales idées, les principaux thèmes de la Tétralogie entière. — C'est par ces symphonies, habilement ménagées, que Siegfried est mêlé à l'universel concept du Drame ; elles sont comme des chœurs l'accompagnant et le prolongeant dans l'infini frisson des choses : — le chœur des Tragédies grecques. — A ce propos, on lira avec fruit, page 264, la note de mon collaborateur sur l'Unité dans le Drame de Wagner. Il ne serait pas impossible que Wagner, dans ces commentaires symphoniques, eût vu, en dehors de leur éblouissant effet orchestral, un procédé de plus pour obtenir cette unité.

La Traversée du Feu est un mythe que l'on retrouve dans plusieurs religions. Tout près de nous, ce n'est autre que le Purgatoire. Voyez dans la *Divine Comédie* (*Purgatoire*), le passage où Dante traverse la flamme pour arriver à Béatrix. — Les deux religions chrétienne et scandinave, n'ont pas que ce point de commun.

(*) De flottantes suavités succèdent, dans l'orchestre, aux flamboyantes harmonies de la Traversée du Feu. Le

donc qui repose? qu'est-ce donc qui dort? Un cheval! dans un profond sommeil! (Il achève de gravir le Roc, et s'avance, d'un pas lent, plus loin ; au moment où il aperçoit, à une certaine distance de soi encore, BRÜNNHILDE, il s'arrête, comme émerveillé.) Qu'est-ce qui rayonne là-bas devant moi? — Quelle étincelante parure d'acier! La flamme m'éblouit-elle encore? (Il s'approche davantage.) Les claires armes! — Si je les soulevais? (Il enlève le bouclier, et considère le visage de BRÜNNHILDE, qui lui demeure du reste caché, presque tout entier, par le casque.) Ha! sous les armes, un homme! (1) — que sa vue me fait du bien! — Cette tête, cette tête sacrée, le heaume l'oppresse, peut-être? Lui retirer cette parure? Il serait mieux à son aise. (Avec précaution, il détache le casque, et l'enlève du front de l'endormie : une longue chevelure bouclée s'épanche. — SIEGFRIED se trouble.) Ah! qu'il est beau! (Il reste absorbé dans cette

lui. D'un coup de son épée, il fend la haute porte. Avec sa bonne épée, il abat le bois des fenêtres. Il contemple alors la belle jeune fille couchée et revêtue de son armure. L'illustre Sjurd entre dans la salle et regarde autour de lui. » (*Chants des Iles Feroë.*) « Sjurd chevaucha vers Hindarfiall ; il s'avança dans la direction du sud, du côté du pays des Francs. Sur la montagne il vit une vive lumière comme celle d'un feu qui brûle, et ses lueurs illuminaient le ciel. Quand il approcha il vit un château fort et sur ce château une bannière. » (*Sigurdrifumál.*) Détails analogues dans l'*Edda* de Snorro, la *Völsunga*, etc.

(1) « Sigurd entra dans ce Burg et y vit *un guerrier* qui dormait armé de pied en cap. » (*Sigurdrifumál.*)

---

thème amoureux de Freya reparaît, modifié, et, combinaison significative, le motif de Brünnhilde endormie y vient ajouter sa douceur. Nous voici transportés dans d'immenses profondeurs de souvenir, au soir serein de l'ensommeillement de la Vierge. Voici l'émouvante phrase des Adieux de Wotan. Le souvenir s'approfondit encore; voici, par nostalgiques bouffées, des sérénités plus lointaines: la mélodie de l'Enchaînement d'Amour! (Pour tous les passages cités ici, voir la partition de *Siegfried* de la page 285 à la page 296.)

vue.) Chevelure ! Vagues ! Nuages ! L'océan du ciel, le limpide océan du ciel, s'ourle d'éblouissants nuages : vagues ! nuages qu'illumine l'image même du Soleil, l'éclatante image du riant Soleil ! (Il guette son souffle.) Gonflée par son haleine, sa poitrine se soulève : — si j'ouvrais l'armure qui l'enserre ? (Il essaye, avec la plus grande délicatesse, mais sans succès.) Viens, mon Glaive, viens, tranche le fer, toi ! (Avec une tendre précaution, il coupe des deux côtés, le long de l'armure entière, les anneaux d'attache de la cuirasse ; puis, il enlève la cuirasse même. — BRÜNNHILDE lui apparaît alors, toujours couchée, dans la grâce de son vêtement de femme. Il tressaille, surpris et troublé.) Ce n'est pas un homme ! (1) — Un brûlant enchantement fait palpiter mon cœur ; un trouble ardent saisit ma vue : mon esprit vacille et tournoie ! — Qui appeler à l'aide ? Qui m'aiderait ? — Ma mère ! Ma mère ! souviens-toi de moi ! (Il se laisse tomber, défaillant, le front sur la gorge de BRÜNNHILDE. — Silence prolongé. — Ensuite il se relève, et soupire.) Comment la réveillerai-je, la vierge, pour qu'elle m'ouvre ses yeux ? — M'ouvrir ses yeux ? les regards dussent-ils m'en aveugler ? L'oserais-je ? en soutiendrais-je l'éclat ? — Autour de moi, tout flotte, vacille et tourbillonne : un feu mortel consume mes sens : sur mon cœur pantelant, ma main tremble ! — Qu'ai-je donc, lâche ? — Est-ce donc cela, la Peur ? — O mère ! mère ! ton vaillant enfant ! Une femme est couchée, endormie : — c'est elle qui lui apprend la Peur ! — La Peur ! comment y mettrai-je fin ? comment ressaisirai-je mon courage ? — Afin de me réveiller moi-même, il me faut réveiller la vierge ! — — Sa lèvre en fleur frémit doucement vers moi : comme elle m'attire, et comme j'hésite ! — Ah ! le doux et suave parfum de ce souffle tiède ! Réveille-toi ! femme sacrée ! Réveille-toi ! — Elle ne m'entend point. — Eh bien, que j'aspire la vie à ses lèvres suaves, — dussé-je mourir !

(1) « Il voit la jeune fille couchée sur son lit. Il contemple la belle jeune fille, endormie sous son armure. » (*Chants des Iles Feroë.*) — « Il lui enleva d'abord le heaume de dessus la tête et alors il vit que c'était une femme. La cotte de mailles tenait si fort qu'on aurait dit qu'elle était entrée dans la chair. Avec son épée Gram il coupa la cotte de mailles du haut en bas, et il la coupa aussi aux deux bras. Puis il l'en dépouilla. » (*Sigurdrifumâl.*) Détail commun à toutes les sources scandinaves (Snorro ; *Völsunga* ; Chants Féroë).

Il la baise ardemment, longuement. — Puis, effrayé, il se relève : — BRÜNNHILDE a ouvert les yeux (1). — Elle regarde, avec étonnement Tous deux demeurent absorbés, longtemps, en leur respective contemplation.

BRÜNNHILDE, lentement, solennellement, se redresse, et se met sur son séant.

Salut à toi, soleil ! salut à toi, lumière ! salut à toi, splendeur du jour ! Long fut mon sommeil ; j'en suis réveillée : quel est le Héros, qui m'a ressascitée ? (*)

SIEGFRIED, solennellement ému par son regard et sa voix.

C'est moi ; j'ai franchi le feu brûlant autour du Roc ; j'ai ouvert ton heaume résistant : c'est moi, Siegfried, qui t'ai ressuscitée.

(1) Dans le *Heldenbuch* de Simrock, c'est aussi d'un baiser que Brünnhilde est réveillée par le Héros. Wagner, s'assimilant l'idée, l'a seul enrichie d'une valeur *humaine*.

(*) « Ici, dit M. Ernst (*a*), la musique de Wagner semble reculer les limites du Sublime: une solennelle harmonie, — des plus simples en elle-même, — inaugure l'incomparable Réveil. Assise sur le tertre de mousse, ses longs cheveux dénoués flottant sur ses épaules, tandis qu'à ses pieds brillent ses armes éparses, Brünnhilde contemple autour d'elle la radieuse nature. Les yeux grands ouverts, les bras levés vers le ciel où le soleil flamboie, toute à l'immense félicité de son extase, elle reprend peu à peu conscience du monde et de la vie. De nouveau, les accords du Réveil sonnent majestueusement à l'orchestre. Brünnhilde salue le Jour, tandis que de religieux arpèges vont s'épanouir, à l'extrême aigu, en un trille aérien d'une sérénité infinie. — Il n'y a ici nul conflit de sentiments, mais lorsque la poésie atteint ce degré de grandeur, elle agit sur l'âme humaine tout entière. Je sais plus d'un spectateur qui a pleuré au réveil de Brünnhilde. » (Partition, pages 296 et 297.) Le thème héroïque de Siegfried répond solennellement à l'hymme de Brünnhilde (page 298).

(*a*) Partition, page 255 — note.

BRÜNNHILDE, redressée toute, assise.

Salut à vous, Dieux ! Salut à toi, Monde ! Salut à toi, Terre de merveilles ! Je ne dors plus ; je m'éveille, je vois : c'est Siegfried, qui me ressuscite ! (1)

SIEGFRIED, dans le plus sublime enthousiasme.

O bénie soit la mère, qui m'enfanta ; bénie soit la terre, qui m'a nourri : puisque j'aurai pu voir ces yeux rayonner à présent sur ma béatitude !

BRÜNNHILDE, avec la plus grande émotion.

O bénie soit la mère, qui t'enfanta ; bénie soit la terre, qui t'a nourri : seul ton regard avait le droit de me voir, je ne devais me réveiller que pour toi ! — O Siegfried ! Siegfried ! bienheureux Héros! Eveilleur de la vie, toi, victorieuse lumière! (2)

(1) « Mais » (lorsque fut coupée sa cotte de mailles) « elle se réveilla, se souleva, vit Sigurd et dit : « Qui coupe ma cotte de mailles ? *Qui interrompt mon sommeil? Qui me délivre de ses sombres liens* ? » SIGURD : « C'est le fils de Sigmund. *L'épée de Sigurd* a coupé la cotte de mailles. » SIGURDRIFA : « *J'ai dormi longtemps* ; *longtemps le sommeil m'a tenue captive*. Longtemps durent les souffrances des humains. Odin a ordonné que je ne puisse secouer les runes du sommeil. » Sigurd s'assit et demanda son nom. Elle prit une corne pleine d'hydromel et lui donna la boisson de la bienvenue : « *Salut, ô jour ! Salut, ô fils du jour ! Salut, ô nuit, et toi, terre nourricière, salut*. Jetez sur nous des regards bienveillants et accordez-nous la victoire. — *Salut à vous, Ases ! Salut à vous, Asinies ! Salut à toi, campagne féconde*. Accordez-nous à nous deux, qui avons un noble cœur, la parole et la sagesse et des mains toujours pleines de guérisons. » (*Sigurdrifumâl.*) L'*Edda* de Snorro dit sèchement : « Elle s'éveilla et dit qu'elle s'appelait Hilde. Son nom était Brunhilde et c'était une Walkyrie. Sigurd s'en alla chevauchant et arriva près d'un roi, etc. » Les chants des Iles Feroë gardent un pâle, très pâle reflet du splendide réveil de Sigurdrifa dans le poème de l'*Edda* de Sœmund, plus haut cité.

(2) « *Eveilleur de la Vie*, toi, *victorieuse Lumière* ! » et, plus loin : « Joie du Monde » — « Splendide ! » — « Trésor du

O si tu savais, Joie du Monde, combien je t'aurai toujours aimé! (*) C'était toi ma pensée, c'était toi mon souci! Je t'ai nourri, avant même que tu fusses engendré; avant même que tu

Monde » — « Vie de la Terre » — « lumineux rejeton, » etc. — Force m'est bien de rappeler que, suivant la « science » moderne, Sigurd (Siegfried) est un « héros solaire ». — « Ainsi Wagner ne néglige rien; il se garde bien de ramener étroitement toutes ces figures mythologiques à la météorologie, comme certaines écoles qu'on sait trop; mais il fait leur part à ces hypothèses, dont le naturisme, dépouillé de ses exagérations grotesques, — recèle une vérité relative. » Cette Note de *L'Or-du-Rhin* (p. 308), que je me permets de répéter, indique assez que le rôle du Siegfried de Wagner ne doit avoir et n'a qu'un sens *purement humain*. Néanmoins, par acquit de conscience, et pour préparer certaines Notes futures, je copie, de M. Max Muller, les phrases qui suivent : « [La nature entière était divisée en deux royaumes : l'un noir, froid, semblable à l'hiver et à la mort; l'autre brillant, chaud, plein de vie, comme l'été.] Sigurd, le *héros solaire* de l'*Edda*, le descendant d'Odin, tue le serpent Fafnir, et conquiert le trésor sur lequel Andvari, le nain, avait prononcé sa malédiction. C'est le trésor des Niflung's ou des Nibelung's, *le trésor de la terre, que les sombres pouvoirs de la nuit et de l'obscurité* avaient emporté comme des voleurs. Sigurd, *qui représente ici le soleil du printemps*, reprend le trésor, et, comme Démèter ayant recouvré sa fille, *la terre* s'enrichit pour un moment de tous les trésors du printemps. Puis, selon l'*Edda*, Sigurd délivre Brunhild, qui avait été condamnée à un sommeil magique, après qu'Odin l'eut blessée avec une épine, mais qui maintenant, *comme le printemps après le sommeil de l'hiver*, renaît à une nouvelle vie par l'amour de Sigurd. » (*Mythologie comparée*, traduction française, p. 140.) — Entre cette conception de Brunhild (Brynhildr) et celle de la Brünnhilde du Drame de Wagner, la différence est donc sensible. Je ferai remarquer toutefois avec quel art Wagner, ne pouvant sacrifier tout élément mythique, et transposant de l'*Edda* les premiers mots de Brünnhilde (« Salut à toi, soleil! salut à toi, lumière! salut à toi, splendeur du jour! »), les lui fait prononcer de

(*).

« O si tu savais, Joie du Monde..... »

Ineffable, la phrase de sérénité, qui, dans l'orchestre, soupire, à ces paroles. (Partition, page 302.)

fusses au monde, mon bouclier t'a protégé : tant il y a longtemps que je t'aime, Siegfried ! (1)

SIEGFRIED, d'une voix douce et timide.

Ainsi donc, ma mère n'est point morte ? La bien-aimée dormait seulement ?

BRÜNNHILDE, souriant.

Ingénu, adorable enfant ! non, ta mère ne t'est point rendue. C'est toi-même que je suis, toi que j'aurai la joie d'être, si tu

manière qu'ils puissent paraître s'adresser, soit réellement au jour, réellement au soleil ; soit, symboliquement, à Siegfried. La chose est d'autant plus frappante que si, d'après les *hypothèses* (d'après les hypothèses *seulement*), Brynhildr, aux Chants de l'*Edda*, personnifiait la Terre, — ici Brünnhilde est, *en effet*, fille de la Terre-personnifiée. Mais, encore une fois, tout cela est bien vain, et, tout en nous montrant Wagner soigneux des plus minimes détails, ne doit point nous faire oublier qu'ici, — le profond sens *humain* des personnages importe seul. — Cf. p. 588, n. (4).

(1) Dans les chants des Iles Feroë, Brinhild est fille d'un roi Budli. « Et dans les chants héroïques on disait d'elle qu'elle faisait pâlir l'éclat du jour. » Elle rayonne du poudroiement d'or d'un mythe en ruines : « Une vive lueur jaillissait de ses épaules et c'était comme si l'on avait vu du feu. » En vain son père la presse, elle ne veut point se marier : « Il n'est pas encore venu le vaillant guerrier que je puis prendre pour époux... — Vers l'est, au delà de la forêt, mon cœur s'élance vers lui. Et cet homme s'appelle Sjurd, fils de Sigmund, et c'est la jeune Hiördis » (Sieglinde) « qui le mit au monde... Ce sont les Nornes qui l'ont voulu ainsi. Cet amour emplit mon cœur. Il y a neuf hivers que j'aime Sjurd, *et mes yeux ne l'ont jamais vu*... Tu me permettras de préparer une salle dans la marche solitaire... Une flamme, la Waberlohe, et de la fumée entoureront cette salle. Cette flamme, la Waberlohe, me protégera ; seul l'illustre Sjurd osera s'y attaquer. » Budli exauce sa fille. « Et il fit brûler une si grande flamme, la Waberlohe, que les nains ne pouvaient s'en approcher par trahison. » Et, nouvelle trace du mythe perdu, « et c'était de bon matin ; le soleil rougissait les montagnes. » Puis « Brinhild est assise dans sa chaise d'or, la belle jeune fille. *Elle attire de loin Sjurd vers elle pour son malheur.* »

m'aimes. Ce que tu ne sais point, je le sais pour toi : mais je ne le sais que parce que je t'aime. — O Siegfried ! Siegfried ! victorieuse lumière ! toi ! c'est toi que j'ai toujours aimé ; car c'est à moi, et à moi seule, qu'apparut la pensée de Wotan. La pensée, que jamais je n'eus le droit d'exprimer ; que je n'ai point pensée, mais seulement sentie ; pour laquelle j'ai lutté, combattu et plaidé ; pour laquelle j'ai bravé celui qui la pensait ; pour laquelle j'ai subi les liens du châtiment, parce que je ne l'avais point pensée, parce que je l'avais sentie seulement ! — Car cette pensée — puisses-tu, toi, l'accomplir ! — n'était en moi qu'Amour pour toi !

SIEGFRIED

Comme une merveille résonne ton chant suave, mais obscur m'en semble le sens. La splendeur de tes yeux m'illumine, et je la vois ; la tiédeur de ton souffle m'effleure, et je la sens ; ta voix chante, j'entends qu'elle est douce : mais ce qu'elle chante et ce qu'elle me veut dire m'étonne, et je ne le comprends pas. A saisir un passé lointain, je ne puis appliquer mon esprit, alors que tous mes sens ne voient et ne sentent que toi. C'est d'une palpitante Peur que tu m'as enchaîné : la Peur ! la crainte ! toi seule m'en as appris l'angoisse. Mon courage, rends-moi mon courage, paralysé par toi dans ces puissantes entraves !

BRÜNNHILDE *l'éloigne doucement, et regarde vers la forêt.*

J'aperçois là Grane (1), mon cheval bien-aimé : comme il se

(1) Dans toutes les sources scandinaves, Grani est le cheval de Sigurd avant même la mort de Fafnir, avant même que Regin lui ait forgé l'épée. « Va, » dit à Sigurd la veuve de Sigmund, « va vers la cascade et jette une pierre dans le fleuve et prends le cheval qui ne recule pas devant toi. » Il alla vers la cascade, jeta une pierre dans le fleuve et prit le cheval qui ne recula pas devant lui. Il était choisi parmi tous ceux du royaume, et c'était le meilleur, et il fut appelé Grani, le cheval de Sjurd. » (*Chants des Iles Feroë.*) Le cheval de Sigurdrifa, celui qui « l'avait emportée hors de la mêlée », s'appelait d'autre part *Wingskornir*, d'après le *Fâfnismal* de l'ancienne *Edda*.

repait de bon cœur, lui qui dormait aussi ! En m'éveillant moi-même, Siegfried l'a réveillé.

SIEGFRIED

Ma vue à moi se repait des délices de ta bouche : mais une ardente soif brûle mes lèvres ; que ta bouche, pâture de mes yeux, les rafraichisse !

BRÜNNHILDE, lui indiquant de la main.

Là, je vois le bouclier qui ne me protégera plus, lui qui protégeait les Héros ! Là, j'aperçois le heaume qui m'a couvert la tête, le heaume, qui ne la couvrira plus !

SIEGFRIED

Et moi, je suis venu sans bouclier : une vierge bénie m'a blessé au cœur ; — sans casque, et une femme m'a blessé au front.

BRÜNNHILDE, avec une mélancolie graduellement accrue.

Je vois de la cuirasse l'étincelant acier : un Glaive affilé l'a tranchée en deux ; grâce à lui, ma chair virginale est sans défense : sans sauvegarde, sans abri, sans fierté, je ne suis plus qu'une femme, rien qu'une triste femme !

SIEGFRIED

Au travers du feu, je suis venu vers toi : sans armure, sans cuirasse qui préservât ma chair : jusque dans ma poitrine la flamme a pénétré ; tout mon sang bouillonne embrasé ; c'est du feu qui circule en moi ; c'est, rallumée dans ma poitrine, la fournaise flamboyant naguère tout autour du Roc de Brünnhilde ! — O femme, éteins cet incendie ! Calme cette débordante ardeur ! (Il l'enlace violemment : elle tressaille, se lève, se dégage, avec une vigueur accrue par l'angoisse, et se réfugie de l'autre côté.) (1)

(1) « Brinhild est assise à Hildarfiall, elle est rebelle à l'amour. » (*Chants des Iles Feroë.*) « Ecoute-moi, Sjurd, fils de Sigmund, ne sois point si prompt. » (*Id.*)

BRÜNNHILDE

Nul Dieu ne m'approcha jamais : devant la vierge, tremblants, s'inclinaient les Héros : c'est pure qu'elle a quitté Walhall ! — Malheur ! Malheur ! Malheur, sur mon ignominie ! sur mon ignominieuse détresse ! Il m'a déshonorée, le héros qui m'éveille ! il m'a vue sans heaume ni cuirasse : Brünnhilde, je ne suis plus Brünnhilde !

SIEGFRIED

La vierge qui rêvait, tu l'es encore pour moi : le sommeil de Brünnhilde, par moi, n'a pas encore été rompu. Réveille-toi ! sois une femme, pour moi !

BRÜNNHILDE

Mes sens s'égarent ! Ma science se tait : ma sagesse va-t-elle fuir de moi ?

SIEGFRIED

Ne disais-tu donc pas que ta science, — ta science, c'est le rayonnement de ton amour pour moi ?

BRÜNNHILDE

De mornes ténèbres troublent ma vue ; mon œil se voile, sa flamme s'éteint : tout autour de moi, c'est la nuit : je doute, j'ai peur, je me débats, dans un vertige d'affreuse angoisse : l'effroi marche et se dresse devant moi ! (Elle se voile violemment les yeux avec les mains.)

SIEGFRIED lui écarte les mains de devant les yeux, avec douceur.

La nuit effraye les yeux captifs ; avec ce qui les emprisonne, disparaîtra cette noire terreur : hors des ténèbres plonge, et vois — dans la gloire du soleil, le jour splendide éclate !

BRÜNNHILDE, dans la plus haute exaltation.

La splendeur du soleil éclate sur ma détresse ! — O Siegfried ! Siegfried ! Vois mon angoisse ! Eternellement je fus, éternellement je suis, éternellement troublée des délices du Désir, — mais éternellement pour ton salut ! — O Siegfried ! ô Splendide ! Trésor du Monde ! Vie de la Terre ! ô riant Héros ! Laisse, ah ! laisse-moi ! Épargne-moi ! Ne m'approche pas en forcené ! Ne me violente pas brutalement ! Ta bien-aimée, ne la brise pas ! — Mirée dans un ruisseau limpide, as-tu jamais vu ton image ? Ton âme joyeuse, alors, y trouvait-elle plaisir ? Mais, si tu avais troublé l'eau, si la surface limpide en eût ondoyé moins unie, tu n'y aurais plus vu, à la place de l'image, que la fluctuante danse des vagues. De même ne me touche pas, ne me trouble pas : et tu pourras alors, éternellement, nettement, si, penché vers moi, tu souris, tu pourras alors voir venir, du fond de mon être, à ta rencontre, ta joyeuse, ta sereine, ton héroïque image ! — O Siegfried ! Siegfried ! lumineux rejeton ! Par amour — pour toi-même, laisse-moi, épargne-moi : ton propre bien, ne l'anéantis pas !

SIEGFRIED

C'est toi — que j'aime (1) : ô si tu m'aimais ! Je ne me possède plus : oh ! puissé-je te posséder ! — N'es-tu pas une eau merveilleuse, une eau qui sous mes yeux, fascinatrice, ondoie, en captivant seule tous mes sens, au rythme de ses vagues divines ? Mon image a pu s'y briser ; mais moi-même, consumé par une flamme dévorante, j'aspire aux flots qui l'éteindraient. Moi-même, et non plus mon image, je saute, je plonge dans le ruisseau : ô ses ondes, puissent-elles m'enlacer délicieusement, puisse, dans ses flots, s'écouler ma langueur ! — Réveille-toi, Brünnhilde ! ô vierge, éveille-toi ! Vis et ris, doux amour, douce joie ! Sois à moi ! Sois à moi ! Sois mienne !

BRÜNNHILDE

O Siegfried ! à toi — je le fus dès toujours !

(1) « L'inclination du héros se tourna vers celle qui prétendait l'avoir aimé de tout son cœur avant de l'avoir vu. » (*Le Poème Antique sur les Vœls*, 2.) Il s'agit là de Helge, autre fils de Sigmund ; et de Sigrun, autre Walkyrie. Mais la légende de leurs amours est si voisine de celle de Sigurd et Brynhild, qu'on peut véritablement croire à quelque identification.

SIEGFRIED

Si tu le fus dès toujours, sois-le donc à présent !

BRÜNNHILDE

A toi, tienne, à jamais je le serai !

SIEGFRIED

Tu le seras! sois-le donc aujourd'hui! Si mes bras t'enlacent, s'ils t'étreignent ; si ma poitrine en feu palpite contre la tienne ; si, les yeux dans les yeux, nos regards s'allument et flambent ; si, les lèvres aux lèvres, nos souffles se dévorent : alors, alors, tu es à moi ! Tu l'as toujours été, dis-tu ? tu le seras toujours ? Moi, c'est alors seulement que je cesserai de me dire, torturé : maintenant, Brünnhilde est-elle à moi ? (Il l'a enlacée.) (1).

BRÜNNHILDE

A toi? si maintenant je suis à toi ? — Ma paix divine se gonfle en vagues furieuses ; ma chaste lumière, en flammes d'incendie ; ma science céleste m'abandonne, chassée par les clameurs d'allégresse de l'Amour ! — A toi? si maintenant je suis à toi ? — O Siegfried ! Siegfried ! ne me vois-tu point? Comme mon regard te dévore, ne t'aveugle-t-il point ? Mon bras, comme il t'étreint, n'es-tu point embrasé ? Mon sang,

(1) « Elle s'appelait Sigurdrifa et elle était Walkyrie. Elle raconta comment deux rois se faisaient la guerre. » etc. (*Sigurdrifumâl*. Voir l'annotation de *la Walküre*.) « Sigurd dit : « ... Je le jure, je veux que tu sois à moi, car tu es comme je le désire. » Elle répondit : « C'est toi que je préfère et nul autre, quand j'aurais à choisir parmi tous les hommes. » Et leurs serments confirmèrent ces paroles. » (*Id.*) « Va d'abord à la cour de mon père et demande-lui conseil. » Sjurd, fils de Sigmund, parla ; il était à la fois sage et beau : « Tu as reçu peu de bons avis de ton père, car tu as attendu longtemps ma venue. Je ne vais point vers ton père, afin de lui demander son conseil. » Les liens de l'amour l'attachèrent à la jeune fille pleine de savoir. ... Il se coucha dans les bras de Brinhild. » (*Chants des Iles Feroë*.)

comme tout mon sang roule par torrents vers toi, ce feu sauvage, ne le sens-tu point ? Cette femme farouche, cette forcenée, ne te fait-elle point Peur, ô Siegfried, ne te fait elle point Peur, à présent ?

SIEGFRIED

Ha ! — maintenant que les torrents de notre sang roulent du feu ; à présent que nos regards rayonnants s'entredévorent ; à présent que nos bras ardemment s'étreignent, — me revient mon intrépide courage, et la Peur, ah ! que jamais je n'appris, — la Peur, que toi m'auras à peine apprise : la Peur, — je crois bien, sot que je suis, l'avoir de nouveau oubliée déjà ! (En prononçant les derniers mots, involontairement il lâche BRÜNNHILDE.)

BRÜNNHILDE, éclatant de rire, en des transports sauvages d'allégresse et d'amour.

O Héros enfant ! O sublime enfant ! Ingénu ! Tresor inconscient des plus augustes des exploits ! C'est en riant que je dois t'aimer ; en riant, que je veux m'aveugler ; en riant qu'avec toi je me perds, — en riant, que nous irons tous deux à notre ruine ! — Passe donc, âge brillant du Walhall ! Qu'en poussière s'écroule ton Burg orgueilleux ! Adieu, resplendissante magnificence des Dieux ! Finis en joie, Race éternelle ! Déchirez, ô Nornes, le câble des Runes ! Ombre du Crépuscule-des-Dieux, monte de l'abîme ! Et toi, nuit de l'Anéantissement ! — Pour moi c'est à cette heure Siegfried, l'étoile de Siegfried, qui rayonne : dès toujours, pour toujours, éternellement à moi ; mon héritage, mon bien ; tout et tous en un seul : éclatant Amour, riante mort !

SIEGFRIED, simultanément avec BRÜNNHILDE.

C'est en riant, ô bienheureuse, en riant que pour moi tu te réveilles : Brünnhilde vit ! Brünnhilde rit ! — Gloire au soleil, qui nous éclaire ! Gloire au jour qui nous illumine ! Salut à la Lumière, qui surgit des ténèbres ! Salut au Monde, auquel s'éveille Brünnhilde ! Elle veille ! elle vit ! à ma rencontre elle rit ! Pour moi, resplendissante, brille l'étoile de Brünnhilde !

Dès toujours, pour toujours, éternellement à moi ; mon héritage, mon bien; toutes et tout en une seule : éclatant Amour, riante mort ! (*) (**BRÜNNHILDE se jette dans les bras de SIEGFRIED** (1). — **Le rideau tombe**).

(1) Ne nous refusons pas le triste plaisir d'indigner le lecteur, encore tout ému par cette scène sublime (sublime au sens concret du Drame, sublime et redoutable au sens symbolique, — puisqu'il s'agit de la fin d'un Monde !), en mettant sous ses yeux l'étonnant résumé qu'en trouva naguère — car c'est une trouvaille ! — l'un des commentateurs qui le plus contribuèrent (avec les meilleures intentions, je me hâte de le reconnaître) à répandre chez nous l'idée que Richard Wagner, cet incomparable Poëte ! ne fut que son propre librettiste : « Après les amours de frère à sœur, *ceux de tante à neveu* ! » (p. 227). Oui, ces sublimes symboles, voilà ce que c'est, lecteurs : n'est-il pas vrai que c'est à pleurer? car on ne peut rire de cela — qu'aux larmes ! — Je ne multiplierai point des exemples pareils. Que celui-ci suffise, et celui de la page 494 ! En les fournissant, j'accomplis un devoir, qui m'est fort cruel, je puis le dire, car j'aimerais beaucoup mieux qu'on eût compris Wagner. Mais il faut avant tout démontrer au lecteur avec quelle prudence il importe de consulter certains livres, riches d'ailleurs de détails biographiques précieux quoique présentés sous un faux jour.

(*) Le thème qui domine, parmi toute l'ampleur fervente de ces dernières harmonies, est le thème de l'Amour de Siegfried et de Brünnhilde. Il s'avoisine de plus en plus, vers l'extrême fin, ayant accéléré son dessin, aux motifs d'impétuosité entendus, au début de l'acte, dans le tableau de l'enfance de Siegfried. Ce que certains wagnéristes, et non des moindres, ont regretté. — Pourquoi ? Peut-être, au strict point de vue de l'expression musicale, ont-ils raison. Mais qu'on laisse revenir en sa mémoire d'autres harmonies d'amour, les motifs de l'Amour de Siegmund et Sieglinde. — Comparaison mélancolique! Alors, les Dieux fleurissaient encore. Ils mettaient dans l'âme de leurs enfants cet infini bercement, qui s'exhalait en vagues cantilènes parmi la religieuse sérénité des nuits de printemps. — Mais ici ! l'Humanité se lève, prompte, ivre d'elle-même, — ne voyant qu'elle. On saisit la nuance. (Partition, de la page 297 à la fin.)

TROISIÈME JOURNÉE :

LE CRÉPUSCULE-DES-DIEUX

(*GÖTTERDAMMERUNG*)

PERSONNAGES

SIEGFRIED.
GUNTHER.
HAGEN.
ALBERICH.
BRÜNNHILDE.
GUTRUNE
WALTRAUTE.
LES NORNES.
LES FILLES-DU-RHIN.

« Hommes » (Vassaux) — Femmes.

LE CRÉPUSCULE-DES-DIEUX

PROLOGUE (*)

SUR LE ROC-DES-WALKÜRES

La décoration est la même qu'au dénouement de la première « Journée. » — Nuit. Dans les profondeurs de l'arrière-plan palpite un reflet de flammes.

LES TROIS NORNES,

femmes de haute stature, amplement drapées en de sombres vêtements, qui retombent à longs plis. La PREMIÈRE (la plus âgée) est couchée à l'avant-scène à droite, sous le sapin aux larges rameaux ; la DEUXIÈME (plus jeune) est étendue sur un banc de pierre devant l'entrée de la grotte rocheuse ; la TROISIÈME (la plus jeune) est assise au milieu de la saillie qui borde le sommet de la roche, à l'arrière-plan. — Un long temps règne un silence morne.

LA PREMIÈRE NORNE, sans bouger.

Quelle clarté brille là-bas ?

(*) Prélude. — Après les harmonies du Réveil de Brünnhilde, voici, plus majestueusement réapparu (a), plus pro-

(a) Il ne faudrait pas croire que ce thème réapparait selon la même suite qu'au début de *Rheingold*. Les deux motifs constitutifs en sont, au contraire, intervertis ici. Le motif qui, dans *Rheingold*, apparait le premier et se développe tout d'abord, figurant un fil methodique, sur l'épanchement ininterrompu des accords, n'arrive ici que le second.

LA DEUXIÈME

Est-ce déjà le point du jour ?

LA TROISIÈME

C'est l'ardente horde de Loge, qui, tout autour du Roc, flamboie. Il fait nuit encore : que ne filons et ne chantons-nous point ?

LA DEUXIÈME, à la Première.

Pour que nous chantions et filions, où fixeras-tu notre câble ?

LA PREMIÈRE NORNE se lève, et attache, cependant qu'elle chante, un câble d'or, par l'une de ses extrémités, à l'un des rameaux du sapin (1).

Qu'il en aille bien ou mal, j'attache le câble et chante. — Sous le Frêne-du-Monde, j'ai filé jadis, lorsque vaste, vigoureuse, verdoyait sur le tronc toute une forêt de rameaux sacrés ; sous son frais ombrage bruissait une source, dont les flots, en courant, chuchotaient la sagesse : j'en chantais la divine essence. — Un Dieu hardi vint pour boire à la source ;

(1) « *Il faisait nuit* dans le château ; les Nornes... arrivèrent... *Elles filèrent avec force le fil du destin*, et tout le château trembla dans Brôlund. *Elles déroulèrent la ganse d'or et la fixèrent* en-dessous de la salle de la lune. *Elles en attachèrent les bouts* à l'Est et à l'Ouest. Alors la sœur de Nere *lança un fil au Nord*, en lui ordonnant de durer éternellement. » (*Le Poème sur Helge*, ou *Helga-Kvidha*, dans l'*Edda* de Sæmund.)

---

fond, le Thème de la Nature Eternelle. Par deux fois le rythme se gonfle ; il demeure suspendu. Puis au bout d'un long, d'un morne silence, lorsqu'a surgi la formidable apparition des Nornes, il revient, s'étale en sombres ampleurs ; et, après un accord formé du motif mélodique de la Nature, la première Norne commence son grave chant.

(Partition du *Crépuscule-des-Dieux*, pages 1 et 2.)

d'un de ses yeux, pour jamais abandonné, il acheta ce droit (1) : puis, sur le Frêne-du-Monde, Wotan rompit une branche ; le Puissant se tailla sur le tronc la hampe d'une Lance. — La

(1) « Quelle est la première et la plus sainte place suivant les Dieux ?... C'est auprès du frêne Yggdrasel ; les Dieux s'y assemblent tous les jours... Yggdrasel est le plus grand et le plus beau de tous les arbres ; ses rameaux s'étendent sur tout l'univers et s'élèvent au dessus du ciel. Il est soutenu par trois racines... En-dessous de la racine qui touche aux Hrimthursars, se trouve le puits de Mimer ; la Raison et la Sagesse y sont cachées... Odin vint un jour en ce lieu et demanda une gorgée de cette eau ; il ne put l'obtenir qu'après avoir mis son œil en gage... La troisième racine du frêne Yggdrasel atteint le ciel, elle abrite une fontaine d'une sainteté particulière ; c'est la fontaine d'Urd » (la plus ancienne des Nornes) ; « les dieux se réunissent près d'elle... Il y a sous le frêne Yggdrasel, et près de la fontaine d'Urd, un très bel édifice d'où l'on voit sortir trois vierges nommées Urd, Verdandi et Skuld. Ces vierges disposent de la vie de tous les hommes ; ce sont les Nornes. » (*Edda* de Snorro, *Gylfaginning.*) « L'une d'elles se nomme Urd, la seconde Verdandi ; elles créèrent Skuld, la troisième, avec leur baguette, qu'elles sculptèrent. Elles font des lois, décident de la vie, et racontent au monde les arrêts du destin. » (*Völuspa*, 20, 21, dans l'Edda de *Sæmund.*) « J'aime cette représentation qu'ils » (les Scandinaves) « avaient de l'Arbre Igdrasil. Toute la vie est figurée par eux comme un Arbre. Igdrasil, le Frêne, arbre de l'Existence, a ses racines profondément enfoncées dans les royaumes de Héla ou Mort. A ses pieds, dans le Royaume de la Mort, se tiennent trois *Nornes*, Fatalités, — le Passé, le Présent, le Futur ; arrosant ses racines d'eau puisée à la Source Sacrée. Ses « rameaux », avec leurs bourgeonnements et leurs effeuillements — événements, choses souffertes, choses faites, catastrophes, — s'étendent à travers toutes les terres et tous les temps. Chacune de ses feuilles n'est-elle pas une biographie, chaque fibre, là, un acte ou un mot ? Ses rameaux sont les Histoires des Nations... C'est Igdrasil, l'Arbre de l'Existence. C'est le Passé, le Présent, et le Futur ; ce qui a été fait, ce qui se fait, ce qui sera fait ; l'infinie conjugaison du verbe *Faire*. Considérant comment les choses humaines circulent, chacune inextricablement en communion avec toutes, comment le mot avec lequel je vous parle aujourd'hui est emprunté... de tous les hommes depuis que le premier homme commença à parler, je ne trouve aucune assimilation si vraie que celle d'un Arbre. Belle ; tout à fait belle et grande. La « *Machine* de l'Univers » — hélas ! pensez seulement à cela comme contraste ! » (Carlyle, *les Héros*, trad. citée, pp. 33-34).

blessure, au cours des longs âges, fit périr la forêt des branches; jaunies en chûrent les feuilles, desséché mourut l'arbre(1): sinistrement tarirent source et breuvage; trouble de sens devint mon chant. Puisque, sous le Frêne-du-Monde, je ne file désormais plus, au sapin du moins j'attache donc le câble : chante, sœur, — à toi je le lance, — sais-tu ce qu'il en advint ? (2)

LA DEUXIÈME NORNE, tout en attachant le câble, ainsi lancé vers elle, à une pierre en saillie devant l'entrée de la grotte.

Les Runes des traités loyalement conclus, Wotan les inscrivit sur la hampe de la Lance : il la tint au poing, c'était tenir le Monde. Un Héros, un hardi Héros brisa dans un combat la Lance, l'auguste faisceau des traités (3). — Alors Wotan fit, aux Héros de Walhall, ruer bas, couper en morceaux les rameaux desséchés du Frêne-du-Monde, avec le tronc : le Frêne chut; pour jamais la source s'est tarie ! — et j'attache, aujourd'hui, le câble au roc tranchant : chante, sœur, — à toi je le lance, — sais-tu ce qu'il en advient ?

LA TROISIÈME NORNE, saisissant le câble au vol, et en lançant derrière soi l'extrémité.

Le Burg plane, l'œuvre des Géants : parmi l'assemblée sainte des Dieux et des Héros, Wotan, dans la salle, est assis. Tout autour des murailles s'élève un haut bûcher : du Frêne-du-Monde, c'est là ce qui reste ! Que s'enflamme le bois majestueusement, qu'ardente et claire la flamme dévore la resplendissante forteresse : ce sera, pour les Dieux éternels,

(1) « Cet arbre endure plus de souffrances que les hommes ne peuvent se l'imaginer ; le cerf mord sa tête, son côté pourrit, et Nidhœgg ronge ses racines » (*Poème de Grimner*, dans l'*Edda* de Sœmund.)

(2) Relativement à l'usage fait (par le traducteur) des temps du verbe dans cette scène, Cf. ci-dessus, p. 302, mon Annotation de *L'Or-du-Rhin*.

(3) Au Ragnarœcker (Crépuscule-des-Dieux) « toutes les chaînes, tous les liens seront rompus. » (*Edda* de Snorro, *Gylfaginning*.)

l'éternel Crépuscule, la fin ! (1) — Si vous savez encore, tressez à nouveau le câble ; du Nord, je vous le relance : file, sœur, et chante ! (Elle a jeté le câble à la Deuxième, qui à son tour le jette à la Première des Nornes.)

LA PREMIÈRE NORNE détache le câble du rameau après lequel il était fixé, et le renoue, durant le chant suivant, à une autre branche.

Est-ce le point du jour ? Est-ce le reflet des flammes ? Troublée s'égare ma vue ; je discerne mal l'auguste Jadis, où Loge rutilait dans l'éclatante flamme : — sais-tu ce qu'il en advint ?

LA DEUXIÈME NORNE, renouant à la pierre le câble qu'on lui jette.

Grâce au charme de la Lance, Wotan l'asservit ; Loge lui chuchota des conseils : sa dent rongea, pour s'affranchir, consuma les Runes de la hampe. Alors, avec la pointe toute puissante de la Lance, Wotan l'évoqua, pour brûler, tout autour du Roc de Brünnhilde : — sais-tu ce qu'il en advient ?

LA TROISIÈME NORNE, relançant, derrière soi, le câble qu'on lui a lancé.

Les éclats aigus de sa Lance brisée, Wotan les plonge, un jour, au cœur du flamboyant : la flamme dévorante les embrase ; le Dieu les jette sur le bûcher, sur ce qui fut le Frêne-du-Monde. — Voulez-vous savoir quand, tramez-moi, sœurs, le câble ! (Elle jette le câble à la Deuxième, qui, à son tour, le jette à la Première.)

(1) « C'est aussi une très frappante conception que celle du *Ragnarök*, Consommation ou *Crépuscule des Dieux*. Elle est dans le chant de *Völuspa* ; à ce qu'il semble, une très vieille, prophétique idée. Les Dieux et les Jötuns, les divines Puissances et les Puissances chaotiques et brutes, après une longue lutte et une victoire partielle des premières, se rencontrent à la fin dans un combat universel, dans un duel embrassant le monde.., et la ruine, « le crépuscule », s'abîmant dans les ténèbres, engloutit l'Univers créé. » (Carlyle, *les Héros*, trad. citée, pp. 62-63.)

LA PREMIÈRE NORNE, rattachant le câble.

La nuit cède ; je n'y vois plus rien : le fil du câble, je ne le trouve plus ; la trame en est entremêlée. Une affreuse vision m'en trouble le sens : l'Or-du-Rhin fut volé par Alberich, jadis : sais-tu ce qu'il en advint ?

LA DEUXIÈME NORNE, nouant le câble autour d'une pierre, avec une inquiète précipitation.

Par le tranchant du roc le câble est entamé ; trop lâche, le fil s'en effiloche : la trame en est entremêlée. C'est, à force de haine, à force de détresse, l'Anneau du Nibelung qui me le ronge : — c'est un Anathème de vengeance qui ronge la spirale de mes fils : — sais-tu ce qu'il en advient ?

LA TROISIÈME NORNE, saisissant le câble précipitamment.

Trop lâche le câble ! Trop court pour moi : s'il me faut jusqu'au Nord lancer l'extrémité, qu'il soit plus fortement tendu ! (*) (Elle tire avec violence sur le câble : il rompt au milieu.)

LA DEUXIÈME

Rompu !

LA TROISIÈME

Rompu !

LA PREMIÈRE

Rompu ! (**)

Épouvantées, les TROIS NORNES se sont levées, et se sont avancées vers le milieu de la scène ; rassemblées, elles saisissent les débris du câble rompu, dont elles se lient les unes à l'autre, corps à corps.

(*) A ces paroles de la 3me Norne, la fanfare du cor de Siegfried passe rapide dans l'Orchestre (Partition, page 17, en bas), comme suscitée par le thème de l'Epée, qui vient de jaillir (Voy. même page, la ligne au-dessus, 3e mesure).

(**) A la rupture du câble, gronde le thème, deux fois répété, de la Malédiction d'Alberich ! (Partition, page 18.)

LES TROIS NORNES

A son terme l'éternelle science! Les sibylles n'ont plus rien à dire à l'univers : — En bas vers notre Mère, en bas!

(Elles disparaissent.)

Le jour dont la clarté, naissante, durant la fin de la scène a grandi de plus en plus, achève de se lever ; et fait, aux profondeurs, pâlir le reflet des flammes.

SIEGFRIED et BRÜNNHILDE sortent de la grotte. SIEGFRIED est armé de pied en cap, BRÜNNHILDE mène son cheval par la bride.

BRÜNNHILDE (*)

A de nouveaux exploits (1), bien-aimé Héros, pourrais-je, t'aimant, ne point te laisser? Un unique souci me préoccupe : ma valeur personnelle t'a profité trop peu! — Ce que les Dieux m'avaient révélé, le riche trésor des Runes sacrées (2), je te l'ai donné : mais aussi est-ce la souche virginale de ma force que m'a prise le Héros, mon maître désormais. — Puisses-tu ne point dédaigner celle qui, vide de science, mais pleine de désir, riche d'Amour, mais pauvre en puissance, n'a plus rien à te donner (3), rien — sinon ses souhaits !

(1) « Il demeura sept mois dans la résidence de la jeune fille. — « Brinhild, donne-moi ma selle et mon bouclier et ma cuirasse. D'autres devoirs m'appellent ailleurs » (*Chants des Iles Feroë.*)

(2) « SIGURD :... Que dira la voyante à Sigurd qui puisse être utile à ce héros? — GRIPIR : Elle t'enseignera les runes puissantes que tous les hommes voudraient connaître; elle t'apprendra à parler toutes les langues et à distinguer les baumes qui guérissent. Salut, ô roi ! — SIGURD : Tout est bien; j'ai recueilli la science et je suis prêt à chevaucher plus loin... » (*Grepisspâ.*)

(3) Voir *la Walküre*, note (1) de la p. 393.

(*) L'Orchestre développe ici magnifiquement le thème de Brünnhilde réveillée à l'Amour, devenue femme. (Partition, page 20 et seq.).

Plus loin, va surgir, sur d'héroïques accords, la fanfare

SIEGFRIED

Femme admirable! tu m'en as donné plus que je ne suis a même d'en garder : ne t'irrite point, si, malgré tes leçons, je reste ignorant! La seule chose que j'ai bien retenue, la voici : Brünnhilde vit pour moi; la seule leçon que j'ai vite apprise, la voici : Souviens-toi de Brünnhilde! (1)

BRÜNNHILDE

Si tu veux me garder ton amour, souviens-toi de toi seul, souviens-toi de tes propres exploits! Souviens-toi de la sauvage flamme qui brûlait tout autour du Roc, et que tu franchis sans avoir peur — (*)

SIEGFRIED

Brünnhilde, pour conquérir Brünnhilde!

(1) « Sigurd lui répondit et la pria de lui *communiquer la sagesse, elle qui connaissait tous les mystères de l'univers.* Sigurdrifa parla : « Je t'apporte, ô chêne des combats, de la bière mêlée de force et de gloire, *pleine de chants et de paroles bienfaisantes, pleine des charmes qui donnent le bonheur et des runes* qui procurent la joie. » (Suit l'énumération des runes) « Apprends à les connaître et laisse-les agir jusqu'à ce que les dieux meurent. *Maintenant, c'est à toi de choisir*, car tu dois faire un choix, vaillant héros, semblable au chêne des forêts. Songes-y bien, il faut parler ou te taire. Tous tes actes ont leurs suites nécessaires. » — «...Sigurd dit: « *Il n'y a point de femme qui en sache autant que toi, et, je le jure, je veux que tu sois à moi, car tu es comme je le désire.* » (*Sigurdrifumâl.*) Dans la *Völsunga*, Brynhild, pareillement, communique à Sigurd les Runes.

agrandie du cor de Siegfried (partition, pages 1, puis 25). Ce développement solennel de la Fanfare de Siegfried est très important. Il exprime comme une vaillance plus virile. Le Héros est devenu homme. Nous le retrouverons notamment dans la marche funèbre du *Crépuscule-des-Dieux*.

(*) Voy. la note précédente, 2e alinéa.

BRÜNNHILDE

Souviens-toi de la jeune femme au bouclier, trouvée par toi, plongée dans un profond sommeil, et dont tu ouvris le heaume résistant —

SIEGFRIED

Brünnhilde, pour réveiller Brünnhilde !

BRÜNNHILDE

Souviens-toi des serments qui nous lient (1) ; souviens-toi de la foi que nous nous devons ; souviens-toi de l'Amour pour quoi nous vivons : Brünnhilde alors, éternellement, t'embrasera l'âme d'une sainte ferveur ! —

SIEGFRIED

Si je te laisse, Bien-Aimée, ici, à la sainte garde de la flamme, en échange de tes Runes je t'offre cet Anneau. Des exploits que jamais j'accomplis, la vertu réside tout entière en lui ; j'ai tué le sauvage Dragon dont la rage, longtemps, l'a couvé. A toi sa puissance, conserve-le bien, comme le gage sacré de ma foi ! (2)

BRÜNNHILDE, toute ravie, se passant au doigt l'Anneau.

Il sera mon unique trésor : en échange de l'Anneau prends donc aussi mon cheval ! C'est avec moi que passait jadis sa course intrépide, par les airs, — c'est avec moi qu'il a perdu

(1) « Et leurs serments confirmèrent ces paroles. » (*Sigurdrifumál.*) « Appuyé sur sa poitrine, il dit : « Je te fais le serment de fidélité, jamais je ne te trahirai. » (*Chants des Iles Feroë.*) « SIGURDRIFA : « Je te conseille ensuite de ne jamais prêter un serment sans y être fidèle... » (*Sigurdrifumál*).

(2) « Il déposa douze anneaux d'or sur ses genoux : « Voilà le premier lien de nos fiançailles. » Il déposa les douze anneaux d'or sur les genoux de la jeune femme, *et tout au-dessus il plaça son anneau royal auquel il tenait tant*. Les douze anneaux d'or, il les mit dans ses bras : « Ce sera là le second lien de nos fiançailles. » (*Chants des Iles Feroë.*)

ses facultés surnaturelles ; il ne bondira plus, par-dessus les nuages, sur sa route de foudre et d'éclairs. Mais où que tu le mènes, — fût-ce au travers du feu, — libre d'effroi Grane (1) t'accompagnera ; qu'il t'obéisse donc, ô Héros ! Prends bien soin de lui ; il comprendra ta voix (2) : — oh ! rappelle à mon Grane, souvent, le souvenir de Brünnhilde !

SIEGFRIED

Ce sera donc par ta seule vertu que j'accomplirai d'autres exploits ? C'est toi qui choisiras mes luttes, à toi que reviendront mes victoires ? Sur ton cheval, sous ton bouclier, je ne serai plus Siegfried : je ne serai que le bras de Brünnhilde ! (3)

BRÜNNHILDE

Oh ! si Brünnhilde était ton âme !

SIEGFRIED

C'est par elle que s'enflamme mon courage.

BRÜNNHILDE

Tu serais donc Siegfried et Brünnhilde ensemble ?

SIEGFRIED

Où je suis, tous les deux sont présents.

BRÜNNHILDE

Le Roc, ma retraite, sera donc désert ?

(1) Ce don de Grane par Brünnhilde est une idée de Wagner. — Dans l'*Edda*, il est dit que « Sigurd se rendit là où Hialprek élevait ses chevaux, et parmi ceux-ci il se choisit un étalon qui depuis lors fut appelé Grani. » (*Sigurdakvidha Fafnisbana önnur.*) — Voir aussi la note (1) de la p. 504.

(2) « Grani... était doué d'une intelligence humaine. » (*Chants des Iles Feroë.*)

(3) « SIGURD : Quand je verrais la mort devant moi, je ne reculerais pas. Je ne suis point né lâche. Je suivrai tes bons conseils tant que je vivrai. » (*Sigurdrifumâl.*)

SIEGFRIED

Ne faisant qu'un, nous y serons tous deux.

BRÜNNHILDE, avec exaltation.

O Dieux augustes, êtres sublimes! rassasiez vos yeux du couple sacré! Eloignés l'un de l'autre, qui nous séparerait? (1) Séparés, qui, l'un de l'autre, nous éloignerait? (2)

SIEGFRIED

Salut à toi, Brünnhilde! resplendissante étoile! Salut, radieux Amour!

BRÜNNHILDE

Salut à toi, Siegfried! victorieuse Lumière! Salut, radieuse Vie!

(1) « Puisses-tu avoir longue vie, bonheur et succès en tout! *Nous nous quittons cette fois au milieu de la félicité et de la joie.* » Sjurd, le noble héros, lui donna cette réponse : « Jamais, ma vaillante bien-aimée, jamais tu ne sortiras de mon cœur. » Et c'était Sjurd, fils de Sigmund, qui se tenait sur la selle et il embrassa Brinhild, la jeune femme, de tout son cœur. » (*Chants des Iles Feroë*).

(2) Pour une fois, à la traduction quelque peu gauche de ce passage (*sept ou huit autres* motiveraient des réflexions tout analogues), je n'essaierai point de substituer une adaptation dramatique. Il est en effet capital : si le texte n'était si précis, je développerais volontiers pourquoi. Sommairement, j'aime mieux être « gauche » que de dénaturer l'idée, beaucoup « plus humaine qu'historique, et nullement limitée à l'accomplissement d'exploits matériels » (cf. Carlyle), que se faisait Wagner du Héros complet. Je conseille au lecteur d'en chercher le commentaire dans le livre de M. Ernst (*L'Art de Richard Wagner : l'Œuvre poétique*, pp. 478-482), qui lui démontrera que Siegfried, à ce point de vue, s'achève par Brünnhilde, et que « le Héros complet, l'Homme intégral, c'est le couple héroïque », Siegfried et Brünnhilde, « l'Humanité neuve qui rayonne, souverainement belle et forte, sous une double figure, *une et pourtant totale.* »

TOUS DEUX

Salut ! Salut !

SIEGFRIED fait descendre à son cheval la déclivité du Rocher. Du haut de la cime, BRÜNNHILDE, longtemps, le suit du regard, avec extase (1). On entend résonner d'en bas la joyeuse sonnerie du cor de SIEGFRIED (*). — Le rideau tombe.

L'Orchestre reprend le thème du cor, qu'il développe en vaste interlude (**).

Après quoi le premier acte commence aussitôt.

(1) « Elle le suivit longtemps sur le chemin et lui souhaita un bon voyage. » (*Chants des Iles Feroë.*)

(*) Voy. Partition, page 39.

(**) Ici commence la symphonie du Voyage sur le Rhin.

Elle débute par un développement de la fanfare du cor de Siegfried (page 40, en bas, et 41). Le Héros descend les eaux du fleuve, et la Urmelodie épanche de nouveau ses rythmes puissants (page 42). Mais voici le thème de la Fin-des-Dieux (*ibid.*), et il semble roulé aux ondes de la Mélodie primitive, qui continue par dessus (page 42 en bas, et 40, en haut). La fanfare du cor de Siegfried sonne, puissante, par l'ampleur du fleuve (page 43); et, comme naissant à cet appel, un rythme lent s'élève, s'élargit en plainte mélancolique, la plainte des filles du Rhin (Cf. partition de *Rheingold,* page 215), qui semblent implorer du Héros Rédempteur la restitution de l'Or perdu (page 43). Très important est le sens dramatique de cette page symphonique qui exprime la venue du Héros dans le Monde, dans ce Monde en proie au mal. Il arrive pur sur une route de pureté (le Rhin). — C'est ici, en quelque sorte, la première grande confrontation du Drame avec le Héros; une prise de connaissance des choses.

Pour l'ensemble de la symphonie, voy. la partition de la page 39 à la page 45. (Voy. aussi la note de la page 428.)

ACTE PREMIER [*]

LA SALLE DU MANOIR DES GIBICHUNGEN, PRÈS DU RHIN

Elle est toute grande ouverte au fond sur l'arrière-plan, qu'occupe un libre espace de rive menant au Fleuve, et que limitent des collines rocheuses.

GUNTHER, HAGEN et GUTRUNE

GUNTHER et GUTRUNE sur le trône ; devant le trône est une table avec des cornes-à-boire ; devant la table, est assis HAGEN.

GUNTHER

Ecoute, Hagen ! dis-moi, héros : moi, Gunther, le maître du Rhin, suis-je vraiment digne de Gibich ? (1)

(1) On verra, dans l'*Étude* d'Edmond Barthélemy, p. 143, qu'un *Gibico* burgunde (Gibich, le Giuki des sources scandinaves) figure, en la *Loi* dite *Gombette*, comme père de *Gundahar* (Gunther ou Gunnar). — Le même Gibico devient *Ghibic* et frank, siégeant à Worms, avec *Gunther* pour fils et *Hagan* (cf. ci-dessous, p. 569, note (2) pour vassal, dans le *Waltharius manu fortis* (poème en

---

(*) Deux thèmes principaux paraissent au début de ce 1er acte : La fanfare des Gibichungen et le motif de Hagen (partition, page 45).

HAGEN

Authentique héritier du nom, tu m'apparais digne d'envie : celle qui tous deux nous mit au monde, Dame Grimhilde (1), m'apprit à le comprendre.

vers latins, du x° siècle). — Enfin, le *Nibelunge-nôt* a recueilli (sans savoir pourquoi, — comme si souvent) le nom de Gibeke, dont il fait (XXII° aventure, 8° strophe) un vassal d'Etzel (Attila), mais sans le moindre lien de parenté soit avec Gunther, soit avec Hagen. — Cf. encore la note suivante.

(1) « Gunnar et Högni étaient héritiers de Gjuki, ainsi que leur sœur Gudrun. Gutthorm *n'était pas de la famille de Gjuki, cependant il était leur frère.* » (*Poème de Hyndla*, dans l'*Edda* de Sœmund.) « ...Un roi qui s'appelait *Giuki. Sa femme avait nom Grimhild*. Ses enfants étaient Gunnar, Högni, Gudrun et Gudny. Gutthorm etait le beau-fils de Giuki. » (*Edda* de Snorro.) « Sigurd chevaucha avec *les Giukungen...* » (*Id.*) « Et voici *Grimhild, l'épouse de Juki*, qui parle à sa fille... Alors *la fille de Giuki, Gudrun*, parla... — *Gudrun* parla... « Pourquoi *mon frère, le roi Gunnar...*? — Alors *Högni, fils de Juki*, parla... : — *Les Jukungen* veulent chevaucher dans la forêt. » (*Chants des Iles Feroë.*) Dans toutes les sources scandinaves, y compris la *Völsunga Saga* et la *Thidreks* ou *Wilkina Saga*, Grimhild est ainsi mère de Gunnar (ou Gunther), de Högni (ou Hagen), et de Gudrun (ou Gutrune), c'est-à-dire des Gjukungen (Gibichungen) ou enfants de Gjuki (Gibich). S'il était dit expressément que Grimhild est aussi la mère de Gutthorm (« beau-fils de Gjuki » mais « non de la famille de Gjuki »), Wagner se serait donc contenté, par une de ces simplifications qui lui sont habituelles, de transférer sur son Hagen ce que les sources disent de Gutthorm. Mais nous n'avons même pas à discuter ici l'hypothèse d'une transposition : nous verrons en effet plus loin que des raisons plus « tétralogiques », si l'on peut dire, plus directement dramatiques, ont fait à Wagner une nécessité de concevoir Hagen comme fils de Grimhilde, mais non pas comme fils de Gibich. — D'autre part on sait que, dans le *Nibelunge-nôt* ou *Nibelungenlied*, Giuki est devenu Dankrât ; Grimhild est devenue dame Uote, mère de *Gunther* (Gunnar), de Gernôt, de Giselher et de *Kriemhilt* (*Gudrun*) : « la vierge était leur sœur, et ces chefs avaient à veiller sur elle. » — « Ils habitaient *en leur puissance* à Worms *sur le Rhin*. Beaucoup de fiers chevaliers de leurs terres les servirent » et notamment « Hagene de Tronejé, *von Tronje Hagen* », le « féroce Hagene » figure terrible, mais d'un vassal, et non d'un frère ou d'un demi-frère.

GUNTHER

C'est toi que j'envie : va, ne m'envie point ! Si j'eus pour moi le droit d'aînesse, la sagesse alla toute à toi : jamais frères utérins n'imposèrent mieux silence au discord de leurs intérêts. Rendant justice à ta raison, c'est sur ma gloire que je t'interroge.

HAGEN

Je dois donc te blâmer, ta gloire est incomplète : car je sais de suprêmes trésors, que le fils de Gibich n'a point encore conquis.

GUNTHER

A mon tour de te blâmer, toi qui ne m'en as rien dit.

HAGEN

Quand c'est, pour la lignée de Gibich, l'été, l'âge de la pleine vigueur, je vous vois, toi, Gunther, sans épouse ; toi, Gutrune, sans époux non plus.

GUNTHER

Quelles alliances considères-tu donc comme profitables à notre gloire ? (1)

HAGEN

Je sais une femme, la plus parfaite (2) qui soit: elle a pour séjour un Rocher, un haut Rocher qu'entourent les flammes :

(1) « Derechef des récits se répandirent sur le Rhin. On disait que là-bas, bien loin, il y avait maintes vierges, et le courageux Gunther songeait à en conquérir une. Cela parut bon à ses guerriers et aux chefs. » (*Nibelunge-nôt*, VI, p. 55, trad. Laveleye). « Un jour Gunther et ses hommes étaient assis, réfléchissant et *cherchant de toute façon quelle femme leur seigneur pourrait prendre qui lui convînt pour épouse et qui convînt au pays* » (*Id.*, *ibid.*)

(2) « Au-delà de la mer siégeait une reine, nulle part on ne vit plus la pareille. Elle était démesurément belle et sa force était très grande. » (*Nibelunge-nôt*, VI, 55.)

seul, celui qui franchit ces flammes peut devenir l'époux de Brünnhilde.

GUNTHER

Mon courage peut-il les braver ?

HAGEN

Seul, un Plus Fort encore que toi le pourrait (1).

GUNTHER

Quel est cet homme prédestiné ?

HAGEN

Siegfried, le rejeton des Wälsungen : c'est là Le Plus Fort des Héros (2). D'un couple de jumeaux, subjugués par l'amour, de Siegmund et de Sieglinde, est né ce plus authentique des fils : c'est dans la Forêt qu'il a crû en force, c'est lui que je souhaiterais à Gutrune pour époux.

GUTRUNE

Quelle prouesse a-t-il donc pu faire, pour mériter d'être connu comme le plus sublime des Héros ? (3)

(1) « Nul ne chevauche sur le sommet de Brinhild, sauf Sjurd le rapide. Lui et son cheval Grani traversent la fumée et les flammes. » (*Chants des Iles Feroë.*)

(2) « Ainsi parla Hagene de Troneje : « Voilà ce que fit Siegfrid ; jamais aucun guerrier ne conquit plus grande puissance. » (*Nibelunge-nôt*, III, 24.)

(3) « Le roi » (Budli) « répondit en buvant le clair hydromel : « Pourquoi Sjurd est-il plus illustre que les autres fils de roi ? Écoute, ma fille chérie, pourquoi est-il plus renommé, ce Sjurd, que les autres fils de roi ? » — « Voici pourquoi Sjurd est plus renommé que les autres fils de roi... Avec sa bonne épée, il tua le dragon aux écailles chatoyantes... qui était couché sur la Glitraheide. Après qu'il eut tué le dragon... Sjurd pensa à s'emparer du grand trésor. » (*Chants des Iles Feroë.*)

HAGEN

Devant Neidhöhle, un Dragon colossal gardait le Trésor des Nibelungen ; Siegfried, fermant la gueule du monstre, l'a tué (1) d'un Glaive invincible. Cet exploit, tellement inouï (2), mit au jour la gloire du Héros.

GUNTHER

Du Trésor des Nibelungen j'ai entendu parler : il contiendrait lui-même le plus enviable bien ?

HAGEN

Quiconque saurait l'utiliser, serait vraiment le Maître du Monde.

GUNTHER

Et c'est Siegfried qui l'a conquis ? (3)

HAGEN

Les Nibelungen lui sont asservis (4).

GUNTHER

Et Brünnhilde ? lui seulement pourrait la conquérir ?

(1) « Et je sais encore de lui des choses plus extraordinaires. La main du héros a tué le dragon... » (*Nibelunge-nôt*, III, 24.)

(2) « Il a par sa force accompli tant de merveilles ! » (*Nibelunge-nôt*, III, 24.)

(3) « L'homme hardi possédait un Trésor, le plus grand que jamais homme posséda, excepté ceux qui l'avaient eu avant lui. Il l'avait gagné par la force de son bras, au pied d'une montagne, et en cette occasion il donna la mort à plus d'un vaillant guerrier. » (*Nibelunge-nôt*, XI, 111.)

(4) « Le pays des Nibelungen était soumis à Siegfrid... ainsi que les deux héros de Schilbung et tout leur bien. Siegfrid en portait le cœur plus haut. » (*Nibelunge-nôt*, XI, 111.)

HAGEN

La flamme ne céderait à nul autre (1).

GUNTHER, se levant avec dépit.

Qu'as-tu donc à soulever ce débat pour me troubler? Ce dont je ne dois point triompher, qu'as-tu à me suggérer le désir d'y aspirer?

HAGEN

Mais si, chez toi, Siegfried t'amenait la fiancée, est-ce que Brünnhilde, alors, ne serait pas tienne? (2)

GUNTHER, marchant par la salle, de long en large, avec agitation.

Au nom de quoi l'obliger, lui qui vit sans souci, à m'aller chercher la fiancée?

HAGEN

Ta prière l'y obligerait vite, s'il s'était épris de Gutrune d'abord (3).

GUTRUNE

O railleur, ô méchant Hagen! Comment pourrais-je lier Siegfried? Puisqu'il est, des Héros du monde, le plus sublime,

(1) « Cette flamme, la Waberlohe, me protégera. Seul, l'illustre Sjurd osera s'y attaquer. » (*Chants des Iles Feroë.*)

(2) « Voici mon conseil, dit Hagene : Priez Siegfrid, qu'il supporte avec vous les dangers de l'expédition. Tel est mon avis. » (*Nibelunge-nôt*, VI, 56.) « Car, » ajoute-t-il, « il sait ce qui en est de cette femme. »

(3) « Priez Siegfrid de se charger de ce message » (dit Hagene à Gunther dans le *Nibelunge-nôt*, en des circonstances d'ailleurs différentes) : « grâce à sa force prodigieuse, il saura bien l'accomplir. S'il refuse de faire ce voyage, vous le prierez gracieusement, *par l'amour de votre sœur* » (Kriemhilt-Gutrune), « de s'acquitter de cette mission. » (IX, 84.)

les plus parfaites femmes de la terre l'ont apprivoisé dès longtemps (1).

HAGEN

Rappelle-toi, dans l'armoire, le philtre (*) ; aie foi en moi, qui l'ai conquis : il fixera sur toi l'amour du Héros qu'appelle ton désir. Si en ce moment Siegfried entrait, s'il goûtait de ce philtre magique, quand même il eût, avant de te voir, choisi sa fiancée, possédé quelque épouse, il l'oublierait absolument (2). — Hé bien : que vous semble-t-il du conseil de Hagen ?

(1) « Du bon temps de Siegfrid et des jours de sa jeunesse, on peut raconter bien des merveilles : quelle gloire s'attachait à son nom, et combien son corps était beau ! *Aussi beaucoup de femmes charmantes l'avaient aimé.* » (*Nibelunge-nôt*, II, 13.) « *Maintes femmes et maintes vierges souhaitaient* que sa volonté le portât toujours près d'elles ; *beaucoup lui voulaient du bien, et le jeune chef s'en apercevait.* » (*Id.*, *ibid.*)

(2) A Sigurd, prophétie de Gripir : « Que pour une nuit seulement tu deviennes l'hôte de Giuki, et ton cœur aura oublié la vierge. » (*Grepisspâ.* Il s'agit de Brynhild.) Dans cette source, comme dans toutes les sources scandinaves, le philtre est de Grimhild, la mère de Gudrun. Dans les *Chants des Iles Feroë*, Brinhild, elle-même, prophétiquement, s'adresse à Sjurd : « Le roi Juki a une fille puissante dans les arts magiques... elle te charmera par son amour... Tu épouseras Gudrun... Ne chevauche pas vers Grimhild, elle est pleine de trahisons. » Dans les mêmes chants, Budli, père de Brinhild, prédit à Sjurd le même malheur : « Tu as juré fidélité à Brinhild et tu voudras tenir ton serment. Gudrun te donnera un breuvage enchanté... », etc.

(*) Le motif du Philtre qui paraît pendant ce passage a une analogie très naturelle, et tout à fait nécessitée par la logique du drame, avec le motif du Tarnhelm.

Ce philtre a soulevé de nombreuses objections ; à ce sujet, on lira avec intérêt les lignes suivantes, de M. Ernst (*a*), qui

(*a*) *L'Art de Richard Wagner*, pages 268, 260 et seq.

GUNTHER, qui s'est rapproché de la table, et, appuyé sur elle, a écouté attentivement.

Un tel frère est un don sans prix : gloire à Grimhilde!

GUTRUNE

Siegfried! puissé-je le voir bientôt!

GUNTHER

Comment le trouver? (1)

(1) Litteralement : « Comment le trouv[er]ons-nous, » ou « comment le découvr[ir]ons-nous? » — « Écoute-moi, ô ma fille chérie, donne-moi un conseil. Comment ferons-nous venir de son royaume cet homme si fort? » c'est-à-dire Sjurd. (*Chants des Iles Feroë.*)

me paraissent exprimer parfaitement ce que l'on doit penser du procédé employé par Richard Wagner :

— « Ici se place une grosse objection : le philtre de *Tristan* n'a jamais choqué personne — sauf peut-être M. Comettant — car tout le monde y voit le poétique et naturel symbole d'un amour irrésistible. Dans la *Götterdämmerung*, il est inexplicable, au point de vue humain, que Siegfried oublie tout à coup Brünnhilde, qu'il a réveillée après la traversée du Feu (*a*), et avec qui il a vécu un temps considérable. Sans doute, le philtre est un symbole, l'image d'une passion soudaine, d'un violent amour, supprimant, pour ainsi dire, les passions précédentes, surtout chez un homme aussi impétueux, aussi primesautier que Siegfried. Mais comment admettre que l'abolition du souvenir soit absolue à ce point, quoique limitée au seul amour de Brünnhilde? Comment admettre, dans l'hypothèse du symbole, que Siegfried s'offre à livrer la Walkyrie à Gunther, et, surtout, qu'à la vue de la femme qu'il a aimée,

(*a*) Cf. — Prologue, scène II.
Brünnhilde à Siegfried :
« Si tu veux me garder ton amour, souviens-toi de toi seul, souviens-toi de tes propres exploits! souviens-toi de la flamme sauvage qui brûlait tout autour du Roc, et que tu franchis sans avoir peur. »

HAGEN

Lorsqu'il entreprend, au hasard, sa chasse enthousiaste à l'action, le monde n'est plus pour lui qu'une étroite sapinière : peut-être nous l'amènera-t-elle, cette infatigable poursuite (1), aux rives de Gibich, sur le Rhin.(*)

(1) « Ce brave guerrier s'appelait Siegfrid ; il visita beaucoup de royaumes, grâce à son indomptable courage. Par la force de son bras il chevaucha en maints pays. » (*Nibelunge-nôt*, II, 12.) « Nul n'osait l'insulter. Depuis qu'il prit les armes, il ne se reposa guère, cet illustre héros. Il ne se plaisait que dans les combats, et la puissance de son bras le fit connaître dans les royaumes étrangers. » (*Id.*, *ibid.*, 16.)

---

rien ne se réveille en lui ? Bien plus, confronté avec elle (au deuxième acte), accablé par elle de reproches, convaincu de la vérité par des preuves évidentes, il ne se rappelle rien, absolument rien ! — Comment donc expliquer la scène du philtre ? Il n'est pour cela qu'un moyen, c'est d'écouter avec soin l'arrivée de Siegfried chez Gunther, d'entendre éclater la malédiction d'Alberich aux trombones, et de voir, dans l'aveuglement de Siegfried, le résultat *fatal* de cette malédiction. Siegfried, possesseur de l'Anneau, *devait* tomber dans le piège. L'incompréhensible mystère de haine s'étendait à lui comme aux autres. La puissance des ténèbres agit, la malédiction d'Alberich a son effet ; effet hardiment miraculeux, mais prévu, nécessaire à ce point d'en devenir presque naturel. Siegfried est changé, dans sa mémoire, par le philtre que Hagen a conseillé, comme il le sera bientôt, dans son aspect extérieur, par le *Tarnhelm* forgé aux antres de Nibelheim. » Voy., d'autrepart, p. 542, la note de mon collaborateur.

(*) A ces paroles de Hagen, la fanfare de Siegfried est lancée d'abord par l'orchestre, puis par un cor sur le théâtre (Partition, page 57).

Peu après, à l'arrivée de Siegfried, la malédiction d'Alberich éclate, soulignant tout ce que renferme de tragique cette venue du Heros chez les descendants des ennemis de sa race.

GUNTHER

Bienvenu serait-il ! (1) (Le cor de SIEGFRIED s'entend au lointain. — Ils écoutent.) C'est de ce côté du Rhin que retentit le cor.

HAGEN est allé vers la berge ; il inspecte en aval le Fleuve, se retourne et crie :

Dans une nacelle, un cheval et un Héros : c'est lui qui sonne si joyeusement du cor. — Un geste aisé, comme d'une main désœuvrée, pousse rapidement l'esquif contre le courant ; d'une semblable vigueur à manœuvrer la rame peut se vanter, seul, qui a tué le Dragon : c'est Siegfried, sûrement, pas un autre ! (2)

GUNTHER

Pousse-t-il de ce côté ?

HAGEN, les mains en porte-voix, crie vers le Fleuve.

Hoïho ! où vas-tu, ô joyeux Héros ?

LA VOIX DE SIEGFRIED, lointaine, venant du Fleuve.

Vers le puissant fils de Gibich.

HAGEN

C'est de chez lui que je t'invite chez lui : de ce côté-ci ! aborde ici ! Salut à Siegfried ! illustre Héros !

(1) « Alors le roi du pays dit : « Qu'il nous soit le bienvenu ; il est noble et brave, je l'ai bien appris. » (*Nibelunge-nôt.*) Voir ci-dessous la note (1) de la p. 535.

(2) Lorsque, dans le *Nibelunge-nôt*, Siegfrid arrive à Worms : « Certes, ajouta Hagene, je veux bien le dire : quoique je n'aie point vu Siegfrid, pourtant je suis tout disposé à croire, d'après ce qu'il me paraît, que c'est là le héros qui s'avance si majestueusement. » (III, 22.) D'autre part, lorsque le héros « alla vers les Nibelungen, » il se rendit « sur le sable vers le port, où il trouva sa barque... Puis il partit aussi rapide que le souffle du vent... Le bâtiment voguait vite par la force de Siegfrid, qui était grande. On croyait qu'un fort vent la poussait ; mais non, c'était Siegfrid qui la menait, le fils de la belle Sigelint. » (VIII, 77.)

SIEGFRIED accoste.

GUNTHER a rejoint HAGEN sur le rivage (1). GUTRUNE, sur le trône, contemple SIEGFRIED : fixe un long temps sur lui, dans une joyeuse surprise, son regard ; et, lorsque les hommes se rapprochent, s'éloigne et rentre, en proie à un trouble visible, par une porte de gauche dans son appartement (2).

SIEGFRIED, qui a déjà fait débarquer son cheval et s'avance, tranquillement appuyé contre lui.

Où est le fils de Gibich ?

GUNTHER

Tu l'as devant toi : Gunther.

SIEGFRIED

Voici : loin sur le Rhin, c'est ta gloire que tous vantent . battons-nous sur l'heure, ou sois mon ami !

GUNTHER

Pouquoi nous battre? sois le bienvenu ! (3)

(1) « Celui qui sait la vérité voudra bien me répondre : il me dira où je puis trouver Gunther, le très puissant roi des Burgundes. » (*Nibelunge-nôt*, III, 20.) « Alors parla le roi puissant : « ...vois comme ils se tiennent prêts au combat à la façon des héros, ces guerriers et lui, l'homme très hardi. Nous devons aller à la rencontre de cette forte épée. » — « Vous pouvez le faire sans déshonneur, dit Hagene ; il est de noble race, fils d'un roi puissant... » Alors le roi du pays dit : « Qu'il nous soit le bienvenu ; il est noble et brave, je l'ai bien appris. Cela lui sera utile dans le pays des Burgundes. » Et le roi Gunther alla trouver Siegfrid. » (*Id.*, *ib.*, 24.)

(2) « Il » (Siegfrid) « portait en son cœur une vierge digne d'amour qu'il n'avait pas encore vue, et elle aussi le portait en son cœur et secrètement elle lui adressait en elle-même de bien douces paroles... — Kriemhilt » (Gutrune) « le regardait souvent par la fenêtre et alors elle ne désirait pas d'autres divertissements. » (*Nibelunge-nôt*, III, 28-29.)

(3) « Je m'étonnais de cette nouvelle, dit aussitôt le roi, que vous soyez venu, noble Siegfrid, jusque dans ce pays. Qu'êtes-vous venu chercher à Worms sur le Rhin? » L'étranger dit au

SIEGFRIED

Où mettrai-je mon cheval ?

HAGEN

Je m'en charge.

SIEGFRIED

Tu m'as appelé Siegfried : tu m'as donc déjà vu ?

HAGEN

Je ne t'ai reconnu qu'à ta vigueur (1).

SIEGFRIED

Prends bien soin de Grane ! Jamais tu n'auras tenu en bride une monture de plus noble race.

HAGEN emmène le cheval à droite, et revient bientôt. GUNTHER s'avance avec SIEGFRIED, et rentre avec lui dans la salle.

roi : « Je ne vous le cacherai point. Le récit me fut fait au pays de mon père qu'ici, près de vous, se trouvaient (j'ai voulu m'en assurer) les plus hardis guerriers que jamais roi ait réunis ; *j'en ai beaucoup entendu parler*, et pour cela je suis venu jusqu'ici. *Je vous entendis aussi citer pour votre valeur* ; *jamais on ne vit, dit-on, roi plus brave. Les gens en parlent beaucoup dans tous les pays.* Maintenant, je ne veux point partir sans mettre votre bravoure à l'épreuve. Je suis, moi aussi, un guerrier, et je porterai la couronne. Je voudrais faire en sorte, qu'on dit de moi que je possède avec droit les gens et le royaume. Pour le mériter j'exposerai mon honneur et ma vie. Maintenant, que vous soyez aussi puissant qu'on me l'a dit, je ne m'en inquiète guère : que cela fasse à quelqu'un peine ou plaisir, je veux vous arracher ce que vous possédez, campagnes et burgs, et me les soumettre. » (*Nibelunge-nôt*, III, 25.) Surprise de Gunther ; fureur des guerriers ainsi provoqués ; Gernôt, frère du roi, s'interpose. L'avis de Gernôt prévalut : « Vous serez les bienvenus, dit le fils de Uote, vous et vos compagnons qui sont arrivés avec vous. Nous vous rendrons service, moi et ma parenté. » .... A ces mots l'humeur du seigneur Siegfrid se radoucit un peu. On fit soigner leurs équipements... » (*Id. ibid.*, 27-28.)

(1) « Sigurd, chevauchant seul, arriva au palais de Gripir. Il était facile de reconnaître le héros. » (*Grepisspâ.*)

GUNTHER

Salue joyeusement, ô Héros, la demeure de mon père ; le sol que tu foules, tout ce qu'ici tu vois, regarde désormais tout cela comme ton bien propre : terre et sujets, mon héritage est tien — et toi, mon corps, sois le gage de mon serment ! — moi-même je me donne, je suis ton homme ! (1)

SIEGFRIED

Je n'offre, moi, ni sujets ni terre, ni demeure et domaine paternels : mon unique héritage, ce fut mon propre corps ; c'est à vivre que je le dépense. Je ne possède qu'un Glaive, forgé par moi-même — toi donc, mon Glaive, sois le gage de mon serment ! — c'est lui que je t'offre, avec moi-même (2).

HAGEN

Le Trésor des Nibelungen, pourtant la tradition t'en nomme le Maître ? (3)

SIEGFRIED

Du Trésor, je me souviens à peine : tant j'ai d'estime pour son inutile bien ! (4) Je l'ai abandonné dans un antre, où, jadis, un Dragon le gardait.

(1) « Alors le chef du pays parla : Tout ce que nous avons est à vos ordres suivant l'honneur; ainsi vous seront soumis et seront partagés avec vous, corps et biens. » (*Nibelunge-nôt*, III, 28.)

(2) « Il parla ainsi au roi : « Je ne vous ai rien refusé. Je vous porterai secours dans toutes vos peines. Cherchez-vous un ami, je serai le vôtre, et vous serai fidèle avec honneur jusqu'à ma mort. » (*Nibelunge-nôt*, IV, 32.)

(3) « Pour lui, dit Hagene, donner est chose facile. Quand il vivrait éternellement, il ne pourrait tout dissiper ; sa main tient enfermé le trésor des Nibelungen... » (*Nibelunge-nôt*, XII, 118.)

(4) « Mais vous avez bien entendu parler de la richesse de Siegfrid — le royaume et le Trésor des Nibelungen étaient à sa disposition ; — il distribua ce Trésor à profusion à ses guerriers, et pourtant il ne diminuait pas, quelque quantité qu'on en prît. » (*Nibelunge-nôt*, VIII, 80.) Il n'en est pas moins vrai que le vieux poëme allemand, malgré cette différence avec celui de Wagner (toute à l'avantage de Wagner) nous montre, en maint endroit,

HAGEN

Et rien, tu n'en emportas rien ?

SIEGFRIED, montrant le tissu d'acier qui pend à sa ceinture.

Cette œuvre, ignorant sa vertu.

HAGEN

Je la connais, moi ; c'est le Tarnhelm, un chef-d'œuvre d'art des Nibelungen : tu peux, quand il est sur ta tête, te métamorphoser en n'importe quelle forme ; désires-tu t'en aller au loin, si loin que ce soit, il t'y transporte, à l'instant même. — — Dans le Trésor, tu n'as pris rien d'autre ?

SIEGFRIED

Un Anneau.

HAGEN

Celui-là, tu le gardes bien, sans doute ?

SIEGFRIED

Une femme le garde, qui m'est sacrée.

HAGEN, à part.

Brünnhilde !...

Siegfrid, comme d'un désintéressement rare : « Des seigneurs puissants dirent souvent depuis lors qu'ils auraient voulu avoir le jeune chef pour maître. Mais Siegfrid ne le désirait pas, le beau jeune homme. » (II, 15.) Autre épisode : « Elle (Kriemhilt) ordonna à son camérier d'aller quérir le don du messager. Elle lui donna (à Siegfrid) vingt-quatre anneaux, ornés de belles pierres, en récompense. Mais l'âme du héros était ainsi faite qu'il n'en voulut rien garder. Il les distribua aux belles femmes qu'il trouva là dans les appartements. » (IX, 87.) Ou Gunther consulte Siegfrid : « Je te dirai ce que m'offrent ces chefs : si je les laisse partir librement, ils me donneront autant d'or qu'en pourront porter cinq cents chevaux. — Le seigneur Siegfrid répondit : Ce serait mal agir. Laisse-les partir d'ici libres... » (V, 53.)

GUNTHER

Point d'échange de ta part entre nous deux, Siegfried : au prix de pareils joyaux, qu'est tout mon bien? Peu de chose : j'aurais beau tout donner, tu aurais beau tout prendre! — Sans aucune condition, je te sers avec plaisir (1).

HAGEN est allé vers la porte de l'appartement de GUTRUNE ; il l'ouvre. GUTRUNE en sort ; elle porte une corne-à-boire et s'avance vers SIEGFRIED.

GUTRUNE

Bienvenu soit l'hôte, dans la demeure de Gibich ! Sa fille t'offre ici la boisson (2).

SIEGFRIED, s'incline devant elle avec cordialité, et saisit la corne ; il la tient pensivement devant soi, et dit tout bas:

Quand j'aurais oublié tout ce que tu m'as appris, il est une chose que je n'oublierai jamais : — à l'Amour fidèle, ma première pensée ; Brünnhilde, je bois à toi ! (Il boit, et rend la corne à GUTRUNE (3), qui, confuse et troublée sous son regard, baisse les yeux.) (4)

(1) « Ayons-le (Siegfrid) pour ami et il nous en reviendra de l'honneur. » (*Nibelunge-nôt*, III, 27.)

(2) « *Et on fit verser aux étrangers le vin de Gunther.* » (*Nibelunge-nôt*, III, 28.) « Elle s'avançait en ce moment, la charmante, comme l'aurore du matin sortant de sombres nuages. Alors il vit la vierge marcher en sa beauté... *La jeune fille digne d'amour salua Siegfrid* avec grâce et vertu... Elle dit, la belle vierge : « *Soyez le bienvenu*, seigneur Siegfrid, bon et noble chevalier. » Ce salut éleva son âme. *Il s'inclina courtoisement et lui offrit ses remerciements.* » (*Id.* V, 49 et 50.)

(3) « *Il se mit à boire la bonne boisson. et en but dans une longue corne.* Sjurd perdit le souvenir et nul ne pouvait le guérir. *Et quand il eut bu, il rendit la coupe.* Il ne pensait plus à dame Brinhild et il ignorait où il se trouvait. » (*Chants des Iles Feroë.*)

(4) « Lorsqu'elle vit debout devant elle l'homme au grand courage, une flamme colora ses joues. » (*Nibelunge-nôt*, V, 50.)

SIEGFRIED, fixant sur elle un regard enflammé d'une passion soudaine (1).

Toi qui d'un éclair brûles ma vue, pourquoi baisses-tu les yeux devant moi ? (GUTRUNE relève, en rougissant, les yeux vers lui.) Ha ! la plus belle des femmes ! ferme ton regard ! (2) C'est mon cœur que dans ma poitrine brûlent ses rayons : mon sang qu'ils embrasent roule du feu ! — (D'une voix tremblante.) Gunther — comment s'appelle ta sœur ?

GUNTHER

Gutrune.

SIEGFRIED

Est-ce de bonnes runes (3) que je découvre en ses yeux ? — (Il saisit, avec une passion ardente, la main de GUTRUNE.) (4) A ton frère j'ai offert d'être son homme ; sa fierté n'a point voulu de moi : — tromperais-tu comme lui mon espoir, si je m'offrais en alliance à toi ?

GUTRUNE baisse humblement la tête, paraît exprimer, par son attitude, qu'elle ne se sent point digne de lui, et, d'un pas chancelant, quitte la salle.

(1) « Sjurd ne songea qu'à une seule chose, à posséder Gudrun... Et Sjurd, fils de Sigmund, commençait à s'éprendre de la jeune fille. » (*Chants des Iles Feroë*) « Le seigneur Siegfrid ressentait à la fois amour et souffrance. Il pensait en lui-même : « Comment cela s'est-il fait qu'il m'ait fallu ainsi l'aimer ? C'est une illusion d'enfant. Pourtant, si je dois m'éloigner de toi, il me serait plus doux d'être frappé à mort. » (*Nibelunge-nôt*, V, 49.)

(2) « L'attrait des vœux d'amour les poussait l'un vers l'autre. Ils se regardaient avec de doux regards, le chef et la jeune fille. Cela se faisait à la dérobée. » (*Nibelunge-nôt*, V, 51.)

(3) Jeu de syllabes sur le nom de *Gutrune*, ainsi décomposable étymologiquement : Gut-Rune (gut — bon ; Rune — Rune).

(4) « Si en ce moment sa blanche main fut pressée par tendre affection de cœur, je l'ignore. Mais je ne puis croire qu'ils ne l'aient point fait. Sinon ces deux cœurs agités d'amour auraient eu tort. » (*Nibelunge-nôt*, V. 51.)

SIEGFRIED, que HAGEN et GUNTHER observent avec attention, la suit du regard, comme fasciné ; puis, sans se retourner, il demande :

Possèdes-tu, toi, Gunther, une femme ?

GUNTHER

Pas encore; et j'aurai difficilement cette joie! La seule femme à laquelle j'aspire, aucun moyen pour moi de la conquérir jamais (1).

SIEGFRIED, vivement, se tournant vers lui.

Que ne peux-tu, si je suis avec toi ?

GUNTHER

Elle a pour séjour un Rocher; un haut Rocher, qu'entourent les flammes —

SIEGFRIED, frappé, et comme pour se remettre en mémoire une chose dès longtemps oubliée, répète à mi-voix.

« Elle a pour séjour un Rocher ; un haut Rocher, qu'entourent les flammes...? »

GUNTHER

Seul, celui qui franchit les flammes —

SIEGFRIED, comme subitement éclairé d'un souvenir, qui l'abandonne presque aussitôt.

« Seul, celui qui franchit les flammes... »

(1) « Le chef du Rhin parla: « Je veux traverser la mer pour aller vers Brunhilt, n'importe ce qui peut m'en arriver. Pour son amour je veux exposer ma vie; je veux mourir, si elle ne devient ma femme. — Je dois vous le déconseiller, dit Siegfrid; car cette reine a des coutumes si cruelles, qu'il en coûte cher à celui qui veut conquérir son amour... Quand vous seriez quatre, vous ne pourriez vous préserver de sa terrible fureur... — Gunther dit : « Veux-tu m'aider, noble Siegfrid, à conquérir cette vierge digne d'amour ? » (*Nibelunge-nôt*, VI, 55-56.)

GUNTHER

— peut devenir l'époux de Brünnhilde.

(A l'énoncé du nom de Brünnhilde, SIEGFRIED exprime à l'évidence, par son silence et par son geste, que définitivement tout souvenir lui échappe (1).

(1) La croyance à l'effet du philtre est donc imposée par Wagner, et l'on ne peut s'empêcher de songer à l'imperturbable assurance de l'*Edda* de Snorro disant (après avoir parlé d'une chaîne composée de racines de montagnes, de bruit des pas du chat, de barbe de femme, etc.) : « Quoique ces matières te soient inconnues, tu dois croire à leur existence comme au reste, tout en sachant que les femmes n'ont pas de barbe, que les pas de chat ne font point de bruit, que les montagnes n'ont pas de racines. » L'interpellé répond alors : « Je comprends fort bien le sens des figures dont tu te sers. » Ah ! pourquoi n'en est-il de même des pseudo-critiques de Wagner ? Presque tous se sont avisés de s'attaquer à ce malheureux philtre, symbole si poétique, et si clair, et si simple ! On est heureux d'en voir, en un livre récent, dû à la vaillante plume de M. Alfred Ernst, cette interprétation — enfin ! — non moins intelligente que juste : « La scène du philtre n'est que l'image (légitimée seulement par le mystère de malédiction planant sur Siegfried, comme sur tous ceux qui ont porté l'Anneau d'Alberich) d'une observation morale : la puissance de l'impression présente, immédiate, sur les âmes primesautières, sur les caractères dont le Wälsung est le prototype. Pour Siegfried, qui ne s'inquiète ni du passé ni de l'avenir, qui ne réfléchit ni avant d'agir ni après avoir agi, le fait actuel, l'acte, existe uniquement. Voilà l'intime vérité contenue dans cette scène étrange, qui ne peut être motivée que par un surnaturel enchaînement de causes, du reste aisément admises de l'auditeur, et poursuivant leurs effets à travers les trois « journées » du *Ring*. » J'ai cité : aurais-je pu mieux dire ? Mais, franchement, le poème lui-même n'est-il pas assez explicite pour quiconque le lit avec soin ? Et qui donc, plus que des critiques, aurait eu le devoir de lire avec soin ? Or Brünnhilde, en la scène finale de l'Acte II : « A quoi m'aurait servi ma science ? A quoi mes Runes ? En l'excès de ma misère, je le devine clairement : le charme qui m'enchanta mon époux, c'est Gutrune ! Qu'elle connaisse l'angoisse ! » Et à présent, critiques, est-ce Gutrune, oui ou non ? — Voy. d'autre part la note musicographique, p. 531, de mon collaborateur Edmond Barthélemy.

GUNTHER

Donc, je ne puis gravir ce Rocher ; jamais le feu ne s'éteindra pour moi !

SIEGFRIED, avec fougue et passion.

Moi — je ne crains point les flammes : j'irai te chercher la femme (1) ; car ne suis-je pas ton homme, et mon courage est tien, — s'il me vaut pour épouse Gutrune (2).

GUNTHER

Volontiers je t'accorde Gutrune (3).

SIEGFRIED

J'irai pour toi chercher Brünnhilde.

GUNTHER

Comment veux-tu lui donner le change ?

SIEGFRIED

Comment ? grâce au Tarnhelm, j'aurai pris ta figure (4).

(1) « GRIPIR : Grimhild t'enivrera complètement. Elle t'amènera à conquérir Brynhild pour la remettre aux mains de Gunnar... Tu te hâtes trop de promettre cette entreprise à la mère de ce chef. » (*Grepisspâ.*)

(2) « Siegfrid, fils de Sigemunt, répondit ainsi : « Je le ferai, si tu me donnes ta sœur, la belle Kriemhilt » (Gutrune), « cette superbe fille de roi. Je ne veux point d'autre prix de mes efforts. » (*Nibelunge-nôt*, VI, 56.)

(3) « Siegfrid, en tes mains j'en fais le serment, dit Gunther : que la belle Brunhilt arrive en ce pays, et je te donne ma sœur pour femme et puisses-tu vivre heureux avec elle. » (*Nibelunge-nôt*, VI, 57.)

(4) « GRIPIR : ....En chemin, Gunnar et toi, vous prendrez la forme l'un de l'autre. Gripir ne ment pas. » (*Grepisspâ.*)

GUNTHER

Qu'un serment me réponde de ta foi! (1)

SIEGFRIED

Que la Blut-Brüderschaft l'engage ! (2)

(HAGEN de vin nouveau remplit une corne-à-boire ; de leurs Glaives, SIEGFRIED et GUNTHER se piquent aux bras, qu'ils tiennent un temps au-dessus de la corne.)

SIEGFRIED et GUNTHER

Le sang, sève de la vie en fleurs, je l'ai fait goutte à goutte couler dans le breuvage : qu'ardemment fraternel, vaillamment confondu, fleurisse en le breuvage notre sang. C'est la fidélité à mon ami que je bois : joyeusement, librement, que

(1) « Ils » (Siegfrid et Gunther) « échangèrent leurs serments, les fiers guerriers. » (*Nibelunge-nôt*, VI, 56.) Il en est de même dans toutes les sources scandinaves : *Grepisspâ* et *Sigurdakvidha Fâfnisbana Thrídja* (de l'*Edda* de Sœmund); *Edda* de Snorro ; *Völsunga Saga* ; *Chants des Iles Feroë; Chants Danois* (où Gunther-Gunnar s'appelle Hagen). Du reste, ces sources scandinaves associent Högni (Hagen) au serment : n'est-il pas en effet, pour elles, fils de Giuki, comme Gunther? n'est-il pas, pour elles, le frère authentique, le frère légitime de Gunther ? — Dans le *Nibelunge-nôt*, il n'est plus que le vassal, et, comme tel, n'a plus à jurer. — Dans la *Tétralogie*, il devient le frère bâtard, et s'abstient par humilité tout au moins feinte. J'y reviens dans une note ultérieure, p. 545.

(2) *Blut-Brüderschaft*, « fraternité-par-effusion-mutuelle-de-sang, » fraternité d'armes. « Frithiof et Björn avaient grandi ensemble, et ils avaient mêlé leur sang à la manière des frères d'armes du Nord, jurant de vivre unis dans la joie et dans la douleur, et de venger mutuellement leur mort. » (Esaias Tegner, *Frithiof*, III. Trad. Léouzon-le-Duc, p. 68.) « Avez-vous donc entièrement oublié, ô Gunnar, comment, en signe de fraternité, vous fîtes couler réciproquement votre sang dans les empreintes de vos pas ! » (*Brot af Brynhildarkvidhu*, dans l'*Edda* de Sœmund). De même Loke : « Odin, te souviens-tu des temps anciens? Nous avons alors mêlé notre sang... » rappelle-t-il en un autre chant déjà cité. (*Le Festin d'Æger*, 9.)

s'épanouisse et nous lie la Blut-Brüderschaft aujourd'hui ! Pour celui des frères qui romprait l'alliance, pour celui des amis qui tromperait son féal, que son sang, dont nous aurons bu en amis ces gouttes aujourd'hui, s'écoule, dans l'espace d'un éclair, pour expier la félonie ! — Voici — comme je t'offre l'alliance : voici — comme envers toi je bois la fidélité !

(Ils boivent tour à tour, chacun la moitié ; HAGEN, qui se tenait auprès d'eux, brise alors de son glaive la corne. SIEGFRIED et GUNTHER se tendent les mains.)

SIEGFRIED, À HAGEN.

Tu ne t'associes donc point à nos serments ? pourquoi ?

HAGEN

Mon sang vous eût gâté ce breuvage ! Il ne circule pas, en mes veines, authentique, légitime et noble comme le vôtre ; c'est âcre, paresseux et froid qu'il y circule ; il ne veut point rougir ma joue. Je me tiens donc à l'écart de votre ardente alliance (1).

GUNTHER

Laisse l'homme sans joie !

SIEGFRIED

Allons, en route ! Ma barque est là ; elle nous mènera

(1) J'ai montré déjà, par une note, que, dans les sources scandinaves, Högni s'associe au serment. J'ai montré aussi, par une autre note, comment on peut croire que Wagner a transféré, sur son Hagen, ce que ces mêmes sources disaient de Gutthorm, « beau-fils de Giuki, mais non de sa race ». Je rappelle plus loin que, d'après l'*Edda*, c'est ce même Gutthorm qu'on charge de tuer Sigurd, comme *n'étant point lié à lui par les mêmes serments* que Gunnar et Högni. — Dans la *Tétralogie*, Hagen, beau-fils de Gibich mais non de sa race, s'abstient de s'engager, mais c'est consciemment : non par cette feinte humilité, symétrique, — ai je ailleurs noté, — à celle du Loge de *L'Or-du-Rhin*, mais pour se réserver sa liberté d'action.

bien vite (1) au Roc : tu m'attendras au bord une nuit dans la nacelle ; et c'est la femme qu'ensuite tu conduiras ici.

GUNTHER

Ne te reposeras-tu point auparavant ?

SIEGFRIED

J'ai hâte du retour (2).

(Il marche au Fleuve.)

GUNTHER

Toi, Hagen, veille sur le manoir ! (Il suit SIEGFRIED.)

GUTRUNE paraît au seuil de son appartement.

GUTRUNE

Où courent-ils si vite?

HAGEN

S'embarquer, pour chercher Brünnhilde.

GUTRUNE

Siegfried ?

HAGEN

Juge, par là, s'il désire te conquérir pour femme !

(Il s'assied à l'entrée de la salle avec la lance et le bouclier. SIEGFRIED et GUNTHER partent.) (3)

(1) « Ils firent vingt milles avant la nuit par un bon vent qui soufflait vers la mer.... Au douzième matin, ainsi l'avons-nous entendu dire, les vents les avaient portés au loin vers Isenstein, au pays de Brunhilt. » (*Nibelunge-nôt*, VI, 63.)

(2) « Aussitôt il fixe les noces ; il ne voulait pas attendre long-temps. » (*Chants des Iles Feroë.*)

(3) « Siegfrid saisit aussitôt un aviron et poussa la barque loin du rivage. Gunther prit lui-même une rame. Ils s'éloignèrent de la terre, ces héros rapides et dignes de louanges. » — « Les fiers compagnons étaient emportés sur les flots du Rhin. » (*Nibelunge-nôt*, VI, 63.)

GUTRUNE

Siegfried — mien !

(Elle rentre, tout émue, dans son appartement.)

HAGEN, après un assez long silence.

C'est donc ici moi qui suis de garde, assis en sentinelle, veillant sur le domaine, écartant du manoir l'ennemi : — c'est pour le fils de Gibich que le vent souffle ; il part vers l'épouse qu'il désire. Un vigoureux Héros dirige pour lui la barre (1), va faire pour lui tête au péril, chercher pour lui sa propre femme, et la lui livrer sur le Rhin ; mais moi j'aurai ma part aussi : l'Anneau, telle est la part qu'il me rapportera. — Libres fils, joyeux compagnons, voguez toujours, voguez gaîment ! Si vil qu'il vous paraisse, ce n'en est pas moins vous qui le servirez — le fils du Nibelung (2).

(Un rideau se ferme sur la scène et dérobe la vue du théâtre. Lorsque, durant un bref interlude orchestral, le décor a été changé, ce rideau (auparavant drapé à l'avant-scène, qu'il encadrait) se rouvre et disparait entièrement.)

(1) « Un fort vent enflait la voile de la barque. ...Voilà que le roi Gunther parla : — Qui sera le pilote ? — Moi, dit Siegfrid. Je puis vous conduire là-bas sur les ondes. Les vrais chemins me sont connus. » (*Nibelunge-nôt*, VI, 63.)

(2) Hagen, le frère bâtard de Gunther et de Gutrune, Hagen est donc le fils d'Alberich. Il le fallait bien pour l'unité de l'œuvre, — chacun s'en pourra rendre compte. Aussi Wagner n'eut-il que faire de s'occuper de cet *Aldriân* que le *Nibelunge-nôt* nommait comme le père de Hagene de Troneje ; il n'avait pas à se demander si cet *Aldriân* correspond à l'*Albriân* d'un autre poème, *La Sortie de Ecke* (*Ecken Ausfahrt*), — lequel correspondrait lui-même à Alberich... Il combina, et il fit bien, le *Högni* et le *Gutthorm* des sources scandinaves, l'un frère légitime et conseiller, l'autre demi-frère de Gunnar (voir la note (1) de la p. 526) avec le *Hagene* du poème allemand. De ce dernier, Wagner laissa le plus possible, à son personnage de synthèse, l'effroyable physionomie plus qu'héroïque, comme parle Grimm (*mehr als heroisch*) ; et, s'il lui donna pour père le Nibelung, c'est simplement que cette conception se trouva dictée par la logique. Des notes ultérieures insistent, et démontrent.

LA CIME DU ROC

(comme au Prologue.)

BRÜNNHILDE est assise à l'entrée de la grotte, et contemple, dans une rêverie muette, l'Anneau de SIEGFRIED ; dominée de bienheureux souvenirs, elle couvre de baisers la Bague, lorsque tout à coup son oreille est frappée d'un fracas lointain. Elle écoute, et scrute l'horizon vers l'arrière-plan.

Le lointain me chuchote à l'oreille un bruit jadis accoutumé : — c'est une cavale-des-airs accourant au galop ; fulgurante elle pousse droit au Roc, dans un nuage ! — Qui m'a découverte en ma solitude ?

LA VOIX DE WALTRAUTE, d'au loin.

Brünnhilde ! Sœur ! dors-tu ou veilles-tu ?

BRÜNNHILDE se met brusquement debout.

La voix de Waltraute, si connue de moi, si chère ! — C'est toi, sœur ? toi, qui viens vers moi ? As-tu cette intrépidité ? (Criant vers la forêt.) Là-bas, dans la forêt de sapins, — qui doit t'être encore familière, — saute de cheval et mets ton coureur au repos ! C'est toi ! es-tu si téméraire ? peux-tu bien, sans effroi, venir saluer Brünnhilde ?

(WALTRAUTE, venant de la sapinière, est entrée en scène précipitamment ; BRÜNNHILDE s'est ruée au-devant d'elle avec impétuosité : elle ne remarque pas, en sa joie, la farouche angoisse de WALTRAUTE.)

WALTRAUTE

C'est à toi, uniquement à toi que s'adresse ma hâte.

BRÜNNHILDE, toute aux transports de la joie la plus vive.

Ainsi tu as osé, par amour pour Brünnhilde, enfreindre l'interdit de Wotan ? Ou alors quoi ! ô dis ! se pourrait-il qu'envers moi Wotan se fût adouci ! Lorsque en dépit du Dieu je protégeai Siegmund, en étant coupable, — je le sais, —

je réalisai pourtant son Désir : que sa colère s'atténua, je le sais aussi : car, s'il m'enferma dans le sommeil, s'il m'enchaîna sur ce Rocher, s'il me voua pour servir l'Homme qui me trouverait et qui m'éveillerait, — à ma tremblante prière il n'en fit pas moins droit : d'un feu dévorateur il entoura le Rocher, pour qu'au lâche en fût clos le chemin. C'est ainsi que ma béatitude est sortie du châtiment même : le plus grand des Héros m'a conquise pour épouse ; son Amour aujourd'hui m'éclaire, c'est dans cette splendeur que je vis et ris. — O sœur, est-ce mon sort qui t'attire ? Est-ce de mon bonheur que tu veux te repaître ? de lui, que tu veux prendre la part ?

WALTRAUTE

Prendre part au délire qui t'égare, insensée ? — Autre chose me pousse, pleine d'angoisse, à désobéir à Wotan.

BRÜNNHILDE

D'angoisse ? la peur t'étreint, ô pauvre ? — Ainsi donc, le Sévère ne pardonne point encore ? Il châtie ? Tu crains sa fureur ?

WALTRAUTE

Puissé-je la craindre ! au moins mon angoisse prendrait fin !

BRÜNNHILDE

Stupéfaite, je ne te comprends pas !

WALTRAUTE

Un terme à tes transports : écoute attentivement ! C'est vers Walhall qu'elle me ramène, l'angoisse qui du Walhall m'a poussée jusqu'ici.

BRÜNNHILDE, terrifiée.

Qu'arrive-t-il aux Dieux éternels ?

WALTRAUTE

Écoute et comprends mes paroles ! — Depuis qu'il s'est arraché de toi, dans les mêlées Wotan ne nous a plus envoyées ; sans direction, pleines d'inquiétude, nous chevauchions, au hasard, du côté des armées. Les Héros du Walhall, Walvater les fuyait : seul, à cheval, sans repos ni répit, il courait le monde, en Voyageur. Récemment, il nous est revenu ; dans sa main, les tronçons de sa Lance, qu'un Héros lui avait brisée. Muet, d'un geste, il fit, par les Braves du Walhall, ruer le Frêne-du-Monde, à bas ; le tronc, morcelé, sur son ordre, monta, gigantesque bûcher, tout autour du palais divin. L'assemblée des Dieux convoquée, auguste, il monta sur le trône : à ses côtés, tous durent s'asseoir, tremblants ; tout autour d'eux, en cercle, en rang, les Héros remplissent toute l'enceinte. Ainsi, muet, grave, immobile, il demeure sur le trône sublime, sa Lance, en éclats, ferme au poing, sans toucher aux Pommes de Freya : la stupeur, l'angoisse, paralysent les Dieux. — Ses corbeaux, tous les deux, sont partis en mission : s'ils revenaient, quelque jour, avec d'heureuses nouvelles (1), une fois encore — la dernière fois — le Dieu sourirait, pour jamais. — Pour nous, les Walkūres, à ses pieds nous gisons, embrassant ses genoux : il reste aveugle à nos suppliants regards ; toutes nous ronge la terreur, quelque angoisse infinie. Sur sa poitrine, je me suis jetée, toute en pleurs : son regard s'adoucit (2) — c'est à toi, Brünnhilde, qu'il pensait ! Profondément il soupira, ferma les yeux, et, comme en rêve, il murmura ces mots : « Aux Filles-du-Rhin profond, qu'elle restitue l'Anneau : Dieu, Monde, seraient délivrés du fardeau de l'Anathème ! » — Dès lors, ma décision fut prise : d'auprès de lui, par les rangs muets, je réussis à m'esquiver ; en secret, en hâte, j'enfourchai ma cavale, et, dans l'orage, courus vers toi. C'est toi, ô sœur, que j'adjure à présent : ce que tu peux, que l'accomplisse ton cœur ! Cesse les tortures des Eternels !

(1) Voir d'abord la note (2) de la page 492. — « Les Ases ont de tristes pressentiments... C'est pourquoi Hugen hâte ses recherches dans le ciel ; les dieux appréhendent des chagrins s'il tarde longtemps. » (*Poème du Corbeau d'Odin*, 2, 3.)

(2) Littéralement : « se brisa ».

BRÜNNHILDE

Quel récit d'effroyables rêves tu déroules, ô Triste, pour moi ! Séparée de la sainte nuée des Dieux du ciel, l'esprit voilé, ce que j'apprends, je ne le comprends pas. Le sens de tes paroles me semble vague et trouble ; dans ton œil — si las — brille une flamme ardente : avec tes joues pâles, ô sœur blême, que veux-tu, sœur farouche, de moi ?

WALTRAUTE, *avec une inquiète précipitation.*

A ta main, l'Anneau, — c'est l'Anneau : suis mon conseil ! jette-le, en faveur de Wotan !

BRÜNNHILDE

L'Anneau — le jeter ?

WALTRAUTE

Aux Filles-du-Rhin, restitue-le !

BRÜNNHILDE

Aux Filles-du-Rhin ? — moi ? — mon Anneau ? Mais c'est le gage d'Amour de Siegfried ! es-tu hors de sens ?

WALTRAUTE

Comprends-moi ! comprends mon angoisse ! C'est à lui, à lui seul, sûrement, qu'est attaché le malheur du Monde : — jette-le loin, bien loin, dans les flots ! Mets fin aux détresses du Walhall : dans le Fleuve, jette l'Anneau maudit, jette !

BRÜNNHILDE

Ha ! sais-tu, ce que pour moi il est ? Comment peux-tu le comprendre, toi, insensible vierge ! Il est pour moi plus, cet Anneau, plus que les délices du Walhall, plus que la gloire des Eternels : un seul regard, jeté sur son Or clair, un seul éclair, de sa splendeur sacrée, sont, pour moi, plus précieux que la perpétuation du bonheur des Dieux, de tous les Dieux ! car, bienheureusement, c'est par lui que rayonne, à mes yeux, l'Amour de Siegfried : l'Amour de Siegfried — ô puissé-je t'exprimer cette béatitude ! — c'est de cet Amour que m'est garant l'Anneau. — Vers l'auguste assemblée des Dieux, va-t'en d'ici ; pour mon Anneau, rapporte-leur ceci : l'Amour, non, jamais je n'y renoncerai, l'Amour, non, jamais ils ne me l'arracheront, — dût s'écrouler en ruines la splendeur du Walhall !

WALTRAUTE

Et voilà ta fidélité ? C'est quand elle désespère que tu délaisses ta sœur ?

BRÜNNHILDE

Va-t'en sans délai ; vole à cheval : l'Anneau, tu ne me l'arracheras point !

WALTRAUTE

Malheur ! Malheur ! Malheur sur toi, sœur ! Sur les Dieux du Walhall, malheur !

(Elle s'en va précipitamment ; on entend bientôt, vers la sapinière, comme le bruit d'une cavale qui s'éloigne et s'ébroue.)

BRÜNNHILDE, suivant des yeux une nuée orageuse, qui s'élance, sillonnée d'éclairs, et bientôt disparaît au loin.

Eclair et nuée, par le vent soufflée, va-t'en donc : et ne reviens jamais ! (Le soir est tombé : aux profondeurs de l'arrière-plan l'éclat du reflet des flammes grandit.) L'ombre du soir couvre le ciel : plus éclatante s'élève d'en bas la clarté du feu protecteur. — Pourquoi, si furieusement, bouillonne l'ardente houle ? C'est vers la crête du Roc que roule son déluge embrasé. — (On entend s'approcher d'en bas la sonnerie du cor de SIEGFRIED : BRÜNNHILDE écoute, et, toute ravie, tressaille.) Siegfried !... Siegfried revient ? son appel qu'il m'envoie !... Vite ! — Vite au devant de lui ! dans les bras de mon dieu ! (Elle s'élance, toute à la plus vive exaltation, vers l'arrière-plan. Jusqu'au dessus de la crête culminante les flammes jaillissent : SIEGFRIED, surgi d'au milieu d'elles, saute sur la saillie d'une roche très élevée ; là s'arrête, recule et s'abime le feu, dont on n'aperçoit plus que le reflet palpitant, comme auparavant, aux profondeurs de l'arrière-plan. — SIEGFRIED, sur la tête le Tarnhelm (1), qui lui cache à moitié le visage et n'en laisse libres que les yeux, paraît, sous la forme de GUNTHER.) (2)

BRÜNNHILDE, pleine d'horreur, reculant.

Trahison ? — Qui a pu pénétrer jusqu'à moi ? (Elle fuit jusque dans le fond, et de là, en une muette stupeur, regarde SIEGFRIED, d'un œil fixe.)

SIEGFRIED, à l'arrière-plan, s'attardant sur la roche, considère un long temps BRÜNNHILDE, appuyé sur son bouclier ; puis, d'une voix déguisée, — plus profonde, — l'interpelle.

Brünnhilde ! un prétendant est venu, qui n'a point reculé devant tes flammes. C'est toi que je veux pour femme ; suis-moi, sans résister !

BRÜNNHILDE, saisie d'un tremblement violent.

Quel homme a pu ce qui n'est possible qu'au Plus Fort ?

SIEGFRIED, toujours debout sur le rocher du fond.

Un Héros qui, de force, te prendra, — si la force a seule raison de toi.

BRÜNNHILDE, frappée d'horreur.

Sur ce Rocher, quel sorcier s'est hissé ? — quel aigle s'y abat, afin de me déchirer ! — Qui es-tu, qui es-tu, Terrible ?

(1) « Siegfrid devait donc porter ce chaperon, qu'il avait enlevé, non sans peine, le héros intrépide, à un nain qui s'appelait Albrich... Lorsque le fort Siegfrid portait la Tarnkappe, il était d'une vigueur terrible. Son corps seul possédait la force de douze hommes. Il conquit avec grande adresse la femme superbe. Ce chaperon était ainsi fait que celui qui le portait faisait ce qu'il voulait sans être vu. C'est par ce moyen qu'il conquit Brunhilt. » (*Nibelunge-nôt*, VI, 37.)

(2) « Alors Sigurd prit la forme et le nom de Gunnar.., et traversa Wafurlogi, le feu aux langues de flamme. » (*Edda* de Snorro.)

(SIEGFRIED se tait.) Ton origine est-elle humaine ? ou sors-tu des armées ténébreuses de Hella ?

SIEGFRIED, après un assez long silence.

C'est un Gibichung que je suis, et Gunther est le nom, femme, — du Héros que tu vas suivre.

BRÜNNHILDE, dans une explosion de désespoir.

Wotan ! farouche, impitoyable Dieu ! Hélas ! c'est à présent que je saisis le sens du châtiment : si tu m'as exilée ici, c'était pour m'y livrer en proie au déshonneur !

SIEGFRIED — saute à bas, et se rapproche.

La nuit tombe : en ta retraite tu vas t'unir à moi.

BRÜNNHILDE, tendant avec menace le doigt, où elle porte l'Anneau de Siegfried.

N'approche point ! redoute cet emblème ! tu ne triompheras pas de mon honneur, aussi longtemps que l'Anneau me défendra contre toi.

SIEGFRIED

Qu'il donne à Gunther droit d'époux : que cet Anneau t'unisse à lui !

BRÜNNHILDE

Arrière, voleur ! larron d'honneur ! n'aie pas l'audace de m'approcher ! Plus forte que l'acier me rend l'Anneau : jamais, tu ne me le voleras, jamais !

SIEGFRIED

Toi-même, par tes paroles, tu m'y auras poussé. (Il se jette sur elle ; ils luttent. BRÜNNHILDE se délivre de son étreinte, et fuit.

SIEGFRIED la poursuit. Ils luttent de nouveau (1) ; il l'enlace, lui arrache l'Anneau (2). Elle pousse un cri terrible et s'affaisse, comme brisée, sur le banc de pierre devant la grotte.)

SIEGFRIED

Dès à présent, tu m'appartiens ! — Brünnhilde, fiancée de Gunther, — partage donc avec moi ta retraite !

BRÜNNHILDE, presque évanouie.

Que pourrait ta faiblesse, misérable femme !

SIEGFRIED la met debout d'un geste impérieux : tremblante, chancelante, elle rentre en son réduit.

(1) « Alors commença entre le fort Siegfrid et la belle vierge (il en devait être ainsi) un terrible jeu... Siegfrid fit semblant d'être le puissant roi Gunther, et il prit dans ses bras la vierge digne d'amour. Mais elle le jeta hors du lit sur un banc qui était près de là, avec tant de force que sa tête résonna bruyamment sur l'escabeau. Avec une vigueur nouvelle, l'homme hardi se releva d'un bond. Il voulait tenter mieux, mais mal lui en advint, quand il essaya de la dompter. Jamais femme, j'imagine, ne se défendit aussi rudement.... Quelque fortement qu'elle le contînt, sa colère et aussi sa merveilleuse vigueur lui vinrent en aide. Son anxiété était grande. De ci de là ils s'entrechoquèrent dans la chambre close... La lutte entre eux deux dura longtemps furieuse. Enfin il parvint à ramener la vierge au bord du lit. Quelque vigoureusement qu'elle se défendit, ses forces finirent par s'épuiser... La lutte était finie : elle devint la femme de Gunther... Elle dut renoncer à sa colère et à sa pudeur... Hélas ! l'amour chassa sa grande force. Et depuis lors elle ne fut pas plus forte qu'une autre femme. » (*Nibelunge-nôt*, X, 103, 104, 105.)

(2) « Siegfrid laissa la dame couchée et se retira comme s'il voulait se dépouiller de son vêtement. Il lui prit du doigt un anneau d'or sans que la noble reine s'en aperçût... » (*Nibelunge-nôt*, X, 105.)

SIEGFRIED, tirant son Glaive; — de sa voix naturelle :

Toi, Nothung, sois témoin qu'ici, je suis demeuré chaste : garant de la foi due à mon frère, sépare-moi de sa fiancée ! (1)
(Il suit **BRÜNNHILDE.**)

Le rideau tombe.

(1) « Sigurd l'homme du Sud place son épée, cette arme brillante, sur le lit entre eux deux. Le chef des Hiunen ne baise point la reine, et ne la prend point dans ses bras. » (*Sigurdakvidha Fâfnisbana Thridja.*) « Lorsque le vaillant chef vint chevauchant, afin de me conquérir pour vous, il fit bien voir, le victorieux, qu'il voulait garder sa promesse envers le jeune roi sans le trahir. Le noble chef plaça entre nous deux son épée ornée d'or.» (*Brot af Brynhildarkvidhu.*) « Le même soir il célébra ses fiançailles avec Brunhilde, et, quand ils se mirent au lit, il tira l'épée Gram du fourreau et la posa entre eux deux. » (*Edda* de Snorro.) « Voilà que tu as pris les traits et la forme de Gunnar ; mais tu conserves ta parole et tes sentiments élevés. Et ainsi tu engages ta foi à la noble pupille de Heimir » (c'est-à-dire Brynhild. *Grepisspâ*). Ce dernier chant de l'*Edda* insiste beaucoup sur la fidélité, la chasteté de Sigurd. Détails analogues, dans quelques autres chants (*Helreidh Brynhildar*, etc.), dans la *Völsunga Saga*, etc., etc.

ACTE DEUXIEME (*)

LE RIVAGE DU RHIN

devant le manoir des Gibichungen : à droite, l'entrée ouverte du manoir; à gauche, la berge du Rhin, d'où s'élève, montant vers le fond à droite, et coupée par plusieurs sentiers, une éminence rocheuse en travers de la scène. Trois pierres de sacrifices s'y dressent symétriquement : la première, dédiée à FRICKA, en face d'une toute pareille consacrée à DONNER; au milieu, mais plus haut, celle de WOTAN, plus grande. C'est la nuit.

HAGEN, la lance au bras, le bouclier au flanc, est assis devant le manoir : il dort. La lune jette tout à coup une éclatante lumière sur lui, et sur son entourage le plus immédiat : on discerne ALBERICH accroupi devant HAGEN, les bras appuyés sur les genoux de son fils.

ALBERICH

Dors-tu, Hagen, mon fils? — Tu dors, et ne m'entends point, moi qu'ont trahi repos et sommeil?

(*) Nous croyons pouvoir passer ici sous silence la participation musicale. Les thèmes qui reparaissent durant tout ce deuxième acte sont logiquement ramenés par les situations, — situations si dramatiques, si nettes, qu'elles impliquent d'elles-mêmes, en quelque sorte, quelle musique doit, outre ces thèmes, les accompagner : telle, par exemple la scène de la Convocation des Vassaux, celle encore de la Conjuration de la Mort. — Les thèmes reparus encadrent pour ainsi dire, ces situations nouvelles. — Leur progression se constitue des éléments mêmes apportés par l'action — si nette. Nous renvoyons donc le lecteur à la nomenclature musicale du 3e acte.

HAGEN, à voix basse, sans bouger, si bien que, les yeux pourtant ouverts, il semble ne cesser point de dormir.

Je t'entends, Alfe malfaisant : qu'as-tu à dire à mon som meil ?

ALBERICH

Te rappeler quelle puissance doit être un jour la tienne, si ton courage est ce que me l'a fait ta mère.

HAGEN

Ma mère m'a donné du courage, mais je ne puis pas lui savoir gré d'avoir succombé à ta ruse : tôt-vieux, livide et blême (1), j'ai les Joyeux en haine, et jamais je ne me réjouis.

ALBERICH

Hagen, mon fils, aie les Joyeux en haine ! si tu m'aimes comme tu dois m'aimer, moi, privé de joie, lourd de douleur ! Tu es robuste, hardi et brave : ceux contre qui nous pour-

(1) « Ce héros (Hagene) était bien fait, cela est certain. Il était large d'épaules; *ses cheveux étaient mêlés d'une teinte grise* ; ses jambes étaient longues, son visage effrayant, sa démarche imposante. » (*Nibelunge-nôt*, XXVIII, 258.) Mais pourquoi ces cheveux « mêlés d'une teinte grise » ? Le *Nibelunge-nôt* l'ignore, comme du reste il ignore les causes de tant de circonstances singulières, enregistrées naïvement, imperturbablement. Wagner au contraire a démêlé, lui, et retrouvé, et restitué, les divers sens mythiques incarnés en Hagen. — Hagen (c'est l'un de ces sens) personnifie la Nuit : Wagner en a fait le fils d'Alberich-de-la-Nuit, *Nacht-Alberich, Schwarz-Alberich*. Or Alberich est un Nibelung, et les Nibelungen nous sont peints, dans *Siegfried*, par Siegfried lui-même, comme laids, comme disgracieux et *gris*, *griesig und grau*, c'est-à-dire comme traditionnels. Hagen n'est ni faible comme eux, ni lâche, ni disgracieux, ni laid, car sa mère fut une femme, Grimhilde. Mais il est *tôt-vieux*, il est *gris* : marques physiques de son origine. Il en est d'autres, toutes morales : sa ruse, son goût de la trahison, son ironie, sa méchanceté, que nous avons déjà vues ou verrons se développer.

suivons cette lutte, notre lutte de ténèbres, déjà notre haine les met en détresse. Celui qui jadis m'arracha l'Anneau, Wotan, le farouche ravisseur, a été battu par sa propre race : il a perdu par le Wälsung toute autorité, tout pouvoir ; comme la race tout entière des Dieux, il voit avec angoisse venir l'heure de sa fin. Ce n'est plus lui que je crains : comme eux tous, il tombera ! — Dors-tu, Hagen, mon fils ?

HAGEN, dans la même attitude.

La puissance des Éternels, qui en hériterait ?

ALBERICH

Moi — et toi : l'univers sera notre héritage (1), si je ne m'abuse en comptant sur ta foi, si tu partages ma rage, ma haine. — La Lance de Wotan, le Wälsung l'a brisée, après avoir tué dans un combat le Dragon Fafner, et s'être tout enfant conquis la toute-puissance, grâce à la possession de l'Anneau ; Walhall et Nibelheim sont en sa dépendance ; bien plus, ma Malédiction même n'atteint pas le Héros-sans-Peur, car il ignore le prix de l'Anneau, dont le pouvoir, enviable entre tous, est pour lui comme s'il n'était point ; c'est en riant qu'il brûle sa vie aux ardeurs de son âme aimante. Nous n'avons qu'un moyen de le perdre... Entends-tu, Hagen, mon fils ?

HAGEN

Le perdre ? j'y travaille, — lui-même déjà m'y aide.

ALBERICH

L'Anneau d'Or, s'emparer de l'Anneau, c'est l'important ! Pour l'Amour du Wälsung une femme vit, qui sait tout ; si

(1) « Ce n'est pas sans motif que Hagen le convoitait (le Trésor). Dans le Trésor se trouvait une petite verge d'or, la baguette du souhait. Celui qui l'aurait su, aurait pu être le maître de tous les hommes, dans l'univers entier. » (*Nibelunge-nôt*, XIX, 169.)

jamais elle lui suggérait de rendre la Bague aux Filles-du-Rhin — qui, dans les eaux profondes, jadis, m'avaient séduit ! — leur Or serait perdu pour moi, jamais nul artifice ne le leur reprendra it (1). Aussi, sans retard, vise à l'Anneau : mon but en t'engendrant fut de faire de toi, qui es sans-peur (2), mon champion contre le Héros. Trop faible évidemment (3) pour affronter le Dragon, — exploit permis au seul Wälsung, — c'est pour l'irréductible haine que j'ai du moins élevé Hagen : c'est lui qui doit maintenant me venger, lui qui doit conquérir l'Anneau, en dépit du Wälsung, pour la honte de Wotan ! Me le jures-tu, Hagen, mon fils ?

HAGEN

L'Anneau me revient, je l'aurai : attends en repos !

ALBERICH

Me le jures-tu, Hagen, mon héros ?

HAGEN

A moi-même, je le jure : fais taire tes soucis.

(Une ombre de plus en plus dense enveloppe HAGEN et ALBERICH : du côté du Rhin, le jour point.)

(1) « Le roi Atli invita Gunnar et Högni à se rendre auprès de lui, et ils acceptèrent son invitation. Mais avant de partir, ils descendirent le trésor, l'héritage de Fafnir, dans le Rhin, et, depuis lors, jamais plus on ne retrouva cet or. » (*Edda* de Snorro.)

(2) « Regin parla : « Voilà que le fils de Sigmund est venu en ma demeure, ce vaillant héros. Il a plus de courage que moi qui ne suis qu'un vieillard »... Après cela, Regin poussa Sigurd à tuer Fafnir. » (*Sigurdakvidha Fafnisbana önnur*.)

(3) Dans le *Nibelunge-nôt*, Hagene attend avec sang-froid le danger, tranquillement « assis, sans nulle peur ». (XXIX, 265.) Il est constamment qualifié : « Hagene la bonne épée », — « la très superbe épée », — « l'intrépide Hagene », — « le fort Hagene », etc.

ALBERICH, dont la voix, graduellement, s'éteint, à mesure que lui-même disparaît.

Sois fidèle, Hagen, mon fils! Héros en qui j'ai foi, sois fidèle! Sois fidèle! — fidèle!

(ALBERICH a disparu tout à fait. — HAGEN, qui n'a point quitté son attitude, contemple, toujours immobile et les yeux fixes, le Rhin. Le soleil se lève et se mire dans le Fleuve.)

SIEGFRIED survient soudain, tout à fait près de la berge, en arrière d'un buisson. Il a repris sa propre figure; seul, le Tarnhelm est encore sur sa tête : il le retire et le pend à son ceinturon.)

SIEGFRIED

Hoïho! Hagen! homme las, me vois-tu qui viens?

HAGEN, se soulevant commodément.

Heï! Siegfried! Prompt Héros! D'où donc?

SIEGFRIED

Du Roc de Brünnhilde; j'y ai respiré le souffle même, dont je viens de t'appeler: tant fut instantané le voyage! C'est plus lentement qu'arrive ici notre couple : il vogue à ma suite (1).

(1) De même, dans le *Nibelunge-nôt*, Siegfrid, devançant Gunther et Brunhilt, vient à Worms annoncer la victoire de Gunther et l'arrivée de la nouvelle reine. Mais les détails diffèrent assez : « Et le voilà qui chevauche le long du Rhin. » Vingt-quatre guerriers l'accompagnent, etc. Je signale, dans les notes ci-dessous, les correspondances les plus importantes.

HAGEN

Ainsi, tu as dompté Brünnhilde? (1)

SIEGFRIED

Gutrune veille-t-elle? (2)

HAGEN

Hoïho! Gutrune! sors! Siegfried est là: que tardes-tu? (3)

SIEGFRIED, se tournant vers la salle.

Qu'à tous deux je vous annonce comme j'ai lié Brünnhilde.

(GUTRUNE sort de la salle et vient à leur rencontre.) (4)

SIEGFRIED

Nomme-moi bienvenu, fille de Gibich! c'est un bon message que je t'apporte (5).

(1) Voyant Siegfrid revenir sans Gunther, tous s'inquiètent. Giselher demande : «.... Seigneur Siegfrid, faites-moi connaître où vous avez laissé mon frère le roi. La force de Brunhilt nous l'a enlevé, j'imagine. . » (*Nibelunge-nôt*, IX, 85.) Siegfrid le rassure.

(2) Giselher rassuré, Siegfrid demande à voir « les femmes », c'est-à-dire Kriemhilt (Gutrune) et sa mère. (*Nibelunge-nôt*, IX, 85.)

(3) Giselher va trouver sa mère et Kriemhilt (Gutrune) : « Il est arrivé, Siegfrid, le héros du Niederlant!... Il vous apporte des nouvelles du roi. Vous lui permettrez l'entrée de la cour, afin qu'il vous dise les nouvelles véritables de l'Islande. » (*Nibelunge-nôt*, IX, 85.)

(4) Kriemhilt (Gutrune) et sa mère « saisirent en hâte leurs vêtements, puis elles firent prier Siegfrid de se rendre à la cour. » (*Nibelunge-nôt*, IX, 86.)

(5) « L'intrépide chevalier parla : « Accordez-moi le don du messager. O belle femme, vous pleurez sans motif... — » (*Nibelunge-nôt*, IX, 87.)

GUTRUNE

Que Freya te salue, au nom de toutes les femmes! (1)

SIEGFRIED

Joyeux de moi, c'est ouvertement que tu peux dès à présent m'aimer : aujourd'hui je t'ai conquise pour femme.

GUTRUNE

Ainsi donc, Brünnhilde suit mon frère?

SIEGFRIED

Il l'a épousée sans difficulté.

GUTRUNE

Les flammes ne l'ont point consumé?

SIEGFRIED

Lui? ce n'est pas lui non plus qu'elles auraient pu blesser : mais moi, je les ai franchies pour lui, parce que je te désirais pour femme (2).

GUTRUNE

Mais toi, le feu t'a-t-il épargné?

SIEGFRIED

Moi, l'incendie flottant me réjouissait.

(1) « Jamais messager d'aucun chef ne fut mieux reçu. Si elle l'eût osé, elle l'eût baisé sans nul regret. » (*Nibelunge-nôt*, IX, 88.)

(2) « Siegfrid répondit : «... Je m'aventure si loin, non pour satisfaire tes désirs, mais pour Kriemhilt, la belle vierge. Elle est comme mon âme et mon propre corps, et j'accomplirai tout ceci afin qu'elle devienne ma femme. » (*Nibelunge-nôt*, strophes 396 et 399, VI, 65.) — Cf. les notes (2) et (3), p. 543.

GUTRUNE

Et Brünnhilde t'a pris pour Gunther ?

SIEGFRIED

Je lui ressemblais à un cheveu près, grâce à la vertu du Tarnhelm, que m'avait enseignée Hagen.

HAGEN

Bon avis que je te donnai là.

GUTRUNE

C'est ainsi que tu as eu raison de l'intrépide femme ?

SIEGFRIED

C'est elle qui a cédé — à la force de Gunther.

GUTRUNE

Et elle s'est mariée avec toi ?

SIEGFRIED

C'est, durant une pleine nuit nuptiale, à son époux qu'a obéi Brünnhilde.

GUTRUNE

Mais son époux, cependant, pour elle n'était-ce pas toi ? (1)

SIEGFRIED

C'est près de Gutrune qu'était Siegfried (2).

(1) « Gunnar, ce héros magnanime, obtiendra-t-il une chaste épouse, dis-le-moi, Gripir, après que la noble fiancée du guerrier aura couché trois nuits à mes côtés ? Cela serait inouï. » (*Grepisspâ*.)

(2) « GRIPIR : « Tu te souviens de ton serment, mais tu dois te taire. Tu gardes à Gudrun l'affection d'un époux. » (*Grepisspâ*.)

GUTRUNE

Pourtant, Brünnhilde était près de lui?

SIEGFRIED, montrant son Glaive.

Entre l'Est et l'Ouest, le Nord: voilà comme elle était près de lui (1).

GUTRUNE

Et comment Gunther la reçut-il de toi?

SIEGFRIED

Du Roc, en le brouillard matinal, au travers des flammes défaillantes du Feu, elle me suivit vers la vallée; près du rivage, vite Gunther prit ma place (2): grâce à la vertu du Tarnhelm, instantanément je fus ici. Un fort vent pousse maintenant les chers, qui remontent le Rhin: c'est pourquoi, préparez-vous de suite à les recevoir! (3)

(1) « Tu reposeras près de la vierge, chef des armées, comme auprès de ta mère. » (*Grepisspâ.*) « Le chef des Hiunen ne baise point la reine, et ne la prend point dans ses bras. Il donne la jeune fille à l'héritier de Giuki. » (*Sigurdakvidha Fafnisbana Thridja.*) « Il fit bien voir, le victorieux, qu'il voulait garder sa promesse envers le jeune roi sans le trahir. » (*Brot af Brynhildarkvidhu.*)

(2) « Après cela, Sigurd remonta sur son cheval et chevaucha vers ses compagnons. Gunnar et lui reprirent la forme l'un de l'autre, et Gunnar se rendit avec Brunhilde chez le roi Giuki. » (*Edda* de Snorro.) « Vous changerez de nouveau entre vous de visage et de forme, mais chacun gardera son cœur. » (*Grepisspâ.*)

(3) « Ils seront bientôt arrivés... Je vous dirai plus encore, ajouta l'homme hardi, touchant ce dont le roi vous prie lorsqu'il arrivera au bord du Rhin. Si vous faites cela, ô dame, il vous en sera toujours obligé. Je l'ai entendu exprimer le désir que vous receviez bien ses hôtes puissants et que vous lui accordiez d'aller à leur rencontre devant Worms, sur le sable. Voilà ce que le roi Gunther vous fait savoir avec ferme confiance. » (*Nibelunge-nôt*, IX, 88.)

GUTRUNE

Siegfried, le plus puissant des hommes : j'ai peur de toi!

HAGEN, de l'éminence du fond, observant le Fleuve.

Au lointain, j'aperçois une voile.

SIEGFRIED

Rendez donc grâces au messager !

GUTRUNE

Préparons à Brünnhilde un agréable accueil (1), pour qu'elle trouve à demeurer ici plaisir et joie ! Toi, Hagen! cordialement convoque les Hommes de Gibich, pour les noces ! A la fête je convierai, moi, d'aimables femmes: elles auront plaisir à suivre ma joie (2). (Marchant vers la salle, à SIEGFRIED.) Te reposeras-tu, méchant Héros ?

SIEGFRIED

C'est à t'aider que je me reposerai. (Il la suit. Tous deux entrent dans la salle.)

---

(1) Message confié par Gunther à Siegfrid, dans le *Nibelunge-nôt* : « Dites à ma sœur que, quand elle aura appris que j'ai abordé avec mes hôtes, elle reçoive gracieusement ma bien-aimée. J'en serai toujours reconnaissant à Kriemhilt » (Gutrune) IX, 85. « Avec mille gracieuses honnêtetés, dame Kriemhilt s'avança pour recevoir dame Brunhilt et sa suite. » (X, 92.)

(2) « Ortwin et Gère, les hommes du puissant roi, envoyèrent de tous côtés vers ses amis pour les prévenir que des fêtes allaient avoir lieu pour les noces. Maintes belles vierges se préparaient à y assister... La belle Kriemhilt parla : — « O vous, mes filles, qui voulez m'accompagner à la réception, cherchez dans vos coffres les plus beaux vêtements que vous puissiez trouver ; que ceci soit dit aussi pour les femmes. »... Toutes étaient bien joyeuses. » (*Nibelunge-nôt*, IX, 88-89.)

HAGEN, debout sur l'éminence, souffle de toutes ses forces, tourné vers le pays, dans une grande corne de taureau.

Hoïho ! Hoïho ! Hoïho ! Hommes de Gibich, debout ! Malheur ! Malheur ! Aux armes par le pays ! Aux armes ! Aux armes ! de bonnes armes ! de fortes armes, de tranchantes armes, pour les combats, Détresse ! Détresse est là ! Détresse ! Malheur ! Malheur ! Hoïho ! Hoïho ! Hoïho !

(Il souffle de nouveau. De divers côtés, des cornes guerrières lui répondent. Il se rue, des hauteurs et de la vallée, des HOMMES armés, en tumulte, précipitamment.)

LES HOMMES, d'abord un à la fois, ensuite par troupes de plus en plus nombreuses (1).

Pourquoi mugit la corne ? pourquoi convoque-t-elle l'ost ? Nous venons avec des armes, nous venons avec des armes ; avec de fortes armes, avec de tranchantes armes ! Hoïho ! Hoïho ! Hagen ! Hagen ! Quelle Détresse est là ? Quel ennemi approche ? Qui nous assaille ? Gunther est en péril ?

HAGEN, du haut de l'éminence.

Armez-vous bien ! Armez-vous vite ! C'est Gunther que vous devez recevoir : il a pris femme.

LES HOMMES

Il est en péril ? L'ennemi le serre de près ?

HAGEN

C'est une femme formidable (2) qu'il conduit ici.

(1) « Et voilà que partout chevauchaient par la contrée les parents des trois rois, qu'on avait avertis afin qu'ils allassent attendre ceux qui devaient venir. » (*Nibelunge-nôt*, IX, 88.)

(2) *Ein freisliches Weib.* — C'est le terme dont Gunther, dans le *Nibelunge-nôt*, se sert pour désigner Brunhilt (Xe aventure, strophe 79 ; cf. p. 101, trad. citée).

LES HOMMES

Les hommes des parents le poursuivent en ennemis ?

HAGEN

Elle et lui viennent seuls : nul ne les poursuit.

LES HOMMES

Il a donc fait tête au péril ? Il a combattu ? Il est victorieux ?

HAGEN

C'est le Tueur-du-Dragon qui l'a comblé de bonheur : c'est Siegfried, le Héros, qui a vaincu le péril.

LES HOMMES

A quoi l'ost alors peut-il lui servir ?

HAGEN

A quoi ? Immolez de vigoureux taureaux : qu'en l'honneur de Wotan leur sang coule sur la pierre.

LES HOMMES

Quoi ensuite, Hagen, quoi nous ordonnes-tu ?

HAGEN

Tuez un sanglier pour Froh ; pour Donner, un robuste bouc (1) ; en l'honneur de Fricka sacrifiez des brebis, afin qu'elle accorde un heureux hymen !

LES HOMMES, dont la gaieté de plus en plus vive éclate.

Les bêtes abattues, que faisons-nous ensuite ?

(1) Les boucs de Thor (Donner) son chantés par l'*Edda* de Sœmund en un grand nombre de passages ; le *Poème de Hymer* l'appelle « le Prince des Boucs » ; son char a pour attelage deux boucs, etc. Il en est de même encore dans l'*Edda* de Snorro.

HAGEN

Des mains d'aimables femmes, prenez la corne-à-boire, délicieusement pleine d'hydromel et de vin.

LES HOMMES

La corne en main, qu'en faisons-nous ensuite ?

HAGEN

Buvez énergiquement, jusqu'à ce que vienne l'ivresse : et toujours en l'honneur des Dieux, afin qu'ils accordent un heureux hymen !

LES HOMMES, *en éclatant d'un rire retentissant.*

Grand bonheur et grande joie vont donc rire sur le Rhin, puisque peut être aussi jovial le farouche (1) Hagen lui-même ! L'Epine-de-la-Haie (2) ne pique maintenant plus : Hagen est le héraut des noces.

(1) Le « farouche », le « maussade » ou « irrité » Hagen. C'est la conception même du *Nibelunge-nôt*, qui nomme et qui montre Hagen comme « altier », comme « outrecuidant », « insolent », « féroce », terrible », « effrayant »... Il « paraît être très farouche, et pourtant son corps est beau... Ses regards sont rapides, il les jette sans cesse autour de lui. Son caractère est, je crois, plein de violence. » (VII, 67.) « Quelque gracieusement qu'il se comporte, c'est un homme terrible. » (XXVIII, 261.) « Ruedigér dit à sa fille d'embrasser le guerrier. Elle le regarda et le trouva si effrayant, qu'elle eût désiré s'en abstenir. » (XXVII, 248.) Quand Hagen arrive à la cour d'Etzel, les Hiunen le regardent « avec stupéfaction, comme on considère des bêtes fauves ». (XXIX, 262.)

(2) « L'Epine-de-la-Haie, » *Hage*-Dorn. Le Hagan du *Waltharius manu fortis*, poème en vers latins de la première moitié du Xe siècle, est ainsi appelé *spinosus* (au v. 1421) et c'est la traduction de son nom, sans qu'il soit plus qu'ici besoin d'un jeu de mots. — L'épine, dans tous les mythes, est significative : de la Nuit, du Sommeil, de l'Hiver, et de la Mort. J'y reviendrai au sujet du meurtre de Siegfried : p. 588, note (4).

HAGEN, qui, durant toute la scène, est resté très grave.

Maintenant laissez le rire, courageux vassaux ! Accueillez l'épouse de Gunther : voici venir avec lui Brünnhilde (1). (Il est descendu au milieu des Hommes.) Soyez fidèles à la suzeraine, prêtez-lui loyalement appui : qu'un outrage l'ait frappée, vengez-la sur-le-champ ! (2)

GUNTHER et BRÜNNHILDE

sont arrivés dans la nacelle. Quelques-uns des HOMMES sautent dans le Fleuve et tirent à bord l'embarcation. Pendant que GUNTHER conduit BRÜNNHILDE sur le rivage, les HOMMES frappent sur leurs armes, en poussant des cris de joie (3).

LES HOMMES

Salut ! Salut ! Bienvenue ! Bienvenue ! Salut à toi, Gunther ! Gloire à ta fiancée !

(1) « De l'autre côté du Rhin on voyait le roi, suivi de plusieurs chevauchées, s'approcher du rivage. Ceux qui les devaient recevoir étaient tous prêts. » (*Nibelunge-nôt*, X, 90.)

(2) On ne peut s'empêcher de se rappeler ici tel célèbre épisode du *Nibelunge-nôt* : Kriemhilt pleure Siegfrid depuis treize années, lorsque le roi Etzel envoie demander sa main par le très loyal Ruedigêr, dont toutes les instances demeurent vaines jusqu'à ce qu'il ait dit à la veuve : « Cessez de gémir. Quand, chez les Hiunen, vous n'auriez que moi, mes parents dévoués et mes fidèles, si quelqu'un vous avait offensée, il aurait à le payer chèrement. » ...Alors Ruedigêr et tous ses hommes lui jurèrent de la servir toujours fidèlement et lui promirent que les magnanimes guerriers du pays d'Etzel ne lui refuseraient jamais rien de ce que pourrait réclamer son honneur. » (XX, 189.)

(3) « Le roi et ses illustres hôtes avaient traversé le fleuve... On entendait le bruit de maints boucliers violemment entrechoqués. Leurs pointes, richement ornées, résonnaient au loin sous les coups... Gunther descendit du vaisseau avec ses hôtes. Il conduisait lui-même Brunhilt par la main. » (*Nibelunge-nôt*, X, 91.) — « De tous côtés on entendait retentir de terribles cris d'allégresse. » (*Id.*, 94.)

GUNTHER, offrant la main à BRÜNNHILDE, qui débarque.

Celle que je vous ramène pour régner sur le Rhin, c'est la plus admirable des femmes (1), c'est Brünnhilde : plus noble épouse ne fut jamais conquise ! Qu'à la plus éclatante des gloires s'élève, ainsi bénie des Dieux, la lignée des Gibichungen !

LES HOMMES, en frappant sur leurs armes.

Gloire ! Gloire à toi, Gunther ! Heureux fils de Gibich !

(Blême, les regards baissés vers le sol, BRÜNNHILDE se laisse conduire par GUNTHER vers la salle, d'où SIEGFRIED et GUTRUNE sortent avec les femmes.) (2)

GUNTHER, s'arrêtant, avec BRÜNNHILDE, devant la salle.

Salut à toi, Héros bien-aimé ! Salut, gracieuse sœur ! (3) C'est avec bonheur que je te vois joyeuse auprès de celui qui t'a conquise (4) ; avec bonheur que je vois ici briller glorieusement deux couples bénis : Brünnhilde — et Gunther ; Gutrune — et Siegfried ! (5)

(1) *Voir* la note (2) de la page 527.

(2) « Le margrave Gère conduisit par la bride le cheval de Kriemhilt, mais seulement jusqu'aux portes du Burg. Au delà Siegfrid, l'homme brave, la servit tendrement... Un grand nombre de chevaliers et de vierges les suivaient. Jamais, il faut l'avouer, on n'avait vu à pareille réception tant de femmes réunies. » (*Nibelunge-nôt*, X, 91.)

(3) « Le roi Gunther parla : « O ma très noble sœur... » (*Nibelunge-nôt*, VI, 59.) « Nous voulons, sœur chérie... » (*Id.*, 60.)

(4) « Le roi Gunther parla : O ma très charmante sœur, que par ta vertu mon serment s'accomplisse. Je t'ai promise à un héros. S'il devient ton époux, tu auras rempli mes vœux avec une grande fidélité. » (*Nibelunge-nôt*, X, 95.)

(5) « Le même jour on boira aux noces de Sigurd et de Gunnar dans les salles de Giuki. » (*Grepisspâ*.) « En face de l'hôte on voyait assis Siegfrid et Kriemhilt. Maint vaillant le servait... De l'autre côté étaient assis le roi et Brunhilt la vierge. » (*Nibelunge-nôt*, X, 96.)

(BRÜNNHILDE, frappée d'horreur, ouvre les yeux, et voit SIEGFRIED : elle lâche la main de GUNTHER, fait, violemment émue, un pas vers SIEGFRIED, recule avec effroi, et fixe sur lui un regard dur (1). — Tous sont stupéfaits.)

HOMMES et FEMMES

Qu'a-t-elle donc ?

SIEGFRIED fait tranquillement quelques pas vers BRÜNNHILDE.

Quelle cause peut attrister les regards de Brünnhilde ? (2)

BRÜNNHILDE, à peine maîtresse de soi.

Siegfried... ici !... Gutrune ?...

SIEGFRIED

C'est la sœur de Gunther; sa tendre sœur : elle est ma femme, comme toi celle de Gunther.

BRÜNNHILDE

De Gunther ?... moi !... tu mens ! — Ma vue s'éteint... (Elle chancelle : SIEGFRIED la soutient, comme étant le plus rapproché d'elle.)

(1) « Quand elle vit Kriemhilt à côté de Siegfrid (jamais elle n'eut tant de peine), elle se prit à pleurer. Le long de ses blanches joues, on voyait tomber des larmes. » (*Nibelunge-nôt*, X, 96.)

(2) Dans le *Nibelunge-nôt*, Gunther dit à Brunhilt : « Qu'y a-t-il, ma femme, que vous laissiez obscurcir ainsi le brillant éclat de vos yeux ? Il faut vous réjouir plutôt... » — « Ah ! plutôt je veux pleurer, répondit la belle vierge : c'est pour votre sœur que j'ai ainsi le cœur navré. Je la vois assise à côté de votre homme-lige, et il me faut pleurer de la voir à ce point abaissée. » — « Je le regretterai sans cesse, reprit-elle... Si je savais où aller, je fuirais volontiers, et plus jamais je ne serais assise à vos côtés jusqu'à ce que vous m'ayez dit pourquoi Siegfrid est devenu l'époux de Kriemhilt. » (X, 96-97.) « Quoi que Gunther pût lui dire, elle conserva sa sombre humeur. » (*Id.*, 97.)

BRÜNNHILDE, sur le bras de SIEGFRIED, presque défaillante, à voix basse.

Siegfried... ne me connaît point ?...

SIEGFRIED

Gunther, ta femme est mal ! (GUNTHER se rapproche.) Réveille-toi, femme ! voici ton époux.

(Tandis que SIEGFRIED désigne du doigt GUNTHER, BRÜNNHILDE, à ce doigt, reconnaît l'Anneau.)

BRÜNNHILDE, se redressant avec une violence terrible.

Ha ! — l'Anneau... à sa main ! Lui... Siegfried ?

HOMMES et FEMMES

Quoi donc?

HAGEN, venant du fond se mêler au groupe des HOMMES.

Vous autres, écoutez bien la plainte de votre Dame ! (1)

BRÜNNHILDE, cherchant à se ressaisir, et à dominer son épouvantable émotion.

Cet Anneau, que je vois à ta main, n'est pas à toi : — c'est celui que m'a pris (elle montre GUNTHER) — cet homme-ci ! Comment donc as-tu pu, de lui, tenir cet Anneau ?

SIEGFRIED, regardant, à son doigt, l'Anneau, attentivement.

Cet Anneau, je ne le tiens pas de lui.

BRÜNNHILDE, à GUNTHER

Si c'est toi qui m'as pris l'Anneau qui me fit ta femme, proclame ton droit, réclame ce gage !

(1) *Voir* la note (2) de la page 570.

GUNTHER, en un grand embarras.

L'Anneau? — mais je ne lui ai donné aucun Anneau : — au surplus, le reconnais-tu bien ?

BRÜNNHILDE

Où aurais-tu caché l'Anneau que tu m'arrachas?

(GUNTHER se tait, au comble de la confusion.)

BRÜNNHILDE, avec un bond de fureur.

Ha ! — c'est donc celui-ci qui m'a ravi l'Anneau (1) : le voleur, le fourbe, c'est Siegfried !

SIEGFRIED, qui contemplait l'Anneau, perdu dans une rêverie lointaine.

Cet Anneau ne me vient point d'une femme ; et ce n'est pas sur une femme, non plus, que je l'ai conquis; je le reconnais exactement : c'est le prix de la lutte que devant Neidhöhle, jadis, j'ai soutenue contre le Dragon tué par moi.

HAGEN, s'interposant.

Brünnhilde, intrépide femme ! cet Anneau, le reconnais-tu bien ? si c'est lui qu'à Gunther tu as donné, il est à lui, — Siegfried l'aurait acquis par fraude, et devrait compte de sa trahison !

BRÜNNHILDE, laissant échapper un formidable cri de douleur.

Fourberie ! Fourberie ! Fourberie ! la plus infâme ! Trahison ! Trahison ! inexpiable ! et sans exemple !

GUTRUNE

Fourberie ?

(1) « Elle reprit : ce noble anneau d'or m'a été volé. Il y a longtemps qu'on me l'a dérobé méchamment. J'apprends à la fin qui me l'a enlevé. » (*Nibelunge-nôt*, XIV, 129.)

HOMMES et FEMMES

Trahison ? Envers qui ?

BRÜNNHILDE

Augustes Dieux ! Célestes Maîtres ! Voilà donc ce que dans vos conseils, vous chuchotiez ? Vous me réserviez de souffrir comme aucun n'a souffert ? Vous inventiez pour moi des souillures sans exemple ? Inspirez-moi donc la fureur d'une vengeance sans exemple aussi ! Embrasez-moi d'une rage sans exemple ! indomptable ! Faites que Brünnhilde se brise le cœur, pour qu'elle écrase qui l'a trahie !

GUNTHER

Brünnhilde ! femme ! maîtrise-toi !

BRÜNNHILDE

Loin de moi, traître ! toi-même trahi ! — Car, tous, sachez-le : mon époux n'est point Gunther, — c'est cet homme-là !

HOMMES et FEMMES

Siegfried ? l'époux de Gutrune ?

BRÜNNHILDE

Il m'a possédée corps et âme.

SIEGFRIED

C'est le cas que tu fais de ton propre honneur ? (1) Et ta langue, qui le diffame, dois-je l'accuser de mensonge ? — Jugez, si j'ai rompu ma foi ! Le sang, le serment, m'ont fait frère-d'armes de Gunther : Nothung, mon digne Glaive, a garanti ma foi ; de cette funeste femme sa lame m'a séparé.

(1) « Kriemhilt parla à son tour : Je ne veux point passer pour voleuse. Si ton honneur t'est cher, tu aurais mieux fait de garder le silence. » (*Nibelunge-nôt*, XIV, 129.)

BRÜNNHILDE

Héros rusé, vois comme tu mens ! comme tu prends à témoin ton Glaive, mal à propos ! Car, si j'en connais bien la lame, n'en connais-je point aussi le fourreau, où, d'un si doux sommeil, dormait, pendu au mur, Nothung, l'ami fidèle, tandis que son maître faisait, de la fiancée, son épouse ?

LES HOMMES, s'agitant indignés.

Comment ? A-t-il rompu sa foi ? Lui! souiller l'honneur de Gunther ?

GUNTHER

Je serai déshonoré, publiquement flétri (1), si tu n'as rien à lui répondre ! (2)

GUTRUNE

Siegfried, serais-tu coupable ? as-tu violé ta foi ? Prouve, que c'est faussement, qu'elle t'accuse !

LES HOMMES

Justifie-toi, si tu es innocent : fais taire la plainte, prête le serment ! (3)

(1) *Voir* la note (3) de la page 582.

(2) « Le roi Gunther parla : « Qu'on appelle Siegfrid. Qu'il nous fasse savoir s'il s'en est vanté ; ou bien que le héros du Niderlant démente le fait. » L'intrépide Siegfrid fut appelé en hâte... Le roi Gunther prit la parole : « Je suis vivement affligé. Ma femme Brunhilt vient de m'apprendre que tu t'es vanté d'avoir été son premier amant. Ainsi du moins le soutient Kriemhilt, ta femme. Guerrier, as-tu fait cela ? » (*Nibelunge-nôt*, XIV, 131.)

(3) « Non, je ne l'ai point fait, répondit Siegfrid... Je veux te prouver par mon serment suprême, devant tous les hommes, que jamais je n'ai rien avancé de pareil. » — Le roi du Rhin reprit : « Fais-nous le connaître de cette façon. Si tu prêtes ici le serment que tu m'offres, je te décharge du soupçon de toute fausseté. » (*Nibelunge-nôt*, XIV, 131.)

SIEGFRIED

Pour faire taire la plainte, si je prête le serment, sur quelle arme ? qui m'offre la sienne ?

HAGEN

Moi ! j'offre la pointe de ma lance : qu'elle reçoive, garantisse et garde ton serment !

(Les HOMMES forment cercle autour de SIEGFRIED, (1) auquel HAGEN présente la pointe de sa lance ; SIEGFRIED y pose deux doigts de sa droite.)

SIEGFRIED

Claire lance ! arme sacrée ! conserve à jamais mon serment ! — Sur la pointe de la lance je prononce le serment : pointe, recueille ma parole ! — Où ton fer peut m'atteindre, frappe-moi ; où la mort peut m'atteindre, frappe-moi : si cette femme a dit vrai, si j'ai trahi mon frère !

BRÜNNHILDE, furieuse, entre dans le cercle ; écarte, de la lance, la main de SIEGFRIED ; et, saisissant elle-même la pointe de l'arme :

Claire lance ! arme sacrée ! conserve à jamais mon serment ! — Sur la pointe de la lance je prononce le serment : pointe, recueille ma parole ! — Je consacre ta hampe pesante, pour qu'elle l'abatte ; je consacre ton fer tranchant, pour qu'il le perce : car, puisqu'il a rompu tous ses serments, c'est un parjure que vient de jurer cet homme !

LES HOMMES, au comble de l'agitation.

A l'aide, Donner ! Déchaîne l'orage ! couvre la fureur de leurs voix !

(1) « On vit alors les Burgondes se former en cercle. Siegfrid, le très hardi, leva la main pour le serment. » (*Nibelunge-nôt*, XIV, 131.)

SIEGFRIED

Gunther, rends-toi maître d'une femme qui, sans pudeur, t'invente du déshonneur ! (1) — Qu'on lui accorde temps et repos, à la sauvage Femme-du-Rocher, pour qu'excitée contre nous tous par la malice funeste de quelque sorcier, son effrontée fureur s'apaise ! — Quant à vous, Hommes, détournez-vous ! Des criailleries de femmes ! laissez-les ! Nous pouvons bien fuir, comme des lâches, un combat dont la langue est l'arme. (S'avançant jusqu'auprès de GUNTHER.) Crois-moi, j'en suis plus fâché que toi, (2) de lui avoir mal donné le change : c'est le Tarnhelm, je le croirais assez, qui ne m'aura déguisé qu'à demi. Mais rancune de femmes se calme bientôt (3) : de ce que c'est pour toi que je l'aurai conquise, sans doute celle-ci plus tard me saura-t-elle bon gré. (Il se retourne de nouveau du côté des HOMMES.) Allons ! vous autres Hommes ! au festin ! suivez-moi ! Assistez joyeusement aux noces, vous autres femmes ! — Du bonheur, du plaisir, des rires, des éclats de rire : à travers les domaines en fleurs, c'est épanoui entre tous que vous m'allez voir aujourd'hui ! Rivalise, de joyeuse humeur, avec moi-même, quiconque est assez fortuné pour trouver dans l'Amour la joie ! (En une débordante allégresse, il enlace de son bras GUTRUNE, et l'entraîne ainsi vers la salle. Les HOMMES et FEMMES le suivent alors.)

---

(1) « On devrait bien apprendre aux femmes à laisser là toutes ces paroles insolentes, ajouta Siegfrid, la bonne épée. Interdis-les à ta femme, j'en ferai autant à la mienne. » (*Nibelunge-nôt*, XIV, 131.)

(2) Paroles de Siegfrid à Gunther : « Certes cela m'afflige au delà de toute mesure... Une pareille outrecuidance me remplit vraiment de confusion. » (*Nibelunge-nôt*, XIV, 131.)

(3) « Un rien excite la colère des femmes » (*Nibelunge-nôt*, XIV, 132), dit Giselher à ceux qui veulent tuer Siegfrid.

BRÜNNHILDE, GUNTHER et HAGEN

demeurent. GUNTHER, profondément confus, en une terrible irritation, s'est assis à l'écart (1); il se cache le visage.

BRÜNNHILDE, debout à l'avant-scène, et regardant fixement devant soi.

De quel sorcier (2) la ruse est-elle au fond de ceci ? A quel pouvoir magique en rapporter les causes ? Contre ce mystère, où est ma science ? Où mes Runes, contre cette énigme ? — Hélas ! douleur ! douleur ! Malheur, hélas ! malheur ! Ma science, toute je la lui livrai : en sa puissance il me tient asservie ; en ses filets il tient la proie qui pleure sa propre ignominie, tandis qu'enrichi d'elle il se rit d'en faire don ! — Qui m'offrira son glaive, maintenant, pour que j'en puisse trancher mes liens ? (3)

HAGEN, venant tout auprès d'elle.

Fie-toi toute à moi, femme trahie ! Du traître, c'est moi qui te vengerai. (4)

BRÜNNHILDE

Sur qui ?

HAGEN

Sur Siegfried, sur le traître.

(1) « Quoique chacun fût joyeux, le chef du pays restait d'humeur sombre, et leur gaîté lui faisait mal. » (*Nibelunge-nôt*, X, 99.)

(2) « Le soir tombe, et seule elle est assise dehors, et elle se prend à parler tout haut : « Je veux mourir ou presser dans mes bras Sigurd, le beau jeune homme. Mais non, je me repens de cette parole imprudente ; Gudrun est sa femme, et je suis celle de Gunnar. Des Nornes hostiles nous causent de longs tourments. » (*Sigurdakvidha Fafnisbana Thridja.*)

(3) « Seulement Brynhild pense qu'elle est mal mariée, et cette femme habile songe à se venger par ruse. » (*Grepisspâ.*)

(4) « Brunhilt était si profondément affligée que les fidèles de Gunther en eurent pitié. Voici venir vers sa suzeraine Hagene de Troneje. Il lui demanda comment elle était, car il la trouva pleurant. Elle lui raconta tout : aussitôt il promit que l'époux de Kriemhilt en porterait la peine, ou que lui, Hagene, ne se livrerait plus jamais à la joie. » (*Nibelunge-nôt*, XIV, 131.)

BRÜNNHILDE

Sur Siegfried?... toi ? (Elle rit amèrement.) Un seul regard de ses yeux fulgurants, — qui, même sous sa figure d'emprunt, m'illuminaient de leurs éclairs, — paralyserait toute ta bravoure !

HAGEN

Mais à ma lance l'a voué son parjure ?

BRÜNNHILDE

Serment, et parjure, — des mots vides ! Cherche un plus fort que toi pour en armer ta lance, si tu veux t'attaquer au Plus Fort des Héros ! (1)

HAGEN

Siegfried ! je n'ignore point sa force irrésistible ; en combat régulier, l'abattre est difficile ; suggère-moi donc comment triompher du Héros ? (2)

BRÜNNHILDE

O ingratitude ; infâme récompense ! Il n'est point d'art, à moi connu, que, pour mieux préserver son corps, je n'aie mis

(1) « Le roi dit : « Renoncez à cette fureur sanguinaire... Elle est terrible la colère de cet homme merveilleusement brave. S'il apprenait vos desseins, nul ne pourrait lui résister. » (*Nibelunge-nôt*, XIV, 132-133.)

(2) On sait que, dans le *Nibelunge-nôt*, Hagene, qui s'est chargé de préparer le meurtre de Siegfrid, surprend le secret non pas de Brunhilt, mais de Kriemhilt (Gutrune) : celle-ci, trop confiante, lui révèle en quelle partie du corps Siegfried est vulnérable. « Vous figurez-vous, ô dame, dit Hagene, qu'on puisse le blesser ? faites-le moi connaître. Par quel stratagème devrais-je m'y opposer ? Pour le garder constamment, j'irai et chevaucherai à ses côtés. » (*Nibelunge-nôt*, XV, 136.)

en œuvre, afin d'assurer son salut ! (1) Mes charmes, à son insu, l'ont fait invulnérable. (2)

HAGEN

Ainsi, nulle arme ne lui peut nuire ?

BRÜNNHILDE

En un combat régulier, non : — mais, — par derrière, tu

(1) « J'en sais un onzième » (chant runique). « Si je conduis à la bataille des amis éprouvés depuis longtemps, je chante sous le bouclier, et la victoire les suit ; ils vont au combat, et en reviennent sains et saufs ; ils reviennent de même de partout. » (*Edda* de Sœmund, *Les Poèmes d'Odin*, III, *Le Discours Runique*, 19.)

(2) Cette invulnérabilité de Siegfried, attribuée ici à l'amour de Brünnhilde, et dont j'explique le sens en une note ultérieure, est inconnue aux sources scandinaves en général, spécialement aux *Eddas* de Sœmund, de Snorro, et à la *Völsunga Saga*. On la voit toutefois apparaître, vague, dans les *Chants des Iles Féroë* : « Ecoute, ma vaillante bien-aimée, tu me causes de grands soucis. Comment enlèverais-je la vie à Sjurd ? aucune épée ne peut le blesser. » Elle s'affirme en un chant danois, *Sivard et Brynild*, dans lequel j'ai déjà indiqué que Hagen, par une confusion, prend le nom et joue le rôle de Gunnar (Gunther) ; à Brynild qui l'excite au meurtre, il réplique donc : « Comment pourrais-tu tenir en tes mains la tête de Sivard ? D'épée qui puisse le blesser, il n'en existe point dans l'univers entier, sauf sa propre épée si bonne et dont je ne puis disposer. » (Cette épée, il l'obtient de Sivard, et s'en sert pour l'assassiner.) Enfin la transition des sources scandinaves aux sources proprement allemandes est marquée par la *Wilkina Saga* dont le récit, composé du reste en islandais, mais d'après des hommes de Brême ou de Munster, se rapproche de celui du *Nibelunge-nôt* en maints passages. Cette Saga, ainsi que le *Hœrner Siegfried* (ou *Lied vom hürnen Siegfried* — qui contient des détails légèrement différents), sait, de l'invulnérabilité du héros de l'épopée allemande, ce qu'en dit cette épopée par la bouche de Hagene : « La main du héros a tué le Dragon. Il se baigna dans son sang, et sa peau est devenue dure comme de la corne ; on l'a vu souvent, aucune arme ne l'entame. » (*Nibelunge-nôt*, III, 24.) Cette circonstance, remarque avec justesse M. de Laveleye, ne tend guère à relever la bravoure de Siegfrid ; mais c'était une façon matérielle et grossière d'en symboliser les effets.

le frapperais à coup sûr. (1) Sachant bien qu'à l'ennemi jamais il ne céderait ni ne présenterait le dos en fuyant, (2) je n'ai point béni de mes Runes les épaules de Siegfried.

HAGEN

Et c'est là que le frappera ma lance ! (Il se retourne promptement vers GUNTHER.) Debout, Gunther ! noble fils de Gibich ! Ta robuste femme est devant toi : pourquoi t'absorber dans ta peine ?

GUNTHER, se levant comme en sursaut, avec désespoir.

O déshonneur ! ô honte ! Malheur à moi, le plus infortuné des hommes ! (3)

HAGEN

Ton déshonneur, — est-ce que je le nie ?

BRÜNNHILDE

O lâche ! ô lâche ! faux compagnon ! tu te cachais derrière le Héros, pour que, le prix de sa propre gloire, il le ravit à ton profit ! Une généreuse race tombe bien bas, lorsqu'elle engendre de tels lâches ! (4)

(1) « Où l'on peut blesser mon époux bien-aimé, je te le dirai, me confiant en ton affection. Tandis que le sang jaillissait tout chaud des blessures du dragon et qu'il s'y baignait,... une très large feuille de tilleul vint à tomber entre ses épaules. Là il peut être blessé... » (*Nibelunge-nôt*, XV, 137. Confidence de Kriemhilt à Hagene.)

(2) Donc l'invulnérabilité, non seulement devient un don de l'amour, mais, ainsi que dans les anciennes sources, reste (idéalisé cette fois, non plus matériel et grossier) le symbole des effets du courage de Siegfried — Cf. p. 581, note (2).

(3) « Gunther répondit à son hôte : Avec cette femme j'ai introduit dans ma demeure la honte et le malheur. » (*Nibelunge-nôt*, X, 100.)

(4) « Pleine de colère, elle excite les princes au meurtre : « Désormais, Gunnar, tu dois renoncer à moi et à mes terres. Près de toi, ô roi, j'ai cessé d'être heureuse... » (*Sigurdarkvidha Fâfnisbana Thridja.*)

GUNTHER, hors de soi.

Un fourbe, — moi, qu'on trompe ! Un traître, — moi, qu'on trahit ! — Ecrasez-moi la moëlle ! Broyez-moi la poitrine ! Toi, Hagen, soutiens mon honneur, au nom de ta mère, — de notre mère !

HAGEN

Ton honneur, soutenir ton honneur ? Rien n'y fera, (1) ni cerveau, ni main : rien — sinon la mort de Siegfried !

GUNTHER

Siegfried ! sa mort ! (2)

HAGEN

Elle seule payera ton déshonneur. (3)

GUNTHER, frappé d'horreur, l'œil fixe.

Le sang, le serment, nous ont faits frères-d'armes ! (4)

(1) « Ils (Gunnar et Högni) ne pouvaient se reposer... avant qu'ils eussent tué Sigurd. » (*Gudrunarkvidha önnur.*)

(2) « Le roi lui-même parla : Il ne nous a rien fait, si ce n'est pour notre bien et notre gloire. Il faut lui laisser la vie. Que vous en semblerait-il si je haïssais ce guerrier ? Il nous fut toujours fidèle et tout dévoué. » (*Nibelunge-nôt*, XIV, 132.)

(3) « Est-ce que nous élèverons des bâtards, répliqua Hagene ; d'aussi braves guerriers en tireront peu d'honneur. Puisqu'il s'est vanté aux dépens de sa suzeraine, il le paiera de sa vie, ou je veux mourir. » (*Nibelunge-nôt*, XIV, 132.)

(4) « Écoute, ma vaillante bien-aimée, je ne puis croire que tu veuilles rendre le jeune Sjurd victime d'une trahison. » Puis Gunnar ajouta : « Il ne peut en être ainsi. Sjurd est mon frère par serment, je ne puis rien lui faire. » (*Chants des Iles Feroë.*) Dans l'*Edda* de Sœmund, au contraire, c'est Gunnar qui tient à tuer Sigurd, et c'est Högni (Hagen) qui l'en dissuade : « Mais Högni lui répondit : « Nous ne pouvons commettre ce crime de violer avec le fer nos serments, nos serments solennels et la foi jurée. » (*Sigurdakvidha Fafnisbana Thridja.*) Et ailleurs : « Pourquoi te prépares-tu au meurtre et à la vengeance, ô Gunnar, fils de Giuki ? Qu'a donc commis de si grave Sigurd, » etc. (*Brot af Brynhildarkvidhu.*)

HAGEN

Son sang doit donc payer la rupture de l'alliance !

GUNTHER

L'alliance ! l'a-t-il rompue ?

HAGEN

Mais puisqu'il t'a trahi. (1)

GUNTHER

M'a-t-il trahi ? (2)

BRÜNNHILDE

Il t'a trahi ; (3) et moi, vous m'avez tous, trahie ! (4) Si j'étais équitable, tout le sang, du monde entier, ne m'expierait point votre crime ! Mais sa mort, à lui seul, payera pour tous les autres : que la mort de Siegfried paye — pour vous et pour lui !

(1) « Le roi allait complotant avec ses amis ; Hagene de Troncje ne le laissait jamais en repos. Les fidèles du roi auraient voulu tout oublier, mais Hagene ne prétendait pas abandonner son projet. » (*Nibelunge-nôt*, XV, 134).

(2) Dans le *Nibelunge-nôt*, après le serment de Siegfrid, Gunther, « l'opulent roi reprit la parole : « Ta parfaite innocence m'est complètement démontrée. » (XIV, 131.)

(3) A Sigurd : « GRIPIR : Elle dira à Gunnar que tu n'as pas été fidèle à ta promesse, tandis que ce chef, l'héritier de Giuki, avait placé en toi toute sa confiance. » (*Grepisspâ.*) A Gunnar : « HÖGNI : C'est Brynhild, au cœur dur, qui te pousse à commettre ce crime. Elle est jalouse du mariage qu'a fait Gudrun. et elle n'est pas heureuse d'être ton épouse. » (*Brot af Brynhildarkvidhu.*)

(4) « Je réfléchis maintenant à tout ce que vous m'avez fait, quand vous m'avez trompée par vos ruses. Depuis lors, j'ai vécu sans joie et sans bonheur. » (*Sigurdarkvidha Fâfnisbana Thridja.*)

HAGEN, parlant de près à GUNTHER.

Qu'il meure — pour ta propre fortune ! Inouïe deviendra ta puissance, (1) si tu gagnes sur lui l'Anneau, que la mort seule lui peut arracher.

GUNTHER

L'Anneau de Brünnhilde ?

HAGEN

L'Anneau du Nibelung.

GUNTHER, soupirant douloureusement.

Ainsi, ce serait la fin de Siegfried ! (2)

HAGEN

Sa mort nous est utile à tous. (3)

GUNTHER

Mais Gutrune, hélas ! à qui je l'accordai : si nous punissions ainsi son époux, comment vivre avec elle ensuite ? (4)

(1) « Mais personne n'y songea plus, si ce n'est Hagene qui répétait à chaque instant à Gunther que, si Siegfrid cessait de vivre, maint territoire de roi lui serait soumis. Le prince en devint sombre. » (*Nibelunge-nôt*, XIV, 132.) Dans le *Sigurdakvidha Fâfnisbana Thridja*, c'est Gunnar qui dit à Högni (Hagen) : « Nous aideras-tu, Högni, à tuer le héros ? Il est bon de posséder l'or du Rhin, de disposer de ce riche trésor suivant son plaisir et de jouir en paix du bonheur. »

(2) « Gunnar devint sombre et son âme s'emplit de tristesse. Il demeura tout le jour silencieux sans savoir à quoi se résoudre. Il ne parvenait pas à voir ce qui valait le mieux pour lui. Il songeait à la mort du descendant de Wolsung, et ne pouvait se consoler de la mort de Sigurd... Il fit appeler Högni pour consulter avec lui ; car il avait pleine confiance en lui. » (*Sigurdakvidha Fâfnisbana Thridja*.)

(3) Voir la note (1) de la page 583.

(4) « Le roi Gunther répliqua : « Mais comment cela pourrait-il se faire ? — « Je vais vous le faire savoir », répondit Hagene. »

BRÜNNHILDE, en un sauvage sursaut.

A quoi m'aurait servi ma science ? A quoi mes Runes ? En l'excès de ma misère, je le devine clairement : le charme qui m'enchanta mon époux, c'est Gutrune ! Qu'elle connaisse l'angoisse ! (1)

HAGEN, à GUNTHER

Si cette mort doit la révolter, dissimulons-lui la vraie cause. (2) Demain, partons joyeusement en chasse : (3) le

(*Nibelunge-nôt*, XIV, 133.) Toute semblable est l'intonation dans les *Chants des Iles Féroë*, quand Gunnar se décide au meurtre, après avoir longuement lutté contre les suggestions de Brinhild.

(1) « Brynhild parla, la fille de Budli : « Qu'elle soit privée de ses enfants et de son mari, Gudrun, celle qui t'a fait verser des larmes et prononcer, dès le matin, ces tristes paroles. » (*Gudrunarkvidha fyrsta.*) — « Sjurd visita Gudrun, mais le héros perdit la vie. Brinhild parla et des larmes coulaient de ses yeux : « Gudrun, la fille de Juki, ne jouira pas du bonheur de posséder le brave guerrier. » Brinhild s'écria à haute voix : « Je veux lui créer des soucis, car enlever ce qu'un autre possède donne rarement du bonheur. » (*Chants des Iles Féroë.*) Et plus loin, Brinhild à Gunnar : « C'est Gudrun, ta sœur, qui est cause de ma douleur, car elle possède Sjurd, le brave compagnon, » etc. (*Id.*) Et plus loin encore, Brinhild à Gudrun : « Que tu sois heureuse avec ce puissant guerrier, je ne le permettrai pas. J'ai obtenu l'amour de Sjurd avant que tu l'aies vu. » (*Id.*) Et, après la mort de Siegfrid : « Brunhilt la belle était assise dans son outrecuidance. Quelles que fussent les plaintes de Kriemhilt, elle s'en inquiétait peu. » (*Nibelunge-nôt*, XVIII, 165.)

(2) « Je crois pouvoir tout préparer si secrètement qu'il portera la peine des pleurs de Brunhilt. » (*Nibelunge-nôt*, XIV, 133.)

(3) Gunther, dans le *Nibelunge-nôt* : « Je veux aller chasser l'ours et le sanglier dans le Waskemwald, ainsi que je l'ai fait souvent. » C'était là le conseil de Hagene, l'homme très déloyal. « On dira à tous mes hôtes que je veux chevaucher de bon matin. » ... Hagene se hâta de dire au roi comment il comptait vaincre le fier guerrier; jamais ne s'accomplit une aussi grande trahison. Ces hommes déloyaux préparaient ainsi sa mort... » (*Nibelunge-nôt*). Les sources scandinaves ignorent, en général, cette trahison dans la forêt ; d'après elles, c'est le jeune frère de Gunnar et d'Hö-

noble Héros, poussé par sa fougue, nous aura laissés loin derrière ; — un sanglier (1) l'aura frappé. (2)

GUNTHER et BRÜNNHILDE

Ainsi soit-il ! Que Siegfried meure : qu'il expie l'opprobre, dont il m'a comblé ! Traître à la foi de ses serments, (3) qu'il paye son crime avec son sang ! — Allrauner ! (4) Dieu de vengeance ! Protecteur, Trésor des serments ! Wotan ! Wotan ! tourne vers nous ta face ! Qu'à ton ordre, la troupe formidable des Dieux prête l'oreille au serment de vengeance !

gni, c'est Gutthorm qui frappe le héros reposant à côté de Gudrun. Toutefois la conclusion (en prose) d'un des fragments de l'ancienne *Edda* constate ceci : « Des hommes originaires d'Allemagne racontent qu'il (Sigurd) a été tué dans la forêt. » (*Brot af Brynhildarkvidhu.*) Et les *Chants des Iles Feroë* : « Les Jukungen veulent chevaucher dans la forêt, » etc. (Voir la note relative à la mort de Siegfried, ci-dessous, p. 606.)

(1) Dans le *Nibelunge-nôt*, Kriemhilt dit à Siegfrid, avant le départ : « Laisse là cette chasse. J'ai rêvé cette nuit d'un malheur, comme si *deux sangliers* sauvages te poursuivaient sur les bruyères; et la terre en devenait rouge... Je crains fortement des machinations ennemies... » (XVI, 140). (Voir la note (1) de la p. 610).

(2) Dans le *Nibelunge-nôt*, Siegfrid assassiné, les chasseurs se consultent « pour savoir comment on cacherait que c'était Hagene qui l'avait tué. Plusieurs d'entre eux dirent : « ... Nous devons cacher le fait et dire d'un commun accord : L'époux de Kriemhilt étant allé chasser seul, des brigands l'ont tué. » (XVI, 131).

(3) « GUNNAR : Sigurd m'a juré son serment, il m'a juré et il l'a trahi. Il m'a indignement trompé, tandis qu'il devait respecter sa promesse. » (*Brot af Brynhildarkvidhu*) (Voir aussi la note (2) de la p. 620).

(4) *Allrauner*, « Celui-qui-chuchote-partout » ; ou plutôt, pour rapprocher le mot à la fois d'une ancienne racine et d'un nom fréquemment donné à des Walküres : « celui-qui-sait-tout », toutes les Runes (*Allrune*). — D'ailleurs, si l'on en croit Geijer (*Svea rikes Häfder*, 1 Dol. sid. 135), le vieux mot suédois *runa* (Rune, chant, discours, lettre, écriture) = murmurer, parler bas (d'où l'idée de mystère qu'implique le mot Rune).

HAGEN

Ainsi soit-il ! Mort à Siegfried : qu'il périsse, (1) le Radieux Héros ! C'est à moi qu'est le Trésor, (2) il faut qu'il m'appartienne : (3) il faut que lui soit ravi l'Anneau ! — Père-des-Alfes ! souverain déchu ! Nacht-Hüter ! (4) Maître-des-Niblungen ! Alberich ! Alberich ! Prends confiance en ton fils ! C'est à toi,

(1) *Voir* la note (1) de la p. 585.

(2) Dans le *Nibelunge-nôt*, Hagene s'écrie (strophe 185) : «... Ah ! puisse ce trésor venir au pays des Burgondes ! » (XII, 118).

(3) *Voir* la note (1) de la p. 559.

(4) *Nacht-Hüter*, « Gardien-de-la-Nuit », « Gardien-des-Ténèbres ». On se rappelle qu'Alberich, plus haut, fut qualifié *Nacht*-Alberich (Cf. les notes des pp. 434, 558, etc). — En une autre note précédente (p. 501, Cf. aussi la note (2) de la p. 569) j'ai promis de compléter (si vaines qu'elles me paraissent, à moi, personnellement, pour l'interprétation du *Ring*) j'ai promis de compléter les notions fournies, là, sur Sigurd, comme « héros solaire ». Le moment me semble ici propice, les pages ayant rapport au meurtre de Siegfried devant être surchargées de gloses, et les expressions « Nacht-Hüter », « le Radieux Héros », du présent « couplet », venant de préparer l'esprit du lecteur. — Rouvrons, à la p. 138, la *Mythologie comparée* (traduction française déjà citée) de MAX MULLER : « Il y a dans la nature beaucoup de souffrance pour ceux qui savent entendre la plainte des douleurs muettes, et c'est cette tragédie — la tragédie de la nature — qui est la source de toutes les tragédies de l'ancien monde. L'idée d'un jeune héros, soit qu'on l'appelle Baldor, Sigfrid, Achille, Meléagre ou Képhalos, expirant dans la plénitude de sa jeunesse, cette histoire si fréquemment contée, localisée et individualisée, fut suggérée à l'origine par le soleil mourant à la fin du jour dans toute la vigueur de la jeunesse, frappé par les puissances de la nuit, ou percé à la fin de la saison solaire par l'aiguillon de l'hiver. Le destin fatal en vertu duquel ces héros solaires devaient abandonner l'objet de leur premier amour, lui devenir infidèles ou en être trahis, était aussi emprunté à la nature. Leur sort était inévitable : ils devaient mourir soit de la main de leurs parents ou de leurs meilleurs amis, soit par une trahison involontaire. Le Soleil abandonne l'Aurore, meurt à la fin du jour, pour obéir aux lois d'une inexorable destinée, et la nature entière le pleure ; ou bien le Soleil du printemps épouse la Terre, puis l'abandonne, se refroidit, et est enfin tué par l'aiguil-

Maître de l'Anneau, qu'obéiront de nouveau les hordes des Niblungen!

(GUNTHER et BRÜNNHILDE se tournent violemment vers la salle. SIEGFRIED et GUTRUNE, lui, couronné de feuilles de chêne, elle, la tête ornée de fleurs bariolées, viennent à leur rencontre jusqu'à l'entrée, en les exhortant du geste à les imiter. (1) GUNTHER saisit la main de BRÜNNHILDE et rapidement suit avec elle. HAGEN reste seul en arrière. — Le rideau tombe.)

lon de l'Hiver. C'est là une ancienne histoire, mais elle est toujours nouvelle dans la mythologie et dans les légendes du monde antique. Ainsi dans l'Edda scandinave, Balder, le prototype divin de Sigurd et de Sigfrid...... Ainsi Isfendiar, dans le poème épique de la Perse, le *Schahnameh*, ne peut être blessé par aucun glaive; cependant il doit être tué par une épine lancée en guise de flèche dans son œil par Roustem. Roustem, à son tour, ne peut être tué que par son frère; Héraclès, par l'amour égaré de sa femme; Sigfrid, par la sollicitude inquiète de Krimhild ou par la jalousie de Brunhild qu'il a abandonnée. Il n'est vulnérable qu'à un seul endroit, comme Achille, et c'est là que Hagen (l'épine) le frappe. Tous ces contes sont des fragments de mythes solaires. » Ainsi soit-il! Dieu merci, il y a autre chose dans la *Tétralogie* de Wagner : ce qui ne veut pas dire que Wagner n'a point profité de ces données pour auréoler son héros d'un surcroît d'éclatante splendeur. On aura pu remarquer ci-dessus l'indication scénique suivante : « Le Soleil se lève et se mire dans le Fleuve. Siegfried survient soudain, tout à fait près de la berge », etc., sans parler d'une foule de détails épars (Cf. la scène grandiose de la mort de Fafner). On pourra s'en souvenir plus loin, à titre tout à fait secondaire, lors de la successive et double apothéose qu'est la fin de Siegfried et celle de Brünnhilde.

(1) « Il y eut grande réjouissance dans le pays des Burgondes ... mais le roi se tenait écarté de ses hommes. Quoi qu'on fit, on le voyait marcher pensif et triste. L'humeur de Siegfrid et celle de Gunther étaient bien différentes. (*Nibelunge-nôt*, strophes 653, 654, 655; X, 100.)

ACTE TROISIÈME (*)

SAUVAGE VALLÉE DE FORÊTS ET DE ROCS,

près du Rhin, qui, au fond de la scène, passe au pied d'une pente escarpée.

LES TROIS FILLES-DU-RHIN,

WOGLINDE, WELLGUNDE et FLOSSHILDE, surgissent du Fleuve à la surface et nagent à la ronde en chantant.

Dame Soleil envoie ses rayons, ses clairs rayons ; dans les profondeurs, la nuit règne : elles étaient lumineuses, jadis,

---

(*) Nous reprenons ici la nomenclature des Thèmes. — C'est ici, en effet, qu'au bout de leur immense progression à travers les quatre drames, ils arrivent enfin à leur signification entière, à leur summum musical. Les idées qu'ils expriment sont alors complètes ; venues des plus lointaines profondeurs du drame, elles déversent, en un suprême épanchement, tous les frissons qu'elles ont recueillis dans leur marche. Un examen attentif de la musique de ce troisième acte est indispensable à qui veut se faire une idée précise de la technique musicale observée par Wagner dans la *Tétralogie*. Ajoutons que, de toutes les partitions de Wagner, celle-ci donne de la technique musicale du Maître l'idée la plus complète. — *Tristan* est plus vivant (et les procédés mêmes de Wagner s'y sont trouvés absorbés dans l'emportement passionnel de cette œuvre inouïe), *Parsifal*, plus sublime, mais aucune de ces deux immortelles partitions ne donne de tels exemples de thèmes développés, repris à

quand l'Or paternel, l'Or sacré, l'Or intact y resplendissait ! Or-du-Rhin ! Or limpide ! Or clair ! comme tu rayonnais là jadis, étoile sacrée des profondeurs !

Envoie-nous, Dame Soleil, envoie-nous le Héros, le Héros qui nous rendrait l'Or ! Jamais plus nous n'aurions, s'il nous l'abandonnait, d'envie pour ton œil lumineux. Or-du-Rhin! Or limpide, alors, libre encore, comme tu rayonnerais, joyeuse étoile des profondeurs !

(D'en haut s'entend le cor de SIEGFRIED.)

WOGLINDE

C'est son cor que j'entends.

---

l'infini, et, après toutes ces palpitations accidentées comme la vie même, revenant réaliser, forts de toutes ces ferveurs d'immense pèlerinage, l'idéal qu'ils avaient pressenti dès leur naissance.

A cet instant suprême du but atteint, c'est en rapprochant ses thèmes d'une façon soudaine, imprévue, que Wagner a dégagé les significations les plus complètes. Ainsi, à la dernière page du *Crépuscule-des-Dieux*, deux thèmes, celui de la Nature et celui de la Rédemption par l'Amour, très espacés dans le courant de l'œuvre, se trouvent d'un coup avoisiner. — Et c'est alors comme une Révélation. — On voit quelle Révélation.

— Le Prélude du troisième acte suggère nettement ce qui va suivre. — (Partition, page 231.) — A ces sombres sons de trompe qui répondent inlassablement, funèbrement, à la fanfare si connue du cor de Siegfried, on pressent déjà le meurtre du Héros. C'est la sombre trompe de Hagen noyant la fanfare de toutes les joies et de toutes les vaillances. A quoi bon tant de luttes ? Il faudra bien en revenir à la paix primitive ; et voici, doucement, l'antique mélodie du Rhin à chuchoter l'initiale ingénuité des choses. (Partition, page 232, en haut.) (L'Ur-melodie est ici en fa-majeur.) Elle se fait vraiment trop cruelle, la nostalgie de l'originelle sérénité ! — Et la plainte des filles du Rhin s'élève (*a*).

(*a*) Elle se modifie ensuite, suivant deux nouveaux dessins. (Partition, pages 234 et seq.)

WELLGUNDE

Le Héros n'est pas loin.

FLOSSHILDE

Allons nous concerter ! (Elles plongent rapidement sous les flots.) (SIEGFRIED apparaît, armé de pied en cap, au haut de la pente.)

SIEGFRIED

Un Alfe m'égare, que j'ai perdu la piste : — hé espiègle ! où m'as-tu si vite caché la bête ?

LES TROIS FILLES-DU-RHIN, surgissant de nouveau à la surface.

Siegfried ! (1)

(1) Wagner s'est inspiré çà et là, dans cette scène, d'un passage analogue du *Nibelunge-nôt* : — Kriemhilt (Gutrune), devenue la femme du roi Etzel, et songeant à venger Siegfrid, invite Gunther à la venir voir. Vainement Hagene, l'homme de Gunther, cherche à le détourner d'accepter ; comme il n'y a point réussi, il consent à devenir le guide de son maître et de ses compagnons. On arrive au bord du Danube, mais on ne trouve aucune barque pour le traverser. Hagene bat la contrée en tous sens afin de découvrir un moyen d'atteindre la rive opposée. « Tout à coup il entendit bruire les eaux ; il se mit à écouter : c'étaient des femmes blanches qui faisaient ce bruit dans une source limpide. ... Hagene les aperçut ; il se glissa invisible jusqu'auprès d'elles... Le héros prit leurs vêtements et ne leur fit aucun mal. L'une de ces femmes des eaux parla : « Noble chevalier Hagene, si vous nous rendez nos vêtements, nous vous ferons connaître comment se passera votre voyage... » Semblables à des oiseaux, elles planaient autour de lui sur les flots. Il lui parut que leurs sens étaient puissants et subtils. Il en fut d'autant plus disposé à croire ce qu'elles allaient lui dire. » (XXV, 229.) L'une, dans le but de ravoir leurs voiles, lui prédit de grands honneurs dans le pays d'Etzel. La ruse réussit, « Hagene se réjouit en son cœur de ce discours. Il leur donna leurs vêtements sans plus tarder. » (*Id.*, 230.) (Pour la suite, voir les notes ci-dessous, p. 596.)

FLOSSHILDE

Qui gourmandes-tu dans la vallée ?

WELLGUNDE

A quel Alfe en veux-tu ?

WOGLINDE

Est-ce qu'un lutin te lutine ?

TOUTES TROIS

Dis-le nous, Siegfried ! dis-le nous !

SIEGFRIED, qui les contemple en souriant.

Le camarade velu qui m'a échappé, serait-ce point vous qui l'auriez séduit ? Plaisantes femmes que vous êtes, si c'est votre amoureux, je vous l'abandonnerai volontiers.

(Les jouvencelles éclatent de rire.)

WOGLINDE

Siegfried, que nous donnes-tu, si nous te livrons la bête ?

SIEGFRIED

Je suis, jusqu'à présent, bredouille : demandez donc ce que vous désirez.

WELLGUNDE

Un Anneau d'Or brille à ton doigt —

LES TROIS ONDINES, ensemble.

O donne-le nous !

SIEGFRIED

J'ai tué, pour l'avoir, un Dragon gigantesque: et j'irais, en échange des pattes d'un misérable ours, (1) vous l'offrir?

WOGLINDE

Es-tu tellement avare?

WELLGUNDE

Si ladre en tes marchés?

FLOSSHILDE

Avec des femmes, tu devrais être plus généreux.

SIEGFRIED

Si je gaspillais pour vous mon bien, ma femme pourrait bien m'en vouloir.

FLOSSHILDE

Elle est donc bien méchante?

WELLGUNDE

Peut-être qu'elle te bat?

WOGLINDE

Le Héros sent déjà sa main! (Elles rient.)

SIEGFRIED

Riez, moqueuses, tout à votre aise! vous ne rirez peut-être pas toujours: car si c'est mon Anneau que vous convoitez, mes Nixes, ce n'est certes pas à vous que jamais je l'abandonnerai.

(1) Dans le *Nibelunge-nôt*, Siegfrid, la chasse finie, poursuit un ours (voir la note (2) de la page 411): « L'ours fuit. L'époux de Kriemhilt veut le dépasser. mais la bête se réfugie dans une clairière remplie d'arbres abattus; la poursuite y était impossible.» (XVI, 143).

FLOSSHILDE

Si beau !

WELLGUNDE

Si fort !

WOGLINDE

Si désirable !

TOUTES TROIS, ensemble.

Mais quel dommage qu'il soit avare ! (Elles rient, et plongent.)

SIEGFRIED, descendant plus avant dans la vallée.

Pourtant, me laisser traiter d'avare ! Souffrirai-je qu'on me fasse ainsi honte ? — Si elles revenaient vers le rivage, peut-être leur donnerais-je l'Anneau. — Hé, hé ! jolies joyeuses des eaux ! Venez vite : je vous l'offre, l'Anneau !

LES TROIS FILLES-DU-RHIN surgissent de nouveau ; mais elles sont graves et solennelles.

Garde-le, Héros, et garde-le bien, jusqu'à ce que tu comprennes quel malheur s'y attache. Tu te sentiras bien aise, alors, que nous te libérions de l'Anathème.

SIEGFRIED, remettant à son doigt l'Anneau, qu'il en avait enlevé.

Hé bien, chantez ce que vous savez !

LES FILLES-DU-RHIN, tour à tour ou ensemble.

Siegfried ! Ce que nous savons, Siegfried ! c'est du malheur pour toi, Siegfried ! Garde l'Anneau, ta perte est certaine ! Le cercle en est fait de l'Or-du-Rhin : celui qui l'a forgé par ruse, et ignominieusement perdu, l'a maudit en vouant, pour les siècles des siècles, à la mort, quiconque le porterait. Comme le Dragon par toi tué, tu périras aussi, toi-même, aujourd'hui même, (1) voilà ce que nous pouvons te prédire, si, pour que nous le cachions dans les gouffres du Rhin, tu refuses de nous livrer l'Anneau. Seuls, ses flots ont le pouvoir d'effacer l'Anathème !

SIEGFRIED

Allons-donc, femmes artificieuses ! si vos flatteries m'étaient suspectes, votre effroi simulé m'est plus suspect encore. (2)

LES FILLES-DU-RHIN

Siegfried ! Siegfried ! nous t'avons prédit vrai : (3) fuis la Malédiction ! fuis-la ! C'est la Malédiction que les Nornes ont tressée, les Nornes filandières, la nuit, dans la corde éternelle des Fatalités-Mères.

SIEGFRIED

Mon Glaive a mis en pièces une Lance : — dans la corde éternelle des Fatalités-Mères, si les Nornes ont tressé des Anathèmes farouches, Nothung la leur tranchera, leur corde ! Certain Dragon m'a bien, jadis, averti touchant l'Anathème, mais sans m'apprendre ainsi la Peur ! — C'est l'Héritage du Monde que m'a gagné l'Anneau : en faveur de l'Amour, j'y

(1) *Voir* la note (1) de la p. 592. — « Quand elles eurent revêtu leurs voiles merveilleux, elles exposèrent au vrai ce que devait être le voyage dans le pays d'Etzel... : « Hagene, fils d'Aldrian, je veux t'avertir. Pour ravoir ses vêtements, ma tante t'a menti. Si tu arrives chez les Hiunen, tu seras terriblement trompé. Il faut t'en retourner, il est encore temps. Votre destinée est telle, vaillants héros, qu'il vous faut mourir au pays d'Etzel. Ceux qui s'y rendront ont la mort sur leurs pas. » (*Nibelunge-nôt*, XXV, 230).

(2) *Voir* la note (1) de la p. 596. — « Mais Hagene répondit : — *Vous trompez sans nécessité.* Comment se pourrait-il que nous soyons tous tués par là l'inimitié d'une seule personne ? » (*Nibelunge-nôt*, XXV, 230.)

(3) *Voir* ci-dessus la note (1) de la p. 596. — » L'une d'elles parla : « *Il en doit être ainsi :* nul d'entre vous n'en réchappera, nul, excepté le chapelain du roi. *Nous le savons de science certaine.* » (*Nibelunge-nôt*, XXV, 230.)

renoncerais volontiers ; — je vous le donne, en échange d'un baiser. Mais ce n'est point en menaçant mon corps, mon existence, que vous m'arracherez cet Anneau, quand il ne vaudrait pas un doigt ! Car mon corps, et mon existence, — plutôt que de renoncer à l'Amour pour les paralyser des entraves de la Peur, — mon corps, mon existence, — voyez ! — comme ceci, je les jette loin de moi ! (1) (En prononçant ces derniers mots, il jette derrière lui, par-dessus sa tête, une motte, ramassée sur le sol.)

LES FILLES-DU-RHIN

Venez, sœurs ! laissez l'insensé ! puisque, esclave, (2) il se croit si fort ; puisque, aveugle, il se croit si sage ! Il a fait des serments, — et ne les observe point ; il connaît des Runes, — et ne les comprend point ; un bien, le plus sacré, lui était échu, — il ignore l'avoir gaspillé : seul l'Anneau, qui le voue à la mort, — le cercle seul, voilà ce qu'il veut garder ! — Adieu, Siegfried ! Une glorieuse femme, aujourd'hui même, méchant, sera ton héritière : elle nous réserve meilleur accueil. Allons vers elle ! vers elle ! vers elle ! (Elles s'éloignent à la nage, chantant.)

SIEGFRIED les suit du regard en souriant.

Dans l'eau comme sur terre, à présent, je connais le naturel des femmes : qui ne se fie point à leurs flatteries, elles l'épou-

(1) « Sigurd : Quand je verrais la mort devant moi, je ne reculerais pas. » (*Sigurdrifumâl*).

(2) « Fafnir : Je le sais, si tu avais pu grandir sous la protection des tiens, tu aurais été intrépide dans les combats ; mais maintenant *tu n'es pas libre* ; *tu es prisonnier* de guerre. — Sigurd : ... Jamais je n'ai été ici ni captif ni prisonnier de guerre. Tu as bien senti que j'étais libre. Fafnir : Dans tout ce que je dis tu trouves des reproches. Mais je te prédis une chose : cet or au son retentissant, ce métal aux reflets rouges, ces anneaux te tueront. Sigurd : Chacun jusqu'à son dernier jour désire posséder des richesses. Mais tout homme doit enfin quitter la terre pour descendre vers Hel. Fafnir : *Tu dédaignes les paroles des Nornes et ma prédiction, comme si elle manquait de sens.* Si tu navigues dans la tempête, tu périras dans les flots. Tout est mortel pour ceux qui doivent mourir... » Etc. (*Fafnismal.*)

vantent avec des menaces ; vient-il à braver leurs menaces, elles se répandent en criailleries. Et pourtant, — si ce n'avait été tromper Gutrune, j'aurais eu vite et gaîment fait de me soumettre une des gracieuses femmes !

(Des appels de plus en plus proches de trompes de chasse résonnent d'en haut : SIEGFRIED y répond joyeusement du cor.) (1)

(GUNTHER, HAGEN, et leurs HOMMES, descendent, durant ce qui suit, la pente.)

HAGEN, encore au haut.

Hoïho !

SIEGFRIED

Hoïho !

LES HOMMES

Hoïho ! Hoïho !

HAGEN

Découvrons-nous enfin où tu t'es envolé ? (2)

SIEGFRIED

Descendez ! ici il fait frais et bon.

(1) « On sonna une seule fois très fortement de la trompe, afin qu'on sût au loin qu'on pouvait trouver le noble prince à la halte. Un des piqueurs de Siegfrid parla : « J'entends par le son de la trompe que nous devons nous rendre au campement. Je vais y répondre. » Et, de tous côtés, le son du cor rappelait les chasseurs. » (*Nibelunge-nôt*, XVI, 143.)

(2) « Les chasseurs ne restèrent pas longtemps ensemble. » (*Nibelunge-nôt*, XVI, 141).

HAGEN

Reposons-nous ici, et préparons le repas. Déposez le gibier et donnez les outres !

(On entasse le gibier ; on sort les cornes-à-boire, les outres. Chacun prend place). (1)

HAGEN

Ouvrez vos oreilles ! La bête nous a fuis ; mais vous verrez que Siegfried a fait une chasse superbe. (2)

SIEGFRIED, riant.

Me voici fort en peine pour mon repas : réduit à vous demander de votre gibier pour moi.

HAGEN

Bredouille, toi ?

(1) « La chasse tirait à sa fin... Ceux qui voulaient s'approcher du foyer y apportaient la peau de mainte bête et du gibier en abondance. Ah ! que de vivres on prépara pour la compagnie. Le roi fit annoncer aux chasseurs de haute lignée qu'il allait prendre son repas... On pria les fiers compagnons de chasse de se rendre à table ; sur une belle pelouse ils étaient assis très nombreux. Ah ! quels mets de chevalier on servit à ces braves chasseurs. » (*Nibelunge-nôt*, XVI, 143 et 145.)

(2) « Tout ce que le chien faisait partir, était abattu par la main de Siegfrid le hardi, le héros du Niderlant. Son cheval courait si vite que rien ne lui échappait. Il reçut les éloges de chacun pour la manière dont il chassait. » (*Nibelunge-nôt*, XVI, 141 et 142) Suit l'énumération des victimes du héros : sangliers, aurochs, élan, etc, et même un lion (en Allemagne !) « Ces exploits de chasse furent connus de tous les Burgondes. Les piqueurs lui dirent : « Faites-nous cette grâce, seigneur Siegfrid, épargnez une partie du gibier. Car sinon vous rendrez désertes la montagne et la forêt. »... Les Burgondes croyaient faire en sorte d'obtenir le prix de la chasse ; mais cela ne fut point possible quand on vit arriver le fort Siegfrid auprès du feu du campement. » (*Id.*, *ibid.*, 142, 143.)

SIEGFRIED

C'est du gibier de forêt que je pourchassais, mais il ne s'est montré que du gibier d'eau : peut-être, si j'avais été plus convenablement équipé, vous aurais-je capturé trois sauvages oiseaux-d'eau, qui là-bas sur le Rhin me chantaient, qu'aujourd'hui même, je serais tué. (1)

(GUNTHER se trouble et regarde, d'un air sombre, HAGEN.)

HAGEN

Être abattu, bredouille déjà, par une bête sauvage aux aguets ! pour une mauvaise chasse, c'en serait une.

SIEGFRIED

J'ai soif ! (2)

(Il s'est couché entre HAGEN et GUNTHER : on leur présente, remplies, des cornes-à-boire.)

(1) *Voir* la note (2) de la p. 596. — « Tandis qu'il (Hagene) les conduisait sains et saufs sur les ondes, il pensa, la bonne épée, à l'étrange prédiction que lui avaient faite les femmes sauvages des eaux. » (*Nibelunge-nôt*, XXV, 235.) « Deux femmes des eaux m'ont annoncé ce matin de bonne heure que nous ne reviendrions pas de ce voyage. » (*Id.*, XXVI, 237.)

(2) « J'ai soif ! » Ce passage est de ceux que M. de Wolzogen signale comme précisant, dans la *Tétralogie*, le rôle *libérateur*, *rédempteur*, — de Siegfried. M. Ernst relève cette observation, et, craignant qu'on ne l'interprète mal, ajoute bien vite : « Au moins doit-on reconnaître que cette parole (*J'ai soif !*) est si naturellement présentée que l'idée d'une assimilation irrévérencieuse ne vient pas à l'esprit ; il y faut voir plutôt un simple ressouvenir ou une très lointaine analogie... mais il faut observer que des réminiscences de ce genre sont assez fréquentes chez les poètes allemands, ce qui s'explique, en partie, par le caractère de l'éducation première » (protestante). C'est se donner bien du mal pour justifier Wagner d'une intention qu'il n'a pas eue. Je m'explique. Par la comparaison continuelle des sources, des principaux passages des sources, avec les phrases correspondantes du poème qui les synthétise, le lecteur a pu se faire, je pense, une idée nette de la manière dont ces sources, Wagner les utilisa : simplification

HAGEN

J'ai entendu conter, Siegfried, que les oiseaux, leur chant, leur langue, tu les comprends : ce serait-il vrai ? (1)

SIEGFRIED

Il y a longtemps que je ne prête plus guère d'attention à leur gazouillement. (Il boit, et présente sa corne à GUNTHER.) Bois, Gunther ! bois ! c'est ton frère qui t'offre.

GUNTHER, regardant en la corne avec un air pensif et sombre.

Nos sangs furent mal mêlés : — le tien seul, est là-dedans!

dans la création, ou plutôt création nouvelle à force de simplification, ainsi pourrait-on justement caractériser sa méthode — sans doute intuitive, au reste. J'ai vingt fois répété comment tout un récit, tout un chant, assez souvent même presque toute une mythologie ! sont évoqués par lui d'un seul vers, d'un seul mot. Or ce *J'ai soif!* ce *Mich dürstet* ! est l'un de ces mots, ni plus ni moins. Il n'est besoin de se creuser l'esprit ni pour accuser ni pour justifier, ni pour parler d'un signe, voulu, du rôle *rédempteur* de Siegfried. Qu'on prenne le *Nibelunge-nôt* : L'heure suprême de Siegfrid est proche. Quand les chasseurs sont attablés, « les échansons, qui devaient apporter le vin, venaient lentement. » (XVI, 144.) Si lentement, que Siegfrid s'en irrite : longue, interminable est la scène ; enfin « Hagene de Troneje dit : « Mon cher seigneur, je croyais que la chasse aurait lieu aujourd'hui dans le Spehtshart ; c'est là que j'ai envoyé le vin... Je connais tout près d'ici une fraiche fontaine, et, afin que vous ne vous irritiez point, nous allons nous y rendre. » ... *La soif pressait Siegfrid le héros*. Il commanda d'enlever aussitôt les tables, afin d'aller vers la montagne, à la recherche de la source. Hagene avait donné ce conseil dans une intention perfide. » (XVI, 145 et 146.) Version tout à fait similaire dans les *Chants des Iles Féroë :* « Ils chevauchent dans la forêt, joyeux et sans souci. Ils donnèrent à Sjurd des mets très salés et *rien à boire*. Eux, ils boivent à longs flots dans leur corne, tandis que celle de Sjurd est restée dans la salle de Juki... Sjurd est assis sur le dos de Grani, *et il désire boire...* » Etc, etc.

(1) Dans le *Nibelunge-nôt*, le piège est différent, mais semblable est l'intonation : « Hagene parla : « On m'a souvent dit que nul ne pouvait suivre, à la course, l'époux de Kriemhilt. Voudrait-il nous le faire voir ? » (*Nibelunge-nôt*, XVI, 147.)

SIEGFRIED, riant.

Que je l'y mêle donc avec le tien ! (Il saisit la corne de GUNTHER, et verse le contenu dans la sienne, qui déborde alors.) A présent, les voici mêlés à déborder : que la Terre maternelle boive, et soit rafraîchie !

GUNTHER, soupirant.

O joyeux, trop joyeux Héros !

SIEGFRIED, bas, à HAGEN

C'est Brünnhilde, qui l'attriste ainsi ? (1)

HAGEN

Puisse-t-il la comprendre aussi bien que tu comprends les chants des oiseaux !

SIEGFRIED

Depuis que j'ai pu ouïr celui des femmes, j'ai oublié celui des petits oiseaux.

HAGEN

Mais il fut un temps où tu les compris ?

SIEGFRIED

Heï ! Gunther ! homme morose ! veux-tu, pour te distraire, que je te chante les contes de mes jours d'enfance ?

GUNTHER

J'aurai plaisir à les entendre.

(1) Högni à Gunnar : « Je vois bien la route que tu suis. Brynhild te tourmente ; tu ne peux la satisfaire. » (*Sigurdakvidha Fâfnisbana Thridja.*)

HAGEN

Chante donc, ô Héros !

(Tous se couchent en cercle autour de SIEGFRIED, qui seul demeure sur son séant.)

SIEGFRIED

Mime était le nom du morose gnome qui, poussé par la haine et par l'envie, m'éleva : il espérait qu'un jour l'enfant, lorsqu'il aurait grandi dans l'intrépidité, lui mettrait à mort un Dragon qui dans la Forêt gardait un Trésor. Il m'apprit à forger les métaux, à les fondre : mais, ce que ne pouvait point l'artiste lui-même, — d'un Glaive en débris, faire un Glaive nouveau, — dut réussir, et réussit à la hardiesse de l'apprenti. Je reforgeai l'arme de mon père : dans sa poignée, je fixai Nothung ; le gnome, qui jugeait l'arme à l'épreuve du combat, m'ayant conduit par la Forêt, j'y tuai Fafner, le Dragon (*). — Mais voici où l'histoire mérite votre attention : oyez le prodige. Le sang du Dragon me brûlant les doigts, je les mis à ma bouche pour les rafraîchir : mais à peine le liquide eut-il effleuré tant soit peu ma langue, — ce qu'un petit oiseau chantait là, je pus à l'instant même le comprendre ; perché sur une branche, il chantait : — « Heï ! c'est Siegfried le Maître, à présent, du Trésor ! Du Trésor des Niblungen ! ô s'il pouvait le trouver dans l'antre ! Et le Tarnhelm, qui l'aiderait à quelque doux exploit ! Et l'Anneau, qui ferait de lui le Maître du Monde, l'Anneau ! »

(*) A cet endroit du Récit de Siegfried, voici, de nouveau, mélancolique effluve de jeunesse, éphémère épanouissement d'idylle sur le fond sanglant du drame, — la symphonie des Murmures de la Forêt. (Partition, page 287.) Le radieux épisode refleurit comme une fleur rafraîchie. La phrase de l'oiseau épand encore ses perles (*a*) ; la phrase de l'oiseau qui ramène ainsi la mélodie de Woglinde et tout le souvenir des félicités primitives. — Rappels incessants, poignants.

(*a*) Elle revient absolument identique, comme dans le texte.

HAGEN

C'est alors que tu pris le Tarnhelm avec l'Anneau ?

LES HOMMES

Le petit oiseau, l'entendis-tu de nouveau ?

SIEGFRIED

Quand j'eus pris le Heaume et l'Anneau, j'écoutai de nouveau le joyeux gazouilleur ; perché sur la cime, il chantait : — « Heï ! c'est Siegfried le Maître, à présent, du Trésor ! Du Trésor des Niblungen ! O, pourvu qu'il n'aille point se fier au fourbe Mime !... Mime n'eut jamais qu'un but : lui ravir le Trésor ; maintenant, le voici qui rôde pour faire périr Siegfried — pourvu, Siegfried, pourvu qu'il ne se fie point à Mime ! »

HAGEN

Il t'avait prédit juste ?

LES HOMMES

Récompensas-tu Mime ?

SIEGFRIED

Pour m'offrir un breuvage mortel, il vint vers moi ; il dut m'avouer, tremblant et balbutiant, son crime. Nothung abattit mort le drôle.

HAGEN, *riant.*

Mime goûta donc ce qu'il n'avait pu forger !

LES HOMMES

Et le petit oiseau, que t'apprit-il encore ?

HAGEN, après avoir exprimé le suc d'une herbe dans la corne à boire.

Bois d'abord, Héros, dans ma corne : je t'ai préparé ce breuvage propice, afin de réveiller clairement tes souvenirs, afin que les plus lointains te reviennent.

SIEGFRIED, après avoir bu.

Tout triste, cherchant des yeux l'oiseau, je le vis au haut de l'arbre ; il chantait : — « Heï ! Siegfried a tué le gnome, le mauvais gnome ! Peut-être sais-je encore, pour lui, la plus divine de toutes les femmes : — c'est sur un haut Rocher qu'elle dort, sur un Rocher qu'entoure la flamme ; qu'il franchisse la fournaise, réveille la fiancée, Brünnhilde, alors, deviendrait sienne ! »

(**GUNTHER** écoute avec une grandissante stupeur.)

HAGEN

Et est-ce que tu suivis son conseil, à l'oiseau ?

SIEGFRIED

A l'instant même, je pris ma course ; j'atteignis la Roche embrasée, franchis la flamme, et trouvai, pour ma récompense, — une délicieuse femme, endormie, couverte d'armes étincelantes. J'ouvris le heaume de la vierge splendide ; elle s'éveilla sous mon baiser hardi ! — ô comme avec ardeur alors elle m'étreignit, la belle Brünnhilde !

GUNTHER

Qu'entends-je !

(Deux corbeaux s'envolent (1) d'un buisson, tournent sur **SIEGFRIED**, et s'envolent.)

(1) « Sigurd succomba du côté du sud, aux bords du Rhin Du haut d'un arbre un corbeau s'écria : « Atli rougira le fer dans votre sang. Assassins, vous porterez la peine de la foi violée. » .... Le soir était venu.... Le chef des guerriers songe profondément à ce qu'ils se disaient entre eux, l'aigle et le corbeau... » (*Brot af Brynhildarkvidhu.*)

HAGEN

Ce que croassent ces corbeaux, le comprends-tu bien aussi ? (1)

(SIEGFRIED se lève brusquement, et, suivant des yeux les corbeaux, présente ainsi le dos à HAGEN.)

HAGEN

C'est « Vengeance » qu'ils me crient ! (*)

(Il enfonce à SIEGFRIED, en plein dos, sa lance (2) : GUNTHER — trop tard — lui saisit le bras.)

(1) *Voir* la note (1) de la p. 605.

(2) Comparer l'épisode du meurtre de Siegfried, dans la *Tétralogie* de Wagner et dans les sources, peut être assez intéressant. Brunhilde, conte la nouvelle *Edda*, « poussa Gunnar et Högni à tuer Sigurd. Mais, comme ils lui avaient juré amitié, ils chargèrent leur frère Gutthorm de porter le coup. Gutthorm transperça Sigurd de son épée, tandis qu'il était endormi. » Ce récit est conforme à l'*Edda* de Sœmund, qui, après maints détails d'une terrible beauté, ajoute : « Sans souci, Gudrun reposait sur sa couche à côté de Sigurd. Son réveil est sans joie ; elle est baignée dans le sang. » (*Sigurdakvidha Fâfnisbana Thridja.*) Plusieurs autres chants font au crime des allusions mal concordantes. La conclusion en prose de l'un de ces chants déclare : « Ici le *lied* parle de la mort de Sigurd, et il semblerait qu'ils l'ont tué hors du Burg. D'autres disent qu'ils l'ont frappé tandis qu'il dormait dans son lit. Mais des hommes originaires d'Allemagne racontent qu'il a été tué dans la forêt. Il est dit, dans un ancien *lied* de Gudrun, que Sigurd et les fils de Giuki se rendaient au Thing (assemblée) quand ils l'assassinèrent. Mais tous s'accordent à affirmer qu'ils le trompèrent odieusement et qu'ils le tuèrent quand il était couché et sans défense. » (*Brot af Brynhildarkvidhu.*) Les *Chants des Iles Féroë* se rapprochent des traditions allemandes. Sjurd, ayant soif, « s'élance vers la source, joyeux et sans souci » et « se

(*) La malédiction d'Alberich éclate foudroyante. (Partition, page 296.)

GUNTHER et les HOMMES

Hagen ! que fais-tu ?

(Des deux mains, par-dessus sa tête, **SIEGFRIED** brandit son bouclier, afin d'en écraser **HAGEN** (1) : la force l'abandonne, le bouclier lui tombe des mains, lui-même s'y abat avec fracas.)

couche pour boire l'eau de la fontaine.... Gunnar avait l'épée qui pouvait entamer le col de Sjurd. Högni le perça et Gunnar le frappa avec leurs épées d'assassins. » — Dans le *Nibelunge-nôt*, en lequel se résument les sources allemandes, Siegfrid, comme on l'a vu par telles notes antérieures, Siegfrid altéré voulant boire, Hagene, qui s'est offert à le mener vers une source, tout à coup l'invite à courir : qui arrivera le plus vite à la fontaine ? Pari. Tout naturellement le vainqueur est Siegfrid. « Aussitôt il détache son épée, dépose ensuite son carquois et sa forte pique contre une branche » et place son bouclier au bord de l'eau, attendant la venue du roi, afin de le laisser boire le premier. Cette déférence lui vaut la mort. Gunther arrive et boit ; Siegfrid ensuite s'incline vers le flot, pour en faire autant. A l'instant même Hagene s'élance, emporte et cache l'arc et l'épée, revient en hâte saisir la pique, cherche, sur le vêtement de Siegfrid, la petite croix qu'y a faite la trop confiante Kriemhilt à l'unique endroit vulnérable, y frappe le héros, et « si violemment que le sang du cœur jaillit de la blessure jusque sur les habits de Hagene.... Il laissa la pique fichée dans le cœur. » (*Nibelunge-nôt*, XVI, 148) — *Voir* aussi la note (3) de la p. 586.

(1) « Quand le fort Siegfrid sentit la profonde blessure, furieux il se releva de la source en bondissant. Le bois de la longue pique lui sortait du cœur.... Le héros blessé, ne trouvant point son épée, saisit son bouclier au bord de la fontaine et poursuivit Hagene.... Quoique blessé à mort, Siegfrid le frappa si rudement de son bouclier que les riches pierreries en jaillirent et qu'il se brisa en éclats. Ah ! qu'il eût voulu se venger, le noble hôte ! Soudain, par sa main, Hagene est abattu... S'il avait tenu son épée, Hagene était mort. » (*Nibelunge-nôt*, XVI, 148.) — Dans les sources scandinaves, « le héros se soulève sur sa couche pour se venger : il lance son épée vers le meurtrier au cœur de loup. L'arme terrible vole des mains puissantes du roi.... Le coup a fendu en deux l'ennemi qui s'affaisse. La tête et les mains sont jetées d'un côté, de l'autre, les jambes tombent sur le sol.... » (*Sigurdakvidha Fâfnisbana Thridja*. Récits analogues dans l'*Edda* nouvelle, la *Völsunga*, etc.)

HAGEN, montrant le corps abattu.

J'ai vengé le parjure !

(Il se retire tranquillement (1) et gagne, seul, la hauteur : on l'y voit longtemps s'éloigner sans hâte. — **GUNTHER**, douloureusement saisi (2), se penche vers **SIEGFRIED**. Les **HOMMES** se tiennent en cercle autour du moribond, dans une attitude pleine d'intérêt. Long silence de stupeur et d'émotion profondes (3) (*).

(L'ombre crépusculaire a commencé de grandir dès l'apparition des corbeaux.) (4)

SIEGFRIED, ouvrant avec effort, une suprême fois, ses yeux radieux, et parlant d'une voix solennelle.

Brünnhilde — sainte fiancée — réveille-toi ! (**) rouvre les yeux ! Qui donc t'a de nouveau rendormie ? Qui t'a liée d'un

(1) « Le féroce Hagene répondit : « J'ignore ce que vous regrettez. Nos peines et nos soucis sont maintenant terminés. Désormais nous n'en trouverons plus guère qui oseront nous résister. Grâce à moi, nous sommes débarrassés du héros. » (*Nibelunge-nôt*, XVI, 149.)

(2) « Le roi des Burgondes lui-même déplorait sa mort. » (*Nibelunge-nôt*, XVI, 149.)

(3) « Tous les guerriers accoururent là où le blessé était couché. C'était un jour funeste pour beaucoup d'entre eux. Il était plaint par ceux qui avaient quelque loyauté. Il l'avait bien mérité, de la part de tous, ce héros magnanime ! » (*Nibelunge-nôt*, XVI, 149.)

(4) Sur cette mort « solaire » de Siegfried, Cf. la note (4) de la p. 488.

(*) Hagen s'éloigne, lent. — Dans l'immense stupeur, sourdement, indiciblement, le motif de la Destinée ! (Partition, page 297, au dessous de cette indication : *Hagen se dirige d'un pas tranquille*, etc.) — Ce motif reparaîtra bientôt, de même que les traits sourds qui l'accompagnent.

(**) Les Harmonies du Réveil de Brünnhilde reviennent à l'orchestre (partition page 267 en bas, et page 298). (Cf. partition de Siegfried, pages 296 et 297. — *Voy.* note de la page 500.). Voici, de nouveau, les solennels arpèges où semble se déployer tout l'éblouissement d'un beau ciel retrouvé ; voici l'immense

tel sommeil ?... oh ! ton pauvre sommeil tremblant! Voici l'éveilleur ; son baiser t'éveille, il brise, une fois encore, les liens de la fiancée : — la joie de Brünnhilde, alors, lui rit, la joie de Brünnhilde ! — Ah ! cet œil, désormais rouvert, éternellement ! — ah ! cette haleine, ce souffle délicieux ! — Doux mourir ! — affres bienheureuses : — c'est Brünnhilde qui — me salue ! — (Il meurt.)

(Les HOMMES placent le cadavre sur le bouclier (1), le soulèvent et l'emmènent, d'une marche solennelle, sur la hauteur, qu'ils montent lentement. GUNTHER suit, auprès du cadavre (*). —

(La lune sort des nuages et illumine, sur la hauteur, la pompe funèbre qui s'éloigne. — Puis, du Rhin, des brouillards s'élèvent, et graduellement remplissent toute la scène. — Le décor, lorsqu'ils se dissipent, est transformé.)

(1) « Quand les chefs virent que le héros était mort, ils le mirent sur un bouclier d'or rouge. » (*Nibelunge-nôt*, XVI, 150.) « Ils prirent le corps de Sjurd, de ce brave guerrier, et le rapportèrent sur son bouclier. » (*Chants des Iles Feroë.*)

trille d'extase qui va se perdre dans les dernières profondeurs de l'Ether; et une fois encore le grand Thème héroïque de Siegfried répond magnifiquement.

(*) Marche funèbre du Crépuscule-des-Dieux.

Un mot, avant de parler — bien timidement — de cette prodigieuse page. Pourquoi cet intitulé : Marche funèbre ? Sans doute parce que le cortège de Siegfried assassiné s'éloigne aux sons de cette symphonie. Mais nullement, en dehors de cette particularité seulement scénique, nullement cette sublime page ne justifie ce titre, restrictif ici, de marche funèbre. Certes, une marche funèbre proprement dite, eût été déjà, placée ici par un Wagner, d'un formidable effet. — Mais cet effet même, qu'est-ce au regard du colossal ensemble symphonique, où tous les grands thèmes de la Tétralogie mêlent leurs sublimes, leurs indicibles voix. — Marche funèbre ! Il s'agit bien de cela, quand nous nous trouvons en présence de quelque chose de plus vaste encore que le Chœur des Tragédies grecques ! — La Tétralogie entière s'incline sur la mort de Siegfried.

LA SALLE DU MANOIR DES GIBICHUNGEN

(avec, ainsi qu'au premier acte, le libre espace de rive menant au Fleuve. — Nuit. Clair de lune réfléchi par le Rhin qui miroite.)

(GUTRUNE sort de chez elle pour entrer dans la salle.)

GUTRUNE

Était-ce son cor ? (Elle écoute.) Non ! — il n'est toujours point de retour. — Des songes funestes (1) ont troublé mon

(1) Dans le *Nibelunge-nôt*, avant la chasse fatale, Kriemhilt cherche à retenir Siegfrid : « Laisse là cette chasse. J'ai rêvé cette nuit d'un malheur, comme si deux sangliers sauvages te poursuivaient sur les bruyères ; et les fleurs en devenaient rouges.... Je crains fortement des machinations ennemies.... J'ai rêvé cette nuit d'un malheur, comme si deux montagnes tombaient sur toi, et jamais je ne devais te revoir ! » (XVI, 140.)

Le Motif du Destin (*a*), que nous venons d'entendre, scande lentement sa morne interrogation, que prolongent deux traits sourds. Par deux fois, le funèbre *pourquoi* s'élève, et, à chaque coup, un thème navrant a répondu —, le thème des Malheurs des Wälsungen (partition, page 301). — Trois notes formidables (*fa, fa dièze* et *sol*), en une puissante succession, amènent une énorme explosion que prolongent toujours ces éternels roulements sourds (partition, *ibid.*, lignes 3 et 4), qui s'obstinent, gémissent lugubrement, enveloppent les autres motifs fugitivement apparus. — Mais voici que les harmonies s'éclairent comme d'une mélancolie moins amère ; — « les blancheurs plaintives de la lune suivent maintenant le cortège (*b*) » (partition, page 302), et les thèmes continuent de réapparaître, ainsi que des ombres douces ou héroïques, émus, oppressant les cœurs d'ineffables souvenirs ! Voici la

(*a*) Se rappeler aussi la scène IV de l'acte II de la *Walkyrie*, Cf. Partition de la *Walküre*, pages 156, 151. — *Voy.* la note de la page 361.
(*b*) M. Catulle Mendès : RICHARD WAGNER.

sommeil ! — J'entendais son cheval sauvagement hennir (1) — Brünnhilde, éclatant de rire (2), m'éveillait en sursaut. — Cette femme que vers le Rhin j'ai vue marcher, qui était-elle ? — J'ai peur de Brünnhilde ! (3) Est-elle dans sa chambre ? (Elle écoute près d'une porte à droite, puis appelle à mi-voix.) Brünnhilde ! Brünnhilde ! es-tu éveillée ? — (Elle ouvre tout doucement et regarde à l'intérieur.) Personne ! — Ainsi c'était bien elle, que j'ai vue marcher du côté du Rhin ? — (Elle tressaille, l'oreille aux aguets vers le lointain.) Qu'ai-je entendu ? son cor ? — Non ! — tout est désert ! — Siegfried ! le voir, seulement ! le voir vite ! (Elle

(1) « Grani, le cheval gris, porte la tête basse sur le corps du roi son maître. » (*Brot af Brynhildarkvidhu.*)

(2) « Et Brynhild... se mit à rire cette fois encore de toute son âme, quand les cris perçants de la fille de Giuki pénétrèrent jusque dans sa chambre. Gunnar, le maître des faucons, parla : « O femme avide de sang, ne ris pas ainsi joyeusement dans notre salle, comme si le meurtre te causait de la joie ! » (*Sigurdakvidha Fâfnisbana Thridja.*) « Et Brynhild se prit à rire, cette fois de tout son cœur ; le Burg en retentit : « Puissiez-vous régner longtemps sur les terres et sur les hommes, maintenant que vous avez tué le plus vaillant des rois ! » Gudrun, la fille de Giuki, parla : « Tu te réjouis d'une manière odieuse du crime commis. » (*Brot af Brynhildarkvidhu.*)

(3) Voy. les notes (2) de la p. 616, (1) et (4) de la p. 617.

compassion de Sieglinde pour Siegmund, leur amour, leurs souffrances. Mais qu'importe ! d'eux est né le Héros rédempteur : et, dans un élargissement formidable, le Thème de l'Epée se lève, gigantesque, secouant ses splendeurs, et, peu à peu, s'éloigne, là-bas, — avec le Héros terrassé —, répercutant pour la dernière fois aux échos du monde ses héroïques sonorités. (Partition, pages 302, en bas, et 303.)

A deux reprises se dessine le thème si expressif de « Brünnhilde réveillée » ; l'oreille, frappée de troubles accords, croit reconnaître en même temps, le « *Herrscherruf* d'Alberich », l'harmonie des « Corbeaux de Wotan », la vague plainte des Filles du Rhin et un rappel du thème de l'Anneau ; de ces évocations obscures se dégage le motif de la Malédiction, puis, comme assourdie, la seconde fanfare de Siegfried.

s'apprête à rentrer chez soi : mais, lorsque la voix de Hagen la frappe, elle s'arrête et longtemps demeure sur place, immobile, paralysée par la terreur.)

La voix de HAGEN, du dehors, où elle sonne de plus en plus proche.

Hoïho ! hoïho ! Réveillez-vous ! réveillez-vous ! Des lumières ! des lumières ! de clairs brandons ! C'est le gibier de la chasse (1) que nous rapportons. Hoïho ! hoïho !

(L'extérieur s'éclaire ; la lueur grandit.) (2)

HAGEN, pénétrant dans la salle.

Debout ! Gutrune ! Salue Siegfried ! (3) Il revient, le vigoureux Héros.

(HOMMES et FEMMES, portant des lumières et des brandons, se mêlent au cortège des chasseurs qui ramènent le corps de SIEGFRIED, et parmi lesquels est GUNTHER.)

GUTRUNE, en une grande angoisse.

Qu'est-il donc arrivé, Hagen ? Son cor ! je ne l'ai pas entendu ! (4)

(1) « Jamais chasse plus funeste ne fut faite par des guerriers. Car *le gibier qu'ils avaient abattu* fut pleuré par mainte noble femme.... » (*Nibelunge-nôt*, XVII, 151.)

(2) « Kriemhilt la très belle éveilla ses femmes, elle ordonna qu'on lui apportât ses vêtements et de la lumière. Survint alors un camérier, qui aperçut Siegfrid couché à terre... Il porta dans la chambre le flambeau qu'il tenait à la main. A sa lueur, dame Kriemhilt allait reconnaître l'affreuse vérité. » (*Nibelunge-nôt*, XVII, 152.)

(3) Hagene de Troneje répondit : « Je le ramènerai moi-même au palais. Il m'est bien égal qu'elle apprenne la vérité, celle qui a affligé le cœur de Brunhilt. Je m'inquiète peu de ce qu'elle fera lorsqu'elle sera dans les larmes. » (*Nibelunge-nôt*, XVII, 151.)

(4) Gudrun, la fille de Giuki, était dehors, et voici la première parole qu'elle dit : « Où donc est maintenant Sigurd, le chef victorieux ? D'où vient que les princes chevauchent en avant ? » Högni seul répondit : « Nous avons tué Sigurd avec l'épée. » (*Brot af Brynhildarkvidhu*.)

HAGEN

Il n'en sonnera plus, le blême Héros ; pour sa fougue plus de chasse, plus de combat, plus de ravissantes femmes à séduire !

GUTRUNE, avec une épouvante croissante.

Qu'est-ce qu'ils apportent ?

HAGEN

La proie d'un sanglier sauvage : Siegfried, ton époux, mort !

(GUTRUNE pousse un grand cri et tombe sur le cadavre (1), qu'au milieu de la salle on a déposé (2). — Émotion et deuil général.)

GUNTHER, cherchant à ranimer Gutrune évanouie.

Gutrune ! bien-aimée sœur ! Lève les yeux ! parle-moi ! (3)

(1) « Elle s'affaissa à terre et ne dit pas un mot. On voyait là, étendue, la belle infortunée. » (*Nibelunge-nôt*, XVII, 152.) « Et il advint que Gudrun désirait mourir, tandis que, pleine de soucis, elle était assise, penchée sur le corps de Sigurd. Elle ne gémissait pas, elle ne frappait point ses mains l'une contre l'autre, elle ne pleurait pas comme font les femmes.... Un instant seulement, Gudrun leva les yeux : elle vit la chevelure du chef raidie par le sang, les yeux brillants du roi sans regard, et son cœur, le siège du courage, transpercé. La reine tomba en arrière sur les coussins du siège. Ses cheveux se dénouèrent, ses joues rougirent, et un torrent de larmes inonda ses joues. » (*Gudrunarkvidha fyrsta.*)

(2) « Vous allez entendre le récit d'une bien grande audace et d'une effroyable vengeance. Hagene fit porter le cadavre de Siegfrid..... devant la chambre où se trouvait Kriemhilt. Il le fit déposer secrètement devant la porte, afin qu'elle l'y trouvât, au moment où elle sortirait, avant qu'il fît jour, pour aller à matines. » (*Nibelunge-nôt*, XVII, 151.)

(3) « Le roi dit : « Chère sœur, hélas ! quelle souffrance est la tienne ! Que n'avons-nous pu échapper à ce grand malheur ! Nous déplorerons toujours la mort de Siegfrid. » (*Nibelunge-nôt*, XVII, 156 et 157.)

GUTRUNE, revenant à soi.

Siegfried ! — Siegfried tué ! (Elle repousse violemment Gunther.) Arrière ! frère infidèle ! (1) meurtrier de mon époux ! (2) O aide ! ô aide ! Malheur ! malheur ! Ils ont assassiné Siegfried ! (3)

GUNTHER

Ne m'accuse pas ! Accuse, là, Hagen ! lui, c'est lui le sanglier maudit qui a déchiré ce Généreux !

HAGEN

M'en garderais-tu rancune ? (4)

GUNTHER

L'angoisse et l'infortune soient à jamais sur toi !

HAGEN, se rapprochant alors, d'un air de défi formidable.

Oui donc ! c'est moi qui l'ai tué, moi — Hagen — je l'ai

(1) Voy. d'abord la précédente note : « Nous déplorerons toujours la mort de Siegfrid », affirme Gunther. — « Vous le faites sans motif, dit la femme désolée ; si vous aviez dû en avoir du regret, cela ne serait pas arrivé. Ah ! vous n'avez point pensé à moi, je puis bien le dire, puisque me voilà séparée à jamais de mon époux chéri. » (*Nibelunge-Nôt*, XVII, 157.)

(2) « Gudrun, la fille de Juki, s'éveilla et dit ces mots : « Ce n'est pas de toi, roi Gunnar, que j'aurais dû attendre une trahison. » Gudrun se dresse sur son lit ; elle essuie le sang et embrasse la bouche sanglante et la tête de Sjurd. » (*Chants des Iles Feroë.*)

(3) La douce reine s'écria avec désespoir : « Malheur à moi ! Oh ! douleur ! Non, ton bouclier n'est pas lacéré par les épées, tu as été assassiné. » (*Nibelunge-nôt*, XVII, 153.) « Le roi Gunther parla : « Je veux que vous sachiez que des brigands ont assas« siné Siegfrid... » — « Ces brigands, répondit-elle, me sont trop « bien connus.... Oui, Gunther et Hagene, c'est vous qui l'avez « fait. » (*Id.*, *ibid.*, 157.)

(4) « Le féroce Hagene répondit : « J'ignore ce que vous regrettez... Grâce à moi, nous sommes débarrassés du Héros. » (*Nibelunge-nôt*, XVI, 149. — Voy. la note (1) de la p. 608.)

frappé à mort ! (1) Il était voué à ma lance, sur laquelle il s'est parjuré. Je me suis ainsi conquis le droit sacré du butin : c'est pourquoi — je réclame cet Anneau.

GUNTHER

Arrière ! ce qui m'est échu, jamais tu n'y toucheras.

HAGEN

Vous, Hommes, soyez juges de mon droit !

GUNTHER

L'héritage de Gutrune, à toi, impudent fils de l'Alfe ?

HAGEN, tirant son glaive.

L'héritage de l'Alfe, c'est ainsi qu'il le réclame, — son fils !

(Il fond sur GUNTHER, qui se met en défense : ils combattent. Les HOMMES se jettent entre eux. GUNTHER tombe, frappé par HAGEN à mort (2).

HAGEN

A moi l'Anneau !

(Il se rue sur la main de SIEGFRIED : celle-ci se dresse menaçante (3).

(1) Voy. la note (1) de la p. 608. — « En voilà assez, n'en dites pas davantage. Oui, je suis ce Hagene qui a tué Siegfried, le héros au bras puissant. Ah ! comme il a payé cher les paroles injurieuses que dame Kriemhilt a adressées à la belle Brunhilt ! Oui, sans mentir, cela est ainsi, puissante reine ; c'est moi qui suis la cause de tous vos maux. Je ne veux pas le nier, je vous ai fait grand dommage. » (*Nibelunge-nôt*, XXIX, 266.)

(2) Dans l'ancienne *Edda*, prédiction de Gudrun : « Mais, Gunnar, tu ne jouiras pas de cet or ; ces anneaux d'or rouge te coûteront la vie, parce que tu avais fait serment d'amitié à Sigurd. » (*Gudrunarkvidha fyrstc.*)

(3) Ce prodige, dont le sens symbolique est assez clair, n'est sans doute qu'une transposition dramaturgique de celui de l'épopée allemande : « Kriemhilt s'écria : « Que celui qui est innocent le « fasse voir clairement ; qu'il marche en présence de tous vers la « civière ; on connaîtra bientôt ainsi quelle est la vérité. » Ce fut

(Épouvante générale. GUTRUNE et les FEMMES poussent de hautes clameurs.) (1)

(BRÜNNHILDE s'avance, venant du fond, d'une marche ferme et solennelle.)

BRÜNNHILDE, encore au fond.

Faites silence, assez de gémissements, assez de clameurs désordonnées ! (*) Celle que vous avez tous trahie, sa femme, vient ici chercher sa vengeance. (Tranquillement, elle s'avance un peu.) Vous pleurez là comme des enfants, lorsque leur mère les sèvre des bienfaits du lait : mais nul n'a fait entendre une plainte, digne du plus grand des Héros.

GUTRUNE

Brünnhilde ! femme de haine et d'envie ! (2) C'est à toi que

un grand prodige, et qui pourtant arrive souvent : dès que le meurtrier approcha du mort, le sang sortit de ses blessures. Voilà ce qui eut lieu, et on reconnut ainsi que Hagene avait commis le crime. Les blessures saignèrent comme elles avaient fait étant fraîches. » (*Nibelunge-nôt*, XVII, 157). On peut compléter le rapprochement par la comparaison de *l'effet d'une pareille merveille sur les assistants : « Les lamentations avaient été grandes ; elles le furent bien davantage,* » ajouté bien vite le vieux poème. Et la *Tétralogie : « Epouvante générale. Gutrune et les Femmes poussent* de *hautes clameurs.* »

(1) « Les gémissements de Kriemhilt furent terribles et sans bornes. Revenue de son évanouissement, elle faisait retentir tout le palais de ses cris... Toutes les personnes de sa suite pleuraient et gémissaient avec elle. » (*Nibelunge-nôt*, XVII, 153.)

(2) « Gullrönd, fille de Giuki, parla : « Cesse de parler, ô toi qui es haïe de l'univers entier. Tu as toujours été pour les

(*) La Mélodie primitive, qui reparaît ici, semble saluer l'arrivée de Brünnhilde.

Rappelons que Brünnhilde est la fille de Erda, déesse de la Nature. On saisit la puissance de ce rapprochement.

Et, comme conséquence logique, le thème de la Fin des Dieux est également donné dans ce passage (Partition, page 314, en bas, et seq.).

nous devons ces douleurs ! Toi seule as excité les hommes ; maudit soit le jour qui te vit ici ! (1)

BRÜNNHILDE

Infortunée, tais-toi ! tu ne fus jamais sa femme : sa maîtresse, voilà ce que tu fus (2). Sa légitime épouse, c'est moi, qui reçus ses serments éternels, avant que Siegfried jamais t'eût vue (3).

GUTRUNE, dans le plus violent désespoir.

Exécrable Hagen ! Malheur ! hélas malheur ! à toi je dois l'idée du poison qui lui a volé son époux ! (4) O deuil ! deuil ! tout se révèle enfin : c'était Brünnhilde, la bien-aimée que le philtre lui fit oublier !

(Tout emplie d'une pudeur craintive, elle se détourne de Siegfried, et se penche, épuisée de douleur, sur le cadavre de Gunther : elle demeure immobile, ainsi, jusqu'à la fin. — Un long silence.)

(HAGEN se tient, appuyé sur sa lance et sur son bouclier, perdu dans une sombre rêverie, en une attitude de défi, tout à l'autre côté de la scène.)

guerriers une cause d'infortune. Les vagues du malheur t'apportent toujours avec elle... » (*Gudrunarkvidha fyrsta.*)

(1) « Il y avait souvent plus de joie à la cour que le jour où mon Sigurd sella Grani, et où ils partirent afin de conquérir, pour notre malheur, Brynhild, cette femme perfide. » (*Gudrunarkvidha fyrsta.*)

(2) La fabulation étant différente, c'est Kriemhilt qui adresse, dans le *Nibelunge-nôt*, d'analogues paroles à Brunhilt : « Si tu avais pu te taire encore, cela eût mieux valu pour toi... Comment la concubine d'un homme pourrait-elle jamais devenir la femme d'un roi ? » (XIV, 128).

(3) « Brinhild, fille de Budli, parla transportée de fureur : «... J'ai obtenu l'amour de Sjurd, avant que tu l'aies vu. » (*Chants des Iles Feroë.*)

(4) « Alors la fille de Juki, Gudrun, parla.... : « C'est rarement un bonheur de prendre ce qui appartient à autrui. » (*Chants des Iles Feroë.*)

BRÜNNHILDE (1), seule, au milieu : longtemps, avec d'abord une émotion profonde, et ensuite avec une mélancolie comme accablante, elle considère le visage de Siegfried ; puis se tournant, en une religieuse exaltation, du côté des **HOMMES** et des **FEMMES** :

Entassez-moi, là, de fortes bûches, un bûcher, sur la rive du Rhin : que haut et clair flamboie le brasier, qu'il brûle le

(1) Cette scène formidable et poignante, dont la seule lecture fait pleurer de douleur et sangloter d'admiration (tout au moins dans l'original), cette scène appartient bien tout entière à Wagner. Toutefois pourrait-on dire qu'elle garde, en sa beauté, quelques accents du chant correspondant de l'*Edda* de Sœmund (*Sigurdakvidha Fâfnisbana Thridja*) ; oui, un peu de cette intonation d'immense, divine, sauvage tristesse : « Qui t'accuse, Gunnar ? Tu t'es bien vengé... Jeune encore, j'étais assise dans la demeure de mon frère avec mon riche trésor... En vérité, je n'eus pas à me réjouir de votre arrivée. Je m'étais fiancée au chef qui était assis sur le dos de Grani, avec son or. Il n'avait pas tes yeux, il n'avait rien de ton visage, quoique tu pusses aussi avoir l'apparence d'un roi... L'or rouge et les anneaux brillants qu'apportait Sigurd m'attiraient. Je ne désirais pas les trésors d'un autre chef. J'en aimais un seul et nul autre ; mon cœur de jeune fille n'était pas changeant... Assieds-toi, Gunnar, je veux te parler, moi ta femme resplendissante qui suis fatiguée de vivre... *Car jamais une femme qui a de nobles sentiments ne voudra vivre longtemps avec un autre que son époux.* Mes tourments seront bientôt vengés... *Je réfléchis maintenant à tout ce que vous m'avez fait, quand vous m'avez trompée par vos ruses.* Depuis lors, j'ai vécu sans joie et sans bonheur... Il vaudrait mieux que notre sœur (Gudrun) montât aujourd'hui sur le bûcher de son époux et maître, si les esprits sages lui donnaient un bon avis, ou si elle avait un cœur comme le nôtre... » ...Gunnar se leva, le chef des armées, et il jeta les bras autour du cou de sa femme et tous accoururent pour arrêter celle-ci dans son funeste projet. Mais elle repoussa tout le monde loin d'elle, et ne se laissa pas détourner du long voyage. Gunnar appela Högni pour le consulter... Mais Högni répondit : « Personne ne la détournera du long voyage... Quand elle est née, déjà sur les genoux de sa mère elle était vouée à la souffrance ; elle est venue au monde pour le mal et pour le malheur de plus d'un guerrier. » Plein de soucis, le héros interrompit l'entretien pour se rendre auprès de la reine qui, parée de ses joyaux, distribuait ses richesses... : « Qu'elles viennent vers moi, celles qui veulent recevoir de l'or ou d'autres objets précieux... » Toutes se turent et se prirent à

noble corps du plus grand des Héros ! — Amenez son cheval, qu'il suive, comme moi-même, le Héros : car j'aspire à prendre

réfléchir jusqu'à ce qu'enfin toutes répondirent à la fois : « Il y a déjà assez de cadavres ! Nous voulons vivre encore... » La jeune femme, vêtue de ses vêtements éclatants, sortit de ses réflexions profondes et dit : « Nulle ne doit, pour me complaire, mourir malgré elle. » ...Elle se revêtit de sa cotte de mailles d'or, son âme était sombre, et elle se perça d'une épée acérée. Elle s'affaissa de côté sur des coussins. Le fer encore dans la blessure, elle songea à ce qu'il lui fallait faire : « ...Assieds-toi, Gunnar, je veux te parler... *Je t'adresse encore une prière, c'est la dernière que je te fais en ce monde. Elève dans la campagne un bûcher assez grand pour nous recevoir*, nous tous qui mourrons avec Sigurd. *Entoure ce bûcher de boucliers et de draperies, de riches linceuls funéraires* et de la foule des morts. *Et qu'on brûle à mes côtés le chef des Hiunen*. Qu'on brûle à mes côtés, d'une part, le chef des Hiunen, de l'autre, mes serviteurs ornés de leur riches joyaux, deux à la tête, deux aux pieds, deux chiens en plus et deux faucons... Mais qu'on place entre nous deux la brillante épée, le fer acéré, comme lorsque nous partageâmes la même couche, *et qu'on nous donne le nom d'époux*. Ainsi les portes de la Walhalla, toutes resplendissantes, ne se fermeront pas sur le prince, quand ma suite marchera derrière lui. ...Je parlerais encore, j'en dirais bien davantage si le destin m'accordait plus de temps, mais ma voix s'éteint, mes blessures se gonflent. Aussi sûr que je meurs, je n'ai dit que la vérité. » En d'autres chants, de souffle plus court, ces dernières paroles de Brynhild ont un accent de pareille grandeur : « Maintenant fais ce que tu voudras, le crime est accompli. Parler ou me taire me fait également souffrir... » etc. (*Brot af Brynhildarkvidhu*). « Trop longtemps encore des hommes et des femmes naîtront pour leur malheur. *Mais Sigurd et moi nous ne serons plus jamais séparés...* » (*Helreidh Brynhildar*.) Le reste des sources se compose du *Gudrunarkvidha fyrsta*, d'un passage de *La Plainte d'Oddrun* (*Oddrunargratr*), du très sec récit de Snorro, etc., etc. Les *Chants des Iles Feroë* disent : « Brinhild s'était endormie tant de nuits dans les bras de Sjurd, et maintenant qu'elle avait causé sa mort, de douleur son cœur se brisa. Brinhild mourut de douleur... » Après d'aussi longues citations, je ne m'astreindrai pas à noter ci-dessous les réminiscences, lointaines, de Wagner. La sagacité du lecteur les découvrira, j'imagine, et d'autant moins difficilement que j'ai marqué, par des italiques, en ces extraits, les correspondances de l'ancienne *Edda*.

ma part des saints honneurs qu'on va lui rendre. — Accomplissez le vœu de Brünnhilde ! (1)

(Les JEUNES HOMMES dressent, durant ce qui suit, en avant de la salle, près du Rhin, un puissant bûcher : des FEMMES le décorent de tapis, qu'elles jonchent de verdure et de fleurs.)

BRÜNNHILDE, de nouveau abîmée dans la contemplation du corps.

Comme le soleil, purement, son amour m'illumine : lui, pur entre les purs, c'est lui qui m'a trahie ! Infidèle à l'épouse, loyal envers l'ami, — de sa propre fiancée, de celle qu'il aimait seule, il s'est séparé, par son Glaive. — Plus loyalement que lui, nul n'a fait des serments ; plus fidèlement que lui, nul n'a gardé sa foi ; plus purement, nul n'aima jamais : et néanmoins, tous ses serments, sa foi, l'Amour le plus fidèle, nul ne les a trahis comme il les a trahis ! (2)

(1) Voy. la précédente note. — Le même accent de sublime tristesse sonne en tel autre chant de l'*Edda*, mais dont l'héroïne est Gudrun : « J'ai eu trois maisons, j'ai eu trois foyers, j'ai été conduite dans la demeure de trois époux. Sigurd est celui que j'ai le plus aimé, et mes frères l'ont tué... Toutes ces douleurs, tous ces malheurs me reviennent à l'esprit. N'attends pas plus longtemps, Sigurd, conduis ici le noir coursier du sombre royaume... Rappelle-toi, Sigurd, nos entretiens quand nous restions assis sur notre couche. O vaillant, viens ici du fond des demeures de Hel pour me prendre avec toi. Et vous, nobles Jarls, dressez sous le ciel un grand bûcher de troncs de chêne. Que la flamme consume ma poitrine accablée d'afflictions. Que le feu anéantisse ce cœur que la souffrance accable... » (*Gudrunarhvöt.*)

(2) « GRIPIR : « Vous échangerez tous les serments les plus sacrés, mais vous en tiendrez peu... » SIGURD : « *Comment donc ? Gripir, réponds-moi ?* Vois-tu l'inconstance dans mon âme ? Ne garderais-je pas ma foi envers la jeune fille que je parais aimer du fond du cœur ? » GRIPIR : « Tu agiras ainsi, chef, par les ruses d'autrui... » ...SIGURD : « ...La volonté de Sigurd est troublée, si je dois obtenir pour un autre la vierge charmante que j'aimais moi-même... Ce qui me paraît le plus affreux, c'est que Sigurd passera pour un fourbe, si les choses arrivent ainsi : *Ce serait malgré moi qu'avec tant de perfidie j'abuserais la fille des héros*, dont je connais le grand cœur. » (*Grepisspâ.*)

Savez-vous, comment cela put être ?

O vous, saints gardiens des serments ! (*) tournez vos regards vers ma douleur en fleurs : voyez votre faute éternelle ! Entends ma plainte, toi, le plus grand des Dieux ! En lui faisant réaliser le plus courageux des exploits, tu en as voué le Héros au sombre pouvoir de la destruction : — moi, — c'est moi qu'il a dû trahir, lui, le Plus-Pur entre les purs, pour qu'une femme pût savoir, comprendre ! (1)

Sais-je, maintenant, sais-je ce qui t'est bon ?

Tout ! tout ! je sais tout (2): oui, tout m'est devenu clair ! J'entends tes corbeaux s'agiter : allons, je te les renvoie tous deux, porteurs du message désiré, si douloureusement désiré ! (3) Repose ! repose, ô Dieu !

(1) *Littéralement :* « afin que sachante devint une femme. »

(2) Voy. la note (2) de la p. 485. — Dans le poème eddique *Helreidh Brynhildar*, après avoir été brûlée, « Brynhild prit le chemin de Hel et arriva près de la demeure d'une géante... LA GÉANTE : Tu es Brynhild, fille de Budli, venue au monde à une heure funeste... BRYNHILD : Du haut de mon char, *moi, qui sais*, je te dirai, à toi, stupide, si tu veux l'entendre... » etc.

(3) « Hugen et Munen parcourent tous les jours la terre. Je crains que Hugen ne revienne pas ; mais je regretterais encore davantage Munen. » (*Poème de Grimner,* 20.) Mais il faut voir surtout la note (1) de la page 550.

(*) Ces paroles de Brünnhilde ramènent le thème de Walhall — en une forme troublée et sombre — (Partition, page 324).

On notera, dans le même passage, les thèmes du Destin, et de la Justification de Brünnhilde. (Pour ce dernier thème, Cf. *Walküre,* partition, page 271, où l'on en verra la forme la plus nette ; *ibid.*, page 298, autre forme élargie. — Voy. notes des pages 394 et 401.).

Tous ces retours de thèmes sont si bien indiqués, si nécessaires ici, que nous n'insisterons pas autrement sur l'opportunité de ces réapparitions. — La Marche du Crépuscule-des-Dieux est le chef-d'œuvre de ce procédé. Nous prions qu'on s'y reporte.

(Elle fait signe aux HOMMES d'emporter sur le bûcher le corps de SIEGFRIED : en même temps elle retire, du doigt de Siegfried, l'Anneau, qu'elle considère durant ce qui suit et, finalement, se le met au doigt (*).

Mon héritage! que je le recueille. — Cercle maudit! Terrible Anneau! je prends ton Or, — pour y renoncer. A vous, ô sœurs, sages Filles-du-Rhin (**), qui nagez dans ses eaux profondes, à vous, je dois un sage conseil! Ce que vous réclamez, je vous le donne : prenez votre bien, dans mes cendres! Que la flamme, qui va me consumer, fasse l'Anneau pur de l'Anathème : vous, dans les flots, dissolvez-le, et, purement, gardez-en l'Or clair, la rayonnante étoile du Rhin, qui vous fut dérobée pour le malheur du Monde (1). —

(Elle se tourne du côté du fond, où à présent le corps de Siegfried gît étendu sur le bûcher, et elle arrache, à l'un des Hommes, une puissante torche.)

Vous, corbeaux, retournez là-haut! retournez dire, à votre Maître, ce qu'ici, près du Rhin, vous avez entendu! Passez près du Roc de Brünnhilde : à celui qui là flambe encore, à Loge, montrez le chemin de Walhall! Car voici le Crépuscule-des-Dieux, la fin des Dieux : voici — comme je jette l'incendie, dans l'éclatant Burg du Walhall.

(1) « Le Rhin seul possédera ce trésor connu des Ases et qui portait malheur aux hommes, l'héritage des Niflungen. Les anneaux d'or jetteront un plus vif éclat, dans les vagues du fleuve qui les ballotte, qu'aux mains des fils des Hiunes. » (*Atlakvidha*).

(*) Ici une forme rapide de la Mélodie primitive. (Partition, page 326, en bas.)

L'âme de la Nature (Erda) se multiplie, enveloppe le Drame.

A vrai dire, cette mélodie, ici, ne revient plus à tel ou tel endroit distinct : complète ou fragmentée, elle demeure comme continuellement tressée au travers des autres harmonies. Parfois, deux ou trois mesures, en un frisson rapide, suffiront pour l'évoquer. (Cf. Exemple noté ci-dessus.)

(**) « . . . A vous, ô sœurs. . . »

Complétant l'évocation de la *Ur-melodie* (Voy. note précé-

(Elle lance la torche sur le bûcher, qui promptement et clairement s'enflamme. Les DEUX CORBEAUX se sont envolés du rivage, et disparaissent à l'arrière-plan.)

Vous, Vie en fleurs, race survivante (1) : retenez, comprenez mes paroles ! — Lorsque vous aurez vu Siegfried, Brünnhilde aussi, consumés par l'ardent brasier ; lorsque vous aurez vu les Filles-du-Rhin prendre l'Anneau, l'emporter dans les profondeurs : à travers les ténèbres, alors, regardez du côté du Nord ! S'il y rutile, au ciel, un incendie sublime, sachez, tous, que vous contemplez — l'anéantissement du Walhall !

La Race des Dieux a passé comme un souffle, le Monde que j'abandonne est désormais sans maître : le trésor de ma Science divine, j'en vais faire part à l'univers (2). — Ni la richesse, ni l'Or, ni la grandeur des Dieux ; ni maison, ni domaine, ni

(1) « Vous, Vie en fleurs, race survivante... » Ce passage, sur la Partition, n'existe point. Les trente vers dont il se compose (jusqu'à : *Deux jeunes hommes acconduisent le cheval*) sont nécessaires à la lecture, car « ils résument [illegible]licitement la *moralité* de l'œuvre. Mais Wagner les a supp[illegible]més pour l'exécution, sachant que le Drame seul, drame de passions et de faits sensibles, doit être présenté au spectateur, et sachant surtout que la musique, par la réunion synthétique des motifs principaux du *Ring* » (voir le *Commentaire musicographique*) « et le triomphe du thème de la *Rédemption par l'Amour* rendaient toute explication superflue. » (ALFRED ERNST). J'ai moi-même exprimé des idées analogues en une Note destinée à préparer celle-ci (Cf. l'*Avant-Propos*, p. 117).

(2) Comparer, dans l'ancienne *Edda*, les paroles de Grimner (Odin) : « J'ai maintenant révélé ma forme aux fils des hommes. Elle leur donnera le salut. » (*Poème de Grimner*, 45.)

dente), c'est un déroulement, ici, des trois motifs des Ondines. — Ils enveloppent de leur bercement toutes ces catastrophes. Voici le chant de Woglinde, si moelleux ; il nous rappelle l'Oiseau de la Forêt, toutes les brises de paix qui flottèrent çà et là, dans les intervalles des tourbillons dramatiques, et qui reviennent maintenant pour endormir toutes les douleurs (Partition, page 327).

pompe du rang suprême :— ni les liens fallacieux de tristes conventions, ni la rigoureuse loi d'une morale hypocrite : — dans la douleur comme dans la joie, seul nous rend bienheureux — l'Amour! (1)

(Deux jeunes Hommes acconduisent le cheval : BRÜNNHILDE le saisit et promptement le débride.)

Grane, mon cheval, je te salue! Sais-tu, ami, où je veux te conduire? Dans la flamme éclatante, ton maître est couché là, Siegfried, mon bienheureux Héros. Est-ce de suivre l'ami que tu hennis avec joie? Est-ce vers lui qu'ils t'attirent, les sourires de la flamme? (2) Sens ma gorge aussi, comme elle

(1) Voir d'abord la note de la p. 517.— Carlyle ajoute : « Le vieil Univers avec ses Dieux s'est abîmé ; mais ce n'est pas la mort finale : il doit exister un nouveau Ciel et une nouvelle Terre ; un plus haut Dieu suprême et la Justice doivent régner parmi les hommes. Curieux : cette loi de mutation, qui est aussi une loi écrite dans l'intime pensée de l'homme, avait été déchiffrée par ces vieux et sérieux Penseurs (les Scandinaves), en leur rude style; et comment, quoique tout meure, et que même les dieux meurent, toute mort n'est pourtant que la mort de feu du phénix, et une renaissance en Plus Grand et en Mieux ! C'est la fondamentale Loi de l'Etre pour une créature faite de Temps, vivant en ce Lieu d'espérance. Tous les hommes sérieux l'ont pénétrée, peuvent encore la pénétrer. » (*Les Héros*, traduction citée, page 43.) La « Wola » de l'*Edda* de Sœmund, prophétisant cette renaissance, parle de soi-même : « Elle voit un palais plus beau que le soleil et couvert d'or, sur Gimle-la-Haute ; les races bonnes y seront heureuses éternellement. Alors viendront au grand jugement le Riche, et le Fort qui le domine. Celui qui dispose de tout terminera les procès, les querelles... » (*Völuspâ*, 65, 66). Et l'autre *Edda*, celle de Snorro, complète : « Deux êtres humains, Lif et Lif-Thraser (la Vie et la Vigueur-de-la-Vie) se soustrairont aux flammes de Surtur, dans le bois de Hoddmimer ; ils se nourriront de la rosée du matin. De ces hommes descendra une famille si nombreuse qu'elle peuplera le monde entier. »

(2) Sur Grane, voir les notes (1 et 2) de la p. 522. — Ces suprêmes paroles de Brünnhilde à Grane, ces paroles si belles, si touchantes, n'empêchent pas certains wagnériens sérieux d'anathématiser cette « bête de perdition. » Quant à moi, je ne conçois même pas comment, à la représentation, l'on pourrait se passer de sa présence en un si parfait dénoûment. L'*Edda* ne fait pas

brûle; mon cœur s'embrase d'une pure ardeur : l'étreindre, être enlacée par lui ; dans l'Amour, dans l'adoration, m'unir, me confondre avec lui ! — Heyaho ! Grane ! salue l'ami ! Siegfried ! salut ! Siegfried ! C'est ta femme bienheureuse ! (1) (*)

(Elle s'est élancée sur son cheval avec impétuosité, et, l'ayant enlevé au galop, le fait sauter d'un bond dans le bûcher en flammes (2). Aussi-

mourir Grani sur le bûcher commun de Sigurd et de Brynhild. Qu'on veuille bien toutefois se reporter d'abord à la note ci-dessus recommandée, et ensuite lire ces mots qu'attribue à Gudrun le *Gudrunarkvidha önnur* : « J'entendis résonner les sabots de Grani qui revenait ; mais je ne vis pas Sigurd lui-même... L'âme affligée, j'allai parler à Grani, et, les joues humides de pleurs, j'interrogeai le cheval. Grani courba la tête jusqu'à terre : il savait bien que son maître était mort. » Comparer aussi la note (1) de la p. 611.

(1) Littéralement : « Siegfried ! Siegfried ! — Bienheureuse te salue ta femme ! » Du moins cette phrase, par moi choisie, entre les différentes variantes, comme plus conforme à l'unité symbolique du rôle de Brünnhilde, est-elle celle de la Partition. — Le Poème (édition de 1876) offre pour toute « leçon » ces mots : « Siegfried ! Siegfried ! Bienheureusement à toi va (s'adresse) mon salut ! » Je me suis efforcé de concilier dramatiquement les deux versions, tout en laissant en évidence ma prédilection pour l'une d'elles.

(2) Mon collaborateur Edmond Barthélemy a parfaitement montré comment, pour dramatiser l'idée de rédemption, Wagner l'a transposée du Balder des *Eddas* sur Siegfried, et de là sur Brünn-

---

(*) Pendant ces dernières paroles de Brünnhilde, l'orchestre a déroulé le thème de la Rédemption par l'Amour et le grand thème héroïque de Siegfried, comme dans la scène de la *Walkyrie*, où Brünnhilde prédit à Sieglinde sa maternité (Cf. *Walküre*, partition, pages 230, 232, 233 ; on y aura la forme très nette de ces deux thèmes ; voy. notes des pages 386 et 388).

Mais successifs dans la *Walkyrie*, ici, ils s'enlacent en quelque sorte..., comme si toute idée d'amour, de rénovation, se confondait dans l'idée de Siegfried, le Héros de l'Humanité. — Et le thème de la Rédemption prend un développement magnifique comme appuyé sur le glorieux thème de Siegfried (Sieg-fried : La paix par la victoire.)

tôt l'incendie s'élève en crépitant (*) : le feu remplit tout l'espace extérieur à la salle, et semble déjà la gagner elle-même. Épouvantées, les FEMMES se pressent vers l'avant-scène. Tout à coup le brasier s'écroule et s'éteint; au-dessus flotte quelque temps encore un nuage de fumée ardente, qui monte, plane, et enfin se dissipe : le Rhin a débordé, puissamment (**), et roule, sur la place du bûcher, ses flots jusqu'au seuil de la salle. Sur les vagues, les TROIS FILLES-DU-RHIN se sont approchées en nageant. — HAGEN, qui, depuis le prodige relatif à l'Anneau, n'a cessé d'observer BRÜNNHILDE et ses allures avec une grandissante angoisse, est, à la vue des FILLES-DU-RHIN, saisi des plus violentes alarmes; il rejette loin de soi, précipitamment, sa lance, son bouclier, son casque; et, comme en démence, il se rue dans le Fleuve, en vociférant: « Arrière ! Mon Anneau! » (***)

hilde. Qu'on me permette de noter ici telles correspondances extérieures corroborant cette vue si juste. Je me borne à la scène du bûcher, me contentant de rappeler, pour ce qui précède, que Balder et Siegfried sont, privilège commun, relativement invulnérables. Tout d'abord une analogie avec Brünnhilde : on prépare le bûcher de Balder : « Quand sa femme, Nanna, fille de Nep, vit ces apprêts, elle en éprouva tant de douleur que son cœur se brisa. Son corps fut placé sur le bûcher à côté de celui de Balder. » Puis : « Toutes sortes d'individus assistèrent aux funérailles de Balder, » et, parmi ces « individus », je remarque « *les corbeaux* » d'Odin ; celui-ci jette sur le bûcher « *l'anneau* Drœpner, » et « *le cheval* de Balder et tout son équipement furent aussi placés sur le bûcher. »

(*) Dans l'orchestre, le crépitement des flammes !

(Cf., au point de vue dramatique, le récitatif de Loge, dans la dernière scène de *Rheingold*.)

(Partition, page 336.)

(**) Le ruissellement, maintenant tempêtueux, de la mélodie primitive.

(Partition, page 337.)

(***) La Malédiction d'Albérich, une dernière fois. — La malédiction se maudissant soi-même ; car en retombant sur Hagen, fils d'Alberich, elle retombe sur Alberich lui-même.

(Partition, page 337, en bas.)

De leurs bras, WOGLINDE et WELLGUNDE entourent sa nuque, et, nageant alors en arrière, l'entraînent avec soi dans l'abîme : FLOSSHILDE, jubilante, élève l'Anneau reconquis (1) (*). — Au lointain du ciel éclate, en même temps, semblable à l'aurore boréale, une rougeoyante clarté qui va s'élargissant, de plus en plus ample et puissante. — Les HOMMES et FEMMES contemplent, en silence, violemment émus, l'événement et l'apparition (**).

Le rideau tombe (***).

(1) « Hagene s'était emparé du trésor. Il le descendit tout entier dans le Rhin... *Il espérait pouvoir en jouir, mais il n'en fut pas ainsi.* Depuis lors, il ne put plus rien tirer du trésor, comme il arrive souvent aux traîtres. Il pensait en jouir seul tant qu'il vivrait; mais désormais ce trésor fut perdu et pour lui-même et pour les autres. » (*Nibelunge-nôt*, XIX, 171.)

(*) Les harmonies de paix gagnent de plus en plus, comme portées sur l'ondulation élargie de la mélodie primitive. Le Chant de Woglinde déroule son bercement.

(Partition, page 338.)

(**) Voici, pour la dernière fois, le thème de Walhall ; mais, sans cesse épanchées, les harmonies premières de Rheingold, résumées par le Chant de Woglinde, uni maintenant au thème de la Rédemption par l'Amour, bercent, environnent, absorbent ces retentissements de faste et de douleur. Le thème dévorateur du Feu en emporte les derniers échos. — Les harmonies de paix vont emplir, seules, l'espace purifié. — Une glorieuse idée d'Humanité fière surgit dans le thème de Siegfried, une suprême fois proclamé. — Le motif de la Fin des Dieux s'ébauche et s'efface ; et, déployé maintenant dans la plénitude de son triomphe, le thème de la Rédemption prend un universel essor.

(Partition, pages finales, à partir de la page 338.)

(***) Nous serions satisfait si cet essai de Commentaire musical donnait une certaine esquisse de la polyphonie, dans la *Tétralogie*. Nécessité, d'abord, de ne nous point lancer dans des développements incompatibles avec le cadre tout littéraire de cet ouvrage, et, surtout, — nous n'avons point de fausse honte à l'avouer, — méfiance de nos pauvres forces en présence de cet océan polyphonique, si un et si multiple, si compact et si multiforme, que bien peu, — un Hans de Wolzogen, par exemple, un Alfred Ernst, l'un muni du vivant souvenir de la parole du Maître, l'autre d'une science longuement acquise, — peuvent affronter d'un bord à l'autre ; nécessité donc, quant au présent ouvrage, méfiance quant à nous-même, nous avons dû nous borner à noter les thèmes qui importent le plus, ceux qui constituent comme la charpente musicale de l'œuvre. Satisfait serions-nous encore si ces intermittentes évocations de musique pouvaient, soulignant le texte comme l'orchestre souligne la scène, servir, çà et là, l'effet dramatique, augmenter un geste, prolonger un cri. Mais heureux serions-nous surtout, si, à suivre attentivement ces notes, le lecteur se faisait une idée de la musique wagnérienne, non pas en elle-même, mais au point de vue de sa connexité avec le Drame ; s'il découvrait que, de ce point de vue considérée, elle apparaît instantanément comme une garantie d'unité —, de cette unité qui nous importe tellement, à nous, Français, dès qu'il s'agit d'une œuvre intellectuellement allemande.

A quelque précision que Richard Wagner ait poussé sa grande conception thématique de la Musique appliquée au Drame, nous ne pensons point cependant qu'il soit allé jusqu'à donner, lui-même, des titres, des étiquettes plutôt, à ses thèmes, — jusqu'à se proposer un sommaire, à répartir article par article, sur les différents points de son œuvre. Ce travail, au demeurant si précieux pour les commentateurs, nous avons de bonnes raisons de le supposer fait, après coup, par un des fidèles du Maître, un intime, dépositaire de sa confiance, par M. Hans de Wolzogen, par exemple. Il fut, très probablement, pour les thèmes de la *Tétralogie*, un saint Jean-Baptiste littéraire ; baptisés par lui, pour la plus grande commodité des musicographes, ils nous parviennent avec ces appellations : *Thème de Walhall, Thème des Eléments primordiaux, Thème des Pressentiments*, etc. ; appellations le plus souvent tout indiquées, mais qui parfois aussi sont littéraires au point de mettre, en quelque sorte, pour le lecteur, un drame dans le drame.

APPENDICE

NOTE DU TRADUCTEUR

DE LA

Version première (1848) de l'ANNEAU DU NIBELUNG (1852)

J'ai parlé, dans l'Avant-Propos (pp. 65-74), du canevas primitif de *L'Anneau du Nibelung:* je prends donc la liberté de renvoyer à ces pages pour toutes celles des indications, bibliographiques ou quelconques, que je me serai dispensé de renouveler ici-même.

Je rappellerai seulement que de ce canevas, datant de 1848, Wagner avait tiré d'abord, la même année, *Siegfried's Tod*, *La Mort de Siegfried;* puis (après la composition de *L'Œuvre d'Art de l'Avenir* et d'*Opéra et Drame*) un second poème, *Le Jeune Siegfried* (en 1851); puis encore *La Walküre* (1852); finalement *L'Or-du-Rhin* (1852). C'est alors, rappellerai-je de plus, qu'il se vit obligé de remanier tour à tour *Le Jeune Siegfried* (qui devint *Siegfried*) et *Siegfried's Tod* (qui devint *Le Crépuscule-des-Dieux*); car sa conception primitive s'était à tel point modifiée, que l'économie des deux Drames, générateurs de l'œuvre entière, avait cessé d'être conforme à l'essence nouvelle de cette œuvre même. De ce qu'il est resté à titre secondaire (une synthèse admirable, en somme, des Mythologies septentrionales, et déjà suffisante à la gloire de bien d'autres), l'ensemble dramatique ordonné par Wagner s'était de jour en jour élevé au rang qu'il occupe aujourd'hui : celui d'un Poème où les hommes de tous les temps, de toutes les races, découvriront, poignantes, profondes, toujours nouvelles, des significations morales et rédemptrices. Le motif ntérieur de *L'Anneau du Nibelung* n'est-il point, pour le résumer en quelques mots, l'impossibilité, pour l'Ame, de posséder, tout à la fois, le Pouvoir ou l'Or — et l'Amour ? Et n'est-ce pas le renoncement d'Alberich à l'Amour (Wagner l'écrit en propres termes) qui, jusqu'au meurtre de Siegfried, engendre le quadruple Drame ?

Hé bien, dans la version de 1848, non seulement le Nibelung ne renonce point à l'Amour, mais il n'est même question, nulle part, de la nécessité de ce tragique renoncement : Alberich vole simplement l'Or aux Filles-du-Rhin, et rêve de faire de l'Or l'arme de sa puissance. Rêve déçu : Fasolt et Fafner réclament, en échange du Walhall, qu'ils viennent de construire pour Wotan, le Trésor des Nibelungen, qui sont leurs ennemis naturels, et l'Anneau, qui en fait partie ; le Dieu leur donne satisfaction. Les belles scènes du rachat de Freya, qui, dans le Drame définitif, accusent, de si frappante et poétique manière, la portée du cruel conflit psychologique, — ces scènes, par suite, n'existent point. Fafner ne tue nullement Fasolt, et, la terreur de l'Anathème n'obligeant pas le premier des deux à prendre forme d'un Dragon, cet animal n'est autre chose que le classique monstre des Mythes, l'inévitable bête gardienne des toisons d'or. Ainsi la faute des Dieux dépouillant Alberich fut d'avoir, avec son Anneau, « enterré l'âme du peuple des Nibelungen, la liberté, sous le ventre de ce Dragon », — et cela dans un but qui, somme toute, n'était guère supérieur à celui du voleur.

Comment la réparer, cette faute ? Les Dieux ne le pourraient plus eux-mêmes : leur pacte le leur interdit. Ils s'inquiètent donc de vouer un homme à l'accomplissement de exploit nécessaire, mais aussi, comme il est logique, aux conséquences de l'Anathème, à l'expiation de leur propre méfait. Il suffira, pour que la paix règne de nouveau entre les trois races, celles des Dieux, des Géants et des Nibelungen, que le Hèros prédestiné, rendant aux Filles-du-Rhin leur Or, libère ainsi les Nains d'une servitude impie. Quel sera-t-il, ce Héros? Siegmund? — Pas plus que dans notre *Walküre;* en toute la partie du canevas qui correspond à cette dernière, nous voyons bien Siegmund agir, aimer Sieglinde, etc. Seulement, ce canevas n'implique l'idée d'aucune scène analogue à celle qui est maintenant, — je l'ai dit ailleurs (p. 358, n. 1) d'après Wagner, — « la plus importante du quadruple Drame »: Wotan n'intervient qu'une seule fois, — pour condamner Brünnhilde, — et pour évoquer Loge.

Des observations du même genre s'appliqueraient à l'ébauche première de l'actuel drame de *Siegfried;* Siegfried est bien élevé par Mime, tue le Dragon, s'empare de l'Anneau, réveille Brünnhilde, qui lui fait un récit peu dramatique et long; mais il n'est point question du Voyageur (Wotan): nulle scène entre Wotan et Mime, entre Wotan et Alberich; aucune évocation d'Erda (deuxième scène culminante de la *Tétralogie*), aucun « renoncement » du Voyageur; aucune lutte de Siegfried contre ce Voyageur. Toutes ces additions essentielles datent de 1852, motivées et nécessitées par ce fait que si, dans l'ébauche, Siegfried apparaissait comme le héros central d'une « action » plutôt extrinsèque, — dans le dernier poème, au contraire, Wotan est le personnage unique, pour ainsi dire: de l'Ame de qui tout part, à l'Ame de qui tout revient, par rapport auquel seul doit être interprétée la conduite de chacun des autres.

Rien ne le prouve plus nettement, d'ailleurs, que le titre substitué, pour la « Troisième Journée » du *Ring*, à celui de *La Mort de Siegfried*, — et surtout les transformations dont ces mots: *Crépuscule-des-Dieux*, sont l'éloquent indice verbal. Transformations nombreuses? Non pas: le « poème d'opéra » de 1848, par la structure comme par le texte, est presque intégralement identique au nouveau; il n'en diffère — mais c'est assez — que par la suppression, d'abord, en celui-ci, des éléments antiscéniques (j'ai spécifié ces éléments dans mon *Avant-Propos*, p. 73) et par l'économie des quatre scènes suivantes: celle des Nornes, — celle de Brünnhilde avec Waltraute, — celle d'Alberich avec Hagen, — enfin la conclusion du Drame, sans parler du discours de Siegfried expirant, et de quelques autres menus détails. Aux lecteurs qui viennent d'étudier *L'Anneau du Nibelung* avec attention, il n'est pas besoin de faire remarquer que les trois premières de ces scènes, et une partie de la quatrième, y sont consacrées à Wotan, personnage invisible mais toujours central. Dans *La Mort de Siegfried*, rien de tel : Siegfried étant le pivot de l' « action », les Nornes prophétisent de lui que joyeusement il accomplira ce qu'il a joyeusement commencé. A la place du tragique dialogue où le refus de Brünnhilde à Waltraute décide de la ruine du Walhall, nous trouvons un chœur de Walkûres, destiné à mettre Brünnhilde au courant des exploits de ses sœurs (et duquel la musique est devenue, par la suite, le thème de la fameuse — trop fameuse — *Chevauchée*). Quant au sombre entretien nocturne d'Alberich et de Hagen, ce que j'ai dit de la première esquisse, en général, laisse deviner qu'il ne contient et ne pouvait contenir aucune allusion à des faits aussi décisifs, pour le sort d'un Monde menacé, que la lutte de Siegfried contre Le Voyageur, la rupture, par le Glaive Nothung, de la Lance gardienne des Traités : passons donc. Aussi bien le dénouement de *Siegfried's Tod* est-il autrement instructif : après le meurtre de Siegfried, expiation de la faute des Dieux, Brünnhilde y restitue bien l'Or au Fleuve sacré, et monte bien avec Grane sur le bûcher funèbre; mais c'est, comme dans l'*Edda* de Sœmund, pour redevenir une Walküre (et non, comme dans *Le Crépuscule*, pour finir le règne des Dieux, pour sauver le Monde par l'Amour, et l'Amour rédempteur, lui-même, par son sacrifice volontaire). Il y a plus : redevenue Walküre, Brünnhilde, en une apothéose, mène au Walhall Siegfried (transposition, sans doute, d'un passage de l'*Edda* de Sœmund, — aux *Chants de Helge*), et, devant les Dieux assemblés pour les recevoir, dit à Wotan : « Wotan, réjouis-toi du plus libre des hommes, et salue-le avec tendresse, car c'est à lui que tu dois la puissance éternelle ! » ce pendant que des chœurs dialogués d'un bel effet (dont l'idée fut peut-être reprise par Wagner en son *Parsifal*, à l'acte troisième), des chœurs alternants de femmes et d'hommes, après avoir accompagné la pompe funéraire de Siegfried, souhaitent au couple bienheureux « d'éternelles délices, à Walhall ».

Telle est, déjà grandiose, mais combien moins profonde ! la conception première de *L'Anneau du Nibelung*. J'en abandonne sans commentaires cette bien incomplète analyse, à la fois trop brève et déjà trop longue, aux méditations du lecteur. — J'aurais désiré ne point le quitter sans lui montrer encore comment, dans l'ensemble des œuvres de Richard Wagner, non seulement *Tristan et Isolde* (ce sont ses propres expressions, (1) n'est qu'un « acte complémentaire » de la *Tétralogie* du *Ring*, mais surtout *Parsifal* en est, pour ainsi dire, la transcription spirituelle, prouvée par maintes correspondances (des situations, des symboles, des personnages, des noms aussi), et prévue, dès l'année 1848, en une page lumineuse du Poète-Musicien (2). Que le peu de place duquel je dispose serve d'excuse à mon silence ! L'impossibilité de résumer dignement, en quelques mots, ces hautes questions, ne m'aura du moins pas empêché de m'acquitter du devoir de les signaler.

L. P. de B'. G.

(1) *Gesammelte Schriften und Dichtungen*, tome VI, p. 479.

(2) *Gesammelte Schriften*, tome II, *Die Wibelungen* (*L'Histoire universelle dans la Légende*) : Wagner y prouve péremptoirement la transmutation du symbole de l'Or, matériel, barbare et païen, en celui plus spirituel, plus auguste et chrétien, du Gral.

TABLE

Paris. — Imprimerie PAUL DUPONT, 4, rue du Bouloi. — 20.7.94.

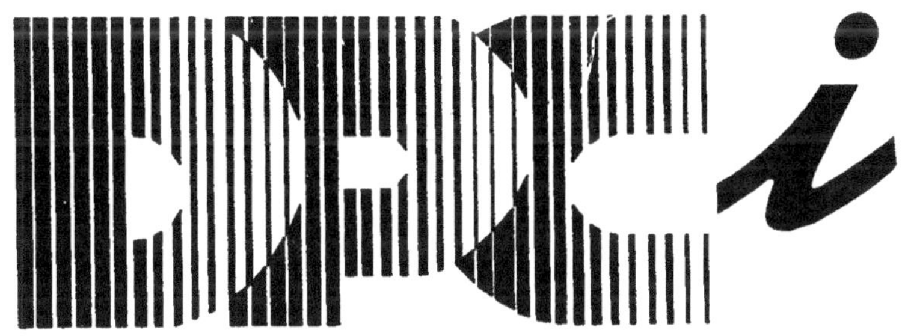

15, rue Jean-Baptiste Colbert
ZI Caen Nord - BP 6042
14062 CAEN CEDEX
Tél. 31.46.15.00
RCS Caen B 352491922

Film exécuté en 1992

www.ingramcontent.com/pod-product-compliance
Lightning Source LLC
LaVergne TN
LVHW010516100826
845148LV00001B/24